westermann

ANNO

Gesamtband Geschichte

**Schweizer Maturitätsschulen
Sekundarstufe II**

Erarbeitet von
Luca Criscione
Sylvie F. Matter
André Schaufelberger
Barbara Schött

D1722473

In Teilen eine Bearbeitung von

Horizonte Geschichte Gymnasiale Oberstufe (978-3-14-112235-0), 2019
Herausgeber: Frank Bahr, Dr. Wolfgang Woelk
AutorInnen: Frank Bahr, Prof. Dr. Ulrich Baumgärtner, Dr. Matthias Bode, Dr. Christian Bunnenberg, Dr. Ralph Erbar, Klaus Fieberg, Klaus-Michael Guse, Iris Hausberger, Dr. Thomas Hertfelder, Dr. Katja Köhr, Prof. Dr. Christian Kuchler, Utz Klöppelt, Jochel Pahl, Dr. Jelko Peters, Dr. Wolfgang Piereth, Prof. Dr. Klaus Scherberich, Dr. Frank Schweppenstette, Giuseppe Vazzana, Dr. Wolfgang Woelk, Eva Wuschansky

Horizonte Geschichte Qualifikationsphase Sekundarstufe II Nordrhein-Westfalen, 11./12. Jahrgangsstufe Gymnasium, 12./13. Jahrgangsstufe Gesamtschule (978-3-14-111346-4), 2015
Herausgeber: Prof. Dr. Ulrich Baumgärtner, Klaus Fieberg, Dr. Jelko Peters, Prof. Dr. Klaus Scherberich, Dr. Frank Schweppenstette
AutorInnen: Frank Bahr, Prof. Dr. Ulrich Baumgärtner, Dr. Christian Bunnenberg, Klaus Fieberg, Anna Katharina Frings, Dr. Nils Freytag, Thomas Gampp, Klaus-Michael Guse, Dr. Thomas Hertfelder, Utz Klöppelt, Dr. Katja Köhr, Prof. Dr. Christian Kuchler, Jochen Pahl, Dr. Jelko Peters, Dr. Wolfgang Piereth, Prof. Dr. Klaus Scherberich, Dr. Frank Schweppenstette, Kai Erich Wahle, Eva Wuschansky

Horizonte Geschichte Qualifikationsphase, Gymnasiale Oberstufe Hessen (978-3-14-111023-4), 2017
Herausgeber: Prof. Dr. Ulrich Baumgärtner, Klaus Fieberg, Dr. Jelko Peters, Prof. Dr. Klaus Scherberich, Dr. Frank Schweppenstette
AutorInnen: Prof. Dr. Ulrich Baumgärtner, Dr. Matthias Bode, Dr. Christian Bunnenberg, Klaus Fieberg, Anna Katharina Frings, Dr. Nils Freytag, Thomas Gampp, Klaus-Michael Guse, Dr. Thomas Hertfelder, Utz Klöppelt, Dr. Katja Köhr, Prof. Dr. Christian Kuchler, Jochen Pahl, Dr. Jelko Peters, Dr. Wolfgang Piereth, Prof. Dr. Klaus Scherberich, Dr. Frank Schweppenstette, Dr. Fank Skorsetz, Kai Erich Wahle, Eva Wuschansky

© für alle ISBN: Westermann Bildungsmedien Verlag GmbH, Braunschweig, Deutschland

westermann GRUPPE

© 2021 Westermann Schulverlag Schweiz AG, Schaffhausen
www.westermanngruppe.ch

2. Auflage 2023

Redaktion: Matthias Schneider

ISBN 978-3-0359-**0255**-6

Was ist Geschichte?

Soziales Gedächtnis

Es ist ein Merkmal aller menschlichen Kulturen, dass sie sich mit ihrer eigenen Vergangenheit beschäftigen. In dieser Hinsicht gleichen sie dem einzelnen Menschen. Offenkundig bedarf der Mensch einer Geschichte, weil er selbst eine hat. Was für den Einzelnen die Biografie, das ist für die Gesellschaft das soziale Gedächtnis. In der Aneignung ihrer Geschichte entwickeln soziale Gruppen, zum Beispiel Nationen, ihre Identität. „Wir sind, was wir geworden sind" – so formulierte es der Historiker Hagen Schulze.

Historische Sinnbildung

Damit aber der Einzelne Geschichte nicht nur passiv rezipiert, sondern auch aktiv an historischen Diskursen teilhaben kann, z. B. durch eigene Fragestellungen, Thesenbildungen, Meinungen und Urteile, bedarf es einer bewussten Wahrnehmung und Ausbildung derjenigen Steuerelemente, die aus Vergangenheit erst Geschichte entstehen lassen und begreifbar machen. Hierfür hat sich der Begriff „Geschichtsbewusstsein" durchgesetzt. Der Einzelne sollte sich z. B. im Klaren darüber sein, wer oder was Geschichte mit welchen Zielen vermittelt (Schule, Medien), auf welche Ebene sich eine historische Fragestellung bezieht (Nation, Familie, Religionsgemeinschaft) oder welche Voraussetzungen überhaupt gegeben sind, um Geschichte bewusst wahrzunehmen und handelnd mit ihr umzugehen (Alter, Interesse, familiäre oder nationale Prägungen). Besonders wichtig ist auch die Unterscheidung und Wahrnehmung verschiedener Kategorien, auf die sich historische Fragestellungen und Probleme beziehen (z. B. Gesellschaft, Herrschaft, Wirtschaft, Religion, Ideologie).

    Die Aneignung der Geschichte folgt offensichtlich einem generationsübergreifenden Bedürfnis nach Selbstvergewisserung und Sinngebung. Mit histo-

M 1 „Kollektives Erinnern"
Einheitsfeier in Berlin vor dem Reichstagsgebäude am 3. Oktober 1990

rischer Sinnbildung ist ein Vorgang gemeint, mit dem im Rahmen der kollektiven Erinnerung dem Vergangenen eine bestimmte Deutung gegeben wird. Die Gesellschaft selbst ordnet das komplexe Geschehen der Vergangenheit: Sie gliedert Epochen, „vergisst" oder betont bestimmte Ereignisse – bis das Vergangene in einer strukturierten Weise wahrgenommen wird. Damit gibt jede Gesellschaft implizit eine Antwort auf die Frage: Was soll erinnert werden?

Funktionen des kollektiven Erinnerns

Als Ergebnis dieses Prozesses wird aus unzähligen Geschichten „die Geschichte":

- Die gemeinsame Geschichte stärkt das kollektive Zugehörigkeitsgefühl einer Gruppe.
- Sie stiftet nicht nur Identität, sondern sie ermöglicht es, die Gegenwart in einen Zusammenhang einzuordnen und besser zu verstehen. Geschichte ist immer Vor-Geschichte.
- Man hat bisweilen die Geschichte als „Lehrmeisterin des Lebens" bezeichnet. Ob und inwiefern man aus der Geschichte lernen kann, das bleibt umstritten. Entgegen einer weitläufig verbreiteten Meinung wiederholt sich die Geschichte nicht. Gleichwohl weisen politische Situationen strukturelle Ähnlichkeiten mit historischen Umständen auf, was Erkenntnis bringend genutzt werden kann. Die Geschichte Deutschlands nach 1945 und ihre „Aufarbeitung" lässt sich nur vor dem Hintergrund des Nationalsozialismus verstehen. Die Gegenwartspolitik spiegelt diese historische Erfahrung wider. Die Verstrickung vergangener Generationen in die Diktatur, in den Krieg und den Völkermord führte zu der Erkenntnis bei Überlebenden und Nachgeborenen, die Verantwortung zu übernehmen. Eine Wiederholung dieses Zivilisationsbruchs war zu verhindern und eine Versöhnung mit den Opfern anzustreben. Das „Nie wieder …!" kann geradezu als Gründungskonsens eines demokratischen und freiheitlichen Deutschlands begriffen werden. Die kollektive Erinnerung findet ihren Ausdruck in Form von Gedenktagen (zum Beispiel der 20. Juli 1944: Attentat auf Hitler, oder der 27. Januar 1945: Befreiung des KZ Auschwitz), Staatsakten, Feierstunden, Fernsehdokumentationen, Publikationen, Lehrplänen und Seminaren.

M 2 „Niederlage, Sieg, Befreiung, Zusammenbruch?"

Karikatur von F. Behrendt zum 40. Jahrestag des Endes des Zweitens Weltkriegs, Frankfurter Allgemeine Zeitung, 1985

M 3 Porträt Kaiser Friedrichs I.

Die vergoldete Bronzebüste ist ein Geschenk des Kaisers an seinen Taufpaten Otto von Cappenberg. Die Mauerzinnen am unteren Rand symbolisieren Rom, um 1160.

Geschichte als Rekonstruktion

Es gibt keinen direkten Zugang zur Geschichte. Der Historiker kann die Vergangenheit in ihrer hochkomplexen Form nie wirklich zum Leben erwecken. Die schier unerschöpfliche Fülle und Mehrdeutigkeit des historischen Materials zwingt ihn dazu, eine Auswahl zu treffen und das Vergangene zu rekonstruieren. Er muss das historische Material gliedern, Fakten einordnen, Wirkungszusammenhänge herstellen, sodass im optimalen Fall ein realitätsgerechtes Bild entsteht. Hierzu stehen ihm verschiedene Zugriffe auf die Geschichte zur Verfügung. In Handbüchern oder Überblicksdarstellungen, wie etwa dem Schulbuch, überwiegt der genetisch-chronologische Ablauf. Geschichte wird dabei als ein Prozess des Früher-Später dargestellt. In Schulbüchern finden sich gelegentlich aber auch historische Längsschnitte. Ein Thema oder ein Aspekt werden in ihrer Besonderheit über einen längeren Zeitraum betrachtet, etwa die Geschichte der Arbeit oder der Kindheit in verschiedenen historischen Epochen. Im historischen Querschnitt erfolgt der Blick dagegen auf ein Erfassen des gleichzeitig Existierenden, etwa in der Darstellung Europas im Sommer 1914, wenn dargelegt wird, wie in Deutschland, in Österreich, England oder Frankreich jene Wochen wahrgenommen wurden, die vor dem Ausbruch des Ersten Weltkriegs lagen. Der historische Einzelfall beschäftigt sich mit einem für die Geschichtswissenschaft zentralen Aspekt oder Ereignis. Hierbei wird sehr genau und verdichtet gearbeitet, etwa beim Thema des Sturms auf die Bastille am 14. Juli 1789. Weniger an historischen Personen als an Prozessen ist die sogenannte Strukturanalyse interessiert. Mithilfe etwa eines theoretisch gestützten Modells wird die Geschichte untersucht, etwa – im ausgehenden 19. und frühen 20. Jahrhundert – mithilfe von Imperialismus- oder Faschismustheorien. Der historische Vergleich versucht historische Sachverhalte zu vergleichen. Hierzu bedarf es zahlreichende zu vergleichende Aspekte, an denen Gemeinsamkeiten und Unterschiede herausgearbeitet werden können. Die Biografie stellt das Wirken von einzelnen Personen in der Geschichte oder Gruppen (Kollektivbiografie) in den Vordergrund und gute Biografien versuchen eine Symbiose zwischen historischer Persönlichkeit und allgemeinen geschichtlichen Entwicklungen zu erzielen.

Die Arbeit des Spuren suchenden Historikers wird bereits dadurch beschränkt, dass in der Vergangenheit nicht jede soziale Gruppe gleichermassen zu Worte kam

M 4 Bauern im Mittelalter

Mittelalterliche Handschrift, 9. Jahrhundert

beziehungsweise überhaupt Spuren hinterlassen konnte. Wir wissen heute zum Beispiel mehr über mittelalterliche Könige und Bischöfe als über den „Gemeinen Mann".

Zu bestimmten Zeiten hatte der Klerus fast ein Informationsmonopol, sodass es nicht verwundert, dass wir Nachgeborenen viel über die geistig-religiösen Aspekte des Mittelalters wissen, hingegen wenig über den Alltag eines durchschnittlichen Landarbeiters.

„Das Normale macht keine Schlagzeilen." Das gilt heute, und das war auch früher so. Dokumentiert und damit überliefert wird nicht das Selbstverständliche, sondern das Aufsehenerregende beziehungsweise das, was man für wichtig hält. Sollten sich zum Beispiel künftige Generationen über unsere Gegenwart nur anhand von Boulevard-Zeitungen (durchaus eine wichtige Quelle!) informieren wollen, so bekämen sie mit Gewissheit ein völlig verzerrtes Bild von unserer Wirklichkeit.

Eine Chronik, die nur auflistet, was war, bringt dem Leser relativ wenig Erkenntnis. Geschichte, wie wir sie heute verstehen, stellt einen komplexen Rekonstruktionsversuch der Vergangenheit dar. Da das historische Material sich nicht von selbst erschliesst, muss es erst „gelesen" werden. Vielfach fehlen auch Informationen, sodass historische Leerstellen auf plausible Weise überbrückt werden müssen. Das interpretierende Einwirken des Historikers wird auch deutlich in der Differenz zwischen der rein formalen kalendarischen Ordnung und der Periodisierung, die von inhaltlichen Aspekten ausgeht. So vertritt zum Beispiel der britische Historiker Eric J. Hobsbawm die These vom langen 19. und dem kurzen 20. Jahrhundert. Danach setzte das 19. Jahrhundert mit der Französischen Revolution (1789) ein und endete 1914 mit dem Ausbruch des Ersten Weltkrieges. Das 20. Jahrhundert hingegen fing mit dem Ersten Weltkrieg beziehungsweise 1917 an, dem Jahr der Oktoberrevolution in Russland, und endete mit dem Zusammenbruch der kommunistischen Ordnung in Osteuropa beziehungsweise der Auflösung der Sowjetunion (1989/91).

Die Geschichte ist nichts Totes. Neue Erkenntnisse oder auch politische Veränderungen können den Blick auf die Vergangenheit verändern und zu einer Neubewertung führen. Andererseits wirkt die Vergangenheit ständig auf die Gegenwart ein. Gerade im Zusammenhang mit den Nachwirkungen des Dritten Reiches ist des Öfteren von einer Vergangenheit die Rede, „die nicht vergehen will". Wer zum Beispiel eine Antwort auf die Frage sucht, warum nicht der 9. November – der Tag der Maueröffnung – zum Nationalfeiertag des wiedervereinigten Deutschlands erhoben wurde, der findet sie in der Geschichte:

9. Nov. 1989 Öffnung der Mauer
9. Nov. 1939 Gescheitertes Attentat von Georg Elser auf Hitler
9. Nov. 1938 Pogrom gegen die Juden („Reichskristallnacht")
9. Nov. 1923 Hitler-Ludendorff-Putsch in München
9. Nov. 1918 Novemberrevolution

Erst die Freilegung der historischen Schichten macht deutlich, dass dieses Datum politisch vorbelastet ist. Gleichzeitig veranschaulicht dieses Beispiel den Satz: „Wir sind, was wir geworden sind."

Hermeneutik

Die Erkenntnis, dass im Umgang mit schriftlichen Zeugnissen der Vergangenheit naturwissenschaftliche Erkenntnismethoden nicht anwendbar sind, hat zur Ausformung einer eigenständigen geisteswissenschaftlichen Methode geführt. Diese historisch-philosophische Methode des Verstehens nennt man Hermeneutik. Die Hermeneutik grenzt sich zwangsläufig von den experimentell verfahrenden Wissenschaften ab, weil historische Tatsachen einzigartig und von ihrer Interpretation letztlich nicht zu trennen sind. So ist zum Beispiel der Reichstagsbrand vom 27. Februar 1933 eine Tatsache. Aber erst durch die Interpretation gewinnt das historische Faktum einen wirklichen Aussagewert. Wer hat den Brand gelegt? Wie wurde er politisch ausgenutzt? Welche Folgen hatte er?

Wissenschaftlichkeit

Historisches Material ist selten eindeutig. Die Individualität des Historikers, seine subjektive Wahrnehmung und seine politische Einstellung werden zwangsläufig die Deutung beeinflussen. Auch wenn Geschichtsschreibung stets ein Vorgang der Interpretation und Rekonstruktion des historischen Materials ist, so bedeutet das keineswegs Willkür und Beliebigkeit. Will der Historiker dem Anspruch auf Wissenschaftlichkeit gerecht werden, darf er weder wichtige Fakten ignorieren noch die Überprüfung seiner Deutung verwehren. Informationsquellen müssen von ihm offengelegt werden, und die gezogenen Schlussfolgerungen müssen zumindest plausibel sein.

Die Konkurrenz innerhalb der Fachwissenschaft und eine interessierte Öffentlichkeit sorgen im Übrigen in einer freiheitlichen Gesellschaft erfahrungsgemäss dafür, dass einseitige und falsche Darstellungen der Geschichte nicht unwidersprochen bleiben.

M 5 „Hitler-Tagebücher"

Der Reporter Gerd Heidemann der deutschen Zeitschrift „Stern" mit den vermeintlich echten Dokumenten, 25. April 1983

Die Arbeit des Historikers

Das natürliche Zeitempfinden der Menschen wurde und wird durch den Wechsel der Jahreszeiten geprägt. Die Regelmässigkeit, mit der Sonne und Mond ihren Lauf verändern, setzte einen zeitlichen Rahmen, der interkulturell gültig war. Darüber hinaus stand die Zeitrechnung über Jahrtausende im Dienst des religiösen Lebens.

Chronologie

Menschen aller Kulturepochen versuchten schon immer, Zeit beziehungsweise Zeitabschnitte zu messen. Die Chronologie stellt ein vorrangiges Ordnungselement für Geschehnisse dar. Die Geschichtsschreibung kennt eine Reihe von unterschiedlichen Zeiteinteilungssystemen.

Während der frühdynastischen Zeit Ägyptens (etwa 3000 v. Chr.) wurde die Jahreszählung zum Beispiel nach kultischen oder einschneidenden politischen Ereignissen vorgenommen, später – ähnlich wie bei den Sumerern in Mesopotamien (etwa 3000 v. Chr.) – nach Königslisten.

Weder die griechische Welt der Antike noch das Römische Reich kannte ein allgemeingültiges und festes Datum, auf das sich alle Jahreszahlen bezogen. In Griechenland hatte fast jede Stadt und jedes Heiligtum eine eigene Chronologie. Im antiken Athen zählte man nach dem vierjährigen Zyklus der Olympiaden (beginnend 776 v. Chr.) und benannte die Jahre nach den Namen des ersten der neun Archonten, den von den Athenern jährlich neu gewählten höchsten Beamten. In Sparta gab es eine Liste der Könige. In diese Listen wurden gelegentlich auch wichtige historische Ereignisse, die zum Beispiel auf Kriege oder Plünderungen hinwiesen, aufgenommen. Es wurden auch Personen erwähnt, die in der Politik eine wichtige Rolle spielten.

Die Jahreszählung während der römischen Ära erfolgte mit Bezug auf die sagenhafte Gründung Roms im Jahre 753 v. Chr. und nach Konsulatsjahren.

Es dauerte lange, bis man die Jahre nach einem Fixpunkt vor- und rückwärts zählte. Das Datum der Geburt Christi ist ein fiktiver, erst nachträglich errechneter Zeitpunkt. Gleichwohl stellt es heute einen weithin akzeptierten Bezugspunkt der Geschichtsdatierung dar. Diese Zählung der Jahre ging auf den römischen Mönch Dionysius Exiguus zurück (525). Sie war bereits im 8. Jahrhundert auf königlichen und privaten Urkunden zu finden. Im hohen Mittelalter wurde sie die gebräuchlichste Form der Datierung, die sich in den folgenden Jahrhunderten als allgemeingültig durchsetzte.

Kalender

Die Aufstellung eines Kalenders im Sinne eines Verzeichnisses der Monate und Tage eines Jahres war an astronomische Beobachtungen gebunden. Die Grundlage der abendländischen Zeitrechnung ist der von G. Julius Caesar nach dem ägyptischen Vorbild erneuerte römische Kalender (1. Januar 45 v. Chr.). Da das julianische Kalenderjahr elf Minuten länger war als das Sonnenjahr (Umlaufzeit der Erde um die Sonne), musste es zu Abweichungen kommen, die nach einer Korrektur verlangten. Darum ordnete Papst Gregor XIII. eine Kalenderreform an (1582). Die notwendige Angleichung wurde unter anderem durch eine Auslassung von zehn Kalendertagen (zwischen dem 4. und dem 15. Oktober 1582) erreicht. Dieser gregorianische Kalender wurde in den römisch-katholischen Ländern über eine päpstliche Bulle sogleich eingeführt, während er sich in den protestantischen Ländern nur zögernd durchsetzte (nach 1700 in Deutschland, Schweden und Dänemark). Der julianische Kalender blieb im Bereich der griechisch-orthodoxen Kirche bis 1918 in Kraft. Hieraus resultieren auch viele Doppeldatierungen, so zum Beispiel für die russische Oktoberrevolution: 25./26. Oktober beziehungsweise 6./7. November 1917.

Der gregorianische Kalender hat sich mittlerweile weltweit durchgesetzt (Japan 1872, Griechenland 1923, Türkei 1927, Volksrepublik China 1949). Lediglich in der islamischen Welt hat sich die Zählung der Jahre nach der Flucht Mohammeds von Mekka nach Medina (622) erhalten.

Von einer anderen Datierung geht die alte jüdische Zählung aus. Diese heute noch im israelitischen Gottesdienst gebräuchliche Zählung beginnt 3761 v. Chr.

Unsere Monatsnamen von September (septem = sieben) bis Dezember (decem = zehn) zeigen noch, dass das Jahr ursprünglich am 1. März begann. Im Jahre 153 v. Chr. wurde bei einer der oft notwendigen Neuordnungen der Jahresanfang auf den 1. Januar gelegt. Trotz starker kirchlicher Bedenken (zum Beispiel wegen heidnischer Neujahrsbräuche) hat sich der Jahresanfang 1. Januar allmählich und seit dem 16. Jahrhundert allgemein in Deutschland durchgesetzt. Eine Datierung nach dem kirchlichen Festkalender (Ostern, Pfingsten, Heiligentage der katholischen Kirche) hielt sich zum Teil bis ins 17. Jahrhundert.

Quellen

Der Zugang zur Geschichte erfolgt zwangsläufig über Zeugnisse menschlichen Handelns. Der Historiker betreibt Spurensuche, wobei alles Hinterlassene zweckdienlich sein kann:

- schriftliche Quellen: Texte,
- Sachquellen: Bilder, Bauwerke und Gegenstände aller Art,
- Bild- und Tonträger: Filme und Tonbänder.

Grundsätzlich unterscheidet man zudem zwischen Primärquellen und historischen Darstellungen. Primärquellen sind Zeugnisse aus erster Hand, die folglich eine grosse Nähe zum Geschichtsereignis aufweisen. Für diese Art von Quellen werden auch die Fachbegriffe „Überrest" bzw. „Dokument" gebraucht. Grundlegend ist hierbei, dass der Urheber nicht primär die Absicht hatte, spätere Zeiten und Generationen über etwas zu unterrichten, vielmehr stand sein authentisches (unhistorisches) Zeitinteresse im Vordergrund. Bei Geschichtsdarstellungen handelt es sich demgegenüber v. a. um Texte von Historikern mit der vollen Absicht, andere über Vergangenes zu informieren bzw. zu unterrichten. Diese auch „Tradition" oder „Monument" genannten Hinterlassenschaften sind selbst in der Regel auf der Grundlage von Quellen verfasst worden.

Die Unterscheidung zwischen Quelle und Darstellung ist allerdings nicht substanzieller Natur. Das wird insbesondere bei Darstellungen deutlich, die älteren Datums sind und die wie eine Quelle verwendet werden. Die „Geschichte des Peloponnesischen Kriegs" des griechischen Geschichtsschreibers Thukydides (ca. 460–400 v. Chr.) ist zum Beispiel streng genommen eine Darstellung, wird aber heutzutage als Quelle aufgefasst.

Eine weitere begriffliche Unterscheidung bezieht sich auf die Art der Quelle. Es gibt absichtliche Zeugnisse, die speziell für den Zweck der Information von

M 6   **Verschiedene Arten von Quellen**

Bundesbrief der Schweiz von 1291

Foto aus einem Familienalbum

Rennrad aus den 1980er-Jahren

M 7 Eine römische Goldmünze aus dem 1. Jahrhundert v. Chr.

Dargestellt ist der römische Feldherr und Politiker Lucius Cornelius Sulla (138-78 v. Chr.) als Triumphator auf einer Quadriga, der von der Siegesgöttin Victoria bekränzt wird.

M 8 „Koggensiegel" von Stralsund, 1327

Die Stadt Stralsund an der Ostsee gehörte im Mittelalter dem norddeutschen Handelsbund der „Hanse" an. Das Stadtsiegel zeigt eine „Kogge", das damals übliche Fernhandelsschiff zu Wasser. Die Siegelumschrift lautet: SIGILLUM CIVITATIS STRALESSUNDIS.

Zeitgenossen und späteren Generationen angefertigt wurden, zum Beispiel Verträge, Urkunden, Gesetze und Testamente. Hierbei ist allerdings zu beachten, dass diese einen normativen Charakter besitzen, d. h. hier wird zunächst nur ein Wille, eine Absicht, ein Sollzustand dokumentiert. Ob dieser auch tatsächlich umgesetzt und erreicht worden ist, muss erst mithilfe weiterer Quellen ergründet werden. Ein praktisches Beispiel ist etwa eine von der Schulgemeinschaft beschlossene Hausordnung.

Allgemein gilt, dass die moderne Geschichtswissenschaft den Rahmen der „traditionellen" Quellen zusehends gesprengt hat. Aufschluss über die Vergangenheit erhofft man sich heute zum Beispiel auch aus der Auswertung von kirchlichen Bussregistern, Zollbüchern, Möbeln und Kleidungsstücken, von Skeletten und Abfallgruben. In diesem Zusammenhang spricht man ebenfalls von unabsichtlichen Quellen, denn sie werden zu einem Zweck genutzt, an den die Urheber nicht gedacht haben.

Quellen stehen dem forschenden Historiker nicht für alle Epochen in gleichem Masse zur Verfügung. Während insbesondere seit der Erfindung des Buchdrucks im 15. Jahrhundert eine ungeheure Vermehrung des schriftlichen Quellenmaterials festzustellen ist, nimmt die Quellendichte in Bezug auf weiter zurückliegende Zeiten deutlich ab. Kämpft der Historiker der Neuen Geschichte mit der Unüberschaubarkeit des Quellenmaterials, so leidet der Althistoriker an einem Quellenmangel.

Für die frühesten Zeiten menschlicher Geschichte stehen sogar überhaupt keine schriftlichen Aufzeichnungen zur Verfügung. Für diese Zeit kommt naturgemäss den Sachquellen eine entscheidende Bedeutung bei der Spurensuche zu. Auf diesem Feld überschneidet sich die Arbeit des Historikers mit der des Archäologen (Archäologie = Altertumskunde). In den letzten Jahren wurden verschiedene archäologisch-historische Verfahren entwickelt, die eine unentbehrliche Ergänzung zur Analyse schriftlicher Quellen darstellen.

Was ist Geschichte? – Eine Einführung in die Grundlagen des Faches

M 9   Geschichtsschreibung

Im Vorwort zu seiner „Geschichte des Peloponnesischen Krieges" erläutert der griechische Historiker Thukydides (ca. 460–400 v. Chr.) seine methodische Vorgehensweise:

Thukydides aus Athen hat den Krieg des Peloponnesischen Bundes und der Athener, so wie sie ihn gegeneinander geführt haben, aufgezeichnet. Er hat damit gleich bei seinem Ausbruch begonnen in der Erwartung, dass er [der Krieg]
5 groß sein werde und denkwürdiger als alle vorausgegangenen. Dies schloss er aus der Tatsache, dass beide Teile, als sie in den Krieg zogen, mit aller Rüstung auf der Höhe ihrer Kraft standen, und aus der Beobachtung, dass das übrige Griechenland der einen oder der anderen Partei beitrat,
10 und zwar zum Teil sofort in der Tat, zum Teil wenigstens in der Absicht. So ist dies denn wirklich die größte Erschütterung geworden nicht nur für die Hellenen, sondern auch für eine Gruppe der Barbaren, ja, man kann wohl sagen, für den größten Teil der Menschheit. [...]

Was die Reden betrifft, die die Einzelnen vor ihrem Eintritt 15 in den Kampf oder bereits im Kriege gehalten haben, so war es schwierig, den genauen Wortlaut des Gesprochenen im Gedächtnis zu behalten, und zwar ebenso für mich, wo ich sie selbst gehört habe, wie für die Gewährsleute, die mir solche von irgendwo andersher berichteten. Wie ich mir 20 habe vorstellen können, dass der Einzelne gesprochen haben würde, wenn er das jeweils Erforderliche am besten sagen wollte, wobei ich mich so eng als möglich an den ganzen Sinn des wirklich Gesagten hielt – so wird bei mir geredet. Was aber die Begebenheiten, die im Kriege ins 25 Werk gesetzt wurden, angeht, so habe ich es nicht für meine Aufgabe gehalten, sie niederzuschreiben, wie ich sie auf gut Glück erfuhr, noch auch so, wie ich sie mir allenfalls zurechtlegen konnte, sondern indem ich sowohl den Dingen, bei denen ich selbst dabei war, als auch dem, was ich 30 von anderen erfuhr, mit höchstmöglicher Gewissenhaftigkeit im Einzelnen bis aufs Letzte nachging. Das war ein mühsames Forschen, weil die Augenzeugen jeweils nicht dasselbe über dieselben Ereignisse aussagten, sondern so wie jede Partei in ihrem Gefühl oder ihrem Gedächtnis be- 35 fangen war. Auf den Leser wird meine Darstellung bei ihrem Mangel an Fabelhaftem wenig unterhaltsam wirken. Wer aber wissen will, wie es wirklich gewesen ist und also, bei der Natur des Menschen, in Zukunft immer wieder so oder so ähnlich zugehen wird – wenn so einer das Buch nützlich 40 findet, so soll mir das genügen. Zum dauernden Besitz der Menschheit, nicht für den augenblicklichen Erfolg bei den Lesern ist es verfasst worden. [...]

Zit. nach: W. Lautemann, M. Schlenke (Hg.), Geschichte in Quellen, Altertum, München 1965, S. 213 f.

M 11   Gesetzmässigkeit der Geschichte?

Der Historiker Sebastian Haffner setzt sich mit der Frage auseinander, warum vom hegelianisch-marxistischen Geschichtsbild eine so grosse Faszination ausging:

Alle die großen Geschichtssystematiker und Geschichtspropheten fußen natürlich irgendwie auf Hegel, der als erster den Gedanken verkündete, dass die Geschichte eine Gesetzmäßigkeit, ein inneres System, einen Sinn habe, dass sich, in seinen Worten, der Weltgeist in der Geschichte ver- 5 wirkliche. Auch dass er es mittels eines dialektischen Prozesses tue, glaubte der alte Hegel schon herausgefunden zu haben, allerdings war er vorsichtiger als seine Nachfol-

M 10   Antike Büste des Thukydides
Thukydides (ca. 460-400 v. Chr.) gilt als wichtigster Historiker der Antike. Seine Darstellung des Peloponnesischen Krieges wird als Beginn der wissenschaftlichen Geschichtsschreibung angesehen.

ger: Er hütete sich vorm Prophezeien. Was der Weltgeist jeweils in der Geschichte vorgehabt hatte, das erfuhren wir bei Hegel immer erst hinterher. Solange Napoleon siegte, war er der Weltgeist zu Pferde, als er dann unterlag, hatte es sich der Weltgeist eben anders überlegt, und Napoleon hatte die Geschichte nicht mehr auf seiner Seite – sehr einfach.

[...] Der große unkorrigierbare Grundfehler nämlich, den alle Geschichtssystematiker und alle Geschichtsdeuter begehen, liegt meiner Meinung nach darin, dass sie die Geschichte als etwas objektiv Gegebenes ansehen, eine Summe jederzeit greifbarer und erforschbarer Realitäten wie die Natur. Besonders bei Marx wird das ganz explizit [ausgesprochen]. Der Grundgedanke des historischen und dialektischen Materialismus ist ja gerade, dass menschliche Geschichte einfach eine Fortsetzung des natürlichen Evolutionsgeschehens ist, und dass Geschichtsgesetze also sozusagen eine Fortschreibung der Naturgesetze sind. [...] Aber auch bei den anderen Geschichtssystematikern spürt man als Grundimpuls, ich möchte fast sagen, eine Art Neid auf die Naturwissenschaften.

Der große Erfolg der Naturwissenschaften hat den Wunsch nach einer Geschichtswissenschaft erzeugt. Wenn der Mensch als Naturwissenschaftler dem Schöpfer sozusagen seine Tricks abgucken und sich dadurch in die Lage versetzen konnte, selbst ein wenig Gott zu spielen, sollte er es dann nicht auch bei dem so viel interessanteren Gegenstand seiner eigenen Vergangenheit tun können? Der Gedanke hat unbedingt etwas Verführerisches, sogar Berauschendes. Der Mensch als Herr der Natur, schön und gut; aber nichts verglichen mit dem Menschen als Herrn der Geschichte.

Erst der Mensch, der seine eigene Vergangenheit so durchschaut und beherrscht, wie er die außermenschliche Natur zu durchschauen und zu beherrschen gelernt hat, erst der

wird wirklich sein eigener Herr. Die Beherrschung seiner Vergangenheit nämlich macht ihn dann auch zum freien Gestalter seiner Zukunft. Das ist der berühmte Sprung aus dem Reich der Notwendigkeit in das Reich der Freiheit. Wie gesagt, ein höchst verführerischer Gedanke, aber einer von den Gedanken, die den Wunsch zum Vater haben. Mit dieser Art von Gedanken ist es bekanntlich meist nichts – und so auch mit diesem. Eine Geschichtswissenschaft, die mit der Naturwissenschaft vergleichbar wäre, gibt es nicht und kann es nicht geben, aus einem sehr einfachen Grunde: Die Natur ist Gegenwart, die Geschichte aber befasst sich mit Vergangenheit. Gegenwart ist real, konkret, erforschlich. Vergangenheit aber ist eben nicht mehr real, sie ist irreal geworden. Die Zeit hat sie uns entrückt, es gibt sie nicht mehr, daher kann man sie auch nicht mehr erforschen.

S. Haffner, Was ist eigentlich Geschichte?, in: dgl., Im Schatten der Geschichte,© 1985, Deutsche Verlags-Anstalt, München, in der Penguin Random House Verlagsgruppe GmbH, S. 13 ff.

M 12 **Sebastian Haffner (1907-1999)**
Foto, 1978

Aufgaben

1. Was ist Geschichte?

a) Erklären Sie die Gründe dafür, dass es keine absolute Objektivität bei der Aneignung der Vergangenheit geben kann.

b) Erklären Sie, warum diktatorische Herrschaftssysteme in aller Regel besonders stark versuchen, die Geschichte zu manipulieren.

c) Der Grieche Thukydides gilt als Vater der modernen Geschichtsschreibung. Charakterisieren Sie seine Vorgehensweise.

d) Nehmen Sie Stellung zu dem Gedanken, dass es eine historische Gesetzmässigkeit gibt.

e) Suchen Sie nach Beispielen in der Werbung, im Fernsehen und im Kino sowie in der Politik, wie Ereignisse aus der Vergangenheit für aktuelle Zwecke genutzt werden.

Text, M1 – M12

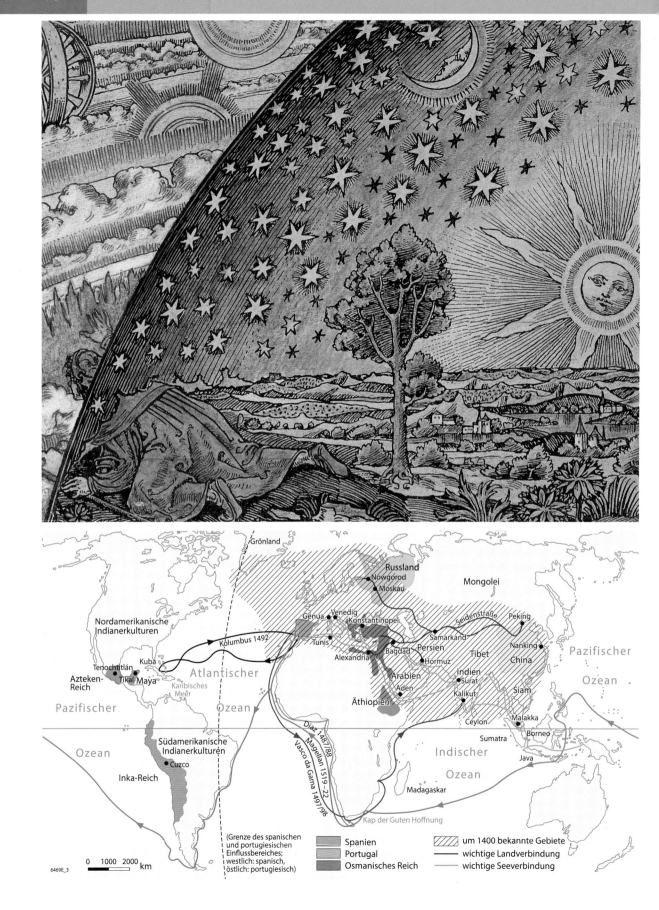

01
FRÜHE NEUZEIT

Die Zeit zwischen Renaissance und Französischer Revolution wird von den Historikern unterschiedlich eingeordnet. Für die einen zählt dieser Zeitraum bereits zur Neuzeit – sie betonen den Wandel, den Europa etwa durch die „Entdeckung" der Neuen Welt, das Aufkommen des Buchdrucks, die Reformation und die Renaissance erfahren hat. Andere Historiker vertreten die Ansicht, dass das Mittelalter viel länger andauerte, da sich die entsprechenden Mentalitäten erst mit der Aufklärung und der Französischen Revolution grundlegend änderten. Sie verweisen dabei auf die „lange Dauer" von Einstellungen sowie das Fortbestehen der feudalen Ordnung und der Ständegesellschaft. In der Forschung hat sich für diese Geschichtsperiode die Bezeichnung „Frühe Neuzeit" durchgesetzt. Das Nomen „Neuzeit" deutet darauf hin, dass in diesen Jahrhunderten bereits Ereignisse stattgefunden haben und Ideen entwickelt wurden, aus denen schliesslich die Moderne erwuchs. Das Adjektiv „früh" verweist hingegen darauf, dass in dieser Zeit noch nicht alles neuzeitlich und modern gewesen ist, da in vielen Bereichen mittelalterliche Strukturen bestehen blieben. Das Nebeneinander von Wandel und Kontinuität, von Entdeckungen und Erfindungen auf der einen und traditionellen Strukturen auf der anderen Seite stellt ein charakteristisches Merkmal der Frühen Neuzeit dar.

M 1 **„Neue Horizonte",** Holzschnitt, 19. Jahrhundert
M 2 **Die Welt zu Beginn der grossen Entdeckungen (um 1500)**

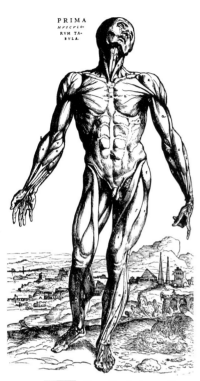

M 1 Der „Muskelmann" vor toskanischer Landschaft

Grundlegung der empirischen Anatomie der Neuzeit (1543). Aus einem Buch von Andreas Vesalius, Professor für Anatomie in Padua und Leibarzt von Kaiser Karl V.

Die Welt im Umbruch

Renaissance

Renaissance ist eine Epochenbezeichnung der europäischen Geschichte, die ihren Namen der Wiederentdeckung der Leistungen von Griechen und Römern verdankt und die sich seit dem 19. Jahrhundert eingebürgert hat.

Das Italien des 15. und 16. Jahrhunderts war Schauplatz eines geistigen Aufbruchs, der die Überwindung des mittelalterlichen Menschen- und Weltbildes herbeiführte. Der Geist der Renaissance fand dabei einen mehrdimensionalen künstlerischen, naturwissenschaftlichen und technischen Ausdruck: In der Literatur unter anderem durch Petrarca (1304–1374) und Boccaccio (1313–1375); in der Malerei durch Leonardo da Vinci (1452–1519), Michelangelo (1475–1564), Raffael (1483–1520) und Tizian (1489–1576). Michelangelo war zum Beispiel nicht nur Maler, sondern auch Bildhauer, Dichter und Architekt. Die fruchtbare Fantasie Leonardo da Vincis produzierte Entwürfe für Befestigungsanlagen, Flugapparate, Unterwasserschiffe und anderes mehr. Brunelleschi (1377–1446), dem ersten Architekten der Renaissance, verdankt die Nachwelt die riesige Kuppel der Kirche Santa Maria del Fiore in Florenz. Donatello (1386–1466) wirkte viele Jahre in derselben Stadt und schuf Standbilder und Statuen nach antiken Vorbildern. Er gilt als bedeutendster Bildhauer der frühen Renaissance. Die Blüte der Kunst – zum Beispiel in Florenz – war an das Vorhandensein von Mäzenen gebunden. Im Unterschied zu Deutschland war der italienische Adel stadtsässig, was eine wesentliche ökonomische Voraussetzung für die Entfaltung eines neuen Künstlertums ohne Zunftbindung war.

Die Renaissance schuf einen neuen künstlerischen Ausdruck, der die Entfaltung des Individuums spiegelte. Der Mensch wurde in seiner lebendigen Körperlichkeit – also plastisch – gesehen. Dazu bedurfte es neuer Techniken der perspektivischen Darstellung. Das Studium der Anatomie des menschlichen Körpers machte nicht mehr vor dem Tabu der Sezierung von Leichen halt.

Der gewachsene Wert der Individualität äusserte sich auch darin, dass das Porträt unverwechselbare Züge gewann. Der Künstler der Renaissance verschwieg seinen Namen nicht mehr, wie das noch im Mittelalter weitgehend der Fall war.

Humanismus

Renaissance und Humanismus sind eng miteinander verknüpft, wobei der Humanismus als nordeuropäische Form der Renaissance bezeichnet werden kann. Der Humanismus, der in der zweiten Hälfte des 15. Jahrhunderts einsetzte, war vor allem eine literarische Bewegung, die im Wesentlichen auf eine kleine Schicht von Intellektuellen beschränkt blieb. Im Mittelpunkt stand das philologisch-historische Interesse „Ad fontes" („Zurück zu den Quellen!") – so lautete ein wegweisendes Motto der Humanisten. Darum beschäftigte man sich mit der Literatur des Altertums und stiess zu den griechischen und hebräischen Quellen vor.

Buchdruck und Humanismus gehören zusammen. Die Verbreitung antiker Schriften, die Kommunikation innerhalb der Gelehrtenkreise, der Aufbau von grossen Bibliotheken, allgemein: die Ausbreitung neuen Wissens hätte ohne das gedruckte und damit billigere Buch nicht stattfinden können. Die Kostbarkeit von Büchern vor Gutenbergs Erfindung des Drucks mit beweglichen Lettern um 1450 wird deutlich, wenn man sich vor Augen führt, dass eine handgeschriebene Bibel den Wert eines Bauerngutes besass.

Die humanistische Bewegung verlieh der Bildung ein neues und grosses Prestige. Lokalisiert in Städten, getragen von einer neuen Schicht gebildeter Bürger, dokumentiert der Humanismus die Auflösung des glaubensgeprägten Weltbildes des Mittelalters. Der schon im Mittelalter einsetzende Prozess der Ersetzung der Mönchskultur durch eine Laienkultur fand seinen Abschluss.

Der Anspruch der Humanisten auf geistige Selbstständigkeit, ihr Interesse am Abstreifen geistiger Bevormundung fand im Konflikt um die „Dunkelmänner" in der Stadt Köln einen beispielhaften Ausdruck. Als der Kölner Dominikaner Johannes Pfefferkorn die Verbrennung hebräischer Schriften betrieb, stiess er auf den entschiedenen Widerstand des Humanisten Johannes Reuchlin (1455–1522). Dieser fand viel Unterstützung im Kampf gegen den wissenschaftsfeindlichen mönchischen Dogmatismus. 1515/1517 erschienen die „Dunkelmännerbriefe", die in Form von Parodie und Satire die Unbildung der Mönche entlarvten.

Ulrich von Hutten (1488–1523), Dichter und nationaler Streiter gegen das römische Papsttum, der auch an den „Dunkelmännerbriefen" mitgewirkt hatte, benutzte die lateinische und deutsche Sprache als politische Waffe. Conrad Celtis (1459–1508), Jakob Wimpheling (1450–1528), Willibald Pirckheimer (1470–1530) und Konrad Peutinger (1465–1547) waren weitere bedeutende deutsche Humanisten. Als ungekröntes Oberhaupt des europäischen Humanismus galt Erasmus von Rotterdam (1466–1536), ein unabhängiger Geist und Verfasser viel gelesener Bücher, der von den Einnahmen aus seinen Büchern leben konnte. Er tat sich als scharfsinniger Kritiker der Papstkirche und des Pfaffentums hervor. Obgleich er diesbezüglich mit Luther übereinstimmte, konnte er sich zu einer Unterstützung der Reformation nicht entschliessen. Dennoch hat seine Publikationstätigkeit viel dazu beigetragen, den Boden für die Reformation vorzubereiten.

M 2 **Idealbild des Humanisten**

Erasmus von Rotterdam: Der grosse Humanist bei der Arbeit am Schreibpult, Gemälde von Hans Holbein, 1523

Politische Theorie

Niccolò Machiavellis zweifelhafter Ruhm als Staatstheoretiker verbindet sich mit seinem Buch „Der Fürst" (geschrieben 1513). Machiavelli (1469–1527) gibt in ihm eine Anleitung für politisches Handeln. Im Zusammenhang mit dieser Schrift hat die Nachwelt immer wieder das Verhältnis von Politik und Moral diskutiert. Der „Machiavellismus" ist dabei zu einem Grundbegriff der Politik geworden. Dieser bezeichnet ein machtpolitisches Handeln ohne sittliche Norm, bei dem der Zweck der Machterhaltung die Mittel heiligt.

Naturwissenschaften

Nicht nur in Bezug auf die bildenden Künste, Literatur und Philologie, sondern auch naturwissenschaftlich-technisch brachte das Zeitalter der Renaissance eine Durchbrechung traditioneller Vorstellungen. Das mittelalterliche Wissenschaftsverständnis stützte sich auf Überlieferungen, das heisst zur Lösung von Problemen zog man die massgeblichen Schriften heran, zum Beispiel die Heilige Schrift und das Werk des Aristoteles.

In der Frühen Neuzeit hingegen breitete sich die Suche nach neuem Wissen aus. Erfahrung und Experiment traten an die Stelle des Glaubens, und es wurde zunehmend auf Gott und Engel als Erklärung von physikalischen Phänomenen verzichtet. Die Einheit von Religion und Wissen zerbrach. Die Entzauberung des

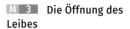

Die Öffnung des Leibes

Auch die Anatomie erweitert den menschlichen Horizont, Miniatur, Ende des 15. Jahrhunderts

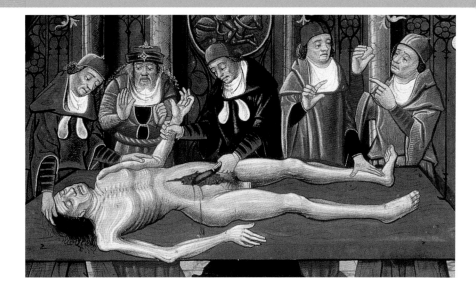

Himmels fand ihren epochenspezifischen Ausdruck in der „kopernikanischen Wende". Nikolaus Kopernikus (1473–1543) revolutionierte das nach Aristoteles (384–322 v. Chr.) und Ptolemäus (2. Jahrhundert n. Chr.) konstruierte Weltbild, nach dem die Erde Mittelpunkt sei und der Himmel sich um diese drehe. Die Ablösung dieses überkommenen Bildes durch das heliozentrische Weltbild wirkte sich nachhaltig aber erst im 17. Jahrhundert aus, nachdem Johannes Kepler (1571–1630), Tycho Brahe (1546–1601) und Galileo Galilei (1564–1642) die Bewegungsgesetze der Gestirne herausgefunden und damit dem wissenschaftlichen Weltbild zu fortschreitender Anerkennung verholfen hatten.

Die Entmystifizierung der Welt spiegelte den Wandel der westeuropäischen Gesellschaft wider, die zunehmend von ökonomischer Konkurrenz, Handelsverflechtung, Unternehmungsgeist und Gewinnstreben geprägt wurde. Zeit und Raum wurden immer genauer gemessen. Ab 1550 gab es bereits Uhren mit Sekundenzeigern. Der Aufschwung der Kartografie ging einher mit den geografischen Entdeckungen und der Ausdehnung des Handels. Fortschritte im Bergbau, in der Hüttenkunde und im Maschinenbau zeugen von einem weltbezogenen erfinderischen Denken. Fragen des ökonomischen beziehungsweise militärischen Nutzens (wie bei der Artillerie) traten in den Vordergrund.

Im 16. Jahrhundert wurden die Weichen für die Entwicklung des modernen und realistischen Weltbildes gestellt.

Entdeckungen

Um 1500 wurden innerhalb von wenigen Jahrzehnten die entscheidenden Entdeckungen gemacht, die das Bild von der Welt veränderten und bekannte Horizonte sprengten. Das Ausgreifen Europas nach Übersee leitete eine Entwicklung ein, die zu einer Jahrhunderte fortdauernden europäischen Dominanz führte.

Während vorher die Grenzen des Bekannten nur gelegentlich durchbrochen wurden, so zum Beispiel durch die historisch umstrittene Chinareise Marco Polos im 13. Jahrhundert, begann sich Portugal im 15. Jahrhundert langsam, aber gezielt entlang der afrikanischen Küste nach Süden vorzutasten. Angetrieben durch Heinrich den Seefahrer (1394–1460), unternahmen die Portugiesen maritime Anstrengungen, die mit der Umsegelung des Kaps der Guten Hoffnung (Bartolomeu Diaz; 1487) erfolgreich waren. Es folgten Vasco da Gamas Fahrt nach Indien

(1497/98) und Fernando Magellans Weltumsegelung (1519–1522), mit der jeglichem Zweifel an der Kugelgestalt der Erde der Boden entzogen wurde.

Ehe es zu diesen Entdeckungsfahrten kommen konnte, bedurfte es nicht nur der Zurückdrängung von mythischen Vorstellungen, zum Beispiel der Existenz von Seeungeheuern, sondern auch der Entwicklung maritimer Techniken, die ein Segeln ohne Sichtkontakt mit der Küste erlaubten. Nicht Fernweh, sondern handelspolitische Interessen waren es, die Seefahrer und deren Geldgeber bewogen, Expeditionen mit den winzigen Karavellen (Länge: 20 Meter) auszurüsten beziehungsweise anzutreten. Im Kern ging es um die Erschliessung eines Seeweges nach Indien, mit dessen Hilfe das arabische Monopol am gewinnträchtigen Gewürzhandel gebrochen werden sollte. Dank der militärisch-technischen Überlegenheit der mit Kanonen bestückten Schiffe gelang den Portugiesen die Ausschaltung der aussereuropäischen Konkurrenz. Sie errichteten befestigte Stützpunkte (zum Beispiel Calicut, Malakka, Ceylon), über die der Handel abgewickelt wurde. Wie einträglich der Handel war, wird unter anderem daraus ersichtlich, dass noch grosse Gewinne erzielt werden konnten, obgleich von 625 portugiesischen Indienfahrern zwischen 1497 und 1572 nur 315 zurückkehrten.

Christoph Kolumbus (1451–1506) betrieb sein Projekt, Indien auf dem Weg nach Westen zu erreichen, über viele Jahre. Er erhielt etliche Absagen, bevor er von der spanischen Krone gefördert wurde. Die berühmte Entdeckung Amerikas (1492) war kein Zufall, denn da Portugal die Strecke um Afrika besetzt hielt, musste die verspätete spanische Konkurrenz einen anderen Weg nach Indien finden, wenn sie am überseeischen Handel teilhaben wollte. Angesichts des sich abzeichnenden Konflikts zwischen Portugal und Spanien um die Besitzrechte an den entdeckten Gebieten wurde der Papst als Schiedsrichter angerufen. In mehreren Verträgen nahmen die Beteiligten eine Abgrenzung der Interessensphären vor.

Der Zusammenstoss der europäischen Eroberer mit den eingeborenen Völkern Mittel- und Südamerikas endete mit deren weitgehender Vernichtung und der Zerstörung vorhandener Kulturen. Getragen von der Überzeugung eigener kultureller Überlegenheit und beflügelt von missionarischem Eifer wurde das sogenannte herrenlose Land in Besitz genommen und die einheimische Bevölkerung versklavt. Der fehlende christliche Glaube der Indianer diente dabei oft der Legitimation für dieses Vorgehen. Gegen die Dezimierung der Indianer erhob der Dominikaner Bartholomé de Las Casas (1484–1566) Einspruch, vermochte aber trotz offizieller Verbote der Sklaverei kaum etwas auszurichten.

Die Nachwelt hat sich wiederholt mit der Frage beschäftigt, wie es eine Handvoll Konquistadoren zuwege brachte, grosse Reiche zu erobern. Cortés (1485–1547) standen zur Eroberung des Aztekenreichs (1519–1521) maximal 1300 Europäer zur Verfügung. Pizarro (1470–1541) gelang die Eroberung des peruanischen Inkareichs mit etwa 100 Soldaten (1531–1533).

Folgende Faktoren spielten dabei eine Rolle:
- Die technische Unterlegenheit der Indianer: Sie kannten weder Eisen noch das Rad.
- Die technische Überlegenheit der Europäer: Sie verfügten über Panzerung und Feuerwaffen. Von ihren Pferden und Bluthunden ging zudem eine schreckenerregende Wirkung aus.
- Das Sendungsbewusstsein und die körperliche Überlegenheit der Konquistadoren.

M 4 **Christoph Kolumbus**
(um 1451–1506)
Gemälde von Domenico Ghirlandaio, um 1490

M 5 Das Flaggschiff Santa Maria

Illustration aus der lateinischen Erstausgabe: Brief des Kolumbus über die Entdeckung Amerikas, Rom, 1493

- Mikroparasiten kamen den Europäern „zur Hilfe": Die Indianer wurden Opfer verschiedener Seuchen (unter anderem Pocken, Masern, Typhus).
- Beide Seiten interpretierten das oft plötzliche Massensterben als göttliche Strafe; scheinbare Bestätigung beflügelte die Eroberer, und Verzweiflung lähmte die Indianer.
- Dem Widerstand der Einheimischen wurde ausserdem durch religiöse Prophezeiungen die Kraft geraubt: Man erblickte in den Europäern zunächst weisse Götter.
- Die Gesellschaftsstruktur sowohl des Inka- als auch des Aztekenreiches war extrem hierarchisch. Die Spanier konnten die vorhandene Opposition ausnutzen und später selbst an die Stelle der alten Führungsschicht treten. Aus der Sicht des durchschnittlichen Eingeborenen fand daher nur ein Austausch der Führung statt.

Schon bald nach der Eroberung Amerikas setzte die Einwanderung und die Errichtung einer spanischen Feudalordnung auf der Grundlage von Sklavenarbeit ein. Vor allem auf den westindischen Inseln wurde eine wirtschaftliche Transformation vorgenommen, in deren Verlauf Monokulturen mit Zuckerrohr, Tabak und Baumwolle geschaffen wurden. Das 16. Jahrhundert war mithin die Geburtsstunde des modernen Weltmarktes unter dem Vorzeichen europäischer Vorherrschaft. Die gewaltsame Einbeziehung aussereuropäischer Völker in das europazentrierte Weltsystem wird anhand des Sklavenhandels besonders ersichtlich. Der Dreieckshandel, der im 17. und 18. Jahrhundert von England perfektioniert wurde, kombinierte dabei den Transport afrikanischer Sklaven von Afrikas Westküste nach Amerika mit dem Import von Produkten amerikanischer Plantagenwirtschaft nach Europa sowie dem Export verarbeiteter englischer Waren, wie zum Beispiel Textilien oder Waffen, nach Afrika.

Die Suche nach Edelmetallen war eine wichtige Triebfeder für den Vorstoss in unbekannte Gebiete gewesen. Nach anfänglicher Enttäuschung konnten Mitte des 16. Jahrhunderts die Silberminen von Potosí (Bolivien) und Zacatecas (Mexiko) erschlossen werden. Seitdem ergoss sich ein immenser Strom von Edelmetallen von Amerika nach Europa, der die allerdings nur vorübergehende imperiale Stellung der spanischen Krone begründete. Das Silber sorgte für eine Zunahme des Geldverkehrs und die Aufstockung des europäischen Handelskapitals. Wissenschaftlich umstritten ist, inwieweit das amerikanische Silber die als Preisrevolution des 16. Jahrhunderts bezeichnete Inflation verursachte.

Info

Chronologie

1450	Erfindung des Buchdruckes mit beweglichen Lettern
1492	Entdeckung Amerikas
1498	Vasco da Gama erreicht Indien
1517	Luthers Thesen über den Ablass
1519	Wahl Karls V. zum Kaiser
1519–21	Eroberung Mexikos (Cortés)
1519–22	Erste Weltumsegelung (Magellan)
1525	Bauernkrieg
1531–33	Eroberung Perus (Pizarro)

Die Welt im Umbruch

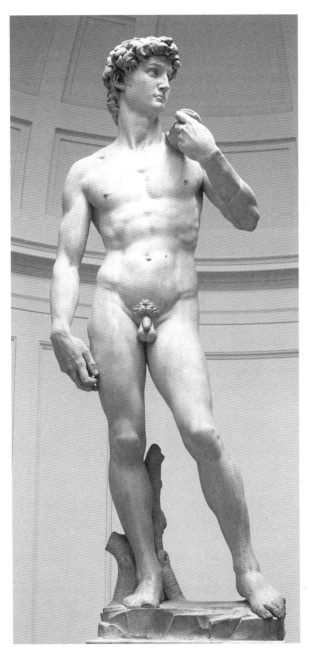

Skulptur „David", Florenz, 1501-1504

Die über fünf Meter grosse, allansichtige Skulptur von Michelangelo Buonarroti (1475-1564) gilt als die erste freistehende Monumentalskulptur ihrer Zeit. Die naturgetreu gearbeitete Figur des David, der im Alten Testament den Riesen Goliat mit einer Steinschleuder tötet, ist im klassischen „Kontrapost" mit Stand- und Spielbein dargestellt. David ist mit geschulterter Steinschleuder unmittelbar vor der Auseinandersetzung dargestellt. Die gezeigte Kampfbereitschaft wurde als Sinnbild des Selbstbewusstseins der jungen Republik Florenz gegen ihre Feinde verstanden.

M 7 **Ein neuer Geist**

Jean Fernel, Arzt des Königs von Frankreich, über den geistigen Aufbruch (1530):

Was aber, wenn unsere Altvordern und diejenigen, die ihnen vorangegangen sind, einfach den gleichen Weg beschritten hätten wie die vor ihnen? [...] Nein, im Gegenteil scheint es gut zu sein für die Philosophen, sich auf neuen Wegen und in neuen Systemen zu bewegen, es scheint gut 5 für sie zu sein, weder der Stimme des Verleumders noch dem Gewicht der alten Kultur oder dem Gewicht der Autoritäten zu gefallen, jene zu hindern, die ihre eigenen Ansichten zum Ausdruck bringen. Auf diese Art und Weise bringt jedes Zeitalter seine eigene Ernte an neuen Autoren 10 und neuen Künsten hervor. Unser Zeitalter sieht Kunst und Wissenschaft nach zwölf Jahrhunderten der Ohnmacht wieder erstehen, Kunst und Wissenschaft haben jetzt ihren alten Glanz erreicht oder sogar übertroffen. Unser Zeitalter braucht sich in keiner Beziehung zu schämen und sich nach 15 dem Wissen der Antike zu sehnen. [...] Unser Zeitalter vollbringt Dinge, von denen die Antike sich nichts träumen ließ. [...] Der Heldenmut unserer Seeleute ließ sie den Ozean überqueren und neue Inseln finden. Die fernen Geheimnisse Indiens liegen jetzt offen vor uns. Der Kontinent im Wes- 20 ten, die sogenannte Neue Welt, unseren Vorvätern noch unbekannt, ist uns zum größten Teil bekannt. In all diesen Dingen und in den Gebieten, die zur Astronomie gehören, hatten Plato, Aristoteles und die alten Philosophen Fortschritte erzielt, denen Ptolemäus viele hinzugefügt hatte. 25 Würde jedoch einer von ihnen heute zurückkehren, so fände er die Geografie so verändert, dass er sie nicht wiedererkennen würde. Ein neuer Erdball ist uns von den Seefahrern unserer Zeit gegeben worden.

Zit. nach: J. D. Bernal, Wissenschaft, Bd. 2, Reinbek 1970, S. 380 f.

M 8 **Machiavelli: Der Fürst (1513)**

Machiavelli (1469–1527) gilt als der bedeutendste politische Theoretiker des 16. Jahrhunderts:

Von den Eigenschaften, die den Menschen und insbesondere den Fürsten Lob oder Tadel eintragen.
Es bleibt uns noch zu betrachten, wie ein Fürst sich gegenüber seinen Untertanen oder seinen Freunden verhalten soll. [...] Denn zwischen dem Leben, wie es ist und wie es 5 sein sollte, ist ein so gewaltiger Unterschied, dass, wer das,

Die Welt im Umbruch

was man tut, aufgibt für das, was man tun sollte, eher seinen Untergang als seine Erhaltung bewirkt; ein Mensch, der
immer nur das Gute tun wollte, muss zugrunde gehen unter
10 so vielen, die nicht gut sind. Daher muss ein Fürst, der sich
behaupten will, auch imstande sein, nicht gut zu handeln
und das Gute zu tun und zu lassen, wie es die Umstände
erfordern. [...]
Inwieweit die Fürsten ihr Wort halten sollen:
15 Wie rühmlich es für einen Fürsten ist, die Treue zu halten,
und redlich, ohne Falsch, zu leben, sieht jeder ein. Nichtsdestoweniger lehrt die Erfahrung, dass gerade in unseren
Tagen die Fürsten Großes ausgerichtet haben, die es mit
der Treue nicht genau nahmen und es verstanden, durch
20 List die Menschen zu umgarnen; und schließlich haben sie
die Oberhand gewonnen über die, welche es mit der Recht-
lichkeit hielten. Man muss nämlich wissen, dass es zweier-
lei Waffen gibt: die des Rechtes und die der Gewalt. Jene
sind dem Menschen eigentümlich, diese den Tieren. Aber
25 da die ersten oft nicht ausreichen, muss man gelegentlich
zu den andern greifen. Deshalb muss ein Fürst verstehen,
gleicherweise die Rolle des Tieres und des Menschen
durchzuführen. [...]
Ein kluger Fürst kann und darf demnach sein Wort nicht
30 halten, wenn er dadurch sich selbst schaden würde, oder
wenn die Gründe weggefallen sind, die ihn bestimmten, es
zu geben. Wenn alle Menschen gut wären, wäre diese Vor-
schrift nicht gut; da sie aber schlecht sind und dir die Treue
nicht halten würden, brauchst du sie ihnen auch nicht zu
35 halten. Auch hat es einem Fürsten noch nie an rechtsmäßi-
gen Gründen gefehlt, um seinen Wortbruch zu beschönigen.
Man könnte hierzu unzählige Beispiele aus neuerer Zeit anführen und zeigen, wie viele Friedensverträge und Versprechungen eitel und nichtig geworden sind durch die Treulo-
40 sigkeit der Fürsten; und wer am besten verstanden hat, den
Fuchs zu spielen, ist am besten weggekommen. Man muss
nur verstehen, der Fuchsnatur ein gutes Ansehen zu geben,
und ein Meister sein in Heuchelei und Verstellung: Denn die
Menschen sind so einfältig und gehorchen so leicht dem
45 Zwang des Augenblicks, dass ein Betrüger stets einen finden
wird, der sich betrügen lässt. [...] So muss der Fürst Milde,
Treue, Menschlichkeit, Redlichkeit und Frömmigkeit zur
Schau tragen und besitzen, aber wenn es nötig ist, imstande
sein, sie in ihr Gegenteil zu verkehren. [...]
50 Jeder sieht, was der Fürst zu sein scheint, nur wenige können mit Händen greifen, was er ist, und diese wenigen wa-

gen nicht, der Meinung der Menge entgegenzutreten, die
obendrein die Majestät des Staates auf ihrer Seite hat. Zudem beurteilt man die Taten der meisten Menschen, und
insbesondere der Fürsten, die keinen Richter über sich ha- 55
ben, nach dem Erfolg. Ein Fürst braucht nur zu siegen und
seine Herrschaft zu behaupten, so werden die Mittel dazu
stets für ehrenvoll gelten und von jedem gepriesen werden.
Denn der Pöbel lässt sich durch den Augenschein und den
Erfolg bestechen, und in der Welt gibt es nur Pöbel – die 60
wenigen richten nichts aus, wenn die Menge einen Rückhalt
hat.

Zit. nach: K.-H. Neubig, Renaissance und Reformation 1350–1648, Eben-
hausen 1962, S. 22 ff.

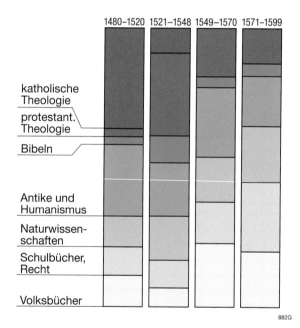

M 9   **Die Entwicklung der Strassburger Buchproduktion
im 16. Jahrhundert**

M 10   **Europa und die Öffnung der Welt**

*Der Historiker Hermann J. Hiery geht in einem Aufsatz
von 2008 der Frage nach, warum die „Öffnung der Welt"
von Europa ausging:*

Das, was wir heute als Globalisierung bezeichnen, war historisch eine durch Europäer hervorgerufene Entwicklung.
[...] Was prädestinierte die Europäer eher als andere dazu,

aufzubrechen und die Grenzen ihrer vertrauten Umgebung zu verlassen? Meiner Meinung nach war es nicht eine spezifisch europäische Rationalität, die ich – jedenfalls für das 15. Jahrhundert – nicht erkennen kann. Der Beginn der europäischen Expansion ist vorreformatorisch, und die wichtigsten Repräsentanten der europäischen Ausbreitung nach Übersee sind bis zum Ende des 16. Jahrhunderts katholisch. Auch kann ich nicht sehen, dass die geografische Lage Europas im Vergleich etwa mit Süd- oder Ostasien für eine maritime Expansion günstiger gewesen wäre. Im Gegenteil, außerhalb des mare nostrum der Italiener und der Baltischen Binnensee und jenseits der britisch-irischen Inseln lag westwärts nur das weite Meer – ohne die für Ostasien nach Süden und Osten typischen vorgelagerten Inseln, die ein – zumindest theoretisch denkbares – Islandhopping ermöglicht hätten. […] Meines Erachtens sind es im Kern sechs europäische Besonderheiten, deren Zusammenwirken die Potenz wie die Potenzialität der Europäer erhöhten, sich anders zu verhalten und verhalten zu können als andere Ethnien.

Der erste Punkt: Es gab Europäer, aber es gab keine Asiaten, keine Afrikaner, erst recht keine Amerikaner. Zwar war die Geschichte Europas voll von kriegerischen Auseinandersetzungen, aber es existierte doch ein besonderes Bewusstsein einer gemeinsamen Identität, das in allen anderen Kontinenten nicht vorhanden war. Es gab die Vorstellung des christlichen Abendlandes – noch einmal: der Beginn der europäischen Expansion ist vorreformatorisch –, es gab eine gemeinsame Sprache der intellektuellen Elite, es gab – jedenfalls 1492 noch – ein gemeinsames religiöses Zentrum. Vor allem aber gab es einen stetigen Austausch unter- und miteinander. Das enge Zusammenleben verschiedener Ethnien und Kulturen […] führte zu einer permanenten Konkurrenzsituation, die Europa zu einem idealen Experimentierfeld machte und ein systematisches voneinander Lernen ermöglichte. […] Anders ausgedrückt: Die Europäer waren einander hinreichend ähnlich, um solche Unternehmungen nicht von vornherein als singuläre oder zufällige Erscheinungen enden zu lassen. Andererseits waren sie doch wieder untereinander so unterschiedlich, dass ein stetiger Konkurrenzdruck unumgänglich notwendige Innovationen begünstigen konnte.

Zweitens: Fremderfahrung war in Europa ein zwar nicht alltägliches, aber doch regelmäßiges, immer wieder vorkommendes, ein vertrautes Phänomen. In China, selbst in großen Teilen Indiens, waren die Gelegenheiten, fremde Kulturen und Ethnien wahrzunehmen, eher die Ausnahme; in Europa waren sie die Regel. Das gilt zuvorderst für die politische Elite. Seit den Griechen und Römern begünstigte die Heiratspolitik der europäischen Elite Eheschließungen mit Fremden zum Zwecke politischer Bündnisse. Dies ist keine europäische Erfindung. […] Dazu kommt, dass auch die scheinbar abgelegensten Regionen Europas keine völlig isolierten Landschaften darstellten, die sich dem Austausch hätten verweigern können. […] Fremderfahrung wie Konkurrenzdenken war also in Europa normal. Sicherlich gab es auch hier Fremdenfeindlichkeit, aber vielleicht war die Angst vor dem Fremden – als Sache und als Person – hier weniger stark ausgeprägt als anderswo.

Drittens: Europa verfügte über ein moderates Klima, wichtiger noch: Das Leben des Alltags war von den sich ändernden Jahreszeiten, von dem Bewusstsein der sich ändernden Jahreszeiten geprägt. Vorratshaltung war notwendig, um überleben zu können. Im Gegensatz etwa zu tropischen Gesellschaften führte die Vorratshaltung zu einer über Jahrhunderte angelegten Begünstigung langfristiger Planung im Leben des Einzelnen, der Familie, des Dorfes oder der Stadt. Diese durch das Klima begünstigte Entwicklung einer besonderen Verhaltensweise, eben jener positiven Grundhaltung gegenüber einer längerfristigen Planung, mag ein Ausgangspunkt für die Entwicklung hin zur heute charakteristischen europäischen Überbetonung der Vernunft gegenüber emotional-sinnlichen Fähigkeiten gewesen sein.

Viertens: Europa und die Europäer waren, wie immer wieder bemerkt worden ist, mehr als andere durch einen ausgeprägten Individualismus gekennzeichnet. Privatbesitz war in allen europäischen Ländern und unter allen europäischen Ethnien weit verbreitet. Besitz konnte akkumuliert werden und den Status des Einzelnen in der Gesellschaft positiv beeinflussen. Anreize zur Vermehrung von Individualbesitz waren vorhanden. Zudem war abweichendes Verhalten nicht von vornherein und prinzipiell negativ besetzt. Es war an Erfolg geknüpft. […] Abweichendes Verhalten scheint in individualisierten Gesellschaften eher möglich zu sein als in stärker gemeingesellschaftlich ausgerichteten. Dass sich die Vorstellungen von Außenseitern durchsetzen können – wenn auch bezeichnenderweise häufig eben nicht der Außenseiter als Person – dafür scheint mir eine individualisierte Gesellschaft eine Conditio sine qua non [hier: notwendige Bedingung] zu sein. Und die Geschichte Europas ist nicht zuletzt auch eine Geschichte von Außenseitern. […]

Fünftens: Europa ist eine an landwirtschaftlichen Ressourcen eher arme Region. […] Zu wenig fruchtbare Ackerböden machten die Europäer abhängig vom Handel,

Die Welt im Umbruch

machten sie prinzipiell aufgeschlossen gegenüber Kontakt, gegenüber dem Austausch von Produkten und Ideen, gegenüber Neuerungen, die eine Verbesserung ihrer Lebenssituation versprachen. Über Jahrhunderte war Euro-
105 pa weniger der Kontinent der Erfindungen, sondern das Eldorado der Aneignung, der Imitation, der Nachahmung, der Verbesserung fremder, nichteuropäischer Erfindungen. Die aus meiner Sicht ebenfalls typisch europäische Überbetonung utilitaristischen Denkens mag ebenso aus
110 einer gewissen Notwendigkeit, sich in einer Umwelt, in der Milch und Honig eben nicht flossen, behaupten zu müssen, gespeist sein. Dieser europäische Utilitarismus hat – bei allen negativen Folgen, die wir heute nur zu deutlich sehen – zweifellos die Europäisierung der Welt befördert.
115 Die Hoffnung auf bessere Lebensumstände trieb aber nicht nur einzelne „Entdecker" über See, sondern Hungersnöte, Pauperisierung, generell soziale und ökonomische Missstände, waren Grundlagen einer europäischen Massenexpansion, die bis zur Mitte des 20. Jahrhunderts
120 beispiellos dasteht. […]
Schließlich sechstens: die Bedeutung des Christentums, der europäischen Religion oder, besser gesagt, der Religion der Europäer. […] Das Christentum war und ist eine Religion, in der der Glaube an den einen Erlöser die Angst vor dem
125 übernatürlich Bösen überwindet, zumindest überwinden

kann. Die Furcht vor dem übernatürlich Bösen, dem man außerhalb der bekannten Umwelt überall schutzlos ausgesetzt ist, war vielleicht nicht bei allen, aber doch bei vielen nichteuropäischen Ethnien – so sehr sich auch diese ansonsten voneinander unterschieden haben mögen – als 130 gemeinsames Weltbild anzutreffen und konstitutiv für eine mangelnde Bereitschaft, sich dem Unbekannten auszusetzen. Wer generell durch Angst vor der Fremde und dem Fremden gekennzeichnet ist, neigt wenig dazu, dieses Unbekannte dann aufzusuchen und zu „entdecken". […] Erst 135 durch die Freiheit des christlichen Glaubens konnte sich die menschliche Neugierde, die bislang von der Furcht des Aberglaubens in Schranken gehalten wurde, ungehemmt entwickeln bis hin zu einer regelrechten Wissbegierde. Voraussetzung für das Inangriffnehmen (und Weiterführen) 140 der Expedition war […] keineswegs, dass die Europäer von Angst frei gewesen wären. Das war sicherlich nicht der Fall. Auch wird hier nicht behauptet, es habe unter Europäern, gerade auch den christianisierten, keinen Aberglauben gegeben. Entscheidend war, dass der Anführer des Unterneh- 145 mens seine eigenen Ängste mit Gottvertrauen überwinden und diese göttliche Zuversicht seinen Männern weitergeben konnte.

Hermann Hiery, Europa und die Öffnung der Welt, in: Geschichte für heute 1/2008, S. 42–48.

Aufgaben

1. **Die Welt im Umbruch**
   a) Erläutern Sie in Form eines Lexikonartikels das humanistische Bildungsideal beziehungsweise die neue geistige Einstellung.
   b) Erklären Sie die Bedeutung, die dem Buchdruck bei der Überwindung des Mittelalters zukam.
   c) Charakterisieren Sie die politische Moral, die der Begriff „Machiavellismus" umfasst. Recherchieren Sie, in welchen Kontexten der Begriff mittlerweile überall Verwendung findet, und diskutieren Sie diese Verwendungsarten.
   d) Stellen Sie in einer Tabelle die Voraussetzungen dar, die gemäss M10 für das Ausgreifen Europas nach Übersee notwendig waren.
   e) Diskutieren Sie, inwiefern im 16. Jahrhundert die Grundlagen für einen Prozess gelegt wurden, den man aus heutiger Sicht als Beginn der Globalisierung bezeichnet.

↷ Text, M1 – M10

Interpretation von schriftlichen Quellen – ein Beispiel

Ohne das Studium von Quellen keine Geschichte. Das heisst, um eine Geschichte erzählen zu können, muss man die Quellen zu dem historischen Sachverhalt erschliessen und interpretieren.

Schritte zur Interpretation von schriftlichen Quellen

1. Schritt: Eine Quelle erschliessen und die Inhalte wiedergeben

a) Die Quelle kritisch und thematisch erschliessen:
Die quellenkritische Analyse betrifft die äussere Beschreibung der Quelle. Sie ist erforderlich, um den Inhalt der Quelle besser einordnen und verstehen zu können. Die Quellenkritik bildet damit die Grundlage für die Interpretation der Quelle. Bei der quellenkritischen Analyse werden folgende Aspekte untersucht:

- Autorin bzw. Autor,
- Adressat(en) und deren Bezug zur Autorin/zum Autor,
- Zeitpunkt der Entstehung und der Veröffentlichung der Quelle (dies kann, wie bei einer Parlamentsrede, der gleiche Zeitpunkt sein, bei aus dem Nachlass veröffentlichten Briefen liegen beide Zeitpunkte weit voneinander entfernt),
- Anlass der Entstehung und Absicht, mit der der Text geschrieben wurde, z. B. informierend, argumentierend, appellierend, normierend, unterhaltend,
- Gattung der Quelle: Je nach Aufgabenstellung mag es nicht nötig sein, dies in aller Breite auszuführen, ggf. reicht ein Einleitungssatz. Für die weitere Betrachtung ist es aber enorm wichtig, diese Punkte verstanden zu haben.
- ggf. Stil: z.B. sachlich, ironisch, diffamierend.

Hinzu kommen die inhaltlichen Aspekte:

- Thema der Quelle,
- Intention der Quelle,
- Kernaussage der Quelle.

Formulierungshilfen:
Die Quelle erschien zuerst … Bei der Quelle handelt es sich um … Der Autor thematisiert in der Quelle … Er behandelt das Problem/die Frage … Die Autorin setzt sich mit dem Problem auseinander, inwiefern … Die Quelle richtet sich an Leser, die … Die zentrale These ist, dass … Die Autorin spricht sich dafür aus, dass … Die Quelle dient vor allem der Information … Der Autor spricht sich eindeutig dafür aus, … Die Leserinnen und Leser sollen dazu bewogen werden, … Der Autor appelliert an die Leser, … Die Autorin will mit ihrem Text erreichen, …

b) Den Gedankengang und den Inhalt der Quelle strukturiert wiedergeben:
Bei der strukturierten Wiedergabe der Quelle geht es darum, ihren Inhalt und ihren Gedankengang (Argumentationsstruktur) zu beschreiben. Sowohl der Konjunktiv als auch spezielle Formulierungen dienen dazu, sich vom Text zu distanzieren. Der Gedankengang lässt sich mit Verben verdeutlichen, die die sprachlichen Handlungen des Autors bezeichnen. Bei der Darstellung des Gedankengangs werden zugleich die Inhalte der Quelle in eigenen Worten wiedergegeben.

Formulierungshilfen:
Der Autor stellt einleitend eine These auf … er schildert einen besonderen Moment, um … Anschliessend geht sie darauf ein … zählt auf … bestreitet … weist zurück … entgegnet … kritisiert … präzisiert … präsentiert … stellt vor … kommt zu dem Schluss … erklärt die Ursachen … beurteilt … fasst zusammen … verurteilt … appelliert …

2. Schritt: Die Quelle erläutern

Zum besseren Verständnis der Quelle ist es oft erforderlich, historische Hintergründe zu erläutern. Das können in der Quelle erwähnte Meinungen, Absichten, Sachverhalte und Ereignisse sein, die in einen historischen Kontext einzuordnen sind.

Formulierungshilfen:

Die Vorstellungen des Autors über … sind zu seiner Zeit allgemein bekannt/ungewöhnlich. Seine Aussagen über die wirtschaftliche/politische/gesellschaftliche/kulturelle Situation beziehen sich auf … Um seine Aussagen über … zu verstehen, muss man wissen, dass … Die Haltung des Autors, wie sie in Zeile xy deutlich wird, wird begründet durch … das Ereignis X scheint den Autor sehr beeinflusst zu haben (vgl. Z. y) … Der Autor wusste noch nicht, dass …

3. Schritt: Die Quelle unter einer bestimmten Fragestellung beurteilen/bewerten

Eine Quelle wird immer unter einer bestimmten Fragestellung interpretiert. Vor dem Hintergrund dieser Frage werden die bisherigen Ergebnisse der Quellenanalyse, die Aussagen, Auffassungen und Intentionen der Quelle kritisch überprüft. Dabei setzt man sich in der Regel mit der Intention und Kernaussage der Quelle abwägend auseinander, z. T. um sie auf einen anderen, ggf. heutigen Umstand zu beziehen. Die Ergebnisse dieser Deutung werden in einem Fazit zusammengefasst.

Ein Beispiel für die Interpretation schriftlicher Quellen

Aufgabenstellung

1. Geben Sie den Gedankengang und den Inhalt der Quelle strukturiert wieder. Gehen Sie dabei auf die Quellenart ein. (Schritt 1)
2. Erläutern Sie die politischen Ausführungen des Autors. (Schritt 2)
3. Bewerten Sie seine Ausführungen sowohl nach zeitgenössischen als auch nach heutigen Massstäben. (Schritt 3)

M 11 **Über die Würde des Menschen**

Der italienische Philosoph Giovanni Pico della Mirandola (1463-1494) veröffentlichte 1486 folgenden Text als Einleitung seiner Sammlung von 900 philosophischen und theologischen Thesen. Die Thesen sollten auf einem vom Autor geplanten Gelehrtenkongress in Rom diskutiert werden, der jedoch am Widerstand des Papstes scheiterte:

Bereits hatte Gott-Vater, der höchste Baumeister, dieses irdische Haus der Gottheit, das wir jetzt sehen, diesen Tempel des Erhabensten, nach den Gesetzen einer verborgenen Weisheit errichtet. Das überirdische Gefilde hatte er mit
5 Geistern geschmückt, die ätherischen Sphären hatte er mit ewigen Seelen belebt, die materiellen und fruchtbaren Teile der unteren Welt hatte er mit einer bunten Schar von Tieren angefüllt. Aber als er dieses Werk vollendet hatte, da wünschte der Baumeister, es möge jemand da sein, der die
10 Vernunft eines so hohen Werkes nachdenklich erwäge, seine Schönheit liebe, seine Größe bewundere. […]
Daher ließ sich Gott den Menschen gefallen als ein Geschöpf, das kein deutlich unterscheidbares Bild besitzt, stellte ihn in die Mitte der Welt und sprach zu ihm: „Wir
15 haben dir keinen bestimmten Wohnsitz noch ein eigenes

Gesicht, noch irgendeine besondere Gabe verliehen, o Adam, damit du jeden beliebigen Wohnsitz, jedes beliebige Gesicht und alle Gaben, die du dir sicher wünschst, auch nach deinem Willen und nach deiner eigenen Meinung haben und besitzen mögest. Den übrigen Wesen ist ihre Natur 20 durch die von uns vorgeschriebenen Gesetze bestimmt und wird dadurch in Schranken gehalten. Du bist durch keinerlei unüberwindliche Schranken gehemmt, sondern du sollst nach deinem eigenen freien Willen, in dessen Hand ich dein Geschick gelegt habe, sogar jene Natur dir selbst 25 vorherbestimmen. Ich habe dich in die Mitte der Welt gesetzt, damit du von dort bequem um dich schaust, was es alles in dieser Welt gibt. Wir haben dich weder als einen Himmlischen noch als einen Irdischen, weder als einen Sterblichen noch einen Unsterblichen geschaffen, damit du 30 als dein eigener, vollkommen frei und ehrenhalber schaltender Bildhauer und Dichter dir selbst die Form bestimmst, in der du zu leben wünschst. Es steht dir frei, in die Unterwelt des Viehes zu entarten. Es steht dir ebenso frei, in die höhere Welt des Göttlichen dich durch den Entschluss dei- 35 nes eigenen Geistes zu erheben.

Zit nach: Nicolette Mout: Die Kultur des Humanismus, München (C. H. Beck) 1998, S. 30 f.

Interpretation von historischen Karten – ein Beispiel

Der Umgang mit Karten ist für die Arbeit eines Historikers von zentraler Bedeutung. Dabei wird zwischen Geschichtskarten und historischen Karten unterschieden. Geschichtskarten stellen die räumlichen Verhältnisse der Vergangenheit dar. Sie sind in der (weiter gefassten) Gegenwart erstellt worden, sind das Ergebnis historischer Forschung und haben ein historisches Thema. Als historische Karten bezeichnet man hingegen Karten, die in der Vergangenheit entstanden sind. Diese Karten wurden nicht zwangsläufig von Historikern erstellt und müssen auch nicht unbedingt ein historisches Thema behandeln. Im Folgenden geht es um die Interpretation mittelalterlicher, also historischer Karten.

Schritte zur Interpretation von historischen Karten

1. Schritt: Eine historische Karte beschreiben

a) Die Karte erschliessen:
Wie bei einer schriftlichen Quelle, so steht auch bei der Interpretation einer historischen Karte die äussere Beschreibung am Anfang, damit man die Karte historisch einordnen und verstehen kann. Man schafft sich so eine Basis zur Deutung der Karte. Bei der Analyse einer historischen Karte werden folgende Aspekte untersucht:

- Hersteller der Karte,
- mögliche Auftraggeber und/oder Adressat(en),
- Zeitpunkt der Entstehung und der Veröffentlichung der Karte,
- Grösse der Karte
- Massstab der Karte, Einteilungen in Gradnetze, Legenden der Karte,
- Ausrichtung der Karte,
- Kartentyp (z. B. Weltkarte, mittelalterliche T-O-Karte),
- Aufbau der Karte,
- Kernaussage, Funktion oder zentrale Botschaft der Karte (Weltbild).

b) Die Inhalte der Karte strukturiert beschreiben:
Bei der strukturierten Beschreibung werden die Inhalte der Karte dargestellt. Dabei ist es wichtig, genau darzulegen, welchen Bereich der Karte man wiedergibt. Man kann etwa zuerst die Länder, dann – wenn vorhanden – die Symbole und Motive und schliesslich die Texte auf der Karte beschreiben. Wichtig ist, dass man die Karte geordnet beschreibt, so kann man mit dem Zentrum der Karte beginnen und die Karte von innen nach aussen untersuchen. Eine weitere Möglichkeit besteht darin, die Karte in verschiedene Bereiche einzuteilen oder vorhandene Einteilungen wie Klimazonen, Gradnetze oder Kontinente zu übernehmen, um dann die Inhalte wiederzugeben. Ebenfalls sinnvoll kann eine Beschreibung der Karte den Himmelsrichtungen folgend sein. Dabei sind stets zentrale Besonderheiten und Hervorgehobenes wie Länder, Städte, Symbole, Personen, Ereignisse zu benennen. Ausserdem kann man auch auf Fehlendes, Ungenaues oder Erfundenes hinweisen.

2. Schritt: Die Karte erläutern

Zum besseren Verständnis der Karte ist es notwendig, ihre Besonderheiten zu erläutern. Dazu gehört, dass man die Funktion und den Aufbau der Karte erklärt, auf die Symbole und Motive eingeht und vor dem Hintergrund des Weltbildes des Herstellers deutet.

3. Schritt: Sich mit der Karte unter einer bestimmten Fragestellung auseinandersetzen

Zu einer Interpretation gehört eine bestimmte Fragestellung und angesichts dieser Frage werden die bisherigen Ergebnisse der Kartenanalyse kritisch überprüft. Die Ergebnisse dieser Deutung werden in einem Fazit zusammengefasst.

Formulierungshilfen für die Analyse einer Karte:
Die Karte wurde zuerst veröffentlicht … Aufgrund der Anordnung der Kontinente handelt es sich bei der Karte um … Im Zentrum der Karte steht … Folgende Kontinente sind zu erkennen … Der Hersteller zeichnet seine Landschaften massstabsgetreu/nicht massstabsgetreu … Der Zeichner sagt mit seiner Karte aus … Die Funktion der Karte besteht darin, … Das Weltbild der Karte besagt, dass … Ich gehe zunächst auf die Darstellung Europas ein … Bei der Darstellung des amerikanischen Kontinents fällt auf, dass … Am Rand der Karte befinden sich …

Ein Beispiel für eine Interpretation von historischen Karten

Aufgabenstellung:
1. Beschreiben Sie die Karte (Schritt 1).
2. Erläutern Sie den Unterschied dieser Karte zu modernen Weltkarten (Schritt 2).
3. Überprüfen Sie, inwiefern sich Form und Inhalt der Kartendarstellung vom mittelalterlichen Weltbild abgrenzen lassen (Schritt 3).

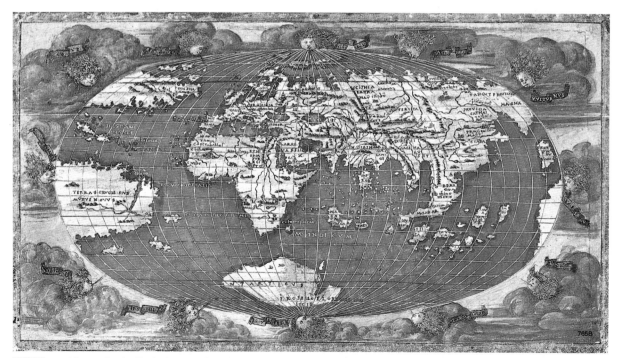

M 12 Weltkarte des italienischen Kupferstechers Francesco Rosselli (1445-1513), ca. 1508

Die frühen Kartenzeichner standen vor dem Problem, die Kugelgestalt der Erde auf eine Fläche zu projizieren. Auf der abgebildeten Karte wurden die Breitengrade geradlinig gezeichnet. Die ovale Darstellung des Globus stellt aber eine kartografische Neuerung dar.

Kaiser und Reich

Reichsreform

Das Heilige Römische Reich Deutscher Nation, dem bis 1648 auch die Eidgenossenschaft angehörte, existierte in der Gestalt eines lockeren Gefüges von relativ selbstständigen Territorien. Die aus dem Mittelalter ererbte Schwäche des Fehlens einer durchgreifenden Zentralgewalt liess im 15. Jahrhundert den Ruf nach einer Reform des Reiches immer lauter werden.

Die „Reformatio Sigismundi" (1439) von einem unbekannten Verfasser sowie die Denkschrift eines der grössten Gelehrten des Spätmittelalters, Nikolaus von Kues (1401–1464), brachten den volkstümlichen Wunsch nach Schaffung einer Gewalt, die über den einzelnen Territorien steht, zum Ausdruck.

Das Reich wurde politisch geprägt durch den Dualismus von Kaiser und den Reichsständen (Kurfürsten, Fürsten und Städte), die über ein abgestuftes Mitwirkungsrecht verfügten. Die „Goldene Bulle" von 1356, eine Urkunde mit verfassungsmässigem Rang, hatte das Wahlkönigtum beziehungsweise Mitkönigtum der Kurfürsten festgeschrieben. Der König (Kaiser) konnte aus eigener Machtvollkommenheit in Reichsangelegenheiten nicht tätig werden. Er besass keine konkreten Zwangsmittel, und es fehlten sowohl die finanzielle Basis (Steuern) als auch Reichsheer und Beamtenapparat. Für Steuerbewilligung, Kriegserklärungen und Gesetzgebung war der Reichstag als höchstes Reichsorgan zuständig. Diese Einrichtung erwies sich in ihrer Arbeitsweise als schwerfällig. Praktisch waren Mehrheitsentscheidungen gegen den Willen starker Reichsfürsten nicht durchsetzbar. Zudem achteten die Reichsstände argwöhnisch darauf, dass der Kaiser nicht zu

M 1 Die Ordnung der Reichsstände

Das „Heilige Römische Reich mit seinen Gliedern", Holzschnitt von Hans Burgkmair d. Ä., 1511.

Idealisierte Darstellung des Reichsaufbaus: Das Kruzifix mit dem doppelköpfigen Reichsadler versinnbildlicht den christlichen Charakter des Reiches. Am Gefieder befinden sich die Wappen der Reichsstände.

viel Macht in seinen Händen konzentrierte. Reale Macht besass der Kaiser also nur in den Gebieten, in denen er selbst Landesherr war. Folglich hat man das Reich treffend als eine „Aristokratie mit monarchischer Spitze" bezeichnet.

Eine Folge der Zersplitterung des Reiches in den vielzitierten „Flickenteppich" war die Unregierbarkeit sowohl nach innen als auch nach aussen. Nach innen spitzte sich die Situation dadurch kritisch zu, dass die Zahl der Fehden und damit einhergehend die Rechtsunsicherheit im Reich immer mehr zunahmen. Unter aussenpolitischen Vorzeichen bewirkte das Fehlen einer echten Zentralgewalt einen Machtverlust auf europäischer Ebene.

Während der Regierungszeit Maximilians I. (1486–1519) verstärkte sich der Reformdruck. Auf Initiative des Mainzer Erzbischofs Berthold von Henneberg (1441–1504) wurden, vor allem auf dem Reichstag zu Worms (1495), mehrere Beschlüsse gefasst, mit denen die Auseinanderentwicklung des Reiches gebremst werden sollte:

- Die Verkündigung eines „Ewigen Landfriedens" zielte auf die Aufhebung des Fehderechts ohne zeitliche Begrenzung.
- Die Einrichtung eines Reichskammergerichts war mithin notwendig, um Rechtsstreitigkeiten in geordnete rechtsförmige Bahnen zu lenken. Allerdings haben Geldnot und mehrfacher Ortswechsel die Wirksamkeit des Gerichts eingeschränkt.
- Ein „Gemeiner Pfennig" als Reichssteuer sollte dem Reich eine eigene Finanzquelle erschliessen. Diese Reformmassnahme erwies sich unter anderem deshalb als wenig erfolgreich, weil das Reich nicht über einen eigenen Verwaltungsapparat verfügte, der die Steuer hätte einziehen können.

M 2 Heiliges Römisches Reich Deutscher Nation im 16. Jahrhundert

- Als neue organisatorische Einheiten wurden sogenannte Reichskreise geschaffen, denen die Aufgabe zukam, das Fehdeverbot durchzusetzen, Steuern einzuziehen und Truppenkontingente zu stellen. Die Reichskreise konnten sich als feste Einrichtung nicht behaupten.
- Ein Kernstück der Reichsreform stellte das Reichsregiment dar, eine neue Reichsgewalt. Dem Regierungskollegium, das unter dem Vorsitz des Königs tagte, gehörten Kurfürsten und Vertreter der Reichskreise an. Auch diesem Organ war keine Dauerhaftigkeit beschert; Maximilian I. nutzte die erste Gelegenheit, um diese Reform rückgängig zu machen.

Scheitern der Reichsreform

Die Versuche, das Reich auf eine organisatorisch solidere Grundlage zu stellen, scheiterten. Weder der König noch die Stände vermochten sich durchzusetzen. So blieb es beim „Dualismus" von Kaiser und Reichsständen. Die politische Schwäche des Reiches wurde nicht überwunden. Eine frühmoderne Staatsbildung in Form des Nationalstaates kam nicht zu Stande.

Während zum Beispiel in England, Frankreich und Spanien Staat und Nation zusammenwuchsen, blieb das Reich in Territorialstaaten zerteilt. Die Reformation vertiefte diese Spaltung. Nunmehr entfiel auch das einheitliche Christentum als geistige Klammer. Vor allem im Zeitalter der Konfessionalisierung (16. und 17. Jahrhundert) standen sich protestantische und katholische Reichsstände feindlich gegenüber. Das Reich vermochte seinen übernationalen beziehungsweise vorstaatlichen Charakter nicht zu überwinden. Es verlor als europäische Macht zunehmend an Bedeutung. Seine geografische Lage im Zentrum Europas im Verein mit seiner militärischen Schwäche machten es zum Schauplatz militärischer Konflikte. Das sollte sich zum Beispiel im Dreissigjährigen Krieg zeigen, als die deutschen Territorien zum Austragungsort eines europäischen Krieges wurden. Die dadurch verursachten Verwüstungen warfen die deutschen Staaten in ihrer Entwicklung um Jahrzehnte zurück. Der anschliessende Friede zu Münster und Osnabrück (1648) beglaubigte dann nur noch einen Zustand, bei dem von einer Reichseinheit keine Rede mehr sein konnte. Der Staats- und Völkerrechtler Samuel Pufendorf bezeichnete 1667 das Reich als einen „einem Monstrum gleichenden Staatskörper".

Die neuzeitliche Staatlichkeit bildete sich nicht im Reich, sondern in den Territorien. Eine Nationalstaatsbildung sollte erst im 19. Jahrhundert gelingen. Deutschland war eine „verspätete Nation".

1519 starb Kaiser Maximilian I. Um seine Nachfolge als Träger der deutschen Krone entbrannte ein Kampf zwischen dem Enkel Maximilians, Karl, und seinem Konkurrenten, dem französischen König Franz I. Mithilfe von riesigen Bestechungssummen an die deutschen Kurfürsten, die in erster Linie von den Fuggern aufgebracht worden waren, gelang es Karl, die Wahl zu seinen Gunsten zu entscheiden und als Karl V. römisch-deutscher König zu werden.

Mit Karl V. hatte der Vertreter der mächtigsten europäischen Dynastie, der Habsburger, gewonnen. Diesem Herrscherhaus war es vor allem durch geschickte Heiratspolitik sowie Erbschaften gelungen, innerhalb von wenigen Jahrzehnten Burgund mit den Niederlanden, Spanien und Ungarn-Böhmen dem österreichischen Stammland hinzuzufügen. Durch den Erwerb der deutschen Krone nahm das Habsburgerreich eine Dimension an, die den Anspruch auf ein Weltkaisertum

M 3 **Kaiser Karl V. (1500–1558)**

Gemälde, 1548. Das ganzfigurige Portrait von Karls Hofmaler Tizian zeigt den Monarchen in schwarzer Hoftracht. Die mächtige Säule, der rote Teppich und der Goldbrokat an der Wand repräsentieren die Kaiserwürde des Dargestellten.

auf den ersten Blick als gerechtfertigt erscheinen liess. Von Karls „christlichem Universalreich" hiess es in Anspielung auf die aussereuropäischen Besitzungen, dass in ihm die Sonne nicht untergehe.

Das mächtige französische Königtum sah sich durch die Niederlage im Kampf um die deutsche Krone eingekreist und herausgefordert. In den folgenden Jahrzehnten war Europa und insbesondere Italien Schauplatz eines Kampfes um die Vormacht, den weder der französische König noch das Haus Habsburg für sich entscheiden konnte. Das 16. Jahrhundert offenbarte aber bereits, dass die Zukunft dem souveränen Nationalstaat gehörte. Denn das Reich der Habsburger bildete keine territoriale Einheit, sondern bestand vielmehr aus ganz verschiedenartigen Ländern, die nur durch das Erbrecht zusammengehalten wurden. Die Sonderinteressen der Reichsteile gewannen die Oberhand, und noch zu Lebzeiten Karls V. wurde die Teilung des Reiches der Habsburger vollzogen: in eine spanische Linie mit seinem Sohn Philipp II. als König und eine österreichische mit dem Bruder Ferdinand (ab 1556 als römisch-deutscher Kaiser) an der Spitze.

Von der Landesherrschaft zum Territorialstaat

Gleichsam als Gegenbewegung zum Machtverlust des Reiches vollzog sich im 16. Jahrhundert der Aufstieg der Territorialmächte. Begünstigt durch die Schwäche des Reiches sowie durch wesentliche Zugeständnisse und Privilegien („Goldene Bulle") erhoben sich aus der territorialen Vielfalt des Reiches mittelgrosse Mächte, denen eine Festigung der Staatsgewalt gelang. Das Reich umfasste (um 1500) etwa 350 Territorien verschiedenster Art sowie über 1000 Reichsritter. Die meisten dieser politischen Einheiten waren viel zu klein, um aus eigener Kraft eine verwaltungsmässige Durchdringung und territoriale Abrundung der Herrschaft zu bewerkstelligen. Lediglich die mittelgrossen Mächte Österreich, Bayern, Kursachsen, Brandenburg sowie Württemberg und in geringerem Masse die Kurpfalz im Südwesten vermochten eine frühneuzeitliche Staatsbildung einzuleiten. Was den westeuropäischen Monarchien auf nationaler Ebene gelang, nämlich die Bildung des modernen Staates, das vollzog sich im Reich auf der Ebene der Territorien. Das Wirken der Territorialmächte richtete sich zum einen gegen die kaiserliche Reichsgewalt, zum anderen aber auch gegen die niederen Adelsgeschlechter und Städte, die sich der frühmoderne Staat einzuverleiben trachtete.

Die fürstlichen Obrigkeiten versuchten allenthalben, ein zusammenhängendes, einheitliches Territorium zu schaffen. Weit auseinander liegende Gebiete und sich bisweilen überlappende Herrschaftsansprüche hatten zuvor die Verwaltung erschwert. Auch ein geschlossener Untertanenverband hatte sich auf dieser Basis nicht herstellen lassen.

Die Kämpfe mit den selbstständigen kleinen Herrschaften gingen im Einzelnen unterschiedlich aus, aber im Wesentlichen konnte sich die Fürstengewalt durchsetzen und den Absolutismus des 17. und 18. Jahrhunderts begründen. Viele Ritter und Herrn verloren darum ihre Reichsunmittelbarkeit beziehungsweise Unabhängigkeit. Der Dualismus von Kaiser und Reich setzte sich auf territorialer Ebene als Dualismus von Landesherr und Landständen fort.

Landstände

Gerade in der Anfangsphase des modernen Staates war der Landesherr noch kein absolut regierender Herrscher, vielmehr war er auf die Zustimmung und Dienste der Grossen im Land angewiesen. Diese organisierten sich in Vertretungskörperschaften, wobei die Landtage sich im Allgemeinen aus drei Kurien zusammensetzten: Prälaten (hohe Geistlichkeit), Ritterschaft (Adel) und Städte; ausnahmsweise besassen auch Bauern die sogenannten Landstandschaften, zum Beispiel in Dithmarschen, Friesland und Tirol.

Die Landstände wurden vom Landesherrn vorzugsweise dann herangezogen, wenn fürstliche Verschuldung ein finanzielles Entgegenkommen der Stände notwendig machte. Solche Bedingungen führten auch zur Entstehung von landständischen Verfassungen, denn die Stände versuchten die Zustimmung zu ihrer finanziellen Belastung an bestimmte Mitwirkungsrechte zu knüpfen. So entstand das für den frühmodernen Staat so charakteristische Wechselspiel zwischen dem Landesherrn und den Ständen, wobei sich im 17. Jahrhundert in den meisten Territorien die Gewichte zugunsten des Landesherrn verschoben. In dem Masse, wie der Einfluss der Stände zurückgedrängt wurde, setzte sich die Tendenz zum furstlichen Absolutismus durch, wie etwa in Bayern und Brandenburg, während zum Beispiel in Württemberg die Stände nie völlig ausgeschaltet werden konnten.

Im Unterschied zum Nordosten und Süden des Reiches blieben im Südwesten viele kleine reichsunmittelbare Herrschaften erhalten: Reichsstädte (zum Beispiel Rottweil, Ulm, Esslingen, Konstanz, Reutlingen), Reichsritter, Grafen und Herrn (zum Beispiel Hohenlohe, Löwenstein, Fürstenberg, Hohenzollern, Waldburg) und geistliche Gebiete (zum Beispiel Speyer, Weingarten, St. Blasien). Ansätze zu einer Territorialherrschaft und somit zu einer Aufhebung der für den Südwesten so typischen Zersplitterung zeigten sich lediglich in Bezug auf den habsburgischen Breisgau sowie die Kurpfalz, die Markgrafschaft Baden und am deutlichsten in Bezug auf Württemberg, das seit 1495 Herzogtum war. Den württembergischen Landesherrn war es gelungen, durch Zukauf, Krieg, Öffnung von Burgen sowie Durchsetzung der Primogenitur eine territoriale Geschlossenheit und eine Verbreiterung der Besitzbasis herzustellen.

M 4 Der „Königsstuhl" bei Rhens

Hier trafen sich „nach altem Herkommen" die vier rheinischen Kurfürsten. Hier wählten sie 1346 Karl, 1400 Ruprecht zum römisch-deutschen König. 1376 trug Kaiser Karl IV. dem Treffpunkt durch Errichtung eines achteckigen steinernen „Gestühls" Rechnung, das bis zum Anfang des 16. Jahrhunderts den Einfluss des obersten Reichsstandes gegenüber dem König deutlich machte. [...]

Heute oberhalb der ursprünglichen Lage wieder aufgebaut, ist der „Königsstuhl" ein Denkmal fürstlicher Mitbestimmung.

Kaiser und Reich

M 5   Wahlkapitulation Karls V. (1519)

Zusage des gewählten Königs an die Kurfürsten:

Dieweil uns die Kurfürsten zu einem Römischen König erwählt, so haben wir uns gegen sie und das heilige Reich
verschrieben: Dass wir die Römische Kirche, den Stuhl zu
Rom und das Heilige Römische Reich treulich schützen und
5 schirmen sollen und wollen. Dass wir die Kurfürsten bei
ihren Freiheiten und innehabenden Gütern bleiben lassen
und ihnen die konfirmieren sollen. Dass wir die Goldene
Bulle und andere Ordnung, durch Kurfürsten und Stände
des Reichs auf gehaltenen Reichstagen aufgerichtet, hal-
10 ten, handhaben und vollziehen sollen und wollen und sie,
wo nötig, mit den Ständen des Reichs helfen bessern. Dass
wir Frieden und Recht im Reiche handhaben und halten
wollen. Dass wir auch dem Recht und was geurteilt ist seinen gestreckten Lauf lassen und nichts dawider ausgehen
15 lassen sollen. Dass wir die Ämter an unserm Hof und im
Reich mit Deutschen, die von Adel, und mit Leuten, die
fromm, redlich und von gutem Herkommen sind, besetzen
sollen und wollen. Dass wir uns gegen die deutsche Nation
keiner andern Sprache denn Deutsch oder Latein zu schrei-
20 ben gebrauchen wollen. Dass wir nichts vom Heiligen Reich
ohne der Kurfürsten Rat und Bewilligung versetzen oder
hingeben sollen. Dass wir, was vom Reich genommen, nach
unserm Vermögen wieder zum Reich bringen wollen. Dass
wir Dienstgeld und Leihungen, so auf des Reichs Renten
25 verschrieben sind, abschaffen wollen, dass sie dem Reich
ledig fallen. Dass wir ohne der Kurfürsten und Stände des
Reichs Bewilligung keinen Anschlag oder gemeinen Pfennig
aufs Reich schlagen oder anlegen wollen. Dass wir ohne der
Kurfürsten Rat und Einwilligung keinen neuen Zoll geben
30 noch die alten steigern sollen. Dass wir keinen Fürsten des
Reichs strafen sollen, er sei denn zuvor mit Recht in die
Strafe erkannt. Dass wir ohne unserer Kurfürsten Miter-
kenntnis keinen Fürsten in die Acht tun wollen. Dass wir uns
so förderlich wie möglich in die deutsche Nation erheben,
35 die römische königliche Krone empfangen und den ersten
Hof zu Nürnberg halten sollen, auch zur Erlangung der kaiserlichen Krone möglichen Fleiß anwenden wollen. Dass wir
auch, so viel möglich, unsern Aufenthalt und Hof den mehrern Teil des Jahres in deutscher Nation haben und halten
wollen. Dass wir bei dem Stuhl zu Rom darauf dringen, dass 40
die Konkordate[1] wieder ins Wesen kommen, dazu uns die
Kurfürsten helfen sollen. Dass wir keine Versammlung im
Reich erfordern und ausschreiben, auch kein Kriegsvolk
sammeln sollen, ohne der Kurfürsten Rat, Wissen und Einwilligung. [...]   45

1 Vereinbarung zwischen dem Hl. Stuhl und einem Staat

Zit. nach: R. Stuppenrich, Die Reformation in Deutschland, Gütersloh 1980,
S. 174 f.

M 6   Das Kaisertum Karls V.

Auffassung des kaiserlichen Kanzlers Gattinara (1521):

Sire! Da Gott, der Schöpfer, Euch die Gnade erwiesen hat,
Eure Würde über alle christlichen Könige und Fürsten zu
erhöhen, indem Er Euch zum größten Kaiser und König seit
der Teilung des Reiches Karls des Großen, Eures Vorgän-
gers, machte und Euch auf den Weg der rechtmäßigen Welt- 5
herrschaft [Monarchie] verwies, um den ganzen Erdkreis
unter einem Hirten zu vereinigen, ist es recht und billig,
dass Eure Kaiserliche Majestät sich vor der Sünde des Un-
danks hüte und den Schöpfer, den wahren Geber aller Gü-
ter, erkenne. [...]   10
Bittet Gott ohne Unterlass, von ganzem Herzen und mit
Ehrfurcht, dass Er Euch mit seiner Gnade erfüllen und solcher Art erleuchten und lenken möge, dass Ihr das Euch
verliehene Amt wohl verwalten und darüber Rechenschaft
geben könntet, zum Dienst Seiner Göttlichen Majestät, zur 15
Erhöhung Seines heiligen katholischen Glaubens und zur
Förderung der gesamten Christenheit, auf dass ihr mithilfe
und Beistand des heiligen Apostolischen Stuhles das Gut
des allgemeinen Friedens erlangen möget, der nicht anders
als durch die Kaiserliche Herrschaft erreicht werden kann. 20

Zit. nach: W. Lautemann, M. Schlenke (Hg.), Geschichte in Quellen, Renaissance, Glaubenskämpfe, Absolutismus, München 1982, S. 212

Aufgaben

1. **Kaiser und Reich**
   a) Erläutern Sie den Aufbau des Reiches und analysie-
      ren Sie die sich daraus ergebenden Probleme.
   b) Nennen Sie die Zugeständnisse, die Karl V. in seiner
      Wahlkapitulation an die Kurfürsten machte, und

   erläutern Sie, wie sich diese Zusagen bezüglich der
   Entwicklung des Reiches auswirken mussten.
   c) Charakterisieren Sie das Verständnis, das Karl V. von
      seiner eigenen Herrschaft besass.

   ↪ Text, M5 – M6

Glaubensspaltung und die Konfessionalisierung der Politik

Luther: Ablassstreit und eine neue Theologie

Thesenanschlag

Nach einer Überlieferung hat Martin Luther am 31. Oktober 1517 seine 95 Thesen gegen den Ablasshandel an die Tür der Schlosskirche zu Wittenberg geschlagen. Dieses Datum gilt heute als der historische Beginn der Reformation.

Martin Luther (1483–1546), Sohn eines Bergmanns, war 1505 dem Augustinerorden beigetreten und seit 1512 Doktor der Theologie. Mit dem Thesenanschlag trat er zum ersten Mal an die Öffentlichkeit. Was zunächst als ein kirchlicher Diskussionsbeitrag unter Gelehrten gemeint war, wurde zum Anlass einer christlichen Erneuerungsbewegung, die sehr schnell den rein theologischen Rahmen sprengte und mächtige politische Auswirkungen hatte.

Weder Luther noch seine Anhänger dachten zunächst an eine Spaltung der Kirche. Erst ein spezielles Zusammenwirken von zeitgeschichtlichen Umständen, tatkräftigen Personen und wirkungsvollen Handlungen verlieh diesem Thesenanschlag ein solches Gewicht, dass dieser Vorgang in der Gründung einer neuen Kirche und im Zerfall der kirchlichen Einheit Europas mündete.

Der Erwerb von Ablässen war seit dem Mittelalter durchaus nichts Unübliches, aber das Ablasswesen nahm im Zuge des steigenden Finanzbedarfs der Kirche mehr und mehr zu. Seit 1476 konnten Ablässe auch für Verstorbene erstanden werden. Ursprünglich war der Ablass nur als Nachlass von Kirchenstrafen beziehungsweise Bussleistungen gedacht. Es wurde aber der Eindruck erweckt, als würde er vor Fegefeuer und Höllenpein verschonen. Die Lösung von der Sünde und das Seelenheil schienen somit zumindest nach landläufiger Auffassung käuflich zu sein.

Heilsgewinn

Ausgehend von der Kritik an der Ablasspraxis entwickelte Luther in den folgenden Jahren einen anderen Weg der Heilsgewinnung, den er unter anderem in seinen drei grossen Programmschriften aus dem Jahr 1520 darstellte („An den christli-

M 1   Martin Luther als Augustinermmönch

Gemälde von Lucas Cranach dem Älteren, um 1522/24

M 2   „Die falsche und die rechte Kirche"

Lucas Cranach der Jüngere (1515-1586), ein Anhänger der Reformation, zeigt links das Abendmahl der Protestanten, dem rechts der Höllensturz der Katholiken gegenübersteht. In der Mitte der von einer Kanzel predigende Martin Luther. Holzschnitt, um 1546

„On Aplas von Rom kan man wol selig werden …"

Titelholzschnitt einer anonymen Schrift gegen den Ablasshandel, 1518

chen Adel deutscher Nation"; „Von der babylonischen Gefangenschaft der Kirche"; „Von der Freiheit eines Christenmenschen").

Luthers Ausgangspunkt war die Sündhaftigkeit des Menschen. Göttliche Gnade sei nicht durch sogenannte gute Werke (Wallfahrten, Fasten, wohltätige Stiftungen), Reliquien, Rituale, sondern nur durch den Glauben (sola fide) zu erreichen. Luther betonte, der Ablass sei kein Ersatz für ganz persönliche Busse. Er bezichtigte die Kirche falscher Versprechungen; eine „Bestechung" Gottes sei nicht möglich; Gnade sei nicht käuflich (sola gratia). Priester und Papst hätten nicht das Recht der Sündenvergebung; Erlösung werde allein durch das Opfer Christi ermöglicht (solus Christus). Luther berief sich bei seiner Theologie nicht auf die kirchliche Tradition, sondern auf die Autorität der Bibel, die für ihn entscheidend war (sola scriptura).

Das Revolutionäre dieser theologischen Konzeption bestand darin, dass die katholische Kirche als Heilsanstalt in Frage gestellt wurde. Der Vorrang der Kirche basierte ja auf der Verwaltung der Gnadenmittel. Da Luther den Glauben verinnerlichte, ihn von allen äusseren Formen der sichtbaren und messbaren Frömmigkeit befreite, machte er ihn gleichsam zu einer Privatsache zwischen dem einzelnen Gläubigen und Gott. Die Kirche als Institution zumindest in der bestehenden Form war somit nicht mehr notwendig. Mit der fehlenden Notwendigkeit einer Vermittlung beziehungsweise eines Fürsprechers verlor sie ihre Existenzberechtigung. Die Autorität der Kirche wurde auch dadurch besonders erschüttert, dass Martin Luther ausdrücklich die Fehlbarkeit von Päpsten und Konzilien behauptete.

Die Mündigkeit des einzelnen Gläubigen äusserte sich in einem neuen Begriff der „christlichen Gemeinde". Die versammelten Gläubigen sollten grundsätzlich gleichrangig sein. Der Zugang zur Bibel sollte fortan kein priesterliches Privileg mehr sein. Wenn aber der Gläubige selbst die Bibel lesen und verstehen konnte, dann wurde die hierarchisch gegliederte katholische Kirche auch von dieser Seite angegriffen.

Reformation im Reich: Konfessionalisierung der Reichsstände

Die Thesen von Wittenberg fanden eine rasante Verbreitung. Es heisst, dass sie in 14 Tagen in ganz Deutschland bekannt gewesen seien. Im Zusammenhang mit der Reformation fand gleichsam eine Explosion hinsichtlich der Anzahl und der Auflage von Druckwerken statt. Dies hat Historiker zu der These veranlasst, dass die Reformation ohne die vorangegangene Erfindung des modernen Buchdruckes nicht denkbar gewesen wäre. Die Reformation war der erste politische Konflikt, der nicht zuletzt mithilfe der gedruckten Medien wie Flugschriften und Karikaturen volksnah ausgetragen wurde. Der Gebrauch der deutschen Sprache verhinderte die Beschränkung der Diskussion auf einen kleinen Zirkel von Gelehrten. Die Druckerschwärze sorgte nicht nur für die rasche Verbreitung reformatorischen Gedankenguts, sondern sie erschwerte auch eine Unterdrückung durch die Obrigkeit.

Wormser Edikt

Die Auseinandersetzung begann damit, dass Erzbischof Albrecht von Mainz gegen Luther Anzeige in Rom erstattete. Allerdings kam der Konflikt zunächst nicht offen zum Ausbruch, weil Papst Leo X. und Luthers Gönner, Kurfürst Friedrich von Sachsen, politische Verbündete waren, die gleichermassen die Wahl Karls V. zum Kaiser

M 4 **Reichstag zu Worms**
1521

Historiengemälde von Anton von
Werner (1843–1915)

zu hintertreiben suchten. Aber nach erfolgter Krönung (1519) drang die Kurie verstärkt auf Auslieferung Luthers. Diese erste Phase der Reformation endete mit der Verhängung des Kirchenbanns durch den Papst und der Reichsacht durch den Kaiser Karl V. Zuvor hatte Luther auf dem Reichstag zu Worms (1521) den Widerruf verweigert. Mit dem sogenannten Wormser Edikt, mit dem die Reichsacht gegen Luther und seine Anhänger ausgesprochen wurde, war die Reformation endgültig zu einer reichsrechtlichen Angelegenheit geworden. Auf der Rückkehr von Worms wurde Luther auf Anordnung des sächsischen Kurfürsten „überfallen" und zur eigenen Sicherheit auf die Wartburg gebracht, wo er bis 1522 anonym lebte. In dieser Zeit fertigte Luther die deutsche Übersetzung des Neuen Testaments an; die gesamte Bibelübersetzung war 1534 beendet. Luthers Arbeit gilt als grundlegend für die neuhochdeutsche Schriftsprache.

Spaltung des Reiches

Gemäss dem Wormser Edikt war theoretisch jeder Stand verpflichtet, Luther an den Kaiser auszuliefern und seinen Anhängern den Prozess zu machen. Die vielfache Unterstützung, die Luther gefunden hatte, verhinderte aber den Vollzug des Edikts. Nicht nur die Mehrheit der Reichsstädte, sondern auch viele Fürsten hatten sich der reformatorischen Bewegung angeschlossen. Zu Luthers Beschützer, dem sächsischen Kurfürsten Friedrich dem Weisen, kamen hinzu der Herzog Albrecht von Preussen, der Landgraf Philipp von Hessen, die Herzöge von Schleswig und Braunschweig sowie der Graf von Mansfeld. Später wechselten Pommern, Brandenburg, das Herzogtum Sachsen sowie Württemberg ins protestantische Lager.

„Protestantismus" bezeichnet alle religiösen Strömungen, die aus der Reformation hervorgegangen sind. Der Begriff selbst lässt sich auf den Reichstag von Speyer (1529) zurückführen, auf dem die Minderheit der evangelischen Reichsstände erfolglos gegen die Aufrechterhaltung des Wormser Ediktes „protestierte".

Kaiser Karl V. verlor zeit seines Regierens das Ziel nicht aus den Augen, die Spaltung des Reiches in Territorien mit unterschiedlicher Konfession rückgän-

M 5   **Karl V. als Sieger über den Schmalkaldischen Bund**

Gemälde von Tizian, 1548

gig zu machen. Mehrere Faktoren durchkreuzten allerdings seine politische Absicht:

- Seine längere Abwesenheit; so hielt sich Karl V. zum Beispiel zwischen 1521 und 1530 überhaupt nicht im Reich auf.
- Die Rivalität mit dem französischen König Franz I.
- Der Vormarsch der Türken (1529 vor Wien) nötigte ihn, die militärische Unterstützung auch der protestantischen Stände zu suchen.
- Letztlich fehlte auch die Bereitschaft der katholischen Stände, gegen die protestantischen zu kämpfen.
- Ein Teil der protestantischen Stände organisierte sich in einem Verteidigungsbündnis (Schmalkaldischer Bund, 1531).

Im Schmalkaldischen Krieg (1546/47) siegten die kaiserlichen Soldaten über die Truppen des Schmalkaldischen Bundes. Aber dieser militärische Sieg entpuppte sich sehr schnell als politische Niederlage. Zwar standen sich Reichsstände mit unterschiedlichem Glaubensbekenntnis gegenüber, aber sie hatten auch gemeinsame Interessen, wenn es um die Abwehr einer erstarkten monarchischen Gewalt ging. Karls V. wichtigster Verbündeter im Krieg, Moritz von Sachsen, wechselte die Seite, wurde Vorreiter für „fürstliche Libertät", das heisst Autonomie. Mit Unterstützung Frankreichs fand unter seiner Führung ein erfolgreicher Fürstenaufstand gegen Karl V. statt. Damit war die Beendigung der Glaubensspaltung mit Waffengewalt endgültig gescheitert. Ein allgemeines Bedürfnis nach Frieden und Sicherheit ebnete nunmehr den Weg zum „Augsburger Religionsfrieden" (1555). Dieser bestätigte, was praktisch ohnehin schon eingetreten war: die Koexistenz unterschiedlicher Konfessionen. Die Landesherrn gingen gestärkt aus diesem Konflikt hervor: Die Religionshoheit lag bei den Reichsständen. Man hat später die Augsburger Regelungen auf den einfachen und griffigen Nenner gebracht: „cuius regio, eius religio" (Wer das Land besitzt, der bestimmt die Religion).

Karl V. hatte letztlich verloren und zog sich aus der Politik zurück. Sein Bruder Ferdinand wurde (seit 1556 als Kaiser) Oberhaupt des Heiligen Römischen Reiches; sein Sohn Philipp wurde Karls Nachfolger als König von Spanien.

Info

Chronologie

1517	Luthers Thesenanschlag in Wittenberg
1521	Reichstag zu Worms: Luther verweigert den Widerruf. Wormser Edikt: Reichsacht über Luther und seine Anhänger
1526	1. Reichstag zu Speyer: Aufschiebung des Vollzugs des Wormser Edikts; jeder Reichsstand kann in Religionsangelegenheiten eigenverantwortlich verfahren.
1529	2. Reichstag zu Speyer: Erneuerung des Wormser Edikts: evangelische Reichsstände protestieren (Protestanten).
1530	Reichstag zu Augsburg: Der Versuch einer Einigung auf der Grundlage von Melanchthons „Confessio Augustana" scheitert; Erneuerung des Wormser Edikts.
1531	Gründung des Schmalkaldischen Bundes
1546/47	Schmalkaldischer Krieg
1551/52	Fürstenrebellion gegen Karl V.
1555	Augsburger Religionsfriede

Glaubensspaltung und die Konfessionalisierung der Politik

M 6 Luther: 95 Thesen gegen den Ablass

Mit diesen Thesen löste Martin Luther die Reformation aus (31. Okt. 1517):

Aus Liebe zur Wahrheit und dem Eifer, sie zu ermitteln, soll über das Nachstehende in Wittenberg disputiert werden. [...]

21. Daher irren all die Ablassprediger, welche erklären, dass der Mensch durch den Ablass des Papstes von jeder Strafe
5 los und frei werde. [...]

24. Folglich wird der größte Teil des Volkes betrogen, wenn man ihm schlankweg mit hohen Worten verspricht, es sei die Strafe los.

27. Man predigt Menschenlehre, wenn man sagt: Sobald das
10 Geld im Kasten klingt, entflieht die Seele [dem Fegefeuer].

28. Das ist gewiss, dass Gewinn und Habgier zunehmen können, wenn das Geld im Kasten klingt; ob die Kirche mit ihrer Fürbitte Erfolg hat, steht dagegen bei Gott. [...]

32. Wer glaubt, durch Ablassbriefe seines Heils sicher zu
15 sein, wird auf ewig mit seinen Lehrmeistern verdammt werden. [...]

36. Jeder Christ, der wahrhaft Reue empfindet, hat einen Anspruch auf vollkommenen Erlass von Strafe und Schuld, auch ohne Ablassbrief. [...]

20 45. Man soll die Christen lehren: Wer einen Bedürftigen sieht und ihm nicht hilft, und stattdessen sein Geld für Ablass gibt, der hat sich nicht des Papstes Ablass, sondern Gottes Zorn erworben. [...]

67. Den Ablass, den die Ablassprediger als „größte Gnade"
25 ausschreien, kann man insofern tatsächlich dafür ansehen, als er ein großes Geschäft bedeutet.

Zit. nach: E. Büssem, M. Neher (Hg.), Arbeitsbuch Geschichte, Neuzeit 1, Quellen, München 1977, S. 163 ff.

M 7 Kritik am Papsttum

Luthers Sichtweise des Papstes entzweite die Christenheit (1520):

Zum Ersten ist's greulich und erschrecklich anzusehen, dass der Oberste in der Christenheit, der sich Christi Vikar [Stellvertreter] und St. Peters Nachfolger zu sein rühmet, so weltlich und prächtig fährt, dass ihn darin kein König, kein
5 Kaiser mag erlangen und ihm gleich werden, und in dem, der allerheiligst und geistlichst sich lässet nennen, weltlicher Wesen ist, denn die Welt selber ist. Er trägt eine dreifältige Krone, während die höchsten Könige nur eine Krone tragen: gleicht sich das mit dem armen Christo und
10 St. Peter, so ist's ein neu Gleichen. Man plärret, es sei ketzerisch, wo man dawiderredet; man will aber auch nicht hören, wie unchristlich und ungöttlich solch Wesen sei. Ich halte aber dafür, wenn er beten sollte mit Tränen vor Gott, er müsste stets solche Krone ablegen, dieweil unser Gott
15 keine Hochfahrt [Hochmut] mag leiden. Nun sollte sein Amt nichts anderes sein, denn täglich weinen und beten für die Christenheit und ein Exempel aller Demut vortragen.

M. Luther, An den christlichen Adel deutscher Nation, zit. nach: I. Schmieder, a. a. O., S. 39

M 8 „Des Teufels Dudelsack"
Kolorierte Zeichnung von Erhard Schoen, um 1525

Der Bapstesel zu Rom

M 9 „Der Papstesel zu Rom"
Holzschnitt von Lucas Cranach dem Älteren, 1523

Glaubensspaltung und die Konfessionalisierung der Politik

M 10   Ein Propagandaflugblatt

Der Historiker Denys Hay schreibt über das Bild (unten):

„Unterschied zwischen der waren Religion Christi und falschen Abgöttischen lehr des Antichrists in den fürnemsten
stücken" ist die Überschrift dieses kolorierten Holzschnitts
aus der Zeit um 1544 – ein Propagandaflugblatt der Luthe-
5 raner. Auf der linken Hälfte ist die protestantische Taufe
und Kommunion dargestellt. Luther legt die Lehre von der
Erlösung durch das Opfer Christi aus, die durch symbolische Darstellungen (Opferlamm, Christus mit Dornenkrone)
verdeutlicht wird; unter seinen Hörern ist auch Kurfürst
10 Johann Friedrich von Sachsen, der ein Kreuz auf seiner
Schulter trägt.
Auf der rechten Seite schauen Gott im Himmel und der
heilige Franziskus voller Entsetzen auf die Erde herab, denn
dort sammeln die Mönche in schändlicher Weise Geld für
15 die Kirche in Rom. Der Prediger auf der Kanzel erklärt, dass
es viele mühelose Wege gäbe, um erlöst zu werden, Wege,
die alle der katholischen Kirche zur Verfügung stünden; was
er sagt, wird ihm jedoch vom Teufel eingegeben, der ihm
mit einem Blasebalg in die Ohren bläst. Rechts sieht man
20 den Papst, wie er Ablässe feilbietet. Im Hintergrund werden

katholische Zeremonien und Sakramente (besonders das
Besprengen mit Weihwasser) verspottet.

Aus: D. Hay, Die Renaissance, München/Zürich 1968, S. 200-203

M 11   Augsburger Religionsfriede (1555)

*In Form eines Reichsabschieds wurde die Beilegung der
Religionskämpfe verkündet:*

§ 15. Und damit solcher Fried auch der spaltigen [gespalte-
nen] Religion halben, wie […] die hohe Nothdurft [Notwen-
digkeit] des H. Reichs Teutscher Nation erfordert, […] so
sollen die Kayserl. Maj., Wir, auch Churfürsten, Fürsten und
Stände des H. Reichs keinen Stand des Reichs wegen der 5
Augspurgischen Confession und derselbigen Lehr, Religion
und Glaubens halb mit der That gewaltiger Weiß [mit Ge-
walt] überziehen, beschädigen, vergewaltigen oder in andere Wege wider sein.
[…] und soll die streitige Religion nicht anders dann durch 10
Christliche, freundliche, friedliche Mittel und Wege zu ein-
helligem, Christlichem Verstand und Vergleichung gebracht
werden, alles bey Kayserl. und Königl. Würden, Fürstl. Ehren, wahren Worten und Pön [Strafe] des Land-Friedens.
§ 17. Doch sollen alle andere, so obgemelten beeden [oben 15

genannten beiden] Religionen nicht anhängig, in diesem Frieden nicht gemeynt, sondern gäntzlich ausgeschlossen seyn.[1]

§ 24. Wo aber Unsere, auch der Churfürsten, Fürsten und
20 Stände Unterthanen der alten Religion oder Augspurgi-schen Confession anhängig, von solcher ihrer Religion we-gen [...] mit ihren Weib und Kindern an andere Orte ziehen und sich nieder thun wollten, denen soll solcher Ab- und Zuzug, [...] unverhindert zugelassen und bewilligt [...] seyn.
25 § 27. Nachdem aber in vielen Frey- und Reichs-Städten die beede Religionen, nemlich Unsere alte Religion und der

Augspurg. Confession-Verwandten Religion ein zeithero im Gang und Gebrauch gewesen, so sollen dieselbigen hinfüh-ro auch also bleiben und in denselben Städten gehalten werden und derselben Frey- und Reichs-Städt Bürger und 30 andere Einwohner, geistlichs und weltlichs Stands, friedlich und ruhig bey- und neben einander wohnen und kein Theil des andern Religion, Kirchengebräuch oder Ceremonien abzuthun. [...]

1 Gemäß § 17 galt der Religionsfriede nicht für Täufer und andere Sekten.

Zit. nach: A. Buschmann, Kaiser und Reich, Baden-Baden 1994, S. 224 ff.

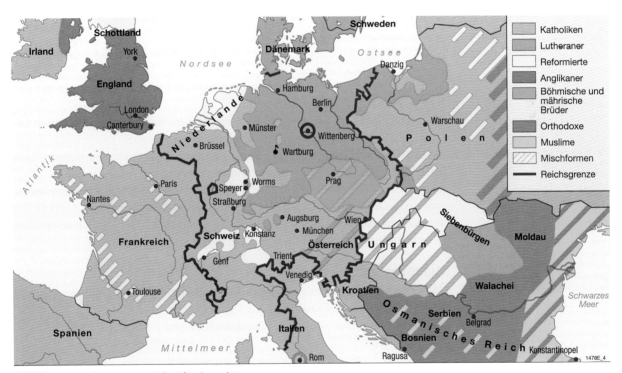

M 12 Konfessionen um 1570 in Mittel- und Westeuropa

---

1. **Glaubensspaltung und die Konfessionalisierung der Politik**
   a) Arbeiten Sie die Kritik heraus, die Luther am Ablass-wesen übt.
   b) Erläutern Sie Luthers Begründung für seine The-se, dass dem Papst kein standesmässiger Vorrang zukomme.
   c) Erläutern Sie, inwiefern Luthers Lehre fast zwangs-läufig die Grundfesten des geistlichen Lebens erschüttern musste.
   d) Analysieren Sie die bildnerischen Mittel, die der Verunglimpfung des religiösen Gegners dienten, und erläutern Sie die Rolle, die die Massenmedien im Zeitalter der Reformation spielten.
   e) Beurteilen Sie die Bestimmungen des Augsburger Religionsfriedens vor dem Hintergrund jahrzehnte-langer kriegerischer Konflikte.
   f) Interpretieren Sie das Propagandaflugblatt unter Zuhilfenahme einer Internetrecherche.

   ⌒ Text, M1 – M12, Internet

Glaubenskämpfe in Europa

Gegenreformation

Durch den Vormarsch der Reformation in Europa wuchs auch innerhalb der katholischen Kirche die Einsicht in ihre Reformbedürftigkeit. Der notwendigen Erneuerung sollte das Tridentinische Konzil – benannt nach dem oberitalienischen Tagungsort Trient – dienen, das von 1545 mit Unterbrechungen bis 1563 dauerte.

Das Konzil reagierte auf die reformatorische Herausforderung mit einer Festigung des Katholizismus und einer Abgrenzung von Luthers Lehre. Es wurden folgende Beschlüsse gefasst:

- Die kirchliche Tradition wurde betont. Nicht nur die Bibel sollte Richtschnur sein,
- Verbot der Pfründenhäufung und Residenzpflicht der Bischöfe,
- das Sakrament der Priesterweihe wurde bekräftigt,
- Anhebung des theologischen Niveaus der Geistlichkeit durch Einrichtung von Priesterseminaren,
- Ausbau des päpstlichen Behördenapparates (Inquisition, Ausbreitung des Glaubens).

Neben den Konzilsbeschlüssen erwies sich der vom Basken Ignatius von Loyola (1491–1556) gegründete Jesuitenorden (Societas Jesu, SJ) als ein wirkungsvolles Instrument der Gegenreformation. Dieser Orden, der 1540 offiziell durch Papst Paul III. anerkannt wurde, verstand sich als eine kämpfende Elite, die sich zum besonderen Gehorsam dem Papst gegenüber verpflichtet hatte. An der Spitze stand ein Ordensgeneral. Die eigene Tätigkeit der Bewahrung und Ausbreitung des Katholizismus wurde als „Kriegsdienst" bezeichnet. Der Jesuitenorden blieb ziemlich klein, war aber einflussreich. Er wirkte vor allem im Erziehungswesen.

Glaubenskämpfe in Europa

In der zweiten Hälfte des 16. Jahrhunderts verlagerte sich das politische Gewicht ins westliche Europa. Das katholische Spanien unter König Philipp II. (1555–1598) stieg – gestützt auf die koloniale Silberausbeute – zur politischen Vormacht Europas auf.

Den Kriegen in dieser Epoche haftete ausser dem machtpolitischen Kalkül auch eine religiöse Komponente an. Das galt zum Beispiel auch für den Aufstand der Niederländer gegen die spanische Herrschaft, als Philipp II. versuchte, das Land zur Ausgangsbasis der Gegenreformation zu machen (1566). Den Vereinigten Provinzen des Nordens – stark geprägt vom Calvinismus – gelang die Durchsetzung ihrer Unabhängigkeit (1581), die aber erst nach dem Dreissigjährigen Krieg völkerrechtlich anerkannt wurde (1648). Der südliche Teil (das heutige Belgien) blieb als Spanische Niederlande bestehen.

Auch der Konflikt zwischen Spanien und England fand unter konfessionellen Vorzeichen statt. In England hatte sich nach dem Bruch Heinrichs VIII. mit dem Papst (1534) die Anglikanische Staatskirche etabliert. Mit ihr nahm der englische König selbst die Rechte des Papstes über die Kirche in Anspruch. Die europäische Gegenreformation setzte sich zum Ziel, das protestantisch geprägte England zu erobern. Der spanische Versuch einer Invasion scheiterte aber, weil die überlegene spanische Flotte (Armada) in drei Seeschlachten besiegt wurde (1588). Spanien hatte damit seinen machtpolitischen Zenit überschritten.

Der Dreissigjährige Krieg

Die Bezeichnung „Dreissigjähriger Krieg" dient als Oberbegriff für eine Kette von Kriegen, die zwischen 1618 und 1648 auf deutschem Boden ausgetragen wurden. Die Historiker sprechen vom 16. und 17. Jahrhundert als dem „Konfessionellen Zeitalter". Gleichwohl waren die religiösen Gesichtspunkte nur ein verursachender Faktor im Ringen der deutschen und europäischen Mächte. Von Beginn an und verstärkt noch gegen Ende des Krieges traten rein machtpolitische Zielsetzungen in den Vordergrund.

Der Augsburger Religionsfriede von 1555 hatte keine tatsächliche Konfliktlösung zwischen Katholiken und Protestanten gebracht. In einer Zeit, in der der religiöse Absolutheitsanspruch aufrechterhalten wurde, blieben folglich auch die Spannungen bestehen. Die Handlungsunfähigkeit des Reiches offenbarte sich, als die konfessionelle Spaltung zur Gründung von zwei Bündnissen führte: der protestantischen Union unter Führung des pfälzischen Kurfürsten Friedrich IV. (1608) sowie der katholischen Liga unter Führung des Herzogs Maximilian I. von Bayern (1609).

Böhmisch-Pfälzischer Krieg

Vor dem Hintergrund einer politisch-konfessionellen Spaltung des Reiches erhoben sich 1618 die ganz überwiegend protestantischen böhmischen Stände gegen die Monarchie der katholischen Habsburger. Der Aufstand gipfelte in der Wahl des pfälzischen Kurfürsten Friedrich V. (1596–1632) zum böhmischen König (1619). Der habsburgische Kaiser Ferdinand II. (1576–1637) wurde bei der Niederschlagung des Aufstands von der katholischen Liga unterstützt. Herzog Maximilian I. von Bayern (1573–1651) spekulierte in diesem Zusammenhang – erfolgreich, wie es sich später zeigen sollte – auf die pfälzische Kurwürde. Dieser erste Abschnitt des Dreissigjährigen Krieges wird der Böhmisch-Pfälzische Krieg genannt (1618–1623). Aus diesem Krieg gingen die kaiserlich-katholischen Truppen als Sieger hervor.

M 1 Plünderung und Brandschatzung eines Dorfs
Kupferstich von Jacques Callot, 1632/33

aux que Mars entretient de ses actes meschans / Accommodent ainsi les pauures gens des champs   Ils les font prisonniers ils bruslent leurs villages, / Et sur le bestail mesme exercent des rauages,   Sans que la peur des Loix non plus que le deuoir, / Ny les pleurs et les cris les puissent esmouuoir.

Niedersächsisch-Dänischer Krieg

Gegen den anschliessend in das deutsche Geschehen eingreifenden dänischen König Christian IV. gelang es dem Kaiser in den folgenden Jahren im Niedersächsisch-Dänischen Krieg (1625–1629), die Macht über den Norden Deutschlands zu erringen.

Nach dem ersten Kriegsjahrzehnt hatte der Kaiser eine einzigartige Machtposition inne, die weit über die habsburgischen Erblande hinausreichte. Kaiser Ferdinand II. verdankte seine politischen Erfolge nicht zuletzt den militärischen Siegen seiner Feldherrn Tilly (1559–1632) und Wallenstein (1583–1634). Letzterer verkörperte wie kein anderer Heerführer ein modernes Kriegsunternehmertum. Wirkungsvoll und erfolgreich betrieb Wallenstein das Kriegsgeschäft im Dienste des Kaisers, aber auch auf eigene Rechnung. Er führte nicht Krieg, um konfessionellen Bestrebungen zum Durchbruch zu verhelfen, vielmehr betrieb er seine eigene politische Karriere.

Schwedischer Krieg

Die Ausdehnung der kaiserlich-katholischen Macht veranlasste den Kaiser, die Gegenreformation energisch voranzutreiben. Ein Reichsgesetz sah die Rückgabe geistlicher Güter an die katholische Kirche vor (1629). In Österreich selbst wurde der Protestantismus beseitigt. Daraufhin verhärtete sich der Widerstand der protestantischen Reichsstände. Zudem erschien mit Schweden eine neue Macht auf dem Plan. In dieser dritten Phase des Dreissigjährigen Krieges, im Schwedischen Krieg (1630–1635), verstärkte sich die Internationalisierung des Geschehens. Gleichzeitig wurde die Doppeldeutigkeit im Handeln der Krieg führenden Parteien immer offensichtlicher. Einerseits legitimierten die Schweden ihr Eingreifen, indem sie die konfessionelle Solidarität mit den bedrängten deutschen Glaubensgenossen beschworen, andererseits handelte der schwedische König Gustav II. Adolf (1594–1632) aus politischem Kalkül heraus. Denn das Vordringen der kaiserlich-katholischen Truppen in Norddeutschland führte zum Konflikt mit den schwedischen Hegemonialinteressen im Ostseeraum. 1630 griff Schweden mit Billigung und finanzieller Unterstützung durch Frankreich erfolgreich ins Kriegsgeschehen ein.

Schwedisch-Französischer Krieg

Die Endphase des Dreissigjährigen Krieges, der Schwedisch-Französische Krieg (1635–1648), wurde dann geprägt durch das direkte Eingreifen Frankreichs. Nunmehr zeigte sich ganz unverstellt die europäische Dimension des Dreissigjährigen Krieges. Denn das katholische Frankreich, das im eigenen Lande die protestantischen Hugenotten verfolgte, kämpfte auf Seiten der protestantischen deutschen Stände. Deutschland war zum Schlachtfeld der europäischen Auseinandersetzung zwischen Habsburgern und der französischen Bourbonen-Dynastie geworden. Dieser Konflikt reichte bis zum ausgehenden Mittelalter zurück.

Frankreichs Kriegseintritt erklärt sich daraus, dass es die dynastische Verbindung zwischen Österreich, Spanien, Burgund und den spanischen Niederlanden als Umklammerung und Bedrohung empfand. Kardinal Richelieu (1585–1642), der erste Minister der französischen Krone, blieb allzeit bestrebt, die habsburgische Position zu schwächen. Er förderte die Zersplitterung und die damit einhergehende Handlungsunfähigkeit des Reiches. Ferner zielte die französische Politik

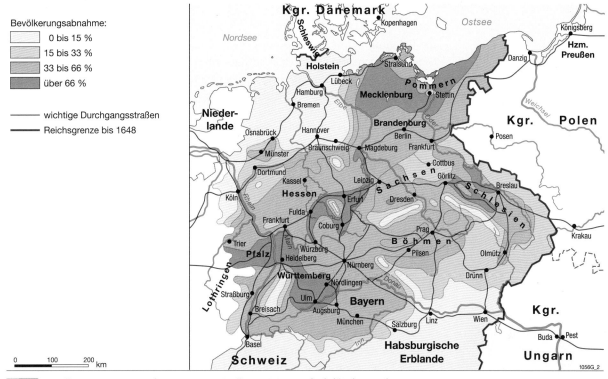

M 2   Bevölkerungsverluste in Deutschland während des Dreissigjährigen Krieges 1618–1648

darauf, die linksrheinischen Gebiete dem französischen Staatsgebiet einzuverleiben.

Die anti-kaiserliche Koalition – bestehend aus Frankreich, Schweden, den niederländischen Generalstaaten und den protestantischen deutschen Bundesgenossen – besass in den letzten Kriegsjahren ein deutliches militärisches Übergewicht. Die kaiserlich-katholischen Truppen wurden zusehends in die Defensive gedrängt. Allenthalben verbreitete Kriegsmüdigkeit kam hinzu, sodass der Krieg nach 30 Jahren beendet wurde.

Er hinterliess ein erschöpftes, ausgeblutetes Land. Die umherziehenden Heere hatten allgemein nach dem Grundsatz gehandelt, dass der Krieg sich selbst ernähren müsse, und das hiess in der Praxis: Raub, Plünderungen, Mord und Totschlag. In 30 Kriegsjahren hatte Deutschland – wenn auch regional sehr unterschiedlich ausgeprägt – enorme Bevölkerungsverluste erleiden müssen. Ungefähr ein Drittel der Menschen war entweder Opfer von unmittelbaren Kriegseinwirkungen oder von Seuchen, Hunger und Heimatverlust geworden.

Westfälischer Friede

Seinen Abschluss fand der Dreissigjährige Krieg im Westfälischen Frieden von Münster und Osnabrück (1648). Die vertragschliessenden Parteien kamen überein, die Religionskonflikte zwischen den deutschen Reichsständen beizulegen. Der Augsburger Religionsfriede von 1555 wurde bestätigt. Die Vertragspartner garantierten die Freiheit der Religionsausübung. Gleichzeitig schrieben sie die konfessionelle Besitzverteilung auf der Grundlage des Jahres 1624 fest (Ausnahme: die habsburgischen Erblande und die Oberpfalz). In einem für die Bevölkerung wesentlichen Punkt revidierte man aber den Augsburger Religionsfrieden. Die Klausel „Cuius regio, eius religio" (Wer das Land beherrscht, der bestimmt auch

M 3   **Die Ratifizierungsurkunden zum Westfälischen Frieden**
24. Oktober 1648

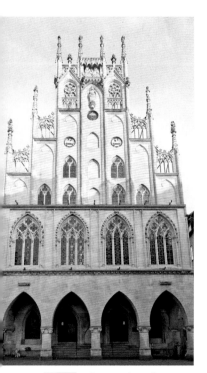

die Religion) wurde ausser Kraft gesetzt. Nach 1648 gab es keine erzwungenen Glaubenswechsel ganzer Bevölkerungen mehr, wenn ein Herrscher seine Religion wechselte. Der Westfälische Friede fixierte staatsrechtlich gesehen den Sieg der Reichsstände über das monarchische Prinzip. Er offenbarte aufs Neue die sich seit dem ausgehenden Mittelalter abzeichnende Schwäche des Reiches.

Die Friedensschlüsse von Münster und Osnabrück regelten zum einen die völkerrechtlichen Beziehungen in Europa, zum anderen bestimmten sie die Verfassungsentwicklung in den deutschen Ländern. Sie stellten praktisch eine Art Grundgesetz des Alten Reiches dar. Diese Verträge wurden möglich, weil die beteiligten Mächte die zerstörerische Kraft konfessioneller Kriege erkannt hatten.

Die Berufung auf ein vermeintliches göttliches Recht rückte im 17. Jahrhundert zusehends in den Hintergrund. Nicht mehr die Konfessionalität stand im Vordergrund, sondern der sich immer mehr als säkular (weltlich) verstehende Staat. Folgerichtig wurde auch die religiöse Wahrheitsfrage aus den Friedensverhandlungen ausgeklammert. Statt auf den theologischen Wahrheitsanspruch konzentrierten sich die Vertragsparteien auf eine religiös neutrale Friedensordnung.

Dem Kaiser blieben auch aussenpolitisch die Hände gebunden. Alle wesentlichen Entscheidungen, zum Beispiel Kriegserklärungen und Bündnisse, bedurften der Zustimmung durch den Reichstag. Der Einfluss Frankreichs förderte die Souveränität der Landesfürsten, die nunmehr eine aussenpolitische Selbstständigkeit erhielten. Allerdings durften sich aussenpolitische Verträge deutscher Territorialherren nicht gegen das Reich selbst richten. Auch die Beschlüsse hinsichtlich einer europäischen Friedensordnung lassen die Handschrift der Sieger erkennen. Eine Schwächung des Reiches drückte sich in der Ausgliederung der Schweizer Eidgenossenschaft und der protestantischen Niederlande aus dem Reichsverband aus. Schweden erhielt Vorpommern, Rügen sowie die Bistümer Bremen und Verden zugesprochen. Frankreich vermochte nicht nur erfolgreich die Territorialisierung des Reiches zu stabilisieren, sondern schob sein Staatsgebiet bis an den Rhein vor. Die Einverleibung des Elsass, des Sundgaus (Oberelsass) und der Bistümer Verdun, Toul und Metz wurde im Westfälischen Frieden bestätigt. Frankreich ging als kontinentale Vormacht aus dem Dreissigjährigen Krieg hervor.

Flucht und Vertreibung

Das Zeitalter der Konfessionalisierung und Glaubenskämpfe bildete den Hintergrund für religiös verursachte Wanderungsbewegungen, die sich in Form von Flucht und Vertreibung abspielten. Der Augsburger Religionsfriede von 1555 sprach die Religionshoheit den Reichsständen zu. Dies bedeutete, dass der Landesherr bestimmen konnte, was der Untertan zu glauben hatte. Ein Recht auf freie Wahl seiner Religion besass der Einzelne nicht. Die Untertanen mussten also in der Regel dem Bekenntnis des Landesherrn folgen oder das Land verlassen. Dieses Emigrationsrecht (mit Eigentum) wurde im Religionsfrieden ausdrücklich zugesichert.

Es lag im Ermessen des Landesherrn, in welchem Masse er religiöse Toleranz übte. Aber alle damaligen Staats- und Gesellschaftsvorstellungen blieben von religiöser Geschlossenheit geprägt. Das konfessionelle Nebeneinander galt nur für die Territorien als solche, nicht aber innerhalb von diesen.

Der Frieden von Münster und Osnabrück (1648) bedeutete einen Schritt in Richtung religiöser Neutralisierung des Staates. Gleichwohl gab es auch in der Folgezeit noch religiös bedingte Wanderungsbewegungen. 1685 hob der französische König Ludwig XIV. das Toleranzedikt von Nantes auf, was die Flucht bzw. Vertreibung von ungefähr 200 000 Protestanten (Hugenotten) zur Folge hatte. Ein Zehntel von ihnen – 20 000 – fanden in brandenburgisch-preussischen Landen eine neue Heimat. Noch 1732 wurden die im Erzbistum Salzburg lebenden Protestanten ausgewiesen, weil sie nicht bereit waren, zum katholischen Glauben überzutreten. Die meisten von ihnen zogen auf Einladung des preussischen Königs Friedrich Wilhelm I. nach Ostpreussen, wo sie auf königlichem Land angesiedelt wurden.

M 5 „Abbildung des unbarmherzigen, abscheulichen, grausamen und gräulichen Tiers"

Gross tappt ein wolfsköpfiges Monstrum – teils Löwe, teils Pferd, teils Mensch – durch die vom Krieg verwüstete Landschaft. Unter seinen Füssen tritt es die Früchte bäuerlicher Arbeit, Korn und Wein, ebenso wie den Soldaten, der sich ihm in den Weg gestellt hat. Das Maul fasst Geldsäcke, die Löwenpranke hält Kirchengerät, die Menschenfaust Spiess und Fackeln. Hungersnot und Pestilenz folgen seinen Spuren (linker Mittelgrund). „Wie nennet man dann dieses Thier?", fragt der Text, und er gibt sogleich die Antwort: „Es wird Krieg genannt."

Die Verheerungen des Dreissigjährigen Krieges sind in das sinnfällige Bild des übergrossen, wilden, gierigen Zerstörers gefasst. Doch wird der somit personifizierte Krieg im begleitenden Text nicht als ein schicksalhaftes, unabwehrbar apokalyptisches Ereignis angesehen. Vielmehr ist das Monstrum Krieg, an „vnsr allr Bruest gesogn" und durch das Fehlverhalten aller Stände „aufferzogen" worden. Nur gottgefälliges Handeln aller Menschen würde das Untier auch zu Tode bringen, 2. Viertel des 17. Jahrhunderts (Aus: G. Langemeyer u. a. (Hg.), Bild als Waffe, München 1984, S. 253).

Aufgaben

1. Glaubenskämpfe in Europa

a) Erläutern Sie in einem Essay den Begriff Gegenreformation.

b) Zeichnen Sie den Verlauf und die Ergebnisse des Dreissigjährigen Krieges in einem Schaubild nach.

c) Diskutieren Sie die These, wonach der Dreissigjährige Krieg als ein erster Weltkrieg bezeichnet werden kann.

↰ Text, M1 – M5

Die Reformation in der Schweiz

Die Schweiz war im 16. Jahrhundert ein Zentrum der von Martin Luther angestossenen christlichen Erneuerungsbewegung: Huldrych Zwingli in Zürich und Johannes Calvin in Genf prägten neben Luther die Reformation (reformatio: Umgestaltung) und den Protestantismus. Im Vergleich zu Luther waren die Schweizer Reformatoren stärker vom Humanismus beeinflusst und verbanden politische und soziale Neuansätze mit religiösen Forderungen.

Huldrych Zwingli

**M 1   Huldrych Zwingli
(1484-1531)**

Posthum angefertigtes Porträt von Hans Asper, 1549

Huldrych Zwingli (1484–1531) wirkte seit Ende 1518 als Priester am Zürcher Grossmünster. Wie Luther vertrat er die Ansicht, dass der Mensch nicht durch im religiösen Sinn gute Werke (Fasten, Wallfahrten, liturgische Rituale) Gottes Gnade erlange, sondern allein durch seinen Glauben (sola fide) und dass allein die Bibel und nicht der Papst die Autorität in Glaubensdingen darstellt (sola scriptura). Demonstrativ erfolgte 1522 ein Bruch des Fastengebots durch das Zürcher Wurstessen. Zudem kritisierte Zwingli öffentlich kirchliche Traditionen wie das Zölibat, die Heiligenverehrung oder die Bettelorden. Im daraus entstehenden Konflikt mit dem Bischof von Konstanz, zu dessen Bistum Zürich und das Grossmünster gehörten, stand der Zürcher Rat hinter Zwingli. In Disputationen nutzte Zwingli die Möglichkeit, seine Thesen gegen Kritiker zu verteidigen und in der Folge liess der Rat im Juni 1524 Bilder und Altäre aus sämtlichen Zürcher Kirchen entfernen. Kirchliche Einrichtungen wurden neu der Stadt Zürich unterstellt, im April 1525 ersetzte erstmals der Abendmahl-Ritus nach Zwinglis Vorstellung die bisher gelesenen kirchlichen Messen. Auf sakrale Musik während der Gottesdienste wurde verzichtet und die Orgeln wurden wie die Bildprogramme aus den Kirchen entfernt. Ebenfalls 1525 setzte der Rat ein städtisch-kirchliches „Ehegericht" ein, das die Einhaltung von „Sittenmandaten" und kirchenrechtlichen Verordnungen überwachte und beispielsweise Tanz, übermässigen Alkoholkonsum, Ehebruch oder „Hexerei" als Verstösse ahndete. Radikale Strömungen der Zürcher Reformation, vor allem die Wiedertäufer-Bewegung („Täufer") wurden von Zwingli bekämpft und von der Stadtobrigkeit verfolgt.

    In ihrer Schärfe ging die Zürcher Reformation um ihre Führungsfigur Zwingli weiter als Martin Luther, der lediglich eine Erneuerung der Kirche als Institution beabsichtige. Zwingli verfolgte den umfassenderen Anspruch, eine „Besserung" des Menschen insgesamt zu erreichen. Er vermittelte seine Anschauungen in seinen regelmässigen Bibelauslegungen, der so genannten „Prophezey". Aus den Prophezeyen entwickelte sich die erste reformierte theologische Hochschule im ehemaligen Chorherrenstift des Zürcher Grossmünsters, zudem resultierte daraus die Zürcher Bibelübersetzung, auf welche die bis heute für die deutschsprachige reformierte Kirche der Schweiz massgebliche Bibel zurückgeht.

    Bemühungen von Anhängern Zwinglis, das reformatorische Gedankengut auch ausserhalb Zürichs zu verbreiten, stiessen zunächst auf Widerstand. In Bern, Basel, St. Gallen oder Appenzell wurden 1523 „Predigtmandate" erlassen, die Geistlichen vorschrieben, in ihren Predigten keine lutherischen oder zwinglianischen Ideen anzusprechen. Erst 1528 lud der Berner Rat Zwingli zu einer Disputation ein, auf die wenige Tage später die Einführung der Reformation beschlossen wurde. Basel und Schaffhausen folgten 1529 und in Glarus und zuvor schon in

Info

Disputation

Im herkömmlichen Wortsinn bezeichnet „Disputation" ein Prüfungsgespräch zur Erlangung eines akademischen Grades. Mit Aufkommen der Reformation und vor allem verbunden mit der Person Martin Luthers können Disputationen im engeren Sinn verstanden werden als Streitgespräche, in denen die gegnerische, nicht-reformierte Seite von der neuen Lehre überzeugt werden sollte.

Appenzell wurde eingeführt, dass jede Gemeinde selbstständig über die Ausrichtung ihrer Gottesdienste entscheiden kann. Demgegenüber hatten die fünf Innerschweizer Orte Uri, Schwyz, Unterwalden, Zug und Luzern bereits früh entschieden, nicht zum neuen Glauben überzutreten. Die zunehmenden Gegensätzlichkeiten zwischen den reformierten und den altgläubigen Gebieten in der Eidgenossenschaft konnten 1529 im Ersten Kappeler Landfrieden zunächst noch beigelegt werden: beide Seiten anerkannten die jeweiligen gegnerischen Territorien und liessen in den gemeinsamen Herrschaften die reformatorische Predigt zu. 1531 dann eskalierten die nach wie vor bestehenden Spannungen im Zweiten Kappeler Krieg. Der Konflikt endete mit der Niederlage der Zürcher Seite und dem Tod Zwinglis, der als Feldprediger an diesem Krieg teilgenommen hatte. Der Zweite Kappeler Landfrieden legte im selben Jahr fest, dass jeder Ort seinen neuen oder alten Glauben beibehalten solle und besiegelte damit die konfessionelle Spaltung der Schweiz bis Ende des 18. Jahrhunderts.

Calvin und der Calvinismus

Nach dem Tod Zwingli erneuerte Johannes Calvin (1509–1564) die reformatorische Bewegung in der Schweiz. Der aus Frankreich stammende Jurist und Humanist Calvin bekannte sich bereits früh zur Reformation. Aufgrund seines Glaubens angefeindet, flüchtete er 1536 über Basel nach Genf. Dort konnte er 1541 eine neu ausgearbeitete Genfer Kirchenordnung vorlegen, die unter anderem die sittengerichtliche Kontrolle der Genfer durch eine „Compagnie des pasteurs" vorsah, deren Wortführer Calvin war. In seinen zahlreichen Predigten und Reden vor dem Genfer Stadtrat vermittelte er sein Idealbild einer reformierten städtischen Gesellschaft als „neues Jerusalem". Die so genannte „Prädestinationslehre" hatte dabei besonderen Stellenwert: Gott habe jeden Menschen bereits bei seiner Geburt entweder in die Gruppe der Auserwählten oder der Verdammten eingeteilt, das menschliche Schicksal sei also in doppelter Hinsicht prädestiniert. Gewissheit über den eigenen Status gebe es nicht, allein in einer streng christlichen Lebensführung könne sich nach Calvin die Erwählung Gottes ausdrücken.

Calvins Theologie und seine Person war in der Genfer Stadtbevölkerung lange umstritten, gleichwohl etablierte sich die Stadt während seines Wirkens als europäisches Zentrum der Reformation. 1599 wurde in Genf eine Akademie zur Priesterausbildung gegründet, deren Absolventen den Calvinismus weit über die Stadtgrenzen hinaus verbreiteten.

M 2 **Johannes Calvin (1509-1564)**

Anonymes Gemälde, um 1535

M 3 **Das Reformationsdenkmal in Genf**

Das Denkmal erinnert an die internationale Ausstrahlung der Genfer Reformation im 16. Jahrhundert. Grundsteinlegung war am 6. Juli 1909 anlässlich des 400. Geburtstags von Johannes Calvin. Dargestellt sind (von links nach rechts) die Reformatoren Guillaume Farel, Johannes Calvin, Theodor Beza und John Knox.

Die Reformation in der Schweiz

M 4 **Die Kappeler Milchsuppe**

Gemälde von Albert Anker, 1869. Das Bild zeigt die historisch verbürgte Verbrüderung zwischen katholischen und reformierten Truppen 1529 im unblutig endenden Ersten Kappeler Krieg. Gut sichtbar ist im Vordergrund die imaginäre Grenze zwischen den Kantonen Zürich und Zug als kleiner Graben dargestellt. Genau mittig darauf steht ein mit Milchsuppe gefüllter Zuber.

M 5 **Aus Heinrich Bullingers Reformationschronik**

Die Erzählung von der Kappeler Milchsuppe, mit der die überlieferte Verbrüderung katholischer und reformierter Truppen in ein anschauliches Bild gesetzt wird, findet sich erstmals in der Reformationschronik von Heinrich Bullinger aus dem 16. Jahrhundert:

Uff ein Zyt namend vil dappfferer Xellen von den 5 Orten, ein grosse Müütten mitt Milch, und stalltens uff die March, in Mitten, schruwend den Zürychern zu, sy habind wol ein gute Milchprochen, aber nüt darin zu brochen. Da luffend
5 redlich Gesellen der Zürychern hinzu, mit Brot, und broche-

tend yn, und lag yetweder Teyl uff sinem Erterich, und aassend die Milch mitt einanderen. Wenn denn einer über die halb Mutten uss greyff, und aas, schlug inn der ander Teyl (in Schimpff) uff die Händ, und sagt fryss uff dinem Erte-
10 rych. Und deren Schimpffen giengend ettlich me für, dass do es dem Stattmeister von Strassburg, J. Jacoben Sturmen, der ouch under den Schidlüthen was, fürkamm, sagt er, Ir Eydgenossen sind wunderbar Leuth, wenn ir schon uneins sind, so sind ir eins, und vergässend der allten Fründschafft
15 nitt.

Zit. nach: 2. Band der Reformationsgeschichte Bullingers, Kapitel 310, Frauenfeld 1838, S. 183

M 6   Der freie Wille des Menschen in Johannes Calvins Prädestinationslehre

Calvin erwidert 1551 die Kritik des Neuenburger Reformators und Pfarrers Christophe Fabri an seinem Verständnis der doppelten Prädestination:

Du aber, lieber Christophe, täuschest Dich sehr, wenn Du meinst, der ewige Ratschluss lasse sich so auslegen, dass Gott wohl einige zur Seligkeit erwähle, aber niemanden zur Verdammnis bestimme. Denn wenn er einige erwählt, so
5 folgt doch sicher daraus, dass nicht alle erwählt sind. Was ist nun von denen zu sagen, als dass sie eben sich selbst überlassen werden zum Verderben? Es muss eine gegenseitige Beziehung bestehen zwischen Verworfenen und Erwählten. Jérôme Bolsec [ein französischer reformierter
10 Theologe] bekennt zwar, wie er sagt, dass eine bestimmte Zahl Menschen von Gott erwählt sind, aber dringt man näher in ihn, so muss er es auf alle Menschen ausdehnen. Denn er sagt offen, ganz gleichmässig werde die Gnade allen angeboten, die an ihnen wirksam sei zur Seligkeit.
15 Dass die einen sie annehmen, die andern sie abweisen, dieser Unterschied sei im freien Willen der einzelnen begründet, die dem Ruf Gottes aus eigenem Antrieb folgten. Er sagt sogar, es seien alle so mit freiem Willen ausgestattet, dass allen die Möglichkeit gegeben sei, die Seligkeit zu
20 erlangen. Du siehst, dass so die ganze Prädestinationslehre von Grund aus zerstört wird und der freie Wille als das aufgestellt wird, was uns zum Teil wenigstens die Seligkeit erwirbt. Mehr als lächerlich aber ist, dass Bolsec den freien Willen bekennt und sich vor dem Wort Verdienst entsetzt.

Denn wenn einer deshalb zu den Kindern Gottes gerechnet 25 wird, weil er sich der angebotenen Gnadenannahme anpasst, wie kann man ihm da ein Verdienst absprechen? Dass Bolsec diese Gesinnung hegt oder, besser, dass er in diesen Wahn verstickt ist, hat er schon früher gezeigt; doch kam er neulich wieder damit vor uns. [...] Bolsec bekennt, 30 dass alle Menschen von Natur verdorben seien, dass aber Gottes Gnade allen angeboten wird, zur Besserung der angeborenen Verderbtheit. Nun behauptet er, einzelne liessen auf Antrieb ihres freien Willens diese Besserung zu, wodurch sie wirksam werde, andere aber wiesen sie in der 35 gleichen Freiheit ab und würden dadurch doppelt verstockt [...] Wer sieht nicht, dass Gottes Ratschluss dem menschlichen Willen untergeordnet wird? Ich weiss nicht, welche Feinheit Du in solcher Geschmacklosigkeit zu sehen meinst. Wenn ich etwas von göttlichen Dingen verstehe, so ist das 40 törichter und plumper erfunden, als was die Papisten [Katholiken] sagen. Wenn die Frucht der Erwählung ein guter, rechter Wille im Menschen ist, so folgt doch daraus, dass die Verworfenen mit aller Herzensleidenschaft zum Bösen getrieben werden. Auch Paulus, wenn er sagt: Es liegt nicht 45 an jemandes Wollen (Römer 9,16), schreibt den Verworfenen keinen Willen zu, der an sich unwirksam wäre, sondern er lehrt, es fliesse ganz aus Gottes Barmherzigkeit, dass die anfangen, das Gute zu wollen und recht zu wandeln, die vorher aller Rechtschaffenheit bar waren. Man höre also 50 doch auf, den Quell und die erste Ursache der Scheidung in Erwählte und Verworfene im menschlichen Willen anzunehmen, wenn man Gottes Wahl noch irgendwelchen Raum geben will.

Zitiert nach: Johannes Calvins Lebenswerk in seinen Briefen, Band 2, S. 575

Aufgaben

1. Die Kappelerkriege

a) Geben Sie Heinrich Bullingers Text über die Kappler Milchsuppe in eigenen Sätzen wieder.

b) Beurteilen Sie den Wahrheitsgehalt der Quelle M5 kritisch.

c) Die Metapher von der „Kappeler Milchsuppe" wird bis in die heutige Zeit gelegentlich in öffentlichen oder politischen Diskussionen verwendet. Erläutern Sie den Symbolgehalt der Metapher.

⌒ Text, M4, M5

2. Calvinismus

a) Fassen Sie zusammen, wie Calvin den freien Willen des Menschen in seiner Prädestinationslehre bewertet.

b) Diskutieren Sie, zu welchem Welt- und Selbstbild die Prädestinationslehre bei ihren Anhängern geführt haben könnte.

⌒ Text, M6

02

HERRSCHAFT, GESELLSCHAFT, WIRTSCHAFT IM FRÜHMODERNEN STAAT

1989 veröffentlichte der Historiker Heinz Duchhardt ein Buch mit dem Titel „Das Zeitalter des Absolutismus". Die aktuelle Neuauflage dieses Standardwerkes trägt jetzt den Titel „Barock und Aufklärung". Dieser Namenswechsel ist durch neuere Ergebnisse historischer Forschung begründet: Die Wissenschaftler sind sich heute weitgehend einig darüber, dass der Begriff „Absolutismus" zwar eine Form monarchischer Herrschaft bezeichnen, jedoch nicht als übergreifender Epochenbegriff dienen kann. Unsere Vorstellungen über den Absolutismus sind wesentlich durch die Herrschaftsinszenierung des „absolut" regierenden französischen „Sonnenkönigs" Ludwig XIV. geprägt. Die praktische Ausgestaltung dieser Herrschaftsform war jedoch sehr komplex, da der König in vielen Bereichen auf Experten und auf die Unterstützung eines Verwaltungsapparates angewiesen war. Andere absolute Herrscher griffen aufklärerische Ideen auf und versuchten in ihrer Regentschaft eine Symbiose von Aufklärung und absolutem Herrschaftsverständnis zu entwickeln. Der bedeutendste „aufgeklärte" Monarch war der preussische König Friedrich II. Für die Denker der Aufklärung stand jedoch nicht so sehr die „vernünftige" Politik eines Herrschers im Mittelpunkt als vielmehr der Auftrag an jeden einzelnen Menschen, aus der Unmündigkeit herauszutreten und sich seines eigenen Verstandes zu bedienen. Auch wenn die aufklärerischen Ideen zunächst nur in kleinen Kreisen diskutiert wurden, so wurden sie doch zu Wegbereitern, Herrschaft zu hinterfragen, die Grundstrukturen der menschlichen Gesellschaft neu zu denken und schliesslich aktiv umzugestalten.

M 1 **Ludwig XIV.,** Gemälde von Hyacinthe Rigaud, um 1700

Absolutismus als Herrschaftsform

Der Begriff „Absolutismus" weist zwei unterschiedliche Bedeutungen auf. Zum einen kann er als Epochenbezeichnung dienen, dann bezieht er sich auf die Zeitspanne von 1648 (dem Ende des Dreissigjährigen Krieges) bis 1789 (dem Beginn der Französischen Revolution). Zum anderen wird mit „Absolutismus" auch eine bestimmte Herrschaftsform bezeichnet, bei der der Inhaber der Staatsgewalt eine Macht ausübt, die nicht durch Stände, Zünfte, Adlige oder Städte beschränkt wird. Der Herrscher (Souverän) verfügt über die richterliche, gesetzgebende und ausführende Macht in seinem Staat. Als Monarch ist er oberster Gerichtsherr, entscheidet über Krieg und Frieden in der Aussenpolitik und bestimmt über Finanzen und Verwaltung.

„Staatsräson"

Die besonderen Interessen zum Beispiel des Adels mussten sich der „Staatsräson", also dem übergeordneten Nutzen des Staates und der Krone, fügen. Der Monarch, der den Staat durch Amt und Person verkörperte, durfte aber nach der Auffassung der Zeit keine Willkürherrschaft ausüben, sondern sollte die Grundsätze des göttlichen und natürlichen Rechts beachten.

M 1   **Absolutistische Staaten in Europa um 1750**

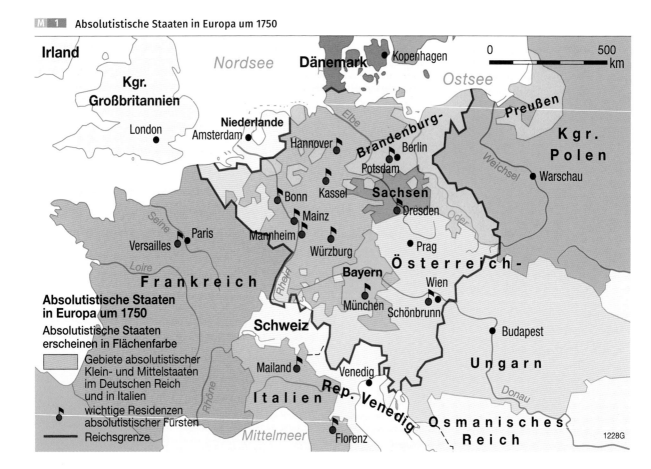

Zeitlich gesehen entstand der Absolutismus im Übergang vom späten Mittelalter zur Frühen Neuzeit. Vor allem im westlichen, mittleren und nördlichen Europa (zum Beispiel Spanien, Frankreich, Schweden, Brandenburg-Preussen) war er eine wesentliche Triebkraft für die Herausbildung des modernen europäischen Staatensystems zwischen dem 15. und 17. Jahrhundert. Im absolutistischen Staat liefen beim Fürsten beziehungsweise Territorialherrscher zunehmend die Hoheitsfunktionen (zum Beispiel die Verwaltung) zusammen, die in der feudalen und ständischen Ordnung des Mittelalters auf die verschiedenen bevorrechtigten Träger (Adel, Kirche, Stadtgemeinden) verteilt waren. Vor allem in Frankreich prägten sich die Strukturen des Absolutismus besonders deutlich aus. Hier hatte er einen entscheidenden Anteil beim Aufstieg des Landes zur europäischen Grossmacht.

Die geschichtlichen Errungenschaften des Absolutismus zeigten sich in den verschiedenen Bereichen von Wirtschaft, Gesellschaft und Staat:

- Die staatliche Verwaltung (Bürokratie) wurde ausgebaut. Zu den wichtigsten Aufgaben zählten Einziehung der Steuern, die Organisation der Polizei, Gerichtsbarkeit, das Militärwesen und der Landesausbau (zum Beispiel durch Verkehrswege). Der Konzentration der Macht beim Monarchen entsprach ein zentraler und hierarchischer Aufbau der Behörden. Im Auftrag des Königs arbeitete eine abhängige, weisungsgebundene Beamtenschaft. Die Spitzen der Verwaltung, beispielsweise die Intendanten in Frankreich, waren direkt dem König gegenüber verantwortlich, der sie berief und entliess. Nicht nur der Adel, sondern auch mehr und mehr das Bürgertum stellte die Fachleute zur Verfügung, die der bürokratische Obrigkeitsstaat brauchte.

- Als eine der wichtigsten Stützen der Macht wurden stehende Heere aufgebaut. Ein Grossteil der Staatsausgaben floss damit in die Rüstung. Grosse und disziplinierte Heere waren für die Monarchen unerlässliche Werkzeuge im wirtschaftlichen, diplomatischen und militärischen Konkurrenzkampf mit den anderen Mächten. Unter Ludwig XIV. betrug zum Beispiel die durchschnittliche Heeresstärke 100 000 Mann.

- Die wachsenden Aufgaben des Staates, die zahlreichen Kriege um Territorien und Vormacht und nicht zuletzt eine verschwenderische Hofhaltung erzeugten einen grossen Geldbedarf, der den Ausbau des staatlichen Finanz- und Steuerwesens notwendig machte. Die neuen wirtschaftspolitischen Methoden des Merkantilismus versprachen eine Steigerung staatlicher Macht durch wirtschaftliche Expansion.

Besonders konfliktreich war das Verhältnis des absoluten Königtums zu den alten feudalständischen Gewalten. Einerseits schränkte die erstarkende Zentralgewalt zwangsläufig die Macht der Stände beziehungsweise des Adels ein. Andererseits verkörperte der Monarch nach wie vor die Spitze einer traditionellen aristokratischen Ordnung. Die gesellschaftlich hervorgehobene Stellung des Adels wurde also nicht grundsätzlich angetastet.

Adel

Der Adel verfügte traditionell über eine Reihe von gesellschaftlichen, wirtschaftlichen und steuerlichen Privilegien. Hohe Posten in Verwaltung, Justiz, Armee und Diplomatie waren von Adligen besetzt. Als Grundbesitzer zogen die Adligen die Feudalabgaben von den Bauern ein. Ausserdem genossen sie eine weitgehende Steuerbefreiung. Seit dem 16. Jahrhundert nutzten Angehörige des Bürgertums

M 2 **Ludwig XIV., König von Frankreich (1643–1715)**
Gemälde von Hyacinthe Rigaud

verstärkt die Möglichkeit, durch Ämterkauf in den Adel aufzusteigen. Der Ämterkauf, der ein erhebliches Geldvermögen voraussetzte, diente der Krone zur Deckung ihres chronischen Finanzbedarfs. Durch die Aristokratisierung von Teilen des Bürgertums entstand neben dem alten Schwertadel (noblesse d'épée) der Amtsadel (noblesse de robe). Unter der absoluten Monarchie gelang es dem Amtsadel, mehr und mehr in wichtige Posten im Verwaltungs- und Justizapparat aufzurücken. Das Königtum stützte sich also zunehmend auf die aufsteigende bürgerliche Dienstklasse.

Die theoretische Begründung des Absolutismus

Jean Bodin

Der Franzose Jean Bodin (1529 oder 1530–1596) entwarf mit seiner Staatstheorie in den „Six livres de la République" (Sechs Bücher über die Republik, 1576) eine schon zu seiner Zeit einflussreiche Begründung der absoluten Monarchie. Für Bodin war der Staat die übergreifende Ordnung des menschlichen Zusammenlebens. Seine Mitglieder waren nicht Bürger, sondern Untertanen. Zur Verwaltung des Gemeinwesens sei eine souveräne Macht nötig. Die zentrale Vorstellung in Bodins Lehre war die Idee der Souveränität, nach der der Fürst (Monarch) die Quelle aller Herrschaft sei. Dieser könne im Rahmen der Gerechtigkeit und der „natürlichen" und göttlichen Gesetze Verordnungen und Gesetze erlassen. In der Monarchie sah Bodin den vollkommensten Ausdruck dieses Souveränitätsprinzips.

M 3 Jean Bodin (um 1529–1596)
Zeitgenössischer Kupferstich

Thomas Hobbes

Der Philosoph und Staatstheoretiker Thomas Hobbes (1588–1679) entwickelte seine Auffassung von der Funktion des Staates unter dem Eindruck des Bürgerkrieges in England. Sein Hauptwerk „Leviathan" (1651) hatte einen grossen Einfluss auf die politische Theorie der Neuzeit.

Hobbes' Ausgangspunkt war dabei der Konflikt zwischen dem englischen König Karl I. und dem Parlament. Die blutigen Wirren des Bürgerkrieges prägten seine politische Lehre vom Naturzustand des Menschen: In einer Welt knapper Güter (modern: Ressourcen) führten Konkurrenzkampf und Selbsterhaltungstrieb zum grausamen Krieg aller gegen alle (lateinisch „bellum omnium contra omnes"). Der Naturzustand des Menschen wird also als ein kriegerischer verstanden. Um diesen permanenten Kriegszustand, der das Überleben aller gefährde, zu überwinden, erfänden die Menschen den staatlichen Souverän. Mittels eines fiktiven Gesellschaftsvertrages überträgen sie ihm die uneingeschränkte Gewalt (Unterwerfungsvertrag). Die neue Zwangsgewalt des Staates sei allein imstande, den inneren Frieden und eine stabile Ordnung zu schaffen. Die Friedenssicherung durch den Souverän korreliert also mit der Gehorsamspflicht der einzelnen Bürger. Die Macht des Staates muss grösser sein als die aller Bürgerkriegsparteien zusammen. Der Grundsatz des staatlichen Gewaltmonopols, der auch für die moderne Demokratie gilt, hat in der Lehre von Thomas Hobbes seinen Ursprung. Zwar war es der Schrecken des englischen Bürgerkriegs, der Hobbes zu seiner politischen Theorie inspirierte, aber die grosse Resonanz, die seine Staatsidee fand, war auch eine Folge des Dreissigjährigen Krieges.

M 4 Thomas Hobbes (1588–1679)
Zeitgenössischer Stich

M 5 Über die Souveränität

Jean Bodin (1530–1596) begründete die Lehre von der fürstlichen Souveränität:

Souveränität ist die absolute und dauernde Macht eines Staates, die die Lateiner „majestas" nennen [...], und bedeutet so viel wie „höchste Befehlsgewalt". [...]
Es gehört notwendig zum Begriff der Souveränität, dass
5 ihre Inhaber auf keine Weise den Befehlen eines anderen unterworfen sind, dass sie den Untertanen Gesetze geben, überholte Gesetze kassieren und aufheben und neue dafür erlassen können: Das kann keiner, der selber den Gesetzen oder anderen, die Befehlsgewalt über ihn haben, unter-
10 steht. Dies ist gemeint, wenn das Gesetz sagt, der Fürst sei von der Gewalt der Gesetze befreit. [...]
Nur den göttlichen und natürlichen Gesetzen sind alle Herrscher der Welt unterworfen, und es liegt nicht in ihrem Ermessen, dagegen zu verstoßen, wenn sie nicht des Ver-
15 brechens der Beleidigung der göttlichen Majestät schuldig werden und sich gegen Gott auflehnen wollen [...]. Daher bleibt unser Grundsatz bestehen: Der Fürst ist weder seinen Gesetzen noch denen seiner Vorgänger unterworfen, wohl aber den von ihm eingegangenen rechtmäßigen und
20 billigen Abmachungen, an deren Innehaltung die Untertanen allgemein oder auch teilweise interessiert sind.

Bodin, Les six livres de la république, 1576. Zit. nach: E. Büssem, M. Neher (Hg.), Arbeitsbuch Geschichte Neuzeit 1 (Quellen), München 1977, S. 205 ff.

M 6 Hobbes über den „Leviathan"

Mit diesem Buch begründet Thomas Hobbes die moderne Staatstheorie:

Der alleinige Weg zur Errichtung einer solchen allgemeinen Gewalt, die in der Lage ist, die Menschen vor dem Angriff Fremder und vor gegenseitigen Übergriffen zu schützen und ihnen dadurch eine solche Sicherheit zu verschaffen,
5 dass sie sich durch eigenen Fleiß und von den Früchten der Erde ernähren und zufrieden leben können, liegt in der Übertragung ihrer gesamten Macht und Stärke auf einen Menschen oder eine Versammlung von Menschen, die ihre Einzelwillen durch Stimmenmehrheit auf einen Willen re-
10 duzieren können. Das heißt so viel wie einen Menschen bestimmen und bedeutet, dass jedermann alles als eigen anerkennt, was derjenige [...] verkörpert [...].
Dies ist mehr als Zustimmung oder Übereinstimmung: Es ist eine wirkliche Einheit aller in ein und derselben Person, die durch Vertrag eines jeden mit jedem zustande kam, als
15 hätte jeder zu jedem gesagt: Ich autorisiere diesen Menschen oder diese Versammlung von Menschen und übertrage ihnen mein Recht, mich zu regieren, unter der Bedingung, dass du ihnen ebenso dein Recht überträgst und alle ihre Handlungen autorisierst. Ist dies geschehen, so nennt
20 man diese zu einer Person vereinte Menge Staat, auf lateinisch civitas. Dies ist die Erzeugung jenes großen Leviathan oder besser, um es ehrerbietiger auszudrücken, jenes sterblichen Gottes, dem wir unter dem unsterblichen Gott unseren Frieden und Schutz verdanken. Denn durch diese
25 ihm von jedem Einzelnen im Staate verliehene Autorität steht ihm so viel Macht und Stärke zur Verfügung, die auf ihn übertragen worden sind, dass er durch den dadurch erzeugten Schrecken in die Lage versetzt wird, den Willen aller auf den innerstaatlichen Frieden und auf gegenseitige
30 Hilfe gegen auswärtige Feinde hinzulenken. Hierin liegt das Wesen des Staates, der, um eine Definition zu geben, eine Person ist, bei der sich jeder Einzelne einer großen Menge durch gegenseitigen Vertrag eines jeden mit jedem zum Autor ihrer Handlungen gemacht hat, zu dem Zweck, dass
35 sie die Stärke und Hilfsmittel aller so, wie sie es für zweckmäßig hält, für den Frieden und die gemeinsame Verteidigung einsetzt. Wer diese Person verkörpert, wird Souverän genannt und besitzt, wie man sagt, höchste Gewalt, und jeder andere daneben ist sein Untertan. [...]
40

Thomas Hobbes, Leviathan, zit. nach: N. Hoerster (Hg.), Klassische Texte der Staatsphilosophie, München 1976, S. 125 f.

Aufgaben

1. **Theoretische Begründung des Absolutismus**
   a) Formulieren Sie in Thesen die gesellschaftlichen und wirtschaftlichen Entwicklungen, die zur Herausbildung des Absolutismus führten.
   b) Arbeiten Sie die Merkmale heraus, mit denen Bodin die souveräne Herrschaft bestimmte.
   c) Erläutern Sie, warum es nach Hobbes notwendig ist, dem Staat das Gewaltmonopol zu übertragen. Erörtern Sie, welche Probleme und Gefahren sich aus einer autoritären Staatsauffassung ergeben können.
   d) Informieren Sie sich über den Begriff „Absolutismus" und beurteilen Sie seine Tauglichkeit als Epochenbezeichnung. Verfassen Sie hierzu einen Infokasten für Ihr Schulbuch.

Text, M1–M6

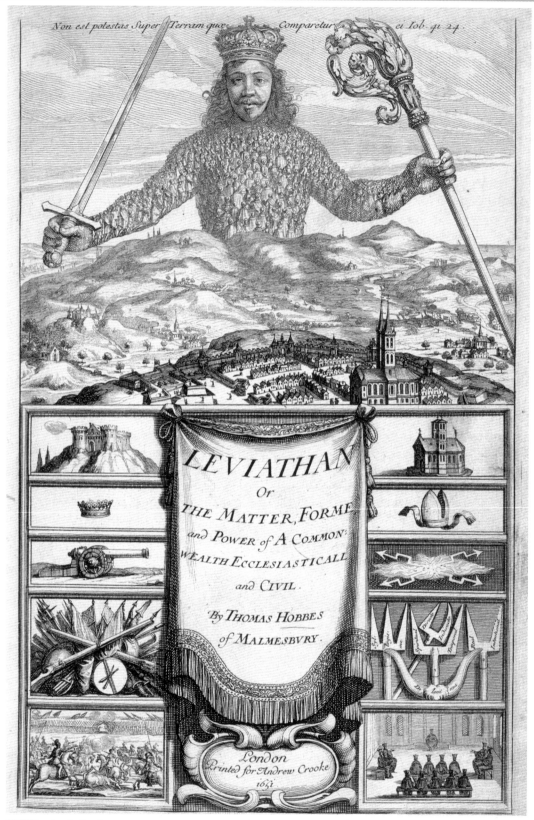

M 7 „Leviathan"

Titelkupfer der Erstausgabe des „Leviathan" von Thomas Hobbes, London 1651. Die Radierung stammt vermutlich von Wenzel Hollar (1607–1677).

Interpretation einer historischen Bildquelle – ein Beispiel

Bildquellen gehören zu den wichtigsten historischen Quellen und besitzen für den Historiker grosse Aussagekraft. Oft lassen sich aus Bildquellen beispielsweise wichtige kulturgeschichtliche Erkenntnisse gewinnen. Bildquellen können von ganz unterschiedlicher Art sein. Fragt man nach den unterschiedlichen Ausführungstechniken, so ist etwa zwischen Gemälden, Zeichnungen, Drucken, Plakaten oder Fotografien zu unterscheiden. Blickt man dagegen auf die Bildinhalte, so kann man beispielsweise zwischen Personenbildern, Ereignis- oder Alltagsbildern, Landschafts- und Städtebildern unterscheiden. Daneben ist auch immer zu fragen, in welchem zeitlichen Bezug das Bild zum Gegenstand seiner Darstellung steht: handelt es sich um zeitgleiche Bilder, fallen also das Bild und sein Gegenstand zeitlich (annähernd) zusammen, oder handelt es sich um die Darstellung von mehr oder weniger weit zurückliegenden Ereignissen? Im diesem Fall spricht man von Geschichtsbildern, zu denen beispielsweise die Historiengemälde, aber auch historische Comics gehören.

Training

Schritte zur Interpretation von Bildquellen

1. Schritt: Eine historische Bildquelle erschliessen

a) Äussere Merkmale erschliessen
Dabei sind insbesondere die folgenden Aspekte zu berücksichtigen:
- Kennzeichnung der spezifischen Bildgattung (z. B. Historiengemälde, Karikatur, Fotografie),
- Autor(in) der historischen Bildquelle,
- Adressat(en) und deren Bezug zum Autor/zur Autorin,
- Entstehungszeitpunkt der Bildquelle bzw. der Zeitpunkt ihres Erscheinens, ggf. auch der Anlass für das Entstehen bzw. die Veröffentlichung der Bildquelle,
- Thema der Bildquelle,
- (vermutliche) Intention des Verfassers/der Verfasserin

b) Die Bildquelle beschreiben. Hierbei kann man sich an folgenden Fragen und Aspekten orientieren:
- Welche Bildelemente sind zu erkennen und wie werden diese gestaltet (Personen, Gegenstände, Räume und Örtlichkeiten, Handlungen, Symbole)?
- Welche Gestaltungselemente lassen sich identifizieren (Bildkomposition, Beziehung der Bildelemente zueinander, Perspektive, Farbgebung, Lichtführung, Kontraste, Schriftelemente)?

2. Schritt: die Bildquelle in den historischen Kontext einordnen und vor diesem Hintergrund einzelne Aspekte der Bildquelle genauer erläutern

- In welchem Zusammenhang steht die Bildquelle zu einem bestimmten historischen Ereignis, Vorgang, Problem etc.?
- Welche Aussagen werden hierzu durch die verwendeten Bildelemente und die benutzten Gestaltungsmittel vermittelt?
- Welche Funktion hat die Bildquelle?
- Welche Intention verfolgt der Urheber der Bildquelle? (z. B. belehrend, dokumentierend, aufklärend, propagandistisch, entlarvend, verherrlichend etc.?)

3. Schritt: Sich kritisch mit der Bildquelle auseinandersetzen

Hier sind u. a. folgende Fragen von Interesse:
- Wie ist die Behandlung des historischen Sachverhalts durch das Bild/durch den Maler, Künstler etc. zu beurteilen? Ist die Art der Behandlung angemessen?
- Welchen Quellenwert besitzt das Bild?
- Ist die Bildquelle repräsentativ für eine bestimmte Sichtweise, für seine Zeit etc.?

Wege zum modernen Staat: Preussen und England

Reformabsolutismus

M 1   Friedrich der Grosse und Voltaire

Der Philosoph als Gast am Hofe des Königs, Kupferstich von Pierre Charles Baquoy (1759–1829)

Um die Mitte des 18. Jahrhunderts hatte sich in Ländern wie Preussen, Österreich und einigen kleineren deutschen Territorialstaaten die Bereitschaft der Regierenden durchgesetzt, sich aufklärerischer Ideen zu bedienen. Dies führte zu einer Herrschaftsform, die man auch als „Reformabsolutismus" bezeichnet hat. Von den fortschrittlichen Gedanken der Aufklärung versprachen sich die Herrscher eine Beschleunigung der gerade unter aussenpolitischen Zwängen notwendigen politischen und gesellschaftlichen Reformen. Vor allem im Bereich der Religionspolitik, der Justizreform und der Förderung der Wissenschaften zeigte sich ein wachsender Einfluss der Aufklärung.

Die Abschaffung der Folter, die Herstellung von Rechtsgleichheit und Rechtssicherheit und religiöse Toleranz gehörten zum typischen Programm des aufgeklärten Absolutismus. So verfügte Friedrich II. als eine seiner ersten Massnahmen nach Machtantritt die Einschränkung beziehungsweise Abschaffung der Folter (1740).

Religiöse Toleranz

Die Proklamierung religiöser Toleranz geschah in Preussen zu einem Zeitpunkt, als das in Europa noch nicht selbstverständlich war. Friedrich II. handelte auch aus dem Geist der Aufklärung, wenn er forderte: „… denn hier muss ein jeder nach seiner Façon selig werden …", aber die Staatsräson spielte eine ebenso grosse Rolle. Mit der praktizierten Toleranz in religiösen Angelegenheiten bewegte er sich in der Tradition seiner Vorgänger. Schon der Grosse Kurfürst Friedrich Wilhelm (1640–1688) hatte die französischen Hugenotten aufgenommen, die nach der Aufhebung des Edikts von Nantes (1685) aus Frankreich fliehen mussten. Später folgte unter Friedrich Wilhelm I. die Einwanderung Salzburger Protestanten. Der preussische Staat versprach sich von den Einwanderern Impulse für die wirtschaftliche Entwicklung. Als Steuerzahler waren die Einwanderer allemal willkommen. In einem begrenzten Umfang wurde auch die Niederlassung von Juden toleriert, die im Geld- und Warenhandel eine grössere Rolle spielten, jedoch rechtlich nicht gleichgestellt waren.

Förderung der Wissenschaften

Dem aufgeklärten Selbstverständnis Friedrichs II. entsprach es auch, dass er die Wissenschaften, zum Beispiel durch die Preussische Akademie der Wissenschaften, förderte, deren Veröffentlichungen von der Zensur ausgenommen waren. Mit dem französischen Aufklärer Voltaire pflegte der Monarch einen intensiven Umgang. Eine rege Korrespondenz, die über 36 Jahre andauerte, verband den König mit dem Philosophen, was ihm auch den Titel „Philosophen-König" einbrachte.

Legitimation der Herrschaft

Die „aufgeklärten Monarchen" beriefen sich nicht mehr auf eine Legitimation ihrer Herrschaft „von Gottes Gnaden", sondern auf ihre Verpflichtung gegenüber den Untertanen, im Interesse des Gemeinwohls zu regieren. Im Sinne dieser neuen Herrschaftsauffassung verstand sich beispielsweise Friedrich II. (der Grosse) als „erster Diener des Staates".

Gesellschaftsstruktur

Jedoch wurden auch unter dem aufgeklärten Absolutismus die überkommenen gesellschaftlichen Strukturen nicht angetastet. Nach wie vor besetzte der Adel Führungspositionen im Heer, in der Verwaltung und am Hof. Unter Friedrich II. wurden fast ausschliesslich Adlige zu Ministern ernannt. Auf dem Lande verfügten die adligen Gutsherren (auch Junker genannt) über die Polizeigewalt und über die einfache Gerichtsbarkeit. Zudem lag die Aufsicht über die Schulen in ihren Händen. Das vom Adel getragene Offizierskorps gehörte zu den wesentlichen Elementen des preussischen Militärstaates. In der ständischen Gliederung Preussens waren Bürger und Bauern immer noch scharf vom Adel abgegrenzt. Die Bauern, die etwa vier Fünftel der Bevölkerung ausmachten, stellten die Masse der Soldaten, die häufig durch Zwangsmassnahmen rekrutiert wurden. Im Rahmen des guts- und grundherrschaftlichen Systems stützte sich die Herrschaft des Adels auf die verschiedenen Dienste und Abgaben der Bauern. Neben den Bauern waren die Bürger die zweite grosse Gruppe der Steuerzahler im Staate.

Englands Weg zur konstitutionellen Monarchie

Magna Charta

Mit Spanien und Frankreich zählte England seit dem Mittelalter zu den grossen Monarchien Westeuropas. Im Unterschied zu den beiden Mächten des Kontinents konnte sich jedoch in England der Absolutismus nie wirklich vollständig durchsetzen. Manche Historiker haben deshalb auch von dem „Sonderfall England" gesprochen. In harten, jahrhundertelangen und oft gewaltsamen Kämpfen errangen und festigten die „Untertanen" ihre Rechte gegen die Krone. Bereits mit der „Magna Charta" (1215) setzten Adel und Kirche ihre Interessen gegen den König durch: Steuern bedurften ihrer Zustimmung, und der Schutz vor willkürlicher Verhaftung musste gewährt sein. In der Curia regis traten seit dem 12. Jahrhundert mehrmals jährlich die Adligen und Ritter zu einer Art Parlament zusammen. Diese Versammlung diente dazu, den König zu beraten, ihm Gelder zu bewilligen und Recht zu sprechen.

Im 14. Jahrhundert trennte sich das Parlament in ein House of Commons (Unterhaus) und ein House of Lords (Oberhaus). Im House of Lords sassen der hohe Adel und die hohe Geistlichkeit. Adlige aus den Grafschaften und Vertreter der Städte bildeten das House of Commons. Seine Mitglieder wurden in den Grafschaften und in den Stadtgemeinden gewählt, sodass damit schon eine Art Repräsentation entstand. Allerdings war das Wahlrecht auf eine kleine vermögende Minderheit beschränkt. Bauernaufstände, der Hundertjährige Krieg mit Frankreich (1339–1453) und die Machtkämpfe des Adels in den so genannten Rosenkriegen (15. Jahrhundert) schwächten das Königtum. Erst unter den Tudor-Königen des 16. Jahrhunderts (Heinrich VIII. und Elisabeth I.) konnte sich die Monarchie wieder vorläufig festigen.

Konflikte zwischen König und Parlament

Im 17. Jahrhundert verschärfte sich die Auseinandersetzung zwischen Krone und Parlament. Unter Jakob I. (1603–1625) und Karl I. (1625–1649) traten die absolutistischen Neigungen der Könige wieder stärker hervor, als sie versuchten, die

M 2   Magna Charta
Libertatum von 1215

A. Seine Kön: May: an dem Block. B. Doctor Juxon. C. Colonell Tomlinson. D. Colonell Hacker. E.F. die 2. Executorn. C.R.V.N.1649

M 3 Hinrichtung des Königs

„Abscheulichste unerhörte Exekution an weyland dem Durchleutig und Großmächtigsten Carl Stuart, König in Großbritannien, Frankreich und Irland etc. Vorgegangen in London vor der Residentz Whitehall dienstag den 30. janua Anno 1649. Nachmittag zwischen 2 und 3 uhren" steht über diesen Kupferstich von 1649 geschrieben.

Das Medaillon des Königs wird von denen seiner Gegner, General Fairfax und Generalleutnant Cromwell, umrahmt. In der Wolke zwei Engel mit Palmwedel und Lorbeerkrone, den Siegeszeichen über den Tod. Auf dem Podest der Leichnam des Königs, der Henker mit einem Gehilfen, zwei Offiziere und der Bischof von London als geistlicher Beistand.

Rechte des Parlaments weitgehend zu beschneiden. Mehrmals löste Karl I. die verschiedenen Parlamente auf und regierte insgesamt elf Jahre ohne ihre Mitwirkung.

Als er führende Abgeordnete aus dem Unterhaus des neuen „Langen Parlaments" verhaften lassen wollte, wurde dieser Rechtsbruch zum Anlass für einen blutigen Bürgerkrieg (1642–49). Auf der Seite des Parlaments kämpften vor allem die bürgerlichen Kräfte und die (protestantischen) Puritaner unter der Führung von Oliver Cromwell. Grosse Teile des Adels, die Katholiken und die Anhänger der (anglikanischen) Staatskirche unterstützten den König. Damit war der politische Konflikt wesentlich von religiösen Auseinandersetzungen bestimmt und überlagert. Das schlagkräftige und disziplinierte Heer Cromwells siegte schliesslich über die Armee des Königs. Auf Beschluss des Unterhauses, in dem nur noch Anhänger Cromwells sassen, wurde Karl I. angeklagt, verurteilt und schliesslich 1649 öffentlich hingerichtet. Ein unerhörter Vorgang zu einer Zeit, in der Person und Amt des Königs noch als unantastbar galten.

Unter der Herrschaft Cromwells wurden zunächst die aufständischen (katholischen) Iren mit harter Hand unterworfen. Der irische Grundbesitz ging in englische Hände über. Die Navigationsakte (1651) bestimmte, dass einzuführende ausländische Waren nur von englischen Schiffen befördert werden durften. Die damit bezweckte Ausschaltung der konkurrierenden holländischen Handelsschifffahrt kam den Interessen des Handel treibenden Bürgertums in den Städten entgegen. Andere Erfolge in der Kolonial- und Aussenpolitik stärkten unter Cromwell Englands Bedeutung im Kreis der führenden Seemächte. Den religiösen Gruppen wurde – mit Ausnahme der Katholiken – weitgehende Toleranz gewährt. Unter Cromwell war England formell zur Republik geworden, in Wirklichkeit glich es eher einem Militärregime. Nach Cromwells Tod kam es durch einen Parlamentsbeschluss zur Restauration des Stuart-Königtums unter Karl II. (1660 – 1685) und Jakob II. (1685 – 1688).

„Glorious Revolution"

Gegen den Versuch Jakobs II., das Land zu rekatholisieren und den Absolutismus erneut durchzusetzen, erhob sich der Widerstand des Parlaments. Dieses trug Wilhelm III. von Oranien, dem mit den Stuarts weitläufig verwandten Erbstatthalter der Niederlande, die englische Krone an. Er landete im November 1688 mit einem kleinen protestantischen Heer unter dem Motto: „Für die protestantische Religion und ein freies Parlament." Nach der Flucht Jakobs II. in das französische Exil trat Wilhelm III. 1689 die Thronfolge an. Dieser unblutig verlaufene Thronwechsel („Glorious Revolution") bedeutete die Versöhnung von Monarchie und Parlament. Der neue englische König erkannte in der „Bill of Rights" (1689) die Rechte des Parlaments, der Kirche und der Bürger an. Dieser Vorgang war von grösster politischer Bedeutung, weil er den Absolutismus in England beendete und das Tor zur parlamentarischen Monarchie öffnete. Die Souveränität verschob sich von der Krone auf das Parlament. Fortan sprach man vom „King in Parliament". Das Parlament regelte die monarchische Erbfolge, beschränkte die Prärogative (politischen Vorrechte) des Königs und liess sich das Budgetrecht nicht mehr nehmen. Der König konnte keine Gesetze mehr ausser Kraft setzen. Zudem stand ihm in Friedenszeiten auch kein Heer mehr zur Verfügung.

Die „Glorious Revolution" etablierte neue Spielregeln der Politik, die England zum freiesten Land in Europa machten. Auch wenn von einer Demokratie im heutigen Sinne nicht die Rede sein konnte – zumal nur fünf Prozent der Bevölkerung wahlberechtigt waren –, so galten fortan Grundsätze, die eine relative Rechtsstaatlichkeit verbürgten: zum Beispiel die Meinungsfreiheit, der Schutz der Persönlichkeit, die Gleichheit vor dem Gesetz und die Unschuldsvermutung vor Gericht.

Ihre theoretische Rechtfertigung erfuhr die „Glorious Revolution" durch John Locke, der in seinem Buch „Two Treatises of Government" (1690) die Grundsätze des liberalen Parlamentarismus niedergelegt hat.

Möglich wurde diese Zäsur in der englischen Politik durch eine Gesellschaft, die sich in wesentlichen Aspekten von der kontinentalen unterschied. Hier waren die Standesgrenzen durchlässiger als anderswo, zum Beispiel zwischen dem wohlhabenden Bürgertum und dem niederen Adel (engl. gentry). Auch galt es im Un-

M 4 Oliver Cromwell (1599 – 1658)
Gemälde von Peter Lely, 1654

terschied zu den konservativen Gesellschaften des Kontinents nicht als sittenwidrig, wenn sich Adlige in Geldgeschäften betätigten. Das englische Handelskapital verteilte sich also über die Standesgrenzen hinweg. Die relativ moderne Sozialstruktur des Landes zeigte sich auch im Agrarbereich, wo die Bauern entweder frei auf Eigenland oder als Pächter tätig waren.

M 5 Der englische Souverän

Das Bild zeigt das Parlament im Jahre 1641. Die Sitzordnung im traditionsbewussten England hat sich bis in die Gegenwart nicht geändert.

Info

Chronologie

1649	Hinrichtung des englischen Königs Karl I.
1688	„Glorious Revolution"
1740–1786	Friedrich II., preussischer König

Wege zum modernen Staat: Preussen und England

M 6 Absolutismus in Preussen

Der Historiker Ernst Walter Zeeden stellt die Errichtung und den Aufstieg des preussischen Staates dar:

Der kräftigste Mittelstaat war Brandenburg. Seine Kurfürsten hatten gelernt, ihre Länder von Ostpreussen bis zum Rhein administrativ zusammenzuhalten und wirtschaftlich aufeinander abzustimmen. Obwohl im europäischen Kräftespiel
5 nur eine geringe Potenz, konnte sich Brandenburg in seiner auswärtigen Politik etwas freier bewegen als seine territorialen Nachbarn. Kurfürst Friedrich III. (1688–1713) erhob mit kaiserlicher Zustimmung sein dem Reich nicht zugehöriges souveränes Herzogtum Preussen zum Königreich und krönte
10 sich selbst im Dom von Königsberg zum König (18.1.1701). König Friedrich I. und seine Gattin Sophie Charlotte suchten ihre Residenz kulturell dem Stand der vergleichbaren Höfe von Dresden und München anzunähern. [...]
Friedrich Wilhelm I. (1713–1740) löste bei der Regierungs-
15 übernahme sofort den kostspieligen Hofstaat auf und führte das Prinzip der Rentabilität und Sparsamkeit als Grundregel ein. In seiner Wirtschafts- und Handels-, Finanz- und Heerespolitik setzte er die Vorarbeiten des Grossen Kurfürsten fort und trieb den Absolutismus auf die Spitze. Er stellte [...]
20 erstmalig einen Staatsetat auf und führte, um ihn zu kontrollieren, die Oberrechenkammer ein, die Vorläuferin der heutigen Rechnungshöfe. In seinen 27 Regierungsjahren vermehrte er das Heer von 38 000 auf 80 000 Mann. Einen Teil der Mannschaften rekrutierte er aus aller Herren Länder;
25 den grössten Teil stellte das eigene Land nach dem Kantonreglement (1733), wonach die einzelnen ländlichen Regionen für eine bestimmte Anzahl von Rekruten aufzukommen hatten, deren Auswahl ihnen überlassen blieb. Um der Landwirtschaft die benötigten Arbeitskräfte zu erhalten, beka-
30 men die ausgehobenen bäuerlichen Kantonisten während ihrer 20-jährigen Dienstzeit jährlich bis zu 10 Monate Urlaub. Die Offiziersschicht bildete und ergänzte der König fast ausschliesslich aus dem Adel seiner Länder. [...]
Als merkantilistischer Wirtschafts- und Handelspolitiker
35 sann er unermüdlich auf Mittel, die Produktion zu beleben und das Land für seine Bedürfnisse selbst aufkommen zu lassen. Er baute Manufakturen und Siedlungen, nahm Einwanderer auf, um das Land zu „peuplieren", und spornte die Gewerbetreibenden an, ihren Umsatz zu steigern; ihr
40 Mehrgewinn kam über die indirekte Steuer (die Akzise) der Staatskasse unmittelbar zugute. [...]

Durch umfassende Verwaltungsreformen machte der König aus den verschiedenen preussischen Territorien ein einheitliches Staatswesen. [...]
Friedrich Wilhelm organisierte nicht nur das Heer und die 45 Verwaltung, sondern zog auch die Leute heran, die beides trugen: den Offizier und den Beamten. Dem König gelang es, den Adel für die Monarchie zu gewinnen und ihm ein neues, am Staat und Heer orientiertes Standes- und Berufsethos einzupflanzen. Er brachte dem Adel ein Bewusst- 50 sein dafür bei, dass seine spezifische Ehre darin bestünde, dem preussischen König mit seinem Gut und Blut zu dienen. Der König selbst trug Uniform. Er reihte sich für seine Person dem Offiziersstand ein und hob dadurch dessen Ansehen nicht wenig. Erstaunlicherweise zeigte sich die Aris- 55 tokratie gewillt, in das ihr neu abgesteckte Aufgabenfeld einzutreten. Sie entwickelte sich, unter den direkten Antrieben des Königs, zu einem aufbauenden Element und zur staatstragenden Schicht. Der König beliess ihr dafür ihre sozialen Privilegien. 60
Durch seine persönliche Erziehungsarbeit machte der König auch die Beamtenschaft zu einem Stand mit eigener Ehre, der pünktlich, unbestechlich und gegen kargen Lohn hart zu arbeiten wusste. Wohl nirgends in Deutschland wurden Gehorsam und Subordination [Untertänigkeit] in sol- 65 chem Masse gefordert. Aber mit eben diesen Mitteln machte der König auch Zuverlässigkeit, Pflichtgefühl und Sparsamkeit zu sprichwörtlich „preussischen" Eigenschaften. Dadurch, dass er seine Anforderungen an Unbestechlichkeit, Fleiss und Anspruchslosigkeit durchzudrücken und 70 ein spezifisches Ehrgefühl des Beamten zu entwickeln verstand, wirkte er weit über den Tod hinaus auf nachfolgende Generationen typen- und gesinnungsbildend.

Zit. nach: R. Elze, K. Repgen, Studienbuch Geschichte, Stuttgart 1974, S. 628 ff.

M 7 Friedrich der Grosse: Grundsätze der Politik

In einem politischen Testament formulierte der preussische König Richtlinien für eine „gut geleitete" Regierung (1752):

[...] Eine gut geleitete Regierung muss ein ebenso festgefügtes System haben, wie es ein System der Philosophie geben könnte, dass alle genommenen Masse gut durchdacht und die Finanzen, die Politik und das Militär auf dasselbe Ziel zulaufen, was die Befestigung des Staats und das 5

Wege zum modernen Staat: Preussen und England

Anwachsen seiner Macht bedeutet. Aber ein System kann nur aus einem Kopf entspringen; also muss es aus dem des Herrschers hervorgehen. Die Trägheit, die Wollust oder die Dummheit sind die Ursachen, die die Fürsten daran hin-
10 dern, an dem edlen Beruf zu arbeiten und das Glück ihrer Völker zu bewirken. Diese Art Souveräne verhalten sich so verächtlich, dass sie zum Gespött und zum Gelächter ihrer Zeitgenossen werden, dass in der Geschichte ihre Namen nur zur Zeitbestimmung einer Epoche dienen; sie vegetie-
15 ren auf dem Thron, unfähig, ihn zu besitzen, nur damit in Anspruch genommen, sich selbst zu befriedigen. Ihre Fahrlässigkeit gegenüber ihren Völkern ist geradezu strafbar. Ein Souverän ist nicht in diesen hohen Rang erhoben, man hat ihm nicht die größte Macht anvertraut, damit er in Ver-
20 weichlichung lebt, damit er sich aus der Substanz des Volkes mästet und damit er glücklich sei, während alle Welt leidet. Der Souverän ist der erste Diener des Staates. Er wird gut bezahlt, damit er die Würde seiner Stellung aufrechterhalte; aber man fordert von ihm, dass er wirksam für
25 das Wohl des Staates arbeite und dass er wenigstens die Hauptgeschäfte mit Aufmerksamkeit leite. [...]
Selbst Recht zu sprechen, ist ein Dienst, mit dem sich kein Herrscher belasten kann und ein König von Preußen noch weniger als ein anderer. Die zahllosen Einzelheiten eines
30 jeden Falles würden die Zeit aufzehren, die er vornehmlich für die anderen Geschäfte der Regierung braucht. Aber wenn der Fürst auch nicht selbst Recht spricht, so folgt

M 8   Friedrich II.

Gemälde (Ausschnitt) von Johann Heinrich Christian Franke, 1764

daraus nicht, dass er die Rechtsprechung überhaupt vernachlässigen darf. [...]
35 Ich bin entschlossen, niemals den Ablauf der Prozessführung zu stören: In den Gerichtshöfen müssen die Gesetze sprechen und der Souverän hat zu schweigen; aber von Zeit zu Zeit hat mich dieses Schweigen doch nicht gehindert, die Augen offen zu halten und über die Führung der Richter zu
40 wachen. [...]
Die Katholiken, die Lutheraner, die Reformierten, die Juden und eine Anzahl anderer christlicher Sekten wohnen in diesem Staat und leben dort in Frieden: Wenn der Souverän aus falschem Eifer auf den Gedanken käme, sich für eine
45 dieser Religionen zu erklären, würden sich Parteien bilden, Dispute sich erhitzen, die Verfolgungen anfangen und nach und nach die verfolgte Religion ihre Heimat verlassen und Tausende von Untertanen durch ihre Zahl und ihren Fleiß unsere Nachbarn bereichern. [...]
50 Die militärische Disziplin bringt die Truppen zu blindem Gehorsam. Diese Unterordnung unterwirft den Soldaten dem Offizier, den Offizier dem Kommandeur, den Obersten dem General und sämtliche Generäle dem, der die Armee führt. Ein Soldat, der gegen den Unteroffizier murrt oder
55 den Säbel zieht, um sich zu wehren, ein Offizier, der den Degen gegen seinen Kommandeur erhebt und so weiter – gegen alle diese wird die Todesstrafe verhängt. Ihnen gegenüber darf der Herrscher keine Gnade walten lassen; das Beispiel wäre zu gefährlich: Die geringste Lockerung würde
60 die Verwilderung nach sich ziehen, diese den Geist der Aufsässigkeit, und endlich wären die Kommandeure nicht mehr Meister ihrer Untergebenen, sondern sähen sich gezwungen, ihnen zu gehorchen. [...]
Aus allem, was ich hier des Langen und Breiten über den
65 Stand der Finanzen gesagt habe, geht hervor, dass der Fürst noch weit mehr seine Einnahmen erhöhen kann, nicht indem er das Volk bedrückt und ihm neue Steuern auferlegt, sondern indem er seinen Untertanen Erleichterungen verschafft und sich einer löblichen Industrie bedient, um sich
70 in einen besseren Stand zu versetzen. Was die allgemeinen Kassen angeht, so ist die Hauptsache, dass die Steuern vom Volk und die Pacht von den Pächtern pünktlich bezahlt werden, damit das Militär, die Richter, die Finanzbeamten, die Apanage [Zuwendungen, Einkünfte] des Fürstenhauses
75 und alle Staatsausgaben regelmäßig bezahlt werden können, ohne die Einkünfte der verschiedenen Kassen zu vermengen oder in Unordnung zu bringen, ohne jemals die

gesamten Einnahmen eines Jahres auszugeben, damit durch Überschüsse der Staatsschatz stets hinreichend gefüllt ist, um einen Krieg wenigstens vier Jahre lang aushal-
ten zu können und allen Notlagen, in die der Staat geraten kann, gewachsen zu sein, die Finanzbeamten aufs Beste auszuwählen und unter militärischer Disziplin zu halten und wenigstens darauf bedacht zu sein, dass neue Anordnungen auf das Sorgfältigste befolgt werden. [...]

Zit. nach: R. Dietrich (Hg.), Politische Testamente der Hohenzollern, München 1981, S. 132 ff.

M 9 Bill of Rights (1689)

*Die „Bill of Rights" hat die Bedeutung eines Grundgeset-
zes für den englischen Staat:*

Die in Westminster versammelten geistlichen und welt-
lichen Lords und Gemeinen, die gesetzmäßige, vollständige und freie Vertretung aller Stände des Volkes in diesem Königreich, legten am 13. Tag im Februar im Jahr unseres Herrn 1689 Ihren Majestäten, zu der Zeit genannt und bekannt unter dem Namen und Titel Wilhelm und Maria, Prinz und Prinzessin von Oranien, die in eigener Person anwe-
send waren, eine gewisse geschriebene Erklärung vor, wel-
che von oben angeführten Lords und Gemeinden in folgenden Worten ausgestellt wurde. [...]
Die angemaßte Befugnis, Gesetze oder die Ausführung von Gesetzen durch königliche Autorität ohne Zustimmung des Parlaments aufzuheben, ist gesetzwidrig.
Die angemaßte Befugnis, Gesetze oder die Ausführung von Gesetzen durch königliche Autorität zu dispensieren, wie sie kürzlich beansprucht und ausgeübt wurde, ist gesetzwidrig.
Die Errichtung des früheren außerordentlichen Gerichtsho-
fes für kirchliche Rechtsfälle sowie alle anderen Kommissi-
onen und Gerichtshöfe ähnlicher Natur sind gesetzwidrig und gefährlich.

Steuern für die Krone oder zum Gebrauch der Krone unter dem Vorwand eines Prärogativs [Vorrecht] ohne Erlaubnis des Parlaments für längere Zeit oder in anderer Weise, als erlaubt und bewilligt wurde, zu erheben, ist gesetzwidrig.
Es ist das Recht des Untertans, dem König Bittschriften einzureichen, und jede Untersuchungshaft sowie Verfol-
gung wegen solch einer Petition ist gesetzwidrig.
Es ist gegen das Gesetz, es sei denn mit Zustimmung des Parlaments, eine stehende Armee im Königreich in Frie-
denszeiten aufzustellen oder zu halten.
Den protestantischen Untertanen ist es erlaubt, Waffen zu ihrer Verteidigung gemäß ihrer Stellung und wie es das Gesetz gestattet zu führen.
Die Wahl von Parlamentsmitgliedern soll frei sein.
Die Freiheit der Rede und der Debatten und Verhandlungen im Parlament darf von keinem Gerichtshof oder sonstwie außerhalb des Parlaments angefochten oder infrage ge-
stellt werden.
Eine allzu hohe Bürgschaft darf nicht gefordert werden. Auch dürfen keine übermäßigen Geldstrafen auferlegt oder grausame und ungewohnte Strafen vollzogen werden. [...]
Um allen Beschwerden abzuhelfen sowie zur Besserung, Stärkung und Erhaltung der Gesetze sollen Parlamentssit-
zungen häufig gehalten werden. [...]
Im vollen Vertrauen, dass Seine Hoheit der Prinz von Ora-
nien seine diesbezügliche Erklärung erfüllen und sie gegen Verletzung ihrer hiermit zugesicherten Rechte sowie gegen alle sonstigen Angriffe auf ihre Religion, Rechte und Freiheiten schützen wird, beschließen die zu Westminster ver-
sammelten geistlichen und weltlichen Lords und Gemei-
nen, dass Wilhelm und Maria, Prinz und Prinzessin von Oranien, König und Königin von England sein und als solche erklärt werden sollen. [...]

Zit. nach: W. Lautemann, M. Schlenke (Hg.), a. a. O. München 1982, S. 495.

1. **Wege zum modernen Staat: Preussen und England**
   a) Erklären Sie den Begriff „Reformabsolutismus".
   b) Charakterisieren Sie das Herrschafts- bzw. Regierungssystem im „friderizianischen Staat".
   c) Untersuchen Sie die Grundlinien der Politik, die Friedrich der Grosse in seinem „Politischen Testament" entwickelte. Stellen Sie Unterschiede und Gemeinsamkeiten zum herkömmlichen Absolutismus in einer Tabelle gegenüber.
   d) Diskutieren Sie, ob Friedrich II. das Attribut „der Grosse" verdient hat.
   e) Erläutern Sie die sozialen Voraussetzungen der Englischen Revolution.
   f) Zeigen Sie, an welchen Bestimmungen der „Bill of Rights" die Verschiebung der Souveränität auf das Parlament sichtbar wird.
   g) Vergleichen Sie die Entwicklungen zum modernen Staat zwischen Preussen und England.
   ⌐ Text, M1 – M9

Ideen des Parlamentarismus und der Aufklärung

Die Aufklärung

Im 17. und 18. Jahrhundert entfaltete sich zunächst in Holland und England, später in Frankreich und Deutschland die Bewegung der Aufklärung. In ihr liefen die seit der Renaissance und dem Humanismus sichtbar gewordenen Tendenzen der Säkularisierung (Verweltlichung) und Verwissenschaftlichung des Denkens zusammen.

Die Aufklärung wollte alle Verhältnisse in der Gesellschaft und im Staat dem Urteil der Vernunft unterwerfen. Durch kritisches Denken, geistige Freiheit und religiöse Toleranz sollten vernunftfeindliche Traditionen, ständische Vorurteile und kirchlich-religiöse Herrschaftsansprüche überwunden werden. Ein optimistischer Fortschrittsglaube machte die Abschaffung aller geistigen, sozialen und politischen Beschränkungen notwendig, die der Selbstbestimmung des Einzelnen und der Verbesserung der überkommenen Gesellschaftsordnung im Wege standen. Im Zusammenhang des neuen Weltbildes der Aufklärung wurden auch die fortschrittlichen Prinzipien der modernen Staatstheorien formuliert:

- Nach der von dem Holländer Hugo Grotius (1583–1645) weiterentwickelten Naturrechtslehre kommen dem Menschen angeborene und nicht aufhebbare Rechte zu, die der Staat zu respektieren und zu schützen habe. Diese „natürlichen Rechte" des Menschen stellen auch die Grundlage der allgemeinen Menschenrechte dar.
- Die religiöse Legitimation des Staates wurde durch eine rationale Herleitung staatlicher Herrschaft abgelöst: Der Staat basiere auf einem Vertrag beziehungsweise einer Vereinbarung der Menschen. Die Lehre vom Gottesgnadentum war damit durch die Theorie vom Staatsvertrag überwunden. Im Anschluss an Hobbes begründete der deutsche Rechtslehrer Samuel Pufendorf (1632–1694) die Notwendigkeit des Staates aus der Gewährleistung des inneren Friedens und der öffentlichen Sicherheit.
- Die Souveränitätsrechte verschoben sich vom Herrscher (Monarchen) auf das Volk.
- Die Funktionen des Staates wurden neu definiert: Der Zweck des Staates liege nicht mehr in der Machtentfaltung des Souveräns. Die staatliche Herrschaft solle vielmehr auf die Förderung des allgemeinen und individuellen Wohls zielen, dem Regierung, Verwaltung und Gesetzgebung zu dienen hätten. In abgeschwächter Form gingen diese Auffassungen auch in die Regierungspraxis des aufgeklärten Absolutismus ein.

M 1 **Aufklärung – Ort des „Räsonierens"**

Englisches Coffeehouse, anonyme Lithografie, um 1700

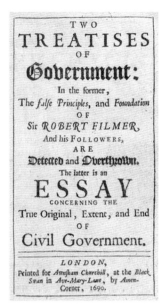

John Locke

Ein Schlüsselwerk der modernen Staatsrechtslehre stammt aus der Feder von John Locke (1632–1704). In seinen „Second Treatise of Civil Government" (Abhandlungen über die Regierung, 1690) entwickelte John Locke die staatstheoretische Begründung für die konstitutionelle Monarchie. Vor dem Hintergrund der Glorious Revolution erregten seine Gedanken grosses Aufsehen und machten ihn mit einem Schlag berühmt. Locke selbst war in die politische Opposition gegen die Stuart-Könige verwickelt und verbrachte mehrere Jahre im holländischen Exil.

Locke knüpfte an die Idee des Gesellschaftsvertrags an, die 40 Jahre zuvor zum ersten Mal von Thomas Hobbes formuliert worden war. Im Unterschied zu Hobbes ging Locke von der Freiheit des Menschen als Naturrecht aus. Nicht die Unterwerfung der Gesellschaft unter einen Souverän ist bei ihm die Schlussfolgerung, sondern die widerrufbare Einsetzung des Herrschers durch die Gesellschaft. Damit brachte Locke die Grundsätze des liberalen Parlamentarismus zu Papier, die bis in die Gegenwart nichts von ihrer Bedeutung eingebüsst haben:

- die Legitimation von Herrschaft durch die Beherrschten,
- die Machtübertragung auf Zeit (Prinzip der Abberufbarkeit),
- das Widerstandsrecht gegen absolutistische (totalitäre) Machtansprüche,
- die Teilung der Gewalten.

M 2 „Second Treatise of Civil Government"

Der englische Philosoph John Locke (1632–1704) formuliert in seinem Werk „Zweite Abhandlung über die Regierung" (um 1679 verfasst, 1689/90 unter einem Pseudonym veröffentlicht) die Theorie des Gesellschaftsvertrags, Titelblatt der Ausgabe von 1690.

Charles Montesquieu

Jahrzehnte später wurde in Frankreich durch Charles Montesquieu (1689–1755) Lockes Lehre von der Teilung der Gewalten in Legislative, Föderative (mit dem Recht der Aussenpolitik) und Exekutive wieder aufgenommen und ausgebaut. Ähnlich wie Lockes Schriften traf sein Hauptwerk „De l'Esprit des Lois" (Vom Geist der Gesetze, 1748) im absolutistischen Frankreich auf eine grosse Resonanz. Montesquieu, der selbst ein Angehöriger des Amtsadels war, ordnete die Exekutive dem Monarchen zu. Nach dem Vorbild des englischen Ober- und Unterhauses sollte die Legislative zwei Kammern umfassen, in denen sowohl der Adel als auch die bürgerlichen Kräfte ihre Interessen vertreten konnten. Gegen den Missbrauch staatlicher Macht setzte Montesquieu eine unabhängige richterliche Gewalt zum Schutz politischer Freiheiten der Bürger.

Lockes Betonung der Rechte und Freiheiten der Bürger (Liberalismus) und Montesquieus Lehre von der Gewaltenteilung gingen über die Unabhängigkeitserklärung (1776), die amerikanische Verfassung (1798) und die französische Revolutionsverfassung (1791) in die Verfassungen aller modernen Demokratien ein.

Aufklärung in Frankreich

Die grösste Breitenwirkung hatte die Aufklärung in Frankreich. Hier verkörperte Voltaire (1694–1778) den Typus des freidenkerischen Aufklärungsschriftstellers. Sein literarischer und publizistischer Kampf richtete sich gegen religiöse Intoleranz, die Machtansprüche der Kirche und die Missstände des spätabsolutistischen Herrschaftssystems. An der von Diderot und D'Alembert herausgegebenen „Encyclopédie" (1751–1772), die den gesamten Bestand des zeitgenössischen Wissens aus aufklärerischer Perspektive darstellen wollte, arbeiteten die bekanntesten französischen Gelehrten und Schriftsteller mit, darunter Voltaire, Montesquieu und Rousseau. Die Enzyklopädie als Dokument des geistigen und gesellschaftlichen Fortschritts der Epoche enthielt in verständlicher Darstellung Artikel zu allen Wissensgebieten.

M 3 Charles Montesquieu (1689–1755)
Zeitgenössischer Stich

M 4 Jean-Jacques Rousseau (1712–1778)

Gemälde von Allan Ramsay, 1766

„Der Mensch wird frei geboren, und überall liegt er in Ketten." So lautet der erste Satz im 1. Kapitel seines Werkes „Vom Gesellschaftsvertrag" („Du contrat social") aus dem Jahre 1762.

Jean-Jacques Rousseau (1712–1778) kritisierte die ungleiche Verteilung des Privateigentums und die dadurch bedingte Ungleichheit der politischen Rechte. In seiner einflussreichen Schrift „Du Contrat social" (Vom Gesellschaftsvertrag, 1762) verfocht er den Grundsatz der Volkssouveränität, indem er den Staat aus einem allgemeinen Willen des Volkes („volonté générale") hervorgehen liess. Seine revolutionäre Idee, eine demokratische Republik auf der Grundlage von gesellschaftlicher und politischer Freiheit zu errichten, stand in einem scharfen Gegensatz zur herrschenden Monarchie. So war Rousseau mit Montesquieu und Voltaire einer der geistigen Wegbereiter der Französischen Revolution.

Aufklärung in Deutschland

In Deutschland wurde die Aufklärung durch Universitätsprofessoren und Gelehrte wie Gottfried Wilhelm Leibniz, Christian Thomasius und Christian Wolff und Schriftsteller wie Gotthold Ephraim Lessing (1729–1781) vertreten.

Lessing versuchte in seinem literarischen Werk die Ideen der Aufklärung auf die Bühne zu bringen. Seinem Humanitätsideal verlieh er mit der Figur des Nathan (der Weise) in dem gleichnamigen Theaterstück zeitlosen Ausdruck. Im „Nathan" machte sich Lessing zum Anwalt der Toleranzidee und damit der Überwindung des Konfessionalismus. Humanität sollte sich demzufolge nicht an abstrakten Glaubensinhalten messen lassen, sondern am praktischen Handeln eines Menschen. Dahinter stand auch die optimistische Idee von einer Verbesserung der Gesellschaft durch vorbildhaftes Verhalten.

Der Philosoph Immanuel Kant (1724–1804) hatte das Ziel der Aufklärung so definiert: „Aufklärung ist der Ausgang des Menschen aus seiner selbstverschuldeten Unmündigkeit." Nach Kant sollte die Politik die individuelle Freiheit sichern, die (rechtliche) Gleichheit der Menschen fördern und den Bürgern das Recht auf politische Mitwirkung gewähren. Im Hinblick auf die Beziehungen der Staaten untereinander hielt er die Schaffung einer völkerrechtlich abgesicherten Friedensordnung für ein Gebot der Vernunft. Diese Forderung schloss eine Kritik an der Kriegs- und Expansionspolitik der absolutistischen Staaten (zum Beispiel Preussens) ein. Kant verfolgte mit Interesse und Sympathie die Ereignisse der Französischen Revolution. Gleichwohl sah er in Reformen (und nicht in gewaltsamen Revolutionen) das geeignete Mittel, die herrschende Staatsordnung zu verbessern.

Im Wesentlichen blieb die Aufklärung trotz ihres universalen Anspruchs eine Angelegenheit einer gebildeten intellektuellen Elite. Zu ihren Trägern gehörten neben fortschrittlichen Teilen des Adels insbesondere Angehörige einer bürgerlichen Oberschicht von Kaufleuten, Gelehrten, Wissenschaftlern, Schriftstellern und Philosophen, die den Charakter der Aufklärung als einer bürgerlichen Emanzipationsbewegung bestimmten. Ihre breitere Wirkung hing entscheidend von der Herausbildung einer politisch und kulturell interessierten Öffentlichkeit ab. Eine wachsende Buch- und Zeitschriftenproduktion kam dem Informations- und Diskussionsbedürfnis des Lesepublikums entgegen.

Die Aufklärungsliteratur verstand sich demnach als kulturelles Medium eines sozialen und politischen Bewusstseinswandels. Die weithin übliche Praxis staatlicher Zensur stellte allerdings eine Beschränkung des freien, öffentlichen Austauschs der Gedanken dar. Von daher erklärte sich auch die aufklärerisch-liberale Forderung nach Freiheit der Meinung.

M 5 „Toleranz"

Radierung von Daniel Chodowiecki, 1791

Ideen des Parlamentarismus und der Aufklärung – John Locke

M 6 Naturzustand und Gesellschaftsvertrag

*Mit seinen „Zwei Abhandlungen über die Regierung"
(1690) rechtfertigte Locke die „Glorious Revolution":*

Um politische Gewalt richtig zu verstehen und sie von ihrem Ursprung abzuleiten, müssen wir erwägen, in welchem
Zustand sich die Menschen von Natur aus befinden. Es ist
ein Zustand vollkommener Freiheit innerhalb der Grenzen
5 des Gesetzes der Natur, ihre Handlungen zu regeln und
über ihren Besitz und ihre Persönlichkeit so zu verfügen,
wie es ihnen am besten scheint. [...]
Es ist darüber hinaus ein Zustand der Gleichheit, in dem
alle Macht und Rechtsprechung wechselseitig sind, da nie-
10 mand mehr besitzt als ein anderer: Nichts ist einleuchten-
der, als dass Geschöpfe von gleicher Gattung und von gleichem Rang, die ohne Unterschied zum Genuss derselben
Vorteile der Natur und zum Gebrauch derselben Fähigkeiten geboren sind, ohne Unterordnung und Unterwerfung
15 einander gleichgestellt leben sollen, es sei denn ihr Herr
und Meister würde durch eine deutliche Willensäußerung
den einen über den anderen stellen und ihm durch eine
überzeugende, klare Ernennung ein unzweifelhaftes Recht
auf Herrschaft und Souveränität verleihen. [...]
20 Jeder Mensch, der mit einem anderen übereinkommt, einen
einzigen politischen Körper unter einer Regierung zu bilden, verpflichtet sich gegenüber jedem Einzelnen dieser
Gesellschaft, sich dem Beschluss der Mehrheit zu unterwerfen und sich ihm zu fügen. Denn sonst würde dieser
25 ursprüngliche Vertrag, durch den er sich mit anderen zu
einer Gesellschaft vereinigt, keinerlei Bedeutung haben
und kein Vertrag sein, wenn der Einzelne weiter frei bliebe
und unter keiner anderen Verpflichtung stände als vorher
im Naturzustand. Damit nun alle Menschen davon abgehal-
30 ten werden, die Rechte anderer zu beeinträchtigen und sich
einander zu benachteiligen, und damit das Gesetz der Na-

tur, das den Frieden und die Erhaltung der ganzen Menschheit verlangt, beobachtet werde, so ist in jenem Zustand
die Vollstreckung des natürlichen Gesetzes in jedermanns
Hände gelegt. Somit ist ein jeder berechtigt, die Übertreter 35
dieses Gesetzes in einem Maße zu bestrafen, wie es notwendig ist, um eine erneute Verletzung zu verhindern. [...]
Wenn der Mensch im Naturzustand so frei ist, wie gesagt
worden ist, wenn er der absolute Herr seiner eigenen Person und seiner Besitztümer ist, dem Größten gleich und 40
niemandem untertan, warum soll er auf seine Freiheit verzichten? Warum soll er seine Selbstständigkeit aufgeben
und sich der Herrschaft und dem Zwang einer anderen Gewalt unterwerfen? Die Antwort darauf liegt auf der Hand:
Obwohl er nämlich im Naturzustand ein solches Recht hat, 45
so ist doch die Freude an diesem Recht eher ungewiss, da
er fortwährend den Übergriffen anderer ausgesetzt ist.
Denn da jeder in gleichem Maße König ist wie er, da alle
Menschen gleich sind und der größere Teil von ihnen nicht
genau die Billigkeit und Gerechtigkeit beachtet, so ist die 50
Freude an seinem Eigentum, das er in diesem Zustand besitzt, sehr ungewiss und sehr unsicher. Das lässt ihn bereit-
willig einen Zustand aufgeben, der bei aller Freiheit voll
von Furcht und ständiger Gefahr ist. Und nicht grundlos
trachtet er danach und ist dazu bereit, sich mit anderen zu 55
einer Gesellschaft zu verbinden, die bereits vereinigt sind
oder doch die Absicht hegen, sich zu vereinigen zum gegenseitigen Schutz ihres Lebens, ihrer Freiheiten und ihres
Vermögens, was ich unter der allgemeinen Bezeichnung
Eigentum zusammenfasse. [...]   60
Das große Ziel, das Menschen, die in eine Gesellschaft eintreten, vor Augen haben, liegt im friedlichen und sichern
Genuss ihres Eigentums, und das große Werkzeug und Mittel dazu sind die Gesetze, die in dieser Gesellschaft erlassen worden sind. So ist das erste und grundlegende positi- 65
ve Gesetz aller Staaten die Begründung der legislativen
Gewalt, so wie das erste und grundlegende natürliche Gesetz, das sogar über der legislativen Gewalt gelten muss,
die Erhaltung der Gesellschaft und (soweit es mit dem öffentlichen Wohl vereinbar ist) jeder einzelnen Person in ihr 70
ist. Diese Legislative ist nicht nur die höchste Gewalt des
Staates, sondern sie liegt auch geheiligt und unabänder-
lich in den Händen, in welche die Gesellschaft sie einmal
gelegt hat. [...]

J. Locke, Zwei Abhandlungen über die Regierung, zit. nach: N. Hoerster
(Hg.), Klassische Texte der Staatsphilosophie, München 1976, S. 133 ff.

M 7 John Locke (1632–1704)
Zeitgenössische Kopie
nach einem Gemälde
von Godfrey Kneller,
1697

Ideen des Parlamentarismus und der Aufklärung – Frankreich und Deutschland

▇ 8 ▇ Montesquieu: Über Gewaltenteilung

Der französische Staatstheoretiker musste sein Haupt-
werk „Vom Geist der Gesetze" 1748 anonym veröffentli-
chen:

In der Tat scheint das Volk in den Demokratien zu tun, was
es will. Aber die politische Freiheit besteht nicht darin, zu
tun, was man will. In einem Staat, das heißt in einer Gesellschaft, in der es Gesetze gibt, kann die Freiheit nur darin
5 bestehen, das tun zu können, was man wollen darf, und
nicht gezwungen zu sein, zu tun, was man nicht wollen darf.
Man muss sich gegenwärtig halten, was Unabhängigkeit
und was Freiheit ist. Freiheit ist das Recht, alles zu tun, was
die Gesetze erlauben. Wenn ein Bürger tun könnte, was die
10 Gesetze verbieten, so hätte er keine Freiheit mehr, weil die
anderen ebenfalls diese Macht hätten. […]
Es bedarf keiner sonderlichen Mühe, um die politische Freiheit in der Verfassung zu entdecken. Wenn man sie dort
sehen kann, wo sie ist, wenn man sie dort gefunden hat,
15 wozu sie noch weiter suchen?
In jedem Staat gibt es drei Arten von Gewalt: die gesetzgebende Gewalt, die vollziehende Gewalt in Ansehung der
Angelegenheiten, die vom Völkerrecht abhängen, und die
vollziehende Gewalt hinsichtlich der Angelegenheiten, die
20 vom bürgerlichen Recht abhängen.
Vermöge der ersten gibt der Fürst oder Magistrat Gesetze
auf Zeit oder für immer, verbessert er die bestehenden
oder hebt sie auf. Vermöge der zweiten schließt er Frieden
oder führt Krieg, schickt oder empfängt Gesandtschaften,
25 befestigt die Sicherheit, kommt Invasionen zuvor. Vermöge
der dritten straft er Verbrechen oder spricht das Urteil in
Streitigkeiten der Privatpersonen. Ich werde diese letzte
die richterliche Gewalt und die anderen schlechthin die
vollziehende Gewalt des Staates nennen. […]
30 Wenn in derselben Person oder der gleichen obrigkeitli-
chen Körperschaft die gesetzgebende Gewalt mit der vollziehenden vereinigt ist, gibt es keine Freiheit; denn es steht
zu befürchten, dass derselbe Monarch oder derselbe Senat
tyrannische Gesetze macht, um sie tyrannisch zu vollzie-
35 hen.
Es gibt ferner keine Freiheit, wenn die richterliche Gewalt
nicht von der gesetzgebenden und vollziehenden getrennt
ist. Ist sie mit der gesetzgebenden Gewalt verbunden, so
wäre die Macht über Leben und Freiheit der Bürger willkür-
40 lich, weil der Richter Gesetzgeber wäre. Wäre sie mit der

vollziehenden Gewalt verknüpft, so würde der Richter die
Macht eines Unterdrückers haben.
Alles wäre verloren, wenn derselbe Mensch oder die gleiche Körperschaft der Großen, des Adels oder des Volkes
diese drei Gewalten ausüben würde: die Macht, Gesetze zu 45
geben, die öffentlichen Beschlüsse zu vollstrecken und die
Verbrechen oder die Streitsachen der Einzelnen zu richten.
[…]

Montesquieu, Vom Geist der Gesetze, zit. nach N. Hoerster, a.a.O., S. 180 ff.

▇ 9 ▇ Rousseau: Grundlagen der Gesellschaft

Im „Contrat social" (1762) entwickelte der Philosoph und
Schriftsteller Jean-Jacques Rousseau einflussreiche Ge-
danken zum Gesellschaftsvertrag:

Der Mensch wird frei geboren, und überall ist er in Ketten.
[…] Die gesellschaftliche Ordnung ist ein geheiligtes Recht,
das die Grundlage aller übrigen bildet. Dieses Recht ent-
springt jedoch keineswegs der Natur; es beruht also auf
Verträgen. Es kommt deshalb darauf an, über diese Verträ- 5
ge Klarheit zu schaffen. Der Stärkste ist nie stark genug, um
immer der Herr zu sein, wenn er nicht seine Gewalt in Recht
umwandelt und den Gehorsam in Pflicht. […]
Wir sind uns also darüber einig, dass Gewalt kein Recht
schafft und dass man zum Gehorsam nur gegenüber den 10
gesetzmäßigen Gewalten verpflichtet ist.
Da kein Mensch eine natürliche Macht über seinesgleichen
besitzt und da die Gewalt kein Recht schafft, so bleiben
also die Verträge als die Grundlage jeder gesetzmäßigen
Macht unter den Menschen. […] 15
Es geht darum, eine Gesellschaftsform zu finden, die mit
der ganzen gemeinsamen Kraft die Person und die Güter
jedes Gesellschaftsmitgliedes verteidigt und schützt und
durch welche jeder Einzelne, obwohl er sich mit allen verbindet, dennoch nur sich selbst gehorcht und so frei bleibt 20
wie zuvor. Dies ist das Grundproblem, dessen Lösung der
„Gesellschaftsvertrag" bietet. […]
Trennt man also von dem Gesellschaftsvertrag alles das ab,
was nicht zu seinem Wesen gehört, so findet man, dass er
sich folgendermaßen begrenzen lässt: Jeder von uns stellt 25
gemeinschaftlich seine Person und seine ganze Kraft unter
die oberste Leitung des allgemeinen Willens, und wir nehmen jedes Mitglied als unteilbaren Teil des Ganzen auf. […]
Damit der Gesellschaftsvertrag keine leere Form bleibt,
enthält er stillschweigend jene Verpflichtung, die allein den 30

übrigen Kraft zu verleihen vermag, nämlich die Verpflichtung, dass, wer auch immer sich weigert, dem allgemeinen Willen zu gehorchen, von der ganzen Gemeinschaft hierzu gezwungen wird. Das bedeutet nichts anderes, als dass
35 man ihn dazu zwingen wird, frei zu sein. Denn dies ist die Bedingung, die jedem Bürger, dadurch dass sie ihn dem Vaterlande einverleibt, Schutz gegen jede persönliche Abhängigkeit verleiht.

Zit. nach: P. Hartig, Die Französische Revolution, Stuttgart 1972, S. 6 ff.

M 10 Kant: Über den ewigen Frieden unter den Staaten (1795)

Die Gedanken des grössten deutschen Philosophen der Aufklärung Immanuel Kant (1724 – 1804) haben auch nach 200 Jahren nichts von ihrer Aktualität eingebüsst:

1. „Es soll kein Friedensschluss für einen solchen gelten, der mit dem geheimen Vorbehalt des Stoffs zu einem künftigen Kriege gemacht worden."
2. „Es soll kein für sich bestehender Staat (klein oder groß,
5 das gilt hier gleichviel) von einem andern Staate durch Erbung, Tausch, Kauf oder Schenkung erworben werden können."
[…] Auch die Verdingungen der Truppen eines Staats an einen andern, gegen einen nicht gemeinschaftlichen Feind,
10 ist dahin zu zählen; denn die Untertanen werden dabei als nach Belieben zu handhabende Sachen gebraucht und verbraucht.
3. „Stehende Heere sollen mit der Zeit ganz aufhören."
Denn sie bedrohen andere Staaten unaufhörlich mit Krieg,
15 durch die Bereitschaft, immer dazu gerüstet zu erscheinen; reizen diese an, sich einander in Menge der Gerüsteten, die keine Grenzen kennt, zu übertreffen, und, indem durch die darauf verwandten Kosten der Friede endlich noch drückender wird als kurzer Krieg, so sind sie selbst Ursache von
20 Angriffskriegen, um diese Last loszuwerden; wozu kommt,

M 11 Immanuel Kant (1724 – 1804)
Gemälde (Ausschnitt) von Johann Gottlieb Becker, um 1775

dass zum Töten oder getötet zu werden in Sold genommen zu sein, einen Gebrauch von Menschen als bloßen Maschinen und Werkzeugen in der Hand eines andern [des Staats] zu enthalten scheint. […]
4. „Es sollen keine Staatsschulden in Beziehungen auf äu- 25 ßere Staatshändel gemacht werden."
[…] Diese Leichtigkeit, Krieg zu führen, mit der Neigung der Machthabenden dazu, welche der menschlichen Natur eingeartet zu sein scheint, verbunden, ist also ein großes Hindernis des ewigen Friedens. […] 30
5. „Kein Staat soll sich in die Verfassung und Regierung eines andern Staats gewalttätig einmischen."
6. „Es soll sich kein Staat im Kriege mit einem andern solche Feindseligkeiten erlauben, welche das wechselseitige Zutrauen im künftigen Frieden unmöglich machen müssen: 35 als da sind, Anstellung der Meuchelmörder, Giftmischer, Brechung der Kapitulation, Anstiftung des Verrats in dem bekriegten Staat etc."
Die bürgerliche Verfassung in jedem Staate soll republikanisch sein. 40
Die erstlich nach Prinzipien der Freiheit der Glieder einer Gesellschaft [als Menschen]; zweitens nach Grundsätzen der Abhängigkeit aller von einer einzigen gemeinsamen Gesetzgebung [als Untertanen]; und drittens, die nach dem Gesetz der Gleichheit derselben [als Staatsbürger] gestifte- 45 te Verfassung – die einzige, welche aus der Idee des ursprünglichen Vertrags hervorgeht, auf der alle rechtliche Gesetzgebung eines Volks gegründet sein muss – ist die republikanische!

I. Kant, Zum ewigen Frieden, in: Kant, Werke (Bd. 9), Wiesbaden 1964, S. 196 ff.

Aufgaben

1. **Ideen des Parlamentarismus und der Aufklärung**
   a) Stellen Sie Thesen auf, inwiefern die Politik durch die Ideen der Aufklärung verändert wurde.
   b) Erklären Sie, wie John Locke die Notwendigkeit eines Vertrags zwischen Volk und Regierung begründete.
   c) Analysieren Sie, warum Montesquieu eine Teilung der Gewalten unbedingt für erforderlich hielt.
   d) Arbeiten Sie die Argumente heraus, die Jean-

Jacques Rousseau bei seinem Plädoyer für einen Gesellschaftsvertrag gebrauchte.
   e) Erläutern Sie, in welcher Hinsicht Kants Forderungen geschichtlich über den Absolutismus hinausweisen. Diskutieren Sie die Aktualität der von Kant genannten Bedingungen für einen Frieden zwischen den Staaten.

Text, M6 – M10

Das Ancien Régime in der Eidgenossenschaft

Staatenbund im Absolutismus

Thomas Morus beschreibt 1516 in seinem genrestiftenden Roman „Utopia" das Volk der Zapoleten als „ungesittet, derb und wild" und es würde „seine rauhen Berge und Wälder, in denen es aufwächst, allen Ländern der Erde" vorziehen. Die Zapoleten – deren Name sich mit „Sich-Ganz-Verkäufer" übersetzen lässt – waren für die Zeitgenossen von Morus leicht als Schweizer erkennbar, die sich seit dem 13. Jahrhundert als Söldner sozusagen selbst verkauft hatten. Im Gegensatz zu diesem Bild der Schweizer als rohes, kämpferisches Bergvolk steht die Schrift „Sechs Bücher über den Staat" des Staatstheoretikers Jean Bodin von 1586. Er beschreibt die Landorte der Schweiz als „reine Demokratien", in denen alle, „da ihre Bevölkerung aus Gebirgsbewohnern besteht, in hohem Mass auf die Selbstbestimmung des Volkes bedacht sind". Was war denn nun diese Schweiz des Ancien Régime? Kann man überhaupt von „einer Schweiz" in dieser Zeit sprechen?

Von einem Staat lässt sich bei der Eidgenossenschaft, dem Corpus Helveticum, nicht sprechen – es fehlt eine gemeinsame Verfassung, Urkunde oder zentrale Regierungsgewalt. Die Alte Eidgenossenschaft war ein Geflecht unterschiedlicher Bündnisse und Bundesbriefe. Den Mittelpunkt dieses Geflechts bildeten die 13 Alten Orte mit ihren Untertanengebieten (ausser Appenzell und Unterwalden, die keine Untertanengebiete hatten) und den Gemeinen Herrschaften, den gemeinsam verwalteten Gebieten der Alten Orte. Zu diesen hinzu kamen die Zugewandten Orte, die ihrerseits wieder Untertanengebiete hatten.

M 1

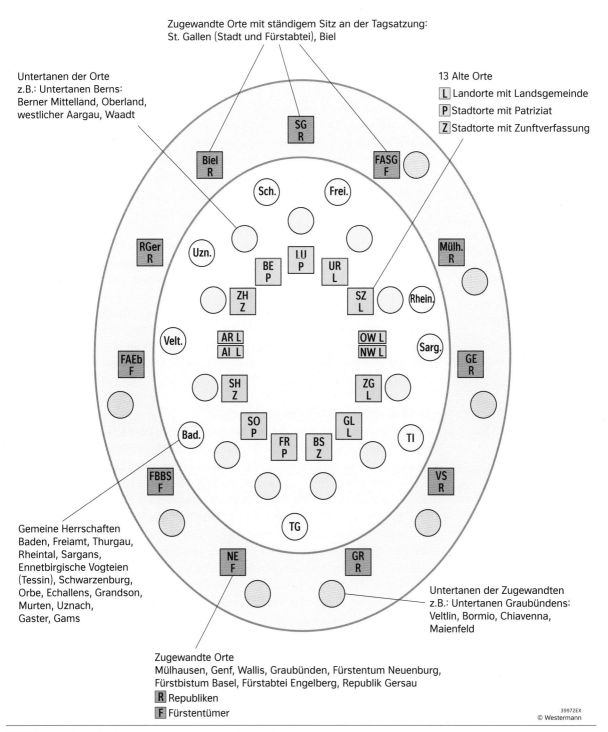

Zugewandte Orte mit ständigem Sitz an der Tagsatzung:
St. Gallen (Stadt und Fürstabtei), Biel

Untertanen der Orte
z.B.: Untertanen Berns:
Berner Mittelland, Oberland,
westlicher Aargau, Waadt

13 Alte Orte
L Landorte mit Landsgemeinde
P Stadtorte mit Patriziat
Z Stadtorte mit Zunftverfassung

Gemeine Herrschaften
Baden, Freiamt, Thurgau,
Rheintal, Sargans,
Ennetbirgische Vogteien
(Tessin), Schwarzenburg,
Orbe, Echallens, Grandson,
Murten, Uznach,
Gaster, Gams

Untertanen der Zugewandten
z.B.: Untertanen Graubündens:
Veltlin, Bormio, Chiavenna,
Maienfeld

Zugewandte Orte
Mülhausen, Genf, Wallis, Graubünden, Fürstentum Neuenburg,
Fürstbistum Basel, Fürstabtei Engelberg, Republik Gersau
R Republiken
F Fürstentümer

39972EX
© Westermann

M 2 Der eidgenössische Staatenbund im Ancien Régime

Info

Die Namen der Schweiz

Die Bezeichnungen für die Schweiz waren in ihrer Geschichte vielfältig: Eidgenossenschaft, Confoederatio helvetica, Helvetia, Schweiz. Im 17. Jahrhundert begangen die Humanisten von „Helvetiern" statt „Eidgenossen" zu sprechen. Der Begriff wurde in der diplomatischen Korrespondenz der französischen Vertreter aufgegriffen. Die dreizehnörtige Eidgenossenschaft mit ihren Zugewandten Orten wurde nun als „Corps helvétique" oder, latinisiert als Corpus Helveticum betitelt.

Info

Tagsatzung

Die Tagsatzung war das einzige zentrale Gremium der Eidgenossenschaft bis zur Verfassung der Helvetik im Jahre 1798. Die Tagsatzung fand jährlich an wechselnden Orten statt und dauerte bis zu 3 Wochen.

Sie hatte relativ wenige Kompetenzen. Zudem wurde die Entscheidungsfindung dadurch erschwert, dass die Gesandten der Orte keine eigenständigen Entscheidungen treffen durften, sondern sich an die Vorgaben der Obrigkeit ihres Ortes zu halten hatten. Auch mussten Entscheide einstimmig gefällt werden.

Die einzige gemeinsame Institution des Corpus Helveticum war die Tagsatzung, an die jeder der Alten Orte zwei, die zugewandten Orte einen Vertreter entsandten, um in geheimen Beratungen über Aussenpolitik, militärische Verteidigung und die Verwaltung der Gemeinen Herrschaften zu entscheiden. Bei den Abstimmungen hatten alle Orte eine Stimme, die Gesandten stimmten jedoch nach schriftlicher Instruktion ihrer Regierungen. Bei neuen Anträgen oder veränderten Ausgangslagen mussten die Vertreter für neue Instruktionen nach Hause reisen. Verbunden mit dem Umstand, dass Beschlüsse nur einstimmig gefasst werden konnten, war die Tagsatzung dadurch ein sehr schwerfälliges Gremium.

Ein stehendes Heer, wie es sich in den umliegenden Monarchien als eine der Säulen des Absolutismus herausgebildet hatte, gab es in der Eidgenossenschaft weder in den einzelnen Orten, noch als gemeinsame Verteidigungseinheit. Jedoch bildeten Schweizer Söldner, die in früheren Jahrhunderten als sogenannte „Reisläufer" für einzelne Kriege angeheuert worden waren, innerhalb der stehenden Heere von Frankreich, den Niederlanden, Spanien und weiteren Königreichen ganze Kompanien von jeweils 100 bis 200 Mann. Schätzungen, wie viele Schweizer Soldaten im 18. Jahrhundert im Ausland kämpften, gehen weit auseinander und liegen zwischen 135 000 und 500 000 Mann. Die grossen Unterschiede erklären sich dadurch, dass es neben den offiziellen, durch Soldbündnisse einem König vertraglich zugesicherten Truppen, immer auch inoffizielle Regimenter gab, die zusätzlich ausgehoben wurden und deren Zahl nur selten in Schriftstücken vermerkt ist.

Herrschaft in der Eidgenossenschaft

In den „reinen Demokratien" der Schweiz strebten die Herrschenden während des Ancien Régime sowohl in den Stadt- als auch den Landorten nach mehr Macht. Auch wenn nach wie vor am ersten Maitag in den Landorten die Männer an der Landsgemeinde ihre Regierung und den Rat per Handzeichen wählten, so konzentrierte sich die Macht doch zunehmend auf einige wenige Familien. Die Aufgaben der Obrigkeit mussten alle ehrenamtlich, d. h. ohne Bezahlung ausgeübt werden. Daher konnten sie nur von Personen übernommen werden, die von ihrem Vermögen leben konnten oder arbeitsfreies Einkommen hatten wie beispielsweise Militärunternehmer, die Söldner an die Königshäuser Europas vermittelten, Grossgrundbesitzer oder Viehhändler. Wer für ein Amt gewählt werden wollte, musste zudem für Speis und Trank an der Landsgemeinde aufkommen und seinen guten Willen durch Spenden an Kirchen oder mit Armenspeisungen beweisen.

Auch in den Stadtorten waren die Ratstätigkeiten ehrenamtlich auszuüben und bereits dadurch den Vermögenden vorbehalten. Die Macht wurde zusätzlich auf wenige Familien konzentriert, indem nach 1700 keine Stadt der Eidgenossenschaft mehr neue Familien ins Bürgerrecht aufnahm. Die Privilegien der Bürgerschaften – keine Feudalabgaben, wirtschaftliche Privilegien, politische Vorrechte – wollten diese mit niemandem mehr teilen. In den katholischen Stadtrepubliken Luzern, Freiburg und Solothurn sowie in Bern bildeten die regierenden Familien ein geschlossenes Patriziat, in welchem gemeinen Bürgen sogar das Einreichen von Petitionen verboten war. In Luzern wurde gar die Erbfolge bei Ämtern eingeführt. Die deutliche Zunahme an amtlichen Mandaten in der Frühen Neuzeit zeigt eine Ausweitung der Kontrolle und Regulierung durch die Obrigkeit – Vorschriften für Schulen, Armen- und Krankenpflege, Kleiderordnungen und Auflagen für Geschenke bei Taufen und Hochzeiten – kein Bereich des Lebens scheint von den Disziplinierungsbemühungen unberührt gewesen zu sein. Dass die gleichen Mandate immer wieder erlassen wurden verdeutlicht jedoch, dass die Disziplinierungsbemühungen nicht die gewünschte Wirkung zeigten. Dies zeigt sich auch in den Kriminalitätsakten der Zeit.

Die Mehrheit der Bevölkerung im Corpus Helveticum lebte in den Untertanengebieten der Alten Orte oder in den Gemeinen Herrschaften und hatte somit kein Mitspracherecht, waren in der Auswahl der Berufe eingeschränkt, mussten Abgaben zahlen und unterlagen oft dem Marktzwang – sie mussten ihre Produkte also auf dem städtischen Markt anbieten. Auf dem Land liess sich die Obrigkeit durch zwei Stadtbürger vertreten: Zum einem durch den Landvogt, der in einem Schloss oder einer Burg residierte, die Gerichte leitete, für die Ablieferung der Abgaben sorgte und die lokale Verwaltung kontrollierte. Zum anderen durch den Pfarrer, der ebenfalls ein Stadtbürger war und der in seinen Predigten die Mandate der Regierung verlas. Er stand zudem dem örtlichen Sittengericht vor. Die übrigen Ämter der lokalen Verwaltung wurden durch die Bewohner der Untertanengebiete und Gemeinen Herrschaften selber übernommen – lagen aber auch da meist in den Händen einiger weniger alteingesessenen oder vermögenden Familien.

Aufklärung in der Eidgenossenschaft

Im 18. Jahrhundert wuchs die Bevölkerung im Raum der heutigen Schweiz von ca. 1,2 Millionen auf 1,7 Millionen Menschen an. Die Heimarbeit vor allem in Gebieten mit Baumwoll- oder Uhrenindustrie ermöglichte jungen Paaren früher genügend Einkommen zu erwirtschaften, um eine Eheerlaubnis zu erhalten und eine Familie zu gründen. Durch verbesserte Ernährung und Hygiene verminderte sich die Kindersterblichkeit, gleichzeitig erhöhte sich die Lebenserwartung, was ebenfalls zu einem Bevölkerungswachstum führte.

Die Anstrengungen der Obrigkeit zeigten auch bei den Schulen Wirkung: Zwischen 1770 und 1800 stieg der Alphabetisierungsgrad von 15 auf 25 Prozent. Dies lies zunehmend Lesegesellschaften und -zirkel aufkommen, in welchen grössere Gruppen zeitgenössische Autoren lasen. Die Ideen der Aufklärung erfassten so auch Teile der Schweizer Bevölkerung. Neben Lesegesellschaften gründeten sich im Lauf des 18. Jahrhundert auch weitere gesellschaftliche Gruppierung, unter anderem ökonomische Gesellschaften, die Verbesserungen in der Landwirtschaft anstrebten.

Obwohl 70 Prozent der Bevölkerung in landwirtschaftlichen Betrieben arbeitete, lag der Selbstversorgungsgrad der Eidgenossenschaft bei lediglich zwei Dritteln. Ohne Getreideimporte aus dem Elsass und Süddeutschland konnte die Bevölkerung nicht ernährt werden. Dies lag zu einem grossen Teil an der Dreizelgenwirtschaft, durch die im Verhältnis zur Ackerfläche nicht genügend Weideland zur Verfügung stand. Ohne mehr Viehhaltung konnte nicht ausreichend tierischer Dünger produziert werden, um die Erträge des Ackerbaus zu steigern. Die ökonomischen Gesellschaften versuchten die starren Regeln und Systeme der Landwirtschaft aufzubrechen, stiessen aber oftmals auf Ablehnung sowohl bei der Dorfbevölkerung als auch bei der städtischen Herrschaft, die fürchtete, bei Misserfolgen auf Abgaben verzichten zu müssen.

Das Ancien Régime in der Eidgenossenschaft

M 3 Die Schweiz von aussen betrachtet

Der preussische Regierungsbeamte Johann Michael von Loen (1694 – 1776) aus Frankfurt a. M. veröffentlichte um 1720 einen Reisebericht über die Schweiz:

Wenn man ein freyes und glückseliges Volk sehen will, so muss man in die Schweitz reisen. Es ist zu verwundern, wie so verschiedene Menschen in der Religion, in den Sitten und in der Sprache ungleich, sich mit einander in eine so genaue
5 und unverbrüchliche Vereinigung haben einlassen können, dass daraus eine so mächtige Republick, wie die Schweitz, entstanden ist, deren Bande nun desto dauerhafter sind, je mehr sie aus Einfalt und Neigung zur Freyheit sind zusammen geflochten worden. Dieser edle Trieb allein hat ein so
10 grosses Werk zu Stande gebracht und diese tapfere Völker vereiniget [...] Selbst die Bewegungen in der Religion, so wütend sie auch immer waren, haben doch die Verbindung der löblichen Eydgenossenschaft nicht aufheben können [...] Keine Länder in der Welt sind besser zu einer freyen Repu-
15 blick gelegen. Die natur hat sie gleichsam mit unersteiglichen Mauren umgeben. Ihre eigne Nachbarn beschützen sie durch ihre Eifersucht, indem es einem jeden nachtheilig seyn würde, dem andern einen Flecken davon zu gönnen. Einige meynen, die Schweitz hätte ihre gröste Sicherheit ihrer na-
20 türlichen Armuth zu danken, denn sie hat ausser einigen Eisengebürgen und ihrer fetten Weyde in den Thälern wenig Schätze. Allein diejenigen, welche so urtheilen, kennen den wahren Werth der Länder nicht. Die ganze Schweitz, auch in den wildesten Gebürgen, ist voller Menschen; diese sind die
25 wahren Reichthümer eines Landes. Was kann man nicht mit ihnen ausrichten, zumahl mit solchen, die mässig, frisch, gesund, arbeitsam, redlich und behertzt wie die Schweitzer sind? Sie halten auf Treue und Redlichkeit und pflegen deswegen auch bey andern Völkern im Krieg, wie auch an den
30 Höfen zur Leibwache gebraucht zu werden [...].
Was die Sitten der Schweitzer betrifft, so werden sie insgemein für ein unhöfliches, rohes und grobes Volk gehalten [...] Ich habe sehr viele artige und belebte Leute darinnen angetroffen. Ich habe an ihnen wenig von der rauhen
35 und ungeschliffenen Art, deren man sie beschuldiget, gefunden. Das ander Geschlecht hat bey all seiner altmütterischen Tracht einen gewissen Schlag zur neuen Galanterie, den es sehr weit treibet. Basel, Bern, Solothurn, Lausanne und Genf sind solche Städte, wo man die Schönen ja so
40 zärtlich, lebhaft und empfindlich siehet als irgend einem

andern Ort [...] Insonderheit giebt es in obgenannten Städten wie auch in Zürich, Freyburg und Baden Leute von edler Lebensart, denen es weder an einer gründlichen Vernunft noch an Kenntniss der Welt fehlet.
Die schweitzerische Sprache ist überaus hart und unange- 45
nehm; ja, sie ist noch viel rauher und widerwärtiger als die harte Mundart der Tyroler und Österreicher; sie formiret tief in der Gurgel einen schnarrenden Thon und prasselt einem die Wörter mit ungestümer Gewalt ins Angesicht. Das schöne Geschlecht verlieret einen grossen Theil seiner 50
Annehmlichkeit, wann es sich in seiner natürlichen Sprache vernehmen lässet; die Vornehmen bedienen sich deswegen insgemein gegen Fremde nur der französischen Sprache, insonderheit zu Basel, Solothurn und Bern.

Johann Michael von Loen, Die Schweiz im Jahr 1719 und 1724, in: Kleine Schriften, Frankfurt a. M. 1750, 3. Abschnitt, S. 129 ff.

M 4 Söldnervertrag für den Dienst in Frankreich

Abschrift des Söldnervertrags M5:

In Diensten seiner Allerchristlichen Majestät Ludovici XV. König von Frankreich und Navara. u[nd] u[nd] u[nd] Demnach Vorzeiger dieses / _____ Gebürtig von_____ sich anhebe zu End gesetzem dato unter dem hochlob. Bündtner Regiment / Baron von Travers, und zwahr bey meiner 5
unterhabenden Compagnie auf___ Jahr als ein ___ Dienst genommen / auch versprochen wehrend solcher Zeit treü und ehrlich zu dienen / als verspriche Ihme hingegen zu Friedens-Zeiten Monatlich 12 Francken / bey Kriegs-Zeiten aber wann man in daß Feldt zieht Francken 13 zu geben 10
und zubezahlen / wie auch _____ Tahler Handgelt / bey Ankunfft zur Compagnie, welche Thaler aus machen sollend Frantzösische Francken / _____ und so ferne er nach verflossenen _____ Jahren nicht länger Lust zu dienen hätte / auch der Compagnie nichts schuldig verbleiben solte / ihm auf 15
begehren ein ehrlicher Abschied ertheilt werden. Urkund dessen / habe mich Eygenhändig unterschrieben / und mein angebohren Adelliches Pittschaft [Siegel] bey gedruckt.
Gegeben und geschehen in _____ den _____ 1734 20
M v[on] Salis Lieut: Colonel.

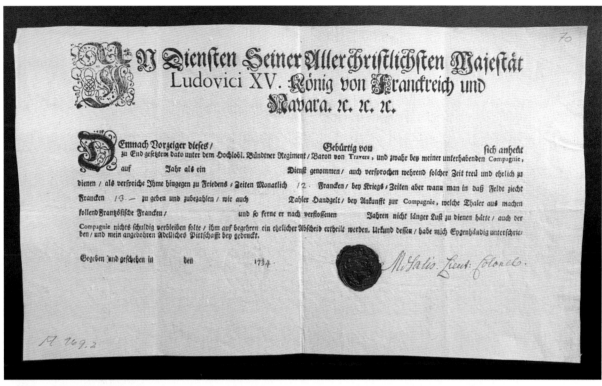

M 5 Söldnervertrag aus dem 18. Jahrhundert

Foto aus dem Staatsarchiv Zürich

M 6 **Lohnverhältnisse und Zahlungskraft im Ancien Régime**

Der Monatslohn eines Söldners im 18. Jahrhundert betrug in Kriegszeiten 13 Franken und in Friedenszeiten 12 Franken. Als Tageslohn umgerechnet betrug dieser Sold in Friedenszeiten 10 Schilling (Annahmen: 1 Franken = 25 Schilling, 1
5 Monat = 30 Tage).

Im Vergleich dazu verdiente ein Maurermeister Mitte des 18. Jahrhunderts in Zürich einen Tageslohn von 18 Schilling, ein Steinmetzmeister 16 Schilling, ein Steinmetzgeselle 12 Schilling (alle ohne Essen) und ein Kernenrührer [Hilfsarbeiter im städtischen Kornamt] 10 Schilling mit Essen.
10

Geldwertangaben: Norbert Furrer: Das Münzgeld der alten Schweiz, 1995,
Lohnangaben: Albert Hauser: Vom Essen und Trinken im alten Zürich, 1961

Aufgaben

1. **Das Ancien Régime in der Eidgenossenschaft**

   a) Fassen Sie zusammen, welche Merkmale Johann Michael von Loen den Schweizern zuschreibt und wie er diese Eigenarten begründet.

   b) Prüfen Sie, ob die Beschreibung der Schweiz in von Loens Text dem Bild entspricht, das die Geschichtswissenschaft von der Eidgenossenschaft im Ancien Régime zeichnet oder ob es sich um eine Idealisierung handelt. Begründen Sie Ihre Aussage.

   c) Vergleichen Sie den Lohn eines Söldners im französischen Heer mit den damaligen Verdienstmöglichkeiten eines Handwerkers. Entwickeln Sie Argumente, mit denen Sie an Stelle von Leutnant Salis versucht hätten, Interessenten von einem Einsatz im Regiment zu überzeugen.

   ⌐ Text, M1–M6

DÉCLARATION DES DROITS DE L'HOMME ET DU CITOYEN

Décretés par l'Assemblée Nationale dans les séances des 20, 21, 23, 24 et 26 août 1789, acceptés par le Roi.

PRÉAMBULE

LES représentans du peuple François, constitués en assemblée nationale, considérant que l'ignorance, l'oubli ou le mépris des droits de l'homme sont les seules causes des malheurs publics et de la corruption des gouvernemens, ont résolu d'exposer dans une déclaration solemnelle, les droits naturels, inaliénables et sacrés de l'homme, afin que cette déclaration, constamment présente à tous les membres du corps social, leur rappelle sans cesse leurs droits et leurs devoirs; afin que les actes du pouvoir legislatif et ceux du pouvoir exécutif, pouvant être à chaque instant comparés avec le but de toute institution politique, en soient plus respectés; afin que les reclamations des citoyens, fondées désormais sur des principes simples et incontestables, tournent toujours au maintien

VII.

NUL homme ne peut être accusé, arreté ni détenu que dans les cas déterminés par la loi, et selon les formes qu'elle a prescrites, ceux qui sollicitent, expédient, exécutent ou font exécuter des ordres arbitraires, doivent être punis; mais tout citoyen appelé ou saisi en vertu de la loi, doit obeir à l'instant, il se rend coupable par la résistance.

VIII.

LA loi ne doit établir que des peines strictement et évidemment nécessaire, et nul ne peut être puni qu'en vertu d'une loi établie et promulguée antérieurement au délit, et légalement appliquée.

IX.

TOUT homme étant présumé innocent jusqu'à ce qu'il ait

03

DIE FRANZÖSISCHE REVOLUTION

„Liberté, Égalité, Fraternité – Freiheit, Gleichheit, Brüderlichkeit" – diese Begriffe finden sich heute auf französischen Euromünzen, auf Briefmarken, an den Fassaden von Schulen, Rathäusern und Gerichtsgebäuden in ganz Frankreich. Es handelt sich um den offiziellen Wahlspruch der Französischen Republik, der die Ideale des französischen Staates zusammenfasst. Die weltberühmte Devise entstand vor über 200 Jahren während eines historischen Umbruchs, der als Geburtsstunde des modernen, demokratischen Verfassungsstaates gilt. „Freiheit, Gleichheit, Brüderlichkeit!" war die Losung der Französischen Revolution gegen die alte Ordnung, gegen das Ancien Régime der absolutistischen Monarchie und die kaum durchlässige Ständegesellschaft. All dem wollte die Revolution eine neue, gerechtere Ordnung entgegensetzen, auf der Grundlage der Menschen- und Bürgerrechte, die im August 1789 feierlich verkündet wurden. Die Französische Revolution war ein Experimentierfeld unterschiedlichster Herrschaftsformen. Nach Jahrhunderten der fest gefügten Monarchie wechselten in den Jahren der Revolution die gesellschaftlichen Ordnungssysteme in schneller Folge miteinander ab: von der absoluten über die konstitutionelle Monarchie zur Republik, über die Diktatur in der Phase der Terreur und das Direktorium bis zur Errichtung des Kaisertums durch Napoleons Selbstkrönung 1804. Da die Französische Revolution zugleich auch die Geburtsstunde einer politischen Öffentlichkeit in Europa darstellte, sind ihre Auswirkungen bis heute kaum zu überschätzen.

M 1 **Menschen- und Bürgerrechte,** Gemälde von Le Barbier, 1790
M 2 **„Hinrichtung des französischen Königs Ludwig XVI. am 21. Januar 1793"**
Zeitgenössischer kolorierter Stich

M 1   Ein Freiheitsbaum wird gepflanzt

Ein Symbol für den Sieg über die absolutistische Herrschaft, zeitgenössische Darstellung, um 1792

Ursachen und Verlauf (1789 – 1799)

Überblick

Die Französische Revolution markiert einen entscheidenden Wendepunkt in der modernen Geschichte. Durch ihren Anspruch auf die Befreiung der Menschheit, auf die Verwirklichung der Menschenrechte und die Durchsetzung des bürgerlich-demokratischen Verfassungsstaates beeinflusste sie tief greifend das politische Denken und Handeln bis in das 20. Jahrhundert hinein.

Die äussere Machtentfaltung der absolutistischen Monarchie in Frankreich (seit Ludwig XIV.) überdeckte eine Reihe innerer Schwächen und Krisenherde.

Die französische Beteiligung am Siebenjährigen Krieg (1756–1763) und am amerikanischen Unabhängigkeitskrieg (1775–1783) und eine verschwenderische Hofhaltung der Monarchie verschärften in den Jahren vor der Revolution die Finanzkrise des Staates. Reformversuche von Finanzpolitikern wie Turgot, Necker und Calonne scheiterten am Widerstand der Krone und einflussreicher Teile des Adels, der auf seine politischen, sozialen und wirtschaftlichen Privilegien nicht verzichten wollte. Das aufsteigende Bürgertum konnte seine wachsende wirtschaftliche Bedeutung nicht in einen entsprechenden politischen Einfluss umsetzen. Die Unterdrückung der Freiheit, die Privilegierung der adligen Führungselite, die zahlreichen Missstände in Verwaltung und Kirche, die vor allem die unteren Volksschichten belasteten, sorgten für sozialen und politischen Zündstoff.

Die Oppositionsbewegung gegen den monarchischen Absolutismus orientierte sich an den Ideen der Aufklärung. Gegen die alte untergehende Gesellschaft setzten die Vertreter der Aufklärung die Vorstellung einer neuen vernunftgemässen Gesellschaft auf der Grundlage der Freiheit, der Gleichheit und der Brüderlichkeit aller Menschen.

Die Französische Revolution wird oft nur mit einem einzigen spektakulären Ereignis in Verbindung gebracht, nämlich der Erstürmung der Bastille am 14. Juli 1789. Dabei wird leicht übersehen, dass die Französische Revolution keineswegs ein punktuelles historisches Ereignis war. Vielmehr bezeichnet der Begriff das komplexe historische Geschehen während des Zeitraums von zehn Jahren zwischen 1789 und 1799.

Langfristige strukturelle Ursachen

Der absolutistische Staat litt unter permanenter Finanznot, die sich 1788 zum Staatsbankrott zu verschärfen drohte. Massgeblich verursacht durch teure Kriege und eine kostspielige Hofhaltung vergrösserte sich die Schere zwischen Staatseinnahmen und -ausgaben mit der Folge, dass etwa 50 Prozent der Einnahmen allein für den Schuldendienst ausgegeben werden mussten. Neben den überzogenen Ausgaben spielten aber auch die begrenzten Staatseinnahmen eine gewichtige Rolle. Im Widerspruch zur Theorie des absolutistischen Staates verfügte dieser noch nicht über eine eigene, funktionierende Finanzverwaltung, wie sie in heutigen modernen Staaten existiert. Im Zuge der Ämterkäuflichkeit wurde das Recht zur Einziehung von Steuern an so genannte Steuerpächter verkauft, die ihrerseits einen erheblichen Anteil der Einnahmen für sich selbst beanspruchten. Nur ein Teil der von den Bürgern und Bauern gezahlten Steuern erreichten daher tatsächlich die Staatskasse.

Die Finanzkrise des Staates hatte eine weitere strukturelle Ursache im Steuerprivileg von Adel und Klerus, das die beiden Stände von der Steuerpflicht weitgehend befreite. Weil König Ludwig XVI. versuchte, neue Finanzquellen durch Besteuerung der Privilegierten zu erschliessen, verschärfte sich der Konflikt zwischen diesen und der Monarchie. Der Adel blockierte die Finanzreform in den Parlamenten, den adeligen Gerichtshöfen. Das Parlament von Paris besass eine Veto-Macht insofern, als königliche Dekrete von ihm registriert werden mussten, um in Kraft treten zu können.

Das Bürgertum in den Städten Frankreichs, insbesondere in Paris, hatte in der zweiten Hälfte des 18. Jahrhunderts an wirtschaftlicher Bedeutung und politischem Selbstbewusstsein zugenommen. In den Cafés, Lese- und Diskussionszirkeln, in Freimaurerlogen und politischen Clubs hatten sich die Ideen der Aufklärung verbreitet. Es war eine politisierte Öffentlichkeit herangereift. Die Überwindung der Ständegesellschaft galt vielen – nachhaltig beeinflusst durch die Lehren Rousseaus – als überfällig. Aber auch die Vorstellungen der amerikanischen Unabhängigkeitsbewegung fanden ihre Verbreitung. So mancher französische Freiwillige, der im Krieg auf der Seite der Amerikaner gekämpft hatte, war mit der „Erklärung der Menschenrechte" im Gepäck heimgekehrt. Umso mehr musste die Verdrängung von Bürgerlichen aus den höheren Positionen der Verwaltung, Justiz, Armee und Kirche den Widerwillen gegen die feudalistische Gesellschaftsform steigern.

M 2 „Hoffentlich hat das Spiel bald ein Ende!"
Karikatur von 1789

Das Frankreich der Französischen Revolution war noch ein Agrarland. 85 Prozent der Bevölkerung von etwa 26 Millionen lebten auf dem Land. Die Bauern – rechtlich gesehen ganz überwiegend freie Menschen – blieben weitgehend ohne Einfluss auf das öffentliche Leben. Ihre Belastungen durch Steuern, Kirchenzehnt und grundherrliche Abgaben summierten sich auf bis zu zwei Drittel des Ertrags. Das anhaltende Bevölkerungswachstum verschärfte die Bodenknappheit, zumal Grund und Boden ungleich verteilt waren (etwa zwei Prozent der Bevölkerung verfügte über ein Drittel der landwirtschaftlichen Nutzfläche). Eine Verelendung von Teilen der Landbevölkerung war die Folge.

Aktuelle kurzfristige Ursachen

Die Forschungsliteratur vermittelt ein höchst widersprüchliches Bild, wenn es um die Frage geht, wie reich oder wie verelendet das damalige Frankreich gewesen ist. Paradoxerweise ist beides richtig. Die Französische Revolution war keine reine Armutsrevolution. Die französische Gesellschaft des 18. Jahrhunderts hatte eine dynamische Entwicklung durchgemacht, die ein wohlhabendes Bürgertum von Bankiers, Händlern und Manufakturbesitzern begründet hatte.

Allerdings zerstörten zwei Missernten vor 1789 die Einnahmequellen breiter bäuerlicher Schichten. In der Folge stieg der Preis für Brot, was die städtischen Unterschichten in besonderem Masse belastete, denn Brot war für sie das wichtigste Nahrungsmittel. Sinkende Nachfrage nach Gütern, wachsende Arbeitslosigkeit und eine Teuerung der Lebensmittel bei sinkendem Lohnniveau führten dazu, dass sich die Schere zwischen den Einnahmen und den Kosten der Lebenshaltung immer weiter öffnete. Auch ein Teil der städtischen Bevölkerung lebte am Rande des Existenzminimums beziehungsweise litt unter Hunger.

Ausgelöst durch die Verschuldungskrise des absolutistischen Staates berief König Ludwig XVI. die Generalstände ein, die seit 1614 im Zeichen der Selbstherrschaft der Könige nicht mehr getagt hatten. In der Ständeversammlung verlagerte sich der Konflikt, der bisher zwischen Adel und Krone ausgetragen worden war, auf eine neue Front. Nunmehr ging es dem selbstbewusst auftretenden Dritten Stand, der zuvor schon eine Verdoppelung der Sitze (auf die gleiche Anzahl wie die ersten beiden Stände zusammen) durchgesetzt hatte, um den Modus der Abstimmung. Eine getrennt nach Ständen erfolgende Abstimmung hätte seine Einflussmöglichkeiten auf ein Minimum reduziert. Seine Forderung lautete daher: Abstimmung nach Köpfen.

König Ludwig XVI. war nicht bereit, diese Forderung zu erfüllen. So entwickelte die Ständeversammlung in der Folgezeit eine eigene Dynamik, wobei die Mehrheit – bestehend aus den bürgerlichen Ständevertretern im Verein mit aufgeklärten Adeligen und Sympathisanten aus dem Klerus – die Umformung der Ständeversammlung in eine Nationalversammlung proklamierte (17. Juni 1789). Drei Tage später versammelten sich die Mitglieder der Nationalversammlung zum Ballhausschwur, durch den sie verkündeten, „niemals auseinander zu gehen und sich überall zu versammeln, wo es die Umstände gebieten, so lange, bis die Verfassung des Königreichs ausgearbeitet ist und auf festen Grundlagen ruht." Diese sogenannte Verfassungsrevolution zielte auf eine Transformation der absoluten Monarchie in ein verfassungsgemäss gebundenes (konstitutionelles) Königtum.

Ludwig XVI. erklärte alle Beschlüsse der Nationalversammlung für ungültig und reagierte mit dem Plan, die Nationalversammlung mit Waffengewalt auseinanderjagen zu lassen. Die Verwirklichung dieser Absicht wurde letztlich dadurch vereitelt, dass neue revolutionäre Akteure auf dem Plan erschienen. Die Pariser Volksbewegung, in der sich vor allem Handwerker und Kleinhändler, Gesellen und Tagelöhner organisierten, stürmte die Bastille, ein nur mässig bewachtes Gefängnis, das vielen als Symbol für das Zwangssystem des Absolutismus galt. Parallel dazu gingen Bauern plündernd gegen den Grossgrundbesitz vor. Schlösser wurden gebrandschatzt, und mit ihnen gingen viele Urkundenbestände in Flammen auf.

Drei Revolutionen (1789)

Die Französische Revolution gilt als das Muster der „bürgerlichen" Revolution. Diese Bezeichnung wird der Vielgestaltigkeit des Geschehens nur teilweise gerecht, denn bei genauer Betrachtung zeigt sich, dass verschiedene revolutionäre Tendenzen miteinander verwoben waren. Manche Historiker sprechen sogar von drei Revolutionen. Sie erkennen drei revolutionäre Akteure: das gehobene Bürgertum und den mit ihm verbundenen liberalen Adel, die städtischen Unterschichten (insbesondere von Paris) sowie die Bauern. Jede gesellschaftliche Gruppierung handelte dabei aus anderen Motiven. Das Bürgertum, das gewissermassen den absolutistischen Staat entscheidend mitfinanzierte, forderte – geleitet von den Ideen der Aufklärung – seinen Anteil an der politischen Macht. Bei den städtischen Unterschichten speiste sich die revolutionäre Energie zum Teil aus wirtschaftlichen Notlagen, während die Bauern die Abschaffung der Feudalordnung auf dem Land anstrebten, das heisst bestimmter feudaler Abgaben, die über die übliche Pacht hinausgingen.

Der Erfolg der Revolution von 1789 erklärt sich dadurch, dass sich drei revolutionäre Handlungsstränge verschränkten, was letztlich zu einer Verstärkung des revolutionären Drucks führte:

- Die Ausrufung der Nationalversammlung durch den Dritten Stand und den mit diesem verbundenen Reformadel (Verfassungsrevolution).

M 3   „Die Erstürmung der Bastille zu Paris am 14. Juli 1789"

Kolorierter Kupferstich, von Paul Jakob Laminit (1773–1831)

M 4 Der Ballhausschwur vom 20. Juni 1789

Kolorierter Stich (1823/24) nach der Federzeichnung von Jacques-Louis David von 1791

- Diese Verfassungsrevolution wurde vorangetrieben durch die Politisierung der städtischen Massen in Paris. Die städtische Revolutionsbewegung belagerte die Bastille, das Herrschaftssymbol des Absolutismus.
- Auf dem Land verbreiteten sich Unruhen und Anarchie. Kleinbesitzer, Landlose und Tagelöhner griffen den Grossgrundbesitz an, was die Abschaffung des Feudalsystems durch die Nationalversammlung beschleunigte.

Trotz dieser unterschiedlichen politischen Akteure blieb die Nationalversammlung in der ersten Phase der Revolution eher grossbürgerlich ausgerichtet.

Begleitet wurde das revolutionäre Geschehen im Sommer des Jahres 1789 im ländlichen Frankreich durch die „Grosse Angst" (franz. la grande peur). Die Versorgungskrise, der Zusammenbruch der Staatsautorität, die Zunahme der Kriminalität und die Flucht von Adligen bildeten den Nährboden, auf dem das Gefühl des Bedrohtseins allgemein wuchs. Teile der französischen Gesellschaft befanden sich in einem Zustand der kollektiven Panik, wodurch einer Vielzahl von Gerüchten Glauben geschenkt wurde. Von aristokratischen Verschwörungen war die Rede, von angeblichen „Hungerpakten" der örtlichen Behörden und von Räuberbanden, die angeblich von Aristokraten angeheuert worden waren, um die Ernte zu vernichten.

Die Konstitutionelle Monarchie (1789–1792)

Mit der Umwandlung der Generalstände in eine (verfassunggebende) Nationalversammlung (17. Juni 1789) und dem Sturm auf die Bastille (14. Juli 1789) wurde

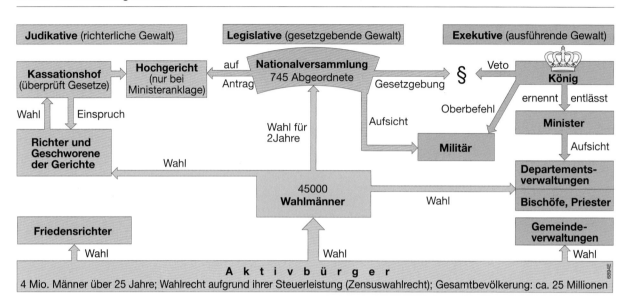

Aktivbürger
4 Mio. Männer über 25 Jahre; Wahlrecht aufgrund ihrer Steuerleistung (Zensuswahlrecht); Gesamtbevölkerung: ca. 25 Millionen

in Frankreich der Untergang der absoluten Monarchie eingeleitet. Das Reformwerk der Nationalversammlung hatte eine grundlegende Umwälzung der alten Staats- und Gesellschaftsordnung zur Folge. Unter dem Druck schwerer Bauernunruhen beschloss die Nationalversammlung in einer dramatischen Nachtsitzung vom 4. auf den 5. August 1789 die Abschaffung des Feudalsystems. Die privilegierten Stände (Adel und Klerus) mussten auf ihre zahlreichen Sonderrechte wie Frondienste, Jagdrechte und Abgaben der Bauern verzichten.

Die Nationalversammlung verabschiedete am 26. August 1789 eine „Erklärung der Menschen- und Bürgerrechte".

Die von ihr ausgearbeitete Verfassung von 1791 verwandelte Frankreich in eine konstitutionelle Monarchie. Im Rahmen der nunmehr gewaltenteiligen Ordnung blieb dem König die Funktion der Exekutive vorbehalten. Die Gesetzesmacht lag bei der Nationalversammlung, die von Aktivbürgern gewählt wurde. Das Wahlrecht war an Steuerzahlungen gebunden (Zensuswahlrecht); etwa 60 Prozent der Männer über 25 Jahren konnten teilnehmen. Ohne Wahlrecht blieben Männer unter 25 Jahren, Nicht-Steuerzahler sowie Frauen. Die Nationalversammlung beschloss unter anderem die Verstaatlichung der Kirchengüter, um den finanziellen Bankrott des Staates zu verhindern und die alten Machtpositionen des Klerus zu zerschlagen. Die Priester sollten durch den Eid auf die neue Verfassung verpflichtet werden, was allerdings zu massiver Eidesverweigerung führte.

Diese erste Phase der Französischen Revolution mündete in einer Entmachtung des Königs, der Abschaffung des Feudalsystems sowie in der Erklärung der Menschen- und Bürgerrechte, die auch in der Verfassung von 1791 Eingang fand. Dies entsprach im Wesentlichen den Bedürfnissen des gehobenen Bürgertums, was sich im Zensuswahlrecht widerspiegelte. Verfassungsmässig war Frankreich eine konstitutionelle Monarchie geworden.

Hinrichtung Ludwig XVI. und die Radikalisierung der Revolution

Der Sturm auf die Tuilerien (10. August 1792) läutete den Sturz der Monarchie ein. Auf dem Hintergrund der sich verschärfenden inneren Krise kam es im September 1792 zu Massakern („Septembermorde") an revolutionsfeindlichen Kräften, darunter auch Priester, die den Eid auf die Verfassung verweigerten. Der Nationalkonvent beschloss nun die endgültige Abschaffung des Königtums Ludwigs XVI. (21. September 1792). Mit einer knappen Mehrheit stimmte der Konvent der Enthauptung des Königs zu. Die Hinrichtung Ludwigs XVI. am 21. Januar 1793 bedeutete einen Tabu-Bruch von grosser Tragweite. Die Schleusen der Gewalt öffneten sich danach noch weiter. Seit Mitte 1792 hatte sich der Charakter der Revolution erkennbar verändert. Das Heft des Handelns gelangte immer mehr in die Hände von radikalen bürgerlichen Konventsabgeordneten der Bergpartei (den Jakobinern), die ein Bündnis mit den Sansculotten eingingen. Vor allem in Paris hatte sich ein neuer Typus des Revolutionärs herausgebildet, dessen Name sich aus dem Fehlen der für den Adel typischen Kniebundhose ergab. Der Sansculotte rekrutierte sich vorrangig aus dem Milieu der Kleinbürger – Handwerker, Gesellen, kleine Ladenbesitzer –, dazu kamen Arbeiter, Tagelöhner und Wohnsitzlose. Mit ihnen erschien ein radikalisierendes Element im Revolutionsprozess. Die Sansculotten lehnten nicht nur die Monarchie ab, sondern sie sahen auch im liberalen Bürgertum ihren Feind. Durch ihr Bündnis mit den Jakobinern entschieden sie den Machtkampf zwischen Girondisten und Jakobinern zu Gunsten der Letzteren.

Diese Phase der Revolution ist aufs Engste mit dem Namen des Jakobiners Robespierre verbunden. Unter seiner Führung organisierte der sogenannte Wohlfahrtsausschuss eine Gewaltherrschaft, die auch als „Schreckensherrschaft" (französisch: la terreur) in die Geschichte eingegangen ist. Beim Wohlfahrtsausschuss handelte es sich zwar formell nur um einen Ausschuss des Konvents, tatsächlich fungierte er aber in dieser Zeit als provisorische Regierung.

Schliesslich gelang es der Opposition, am 27. Juli 1794 (nach der Zählung des Revolutionskalenders der 9. Thermidor) der Schreckensherrschaft ein Ende zu setzen. Robespierre und zahlreiche seiner Anhänger wurden hingerichtet. Nach dem Zusammenbruch der revolutionären Diktatur konnte das gemässigte (thermidorianische) Bürgertum erneut seine Herrschaft etablieren. Damit war nach langen inneren Machtkämpfen zwischen den gemässigten Gruppierungen (Girondisten) und den radikaleren Befürwortern der Revolution (Jakobiner) der Gipfel der Revolution überschritten.

Napoleon: Vollender und Überwinder der Revolution

Da sich Frankreich seit 1792 fast ununterbrochen im Kriegszustand befunden hatte, führte das zwangsläufig zur Unterordnung der gesamten Gesellschaft unter die militärischen Erfordernisse. Der Kriegsdienst ermöglichte schnelle Karrieren. Ein Mann, der diese Chance genutzt hatte und schnell zum General aufgestiegen war, dessen Ehrgeiz aber durch seine militärischen Siege nicht gestillt war, konnte in dieser Situation an die Macht gelangen.

Napoleon hatte seinen Aufstieg zur Macht durch militärische Erfolge sowie durch seine charismatische Persönlichkeit bewerkstelligt. Es gelang ihm als Erster Konsul, die Errungenschaften der Revolution zu festigen und das Chaos des Revolutionsjahrzehnts zu beenden. Sein politisches Handeln entsprach somit dem Bedürfnis des Bürgertums nach Stabilität. Die Anhänger des Ancien Régime, also

M 6 **Maximilien de Robespierre (1758 – 1794)**

Anonymes Porträt, um 1793

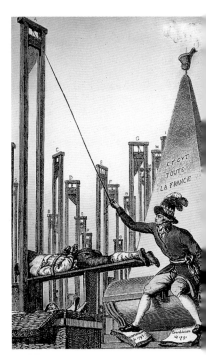

M 7 **Flugblatt gegen die Jakobinerdiktatur (1794)**

Auf der Grabespyramide steht: „Hier ruht ganz Frankreich".

Robespierre richtet, nachdem er alle Franzosen hat guillotinieren lassen, mit eigener Hand den Henker hin.

CODE CIVIL

DES

FRANÇAIS.

ÉDITION ORIGINALE ET SEULE OFFICIELLE.

À PARIS,

M 8 Erstausgabe des „Code civil"

die Königstreuen, als auch die radikalen Jakobiner wurden an den Rand des politischen Geschehens gedrängt. Abgesegnet durch einen Volksentscheid, machte sich Napoleon fünf Jahre nach dem Staatsstreich zum Kaiser (1804). Das napoleonische Kaisertum war eine moderne Monarchie, die mit der durch die Revolution erkämpften bürgerlichen Ordnung eine neue Einheit einging.

Wesentliche Marksteine der Herrschaft Napoleons waren:
- die Zentralisierung der Verwaltung,
- die Aussöhnung mit der Kirche (Konkordat mit dem Papst 1801),
- der Code civil, der die Beseitigung der Feudalordnung festschrieb (Gleichheit vor dem Gesetz, bürgerliche Eigentumsordnung, Gewerbefreiheit, Freiheitsrechte des Individuums und anderes).

Der Code civil ist – trotz mancher Änderungen – bis heute die Grundlage der französischen Rechtsordnung. Viele Historiker sehen in den neuen Gesetzbüchern – und nicht in den militärischen Erfolgen – die grösste geschichtliche Leistung Napoleons.

M 9 „Napoleon Bonaparte überquert die Alpen über den Sankt-Bernhard-Pass"
Gemälde von Jacques-Louis David, 1800

Die Französische Revolution

M 10 Aus den Beschwerdeheften

*Im Zusammenhang mit der Einberufung der General-
stände wurden die Wähler aufgefordert, ihren Vertretern
Beschwerdeschriften (franz. Cahiers de doléances) mit-
zugeben. In diesen Beschwerdeheften spiegeln sich
Missstände, aber auch Wünsche und Erwartungen der
Menschen wider. Historiker haben später von der
grössten Volksbefragung Alteuropas gesprochen. Ein
Dorf in der Champagne schrieb an den König:*

In Ew. Majestät Namen verlangt man von uns fortwährend
Geld. Man machte uns Hoffnung, dass das ein Ende nehmen werde, aber es wurde von Jahr zu Jahr ärger. Wir lieben Sie so sehr, dass wir uns nicht an Sie wendeten, son-
5 dern an Ihre Vertreter, die jedenfalls besser für sich
sorgen als für Sie. Wir glaubten, dass sie Sie hintergehen
und sagten uns in unserem Kummer: „Wenn der gute König
es wüsste!" [...] Wir sind mit Steuern aller Art überhäuft;
wir haben Ihnen bisher einen Teil unsres Brotes gegeben,
10 und wenn es so fortgeht, werden wir bald gar keines mehr
haben [...]. Wenn Sie die armseligen Hütten, die wir bewohnen, und die armselige Nahrung, die wir einnehmen,
sähen, wären Sie davon gerührt; das würde Ihnen besser
als unsre Worte sagen, dass wir nicht weiter können, und
15 dass eine Erleichterung eintreten muss. [...] Es schmerzt
uns sehr, dass die Reichsten am wenigsten zahlen. Wir
entrichten Taillen[1] und alle möglichen Auflagen, während
die die schönsten Güter besitzenden Geistlichen und Adligen nichts zahlen. Warum sollen die Wohlhabenden am
20 wenigsten, die Armen dagegen am meisten zahlen? Sollte
nicht jedermann nach Maßgabe seiner Verhältnisse be-
steuert werden? Wir verlangen, dass dem so werde; denn
es wäre gerecht. [...] Wir würden gern einige Weinstöcke
pflanzen, wagen es aber nicht; denn wir werden von den
25 Beamten der Verzehrsteuer so malträtiert[2], dass wir noch
eher daran denken würden, die schon vorhandenen Stö-
cke auszureißen. Der ganze Wein, den wir erzeugen würden, wäre nur für sie; uns würde nur die Mühe bleiben. Die
ganze Steuereintreibung ist eine Schinderei, und um sich
30 ihr zu entziehen, lässt man den Boden lieber brachliegen
[...]. Entledigen Sie uns der Steuersammler und der Salz-
männer[3], von denen wir so viel leiden. Solange wir sie
nicht los sind, werden wir nie glücklich sein; es ist Zeit, die
Sache abzuändern. Wir und alle ihre Untertanen bitten Ew.
35 Majestät darum, wir sind sehr ermattet. Wir würden Sie

noch um manches andere bitten, aber Sie können nicht
alles auf einmal machen.
1 Einkommensteuern
2 schlecht behandelt
3 mit Bezug auf die Besteuerung des Salzes

Zit. nach: H. Taine, Die Entstehung des modernen Frankreich, Meersburg
o. J., S. 262.

M 11 Emmanuel Sieyès: Was ist der Dritte Stand?

*Auszug aus einer der wichtigsten Propagandaschriften
der Revolutionszeit (1789):*

Der Plan dieser Schrift ist ganz einfach. Wir haben uns drei
Fragen vorzulegen.
1. Was ist der Dritte Stand? Alles.
2. Was ist er bis jetzt in der staatlichen Ordnung gewesen?
   Nichts.
3. Was verlangt er? Etwas darin zu werden.
Man wird sehen, ob die Antworten richtig sind.
Erstes Kapitel: Der Dritte Stand ist eine vollständige Nation.
Was ist nötig, damit eine Nation bestehen kann und ge-
deiht? Arbeiten im Privatinteresse und öffentliche Dienste.
[...] Es wäre überflüssig, [...] zu zeigen, dass der Dritte Stand
auf allen diesen Gebieten [Landwirtschaft, Gewerbe, Handel, Dienstleistungen] neunzehn Zwanzigstel leistet, nur
dass er mit allen wirklich beschwerlichen Arbeiten belastet
wird, die der privilegierte Stand zu übernehmen sich weigert. Nur die einträglichsten und ehrenvollsten Stellen sind
von den Mitgliedern des privilegierten Standes besetzt [...].
Wer könnte also die Behauptung wagen, der Dritte Stand
umfasse nicht alles, was zur Bildung einer vollständigen
Nation nötig ist? [...] Wenn man den privilegierten Stand
entfernte, wäre die Nation nicht etwas weniger, sondern
etwas mehr. Ebenso wenig gehört der Adelsstand wegen
seiner bürgerlichen und politischen Privilegien in unsere
Mitte [...]. Der Dritte Stand umfasst also alles, was zur Nation gehört. Und alles, was nicht der Dritte Stand ist, kann
sich nicht als Bestandteil der Nation betrachten. Was ist
also der Dritte Stand? Alles.

**M 12 Emmanu-
el Joseph Sieyès
(1748–1836)**
Gemälde von
Jacques-Louis David
(1748–1825), Öl auf
Leinwand, 1817

Die Französische Revolution

Zweites Kapitel: Was ist der Dritte Stand bis jetzt gewesen? Nichts. [...]

30 Drittes Kapitel: Was verlangt der Dritte Stand? Etwas zu werden.

Es [das Volk] will echte Vertreter in den Generalständen haben, das heißt, Abgeordnete, die aus seinem Stand kommen, seine Wünsche vorbringen und seine Interessen ver-

35 teidigen [...]. Daher steht es fest, dass der Dritte Stand nur dann in den Generalständen vertreten sein kann und seine Stimme abgeben kann, wenn er wenigstens den gleichen Einfluss wie die Privilegierten bekommt. Er verlangt daher ebenso viele Vertreter wie die beiden anderen Stände zu-

40 sammen. Die Zahlengleichheit der Vertreter wäre aber vollkommen illusorisch, wenn jede Kammer nur eine Stimme hätte. Der Dritte Stand verlangt daher, dass nach Köpfen, und nicht nach Ständen abgestimmt wird [...]. Die eigentliche Absicht des Dritten Standes ist es, in den Generalstän-

45 den den gleichen Einfluss zu besitzen wie die Privilegierten. Noch einmal: Kann er weniger verlangen? Kann man hoffen, dass er aus seiner politischen Bedeutungslosigkeit heraustritt und etwas wird, wenn er nicht gleichberechtigt ist?

Zit. nach: W. Grab (Hg.), Die Französische Revolution. Eine Dokumentation, München 1973, S. 24 ff.

M 13 Die Abschaffung der Feudalität

Beschluss der Nationalversammlung vom 11. August 1789:

Art. 1. Die Nationalversammlung vernichtet das Feudalwesen völlig. Sie dekretiert, dass von den Feudal- wie Grundzinsrechten und -pflichten sowohl jene, die sich aus unveräußerlichem Besitz an Sachen und Menschen und aus

5 persönlicher Leibeigenschaft herleiten, als auch jene, die an ihre Stelle getreten sind, entschädigungslos aufgehoben werden; alle übrigen Lasten werden für ablösbar erklärt, die Summe sowie die Art und Weise der Ablösung wird die Nationalversammlung festlegen.

10 [...]

Art. 10. Da eine nationale Verfassung und die öffentliche Freiheit den Provinzen mehr Vorteile bringt als die Privilegien, die einige bisher genossen, und da deren Opfer zu einer engen Verbindung aller Teile des Staates unumgäng-

15 lich ist, werden alle besonderen Privilegien von Provinzen, Fürstentümern, Ländern, Bezirken, Städten und Siedlungen, seien sie finanzieller oder sonstiger Art, für unwider-

ruflich abgeschafft und in dem für alle Franzosen gleichen gemeinsamen Recht aufgegangen erklärt.

Art. 11. Alle Bürger sollen, ohne Unterschied ihrer Geburt, 20 freien Zugang zu allen kirchlichen, zivilen und militärischen Ämtern und Würden haben; niemand, der einem Erwerbsberuf nachgeht, soll dadurch seines Adelsprädikats verlustig gehen. [...]

Art. 17. Die Nationalversammlung erklärt König Ludwig XVI. 25 feierlich zum Wiederhersteller der französischen Freiheit.

W. Grab (Hg.), a. a. O., S. 33 ff.

M 14 Erklärung der Menschen- und Bürgerrechte vom 26. August 1789

Das Dokument – abgefasst nach dem amerikanischen Vorbild – ist bahnbrechend für die europäische Rechtsgeschichte. In ihm kommen in verdichteter Form die Prinzipien des liberalen Rechtsstaates zum Ausdruck:

Da die Vertreter des französischen Volkes, als Nationalversammlung eingesetzt, erwogen haben, dass die Unkenntnis, das Vergessen oder die Verachtung der Menschenrechte die einzigen Ursachen des öffentlichen Unglücks und der Verderbtheit der Regierungen sind, haben sie beschlossen, 5 die natürlichen, unveräußerlichen und heiligen Rechte der Menschen in einer feierlichen Erklärung darzulegen. [...]

Art. 1. Die Menschen sind und bleiben von Geburt frei und gleich an Rechten. Soziale Unterschiede dürfen nur im gemeinen Nutzen begründet sein. 10

Art. 2. Das Ziel jeder politischen Vereinigung ist die Erhaltung der natürlichen und unveräußerlichen Menschenrechte. Diese Rechte sind Freiheit, Eigentum, Sicherheit und Widerstand gegen Unterdrückung.

Art. 3. Der Ursprung jeder Souveränität ruht letztlich in der 15 Nation. Keine Körperschaften, kein Individuum können eine Gewalt ausüben, die nicht ausdrücklich von ihr ausgeht.

Art. 4. Die Freiheit besteht darin, alles tun zu können, was einem anderen nicht schadet. So hat die Ausübung der 20 natürlichen Rechte eines jeden Menschen nur die Grenzen, die den anderen Gliedern der Gesellschaft den Genuss der gleichen Rechte sichern. Diese Grenzen können allein durch Gesetz festgelegt werden.

Art. 5. Nur das Gesetz hat das Recht, Handlungen, die der 25 Gesellschaft schädlich sind, zu verbieten. Alles, was nicht durch Gesetz verboten ist, kann nicht verhindert werden, und niemand kann gezwungen werden zu tun, was es nicht befiehlt.

30 Art. 6. Das Gesetz ist der Ausdruck des allgemeinen Willens. Alle Bürger haben das Recht, persönlich oder durch ihre Vertreter an seiner Formung mitzuwirken. Es soll für alle gleich sein, mag es beschützen, mag es bestrafen.

Da alle Bürger in seinen Augen gleich sind, sind sie glei-
35 cherweise zu allen Würden, Stellungen und Beamtungen nach ihrer Fähigkeit zugelassen ohne einen anderen Unterschied als den ihrer Tugenden und ihrer Talente.

Art. 7. Jeder Mensch kann nur in den durch das Gesetz bestimmten Fällen und in den Formen, die es vorschreibt,
40 angeklagt, verhaftet und gefangengehalten werden. Diejenigen, die willkürliche Befehle betreiben, ausfertigen, ausführen oder ausführen lassen, sollen bestraft werden. Doch jeder Bürger, der aufgrund des Gesetzes vorgeladen oder ergriffen wird, muss sofort gehorchen. [...]

45 Art. 8. Das Gesetz soll nur solche Strafen festsetzen, die offenbar unbedingt notwendig sind. Und niemand kann aufgrund eines Gesetzes bestraft werden, das nicht vor Begehung der Tat erlassen, verkündet und gesetzlich angewandt worden ist.

50 Art. 9. Da jeder Mensch so lange für unschuldig gehalten wird, bis er für schuldig erklärt worden ist, soll, wenn seine Verhaftung für unumgänglich erachtet wird, jede Härte, die nicht notwendig ist, um sich seiner Person zu versichern, durch Gesetz streng vermieden sein.

55 Art. 10. Niemand soll wegen seiner Meinungen, selbst religiöser Art, beunruhigt werden, solange ihre Äußerungen nicht die durch das Gesetz festgelegte öffentliche Ordnung stören. [...]

Art. 17. Da das Eigentum ein unverletzliches und heiliges
60 Recht ist, kann es niemandem genommen werden, wenn es nicht die gesetzlich festgelegte, öffentliche Notwendigkeit augenscheinlich erfordert und unter der Bedingung einer gerechten und vorherigen Entschädigung.

Zit. nach: Grab (Hg.). a. a. O., S. 37 ff.

M 15 Republikanischer Dekalog

Nach dem Vorbild der Zehn Gebote wurde 1793/94 ein Schmuckplakat mit folgendem Text verbreitet:

Du sollst allein dem Volke heiligen Gehorsam schwören.
Du sollst die von ihm bestätigten Gesetze treu einhalten.
Du sollst jedem König auf ewig Hass und Krieg schwören.
Du sollst bis zu deinem letzten Atemzug deine Freiheit bewahren. 5
Du sollst die Gleichheit ehren, indem du beständig nach ihr handelst.
Du sollst nicht eigensüchtig sein, weder unabsichtlich noch vorsätzlich.
Du sollst nicht nach Positionen trachten, die du nicht wür- 10
dig ausfüllen kannst.
Du sollst allein auf die Vernunft hören, dich künftig nur von ihr leiten lassen.
Du sollst als Republikaner leben, damit du selig sterben kannst. 15
Du sollst bis zum Frieden revolutionär handeln.
Du sollst alle Verdächtigen einsperren, ohne die geringste Nachsicht zu üben.
Du sollst die Priester unverzüglich von deinem Grund und Boden vertreiben. 20
Du sollst jeden Emigranten, der zurückkehrt, unverzüglich einen Kopf kürzer machen. [...]
Du sollst den wucherhaften Hamsterer verfolgen, wie auch den Gauner. [...]
Du sollst täglich zu deinem Club gehen, um dich gründlich 25
zu unterrichten.

Zit. nach: R. Reichardt (Hg.), Ploetz, Die Französische Revolution, Köln 2003, S. 58f.

Aufgaben

1. Die Französische Revolution

a) Fertigen Sie eine Übersicht zu den Ursachen der Revolution an.

b) Stellen Sie die gesellschaftliche Schichtung des Ancien Régime dar. Zeigen Sie die Konflikte bzw. sozialen Spannungen auf.

c) Bestimmen Sie die Gründe, mit denen Sieyès den politischen Machtanspruch des Dritten Standes untermauert. Halten Sie die Forderungen fest.

d) Erklären Sie den Ablauf der drei „Teilrevolutionen" des Sommers 1789.

e) Untersuchen Sie die verschiedenen Bildelemente des Gemäldes „Der Ballhausschwur" und verfassen Sie anschliessend eine schriftliche Interpretation.

f) Formulieren Sie die Begründung, mit der die Nationalversammlung die Feudalität abschafft.

g) Stellen Sie in eigenen Worten die wichtigsten Bestimmungen der Verfassung von 1791 dar.

h) Analysieren Sie den „Republikanischen Dekalog" im Hinblick auf seinen terroristischen Inhalt.

Text, M1 – M15

Interpretation von Darstellungen – ein Beispiel

Neben der Interpretation von schriftlichen und nicht-schriftlichen Quellen stellt die Interpretation von darstellenden Texten eine weitere wichtige Fachmethode im Geschichtsunterricht dar.

Darstellungen fassen die aus den Quellen und/oder Darstellungen gewonnenen Erkenntnisse zusammen und präsentieren diese beispielsweise einem Fachpublikum oder einer interessierten Öffentlichkeit. Als Textform kommen Auszüge aus wissenschaftlichen Veröffentlichungen, Essays oder Beiträge für Zeitungen oder Zeitschriften, aber auch die schriftliche Fassung eines Vortrages in Frage. Die Interpretation einer Darstellung lässt sich in drei Schritten vollziehen.

Schritte zur Interpretation von Darstellungen

1. Schritt: Eine historische Darstellung charakterisieren und den Inhalt wiedergeben

a) Die Darstellung untersuchen und charakterisieren:
Die formale Analyse macht in einer ersten Annäherung Angaben zu den sog. „äusseren" Textmerkmalen und stellt diese im Zusammenhang dar. Diese formale Analyse bzw. Charakterisierung des Textes soll die folgenden Aspekte berücksichtigen:

- Autor(in) des Textes,
- sein(e) Adressat(en) und deren Bezug zum Autor/zur Autorin,
- Entstehungszeitpunkt des Textes bzw. der Zeitpunkt seines Erscheinens, ggf. der Anlass für das Entstehen bzw. die Veröffentlichung des Textes,
- die spezifische Textsorte (z. B. wissenschaftliche Abhandlung, populärwissenschaftliche Literatur, Essay, Schulbuchtext, schriftliche Fassung eines Vortrages etc.),
- Thema des Textes,
- (vermutliche) Intention des Verfassers/der Verfasserin (z. B. Verbreiten eigener Erkenntnisse, einer politischen Position; Abgrenzung gegenüber einer anderen Position; Vermitteln zwischen verschiedenen Positionen etc.).

Formulierungshilfen:
Der vorliegende Text stammt von … ist erschienen in … bei dem Autor/der Autorin handelt es sich um … der Text wurde im Jahre … verfasst … bei dem Text handelt es sich um … der Text stellt einen Beitrag im Rahmen einer wissenschaftlichen Kontroverse um … dar der Verfasser thematisiert … Gegenstand des Textes ist … der Verfasser verfolgt mit seinen Ausführungen die Absicht … er/sie will … informieren, Stellung beziehen …

b) Den Inhalt der Darstellung strukturiert wiedergeben und die Aussagen zusammenfassen:
Die strukturierte Wiedergabe benennt sowohl Inhalt wie auch gedanklichen Aufbau des Textes (Argumentationsstruktur). Die (Kern-)Aussage(n) einer Darstellung und deren Argumentationsstränge sind so zu rekonstruieren, dass die im Text vertretene Position erkennbar und verdeutlicht wird, um sie für die kritische Auseinandersetzung verfügbar zu machen.

Der Gedankengang eines Textes kann mithilfe treffender Verben erfasst und beschrieben werden. Solche Verben bringen beispielsweise zum Ausdruck, ob ein Autor einen Sachverhalt beschreibt, ein Urteil abgibt, eine Forderung erhebt, einen Standpunkt betont, eine Behauptung aufstellt, eine Meinung befürwortet oder ablehnt etc.
Des Weiteren kann die Darstellung des gedanklichen Aufbaus und der Argumentationsweise eingehen auf die Funktion einzelner Passagen/Abschnitte für den Auf-

bau des Textes (z. B. Einleitung, Überleitung, Hauptteil, Schlussteil, Einschub, Fragestellung, Zusammenfassung, Auswertung, Lösung usw.), Eigenart und Funktion der Argumentationselemente (These (Behauptung), Gegenbehauptung, Beispiel, Beleg, Schlussfolgerung, Definition, Begriffserklärung, Erläuterung, Voraussetzung, Konsequenzen, Einschränkungen, Bedingungen usw.), zusammenfassende Kennzeichnung der Argumentationsstruktur.

Auch die sprachliche Form (z. B. fachwissenschaftlich-argumentativ, populärwissenschaftlich, polemisch etc.) und die gewählten sprachlichen Gestaltungsmittel sind von Belang, letztere allerdings nur soweit sie für die Eigenart der Argumentation von Bedeutung sind (z. B. ideologische Prägung der Sprache des Autors, charakteristische Wortwahl, Bildsprache, Wortschöpfungen etc.).

Bei der Darstellung des Inhalts der Textvorlage ist darauf zu achten, dass die Aussagen des Autors stets als solche zu erkennen sind (Verwendung der indirekten Rede oder distanzierender Formulierungen). Textzitate, die man nur sparsam verwenden sollte, und Verweise auf den Text sind zu kennzeichnen (Anführungszeichen, Zeilenangaben).

Formulierungshilfen:
zu Beginn des Textauszuges … an zentraler Stelle … im weiteren Verlauf seiner Argumentation vertritt der Verfasser die Auffassung … der Autor wirft die Frage auf …, stellt die These auf … untermauert seine Aussage mit Beispielen … stellt in Frage … schliesst seine Ausführungen mit … formuliert als Fazit …

2. Schritt: Einzelne Aspekte der Darstellung genauer erläutern

Zum genaueren Verständnis der Sach- und Argumentationszusammenhänge sollen ausgewählte Aspekte des Textes auf der Grundlage eigener Sachkenntnisse so erläutert werden, dass auf diese Weise Standpunkt oder Absichten des Verfassers, die Prämissen oder Konsequenzen seiner Argumentation, Kontroversen oder Konflikte verständlich werden. Möglicherweise werden in der Aufgabenstellung bereits Aspekte oder Sachverhalte genannt, zu denen erläuternde Ausführungen erfolgen sollen, etwa die Einordnung in den historischen Zusammenhang, seine Hintergründe oder Voraussetzungen. In jedem Fall ist auf den strengen Bezug zum Material zu achten.

3. Schritt: Sich kritisch mit den Aussagen des Autors auseinandersetzen

In diesem Lösungsschritt sollen die zentralen zuvor dargelegten Gedanken, Positionen, Auffassungen, Perspektiven oder Intentionen des Verfassers diskutiert und die Schlüssigkeit und Angemessenheit der Aussagen und Argumente überprüft werden. Eine Auseinandersetzung kann im Sinne einer abwägenden, relativierenden Beurteilung, aber auch durch eine begründende Zustimmung oder Ablehnung erfolgen. Thematisiert werden können z. B. zuvor ermittelte Prämissen des Verfassers der Textvorlage, Widersprüche in seiner Argumentation, erkennbare Bewertungen oder ideologische Positionen. Bei der Argumentation wird auf eigene Sachkenntnisse zurückgegriffen, die Kenntnis anderer Positionen kann dabei einbezogen werden. Wichtig ist, dass sich die Auseinandersetzung nicht auf die Problematik eines bestimmten Sachverhalts, sondern auf die der Position des Autors bezieht, die dieser in Bezug auf einen bestimmten Sachverhalt oder eine bestimmte Fragestellung vertritt.

Die kritische Auseinandersetzung mit den Darlegungen des Autors mündet in ein Fazit, in dem unter Gewichtung der Argumente ein abschliessendes, begründetes Urteil formuliert wird. Dabei sollen die eigenen Beurteilungsmassstäbe bzw. Kriterien (ggf. auch im Sinne eines Werturteils) offengelegt werden.

Formulierungshilfen:
mit Recht sieht der Verfasser … dem Autor ist entgegen zu halten … dem Verfasser ist insoweit zuzustimmen … dagegen überzeugt das Argument … nicht/nur bedingt … insgesamt kann die Position des Verfassers … eingeschätzt werden; massgeblich für diese Beurteilung ist dabei

M 16   Eine historische Darstellung zur Guillotine

Der Historiker Caspar Hirschi schreibt für das Magazin NZZ Geschichte einen Artikel mit dem Titel „Die Maschine für humanes Hinrichten" (2015):

Die Guillotine ist das Sinnbild des Terrors. Auf ihr wurden die Werte der Aufklärung im Blutrausch der Revolutionäre ertränkt. So zumindest erscheint sie uns heute, und so erschien sie schon Generationen vor uns.

5 Am Anfang war alles anders. Die Guillotine hiess nicht Guillotine. Man nannte sie Louisette und würdigte damit den Mann, der sie entworfen hatte. Antoine Louis war ein berühmter Chirurg und brillanter Forensiker. Im Ancien Régime hatte er an der Seite der grossen Aufklärer Karriere

10 gemacht. Er verfasste für die Encyclopédie mehrere Artikel und leistete für Voltaire buchstäblich Knochenarbeit, als er 1762 mitten im Entrüstungssturm der Affäre Calas mit Experimenten an toten Menschen und lebenden Hunden bewies, dass die Leichen eines strangulierten Selbstmörders

15 und eines Mordopfers unterschiedlich aussehen. Damit trug Louis entscheidend zum posthumen Freispruch des hingerichteten Jean Calas bei.

Mit gleichen Methoden ging Louis ans Werk, als er 1792 im Auftrag der Nationalversammlung ein Umsetzungskonzept

20 für einen neuen Gesetzesartikel entwickelte, den ein anderer, weniger renommierter Mediziner namens Guillotin in die Wege geleitet hatte. Der Gesetzesartikel verlangte, alle zum Tode Verurteilten auf gleiche Art und möglichst schmerzlos hinzurichten – durch Enthaupten. Das war eine

25 radikale Abkehr vom Ancien Régime, das je nach Straftat und Stand verschiedene Tötungsarten vorgeschrieben hatte: für Diebe hängen, für Falschmünzer Verbrühen, für Häretiker Verbrennen, für Mörder Rädern, für Adlige Köpfen. Das neue Gesetz erfüllte das revolutionäre Gleichheitsprin-

30 zip, indem es alle Schwerverbrecher im Moment des Todes wie Adlige behandelte. Damit aber entstand ein Folgeproblem. Tod durch Enthaupten galt deshalb als besonders ehrenvoll, weil es dem Verurteilten wie dem Scharfrichter höchste Contenance abverlangte. Zitterte einer von beiden,

35 geriet das Ritual zur Qual. Antoine Louis beschrieb in seinem Bericht, wie 1766 General de Lally-Tollendal der Kopf erst nach „drei bis vier Säbelhieben" von den Schultern fiel, wobei sein Körper beim ersten Hieb umkippte und wieder aufgerichtet werden musste. Konnte es schon bei einem

40 vollendeten Stoiker wie de Lally-Tollendal zu einer „Hackerei" kommen, war nicht auszumalen, wie gewöhnliche Bürger den Tod durch das Schwert erleiden würden.

Für Louis lag die Lösung im Ausschalten des menschlichen Faktors. Man musste den Verurteilten immobilisieren und die Exekution automatisieren. Eine humane Hinrichtung

45 war nur maschinell zu haben. Louis studierte die Mechanik bestehender Fallbeile in England und die Gewichtsverteilung an Rammen, „mit denen man Pfähle in den Boden treibt". Er untersuchte unter dem Mikroskop die Wirkung von unterschiedlichen Klingen. Und er ordnete Enthaup-

50 tungsexperimente mit lebenden Schafen und toten Menschen an.

Daraus leitete er drei Erkenntnisse ab: Der Kopf war durch eine spezielle Vorrichtung zu fixieren, der Henker hatte nur noch einen Sperrmechanismus zu entsichern, und die Ana-

55 tomie der Halswirbel verlangte nach einem Beil, das schnitt und nicht schlug. Louis dachte zuerst an eine runde Klinge, „wie auf den alten Streitäxten", empfahl nach den Experimenten aber eine schräg nach oben gezogene Schneide. Damit sollte die Maschine den „Patienten", wie Louis den

60 Todeskandidaten nannte, sicher und schmerzlos ins Jenseits befördern.

Das tat sie dann auch. Die erste Exekution am 25. April 1792 verlief so rasch und reibungslos, dass das Volk enttäuscht von dannen zog. Antoine Louis starb kurz darauf knapp

65 siebzigjährig eines natürlichen Todes. Er erlebte nicht mehr, wie die Effizienz der Maschine eine mörderische Eigendynamik entfaltete, und so blieb ihm eine Erkenntnis für immer verschlossen: Je humaner das Töten, desto leichter fällt es.

70

Caspar Hirschi, Die Maschine für humanes Hinrichten, in: NZZ Geschichte 1, April 2015, S. 14–16.

Biografie

Caspar Hirschi

geboren 1975 in Zürich, ist Professor für Allgemeine Geschichte an der Universität St. Gallen. Zuvor war er an der ETH Zürich und an der University of Cambridge tätig. Seine Forschungsschwerpunkte sind die Geschichte des Nationalismus und Populismus, Experten und Intellektuelle in Geschichte und Gegenwart, Automatisierung und Digitalisierung. Zudem ist er freier Mitarbeiter der Frankfurter Allgemeinen Zeitung und Beirat von NZZ Geschichte.

Revolution in der Schweiz?

Konflikte im 18. Jahrhundert

Der sehr unterschiedliche Zugang zu Macht und materiellen Gütern in der Gesellschaft des Ancien Régime führte im Gebiet der heutigen Schweiz immer wieder zu Konflikten und Protesten. Das Salzmonopol, die Nutzung der Allmend (Gemeindeland), das Recht eine Taverne zu führen, der Zugang zu politischen Ämter oder der Versuch, altes Gewohnheitsrecht durch neue Gesetze abzulösen, führte insbesondere im 18. Jahrhundert vermehrt zu Unruhen. Diese waren nur in seltenen Fällen gewalttätige Aufstände, die in den unteren Bevölkerungsschichten entstanden. Oftmals wurden in Denkschriften oder in den Räten Anklagen gegen die regierenden Familien laut. Diese Konflikte verlagerten sich aus den Lesegesellschaften und Ratsstuben auf die Strasse, konnten aber oftmals gelöst werden, bevor es zu grossem Blutvergiessen kam. So zum Beispiel bei den Unruhen in Basel 1690, dem Bodmer-Handel 1713 in Zürich oder den Zuger Harten-Lindenhändel (1728–36 und 1764–68). Angestrebt wurden dabei stets mehr Mitbestimmung oder die Beibehaltung alter Rechte, deren Verlust befürchtet wurde. Beim Bodmer-Handel etwa erlangten die Zünfte Mitsprache bei Kriegserklärungen, Friedensschlüssen und Bündnisverträgen. Vereinzelt wurde ein gewaltsamer Umsturz der Herrschaft angestrebt. Dies war der Fall bei der Henzi-Verschwörung 1749 in Bern, wo eine Gruppe aus Handwerkern, Stadtangestellten, Offizieren und Studenten das Ende der Alleinherrschaft der Patrizierfamilien und die Einführung einer Zunftverfassung mit Volkswahlen forderten. Aber auch hier blieben grosse Kämpfe aus – die Gruppe wurde verhaftet und die Anführer zum Tode verurteilt.

Nach dem Ausbruch der Französischen Revolution 1789 verschärften sich diese Konflikte – in den zahlreichen Lesezirkeln, die sich im Zuge der Aufklärung gebildet hatten, wurden französische Tageszeitungen gelesen und die Idee geboren, auch mehr Rechte zu verlangen. Idealtypisch hierfür ist der Stäfner Handel zu nennen: In der Zürcher Landgemeinde mit einer erfolgreichen Baumwoll- und Seidenproduktion war eine wohlhabende Gesellschaftsschicht entstanden, die trotz ihrem Selbstverständnis als Elite weit von den politischen und wirtschaftlichen Vorteilen der Zürcher Stadtbürger entfernt war. In einem Memorial forderten sie 1794 die Aufhebung des Untertanenstatus, die wirtschaftliche Gleichberechtigung und mehr politische Mitsprache. Zur Unterstützung dieser Forderungen verwies die Zürcher Seegemeinde auf alte Urkunden, die belegten, dass die Gemeinden früher mehr Rechte besessen hatten. Die Zürcher Regierung liess Stäfa mit 2.000 Mann rund zwei Monate lang besetzen. Die Aufständischen mussten aufgeben, knapp 300 Personen wurden verhaftet und verurteilt. Auch in Basel forderte die Landschaft mehr Rechte. 1790 konnten die Bürger von Liestal die Herren von Basel zu einer Abschaffung der Leibeigenschaft bewegen, die wirtschaftlichen Privilegien der Stadt blieben jedoch erhalten.

Der Untergang der Alten Eidgenossenschaft

Die Erfolge der französischen Armee im Ersten Koalitionskrieg 1792-1797 gegen Preussen und Österreich setzten die Eidgenossenschaft zunehmend unter Druck. Nach Napoleons Annektion Oberitaliens war die Schweiz für Frankreich zu einem wichtigen Verbindungsland geworden. Darum sollte sie unter französische Herrschaft gebracht und die politischen Verhältnisse angepasst werden. Der Basler

Jurist und Diplomat Peter Ochs, ein Anhänger der Französischen Revolution, wurde im Dezember 1797 in Paris empfangen. Er trat als Gesandter der Basler Regierung vor das französische Direktorium. Dieses stellte ihn vor die Wahl: Entweder würden die eidgenössischen Orte ihre Verfassungen nach französischem Vorbild umgestalten, oder die französischer Truppen marschierten ein. Ochs beauftragten sie mit dem Entwurf einer Verfassung.

Im Januar 1798 forderten die Baselbieter die Rechtsgleichheit, brannten die Landvogteisitze Waldenburg, Farnsburg und Homburg nieder und errichteten in Liestal einen Freiheitsbaum. Am 20. Januar verzichtete der Basler Rat auf seine Herrschaftsrechte über die Landschaft und passte die Uhren – welche bislang eine Stunde vorgegangen waren – der Uhrzeit der Landschaft an. Durch die Zusicherung des französischen Generals Ménard motiviert, der ihnen die Unterstützung des französischen Heeres garantiert hatte, riefen Waadtländer Patrioten am 24. Januar die Lemanische Republik aus. Das französische Heer marschierte in die Waadt ein, die Berner zogen sich kampflos zurück. Die Tagsatzung versammelte sich in Aarau, eine gesamtschweizerische militärische Verteidigung konnte sie jedoch nicht vorbereiten. Einzig Freiburg, Solothurn und Bern waren zu einer Verteidigung entschlossen. Die Delegierten begnügten sich damit, den alten Bundesschwur zu wiederholen. Am 31. Januar beschloss auch die Luzerner Obrigkeit die Abschaffung aristokratischer Regierungsformen. Zürich und Schaffhausen folgten im Februar – ohne Aufstand und Blutvergiessen. Ende Februar griffen die französischen Truppen aus der Waadt und dem Jura an. Freiburg und Solothurn kapitulierten gleich zu Beginn der Kämpfe. Nur Bern widersetze sich, war jedoch militärisch in Unterzahl. Bei Grauholz trafen die Heere aufeinander, die Berner verloren die Schlacht und kapitulierten am 4. März 1798. Das französische Heer besetzte Bern und fuhr die Berner Bären in einem Triumphzug nach Paris – zusammen mit dem Staatsschatz. Die Alte Eidgenossenschaft war zerbrochen.

M 1 Die Verbrüderungsfeier auf dem Münsterplatz in Basel vom 22. Januar 1798

In der Mitte des Platzes steht ein Freiheitsbaum als Zeichen der Revolution. Zeitgenössische kolorierte Radierung

Die Schweiz in der Revolutionszeit – Der Stäfner Handel

M 2 Reaktion der Zürcher Obrigkeit auf das Stäfner Memorial, 1794

Stäfa war Ende des 18. Jahrhunderts bevölkerungsmässig und wirtschaftlich die bedeutendste Landsgemeinde im Kanton Zürich. Im November 1794 verabschiedete die Lesegesellschaft Stäfa eine Bittschrift an den Zürcher Rat, das „Stäfner Memorial". Noch bevor das Memorial in Zürich vorgelegt werden konnte, verbrannte der Rat das Dokument und liess die Urheber verhaften. Zugleich veröffentlichte er folgende Erklärung an die Zürcher Landgemeinden:

Während die zerstörende Flamme des Krieges in halb Europa wütet und das Eigentum, die Gesundheit und das Leben von Tausenden dahinrafft, [...] blüht unser liebes Vaterland unter weisen Gesetzen, einer väterlichen Regierung und
5 dem heilsamen Einfluss der Religion und Sittlichkeit. Jedem ist sein Leben, seine Ehre und sein Vermögen bestens gesichert. [...] Wie sehr musste es also unser landesväterliches Herz kränken, als wir in Erfahrung brachten, dass da und dort auf der Landschaft getrachtet wird [...] die Gemüter
10 irrezuführen und eine für die öffentliche Ruhe höchst gefährliche Neuerungssucht zu erwecken [...] Dieses im Finstern schleichende Gift veranlasst uns, aus besonderer landesväterlicher Fürsorge diese hochobrigkeitliche Erklärung zu machen. [...] Bei ihrer Eidespflicht fordern wir sie auf,
15 dass sie jeden Versuch, die schuldige Treue der Landesangehörigen gegen uns zu erschüttern, den Behörden sogleich anzeigen.

Otto Hunziker: Zeitgenössische Darstellungen der Unruhen in der Landschaft Zürich 1794–1798, Basel 1897, S. 244 und 247 f.

M 3 „Schmähschrift über die Gefangennahme des Sekelmeisters Hess von Wald", 1795

Der Text entstand nach dem Stäfner Handel bei der Verhaftung eines Vertreters der ländlichen Opposition. Der Verhaftete ist Johannes Hess (1757–1823), der Seckelmeister (= für die Finanzeinnahmen verantwortliche Person) von Wald. Er wurde beschuldigt, das Stäfner Memorial verbreitet zu haben:

Mein Freund. Es tut mich heftig Schmerzen,
Daß es so elend gehen tut.
Es tut mir weh in meinem Herzen,
Daß sie so treiben Uebermut.
Wer kann so was seh'n und nicht empfinden,   5
Wenn man ein solchen Ehrenmann
Aufs Pferd setzt, Händ und Fuß tut binden,
Bedeckung hat kein, Ehr davon.
Sie machens wie die Henkersknecht
Und kennen keine Menschenrecht.   10
[...] Das ist im Anfang zum Bewis,
Daß es noch geh'n wird, wie in Paris.
Steckt ihr nur alle braven Männer ein,
Auf daß ihr können ruhig sein.
Ihr werdet wohl nicht alle finden,   15
Auch nicht gnug Strick, vor sie zu binden.
[...] Allein ihr Wüßt kein ander Rat,
Das ist nach grober Zürcher Art.
Das Volk am See besitzt Verstand,
Doch geht man jetzt ihm nicht an Tand [= an d'Hand].   20

Schmähschrift über die Gefangennehmung des Sekelmstr. Hess von Wald, 1795, StAZ A. 143, S. 1000. Standort: Staatsarchiv Zürich

---

Aufgaben

1. **Die Schweiz in der Revolutionszeit – Der Stäfner Handel**
   a) Fassen Sie den Inhalt der Erklärung des Zürcher Rats M2 zusammen.
   b) Im Text M2 wird eine „höchst gefährliche Neuerungssucht" (Z10 f.) angesprochen. Erläutern Sie diesen Ausdruck vor dem Hintergrund der Entstehungszeit des Memorials und gehen Sie näher auf das Gefahrenpotential dieser „Neuerungssucht" aus Sicht des Zürcher Rats ein.
   c) Geben Sie den Text M3 zur Verhaftung von Johannes Hess von Wald in eigenen Worten wieder.
   d) Analysieren Sie die Schmähschrift und zeigen Sie auf, wie sich die Beschäftigung mit dem Zeitgeschehen in den Lesezirkeln in diesem Text nachweisen lässt.

   ⌐ Text, M2, M3

M 1 Ein St. Galler Fähnrich mit der Trikolore der Helvetischen Republik

Auf der Vorderseite der Fahne steht auf Deutsch „HELVETISCHE REPUBLIK." und auf der Rückseite in Französisch „RÉPUBLIQUE HEL-VÉTIQUE." geschrieben. Gouache, um 1800

Die Helvetische Republik

Ein neuer Staat entsteht

Am 12. April 1798 versammelten sich in Aarau – dort wo im Januar noch die Standesvertreter an der letzten Tagsatzung den Bundesschwur wiederholt hatten – die neugewählten Grossräte und Senatoren, um die Gründung der neuen Helvetischen Republik zu begehen. Die vom Basler Peter Ochs entworfene und durch die französische Regierung angepasste Verfassung für den neuen Staat wurde in Kraft gesetzt und die Schweiz ein zentralistischer Einheitsstaat nach französischem Vorbild. Die 18 Kantone – zum Teil neu gebildet wie die Kantone Léman, Aargau und Oberland, zum Teil dem Gebiet der Alten Orte entsprechend wie Zürich, Luzern oder Freiburg – hatten lediglich administrative Bedeutung. Für örtliche Selbstverwaltung oder gar Landsgemeinden war kein Platz mehr.

Wer früher an der politischen Macht beteiligt war, sah seine Teilhabe nun auf wenige Wahlakte beschränkt. Dagegen erhielten die ehemaligen Hintersassen und Untertanen auf der anderen Seite mehr Rechte als zuvor. So wurde ein einheitliches Schweizer Bürgerrecht geschaffen, das für alle männlichen Schweizer über 21 Jahren galt. Frauen blieb ebenso wie Juden die politische Teilhabe weiterhin versagt. Für Letztere wurde jedoch die Kopfsteuer abgeschafft und sie konnten nicht mehr ausgewiesen werden. Wer das neue Bürgerrecht hatte, durfte an der Wahl teilnehmen. Jedoch wurde nicht direkt gewählt, sondern jede Gemeinde wählte ihre Wahlmänner, welche dann die Kantonsvertreter in die beiden Kammern (Grosser Rat und Senat) des helvetischen Parlaments wählte.

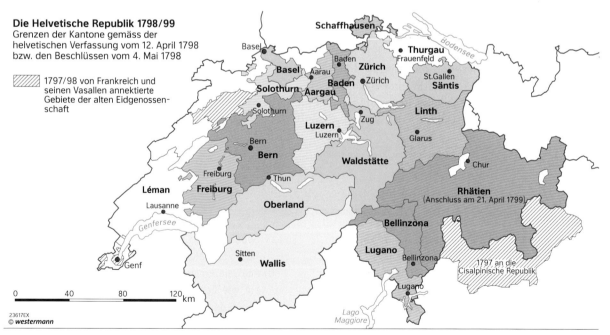

Die Helvetische Republik 1798/99
Grenzen der Kantone gemäss der helvetischen Verfassung vom 12. April 1798 bzw. den Beschlüssen vom 4. Mai 1798

1797/98 von Frankreich und seinen Vasallen annektierte Gebiete der alten Eidgenossenschaft

Schaffhausen · Basel · Baden · Thurgau · Frauenfeld · Bodensee · Basel · Aarau · Zürich · Solothurn · Baden · Aargau · Zürich · St. Gallen · Säntis · Solothurn · Zug · Linth · Luzern · Luzern · Glarus · Bern · Bern · Waldstätte · Chur · Freiburg · Thun · Léman · Freiburg · Rhätien (Anschluss am 21. April 1799) · Lausanne · Oberland · Bellinzona · Genfersee · Lugano · Sitten · Wallis · Bellinzona · Genf · 1797 an die Cisalpinische Republik · Lugano · Lago Maggiore

0   40   80   120 km

23617EX
© **westermann**

M 2

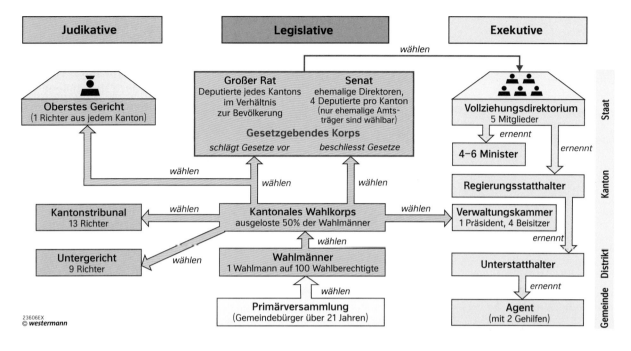

23606EX
© westermann

M 3 Die Verfassung der Helvetischen Republik

Neu war nicht nur das Wahlrecht, sondern auch die klare Gewaltenteilung. Die richterliche Gewalt, die bisher bei den Regierungen der einzelnen Orte lag, wurde neu von unabhängigen Gerichten ausgeübt. Auch garantierte die neue Verfassung Niederlassungsfreiheit sowie Handels- und Gewerbefreiheit. Zudem sollte endlich die umfassende Bildungsreform angegangen werden: Die Schule war nun Aufgabe des Staates, nicht mehr der Kirche. Unter Aufsicht eines kantonalen Erziehungsrates sollten die Kinder durch den ganzjährigen, kostenlosen Unterricht für alle zu loyalen und mündigen Bürger erzogen werden. Geplant waren zudem Ausbildungsmöglichkeiten für Lehrpersonen sowie Gewerbeschulen, Gymnasien und Universitäten, ausserdem ein Nationalarchiv und -museum sowie eine Nationalbibliothek. Dieser Ausbau der Bildungsinstitutionen wurde jedoch in der Zeit der helvetischen Republik nicht umgesetzt.

Ein Satellitenstaat Frankreichs

Die französischen Heere zogen auch nach der Gründung der neuen Republik nicht alle nach Frankreich ab – die Helvetische Republik war ein besetztes Land und musste den Unterhalt der über 70 000 Soldaten tragen, die in ihrem Gebiet stationiert waren. Zudem verlor sie ihre Neutralität, die kantonalen Staatsschätze wurden beschlagnahmt und es mussten Truppen für das französische Heer gestellt werden.

1799 wurde die Schweiz zu einem Schauplatz des Zweiten Koalitionskrieg. Nach der ersten Schlacht bei Zürich (2.–6. Juni 1799) besetzten österreichische Truppen und ihre russischen Verbündeten die östliche Hälfte der Schweiz. Weitere Angriffe auf die Franzosen scheiterten, sowohl bei Döttingen (16.–17. August 1799) als auch in der zweiten Schlacht bei Zürich (25.–26. September 1799). Bis Mitte Oktober hatten die letzten österreichischen und russischen Truppen die helvetische Republik wieder verlassen – die französischen Truppen blieben.

Widerstand gegen den neuen Staat

Der Senat beschloss im Juli 1798, die Schweizer Bürger einen Eid auf die helvetische Republik ablegen zu lassen. Dies löste besonders in der Innerschweiz offenen Aufruhr aus. Unter dem Kommando von General Schauenburg hätten 10 000 französische Soldaten die Lage unter Kontrolle bringen sollen, doch sie eskalierte. Am 9. September 1798 verwüstete das französische Heer mehrere Ortschaften in Nidwalden, unter anderem Stans. Kirchen und Wohnhäuser wurden niedergebrannt, über 400 Personen kamen ums Leben, darunter viele Frauen und Kinder.

Es blieb nicht der einzige Aufstand gegen die Besetzung der Franzosen. Besonders die Rekrutierung von Soldaten für das französische Heer führte immer wieder zu Aufständen. Viele Wehrpflichtige setzten sich ins Ausland ab und schlossen sich dort den Emigrantenregimentern an, die eine Gegenrevolution starten wollten und auf österreichischer Seite im zweiten Koalitionskrieg kämpften.

Bankrott und zerstritten

Die in der Verfassung verankerte Ablösung des Zehnten sicherte dem neuen Staat die Loyalität der bäuerlichen Bevölkerung. Jedoch wurden viele Sozialeinrichtungen wie Schule und Kirche über den Zehnten finanziert. Eine ersatzlose Ablösung war untragbar, der Versuch, neue Steuern einzuführen, scheiterte. Die helvetische Regierung sistierte das Gesetz zur Ablösung des Zehnten und führte die alte Abgabe wieder ein, was zu lokalen Aufständen führte, die nur mit französischer Hilfe niedergeschlagen werden konnten. Neben dem Einnahmendefizit stiegen die Verwaltungsausgaben stark an, da im Vergleich zur alten Obrigkeit viele neue bürokratische Aufgaben hinzukamen. 1799 standen 22,2 Millionen Franken Ausgaben lediglich 3,8 Millionen Einnahmen gegenüber – trotz Sparmassnahmen und dem Verkauf von Staatsbesitz war die helvetische Republik im Jahr 1801 praktisch bankrott.

Auch politisch zeichnete sich eine Krise ab. Die Mitglieder von Senat und Grossem Rat setzten sich aus zwei Gruppierungen zusammen: Patrioten, welche einen klaren Bruch mit dem Ancien Régime wollten und mehrheitlich der Landbevölkerung entstammten und Republikanern, welche nur gemässigte Reformen wünschten. Sie entstammten der alten Oberschicht und der gebildeten Elite der Landstädte. Beide Gruppierung versuchten sich gegenseitig mit Staatsstreichen zu bekämpfen. 1800 etwa lösten die Republikaner das Parlament auf, um die Patrioten auszuschalten. Doch auch in sich waren die Republikaner zerstritten. Die Unitarier wollten am neu geschaffenen Einheitsstaat festhalten, die Föderalisten wollten zurück zum Staatenbund. Die Streitigkeiten zwischen den Parteien verhinderten eine kontinuierliche Politik, der junge Staat zerfiel zunehmend und passte immer weniger in die Pläne von Napoleon. 1802 zog er seine Truppen zurück, im Wissen, dass so Unruhen aufbrechen werden, die es ihm erlauben, erneut zu intervenieren und das Land neu zu ordnen.

Rasch setzte die Gegenrevolution in der Zentralschweiz ein, gefolgt von Teilen des Mittellandes und der Ostschweiz. Mit Stecken bewaffnet zogen Aufständische zum Sitz der helvetischen Regierung nach Bern. Der „Stecklikrieg" zwang die Regierung zur Flucht nach Lausanne. Wie erwartet rief sie Frankreich zu Hilfe, das seine Armee wieder einmarschieren lies. Napoleon hatte beschlossen, aus dem Einheitsstaat wieder einen Staatenbund zu machen und den Kantonen die Souveränität zurück zu geben, jedoch ohne die alten Untertanenverhältnisse. Mit Erlass der neuen, als Mediationsakte bezeichneten Verfassung endete der Versuch einer helvetischen Republik nach französischem Modell am 10. März 1803.

Die Helvetische Republik

M 4 Auszug aus der Verfassung der Helvetischen Republik

Die am 12. April 1798 von Frankreich verordnete Verfassung sollte die Alte Eidgenossenschaft zu einem Einheitsstaat nach französischem Vorbild umgestalten:

1. Die helvetische Republik macht einen unzertheilbaren Staat aus.
Es giebt keine Grenzen mehr zwischen den Cantonen und den unterworfenen Landen noch zwischen einem Canton
5 und dem andern. [...]
2. Die Gesamtheit der Bürger ist der Souverän oder Oberherrscher. Kein Theil und kein einzelnes Recht der Oberherrschaft kann vom Ganzen abgerissen werden, um das Eigenthum eines Einzelnen zu werden.
10 Die Regierungsform, wenn sie auch sollte verändert werden, soll allezeit eine repräsentative Demokratie sein. [...]
4. Die zwei Grundlagen des öffentlichen Wohls sind Sicherheit und Aufklärung. Aufklärung ist besser als Reichthum und Pracht.
15 5. Die natürliche Freiheit des Menschen ist unveräußerlich. Sie hat keine andere Grenzen als die Freiheit jedes andern und gesetzmäßig erwiesene Absichten eines allgemein nothwendigen Vortheils.
Das Gesetz verbietet jede Art von Ausgelassenheit; es mun-
20 tert auf, Gutes zu thun.
6. Die Gewissensfreiheit ist uneingeschränkt; jedoch muß die öffentliche Aeußerung von Religionsmeinungen den Gesinnungen der Eintracht und des Friedens untergeordnet sein. Alle Gottesdienste sind erlaubt, insofern sie die öf-
25 fentliche Ruhe nicht stören und sich keine herrschende Gewalt oder Vorzüge anmaßen. [...]
7. Die Pressfreiheit ist eine natürliche Folge des Rechtes, das jeder hat, Unterricht zu erhalten.
8. Es giebt keine erbliche Gewalt, Rang noch Ehrentitel. Je-
30 der Gebrauch oder jede darauf zielende Einsetzung soll durch Strafgesetze verboten werden.
Erbliche Vorzüge erzeugen Hochmuth und Unterdrückung, führen zu Unwissenheit und Trägheit und leiten die Meinungen über Dinge, Begebenheiten und Menschen irre. [...]
35 14. Der Bürger ist gegen das Vaterland, seine Familie und die Bedrängten pflichtig. Er pflegt Freundschaft, opfert ihr aber keine seiner Obliegenheiten auf. Er schwört allen persönlichen Groll und jeden Beweggrund von Eitelkeit ab.

Sein Hauptzweck ist die moralische Veredlung des mensch-
40 lichen Geschlechts; ohne Unterlass ladet er zu den sanften Gefühlen der Bruderliebe ein. Sein Ruhm besteht in der Achtung gutdenken der Menschen, und sein Gewissen weiß ihn selbst für die Versagung dieser Achtung zu entschädigen. [...]
45 19. Alle diejenigen, welche jetzt wirkliche Bürger einer regierenden oder Municipalstadt, eines unterworfenen oder freien Dorfes sind, werden durch gegenwärtige Constitution Schweizerbürgern.
Ebenso verhält es sich mit den ewigen Einwohnern, oder
50 die von solchen Eltern in der Schweiz geboren sind.
20. Der Fremde kann Bürger werden, wenn er zwanzig Jahre lang nach einander in der Schweiz gewohnt, wenn er sich nützlich gemacht hat und wegen seiner Aufführung und Sitten günstige Zeugnisse aufweisen kann; er muß aber für
55 sich und seine Nachkommen aufjedes andere Bürgerrecht Verzicht leisten; er muß den Bürgereid ablegen, und sein Name wird in das Register der Schweizerbürger, welches in dem NationalArchiv niedergelegt wird, eingeschrieben. [...]
24. Jeder Bürger, wenn er zwanzigjahre zurückgelegt hat,
60 muß sich in das Bürger-Register seines Cantons einschreiben lassen und den Eid ablegen: „seinem Vaterlande zu dienen und der Sache der Freiheit und Gleichheit als ein guter und getreuer Bürger, mit aller Pünktlichkeit und allem Eifer so er vermag und mit einem gerechten Hass gegen
65 Anarchie und Zügellosigkeit anzuhangen."
Dieser Eid wird von allen jungen Bürgern, die das genannte Alter erreicht haben, in der schönen Jahreszeit an dem gleichen Tage, in Gegenwart der Eltern und der Obrigkeiten abgelegt und endigt mit einem bürgerlichen Fest. Der Statt-
70 halter nimmt den Eid ab und hält eine dem Gegenstand des Festes angemessene Rede.
25. Jeder Bürger ist ein geborner Soldat des Vaterlands; er kann sich durch einen andern ersetzen lassen, wenn es das Gesetz erlaubt; er ist aber schuldig, wenigstens zwei Jahre
75 in einem Auszugscorps, das jeder Canton aufstellen wird, zu dienen.
Der Tag, an welchem die jungen Bürger zum erstenmal bewaffnet werden, soll zu einem bürgerlichen Feste Anlass geben Der Statthalter weiht sie als Vertheidiger des Vater-
80 landes ein.

Aktensammlung aus der Zeit der Helvetischen Republik (1798–1803), bearb. Von Johannes Stricklr, Bd. 1, Bern 1886. Verfassunge der Helvetischen Republik, S. 567–571

Die Helvetische Republik

M 5   **Ein Dialog zwischen Wilhelm Tell und einem Schweizer Bauern**

Dieses „Sonderbare Gespräch im Reich der Todten zwischen Willhelm Tell und einem Bauern aus dem Canton Bern" wurde 1798 in einer Tageszeitung veröffentlich, die von der helvetischen Regierung herausgegeben wurde:

Lange hatte der Geist Wilhelm Tells unter den Scharen der Seeligen überirdische Freuden genossen, als er an sein Vaterland gedachte, und sehnliches Verlangen trug, von demselben etwas neues zu erfahren. Er begab sich also in den
5 Vorhof des grossen Todten-Reiches, wo alle diejenigen zuerst ankommen, welche auf Erden gestorben sind.
Da begegnete ihm, als er so einsam wandelte, ein Bauersmann aus dem Bernerlande. [...]
TELL. Seye mir gegrüßt! – Seyd ihr ein Schweizer?
10 BAUER. Ja freylich bin ich so was. Aber sags mir nur wo ich bin?
TELL. Im Reich der Todten.
BAUER. Also bin ich gestorben? das hätt' ich nicht gedacht. Nun, es ist eben so gut; dann bin ich der verdammten
15 Schererey los. Hört einmal, ihr seht mir so gar stattlich aus, ihr seyd wohl hier zu Lande ein Schultheis, oder sonst einer von unsern gnädigen Herrn.
TELL. Pfui, habt ihr schon wieder gnädige Herrn? seyd ihr nicht mehr freye Schweizer? Schämt euch, den edeln
20 Schweizer-Namen zu tragen! denn der Schweizer soll keine gnädigen Herrn haben.
BAUER. Nun, behüte Gott, was ereifert ihr euch doch. Ich bin hier unbekannt. Ihr werdet wohl nur etwa ein Junker Landvogt sein.
25 TELL. Ein Junker? – ein Landvogt? – das ist schändlich. So war also meine That vergebens? So erschoß ich den Landvogt also umsonst bei Küsnacht? So darf das Volk seine Regenten nicht mehr selbst wählen?
BAUER. Was? ihr habt einen Junker Landvogt erschossen?
30 – ihr seyd mir ein saubrer Vogel! gewiß auch so ein Patriot und desgleichen?
TELL. Ja, ich war ein Patriot, – ich war einer! – o mein liebes Vaterland, hast du denn keine Patrioten mehr? [...]
BAUER. Ich merke schon, aus welchem Loche ihr pfeifet,
35 Herr Patriot!
TELL. Kein Patriot ist des andern Herr; ich bin kein Herr, weil ich keine Knechte und Diener habe. [...] Und so seyd ihr

wieder unter Oesterreichs Joch? So habet ihr wieder Landvögte?
40 BAUER. Ey, was schwatzt ihr auch. Seht, ich will's euch kürzlich melden. Da waren die Unterthanen im welschen Bernergebiet sehr von unsern gnädigen Herrn in ihren Rechtsamen betrogen, und die Zürichgebieter waren von ihren Herrn in Zürich stark gedrückt, und die Unterwalliser wollten auch nicht mehr Unterthanen seyn, und in den wel-
45 schen Landvogteien gieng auch der Lärmen los, und die Landleute von Basel wurden auch gegen ihre schöne Herrn in der Stadt böse – kurz und gut. Es war mit einemmahle, als wollte man die Welt umkehren. Und überall hieß es: Wilhelm Tell! – und Wilhelm Tell unten, und Wil-
50 helm Tell oben! Und an allen Häusern und Ställen war ein kleiner Wilhelm Tell aufgekleistert.
TELL. (Voll stiller Freude und Rührung) O meine theure Nachkommen! O du theures Vaterland!
BAUER. Da gieng die liebe Schlägerey im ganzen Lande mit
55 einemmahle los! – Da kamen die Franzosen denen zu Hilfe, die allgemeine Freyheit wollten, da giengs: Pif! Puf! Paf! da lagen die Herren von Bern, – da lagen die Herrn von Basel – da lagen die Herrn von Zürich – alles gieng rund um, man wußte nicht, wo einem der Kopf stand. Einige sagten: Ja!
60 andere sagten: Nein! Und man wurde ganz taub.
[...] Nun, und als wir wieder zu uns selber kamen, da war die ganze Schweiz ein einziges Land worden, da waren die Kantonen zusammengemischt, daß keiner klug draus werden konnte. Aber nun ist die ganze Schweiz ein einziges grosses
65 Land, und wir wählen uns selbst für die ganze Schweiz eine einzige, höchste Obrigkeit, und diese wählt sich denn wieder andre geschickte Leute, zuweilen auch ungeschickte mit unter, die müssen den Staatsdienst versehn.
TELL. Herrlich! O Schweizer warum, habt ihr dies nicht schon
70 lange gethan? so wäre euer Land groß, und fruchtbar, und reich und blühend worden! – Euere Vorfahren konnten ja nicht alles selbst thun; [...]
BAUER. ich wollte, es wäre noch beym Alten. Hin wieder war man wohl etwas geschoren, aber man saß doch endlich
75 bey den seinigen in Ruh und Frieden. Was hat man von der Freyheit, wenn man immer in Sturm und Drang lebt, und nicht sieht, wo es hinaus will?
TELL. Elender Mensch! – ich schäme mich deiner! wie, du kannst den Sturm nicht ertragen? Meynst du, daß wir vor
80 Jahrhunderten nicht auch viel ausgestanden und gelitten haben, als wir uns frey und einig machten? Haben eure

Vorfahren nicht viele Jahre lang Krieg und Noth und Armuth gehabt, um freye Leute zu bleiben, und einst einen
85 schönen, ehrenvollen Frieden zu geniessen? – Habt ihr
nicht Jahrhunderte lang das Glück genossen, so wir euch
mit Blut und Gut erkauften? Wollt ihr euern Enkeln nicht
desgleichen thun, damit sie euch auch segnen mögen,
und daß Gott es euch in Ewigkeit lohne?

90 BAUER. Das ist schon alles gut, aber ihr könnt davon nicht
reden. Ihr hättet nur unser Vieh und unsre Aecker sehn
sollen, wie wohlhabend wir waren, und was wir zu essen
und zu trinken hatten. Das wird freylich schon wieder
kommen. Aber wir waren doch glücklich, und schon dar-
95 um weil wirs nicht besser wußten.

TELL. Ey, der Esel ist auch in seiner Art glücklich, wenn er
Disteln frißt weil er's nicht besser weiß! – aber willst du
darum auch ein Esel seyn?

BAUER. Hört einmahl, ihr werdet anzüglich!

TELL. Hebe dich von mir, du bist kein Schweizer! – bey Gott, 100
du bist kein Schweizer! – Sieh mich an, ich bin – der Geist
Wilhelm Tells! – O Schweizer, Schweizer, seyd nicht, wie
dieser Elende! – erhebet euch in eurer Macht! – seyd einig
und stark! seyd muthig und frey! – vertheidiget eure neu-
en Rechtsame gegen jeden Feind! – erhaltet, was ihr emp- 105
fangen habet, – eure Söhne werden euch seegnen, und
Gott wird es euch vergelten in Ewigkeit – Und zieht ihr
einst für eure Freyheit in den Krieg, so soll mein Geist vor
euren Heeren herschweben siegreich! [...]

Der aufrichtige und wohlerfahrene Schweizer-Bote, welcher nach seiner
Art einfältiglich erzählt, was sich im lieben schweizerischen Vaterlande
zugetragen, und was ausserdem die klugen Leute und die Narren in
der Welt thun: Erster Band, von N.° I. bis N.° 26, im Jahre 1798. Standort:
Zentralbibliothek Zürich.

M 6 Einquartierung französischer Truppen in der Stadt und auf dem Lande

Die beiden Karikaturen von David Hess thematisieren die Einquartierung französischer Truppen in eidgenössischen Städten und Dörfern in
der Helvetik. Während die Quartiernahme in den Städten relativ geordnet abläuft, ist die Einquartierung und Versorgung auf dem Land von
Ausbeutung und Gewalt geprägt. Radierung, 1801

Aufgaben

1. **Die Helvetische Republik**

   a) Untersuchen Sie die Verfassung der Helvetischen
   Republik: Nennen Sie Rechte und Pflichten, die den
   Menschen in der Schweiz zugesprochen wurden.

   b) Stellen Sie die Rechte und Pflichten in der Helvetischen Republik denjenigen eines Zürcher Bauern
   und eines Berner Patriziers im Ancien Régime gegenüber. Nehmen Sie begründet Stellung, inwiefern
   diese jeweils lieber unter der alten oder der neuen
   Herrschaftsform gelebt hätten.

   c) Erklären Sie, welches Zielpublikum durch den fiktiven Dialog zwischen Tell und dem Bauern angesprochen werden soll.

   d) Eine Schülerin schreibt: „Im fiktiven Dialog hat die
   Figur Wilhelm Tell die Funktion eines Sprachrohrs
   der helvetischen Regierung." Erörtern Sie diese
   Feststellung und analysieren Sie dafür die Redebei-
   träge, die Tell im fiktiven Dialog äussert.

   e) Erarbeiten Sie anhand der Radierungen von David
   Hess zu den Einquartierungen auf dem Land und in
   der Stadt, welche politische Haltung der Karikaturist in Bezug auf die Helvetische Republik einnimmt.

   Text, M1–M6

Die Mediation

Eine kleine Restauration

Die Mediationsakte von 1803 führte zu einer Rückkehr zum Staatenbund: 17 Voll- und vier Halbkantone fanden sich als souveräne Gebiete mit eigener Verfassung in der „Schweizerischen Eidgenossenschaft" zusammen. Gemeinsam führten diese die Aussenpolitik und stellten ein Bundesheer für den Kriegsfall. Dafür wurde die Tagsatzung wieder eingesetzt. Jedoch waren die Delegierten der Kantone nun nicht mehr an einen einstimmigen Entscheid gebunden, sondern konnten Mehrheitsbeschlüsse fällen. Geleitet wurde die Tagsatzung vom Landammann der Schweiz, welchen die sechs alten Stadtkantone in einem festgelegten Turnus stellten. Auch wenn er das Land zwischen den Tagsatzungen vertrat, so hatte er kaum Exekutivgewalt, sondern war lediglich ein Befehlsempfänger Frankreichs. Vom grossen Beamtenstab der Helvetischen Republik war für seine Unterstützung nur noch eine vierköpfige Kanzlei übrig geblieben.

Viele Neuerungen der Helvetik wurden rückgängig gemacht: Die Gewaltenteilung wurde beseitigt, der Glaubenszwang erneut eingeführt und das Schulwesen wiederum von den Staatskirchen kontrolliert. Die alten Eliten holten sich ihre Macht zurück. In den Stadtorten waren die Hauptstädte zwar rechtlich dem restlichen Kantonsgebiet gleichgestellt, de facto wurden aber in den Landorten wieder die Zustände des Ancien Régime hergestellt und die Hintersassen den Vollbürgern gegenüber abermals schlechter gestellt. Einzig die aus früheren Untertanengebieten zusammengesetzten Kantone Waadt, Aargau, Thurgau, St. Gallen und Tessin konnten mit ihren Repräsentativverfassungen und der weiterhin bestehenden Gewaltenteilung als Erben der Helvetischen Republik bezeichnet werden.

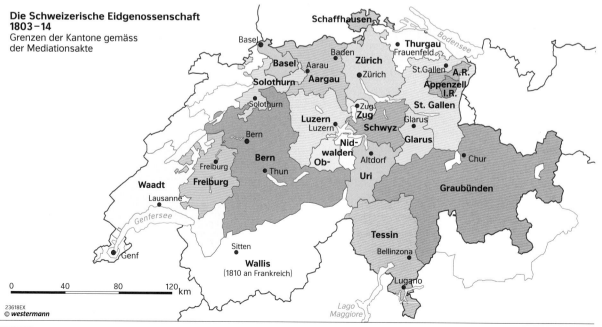

Die Schweizerische Eidgenossenschaft 1803–14
Grenzen der Kantone gemäss der Mediationsakte

23618EX
© *westermann*

M 1

Widerstand gegen die Restauration

Die Rechte der Landbevölkerung wurde in den Stadtorten wieder stark beschnitten. Die Gewerbefreiheit war wieder aufgehoben, der Zunftzwang wurde vielerorts erneut eingeführt. Für die Zehntenablösung wurden hohe Beträge gefordert und die Wahlsysteme bevorzugten die Stadtbürger deutlich: So fielen im Grossrat von Bern 121 der 195 Sitze den Stadtbürgern zu – wobei 80 von diesen an das alte Patriziat kamen. Im kleinen Rat waren es gar 21 der 27 Sitze. Der Schwur auf die neue, die Landbevölkerung wieder diskriminierende Verfassung, ging nicht in allen Landbezirken ohne Widerstand über die Bühne.

Im sogenannten Bockenkrieg erhob sich 1804 die Bevölkerung in den Seegemeinden rund um Horgen, aber auch in anderen Teilen des Kanton Zürich wie dem Säuliamt und verweigerte den Schwur. Weil ihre schriftlichen Petitionen keinen Erfolg hatten, zogen etwa 500 Aufständische bewaffnet in Richtung Zürich. Die Regierung liess sie von Kriegsschiffen aus beschiessen und rief die eidgenössische Truppen zur Hilfe, um den Aufstand niederzuringen. Die Anführer des Aufstandes wurden von einem eidgenössischen Kriegsgericht zum Tode verurteilt.

Das Ende der Mediation

Auch in ihrem neuen Gewand blieb die Eidgenossenschaft an Frankreich gebunden, wenn auch nicht mehr so eng wie in der Zeit der Helvetik. So musste die Schweiz Napoleon weiterhin Soldaten für dessen Feldzüge zur Verfügung stellen. Um die Schweiz als freies und neutrales Land erscheinen zu lassen, wurden diese Soldaten als freiwillige Hilfstruppen bezeichnet. Napoleon setzte die Schweizer Soldaten unter anderem für seinen Russlandfeldzug 1812/13 ein. Von den etwa 9000 Schweizern, die an diesem Feldzug teilnahmen, kehrten lediglich 700 nach Hause zurück.

Nach der Niederlage Napoleons in der Völkerschlacht bei Leipzig (16.– 19. Oktober 1813) und seinem Rückzug über den Rhein erklärte die Tagsatzung am 18. November 1813 an einer ausserordentlichen Sitzung die Neutralität der Schweiz und sicherte die Rheingrenze mit eidgenössischen Truppen. Als Österreich jedoch das Durchmarschrecht verlangte, zogen sie sich kampflos zurück. Die Mediationsregierung dankte an Weihnachten 1813 ab und die Mediationsverfassung wurde durch einen Beschluss der zehn alten Kantone am 29. Dezember aufgehoben. Die Frage nach der zukünftigen Gestalt der Eidgenossenschaft spaltete die Kantone in zwei Lager: Bern, Freiburg, Solothurn, Luzern, Zug und die drei Waldstätte wollten zurück zur Alten Eidgenossenschaft mitsamt Untertanengebieten und Gemeinen Herrschaften. Die anderen Kantone wollten die Verhältnisse der Mediationszeit beibehalten. Graubünden, das erst 1799 an die Helvetische Republik angeschlossen worden war, wollte wieder ein unabhängiger Freistaat werden. Als im März 1814 der Konflikt zu eskalieren drohte, nahmen die europäischen Mächte direkt und indirekt Einfluss, um den Frieden zu wahren. Doch erst die Drohung einer militärischen Intervention führte zur so genannten Langen Tagsatzung, die ab April 1814 tagte. Diese nahm am 9. September 1814 einen neuen Bundesvertrag an, der am 7. August 1815 beschworen wurde – die Mediationszeit war endgültig vorbei.

Die Mediation

M 2   Aus der Mediationsakte

Die Mediationsakte vom 19. Februar 1803 ersetzte die Verfassung der Helvetischen Republik. Die Akte betont den föderalistischen Charakter der Eidgenossenschaft und gibt neben der neu als Bundesstaat verstandenen Schweiz jedem einzelnen Kanton eine eigene Verfassung, darunter auch den neu geschaffenen Kantonen Aargau, St. Gallen, Tessin, Thurgau und Waadt:

[Napoleon] Bonaparte, Erster Consul der fränkischen und Präsident der italienischen Republik, an die Schweizer! Helvetien, der Zwietracht preisgegeben, war mit seiner Auflösung bedroht. In sich selbst konnte es die Mittel nicht
5   finden, um wieder zu einer verfassungsmäßigen Ordnung zu gelangen. Die alte Gewogenheit der fränkischen Nation für dieses achtungswerthe Volk, welches sie vor kurzem noch durch ihre Waffen vertheidigt und durch ihre Verträge als unabhängige Macht hatte anerkennen lassen; das Inte-
10   resse Frankreichs und der italienischen Republik, deren Grenzen die Schweiz bedekt; das Ansuchen des Senats; das der democratischen Kantone; der Wunsch endlich des gesammten helvetischen Volks: haben es Uns zur Pflicht gemacht, als Vermittler aufzutreten zwischen den Parteien,
15   die es trennen.
Zu dem Ende haben Wir die Senatoren Barthelemy, Röderer, Fouché und Demeunier beauftragt, mit sechs und fünfzig Deputirten des helvetischen Senats, der Städte und Kantone, in Unterredung zu treten. Die Beantwortung der Frage:
20   Ob die Schweiz, von der Natur selbst zu einem Bundesstaate bestimmt, anders als durch Gewalt unter einer Central-Regierung erhalten werden könnte; die Ausfindigmachung derjenigen Verfassungsform, die mit den Wünschen jedes Kantons am meisten übereinstimmte; die Heraushebung
25   dessen, was den in den neuen Kantonen entstandenen Begriffen von Freiheit und Wohlfahrt am besten entspräche; endlich dann in den alten Kantonen die Vereinbarung derjenigen Einrichtungen, die durch die Zeit ehrwürdig geworden waren, mit den wiederhergestellten Rechten des
30   Volks: – Dies waren die Gegenstände, die der Untersuchung und Berathschlagung unterworfen werden mußten.
Ihre Wichtigkeit sowohl als das Schwierige derselben, haben Uns bewogen, zehn Ausgeschossene beider Parteien, nämlich die Bürger von Affry, Gluz, Jauch, Monod, Reinhard,
35   Sprecher, Stapfer, Usteri, von Wattenwyl und Vonflüe, in eigener Person zu vernehmen; und Wir haben das Resultat ihrer Berathschlagungen theils mit den verschiedenen Vorschlägen der Kantonal-Deputationen, theils mit demjenigen zusammen gehalten, was sich aus den Unterredungen dieser Deputationen mit den committirten [bevollmächtig-
40   ten] Senatoren ergeben hatte.
Nachdem Wir auf diese Weise alle Mittel erschöpft haben, um das Interesse und den Willen der schweizerischen Nation kennen zu lernen, so wird von Uns, in der Eigenschaft eines Vermittlers und ohne andere Absicht, als die Wohl-
45   fahrt der Völkerschaften zu erzweken, über deren Angelegenheiten Wir abzusprechen hatten, so wie ohne Verlezung der schweizerischen Unabhängigkeit, Folgendes festgesetzt: [...]
Artikel 3: Es gibt in der Schweiz weder Unterthanenlande
50   noch Vorrechte der Orte, der Geburt, der Personen oder Familien. [...]
Artikel 5: Der freie Verkehr mit Lebensmitteln, Vieh und Handelswaaren ist gewährleistet. Im Innern der Schweiz können keine örtlichen oder allgemeinen Eingangs-,
55   Durchpaß- oder Zollgebühren eingeführt werden. Die äußern Grenzzölle gehören den an das Ausland stoßenden Kantonen; jedoch sollen die Tarife der Tagsazung zur Genehmigung vorgelegt werden. [...]
Artikel 7: Die in der Schweiz verfertigten Münzen haben ei-
60   nen gleichen Gehalt, der von der Tagsazung zu bestimmen ist. [...]
Artikel 9: Die Anzahl besoldeter Truppen, die ein Kanton unterhalten kann, ist auf 200 Mann beschränkt. [...]
Artikel 10: Jedes Bündniß eines einzelnen Kantons mit ei-
65   nem andern Kantone, oder mit einer auswärtigen Macht, ist verboten. [...]
Artikel 11: Die Regierung, oder die gesezgebende Behörde eines jeden Kantons, die ein Decret der Tagsazung übertreten würde, kann als aufrührerisch vor ein Gericht gezogen
70   werden; das aus den Präsidenten der peinlichen Gerichtshöfe aller andern Kantone zusammengesezt werden soll. [...]
Wir erkennen Helvetien, nach der in der gegenwärtigen Acte aufgestellten Verfassung, als eine unabhängige Macht. Wir garantiren die Bundesverfassung und die eines jeden
75   Kantons gegen alle Feinde der Ruhe Helvetiens, wer sie immer auch sein mögen, und wir verheißen, die freundschaftlichen Verhältnisse, die seit mehreren Jahrhunderten beide Nationen verbunden haben, fernerhin fortzusezen.

„Repertorium der Abschiede der eidgenössischen Tagsazungen aus den Jahren 1803 bis 1813", Bern, 1886

M 3 Aus der Unterhaltung Hans Jakob Willis mit Leutpriester Cramer vom 21. April 1804

Jakob Cramer, Diakon und Leutpriester am Grossmünster in Zürich, gibt ein Gespräch mit Hans Jakob Willi (1772–1804) wieder, Schumacher aus Horgen und Anführer des Bockenkrieges:

Jedoch that ich [Cramer] ihm gern den Gefallen, und fuhr also fort: Haben nicht die Einwohner von Horgen, Wädenschweil, u.s.f. an deren Spitze ihr als Anführer gestanden, sich den Befehlen der Regierung widersetzt? Haben sie
5 nicht die Repräsentanten der Regierung öffentlich beschimpft? Haben sie nicht die Waffen gegen die Regierung ergriffen und mit dieser Gewalt diejenigen zu vernichten gedroht, welche, dem Befehl der Landesregierung gemäss, Gehorsam von den Widerspännigen zu fordern gekommen
10 waren? Wie würde sich das mit dem Ansehen einer Regierung, mit der Sicherheit des Staates vereinigen lassen, wenn man solche Aufrührer erst um die Gründe ihrer Empörung befragen würde; da sie sich gegen eine selbst gesetzte, aus ihrem Mittel gewählte Regierung, aufgelehnt
15 haben? Würde nicht durch ein solches Benehmen der Aufruhr stillschweigend gebilligt und jedem Mitglied des Staates erlaubt, nach Belieben Zusammenrottungen zu veranstalten, und mit Waffengewalt seine Meynung [...] zu erzwingen?
20 „Aber, wir leben unter keinem Monarch" – antwortete er mir – „Wir sind, so sagt man ja allenthalben, freye, unabhängige Schweitzer." Seyd ihr auch im Stande – fragte ich weiter – mir den Unterschied zwischen einer monarchischen und einer republikanischen Regierung anzugeben?
25 „ja freylich: In der monarchischen Regierung herrscht ein Potentat [Herrscher], und in einer republikanischen Regierung herrscht das Volk. Da hat das Volk zu befehlen!" – rief er mit wildem Ungestüm – „Und wenn man das Volk nicht hört, so ist: die Regierung tyrannisch"
30 Das wäre doch eine traurige Regierung und ein bemitleidenswürdiger Staat, wenn man alle Tage seines Lebens in banger Erwartung stehen müsste, ob nicht etwa hier ein Haufe von dem Volk, dort ein andrer Haufe die gegebenen Gesetze verwerfen und ihrer Handhabung mit Gewalt sich
35 widersetzen würde; – wer wollte in einem solchen Staate gern nur einen Tag seines Lebens zubringen? Armer Mensch! Es wäre euch wohl gut gewesen, ihr hättet nicht erst im Wellenberg [Gefängnisturm] in Zürich erfahren müssen, wofür ein vernünftiger Mensch eine republikanische Regie-
40 rung zu halten habe. Das, was ihr mir vorsaget, kann nicht euer wahrer Ernst seyn [...]
In einem monarchischen Staate herrsche ein Einziger, entweder nach seinem eigenen Willen oder nach vorliegenden Gesetzen, deren Handhabung ihm aufgetragen worden,
45 oder die er erblich übernimmt. In einem republikanischen Staate herrscht das gesammte Volk so, dass es Einem oder Mehrern aus einem Mittel die Vollmacht ertheilt, Gesetze zu geben, oder schon vorhandene Gesetze zu beschützen; so bald diese Regierungsglieder erwählt sind, muss sich
50 das Volk seiner selbstgewählten Regierung unterwerfen. Jede Handlung dagegen stört die Ruhe und Sicherheit des Staates, und fordert die Regierung auf, einzelne Ruhestörer, um der allgemeinen Ruhe willen, nach Verdienen zu strafen [...]

Leben und Ende Hans Jakob Willis von Horgen, und Jakob Kleinerts ab der Egg im Schönenberg. Von Jakob Cramer, Diakon und Leutpriester am grossen Münster in Zürich, Zürich 1804, S. 23–26. Standort: Staatsarchiv Zürich

Aufgaben

1. Die Mediation

a) Arbeiten Sie aus der Mediationsakte heraus, wie Napoleon sein Eingreifen in der Schweiz begründet.

b) Diskutieren Sie, welche Neuerungen die Akte für die Schweiz brachte und welche Vorteile sich Napoleon durch die Mediation verschaffte. Wägen Sie dabei auch ab, was zu Napoleons Eingreifen geführt hatte.

c) Geben Sie in eigenen Worten wieder, wie Jakob Willi „Monarchie" und „Republik" definiert und wie sich diese Definition von derjenigen des Jakob Cramer unterscheidet.

d) Nehmen Sie zu folgender These Stellung: die Ausführungen von Jakob Willi zeigen, dass die Ideen der Aufklärung in der Zeit der helvetischen Revolutionen auch von den unteren Gesellschaftsschichten aufgenommen wurden.

⌐ Text, M2, M3

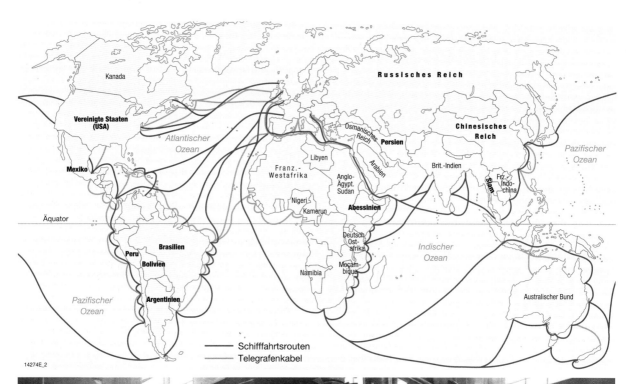

Kanada

Russisches Reich

Vereinigte Staaten
(USA)

Atlantischer
Ozean

Osmanisches
Reich

Persien

Chinesisches
Reich

Pazifischer
Ozean

Mexiko

Libyen

Franz.-
Westafrika

Anglo-
Ägypt.
Sudan

Arabien

Brit.-Indien

Frz.-
Indo-
china

Siam

Nigeri

Kamerun

Abessinien

Äquator

Deutsch
Ost-
afrika

Indischer
Ozean

Peru

Brasilien

Bolivien

Moçam-
bique

Namibia

Argentinien

Pazifischer
Ozean

Australischer Bund

14274E_2

Schifffahrtsrouten
Telegrafenkabel

04

DIE INDUSTRIELLE REVOLUTION

„Mann der Arbeit, aufgewacht! / Und erkenne deine Macht! / Alle Räder stehen still, / Wenn dein starker Arm es will." Diese Liedzeilen gehören zu einem der bekanntesten deutschen Arbeiterlieder, dem 1863 von Georg Herwegh verfassten „Bundeslied für den Allgemeinen Deutschen Arbeiterverein". Der Text beschreibt die Kraft eines damals neu entstehenden gesellschaftlichen Akteurs: der Arbeiterklasse. Der Prozess, der zur Entstehung von Arbeiterklasse und Bourgeoisie führte, wird universalgeschichtlich als Industrielle Revolution bezeichnet. Er ist in seinen Auswirkungen mit der Neolithischen Revolution in der Jungsteinzeit vor etwa 10 000 Jahren vergleichbar: In beiden Prozessen setzte die Menschheit dazu an, sich eine neue wirtschaftliche Grundlage zu geben.

Während der ersten Phase der Industriellen Revolution ab dem ausgehenden 18. Jahrhundert dominierten die Montanindustrie (Bergbau), der Eisenbahnbau und die Textilindustrie. Am Ende des 19. Jahrhunderts wurden dann in einer zweiten Phase die Elektrotechnik und die Chemieindustrie zu so genannten Leitsektoren.

Wie kam es in Grossbritannien zur Industriellen Revolution? Wie wurden Europa und im Speziellen die Schweiz von der Industrialisierung erfasst? Welche Folgen hatte die Industrialisierung für Mensch und Natur? Wer konnte profitieren und was bedeutete die Entwicklung für die grosse Mehrheit der Bevölkerung? Die mit der einsetzenden Massenarmut aufkommende Soziale Frage sowie das Problem der Umweltverschmutzung zeigen die Schattenseiten der Industriellen Revolution. Dagegen galt es Lösungsmöglichkeiten zu ersinnen.

M 1   **Die Weltwirtschaft 1870–1914**
M 2   **Fabrikarbeiter in der Werkhalle des Winterthurer Industriekonzerns Sulzer,** undatiertes Foto zwischen 1900 und 1920

Im Bergbau trieben Dampfmaschinen Wasserpumpen und Förderanlagen an, in den Fabriken alle Arten von Maschinen. Thomas Newcomen (1663–1729) erfand eine Dampfmaschine zur Entwässerung von Bergwerken. James Watt (1736–1819) erfand später eine wesentlich stärkere Dampfmaschine für den Einsatz in industriellen Betrieben. Bild aus dem 19. Jahrhundert

Info

Leitsektoren

Dem amerikanischen Wirtschafshistoriker Walt Whitman Rostow zufolge kann das schnelle Wachstum eines wirtschaftlichen Leitsektors, angetrieben durch technische Fortschritte und grosse Investitionen, die vor- oder nachgelagerten Produktionsbereiche und damit die gesamtwirtschaftliche Entwicklung eines Landes positiv beeinflussen. Für Rostow waren die Baumwollindustrie und der Eisenbahnbau die Leitsektoren der industriellen Revolution in Grossbritannien. Für die Geschichte der Industrialisierung in der Schweiz gilt vor allem der Eisenbahnbau als Leitsektor, mit Impulsen für Hoch- und Tiefbau, Metall- und Maschinenindustrie, die Holzwirtschaft, den Tourismus- und Dienstleistungssektor."

Die Industrialisierung – Ein Überblick

Ursachen und Triebkräfte

Die „gründlichste Umwälzung menschlicher Existenz in der Weltgeschichte" hat der britische Historiker Eric Hobsbawm einmal in einem berühmt gewordenen Zitat die Industrialisierung genannt. Manche seiner Fachkollegen halten sie gar für so bedeutsam wie die „neolithische Revolution", als in der Steinzeit aus Jägern und Sammlern allmählich sesshafte Bauern wurden. Aber während sich die weltweite Sesshaftwerdung über einen Zeitraum von rund 5000 Jahren erstreckte, stürzte die Industrialisierung alle Lebensbereiche in rasender Geschwindigkeit um. Niemals zuvor und niemals danach hatten die Menschen für so viel Veränderung so wenig Zeit.

Als das „Wunder Europa" hat ein anderer Brite, der Wirtschaftswissenschaftler Eric Jones, die Tatsache bezeichnet, dass die Industrialisierung im 18. Jahrhundert gerade auf dem europäischen Kontinent einsetzte und nicht etwa in China, in Indien oder im Osmanischen Reich, also in Weltregionen, die Europa über Jahrhunderte in vielerlei Hinsicht ebenbürtig oder gar überlegen gewesen waren. Weshalb also begann die Industrialisierung gerade in Europa? Welche Ursachen und Triebkräfte hatte jener erste grosse industriewirtschaftliche und industriegesellschaftliche Umbruch, der vom späten 18. bis ins frühe 20. Jahrhundert reichte und die Grundlagen unserer modernen Welt legte?

Die Industrialisierung der Welt begann in England im Jahrzehnt nach 1760. Darüber sind sich Geschichts- und Wirtschaftswissenschaftler einig. Sie begann allerdings nicht mit einem „Urknall", sondern sogar im Schlüsselbereich Baumwollindustrie – dem ersten so genannten Leitsektor – eher sachte und allmählich. Trotzdem ist der Begriff „Industrielle Revolution" sicher gerechtfertigt, wenn man den spektakulären wirtschaftlichen Umbau beschreiben will, den die britische Hauptinsel im nun folgenden Jahrhundert erlebte. Alles, was sich danach oder andernorts ereignete, sollte man aber lieber „Industrialisierung" nennen.

Aber warum ereignete sich die „Industrielle Revolution" gerade in England und warum just im 18. Jahrhundert? Die Bücher, die sich mit diesen Fragen auseinandersetzen, füllen ganze Bibliotheken – eine einfache und klare Antwort geben sie allerdings nicht. Es war wohl ein ganzes Bündel von Faktoren, die sich verbanden und den entscheidenden Innovationsschub in England freisetzten. Dazu gehörten

- ein grosses, nicht von Zollschranken durchtrenntes Wirtschaftsgebiet;
- eine lange Phase inneren Friedens (seit dem 17. Jahrhundert);
- geeignete geographische Bedingungen für kostengünstigen Transport, insbesondere in der Küstenschifffahrt;
- eine weit zurückreichende Tradition in hochentwickelter Feinmechanik und Werkzeugtechnik;
- ein umfangreicher Kolonialhandel (z. B. mit Nordamerika), der die Versorgung mit Rohstoffen sicherte und zugleich Absatzmärkte für die Fertigwaren bereitstellte;
- eine ausserordentlich produktive Landwirtschaft, die überschüssige Arbeitskräfte für die neuen Industrien verfügbar machte;
- ein grosses Interesse an Verbesserungen und ein ausgesprochen unternehmerisches Bewusstsein in weiten Teilen der gesellschaftlichen Führungsschicht;

- eine allgemeine und sich zusehends ausbreitende Hochschätzung von freier (nicht versklavter!) Arbeit und Gewerbefleiss;
- eine ungewöhnlich grosse Nachfrage der neu entstehenden Mittelschicht im Land nach Gütern des „gehobenen Bedarfs", also nach Produkten, die höherwertig waren als der notwendigste Lebensbedarf, aber noch kein Luxus.

Trotz dieser imposanten Liste darf man den Abstand Englands zum Rest der Welt nicht überschätzen. England „war weder damals noch später ein singulärer Fall, eine von Tatkraft brummende Insel in einem Meer agrarischer Stagnation", urteilte zu Recht der Konstanzer Historiker Jürgen Osterhammel in seinem berühmten Buch „Die Verwandlung der Welt". Dazu passt auch die Beobachtung, dass sich nach Ansicht vieler Historiker schon im Jahrhundert vor der Industrialisierung in weiten Teilen Nordwesteuropas, Japans und im kolonialen Nordamerika eine „industrious revolution" vollzogen hat, also eine Revolution des Fleisses: Die Menschen steigerten ihre Konsumansprüche und waren bereit, dafür auch mehr als fruher zu arbeiten. Man produzierte also mehr, um mehr konsumieren zu können. Und just an diese Dynamik konnte die Industrialisierung des 18./19. Jahrhunderts schliesslich anknüpfen.

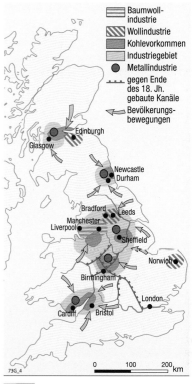

M 2 Die Industrialisierung Grossbritanniens im 18. Jahrhundert

Kennzeichen der Industrialisierung

In der Industrialisierung verdrängte die moderne Industriewirtschaft die jahrhundertealte, traditionelle Wirtschaftsform, die von Landwirtschaft, Handwerk und Gewerbe geprägt gewesen war. Herausragendes Kennzeichen der neuen Wirtschaftsordnung ist ein alle bisherigen Vorstellungen sprengendes Wachstum, das sich zudem dauerhaft selbst trägt: Das Sozialprodukt, also die Summe der Güter und Dienstleistungen, die Unternehmer, Bauern, Arbeiter, Handwerker, Konsumenten und staatliche Einrichtungen erzeugten und nachfragten, wuchs beständig und schneller als die (gleichzeitig ansteigende) Bevölkerungszahl. Mit diesem Wachstum war eine ungeheure Innovationsdynamik verbunden, die schon die Zeitgenossen spürten. Die zahlreichen Erfindungen und technischen Neuerungen jener Zeit reichen von der berühmten Spinnmaschine „Spinning Jenny" (1768) über Dampfmaschine (1769), Lokomotive (1804), Kunstdünger (1841), Dynamit (1867), Margarine (1870), Röntgenstrahlen (1895) und Aspirin (1897) bis zum Diesel-Motor (1897). Historiker schätzen, dass in den Jahren zwischen 1700 und 1900 rund sechs Mal mehr Erfindungen gemacht und auch tatsächlich eingesetzt wurden als in den 1700 Jahren der abendländischen Geschichte zuvor.

Weitere wichtige Kennzeichen der Industrialisierung sind:

- die Einführung von Kraft- und Arbeitsmaschinen mit neuartigen Energiequellen (Kohle, später auch Erdöl, Erdgas und Elektrizität);
- Fabriken als zentralisierte Produktionsstätten, in denen Güter massenhaft und arbeitsteilig hergestellt werden;
- neue Verkehrswege, Verkehrsmittel und Medien, die eine nie dagewesene überregionale, nationale und internationale Verflechtung ermöglichten;
- die Entfaltung des kapitalistischen Wirtschafts- und Gesellschaftssystems, in dem es einen Markt für Güter, Boden, Kapital und Arbeitskraft gibt;
- die Steigerung des Volkseinkommens pro Kopf, das sich beispielsweise in der Schweiz zwischen 1850 und 1914 verdreifachte. Es taten sich Spielräume auf, um den Lebensstandard aller Schichten, auch der Unterschicht, nachhaltig zu erhöhen – das war für die Menschen eine vollkommen neue Erfahrung.

Charakteristika der Industrialisierung in der Schweiz

Die Industrialisierung entfaltete sich ausgehend von der Industriellen Revolution in Grossbritannien in einer West-Ost- und Nord-Süd-Bewegung über Europa, nach Amerika und nach Russland und Japan. Der Prozess der Industrialisierung erfasste weniger die Gebiete der (National-) Staaten als Ganzes, sondern vielmehr Wachstumszonen – abhängig von der Verfügbarkeit von Rohstoffen und Kapital sowie Arbeits- und Fachkräften, den Transportwegen und dem Ausmass landwirtschaftlicher Nutzung. In der Schweiz trieben hauptsächlich städtische Kaufleute die Industrialisierung voran. In Städten wie St. Gallen, Winterthur, Zürich, Baden, Basel, Bern, Neuenburg und Genf liessen die Unternehmer die zuerst einfacheren Maschinen und Anlagen der Textil- und Uhrenindustrie weiter ausbauen und entwickelten daraus eine fortschrittliche Maschinenindustrie.

Anfangs war die Industrialisierung in der Schweiz regional eingeschränkt. Die sehr heterogene Wirtschaftsstruktur der Kantone vor 1848 war historisch gewachsen und nicht auf Expansion ausgelegt. Dies erschwerte den überregionalen und internationalen Handel. Nach der Bundesverfassung 1848 wurden die Binnenzölle unter den Kantonen beseitigt und der Franken zur Einheitswährung. Masse und Gewichte wurden ebenso vereinheitlicht. Die Verstaatlichung des Post- und Telegrafenwesens erleichterte die nationale und internationale Korrespondenz. Der Bundesstaat wurde teils zentralistisch und teils föderalistisch organisiert, was den Kaufleuten viele Freiheiten (auch im Hinblick auf koloniale Unternehmungen) liess. Die Rohstoffarmut band die industriellen Ambitionen des Landes zunächst zurück; Kohle war Mangelware und die Nutzung der Dampfkraft teuer – die Nutzung der Wasserkraft zum Antrieb der Maschinen (und zur Stromerzeugung) machte das aber wett. In der Schweiz fehlte es erst an technischem Fachpersonal und die grosse Mehrheit der Bevölkerung lebte von Landwirtschaft und Heimarbeit. Ab 1850 stieg die Anzahl der Arbeiterinnen und -arbeiter in der Textil- und Maschinenindustrie dann deutlich an.

Etappen der Industrialisierung in Europa und in der Schweiz

Die Industrialisierung vollzog sich in drei Etappen, in denen sich jeweils neue so genannte Führungs- oder Leitsektoren herausbildeten.

1. In der leichtindustriellen Phase dominierte die Baumwolle verarbeitende Textilindustrie. Sie setzte in den 1760er-Jahren in Grossbritannien ein und bildete den weltweiten Auftakt der Industrialisierung. Erste mechanische Spinnereien und Webereien gab es in der Schweiz nach 1800.
2. Darauf folgte die schwerindustrielle Phase mit dem Eisenbahnbau und den damit verbundenen Industriezweigen. Steinkohlebergbau, Metallindustrie (Eisen und Stahl) sowie Maschinenbau dominierten nun. Diese Zeitspanne reichte von 1830 bis in die 1880er-Jahre. In der Schweiz spielte der Bergbau eine sehr geringe Rolle. Hier begann die schwerindustrielle Phase in den 1830er-Jahren mit der Weiterentwicklung von Maschinen, Wasserrädern und Turbinen sowie in den späten 1840er-Jahren mit dem Eisenbahnbau.
3. Die Zeit nach 1880 bis zum Ausbruch des Ersten Weltkriegs gilt als Phase der „neuen Industrien": Die entscheidenden Innovations- und Wachstumsimpulse lieferten nun die elektrotechnische, die chemische und die optische Industrie sowie der Fahrzeugbau. Durch den Strukturwandel verlor die Landwirtschaft zugunsten der industriellen Produktion zunehmend an Bedeutung.

M 3 **Pavillon der Elektrizität an der Landi 1939 in Zürich**

Die Tafel zeigt einen Wassermann, die Sonne, eine Glühbirne, ein Fabrikgebäude und Pferdestärken.

Die Industrialisierung – Ein Überblick

M 4 „Industrielle Revolution"

Der Wirtschaftshistoriker Carlo M. Cipolla schreibt in seinem Standardwerk von 1976:

Die Historiker haben das Wort Revolution oft gebraucht und missbraucht, um eine radikale Veränderung zum Ausdruck zu bringen, aber keine Revolution war je so dramatisch revolutionär wie die „Industrielle Revolution" – aus-
5 genommen vielleicht die neolithische.
Beide änderten sie sozusagen den Lauf der Geschichte, denn jede bewirkte einen Bruch im geschichtlichen Ablauf. Die neolithische Revolution formte die Menschheit von einem zersplitterten Haufen wilder Jägertrupps, „garstig, viehisch
10 und gedrungen" (Thomas Hobbes), in mehr oder weniger gegenseitig voneinander abhängige landwirtschaftliche Gesellschaften um. Die Industrielle Revolution verwandelte die Menschen von Bauern und Schafhirten in Betätiger von Maschinen, welche mit lebloser Energie angetrieben wurden.
15 Vor der Industriellen Revolution lieferte das Tier- und Pflanzenreich den größten Teil der Energie, die der Mensch brauchte, um leben, die Art fortpflanzen und sein Auskommen finden zu können. [...]
Erst die Industrielle Revolution erschloss eine vollkommen
20 andere Welt neuer und unberührter Energiequellen wie Kohle, Erdöl, Elektrizität und das Atom, die mittels verschiedener Mechanismen genutzt werden konnten – eine Welt, in der es dem Menschen möglich war, mit großen Energiemassen umzugehen.

Die Industrielle Revolution in der Weltgeschichte. In: Carlo M. Cipolla (Hg.), Die Industrielle Revolution. Stuttgart / New York 1976 (Europäische Wirtschaftsgeschichte in vier Bänden, Band 3), S. 1–10, hier S. 1

M 5 Beschleunigte Produktion

Leonhard von Muralt, der Vorsteher der privaten Technischen Lehr-Anstalt in Zürich, hielt die Entwicklung der Textilindustrie in Europa im Jahr 1828 in Zahlen fest:

Die Hunderttausende von Handspinnern in Europa, denen die Spinnmaschinen ihren früheren Erwerb entzogen, sind nun grösstenteils mit Weben beschäftigt, und mittelst dem vorerwähnten Schnellschuss [Verbesserung des Webstuhls] webt nun jeder doppelt so viel, und mit Hülfe der in Eng- 5 land erfundenen und angewandten mechanischen Webstühle, viermahl so viel als ein ehemaliger Handweber, woraus sich die unmässige Vermehrung der Baumwollstoffe aller Art berechnen lässt! Eben so sind die verschiedenen Arten und Gattungen dieser Stoffe ins Unendliche vermehrt 10 und vervollkommnet worden. –
Ehemals erforderte es 2 bis 3 Monath Zeit, um ein Stück Baumwolltuch weiss zu bleichen. – Nun geschieht dieß, – mit Beyhülfe der Chemie, – in 4 bis 6 Tagen!
Die gedruckten Baumwolltücher (Indienne) waren damahls 15 ganz erbärmlich, in Vergleichung mit den jetzigen! Der einfache Druck eines Stücks [...] erheischte eine Arbeit von 4 bis 5 Stunden, welche nun, mittelst dem Rouleau oder Walzendruck, in 2 bis 3 Minuten ungleich schöner und vollkommener gemacht wird! 20

Zit. nach: Leonhard von Muralt: Vergleichung des gegenwärtigen Standes der Europäischen Industrie mit demjenigen vor der französischen Staats-Umwälzung, S. 20

M 6 Faktorenmodell der regionalen Industrialisierung

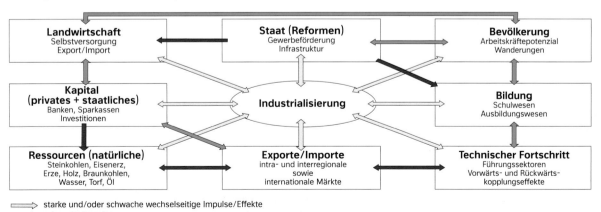

Quelle: Hubert Kiesewetter, Industrialisierung und Landwirtschaft. Sachsens Stellung im regionalen Industrialisierungsprozess Deutschlands im 19. Jahrhundert, Köln, Wien 1988, S. 743.

1377GX_1
© Westermann

Die Industrialisierung – Ein Überblick

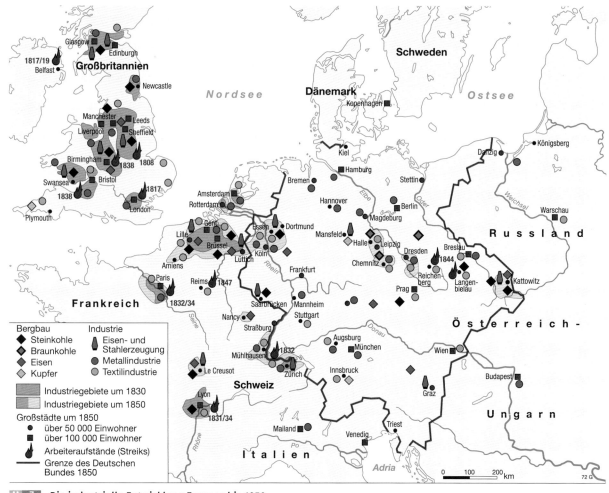

M 7   Die industrielle Entwicklung Europas bis 1850

Aufgaben

1. „Industrielle Revolution"

a) Erläutern Sie, worin der Wirtschaftshistoriker Carlo M. Cipolla die weltgeschichtliche Bedeutung der Industrialisierung sieht.

b) Erschliessen Sie ausgehend von den Angaben in M5, um welche Faktoren der Webeprozess und die Produktion von gebleichten und bedruckten Baumwolltüchern beschleunigt wurden.

c) Diskutieren Sie, welcher Begriff den Prozess angemessener beschreibt: Industrielle Revolution oder Industrialisierung?

   ⌐ Text, M4 und M5

2. Faktorenmodell der regionalen Industrialisierung

a) Erläutern Sie das Faktorenmodell der regionalen Industrialisierung.

b) Wenden Sie das Modell auf die Entwicklung des Schweizer Mittellandes an. Beurteilen Sie, welche Faktoren wohl eine zentrale Rolle spielten und welche nicht.

   ⌐ Text, M6

3. Die Industrialisierung – ein Überblick

Untersuchen Sie die Gebiete mit konzentrierten Rohstoffvorkommen und Industrien im Hinblick auf ideale Faktoren für die Industrialisierung des jeweiligen Gebietes.

   ⌐ Text, M7

Strukturwandel in der Zeit der Industrialisierung: Textilien, Transport und technische Wissenschaften

Während der Industrialisierung durchliefen die Wirtschaften der Länder Europas im 19. Jahrhundert einige strukturelle Veränderungen: Die Bevölkerung stieg ebenso wie die Nachfrage nach Textilien; Dampfmaschinen ersetzten vielerorts die Wasserkraft; aus der Hand- und Heim- wurde Fabrikarbeit; die Textilindustrie führte zum Aufbau der Maschinen- und der Metallindustrie sowie der Chemie- und Elektroindustrie; der Bedarf an Rohstoffen und an zugkräftigeren Transportmitteln und schnellen Verkehrswegen für Waren und Menschen nahm weiter zu; und das wiederum bewirkte die Einrichtung der technischen Hochschulen. So wurden in Europa Agrar- allmählich zu Industriestaaten.

Trotz der Hungerkrise von 1816 wuchs die Schweizer Bevölkerung von circa 1,7 Millionen um 1800 auf 2,4 Millionen um 1850 und auf 3,3 Millionen um 1900. Die Abkehr von der althergebrachten Dreizelgenwirtschaft bedeutete mehr Weideland, was wiederum leichtere Viehhaltung, mehr Dünger und bessere Erträge bewirkte. Neun von zehn Menschen lebten auf dem Land und sieben von zehn gingen einer bäuerlichen Tätigkeit nach. Im Umland von Städten, ausserhalb des Zunftrechts, und auf dem Land war die Heimarbeit nach der Landwirtschaft der wichtigste Wirtschaftszweig der Protoindustrialisierung. Heimarbeit wurde auch im übrigen Europa ausgeübt. Im arbeitsteiligen Verlagssystem versorgten städtische Kaufleute die Heimarbeiterinnen und -arbeiter mit importierten Roh- oder Werkstoffen wie Baumwolle oder Garn und mit einfachen Maschinen wie Handspinnrädern oder -webstühlen. Die Bauersleute stellten im Nebenerwerb für einen kargen Lohn textile Produkte her, welche die Kaufleute mit Gewinn verkauften. Das Weben und Winden von Seide und die Stickerei erforderten Handwerksgeschick und wurden besser bezahlt als die Baumvollverarbeitung. Besonders die Heimarbeit der Mädchen und Frauen galt als wertvoller Zustupf zum Familieneinkommen. Am Ende des 18. Jahrhunderts drückten industriell produzierte Fäden aus England die Löhne in der Heimarbeit und machten etwa 70 000 Heimspinnerinnen und -spinner in der Schweiz arbeitslos; das Anfertigen von Luxuswaren wie *Indiennes* (kunstvoll bedruckte Baumwollstoffe) und Uhren in der Romandie sowie Stickereien in der Ostschweiz blieb weiterhin profitabel.

Von der Textil- zur Maschinen-, Chemie- und Elektroindustrie

Die ersten Spinnmaschinen der Schweiz wurden in St. Gallen um 1801 installiert. Darauf folgten Winterthur 1802 und Zürich 1805. Die Maschinen stammten aus England und wurden in der Schweiz von englischen Mechanikern montiert. Die Schweizer Spinnereien konnten mit den billigeren Garnen aus den englischen Fabriken zuerst nicht mithalten, aber durch Napoleons Kontinentalsperre (1806–1813) wurden Erzeugnisse aus England zeitweilig vom Handel ausgeschlossen. Um die Spinnmaschinen selbst reparieren zu können, richteten die Schweizer Spinnereien hauseigene Werkstätten ein und fingen nach 1810 an, heimische Spinnmaschinen zu produzieren. *Escher Wyss & Co* beispielsweise wechselte ab den 1830er-Jahren in die Maschinenindustrie und baute Spinnmaschinen, Dampfschiffe sowie danach auch Wasserturbinen zur Stromgewinnung. Auch um 1830 nahmen die ersten mechanischen Webereien der Schweiz den Betrieb auf, insbesondere in den Kantonen Aargau, Thurgau, Schwyz und Glarus. Die Web-

M 1 **Appenzeller Weberpaar bei der Arbeit am Handwebstuhl, um 1830**

Das idealisierende Aquarell von Johannes Schiess zeigt die Heimarbeit im Kellergewölbe eines Bauernhauses. Der Mann betreibt den Webstuhl per Fusspedal. Die Frau reinigt die sogenannten Kettfäden mit einer Bürste von Schmutz und Faserresten, bevor sie sich ans Weben macht.

M 2 **Der von Caspar Honegger 1840 entwickelte „Honegger-Stuhl"**

Dieser verbesserte mechanische Webstuhl wurde 1840 entwickelt; dieses Modell im Amthaus Rüti (ZH) stammt von 1860.

M 3 „Von der mittelalterlichen Leinwandindustrie zum Stickerei-Welthandel"

Neben der Säule stehen die Designer der Stickmuster. Daneben ein Fabrikschornstein und eine Lokomotive. Ein Telegraphenbauer weist auf die älteste Schweizer Telegraphenleitung von St. Gallen nach Zürich hin (1852). Rechts präsentiert der Händler den potentiellen Käufern aus aller Welt die edle Stickerei. Dahinter Hochseesegelschiffe und ein Schlot – vielleicht von einem Dampfschiff. Ölbild von Emil Rittmeyer (Sohn des Stickereiunternehmers Jacob Bartholome Rittmeyer in St. Gallen), 1881

fabriken erreichten eine höhere Produktivität, sodass in kürzerer Zeit eine grössere Menge qualitativ hochwertiger Stoffe gewoben werden konnte. Stickereien wurden in St. Gallen nach 1850 mit Handstick- und nach 1860 mit mechanisch betriebenen Schifflistickmaschinen gefertigt. Die Stickerei wurde gar zum bedeutendsten Schweizer Exportzweig bis nach dem Ersten Weltkrieg. Ab den späten 1870er-Jahren wurden Uhrengehäuse in der Schweiz nach amerikanischem Vorbild maschinell hergestellt. In anderen europäischen Ländern prägte der Abbau von Rohstoffen wie Kohle und Eisen die schwerindustrielle Phase – in der rohstoffarmen Schweiz setzte man auf die traditionelle Textilindustrie und produzierte für den internationalen Markt, kopierte und verbesserte Maschinen (Technologietransfer ohne Patente bis 1888), beteiligte sich am Transithandel (Gewährleistung des globalen Zwischenhandels) und tüftelte an neuen Formen von Nahrungs- und Genussmitteln (Milchpulver, Bouillonwürfel, Schokolade).

Um 1880 bewirkten die „neuen Industrien" der Chemie und Elektrotechnik eine „Zweite Industrielle Revolution" und leiteten die wirtschaftliche Dynamik in die USA und auf das europäische Festland. Textilfärbereien, Maschinenfirmen und Giessereien brauchten Farben, Säuren und Laugen. In den 1850er-Jahren fand man geeignetere Verfahren zur Synthese von Stoffen und ging von der gewerblichen zur industriellen Produktion über. In der Schweiz geschah dies vorwiegend im Raum Basel. Aus den Chemieunternehmen wurde zur Jahrhundertwende die chemisch-pharmazeutische Industrie. Nach Fortschritten in der Elektrotechnik wurden in den 1870er-Jahren Anlagen zur Stromgewinnung ausgebaut und immer mehr Betriebe nutzten die Elektrizität. Die Maschinenindustrie lieferte Turbinen und Pumpen für Wasserkraftwerke an Flüssen und Stauseen. Die Schweizer Berge boten weder Kohle noch Öl, und so wurde die Wasserkraft als „weisse Kohle" zur wichtigsten Energiequelle und ist es heute noch.

Transportwesen und Eisenbahnbau

Die Dampfmaschine revolutionierte im 19. Jahrhundert die Art und Weise, wie Waren und Menschen transportiert wurden. Kommerziell erfolgreiche Dampfschifffahrten gab es 1807 in den USA und wenige Jahre später auch in Europa. 1825 wurde die erste öffentliche Dampfeisenbahnstrecke in England eröffnet; ab 1828 fuhren Lokomotiven in den USA, und ab den 1930er-Jahren ebenso in Frankreich, Belgien und in den Staaten des Deutschen Bundes. In der Schweiz blieben die Eisenbahnprojekte bis 1847 in der Planungsphase hängen. Zu starr wirkten die Kantonsgrenzen, zu prekär schien die Finanzierung und zu unsicher waren die politischen Verhältnisse bis dahin. Seit 1844 gab es zwar eine Strecke von Strassburg nach Basel, doch erst 1847 konnte die erste eigene Bahnstrecke – die *Spanisch-Brötli-Bahn* – zwischen Zürich und Baden eröffnet werden. Nach der Gründung des Bundesstaates 1848 wurde die Schweiz von einem „Eisenbahnfieber" erfasst. Gleich mehrere private Gesellschaften mit teils kantonalen Sonderinteressen banden die Städte mit Eisenbahnstrecken netzwerkartig aneinander. So wurde der Binnenmarkt gestärkt und der Transport von Rohstoffen und Gütern befeuert. Da Frankreich und Österreich an eigenen Verbindungen nach Italien arbeiteten, wurden die Pläne für den Bau einer Gotthardlinie von Göschenen durch das Bergmassiv nach Airolo dringlicher. Der Zürcher Politiker und Unternehmer Alfred Escher stand als Präsident an der Spitze der *Gotthard-Bahngesellschaft*, die für Bau und Betrieb zuständig war. Als Leiter mehrerer Eisenbahnprojekte, Verfechter eines *Eidgenössischen Polytechnikums (Eidgenössische Technische Hochschule, ETH)* und Gründer der *Schweizerischen Kreditanstalt (Credit Suisse)* gilt er manchen als einflussreichste Figur in der damaligen Schweiz. Trotz mehrerer Unfälle und über 300 Todesopfern sowie einem Arbeiterstreik wurde die Gotthardbahn mitsamt dem 15 km langen Tunnel vom Baubeginn 1872 bis hin zur Eröffnung 1882 realisiert. 1898 wurden fünf Privatbahnen nach einer eidgenössischen Abstimmung verstaatlicht und zu den *Schweizerischen Bundesbahnen (SBB)* vereinigt.

M 4 „Bau der Gotthardbahn", 1872-1880
Dieser Bildausschnitt zeigt die Arbeit zuvorderst an der Tunnelbrust mit der Bohrmaschine. Fotografien waren im dunklen Tunnel noch nicht möglich. Bild von Henry van Muyden, um 1880

Forschung und Technische Hochschulen

Eine wichtige Grundlage des technischen Fortschritts war die neuartige Verbindung von Wissenschaft, Technologie und Industrie. Physikalische, chemische und biologische Entdeckungen beruhten nicht mehr auf „Versuch und Irrtum", sondern auf routinemässiger Forschung, deren Ziel die Entwicklung neuer Produkte und Verfahren war. Ingenieure wurden nun an Technischen Hochschulen mit spezialisierten Fachbereichen ausgebildet, welche dann in unternehmenseigenen Labors und Konstruktionsbüros arbeiten konnten. Viele Länder strebten eine Verwissenschaftlichung der Produktion an. Die *ETH* nahm 1855 in Zürich ihren Betrieb auf; Frauen waren zwar zugelassen, doch die erste Studentin erschien erst 1871. An Weltausstellungen wurden seit 1851 die Errungenschaften der Technik zelebriert. Der Wettbewerb von konkurrierenden Unternehmen und Industriezweigen wurde nunmehr zu einem Wettbewerb von Nationen.

M 5 „Vue générale de Zurich prise de la Weid"
Ausschnitt von einem Teil Zürichs: mittig die Bahnhofshalle, im Vordergrund Fabriken und Arbeiterquartiere im heutigen Escher-Wyss-Areal, links auf dem Hügel das Gebäude der ETH. In der Stadt lebten um 1880 circa 25 000 Menschen. Noch um 1800 besass die Stadt sowohl die mittelalterliche Stadtbefestigung als auch einen barocken Schanzenstern. Radierung von Heinrich Siegfried, um 1884

Technischer Fortschritt und Nationendenken

M 6　Mechanischer Webstuhl

Der Unternehmer Caspar Honegger aus Rüti schildert in eigenen Aufzeichnungen, wie er 1840 einen verbesserten mechanischen Webstuhl erfand:

Es war mein unschätzbares Glück, dass mir von Jugend an keine Arbeit zu viel war. Oft sass und stand und lag ich über und unter und neben meinen Modellen eines Webstuhles, zwölf, vierundzwanzig, ja sechsunddreissig Stunden lang,
5　ohne etwas Wesentliches an Nahrung zu mir zu nehmen oder mir Ruhe zu gönnen. Ich staunte vor mich hin, ich suchte das unbekannte Bessere. Oft glaubte ich, es ergriffen zu haben, und unzählige Male entrückte es wieder in weite Ferne, wie ein schönes Gespenst, das wir sehen, er-
10　haschen möchten, und doch nicht fassen können. Doch wurde die anfänglich unsichere Gestalt immer deutlicher, immer sichtbarer, immer greifbarer, und endlich rief ich in frohem Jubel aus: „Ich hab's gefunden", und eine Seligkeit, ein Freudengefühl kamen über mich, wie ich niemandem
15　schildern kann. Ich war der Gründer der mechanischen Weberei in der Schweiz. Wenn auch diese früher oder später ohne mich doch hätte kommen müssen, so bin ich doch der erste gewesen, der die Notwendigkeit eingesehen und die Mittel und Wege angegeben hat. In wenigen Jahren wäre
20　uns infolge der ausländischen Konkurrenz kein einziges von Hand verfertigtes Stück Tuch mehr abgekauft worden. Ich habe einen ganzen Industriezweig für mein Vaterland rechtzeitig gerettet.

Zit. nach: Zeiten Menschen Kulturen 6, S. 39

M 7　Eisenbahn und Hochschule

Nationalratspräsident Alfred Escher hielt an der Nationalratssession am 12. November 1849 in der Hauptstadt Bern eine Rede, worin er den Bau von Eisenbahnen und einer schweizerischen Hochschule zum nationalen Interesse machte:

M 8　Plakat zur Abstimmung über die SBB 1898 von Fritz Boscovits

Die neue Bundesverfassung enthält Bestimmungen, gemäss denen den Bundesbehörden das Recht zusteht, der Entstehung von Eisenbahnen den wirksamsten Vorschub zu leisten. Wohlan, mögen die Bundesbehörden [...] den schö-
5　nen, aber bis zur Stunde noch todt gebliebenen Buchstaben der Bundesverfassung dadurch, dass sie ihn anwenden, zum Leben erwecken! Mögen sie aber auch nicht vergessen, dass hier rasches Handeln Noth thut! Von allen Seiten nähern sich die Schienenwege immer mehr der
10　Schweiz. Bereits wird die Frage, wie sie mit einander in Verbindung gebracht werden sollen, eifrig verhandelt. Es tauchen Pläne auf, gemäss denen die Bahnen um die Schweiz herumgeführt werden sollen. Der Schweiz droht somit die Gefahr, gänzlich umgangen zu werden und in Fol-
15　ge dessen in der Zukunft das traurige Bild einer europäischen Einsiedelei darbieten zu müssen. [...] – Wenn ich aber von den Schöpfungen spreche, durch welche die Bundesbehörden die Lebensfähigkeit der neuen Bundesverfassung bewahren sollen, so muss ich auch der schweizeri-
20　schen Hochschule noch gedenken. Ich weiss es wohl, dass in diesem Augenblicke kaum wird dazu Hand geboten werden können, dem Vaterlande und der Wissenschaft diesen herrlichen Tempel aufzuführen. Ich rede aber doch davon, weil es mir Pflicht scheint, es bei jedem sich darbietenden
25　Anlasse zu sagen und laut zu verkünden, dass der durch die neue Bundesverfassung angestrebten innigern Verbrüderung der schweizerischen Nation noch das wesentlichste Verwirklichungsmittel fehlt, so lange die schweizerische Hochschule nicht in's Leben gerufen ist.

Zit. nach: <https://www.amtsdruckschriften.bar.admin.ch/viewOrigDoc.do?id=10000210>

Aufgaben

1. Fortschritt und Nationendenken

a) Beschreiben Sie ausgehend von M1 bis M5 den technischen Fortschritt in der Schweiz im 19. Jahrhundert.

b) Interpretieren Sie die beiden Textquellen M6 und M7 im Hinblick auf die Bedeutung des Fortschritts für die Entstehung oder die Festigung eines Nationendenkens.

c) Analysieren sie die Bildquelle M8 hinsichtlich ihrer Verwendung von Symbolen, welche die Wirkung der Eisenbahnen verdeutlichen.

⌢ Text, M1 – M8

Die „Zweite Industrielle Revolution" in der Wahrnehmung von Zeitgenossen

M 9 Verwissenschaftlichung

Der österreichische Maschinenbauingenieur Alois Riedler skizzierte 1916 die Aufgabenfelder des Ingenieurs in den neu entstandenen Grossbetrieben:

Alles Wesentliche wird Ingenieurarbeit: die vorbereitende Forschung, die Entdeckungen, die Neugestaltungen, die Patentverarbeitung, die allgemeinen Pläne, die Konstruktionen, welche den vielseitigen, neuen wechselnden Bedürfnis-
5 sen und technischen Möglichkeiten folgen müssen, die Einzelausbildung für die Fabrikation und für den Betrieb, die Ordnung und der Verlauf der gegliederten Werkstättenausführung […]. Diese Tätigkeit wird zum höchsten Erfolge gebracht in der Großwirtschaft, wo viele Regsame und Sach-
10 kundige Erfahrungen sammeln und dann einheitlich verwerten […]. Das Neue wird ausgeführt, erprobt, alles strahlt wieder an die vielen Geschäftsstellen hinaus, geht wieder an die Zentrale zurück; gegenseitig wird Aufklärung verlangt und Zusammenhang mit anderen Erfahrungen ge-
15 sucht, neue Bedürfnisse werden bekannt, neue Aufgaben vorbereitet, alles immer weiter verbessert. So fließt dauernd der Fortschrittstrom hin und wider, der unmittelbare, lebendige, fruchtbringende Zusammenhang zwischen der leitenden Stelle und den Fabriken, den Zweigstellen und
20 Betrieben wird hergestellt, überall ist Ingenieurarbeit am Werke, und die auswärtigen Betriebe und Erfahrungen befruchten die heimischen schaffenden Kräfte. Die frühere mündliche Überlieferung ist ersetzt durch einheitlich verarbeitende Berichte über den Fortschritt, in denen Tatsachen,
25 Zahlen, Erfahrungen und Wertungen niedergelegt sind.

Alois Riedler, Emil Rathenau und das Werden der Großwirtschaft, Berlin 1916, S. 146 ff.

M 10 Neue Leitsektoren

Der Ingenieur für Elektrotechnik Arthur Wilke erklärte 1893 in einem Buch das Zeitalter der Dampfmaschine für beendet:

Nicht mehr das „Jahrhundert des Dampfes", nein, das „Zeitalter der Elektrizität" will die Jetztzeit genannt sein. Das ist nicht dankbar, aber erklärlich. Wir werden nämlich sehen, dass die Elektrizität eine Anzahl glänzender Eigenschaften in sich vereinigt, gegen welche diejenigen des Dampfes, der
5 im Grunde genommen nur kräftig schieben kann, weit zurücktreten. In erster Reihe ist es die sehr viel größere Unabhängigkeit der Elektrizität von ihrer Erzeugungsstätte, vermöge der sie, weit von der letzteren entfernt, ihre Arbeit zu verrichten vermag, während der Dampf sich nur wenig
10 weit von seinem Kessel fortwagen kann und selbst für diesen beschränkten Fall einen mühsam hergestellten Weg verlangt, die Elektrizität aber blitzschnell durch den dünnen Draht über Höhen und Tiefen und Krümmungen läuft und, sich mit Leichtigkeit verteilend, an vielen Stellen zu-
15 gleich ihres Amtes waltet. Doch dies ist der kleinere Vorzug; vor allem ist es die Universalität der Leistungen, welche die Elektrizität auszeichnet. Brauchen wir Licht? Die Elektrizität spendet es uns und besser als jedes andre Agens. […] Und so können wir fortfahren und aufzählen, was alles die Elek-
20 trizität jetzt oder dereinst zu leisten vermag, aber wir fassen es lieber kurz zusammen und sagen: In der Elektrizität besitzen wir jede benötigte Energieform: bewegende Kraft, Licht, Wärme usw. in der bequemsten und intensivsten Form, und damit haben wir ihren Wert bestimmt […].
25

Arthur Wilke, Die Elektrizität, Leipzig 1893, S. 1 f.

Aufgaben

1. **Strukturwandel in der „Zweiten Industriellen Revolution"**
   a) Erklären Sie den Begriff „Zweite Industrielle Revolution".
   b) Diskutieren Sie die Bedeutung der Elektro- und Chemieindustrie bis heute.
   ⤳ Text

2. **Die „Zweite Industrielle Revolution" in der Wahrnehmung von Zeitgenossen**
   a) Arbeiten Sie aus dem Text von Alois Riedler das Bild heraus, das der Autor von einem Ingenieur zeichnet.

   b) Erörtern Sie, ob diese Schilderung der tatsächlichen Bedeutung entspricht.
   c) „In der Elektrizität besitzen wir jede benötigte Energieform." Arbeiten Sie ausgehend von diesem Zitat von Arthur Wilke die Bedeutung heraus, die der Autor der Elektrizität zuspricht.
   d) Diskutieren Sie, inwieweit es sich beim Aufstieg der Elektroindustrie um einen epochalen Wandel handelte.
   ⤳ Text, M9, M10

Umgang mit Statistiken: Tabellen und Diagramme

Statistiken sind, allgemein gesprochen, geordnete Mengen von empirischen Daten in Form von Zahlenwerten. Sofern die Angaben wissenschaftlich korrekt erhoben worden sind, zeichnen sich Statistiken gegenüber anderen Informationsformen durch Knappheit, Exaktheit und Vergleichbarkeit aus. Statistiken spielen besonders in der Wirtschafts- und Sozialgeschichte eine grosse Rolle, etwa bei Themen wie der Industrialisierung, der Sozialen Frage oder der Weltwirtschaftskrise. Aber auch in der politischen Geschichte führt die Auswertung von statistischen Angaben zu wichtigen Erkenntnissen oder wirft interessante Fragen auf, z. B. im Zusammenhang mit der Analyse von Wahlergebnissen oder bei der Konfliktanalyse (Rüstungspotenziale, Opferzahlen).

Grundsätzlich können Statistiken absolute Zahlenwerte enthalten, etwa Angaben zu Personenanzahlen, zu Gewichtseinheiten oder zu Kosten in bestimmten Währungseinheiten; die angegebenen Werte können aber auch prozentuale, also relative Angaben sein. Schliesslich können die Angaben der Statistik sich auf Indexwerte beziehen. Hierbei werden die Werte für ein Stichjahr gleich 100 gesetzt. Die Angaben für die anderen Jahre zeigen dann die Abweichungen von diesem Basiswert. Ein Indexwert von 130 bedeutet demnach, dass der Wert des betreffenden Jahres um 30 Prozent über dem des Basisjahres (= 100) liegt.

Statistische Angaben können in Form von Tabellen oder in grafischer Form, d. h. in Form von Diagrammen dargestellt werden. Erscheinen die Angaben in Tabellenform, kann diese in zwei Richtungen „gelesen" werden: in horizontaler und in vertikaler Richtung. So kann die horizontale Leserichtung Aufschluss über eine Entwicklung in zeitlicher Abfolge geben, in horizontaler Richtung gelesen, eröffnet die Tabelle Vergleichsmöglichkeiten, z. B. zwischen verschiedenen Ländern, für ein und denselben Zeitpunkt.

▬ Training ▬

Schritte zur Interpretation von Statistiken

Die Arbeit mit Statistiken gliedert sich in die Beschreibung, Erklärung und Deutung des Materials. Im Folgenden finden Sie mögliche Erschliessungsfragen. Zur besseren Veranschaulichung kann es sinnvoll sein, die statistischen Angaben in eine passende grafische Darstellung (Diagramm) zu überführen.

1. Schritt: Die Statistik beschreiben

Formale Aspekte:
- Um welche Art von Statistik handelt es sich?
- Woher stammen die Angaben?
- Wer hat die Statistik erstellt oder in Auftrag gegeben?
- Wann und wo ist sie entstanden bzw. veröffentlicht worden?
  (Zu diesen Fragen finden sich oft Angaben im Titel, in der Legende oder in Anmerkungen.)

Inhaltliche Aspekte:
- Was ist das Thema der Statistik?
- Welcher Zeitraum wird darin berücksichtigt?
- Auf welchen geographischen Raum beziehen sich die Angaben?
- In welchen Messgrössen werden die Angaben gemacht?
- Welche Zahlenwerte werden verwendet? (absolute Werte, Prozentangaben, Indizes)
- Bei Prozent- und Indexwerten: Auf welche Bezugsgrösse beziehen sie sich?

- Sind die Angaben vollständig oder fehlen die Angaben zu bestimmten Zeitpunkten oder Zeiträumen?
- Welche Entwicklungen sind aufgrund der Zahlenwerte festzustellen? (Stagnation, Anstieg, Rückgang)
- Welche Verlaufsphasen lassen sich unterscheiden?
- Welche Extremwerte (Maxima, Minima) sind festzustellen? Sind Ausnahmen oder Besonderheiten eines Verlaufs zu erkennen?
- Lassen sich Zusammenhänge zwischen einzelnen Werten oder Tendenzen aufzeigen?

2. Schritt: Erklärung und Deutung der Ergebnisse

Dieser Schritt beinhaltet die Formulierung von
- Schlussfolgerungen, die sich aus den Ergebnissen der Analyse ziehen lassen;
- Begründeten Vermutungen darüber, auf welche möglichen Ursachen sich die Ergebnisse der Analyse zurückführen lassen;
- Weiterführenden Fragen, die sich aus dem Datenmaterial ergeben und die nur mithilfe weiterer Quellen oder Materialien zu beantworten sind.

Die Darstellung von Statistiken im Diagramm
Statistische Angaben können in Form von Diagrammen grafisch dargestellt werden. Dadurch können Entwicklungen anschaulich gemacht und schneller erfasst werden. Im Wesentlichen sind folgende Diagrammarten zu unterscheiden:
- Kurven- oder Liniendiagramme stellen Entwicklungen und Verläufe besonders gut dar, beispielsweise Lohn- und Preisentwicklungen oder die Entwicklung von Beschäftigtenzahlen.
- Flächendiagramme ähneln im Wesentlichen den Liniendiagrammen, doch werden die Flächen unterhalb der Linien in unterschiedlichen Farben angezeigt. Im Flächendiagramm kann die Entwicklung einer Gesamtgrösse mit unterschiedlichen Anteilen dargestellt werden.
- Säulen- und Balkendiagramme stellen unterschiedliche Variablen durch waagerechte oder senkrechte Säulen dar. Sie eignen sich besonders gut für einen punktuellen Vergleich, z. B. bei einem Vergleich von Produktionszahlen verschiedener Länder zu einem bestimmten Zeitpunkt. Werden mehrere solcher punktuellen Vergleiche nebeneinander dargestellt,

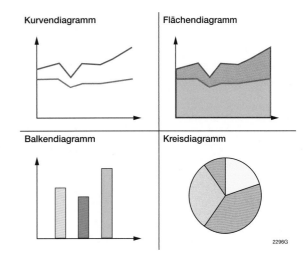

ergibt sich zugleich ein Eindruck von der Entwicklung über einen längeren Zeitraum hin.
- Kreis- und Halbkreisdiagramme stellen Anteile an einem Ganzen in Form von Kreissektoren dar. So kann beispielsweise der Anteil von Religionsgruppen an der Gesamtbevölkerung durch ein Kreisdiagramm veranschaulicht werden. Bei der Darstellung der Sitzverteilung von Parteien im Parlament ist die Verwendung von Halbkreisdiagrammen gebräuchlich. Dabei werden die Parteien bzw. die entsprechenden Kreissegmente oft nach dem politischen Links-Rechts-Schema angeordnet.
- Flussdiagramme stellen in schematischer Form den Ablauf von Prozessen und Handlungen dar. Beispiele sind Verfassungsschemata oder Darstellungen von prozesshaften Abläufen.

Trotz oder gerade wegen ihrer hohen Anschaulichkeit bergen Diagramme als Darstellungsformen von statistischem Material aber auch Gefahren und Manipulationsmöglichkeiten. So können die Aussagen einer Statistik durch die Auswahl eines bestimmten Diagrammtyps besonders betont und akzentuiert werden. Wenn Diagramme nur Ausschnitte von Entwicklungen abbilden oder die Skalen mit den Masseinheiten gestaucht oder in die Länge gezogen werden, entstehen Verzerrungen und Entwicklungen werden dramatisiert oder verharmlost. Bei der Darstellung von Zeitreihen können durch die Auswahl von Werten Trends verfälscht dargestellt werden. Auch durch die Wahl von Farben für Flächen oder Linien in einem Diagramm lassen sich beim Betrachter bestimmte Eindrücke erzielen.

M 11 Eisen – der wichtigste Werkstoff des industriellen Zeitalters

Die Industrialisierung ist oft auch als das „eiserne" oder „stählerne Zeitalter" bezeichnet worden. Als Werkstoff spielte Eisen eine Schlüsselrolle, weil es als Erz relativ häufig vorkommt und es sich nach dem Gewinnungsprozess vielfältig formen lässt. Maschinen, Eisenbahnschienen, Schiffe, Brücken u.v.m. wurden aus Eisen bzw. Stahl hergestellt.

Roheisenproduktion europäischer Länder (1781–1913)[1] (in 1000 t)									
	Österreich	Ungarn	Frankreich[2]	Deutschland	Italien	Russland	Schweden	Verein. Königreich	Belgien
1781–90	–	–	141	–	–	–	–	69	–
1791–1800	–	–	–	–	–	–	–	127	–
1800–14	–	–	200	–	–	200	–	284	–
1815–19	–	–	150	–	–	–	–	330	–
1820–24	73	–	–	75	–	–	–	418	–
1825–29	–	–	212	90	–	164	–	699	–
1830–34	–	–	244	111	–	167	–	700	95
1835–39	103	–	327	146	–	177	113	1142	126
1840–44	118	27	395	160	–	184	118	1465	97
1845–49	146	36	184	–	200	134	176	1784	–
1850–54	173	48	561	245	–	231	155	2716	201
1855–59	226	80	900	422	–	254	171	3583	312
1860–64	216	93	1065	613	25	297	205	4219	366
1865–69	227	98	1262	1012	20	310	268	4984	469
1870–74	305	146	1211	1579	24	375	322	6480	594
1875–79	283	135	1462	1770	19	424	346	6484	484
1880–84	440	151	1918	2893	23	477	418	8295	699
1885–89	540	217	1616	3541	13	616	452	7784	766
1890–94	664	313	1998	4335	11	1096	470	7402	758
1895–99	888	420	2386	5974	11	1981	505	8777	966
1900–1904	996	429	2665	7925	47	2773	526	8778	1070
1905–09	1359	467	3391	10666	142	2799	554	9855	1388
1910–13	1655	549	4664	14836	366	3870	667	9792	2171

Mitchell, Brian Redman: Statistischer Anhang 1700–1914, in: Borchardt, Knut (Hg.), Die Entwicklung der industriellen Gesellschaften (Europäische Wirtschaftsgeschichte 4), Stuttgart – New York 1977, S. 504–505, Tab. 15.

1 Durchweg Grenzen von 1914. 2 Nach 1870 ohne Elsass-Lothringen. Die Werte beziehen sich z. T. auf kleinere Zeiträume als die angegebenen.

Aufgabenstellung

1. Beschreiben Sie das vorliegende Material und übertragen Sie die Angaben für die Länder Deutschland, Grossbritannien, Frankreich und Russland für den Zeitraum von 1860 bis 1913 in eine passende grafische Darstellung.
2. Erläutern Sie die Entwicklung in Deutschland und vergleichen Sie sie mit derjenigen im Vereinigten Königreich, in Frankreich und in Russland.
3. Deuten Sie die festgestellten Entwicklungen.

Kehrseiten der Industrialisierung: Soziale Frage und ökologische Folgen

Unter dem Einfluss der Industrialisierung und dem Feiern von technischem Fortschritt entwickelten sich die Daseinsbedingungen auf der Erde im Laufe des 19. und frühen 20. Jahrhunderts in beispielloser Weise auseinander. Europaweit nahmen die Bevölkerungszahlen zu. Wo der Wandel zur Industriegesellschaft gelang, stiegen Wohlstand und allgemeines Lebensniveau deutlich. Das ist ablesbar etwa an der steigenden Lebenserwartung, der sinkenden Kindersterblichkeit, der verbesserten Ernährung, den ansteigenden Realeinkommen, aber auch an der allmählich sinkenden Arbeitszeit und der umgekehrt wachsenden „Freizeit". Demgegenüber blieben (noch) nicht industrialisierte Grossregionen immer weiter zurück. Gleichwohl traten auch die Kehrseiten des industriellen Fortschritts zutage. Hier stand an erster Stelle die „Soziale Frage", also das Problem der elenden Arbeits- und Lebensbedingungen der Masse der Arbeiter im Kontrast zur nobleren Lebensweise der Oberschicht, und die wachsende Gefahr für den gesellschaftlichen Frieden. Für die Zeitgenossen war die Soziale Frage seit den 1860er-Jahren vor allem mit zwei Problemfeldern verknüpft: erstens mit den Folgen der Urbanisierung (Verstädterung) und zweitens mit den veränderten Arbeitsbedingungen. Ein Bewusstsein für schädliche Auswirkungen von Kinderarbeit oder für ökologische Schäden, verursacht durch die neue industrielle Produktionsweise, bildete sich erst zur Jahrhundertwende hin.

M 1 „Neuer Wein"

Brotlaib, Weingefäss mit trübem Sauser (Traubenmost im frühen Gärstadium), Baumnüsse und Messer auf blankem Holztisch. Stillleben des Schweizer Malers Albert Anker, 1890

Urbanisierung und Wohnungsnot

Die Industrialisierung hatte in den betroffenen Regionen eine Binnenwanderung ausgelöst, deren Strom vom Land in die Stadt floss. In den rasch wachsenden Städten gab es – zumindest bei guter Konjunktur – für Handwerksgesellen und Landarbeiter (wenn auch oft harte, schlecht bezahlte oder niedere) Verdienstmöglichkeiten in Industriebetrieben, Werkstätten oder Bergwerken; für jene, die es sich leisten konnten, gab es eine ausgebaute Infrastruktur und ein breiteres Bildungs- und Kulturangebot. In der Schweiz genoss die christliche Bevölkerung seit der Bundesstaatsgründung 1848 freie Niederlassungsrechte (nicht für Angehörige des jüdischen Glaubens). Meist junge, ledige, arme und kaum ausgebildete Menschen wanderten aus den Bergregionen, weggetrieben von Arbeitslosigkeit und Nahrungsmangel, hinab ins Mittelland zwischen St. Gallen und Genf, die Zentren der Textil- und Maschinenindustrie. Später kam es auch vermehrt zur Binnenwanderung von Saisonarbeiterinnen und -arbeitern, die für Bauprojekte und in der Tourismusbranche angestellt wurden. Junge Frauen fanden Posten als Dienstmädchen in Haushalten gehobener Schichten. Vielen Landbewohnern erschien die Stadt als Hort des Reichtums sowie der unbegrenzten Lebens- und Berufschancen. Die Folge war eine Landflucht von riesigem Ausmass: In England setzten die Wanderungen bereits in der ersten Jahrhunderthälfte ein. Um 1801 lebten in England 17 Prozent der Bevölkerung in den Städten; 1891 waren es 72 Prozent. In Deutschland nahmen in den 50 Jahren vor 1914 schätzungsweise 32 Millionen an der Binnenwanderung teil – fast jeder zweite Mensch in Deutschland. In der Schweiz zeichneten sich grosse regionale Unterschiede ab: Schweizweit nahm von 1860 bis 1900 in Bezug auf alle Erwerbstätigen der Anteil der in ihrer Wohngemeinde geborenen Personen von über 60 auf etwa 50 Prozent ab; im

M 2 „Stillleben mit Kaffee"

Tassen und Kaffeekanne, Zuckerschale, Porzellan-Milchkanne mit floralem Motiv und Cognacflasche mit Schnapsgläschen. Stillleben von Albert Anker, 1877

Kanton Zürich sank der Anteil im selben Zeitraum gar von knapp 60 auf gut 40 Prozent, im Kanton Genf von 30 auf 25 Prozent und im Wallis von über 80 auf 75 Prozent. Sprache und Konfession waren mitverantwortlich dafür, dass Binnenwandernde eher in Städte innerhalb ihres Kantons zogen als nach ausserhalb.

Die Urbanisierung hatte sowohl eine quantitative als auch eine qualitative Dimension: Die Zahl der in Städten lebenden Menschen wuchs (quantitative Dimension), und dieser Anstieg veränderte das Leben und Zusammenleben in den Städten (qualitative Dimension). Neue Fabriken und Siedlungen entstanden in und um die Städte herum. Deren Bevölkerung wuchs mit der Industrialisierung oft mindestens auf das Doppelte oder Dreifache an – und mancherorts sogar noch deutlich stärker. Im englischen Manchester (Textilindustrie) lebten 1770 noch 25 000 Menschen, um 1850 waren es bereits 250 000. London war um 1870 mit 4 Millionen Einwohnern die bevölkerungsreichste Stadt der Welt. Von 1850 bis 1900 wuchs die Bevölkerung im deutschen Essen (Stahlindustrie) von 9000 auf 300 000, in der Hafenstadt Kiel (Handel) von 15 000 auf über 200 000, im schweizerischen Biel (Uhrenindustrie) von 3462 auf 22 016 und in Zürich (Maschinenindustrie und diverse Eingemeindungen) von 17 040 auf 150 703.

Besonders zugezogene, geringverdienende Arbeiterfamilien litten unter der Wohnungsnot – dem Mangel an freiem, bezahlbarem Wohnraum – und wurden in teils prekäre Wohnverhältnisse gezwungen. Sie hausten in engen, feuchten, kaum isolierten Räumen mit wenig Tageslicht. Selbst Keller wurden als Unterkünfte genutzt. Die Küche war in der Regel der einzig beheizbare Raum, sofern Küche, Wohn- und Schlafzimmer nicht eins waren. Einige Häuser hatten einen Kaltwasserhahn, den sich alle Bewohnerinnen und Bewohner teilen mussten. Toiletten waren im Hof oder im Treppenhaus vorzufinden. Die Kanalisation war überlastet, Senkgruben liefen über und fluteten Strassen und Höfe mit Schmutzwasser. Man baute Baracken, um Obdachlose notdürftig unterzubringen. Die Schichtarbeit machte manche zu Schlafgängern, die kein Heim hatten, aber gegen ein Entgelt in Betten schlafen durften, welche beispielsweise eine Familie tagsüber nicht brauchte. Derart unhygienische Zustände boten leichte Übertragungswege für Seuchen wie Typhus und Cholera. Das Elend war auf Arbeitersiedlungen konzentriert, in den Wohngegenden des Bürgertums bekam man davon wenig mit. Obwohl es auch Industriestädte mit vergleichsweise menschenwürdigen Arbeitersiedlungen gab, waren bis zu einem gewissen Grad alle diese Städte von der Urbanisierung und den damit verbundenen Problemen betroffen.

Arbeitsbedingungen und Arbeitsbelastung

Insbesondere in Fabriken und Bergwerken waren die Arbeitsbedingungen problematisch. Formal gesehen beruhte das Arbeitsverhältnis zwischen Unternehmer und Arbeiter auf einem freien, jederzeit kündbaren Vertrag. Ersterer war hierbei jedoch der bei weitem überlegene Partner. Vielerorts erliessen die Unternehmer Fabrikverordnungen, die auch für kleine Verstösse Geldstrafen, Lohnkürzungen oder Entlassung vorsahen. Für die erste Generation von Fabrikarbeiterinnen und -arbeitern war dies neu und nur schwer erträglich. Immer wieder verliessen Angestellte die Fabrik, sobald sie auch nur die kleinste Gelegenheit sahen, ein anderes Auskommen zu finden. Manche frühen Fabriken verloren so innerhalb eines Jahres über die Hälfte ihrer Belegschaft. Einfache Industriearbeiterinnen und -arbeiter waren mühelos zu ersetzen, technisches Fachpersonal war umworben. Lan-

M 3   *Over London By Rail*, Stich von Gustave Doré von 1872

M 4   **Treppenaufgang im Dorchester House in London, um 1900**

Das Haus war das Stadthaus eines vermögenden Landbesitzers.

ge Arbeitstage, aufzehrende Tätigkeiten, hohe Lärmpegel, Dreck, Licht- und Luftmangel, Hitze, Unfall- und Krankheitsrisiken (besonders Gelenk- und Atemwegserkrankungen) bestimmten bis Ende des 19. Jahrhunderts die Situation an den industriellen Arbeitsplätzen. Durch freistehende Schwungräder, schwere Geräte und Funkensprühen konnte es leicht zu Verletzungen kommen bei denjenigen, die an Maschinen und Öfen tätig waren. Im Bergbau gab es Gasexplosionen, Grubenfeuer, Wassereinbrüche und Einstürze; beim Bau der Gotthardbahn bis 1882 wurden 53 Arbeiter von Tunnelwagen zerquetscht, 49 wurden von Geröll erschlagen, 46 starben bei Dynamitexplosionen, jemand ertrank und mindestens 23 kamen auf unbestimmte Weise um. Trotz der Mechanisierung waren die körperlichen und seelischen Belastungen teilweise enorm hoch, was die Lebenserwartung der Beschäftigten vor allem in der Schwerindustrie drastisch verringerte.

In den Spinnereien im frühen 19. Jahrhundert arbeiteten die Menschen um die 16 Stunden am Tag. Um 1855 waren in Schweizer Industriebetrieben noch Arbeitstage von 14 Stunden üblich. In den 1870er-Jahren sank in vielen Ländern die tägliche Arbeitszeit auf etwa zehn Stunden, wobei manche Arbeiterinnen und Arbeiter nach wie vor mehr leisten mussten. Seit der Jahrhundertwende war der Sonntag in den allermeisten Industriebranchen frei, in einigen Bereichen auch schon der Samstagnachmittag. Damit wuchs einerseits die den Arbeitern zur Verfügung stehende Freizeit, andererseits wurden die Arbeitsabläufe in einer Art Gegenbewegung nun stärker verdichtet. Vorbild dafür war die USA, wo ausgeklügelte „Antreibersysteme" und das Fliessband (seit 1913 bei Ford) das Arbeitstempo erhöhen sollten. Anderswo wollte man die Temposteigerung mit Akkordarbeit (Entlöhnung nach Arbeitsmenge) und technischen Innovationen erreichen. Im deutschen Sammelwerk „Die Technik im 20. Jahrhundert" von 1912 wird vorgerechnet, dass das Fertigen einer Schraube auf der automatischen Revolverdrehbank neu nur 50 Sekunden statt 30 Minuten dauere, und ein einziger Arbeiter könne bis zu zehn Maschinen gleichzeitig bedienen; dies bedeute eine Lohnersparnis von mehr als dem Dreihundertfachen.

Fabrik- und Verdingkinder

Zu den schwierigsten Kapiteln der Industrialisierung gehört die Kinderarbeit. Diese gab es zwar schon lange davor, sie erreichte im 19. Jahrhundert aber eine neue Dimension, denn der Einsatz von Maschinen und die Arbeitsteilung machten es möglich, einzelne Arbeitsschritte gezielt auf Kinder zuzuschneiden. Für Unternehmer waren die Kinder billige Arbeitskräfte, denn ihnen stand nur ein Bruchteil des Erwachsenenlohns zu. Zudem war die Vorstellung weit verbreitet, frühe Arbeit erziehe Kinder, die ansonsten von „Verwahrlosung" bedroht wären, zu Ausdauer und Fleiss und trage dazu bei, ihre Familien vor Armut zu bewahren. In der Folge dehnte sich die Fabrikarbeit von Kindern aus der Unterschicht im frühen 19. Jahrhundert erheblich aus.

In der Schweiz wurden insbesondere in den Spinnereien der Ostschweiz und des Kantons Zürich neben Frauen auch sechs- bis zehnjährige Kinder angestellt, da die Arbeit an den Spinnmaschinen nicht viel Kraft erforderte. Die Fabrikkinder blieben öfters der Schule fern, weil ihre Familien das Geld dringender benötigten. Behördliche Untersuchungen der Arbeit von Fabrikkindern bewirkten, dass 1815 die Nachtarbeit und Fabrikarbeit von Kindern unter neun Jahren verboten und ihre Arbeitszeit auf 12 bis 14 Stunden begrenzt wurden. Diese Verbote wurden aber

M 5 „Das Eisenwalzwerk (Moderne Cyclopen)"

Detail aus einem Gemälde von 1875 des Künstlers Adolph Menzel, basierend auf seinen Beobachtungen in der Königlichen Eisengiesserei Berlin vor 1874

M 6 Kinderarbeit in einer Spinnerei in North Carolina, USA

Foto um 1907

M 7 *Die Dorfschule von 1848*, 1896

Gemalte Dorfszene von Albert Anker. Mit der Einrichtung von Schulen in der Schweiz ab den 1830er-Jahren sollte Druck auf die Eltern ausgeübt werden, ihre Kinder in die Schule und nicht in die Fabrik oder aufs Feld zu schicken. Die Alphabetisierung der Gesellschaft nahm schrittweise zu. Hier bestanden grosse kantonale Unterschiede. Erst die revidierte Bundesverfassung von 1874 bestimmte für alle Kinder eine oligatorische, kostenfreie und konfessionsunabhängige Primarschule auf eidgenössischer Ebene.

nicht durchgesetzt und blieben weitestgehend wirkungslos. Erst das „Bundesgesetz betreffend die Arbeit in den Fabriken" vom 23. März 1877, das erste eidgenössische Fabrikgesetz, verbot die Arbeit von Fabrikkindern unter 14 Jahren – damit der Schul- und Religionsunterricht nicht beeinträchtigt werde. In der Landwirtschaft und in der Heimarbeit blieb Kinderarbeit in manchen Kantonen aber noch bis weit ins 20. Jahrhundert erlaubt. Pflegekinder, oft Waisen, Findelkinder, arme oder auch illegitime Kinder wurden seit dem Spätmittelalter bei Verwandten, Bauernfamilien oder in Heimen fremdplatziert; dort wurden sie als sogenannte Verdingkinder als unentgeltliche Arbeitskräfte benutzt. Die Gewalt, die Ausbeutung und die Missbräuche, die sie dabei erlitten, werden erst seit den 2010er-Jahren aufgearbeitet.

Wahrnehmung von ökologischen Schäden

Manche Historikerinnen und Historiker interpretieren die Industrielle Revolution als Beginn des Anthropozäns – des Zeitalters, in welchem der Mensch zu einem der bedeutendsten Einflussfaktoren auf die Umwelt geworden ist. Als späterer Ansatzpunkt gilt die globale Industrialisierung nach 1945; frühere Ansatzpunkte werden im Kolonialismus der Frühen Neuzeit, in der Sesshaftwerdung und der Waldrodung während des Neolithikums oder im Gebrauch von Feuer und in der Jagd auf pflanzenfressende Wildtiere während des Paläolithikums ausgemacht. Viele der Verantwortlichen und ihrer Zeitgenossinnen und -genossen nahmen negative Auswirkungen der Industrialisierung auf die Umwelt zuerst kaum wahr, hielten sie für unvermeidlich oder werteten sie als Zeichen des Fortschritts. Lärm und Dreck gab es schon zuvor, aber die Industrialisierung war auf eine neue Art lärmend und dreckig: Das Donnern der Züge und Maschinen erzeugte Stress, Abfälle verdreckten die Wege, verschmutzte Abwässer aus Bergwerken, Kokereien und Chemiefabriken lösten Fischsterben und Typhus aus, der Einsatz von Kohle als Brennstoff verpestete durch Smog die Luft. Aufgrund der Belastungen frönten einige der Nostalgie, einer sehnsuchtsvollen, idealisierten Erinnerung an die unberührte Natur der vorindustriellen Zeit. Erleichterung brachten Ausflüge aufs Land und die Kunst in Gestalt von etlichen Landschaftsbildern (im Kontrast zu Fabriklandschaften). In den europäischen Ländern wurden Naturdenkmäler und Parks nach dem Vorbild der USA (Yosemite 1864, Yellowstone 1872) gegründet, aber auch viele Heimat-, Tier- und Naturschutzbunde. Die Anfänge des Naturschutzgedankens fielen nicht zufällig in die Zeit der Industrialisierung.

M 8 „Barmen um 1870"

Das Bild zeigt die deutsche Stadt Barmen, ein Zentrum der deutschen Textil- und Chemieindustrie. Gemälde von August von Wille, 1870

Urbanisierung und Arbeit in der Industrialisierung

Arbeiterfamilie in ihrer Wohnung in Zürich-Aussersihl. Fotografie, um 1900

M 10 Die Wohnungs-Enquête in Basel

Vom 1. bis zum 19. Februar 1889 fand im Auftrag des Basler Regierungsrates eine Untersuchung zur Wohnungslage statt. Der Untersuchungsleiter Karl Bücher erwartete von den Berichten Anregungen für die städtische Sozialpolitik.

Von diesen Berichten sind zwar manche recht abgerissen und mangelhaft, andere aber bieten sehr werthvolle Ergänzungen des in den Erhebungsbogen niedergelegten Materials. So manches gegen die Veröffentlichung derartiger,
5 von zum Theil wenig geübten Beobachtern aus gehenden Aeusserungen sprechen mochte, so mussten solche Bedenken doch gegenüber dem einen Gesichtspunkte zurücktreten, dass an Besserung nur zu denken ist, wenn die Zustände so konkret wie möglich und in ihrer nackten
10 Mangelhaftigkeit dem Publikum vor Augen gestellt werden. Der Verfasser hat sich aus diesem Grunde auch nicht entschliessen können, da, wo die Berichte Strasse und Hausnummer angeben, diese zu tilgen. Wird damit auch nur ein paar Dutzend armen Menschen geholfen, so wiegt die un-
15 ausbleibliche Entrüstung der Fehlbaren nicht schwer. Der Hauptwerth der Aeusserungen unserer Erhebungsbeamten liegt darin; dass es nicht Urtheile vornehmer Leute sind, die ausnahmsweise einmal in die niederen Hütten der Armen herabgestiegen sind und die Nasen rümpfen, wenn es da

nicht nach Kölnischem Wasser oder Patschuli riecht, son- 20 dern Bemerkungen einfacher Männer (meist intelligenter Bauarbeiter), die selbst auf keiner hohen Stufe der Lebenshaltung stehen. [...]
1. St. Johann-Quartier.
I. Blumenrain, Petersgasse, Herberggasse, Petersgraben, 25 Peterskirchplatz, Todtentanz, Spitalstrasse, Hebelstrasse, Davidsgasse, St. Jonhannvorstadt Nr. 2–61.
Was den baulichen Zustand der Häuser betrifft, so entspricht derselbe meistens den baupolizeilichen Anforderungen; wo die Sache mangelhaft ist, fehlt gewöhnlich der 30 Eigenthümer im Hause, und dasselbe bleibt den Miethern überlassen; nur am Zinstag wird nachgesehen.
In sanitarischer Hinsicht bleibt vieles zu wünschen. Viele Wohnungen sind feucht, sehr viele Küchen sind indirekt beleuchtet und so finster, dass die Leute den ganzen Tag 35 die Petrollampe gebrauchen müssen und zudem in Dampf und schlechter Luft sich befinden, besonders die Dienstboten. Betreffs der Schlafräume sieht es an vielen Orten bedauerlich aus. Oft schlafen 4–6 und noch mehr Personen in einem Zimmer, wo wenig Luft und noch viel Gestank der 40 Abtritte vorhanden ist. Besonders kommt dergleichen bei Schuhmachern und andern Haushandwerkern vor. In den meisten schlechten Schlafräumen sind Gesellen oder Dienstboten eingepfercht. An sehr vielen Orten freilich, wo man schlechte Luft trifft, trägt die „reinliche Hausmutter" 45 die Schuld. – Die Abtritte sind nicht selten von den Eigenthümern vernachlässigt. Sie sparen das Leeren der selben und lassen die Sache geheu so lange sie mag. Besonders habe ich solches im äusseren St. Johann-Quartier getroffen, aber auch in einem Hause der Hebelstrasse, wo dazu 50 noch der Abtritt für das ganze Haus in der Küche ist. In der St. Johannvorstadt haben einmal 8 Haushaltungen mit 45 Personen nur einen Abtritt. In der Petersgasse haben mehrfach je 2 Häuser die Abtrittgrube gemeinschaftlich.

Zit. nach: Bücher, Karl. Die Wohnungs-Enquête in der Stadt Basel vom 1.–19. Februar 1889. 1891. S. 250 f.

M 11 Gesundheit und Sicherheit am Arbeitsplatz

In der Spinnerei Wunderli wurde in Windisch im Kanton Aargau im 19. Jahrhundert Baumwollgarn hergestellt. Die Reuss trieb über Wasserwerkanlagen die Spinnmaschinen an. Ein ehemaliger Arbeiter erinnert sich an seinen Arbeitsplatz:

Arbeiter und Arbeiterinnen, die weit weg von der Spinnerei wohnten, nahmen das Mittagessen, das ihnen von Angehörigen gebracht wurde, in der Fabrik ein, ungefähr 150 Personen an der Zahl. Kein Gedanke, dass Wunderli ihnen hierfür einen eigenen Raum zur Verfügung gestellt hätte; sie mussten daher im Vorwerkraum des alten Fabrikgebäudes essen, der mit Maschinen gefüllt war; selbstredend in schlechter Luft und stinkendem Ölgeruch. Weil für so viele Personen genügend Plätze fehlten, nahmen jeweilen die zusammengehörenden Familienglieder eine Kiste, stellten den Napf mit Speise darauf und löffelten aus dem gemeinsamen Speisegeschirr ihre karge Nahrung.

Die Arbeiter und Arbeiterinnen der Spinnerei Wunderli waren verhältnismässig oft von Krankheiten heimgesucht; insbesondere grassierten unter der Arbeiterschaft Lungentuberkulose, Bleichsucht, Blutarmut und Magenleiden. [...] Gegen Unfall hatte Wunderli seine Arbeiter nicht versichert. Bei kleinern Unfällen (z. B. Verlust eines Fingers etc.) erhielten die Verunfallten während der Zeit ihrer Arbeitsunfähigkeit freie ärztliche Behandlung und ein Taggeld von 80 resp. 60 Cts. Aus der Krankenkasse, während sie nach dem Haftpflichtgesetz den Taglohn hätten bekommen sollen. Von einer eigentlichen Unfallentschädigung war in den genannten Fällen keine Rede. Bei grösseren Unfällen, die leider nicht so selten vorkamen (wie z. B. Verlust der Hand, eines Armes, Tod durch Sturz oder Verstümmelung durch Transmissionsriemen), wurde dem Verunfallten bzw. seinen Angehörigen eine ganz geringe Abfindungssumme bezahlt. Selten kam es vor, dass ein Verunfallter einen Anwalt zu Rate zog und den Prozessweg beschritt – dann war er allerdings auch sicher, dass er nach Erledigung des Prozesses aus der Fabrik entlassen wurde.

Zit. nach: Arnold Staub: Im Königreich Wunderli-v. Muralt in Windisch im Aargau – Erinnerungen eines ehemaligen Textilarbeiters. 1907.

Fabrikkinder

Im Buch Geschichte von Stadt und Landschaft Zürich des Historikers Anton Largiadèr (1893–1974) wurde ein Gemeindebericht von 1855 wie folgt zitiert:

Aus der Zürcher Vorortsgemeinde Wiedikon wanderte täglich eine grössere Schar von Kindern nach dem Stampfenbach in Zürich, wo sie in der Spinnerei von Escher-Wyss arbeiteten. Die Ausführungen des Gemeinderates Wiedikon geben ein erschütterndes Bild sozialer Missstände: Die Kinder gehören ganz der ärmsten Volksklasse an. In keiner Beziehung erhalten sie ihrem Wachstum und ihrer Anstrengung angemessene und genügende Nahrung, namentlich [vor allem, besonders] nicht in teuren Zeiten [mit höheren Preisen]. Halbnackt treten sie im Winter schon um fünf Uhr morgens in die eisige Kälte. Winterstürme peitschen sie in die schneeige, pfadlose Bahn; so durchnässt betreten sie die dumpfe, unreinliche, von Dampf und Staub qualmende Arbeitsstätte; diese bietet ihnen volle 14 Stunden arbeitsstrengen Aufenthalt, nur mit einer Stunde Rast, mittags von 12–1 Uhr. So jahraus, jahrein. Die Entwicklung ihrer körperlichen Kräfte wird nicht gefördert durch sorgsame Pflege, vielmehr gehemmt und gepeinigt von übermässiger Anstrengung; ihrer jugendlichen Natur und Entwicklung wird Gewalt angetan. Erschöpfung folgt auf Erschöpfung; ihr früheres, blühendes Aussehen verwandelt sich bald in einen bleichgelben, matten, abgezehrten Teint; die frohe Lebendigkeit ihrer ersten Lebensjahre ist verschlungen von einem trägen, schleppenden, schlaffen Sich-gehen-lassen. Sichtbar ist die Festigkeit der äussern Lebenskraft schon gebrochen, da ihre Entwicklung erst beginnen sollte; mit ihr aber auch geknickt die innere Lebensfreudigkeit, der sittliche Lebensmut.

Zit. nach: Etter, Paul. Wiedikon selbständig! 1798–1892 – Vom Bauerndorf zum Stadtquartier. S. 203 f.

Aufgaben

1. **Urbanisierung und Arbeit**
   a) Untersuchen Sie die Lebensumstände der Menschen, die an den beiden Tischen in M1 und M2 Essen zu sich nehmen und an den beiden Orten M3 und M4 wohnen. Machen Sie deutlich, welche Kriterien Sie dabei beachten.
   b) Bewerten Sie die beiden Arbeitsplätze in M5 und M6 im Hinblick auf ihre Sicherheit.
   c) Beurteilen Sie das Bild einer Dorfschule in M7 hinsichtlich der Ausstattung des Schulzimmers, der Platzierung der Schülerinnen und Schüler und der

   Rolle des Lehrers. Vergleichen Sie dazu das Bild mit Ihrem eigenen Schulzimmer.
   d) Diskutieren Sie, welche der Missstände in den Arbeiterwohnungen in M9 und M10 am dringlichsten zu beheben wären.
   e) Erschliessen Sie aus den Textquellen M11 und M12, inwiefern die Fabrikarbeit von erwachsenen Arbeitern und Kindern Familien über Generationen hinweg schädigen konnte.

   Text, M1–M7, M9–M12

Die „Zweite Industrielle Revolution" und ökologische Schäden

M 13 Flussfischerei contra chemische Industrie

Als immer mehr Fabriken ihre Abwässer in die Flüsse einleiteten, war neben der Landwirtschaft die Flussfischerei besonders betroffen. Der an der Technischen Hochschule Berlin lehrende Chemiker Konrad Wilhelm Jurisch (1843–1917) nahm dazu Stellung (1890):

Wie weit hat die Fischerei eine Berechtigung gegenüber den Interessen der chemischen Industrie in der Abwässerfrage?

5 Es hat sich herausgestellt, dass für ganz Deutschland der wirtschaftliche Wert der Industrien, welche Abwässer liefern, ca. 1000 mal größer ist, als der Wert der Binnenfischerei in Seen und Flüssen, also sicher mehr als tausendmal größer als der Wert der Flussfischerei. [...] Haben sich an einem kleinen Flusse, wie z. B. Wupper, Emscher, Bode und 10 anderen, so viele Fabriken angesiedelt, dass die Fischzucht in denselben gestört wird, so muss man dieselbe preisgeben. Die Flüsse dienen dann als die wohltätigen, natürlichen Ableiter der Industriewässer nach dem Meere. [...]

15 Die Fischerei hat auf ein Flussgebiet, an dem gewerbliche und industrielle Anlagen errichtet worden sind oder werden, keinen Anspruch auf alleinige Berechtigung, und wenn die besten Einrichtungen für Reinigung der Abwässer getroffen und diese vom Staat durch seine technischen Be- 20 amten gutgeheißen worden sind, so hat die Fischerei kein weiteres Vorrecht zu beanspruchen. In solchen Fällen muss das geringfügige Interesse der Fischzucht dem überwältigenden Interesse der Industrie weichen. [...]

Dieser Grundsatz entspricht nicht nur den Anforderungen 25 des Nationalwohlstandes, sondern auch den wirtschaftlichen Interessen der örtlichen Bevölkerung. Denn wo ein Landstrich vor dem Entstehen der Industrie nur eine spärliche und ärmliche Bevölkerung trug, welche zwar ungehinderten und reichlichen Fischfang trieb, aber nur geringen 30 Absatz und geringen Verdienst fand, und an die Scholle gebunden, an den Fortschritten der Zivilisation nur geringen Anteil nehmen konnte – da verdichtet sich die Bevölkerung durch das Aufblühen der Industrie, Arbeiterschaaren strömen herbei; Verkehrswege werden geschaffen; ein 35 fortwährendes Kommen und Gehen Fremder bringt die ortsansässige Bevölkerung in lebendige Berührung mit dem kräftig pulsirenden Leben der Nation; neuer Absatz, vermehrter Verdienst öffnen sich; Bildungsanstalten entstehen und gestatten der Bevölkerung, sich auf eine höhe- 40 re Stufe der Kultur zu heben.

Es liegt daher im wohlverstandenen Interesse eines jeden armen Landstriches, das Aufblühen der Industrie zu fördern, selbst auf Kosten der Fischerei.

Konrad Wilhelm Jurisch, Die Verunreinigung der Gewässer, Berlin 1890, S. 103; zit. nach: Franz-Josef Brüggemeier und Michael Toyka-Seidl (Hg.), Industrie – Natur. Lesebuch zur Geschichte der Umwelt im 19. Jahrhundert, Frankfurt/M. u. a. 1995, S. 145 f.

M 14 Protest gegen eine Chemiefabrik

Die Firma Wülfing beabsichtigte 1895, in ihrer Farbenfabrik in Wuppertal-Elberfeld auch Salpetersäure herzustellen. Der zuständige Bezirksausschuss verweigerte zunächst die Betriebserlaubnis, weil die Firma es früher an der notwendigen Sorgfalt und Verantwortung hatte fehlen lassen. Dies war im Sinne vieler Bürger, die sich schon lange durch chemische Fabriken belästigt fühlten und mit ihren Beschwerden bis dahin kaum Erfolg gehabt hatten. Gegen den ablehnenden Bescheid erhob die Firma beim Minister für Handel und Gewerbe Revision und bekam schliesslich Recht. Brief eines Grundbesitzers in der Nachbarschaft der Chemiefirma Wülfing in Wuppertal-Elberfeld v. 10.9.1895:

Es herrscht allgemeine Erregung darüber, [...] dass in der Fabrik ungesetzlich und rücksichtslos verfahren worden ist, auch dass Salpetersäure fabrizirt wurde, zeigen unsere verwüsteten Gärten. Die nun lange Erfahrung in Bezug auf die 5 regierungsseitig vorgeschriebenen Concessions-Bedingungen der so oft während des Bestehens der chemischen Fabriken in der Nachbarschaft geführten Beschwerden haben gar nichts genützt, höchstens dass die dadurch erzielte Revision für ein paar Tage die Unzuträglichkeiten milderte, aber gleich nachher um so schlimmer wurde. Die von der 10 Fabrik vor mehreren Jahren unter Protest der gesammten Nachbarschaft erwirkte Concession zur Fabrikation verschiedener Anilinfarben und Öle wurden unter anderen Bedingungen auch Klärbassins vorgeschrieben; aber noch nie hat der Wupperfluss soviel an verschiedenen Farben 15 etc. Abfällen aufnehmen müssen. Wie es da besonders bei Sommerhitze und kleinem Wasserstande mit den Ausdünstungen war, spottet jeder Beschreibung. Kein Vogel in der Luft ließ sich mehr sehen, höchstem waren noch einige Spatzen da. Damals äußerte der Tägl. Anzeiger, wenn ich 20 nicht irre, es sei das die beste Desinfektion für ansteckende

Die „Zweite Industrielle Revolution" und ökologische Schäden

Krankheiten; das sei nur erwähnt, wie leicht man auch behördlicherseits über Beschwerden der Nachbarschaft hinweg kommt; auch die Antwort eines Polizei-Kommissars auf
25 meine Beschwerde: man dürfe niemand in seinem Gewerbe stören, ist bezeichnend. Ich sowohl wie meine eingesessenen Nachbarn haben uns schon seit Jahren in unser Schicksal ergeben, weil wir keine Rettung mehr sahen. Das vorliegende Concessions Gesuch gibt uns Gelegenheit, nochmals
30 uns an zustehender Stelle zu äußern und zu beschweren und die hohe Königl. Regierung zu bitten, unter Hinweis darauf, dass auch wir Protestler Untertanen seiner Majestät des Königs sind und ein Recht und die Pflicht haben, die Gesetze zum Schutz unseres Eigentums und unseres Wohl-
35 befindens zu beanspruchen, das Concessionsgesuch abzulehnen. [...]
Die Königl. Regierung hat fort und fort, trotz aller Beschwerden und Einsprüche seit mehr denn 25 Jahren jedes Concessions Gesuch der chemischen Fabriken bewilligt, alle
40 dabei zu meinem und der Nachbarn Schutze bedingten Vorsichtsmaßregeln sind seitens der Fabriken umgangen worden; jahrelang habe ich auf meinem Land höchstens Kartoffeln ernten können; meine schönen Obstbäume, die ich gepflanzt, blühen wohl, aber die schädlichen nächtli-
45 chen Dünste vernichten ein Jahr ums andere jeden Fruchtansatz, und was blieb, verkümmerte. [...] Tausend male ist uns das Essen am Tisch verleidet worden, wenn die Übelgerüche aus den Fabriken die Luft verpesteten. [...]
Ich habe von früher Jugend an im Dienste der hiesigen In-
50 dustrie mein physisches und geistiges Können verbraucht in der Sorge für meine und meiner älterlichen Familie, ich habe nur erträgliche Luft verlangt für die Meinigen und meinen Garten, die heimatlichen Behörden haben aber immer drauflos chemische Fabriken konzessioniert und nichts

getan, woran ich hätte merken können, man suche uns zu 55 schützen. Königl. Regierung hat nur früher einmal auf meine Beschwerde zur Antwort gegeben, das gehöre vor den Richter. Mag sein, ich habe kein Geld zu prozessen, die Prozesse, die ich von Nachbarn gegen die chemischen Fabriken erlebt und gesehen, haben bei mir den guten Glauben 60 an die Gleichheit vor dem Gesetz sehr fraglich gemacht, auch hat die Furcht vor Nachteilen in meinen Erwerbsverhältnissen mir bisher Schweigen geboten. Königl. Regierung erwiderte ein anderes mal, wenn ich es nicht mehr ertragen könne, müsse ich anderswo hinziehen. 65

Brief eines Grundbesitzers in der Nachbarschaft der Chemiefirma Wülfing in Wuppertal-Elberfeld v. 10.9.1895; zit. nach: Ralf Henneking, Chemische Industrie und Umwelt. Konflikte mit Umweltbelastungen durch die chemische Industrie am Beispiel der schwerchemischen, Farben- und Düngemittelindustrie der Rheinprovinz (ca. 1800–1914), Stuttgart 1994, S. 330 f.

M 15   **Die Witkowitzer Eisenwerke im 19. Jahrhundert**
Die Eisenwerke im heutigen tschechischen Vitkovice gehörten im 19. und 20. Jahrhundert zu den grossen Unternehmen der mährischen Schwerindustrie und vereinten auf relativ kleinem Raum Kohleförderung, Kokerei, Roheisenerzeugung, Stahlveredelung und -verarbeitung sowie Maschinenbau. Lithographie, um 1850

Aufgaben

1. Industrialisierung und ökologische Schäden
   a) Vergleichen Sie, wie in den Bildquellen M8 und M15 Industriegebiete im Verhältnis zur Umwelt dargestellt werden.
   b) Arbeiten Sie die Position von Konrad Wilhelm Jurisch in M13 heraus.
   c) Beurteilen Sie seine Argumentation.
   d) Informieren Sie sich im Internet über die Wirkung von Salpetersäure.

   e) Arbeiten Sie aus dem Text M14 die zentralen Einwände gegen das Projekt (Herstellung von Salpetersäure in Wuppertal-Elberfeld) und die Einstellung des Verfassers heraus.
   f) Erläutern Sie den Verlauf des Konflikts und nehmen Sie dazu Stellung.

   ⌐ Text, M8, M13–M15, Internet

Lösungswege zur Sozialen Frage: Einzel-, Gruppen- und Massenbewegungen

Hunger, Not und Elend hat es zu allen Zeiten gegeben. Aber die Soziale Frage verlangte nach mehr als bloss nach karitativen Aktivitäten. Der sogenannte Pauperismus, die fast schon epidemische Massenarmut des 19. Jahrhunderts, wurde später auf mehrere verschiedene Ursachen zurückgeführt: etwa das grosse Bevölkerungswachstum, der fehlende Landbesitz der Bauern, der Zerfall der ländlichen Heimarbeit und des Tagelohnwesens durch die Fabriken, ein Überangebot an Arbeitskräften, Hungerlöhne und verheerende Missernten. Gelehrte wie der britische Ökonom Thomas Robert Malthus prognostizierten um 1800 eine katastrophale Überbevölkerung für das Ende des 19. Jahrhunderts. Der deutsche Arzt Karl August Weinhold etwa schlug radikale Massnahmen zur Verhinderung der Fortpflanzung von Verarmten vor. Konservative empfahlen eine Rückkehr zur „guten alten" Wirtschafts- und Gesellschaftsordnung, und Liberale bauten auf die Selbstheilungskräfte des „freien Marktes". Mit der Zeit konnten die neu entstandenen Industrien tatsächlich immer mehr Arbeitsplätze anbieten und so die Massenarmut ein grosses Stück weit auffangen.

In den Augen mancher hatte der moderne Industriekapitalismus das Elend der Arbeiterschaft erst hervorgebracht. Während die Liberalen forderten, dass sich der Staat nicht in die Abläufe der Wirtschaft einmischen sollte, verlangten die Sozialdemokraten hingegen, dass der Staat und auch diejenigen, die von der Industrialisierung profitierten, eine Verantwortung gegenüber den Arbeiterinnen und Arbeitern wahrzunehmen hätten. Man stritt sich ausgiebig über tiefe Löhne, üble Wohn- und Arbeitsverhältnisse, Verwahrlosung, Stigmatisierung, fehlende soziale Sicherungssysteme und die politische Ohnmacht der Arbeiterschaft. In der Schweiz beispielsweise durften Männer ab 20 Jahren (die Frauen also nicht) nur an eidgenössischen Abstimmungen und Wahlen teilnehmen, wenn sie auch Steuern bezahlten (die Verarmten also nicht) und die Niederlassungsfreiheit besassen (die jüdische Gemeinde also nicht). Acht ziemlich unterschiedliche Lösungswege zur Sozialen Frage mit ebenso unterschiedlichen Akteurinnen und Akteuren ragen heraus.

M 1 „Die Armensuppe II"

Das Bild zeigt eine von der Gemeinde finanzierte Abgabe von Suppe. So erhielten Arme und kleine Kinder besonders an kalten Tagen eine warme Mahlzeit. Gemälde von Albert Anker, 1893

Hilfe von Einzelpersonen

Einzelne Unternehmer, Pädagogen und Kirchenleute boten ihren Mitmenschen Unterstützung an. Der Waliser Robert Owen bewies, dass durch tiefere Arbeitszeiten (10,5 statt 14 Stunden), Versicherungen und Häuser für die Arbeiterschaft die Produktivität in seiner Spinnerei nicht ab- sondern zunahm. Der Schweizer Johann Heinrich Pestalozzi führte ab 1799 in Stans ein Waisen- und Armenhaus und setzte sich für die Einrichtung von Schulen ein. Der Schriftsteller Jeremias Gotthelf kämpfte in der ersten Hälfte des 19. Jahrhunderts gegen die Ausbeutung von Verdingkindern in der Schweiz. Johann Zellweger förderte im selben Zeitraum den Bau neuer Schulen und die wohltätige *Schweizerische Gemeinnützige Gesellschaft*. Der Theologe Johann Hinrich Wichern eröffnete 1833 in Hamburg ein Rettungshaus für Kinder und Jugendliche. Pfarrer Adolph Kolping gründete 1849 in Köln einen Gesellenverein, in dem junge Handwerker wohnen, sich weiterbilden und Gottesdienst feiern konnten. Sie alle wählten den Weg des persönlichen Einsatzes vor Ort und fanden Nachahmer an anderen Orten.

M 2 „Pestalozzi bei den Waisenkindern in Stans"

Gemälde von Konrad Grob, 1879

M 3 *Nach Fernen Landen II,* **1911**

Gemälde von Hans Bachmann

Genossenschaften 1883 – 1957

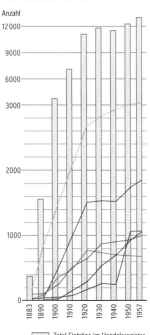

Anzahl

12 000

9000

6000

3000

2000

1000

0

1883 1890 1900 1910 1920 1930 1940 1950 1957

▭ Total Einträge im Handelsregister

davos: ── Käsereigenossenschaften
── Viehzuchtgenossenschaften
── Landw. Bezugsgenossenschaften
── Konsumgenossenschaften
── Raiffeisengenossenschaften
── Bau- und Wohngenossenschaften

© Westermann 39969EX

M 4 **Anzahl der Genossenschaften in der Schweiz 1883 – 1957**

Auswanderungswellen

Das Auswandern als Lösungsweg in Betracht zu ziehen erschien für diejenigen durchaus sinnvoll, die in der Industriegesellschaft keinen Platz mehr fanden. Die Schweiz jenseits der sich früh industrialisierenden Regionen zwischen Genf und St. Gallen war arm, Arbeit und Wohlstand waren ungleichmässig verteilt. Diese Armut wurde als wichtigster Faktor für die Auswanderung beschrieben; sie galt gemeinhin als selbstverschuldet und als Zeichen von Charakterschwäche oder fehlender Gottesnähe. Den Beweis hierfür glaubte man im Alkoholismus der Verarmten zu erkennen. Wer als arbeitsfähig galt und trotzdem arm war, wurde ausgegrenzt. Strukturelle Gründe für die Armut wie beispielsweise der Ersatz manueller Arbeit durch Maschinen, der Überbestand und die Austauschbarkeit von Fabrikarbeiterinnen und -arbeitern fanden noch nicht viel Beachtung. Von 1840 bis 1900 führte dies zu Auswanderungen von insgesamt mehr als 100 000 Schweizerinnen und Schweizern (hohe Schätzungen gehen bis zu 200 000), verteilt auf mehrere Auswanderungswellen ins nahe Umland oder nach Übersee. Auswanderungen wurden oft durch lokale Behörden und Agenturen koordiniert. Gewisse Kantone wie Aargau, St. Gallen, Schwyz oder Schaffhausen unterstützten die Auswanderungspläne aktiv, indem sie sich an den Reisekosten beteiligten. Ärmere Gemeinden konnten ihren Verarmten nicht genügend helfen, die Auswanderung kam für sie günstiger. Die Hauptauswanderungsziele waren Länder in Nord- und Südamerika. Individuen, mehrköpfige Familien oder ganze Familienverbände reisten in die „Neue Welt" und siedelten sich dort an.

Genossenschaftswesen

Die Ursprünge der Selbstorganisation in Genossenschaften sind älter, aber eine grössere volkswirtschaftliche Relevanz entwickelten sie erst im 19. Jahrhundert. Das Prinzip war immer dasselbe: Die Mitglieder einer Genossenschaft blieben einerseits selbstständig, etwa als Bauersleute (landwirtschaftliche Genossenschaften), Handwerkerinnen und Handwerker (Produktions-), Mieterinnen und Mieter (Wohnbau-), als Sparende (Kredit- oder Spar-) oder als Käuferinnen und Käufer (Konsumgenossenschaften). Andererseits bildeten sie eine Gruppe, um sich am Markt besser behaupten zu können, beispielsweise beim Erwerb von Geräten oder Dünger, beim Einkauf von Rohstoffen oder Maschinen und beim Absatz von Produkten, bei Mietverhandlungen, beim Schutz vor Wucherzinsen oder bei der Beschaffung von Waren des täglichen Bedarfs. In der Schweiz kam nach den landwirtschaftlichen Genossenschaften den Konsumgenossenschaften eine wichtige Bedeutung zu. Den *Verband Schweizerischer Konsumvereine* von 1890 kennt man seit 1970 schweizweit als *Coop*. Und die 1925 privat gegründete *Migros* wurde 1941 ebenfalls in eine Genossenschaft umgewandelt.

Betriebliche Sozialpolitik

In den 1870er-Jahren entwickelten sich Formen der betrieblichen Sozialpolitik. Insbesondere grössere Unternehmen boten ihren Arbeiterinnen und Arbeitern Leistungen, die über den Lohn hinausgingen. Dazu zählten etwa Pensions- und Krankenkassen, Werksküchen, Wohnungen, Betriebsausflüge, Jubiläumsfeiern und Prämien. Zum einen sollten die Arbeiterinnen und Arbeiter – vor allem die gut ausgebildeten, wertvollen – an den Betrieb gebunden werden. Zum anderen wollten die Betriebe ihre Belegschaft gegen die Sozialdemokratie immunisieren.

Die Hoffnung war, dass ein glücklicher Arbeiter weniger streik- und konfliktbereit sein würde. In Deutschland engagierten sich im letzten Viertel des 19. Jahrhunderts besonders die Krupp AG in Essen, Siemens in München oder Zeiss in Jena in diesem Bereich. In der Schweiz erlangte die betriebliche Sozialpolitik erst zur Mitte des 20. Jahrhunderts hin eine wesentlichere Bedeutung.

Gewerkschaften und Sozialdemokratische Parteien

Am Anfang der Arbeiterbewegung im 19. Jahrhundert standen diejenigen, deren Existenzgrundlage durch die Dampfmaschine bedroht war, und die Maschinenstürmer, die gegen die Mechanisierung kämpften. Im Bericht über das allererste Dampfschiff auf dem Genfersee 1823 stand zum Beispiel, das Dampfschiff habe „den Ingrimm der Schiffsleute erregt, die Fuhrleute und Wirte (nach ihren Aussagen) ruiniert". 1832 wurde die mechanische Spinnerei und Weberei Corrodi und Pfister in Uster von Heimarbeitern und Kleinfabrikanten niedergebrannt. 1833 streikten die Schreiner in der Stadt Genf. Anfangs gab es in manchen europäischen Ländern nur kleine lokale Arbeitervereinigungen und Gesellenvereine, die sich auf Wohn-, Weiterbildungs- und Freizeitangebote konzentrierten. In der zweiten Jahrhunderthälfte schlossen sich diese zu nationalen Gewerkschaften zusammen, um bessere Arbeitsbedingungen, Löhne oder Gesamtarbeitsverträge auszuhandeln. Sowohl Frauen als auch Männer konnten Mitglied werden. Streiks waren ein wirkungsvolles Druckmittel, besonders wenn sich die Facharbeiterinnen und -arbeiter daran beteiligten, die für den Betrieb unentbehrlich waren. Aus diesem Gewerkschaftsmilieu stammten auch die ersten politischen Zusammenschlüsse: Aus zwei Vorläuferparteien ging 1875 die *Sozialistische Arbeiterpartei Deutschlands* hervor, die seit 1890 *Sozialdemokratische Partei Deutschlands* (SPD) heisst. 1888 wurde die *Sozialdemokratische Partei der Schweiz* (SP) gegründet. Sozialdemokraten und Gewerkschaften orientierten sich gegen 1900 hin zwar zunehmend an den Theorien von Marx und Engels, arbeiteten aber eher an demokratischen Lösungen als an der Revolution.

Klassenkampf

Einen durch eine umfassende Gesellschaftstheorie getriebenen Lösungsweg entwickelten Karl Marx (1818–1883), Sohn einer jüdischen Anwaltsfamilie, und Friedrich Engels (1820–1895), Sohn einer Spinnereifamilie, zur Mitte des 19. Jahrhunderts. Grundlagen ihrer Überlegungen waren die Annahmen, dass sich die Welt und ihre Geschichte durch Widersprüche, durch Gewalt und Gegengewalt vorwärtsbewege, und dass die materiellen Verhältnisse und die daraus folgenden gesellschaftlichen Verhältnisse das menschliche Bewusstsein bestimmen. Ihrer Wahrnehmung nach sei die Gesellschaft auf Ungleichheit und auf der Ausnutzung der Schwachen aufgebaut, und werde vom Kampf zweier Klassen – der *Bourgeoisie* (wohlhabendes Bürgertum) und dem *Proletariat* (Arbeiterschaft) – um die politische, wirtschaftliche und gesellschaftliche Macht beherrscht. Die Fabrikarbeiterinnen und -arbeiter würden aus Rohstoffen ein Produkt herstellen und so einen Mehrwert erzeugen. Die menschliche Arbeitskraft verliere durch den Einsatz von Maschinen an Wert, und werde daher immer schlechter entlöhnt. Arbeiterinnen und Arbeiter würden durch die Arbeitsteilung immer weiter von ihren Erzeugnissen entfremdet, der Mehrwert werde beinahe ausschliesslich von den Fabrikbesitzern beansprucht und die Arbeiterinnen und Arbeiter würden verarmen; so

M 5 „Der Streik"
Detail aus einem Gemälde von Robert Köhler, 1886

M 6 Grabdenkmal von Karl Marx auf dem Londoner Highgate Cemetery seit 1956
Darauf sind zwei Zitate von Marx zu lesen: „Proletarier aller Länder, vereinigt euch" und „Die Philosophen haben die Welt nur verschieden interpretiert, es kommt darauf an sie zu verändern".

lange, bis sich die Masse der Proletarier dieser Zusammenhänge bewusstwerde und sich in einer Revolution an die Spitze der Gesellschaft erhebe – dann würde das Proletariat eine gerechte Güterverteilung anstreben (*Sozialismus*) und eine klassenlose Gesellschaft mit einem Höchstpotenzial zur Selbstverwirklichung (*Kommunismus*) erschaffen. *Das Manifest der Kommunistischen Partei* von Marx und Engels von 1848 und Marx' *Das Kapital* von 1867 gehören zu den bedeutendsten Schriften des 19. Jahrhunderts. Obschon einige Anhängerinnen und Anhänger des Kommunismus darauf hinwirkten, erfolgte weder in England noch in Frankreich, Deutschland oder der Schweiz die Revolution des Proletariats. Die Sozialdemokratie setzte sich gegenüber den radikalen Revolutionsbemühungen durch. Im 20. Jahrhundert entfalteten Marx' und Engels' Schriften – wenngleich in starker Abwandlung – eine politische Schlagkraft im Leninismus, im Stalinismus und im Maoismus.

Städtische und staatliche Massnahmen

Im Zentrum städtischen Handelns standen lange Zeit die Bereiche Hygiene und Gesundheit, also der Kampf gegen Seuchen. Wasserwerke, unterirdische Kanalisation und Kläranlagen, Strassenreinigung und Müllabfuhr, Krankenhäuser, öffentliche Bäder, Parks und die Einrichtung der Strassenbeleuchtung wurden typische städtische Zuständigkeitsbereiche. Gasbeleuchtungen gab es seit dem Ende des 18. Jahrhunderts in London und weiteren englischen Städten, seit den 1820er-Jahren in deutschen Staaten und ab den 1840er-Jahren in grösseren Schweizer Städten (Bern 1843, Genf 1844, Lausanne 1848, Basel 1852, Zürich 1856). Während das Deutsche Reich in den 1880er-Jahren überaus wirksame Sozialstaatsgesetze (Kranken-, Unfall-, Invaliden-, Altersversicherung) erliess, hatte der Schweizer Bundesstaat (mit der Ausnahme von Arbeiter- und Kinderschutzgesetzen) nicht einmal das Recht, Sozialpolitik zu betreiben. Durch eine eidgenössische Abstimmung 1890 wurde die Verfassung abgeändert, sodass entsprechende Gesetze vorbereitet werden konnten. Diese wurden aber von den Stimmbürgern in den meisten Fällen abgelehnt. Erst der Zweite Weltkrieg führte in der Schweiz zu einer breiten Akzeptanz eidgenössischer Sozialpolitik.

Frauenbewegungen

In der ersten Hälfte des 19. Jahrhunderts bildeten sich in europäischen Ländern wie in der Schweiz erste lokal verwurzelte Frauenvereine, die vorwiegend im Bereich der Armenfürsorge und in der Mädchenerziehung tätig waren. Nach der Jahrhundertmitte fanden Frauen in eigenen Vereinen zusammen, die sich je nach Ausprägung – eher bürgerlich oder eher sozialistisch – für verschiedene Ziele einsetzten: für die Gleichberechtigung von Frau und Mann oder von allen Menschen, für ein kommunales oder ein nationales Wahlrecht, für den Ausbau von Bildungsmöglichkeiten oder den Zugang zu Universitäten, für die Verbesserung der Erwerbsmöglichkeiten oder gleiche Löhne für Fabrikarbeiterinnen und -arbeiter. Gegen Ende des 19. Jahrhunderts traten die Frauenbewegungen mancherorts immer selbstbewusster und energischer auf und waren teilweise recht eng mit den Gewerkschaften verknüpft, wie zum Beispiel in England die Suffragetten. Erst nach dem Ersten Weltkrieg gelangten die Anstrengungen für das Frauenstimm- und -wahlrecht in vielen Ländern Europas zum politischen Erfolg. In der Schweiz geschah die politische Gleichstellung sogar erst 1971.

M 7 „Der neue eidgenössische Staatswagen"

Karitatur, vermutlich um 1947. Unter dem Bild stand folgender Text: „Dies Gefährt voll Russ und Rost, ist die Bundes-Schneckenpost, die von Bremsern wohl geleitet, statt nach vorn, nach rückwärts gleitet. Nie wird sie ihr Ziel erreichen. Greifet selber in die Speichen! Fasset an! Das Ziel rückt nah, durch ein tausendfältig Ja!".

M 8 Britische Suffragetten fordern das Frauenwahlrecht

Foto, um 1910

Lösungsversuche der Sozialen Frage – Zeitgenössische Quellen

M 9 Neu-Glarus

Der Glarner Arzt Fridolin Schuler (1832–1903) beschrieb in eigenen Aufzeichnungen die Auswanderung aus seinem Kanton:

Für einen grossen Teil unserer Glarner Industrie waren ungünstige Jahre gekommen. Namentlich die in Bilten so sehr gepflegte Baumwollweberei war in Verfall geraten. Während früher in allen Kellern Webstühle standen, verschwand jetzt
5 ein Stuhl nach dem andern. [...] Die Kartoffeln, die bisher einen so wichtigen Bestandteil der Nahrung unserer Bevölkerung und der zahlreich gehaltenen Schweine gebildet hatten, waren im Jahre 1845 von der Kartoffelkrankheit befallen worden. Ihr Anbau lohnte sich nicht mehr. Im ganzen Kanton, vor
10 allem aber in Bilten, war die Bevölkerung entmutigt. Es begann eine Auswanderung in grossem Massstabe. Neu-Glarus, Neu-Bilten, Neu-Elm wurden in Nordamerika gegründet. Der sechste Teil der 700köpfigen Einwohnerschaft von Bilten zog auf einmal fort. Andere folgten ihnen später nach. Das Dorf
15 kam herunter. Dies bedrückte meinen Vater (Pfarrer) sehr.

Zit. nach: Peter Ziegler: Zeiten Menschen Kulturen 6, Zürich 1980, S. 74

M 10 Bienenkorbbrief

Der deutsche Maschinenfabrikant und liberale Politiker Friedrich Harkort schrieb aus Anlass der Ereignisse in den deutschen Staaten um 1848–1849 einen offenen Brief an die Arbeiterschaft, den sogenannten Bienenkorbbrief, da auf dem Titel ein ebensolcher abgebildet war:

Selbst der Reichste, und wenn er Millionen besitzt, kann nur ein Hemd tragen und nicht mehr essen und trinken als ein Mann. Das übrige verteilt sich durch mancherlei Kanäle an viele. Wäre das Kapital an alle zu gleichen Teilen verteilt, so
5 wäre in Mangeljahren niemand imstande, ein Schiff auszurüsten und zu befrachten, um auf seine Kosten und Gefahr Korn aus fremden Ländern zu holen und dem Hunger zu wehren. Wer würde die feine Leinwand oder Spitzen der armen Spinnerinnen kaufen oder das Gemälde des Malers? Wer
10 könnte 100 000 Taler daran wagen, ein Bergwerk zu eröffnen, welches 500 Menschen ernährt? Verteilt die Habe, und das Land wird eine Armenkolonie, die ohne Kunst, Wissenschaft und Bildung der Barbarei anheimfällt! Gibt es nicht unter uns Fabrikherren, die früher Arbeiter waren und sich emporge-
15 schwungen haben durch Fähigkeit, Glück und den Fleiss ihrer Hände? Keinem unter euch ist derselbe Weg verschlossen,

wenn ihr tüchtig seid und es Gottes Wille ist, dessen Ordnung ihr nimmer brechen könnt. Gönnt jedem Mitbürger das Seine. Nicht alle können auf einem Posten stehen, allein, jeder ist berufen, seinen Platz mit Ehren auszufüllen.
20

Zit. nach: Peter Ziegler: Zeiten Menschen Kulturen 6, Zürich 1980, S. 33

M 11 Arbeitskampf in Crimmitschau

Die Sozialdemokratin Ottilie Baader berichtet über einen Streik 1903/04 im deutschen Königreich Sachsen:

Ungleich bedeutender und weltgreifender war der Kampf der Crimmitschauer Textilarbeiter um die Einführung des Zehnstundentages. Jahrelang war auf gütlichem Wege versucht worden, zu diesem Ziel zu kommen, immer aber vergebens. Selbst die durch eine Verordnung festgelegte Mit-
5 tagszeit von 1 1/2 Stunden für die Frauen, die nebenher auch noch einen Haushalt zu besorgen hatten, wurde nicht gewährt. Fiel es den Frauen ein, dieses Recht zu fordern, so wurden sie glatt entlassen. Die einstündige Mittagszeit reichte nur für sehr wenige, um zum Essen nach Hause zu
10 gehen. Einrichtungen zum Kochen oder Wärmen waren aber in den Fabriken nicht vorhanden. Die gesundheitlichen Schäden waren nicht nur für die Arbeiterinnen selbst, sondern vor allem auch für die Kinder ganz ungeheuer. Starben doch vor Vollendung des ersten Lebensjahres
15 27,3 Prozent der Kinder, und von den anderen konnten sich nur wenige zu kräftigen Menschen entwickeln.
Der Streik brachte vielen zum ersten Mal in ihrem Leben eine Art Ferien. Mütter konnten mit ihren Kindern einige Stunden frische Luft schöpfen. Die Bänke im Bismarckhain
20 waren mit den typischen Webergestalten, hüstelnden, abgezehrten Frauen und Mädchen, mit Häkel- oder Strickzeug in der Hand, besetzt. 3126 Männer und 3434 Frauen waren ausgesperrt. Der Zehnstundentag bedeutete nicht nur für die Textilarbeiter in Crimmitschau ein Stück Lebensmög-
25 lichkeit, Gesundheit, Familienleben, Bildungsmöglichkeit. Er war für die gesamte Arbeiterschaft von ungeheurer Bedeutung. [...]
Die Behörden standen natürlich aufseiten der Fabrikanten. Männer und Frauen wurden als Streikposten verhaftet und
30 empfindlich bestraft. 30 Mann Gendarmerie waren in Crimmitschau eingerückt und sorgten mit übergehängtem Gewehr für verstärkten Schutz der Ordnung. Der Kampf dauerte lange. Anfang August hatte er begonnen, er ging in den Winter hinein und im Dezember war noch kein Ende zu se-
35

Lösungsversuche der Sozialen Frage – Zeitgenössische Quellen

hen. Aber die Teilnahme der organisierten deutschen Arbeiterschaft an diesem Kampf war sehr stark. Durch Sammlungen wurden die Streikenden vor der bittersten Not geschützt. Ein Weihnachtsfest wurde ihnen von den Ar-
40 beitsbrüdern und -schwestern des ganzen Reiches ausgerichtet, das die helfenden Leipziger Genossinnen in einem ergreifenden Bericht festgehalten haben. Im Januar 1904 kam dann aus dem Streikgebiet die erschütternde Nachricht, dass die Streikleitung zur Verhütung schwerer wirt-
45 schaftlicher Schäden, die doch letzten Endes die Arbeiter am empfindlichsten treffen würden, die Ausgesperrten zum Abbrechen des Streiks und zur bedingungslosen Aufnahme der Arbeit auffordern musste.
Schöne Beispiele von Solidaritätsgefühl gaben bei der Wie-
50 deraufnahme der Arbeit die Frauen. Lange nicht alle Arbeiter wurden bei ihrer Nachfrage wieder eingestellt, zum Teil war es wirklich nicht gleich möglich, zum Teil ließ man aber auch diejenigen, deren Führerrolle im Streik bekannt war, die Kapitalistenmacht fühlen und erklärte: „Für Sie habe ich
55 keine Arbeit!" Häufig genug aber traten Frauen zugunsten von Familienvätern zurück. In einem Falle verlangt eine Anzahl Arbeiterinnen die Wiedereinstellung eines Spinners, dem man die Arbeit verweigert hatte. Als man auch ihre Forderung nicht gleich erfüllte, erklärten sie: „Dann bleiben
60 wir auch draußen!" Der Fabrikant, der diese hochwertigen Arbeiterinnen nicht entbehren wollte, rief: „Verfluchtes Weiberpack, holt euren Spinner, damit endlich Ruhe wird!"

Zit. nach: Dirk Hoffmann u. a. (Hg.), Industrialisierung – Sozialer Wandel – Soziale Frage. Quellen- und Arbeitsbuch für den Sekundarbereich II, München 1988, S. 118 f.

M 12   Manifest der Kommunistischen Partei

Karl Marx und Friedrich Engels veröffentlichten 1848 ihre berühmteste Schrift:

Die Geschichte aller bisherigen Gesellschaft ist die Geschichte von Klassenkämpfen.
Freier und Sklave, Patrizier und Plebejer, Baron und Leibeigener, Zunftbürger und Gesell, kurz, Unterdrücker und Un-
5 terdrückte standen in stetem Gegensatz zueinander, führten einen ununterbrochenen, bald versteckten, bald offenen Kampf, einen Kampf, der jedesmal mit einer revolutionären Umgestaltung der ganzen Gesellschaft endete oder mit dem gemeinsamen Untergang der kämpfenden
10 Klassen. In den frühen Epochen der Geschichte finden wir

fast überall eine vollständige Gliederung der Gesellschaft in verschiedene Stände, eine mannigfaltige Abstufung der gesellschaftlichen Stellungen. Im alten Rom haben wir Patrizier, Ritter, Plebejer, Sklaven; im Mittelalter Feudalher-
15 ren, Vasallen, Zunftbürger, Gesellen, Leibeigene, und noch dazu in fast jeder dieser Klassen wieder besondere Abstufungen. Die aus dem Untergang der feudalen Gesellschaft hervorgegangene moderne bürgerliche Gesellschaft hat die Klassengegensätze nicht aufgehoben. Sie hat nur neue
20 Klassen, neue Bedingungen der Unterdrückung, neue Gestaltungen des Kampfes an die Stelle der alten gesetzt.
Unsere Epoche, die Epoche der Bourgeoisie, zeichnet sich jedoch dadurch aus, dass sie die Klassengegensätze vereinfacht hat. Die ganze Gesellschaft spaltet sich mehr und mehr
25 in zwei große feindliche Lager, in zwei große, einander direkt gegenüberstehende Klassen: Bourgeoisie und Proletariat. [...] Die große Industrie hat den Weltmarkt hergestellt, den die Entdeckung Amerikas vorbereitete. Der Weltmarkt hat dem Handel, der Schifffahrt, den Landkommunikationen eine
30 unermessliche Entwicklung gegeben. Diese hat wieder auf die Ausdehnung der Industrie zurückgewirkt, und in demselben Maße, worin Industrie, Handel, Schifffahrt, Eisenbahnen sich ausdehnten, in demselben Maße entwickelte sich die Bourgeoisie, vermehrte sie ihre Kapitalien, drängte
35 sie alle vom Mittelalter her überlieferten Klassen in den Hintergrund. [...] Die Bourgeoisie kann nicht existieren, ohne die Produktionsinstrumente, also die Produktionsverhältnisse, also sämtliche gesellschaftlichen Verhältnisse fortwährend zu revolutionieren. Unveränderte Beibehal-
40 tung der alten Produktionsweise war dagegen die erste Existenzbedingung aller früheren industriellen Klassen. Die fortwährende Umwälzung der Produktion, die ununterbrochene Erschütterung aller gesellschaftlichen Zustände, die ewige Unsicherheit und Bewegung zeichnet die Bourgeois-
45 Epoche vor allen früheren aus. Alle festen eingerosteten Verhältnisse mit ihrem Gefolge von altehrwürdigen Vorstellungen und Anschauungen werden aufgelöst, alle neu gebildeten veralten, ehe sie verknöchern können. Alles Ständische und Stehende verdampft, alles Heilige wird entweiht
50 [...]. Das Bedürfnis nach einem stets ausgedehnteren Absatz für ihre Produkte jagt die Bourgeoisie über die ganze Erdkugel. Überall muss sie sich einnisten, überall anbauen, überall Verbindungen herstellen.

Zit. nach: I. Fetscher (Hg.), Marx – Engels III, Geschichte und Politik 1, Frankfurt/M., 1966, S. 59 ff.

M 13 Abbildung aus der karikaturistischen Zürcher Zeitung *Der Neue Postillon* (1895–1914), einem Sprachrohr der sozialdemokratischen Arbeiterschaft, von 1896

Aufgaben

1. „Soziale Frage"
   a) Erklären Sie den Begriff „Soziale Frage".
   b) Erstellen Sie eine Übersicht über verschiedene Lösungsversuche der sozialen Frage.
   ⌢ Text

2. Lösungswege der Sozialen Frage – Quellen
   a) Ordnen Sie die Bildquellen M1-M8 den Kategorien „Einzel-", „Gruppen-" oder „Massenbewegungen" zu.
   b) Beschreiben Sie Ursachen und Folgen der Massenauswanderung aus manchen Schweizer Ortschaften anhand von M3 und M9.
   c) Zeigen Sie die Motive und das Selbstverständnis von Friedrich Harkort in M10 auf.
   d) Schildern Sie anhand des Berichts von Ottilie Baader in M11 den Verlauf des Streiks in Crimmitschau.
   e) Beurteilen Sie die Glaubwürdigkeit der Quelle.

   f) Erläutern Sie die in M12 ausgeführte These von Karl Marx und Friedrich Engels, nach der die menschliche Entwicklung einen immerwährenden Kampf um das Eigentum an Produktionsmitteln darstellt.
   g) Stellen Sie Ihre Erläuterungen in einem Überblicksschema dar.
   h) Beurteilen Sie die Karikatur kritisch, indem Sie den abgebildeten Sachverhalt differenziert erläutern.
   ⌢ Text, M1 – M13

3. Fabrikarbeit um 1900 und heute
   a) Charakterisieren Sie zusammenfassend die Merkmale der Fabrikarbeit um 1900.
   b) Diskutieren Sie, inwieweit die heutigen Arbeitsbedingungen mit den damaligen vergleichbar sind.
   ⌢ Text

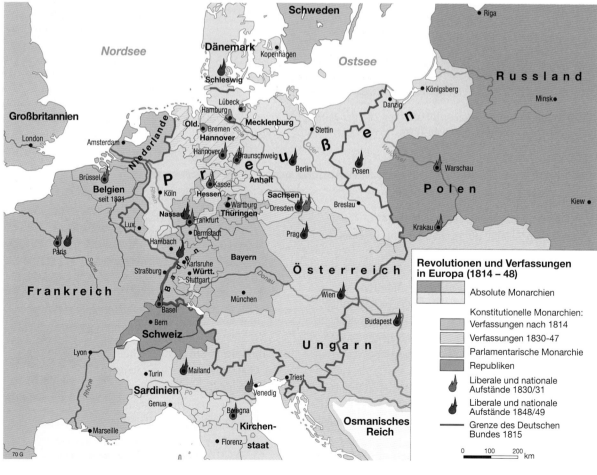

Revolutionen und Verfassungen in Europa (1814 – 48)

- Absolute Monarchien
- Konstitutionelle Monarchien:
  - Verfassungen nach 1814
  - Verfassungen 1830-47
  - Parlamentarische Monarchie
  - Republiken
- Liberale und nationale Aufstände 1830/31
- Liberale und nationale Aufstände 1848/49
- Grenze des Deutschen Bundes 1815

0 100 200 km

05
NATIONSWERDUNG IM 19. JAHRHUNDERT

Die europäische Geschichte in der ersten Hälfte des 19. Jahrhunderts war wesentlich von der Französischen Revolution und ihren Folgen geprägt. Nach der Niederlage Napoleons waren die Monarchen in Europa bestrebt, die alte Ordnung vor 1789 wiederherzustellen und eine Wiederholung revolutionärer Ereignisse zu verhindern. Das zentrale Ereignis dieser Politik war der Wiener Kongress von 1814/15, in dessen Folge die alten Verhältnisse durch verschärfte staatliche Überwachung und Unterdrückung zementiert werden sollten. Gleichwohl konnte die Restauration die in vielen Staaten Europas aufkommende Idee einer Einheit von Staat und Nation immer weniger unterdrücken. Mit der Juli-Revolution 1830 in Frankreich wurde eine Bewegung in Gang gesetzt, die ganz Europa erfasste. Zwischen den bürgerlich-liberalen Lagern und den Befürwortern der konservativen-monarchischen Ordnung öffneten sich weitere Gräben, die Verfassungsbewegung erhielt einen grossen Aufschwung und die politischen Demonstrationen nahmen zu. Im Februar 1848 wurde Europa durch eine erneute Revolution in Paris erschüttert. Aufgrund einer schweren Wirtschaftskrise, der Verarmung der einfachen Bevölkerung und dem erstarkenden Nationalismus begehrten die Liberalen, Demokraten und Sozialisten vielerorts auf. Es kam zu Aufständen und Barrikadenschlachten in vielen grossen Städten Europas. Die Ereignisse setzten allerdings starke konservative Gegenreaktionen in Gang und in den grossen Staaten Europas behielt die konservative Staatsautorität die Überhand. Liberale Verfassungen konnten sich nur in Dänemark, den Niederlanden und der Schweiz etablieren.

M 1 „Die universelle demokratische und soziale Republik," kolorierte Lithographie von Frédéric Sorrieu, um 1848

M 2 Revolutionen und Verfassungen in Europa 1814–1848, thematische Karte

Was ist eine Nation?

Die Nation: „eine gedachte Ordnung"

Der Religionswissenschaftler Ernest Renan beschäftigte sich 1882 in einem bis heute berühmten Vortrag *Qu'est-ce qu'une nation?* mit der Frage, was eigentlich eine Nation sei. Eine Nation, meinte er, sei nicht gleichbedeutend mit einer Rasse, denn alle modernen Nationen seien ethnisch gemischt, Deutschland beispielsweise germanisch, keltisch und slawisch. Eine Nation sei auch nicht identisch mit der Sprache. Warum hätten sich sonst die USA von Grossbritannien getrennt oder die südamerikanischen Staaten von Spanien und Portugal, und wie liesse sich dann der Zusammenhalt der vielsprachigen Schweiz erklären? Auch die Religion oder Wirtschaftsinteressen würden nicht als Grundlage einer modernen Nation taugen. Renans Schlussfolgerung war, dass eine Nation mit den üblichen, unmittelbar greifbaren Faktoren nicht begründet werden könne. Eine Nation sei vielmehr etwas, das sich in den Köpfen der Menschen abspiele. Sie beruhe auf kollektiven Erinnerungen und dem Einvernehmen, zusammenleben zu wollen. Nationen und Nationalstaaten sind gemäss dieser weithin akzeptierten Erkenntnis keine natürlichen, seit Urzeiten existierenden Einheiten. Sie sind vielmehr konstruierte, „gedachte Ordnungen" (Rainer Lepsius), „imagined communities" (Benedict Anderson). Diese können unterschiedlich gefüllt werden und sich im Laufe der Zeit verändern.

Die Idee, dass alle Menschen einer bestimmten Nation angehören und jede Nation einen Nationalstaat als politisches Gehäuse benötigt, begann ihre Wirkungsmacht erst im späten 18. Jahrhundert, im Zeitalter der Französischen Revolution, zu entfalten. Es ist daher nicht etwa eine bereits existierende Nation, die den zu ihr passenden Nationalismus hervorbringen würde. Vielmehr ist es genau umgekehrt: Der historische Dreischritt führte vom Nationalismus zur erst noch zu konstruierenden Nation und von dort zum Nationalstaat.

Es fällt allerdings im Rückblick nicht immer ganz leicht, das Neue zu erkennen, das um 1800 zu entstehen begann. Das liegt an der ungemein erfolgreichen

M 1 Darstellung der Tell-Legende

Willhelm Tell wird von den Habsburgern verhaftet. Links ist der Hut des Landvogts Gessler zu sehen. Wandmosaik von Hans Sandreuter am Landesmuseum in Zürich, 1901

Erfindung von Traditionen, die nahezu alle Nationalgeschichten kennzeichnet. Dazu gehört die Vorstellung, die Entwicklung zur Nation sei schon in Antike und Mittelalter in den europäischen Völkern gewissermassen keimhaft angelegt gewesen, so dass der Beginn der jeweiligen Nationalgeschichte weit zurückverlegt werden konnte. In der Schweiz verkörpert so beispielsweise die Legende von Wilhelm Tell den tapferen Widerstand der Eidgenossen gegen die umliegenden Grossmächte. Der über die Römer triumphierende Cherusker Arminius wurde im Zuge der Nationswerdung Deutschlands im Nachhinein zu „Hermann, dem ersten Deutschen" erklärt.

„Letztwert" Nation und Massenbasis

Loyalität gegenüber dem König, der eigenen Stadt, dem Landstrich, in dem man lebte, hatte es aber natürlich lange vorher schon gegeben. Worin lag dann das Neue der modernen Nationsvorstellung? Die Nation begann sich um 1800 zum Hoffnungsanker und Zukunftsangebot für jeden Einzelnen zu entwickeln. Sie wurde so allmählich zur obersten Legitimationsebene, die alle Forderungen rechtfertigte und alle Menschen zum Handeln bewegte. Nicht der Stand, nicht die Klasse, nicht die Konfession, nicht die Dynastie und auch nicht die Region bildeten nun den mit Abstand wichtigsten Bezugsrahmen der Menschen, wesentlich war vielmehr die emotionale Bindung an die Nation. Beides – Nation als „Letztwert" und ihre Massenbasis – unterscheidet die moderne Nationsidee grundlegend von den Identitätsvorstellungen in der Antike und im Mittelalter und auch von der Suche einiger humanistischer Intellektueller nach nationalen Wurzeln in der Frühen Neuzeit.

„Nation Building" als offener Prozess

Die Verbreitung und Verankerung der nationalen Idee in immer grösseren Teilen der Gesellschaft und die damit verbundene politische, wirtschaftliche und gesellschaftliche Verflechtung bezeichnet man als Nationsbildung („Nation Building"). Der Prozess der Nationsbildung vollzog sich in verschiedenen europäischen Staaten über viele Jahrzehnte, wobei innerhalb der einzelnen Staaten jeweils unterschiedliche Auffassungen der Nation bestanden. Dabei ging es vor allem um Zugehörigkeit, Grenzziehungen, Organisationsformen als Republik oder Monarchie, das Wahlrecht der Bevölkerung, wie auch wirtschaftliche Überlegungen. An den verschiedensten Orten wurde um die Nation gerungen und schliesslich Nationalstaaten aufgebaut. Gemeinsam hatten diese Prozesse, dass sie die Monarchien oder die Adelsherrschaften entmachten wollten und anstelle dieser adeligen Eliten nun das Volk die Souveränität des Staates ausüben sollte. Der Adel und die Monarchen versuchten diese Liberalisierung zu verhindern, doch das entstehende Nationalbewusstsein schuf die Grundlage für die Umwälzungen, welche letztlich durch Aufstände und Revolutionen erkämpft wurden. Man darf die Diskussion und die Stimmungslage aber nicht von dem uns bekannten Ende her betrachten und bewerten. Vielerorts musste ausgehandelt werden, was die Nation genau ausmachte, wer dazugehören sollte und wer nicht. Wer oder was ist genau ein Deutscher oder eine Deutsche, ein Italiener oder eine Italienerin, eine Schweizerin oder ein Schweizer? Ist man in erster Linie Berner/in, Zürcher/in, Basler/in oder doch Schweizer/in? Die Prozesse verliefen in den verschiedenen Regionen trotz aller Gemeinsamkeit unterschiedlich.

Was ist eine Nation? – Perspektiven erfassen

M 2   Ein radikaler schweizerischer Nationsbegriff

Die Historikerin Ursula Meyerhofer untersucht den radikalen Nationsbegriff der Zeitung „Schweizerischer Republikaner", die zwischen 1830–1846 erschien:

Die erste Hälfte des 19. Jahrhunderts war eine Zeit verstärkten sozialen Wandels. Die Gesellschaft des Ancien régime transformierte sich zu einer modernen, bürgerlichen Leistungsprinzipien unterworfenen Gesellschaft. Den nachlassenden traditionellen, religiösen Bindungen stand eine neue, bürgerlich säkularisierte Welt gegenüber. In dieser Situation wurde die «Nation» als Repräsentation des Volkes und Ausdruck von dessen Willen zu einer Integrationsideologie, welche die Schaffung von Gemeinsamkeiten, wie sie nationale Symbole oder Riten wie Feste darstellen, anstrebte. [...] Der eigentliche radikale Nationsbegriff [des «Schweizerischen Republikaners»] ist jedoch derjenige des politisierten Volkes: «Unserem Dafürhalten nach ist eine Nazion etwas mehr als ein blosser Haufen von Menschen, die sich des Vortheils wegen, etwa um bequemer Geschäfte machen zu können, das liebe Brod zu gewinnen u.s.w. verbunden haben» [...]. Neu wird [in den 1840er Jahren] neben dem rein politischen Kriterium der nationalen Zusammengehörigkeit die gemeinsame Geschichte, Sprache und Kultur betont. [...] Die besondere Eigenschaft der Schweiz als Republik diente nun zunehmend der Selbstdefinition. Die Republik sei besonders dazu geeignet, ein Nationalgefühl zu heben; hier solle «Das Nationalgefühl stärker, mächtiger sein [...], indem die Bürger einer Republik als freie, nur unter der Hoheit der Gesetze lebende Menschen besondere Ursache haben, ihr Vaterland zu lieben und zu ehren, und stets gerüstet zu sein gegen jede von Aussen her sie bedrohende Beschränkung ihrer Freiheit und Selbstständigkeit.» [...] Das Argument der Republik diente dazu, eine nationale Unabhängigkeit und somit eine schweizerische Nationalität an sich zu begründen.

Ursula Meyerhofer: Wir sind die Nation, in: Urs Altermatt, Catherine Bosshart-Pfluger, Albert Tanner (Hg.): Die Schweiz 1798-1998, Bd. 4, Chronos Verlag, Zürich 1998, S. 49-59

M 3   Die funktionale Form der Nation

Der Historiker Georg Kreis in einem Interview 2014 mit der Schweizerischen Gemeinnützigen Gesellschaft (SGG):

Die beinahe ewige Debatte um schweizerische «Werte» gefällt mir weniger. Da werden Werte schnell als schweizerisch vereinnahmt, obwohl sie universal anzutreffen sind: Familie, Arbeit, Frömmigkeit etc. Nur zum Test: Wie ist das Familienbewusstsein, das Arbeitsethos und die Religiosität der erst kürzlich zugewanderten Nichtschweizer national zu verorten? Und ist Respektierung der Menschenrechte eine spezifisch schweizerische Tugend? [...] Das Nationale ist nicht essentialistisch im Sinne von inhaltlicher Swissness, sondern funktional: Das Nationale liegt darin, dass wir [...] eine Schicksalsgemeinschaft sind, eine gemeinsame Verfassung, gemeinsame Gesetze, ein gemeinsames Budget und ein einigermassen gemeinsames Bildungssystem haben. Diese Form des Nationalen sollte man sehr ernst nehmen. Und wenn ein umfassender Minderheitenrespekt eher ernst genommen wird, weil man darin die Umsetzung einer nationalen Kultur sieht, soll mir das recht sein.

https://sgg-ssup.ch/news/georgkreis/

Aufgaben

1. Was ist eine Nation? – Perspektiven erfassen

    a) Erläutern Sie die Begriffe „gedachte Ordnung", „Letztwert" und „nation building."

    b) Ursula Meyerhofer charakterisiert in ihrem Artikel die radikal-liberalen Vorstellungen der Schweiz im 19. Jahrhundert. Nennen Sie Merkmale aus dem Text, was diese schweizerische Nation im 19. Jahrhundert ausmachte.

    c) Georg Kreis beschreibt in seinem Text neben der inhaltlichen, identitätsstiftenden Perspektive von Nation auch eine „funktionale Form" von Nation. Arbeiten Sie heraus, was Kreis damit meint.

    d) Vergleichen Sie Ihre Vorstellungen von „Nation" und diskutieren Sie darüber in der Lerngruppe.

    e) Georg Kreis spricht den Respekt gegenüber Minderheitengruppen an. Diskutieren Sie, inwiefern dieser Respekt gegenüber in der Schweiz lebenden Minderheiten – wie Migrantinnen und Migranten, Nicht-Christen, etc. – und der Gedanke der Nation sich vereinen lassen.

    ⌒ Text, M2, M3

Die Beschlüsse des Wiener Kongresses

Die Ziele des Wiener Kongresses

Die Napoleonischen Kriege hatten die politische Landschaft und die Grenzen in Europa grundlegend verändert. Napoleon hatte versucht, den europäischen Völkern die Freiheit mit Waffengewalt zu bringen, hatte durch seine Umstrukturierungen und Besatzungen aber auch viel Unruhe, Angst und Leid verbreitet und war schliesslich auf Ablehnung gestossen. Seine Niederlage ermöglichte eine Neuordnung der territorialen Verhältnisse in Europa. Diese Neuordnung sollte gemäss eines Artikels des Ersten Friedens von Paris vom 30. Mai 1814 auf einem Kongress in Wien erfolgen. Die erklärten Ziele des Kongresses lauteten, eine beständige europäische Nachkriegsordnung durch ein Gleichgewicht der Kräfte zu begründen und die „legitimen" Herrscher, also Adlige aus den etablierten Herrscherhäusern, wieder einzusetzen. Der Wiener Kongress von 1814/15 zählt neben dem Westfälischen Frieden von 1648 und den Pariser Friedenskonferenzen von 1919 zu den grossen Friedenskongressen der Neuzeit.

Die Teilnehmer des Kongresses

Am Wiener Kongress nahmen etwa 200 Staaten, Herrschaften, Städte und Kooperationen teil, den Vorsitz führte der österreichische Staatskanzler Klemens Wenzel Fürst von Metternich. Die territoriale Neuordnung Europas wurde vornehmlich durch die Verhandlungsteilnehmer der fünf Grossmächte bestimmt, nämlich durch Klemens Wenzel von Metternich (Österreich), Zar Alexander I. (Russland), Karl Fürst von Hardenberg (Preussen), Robert Stewart Viscount Castlereagh (Grossbritannien) und Charles de Talleyrand (Frankreich). Der Wiener Kongress verzichtete dabei auf eine Aufteilung der Verhandlungspartner in Sieger und Besiegte.

Bündnissysteme und „Solidarität" der Herrscher

Die Verhandlungen brachten im Wesentlichen drei verschiedene Bündnissysteme hervor:

1. Pentarchie (= Herrschaft von fünf Mächten): Die führenden Grossmächte diskutierten die Zukunft Europas erstmals in der Form der Pentarchie. Aus den Diskussionen der fünf mächtigsten Staaten Europas – Frankreich, Grossbritannien, Preussen, Österreich und Russland – entwickelte sich im Laufe des Kongresses das politische Prinzip eines europäischen Mächtegleichgewichtes, das militärische Konflikte durch gemeinsame Beschlüsse zu verhindern suchte.
2. Quadrupelallianz: Parallel zur Pentarchie gab es noch eine Quadrupel- oder Viereralallianz der vier Siegermächte gegen Frankreich. Diese Allianz würde eingreifen, falls Frankreich wieder – wie es Napoleon während seiner „Herrschaft der Hundert Tage" 1815 noch einmal versucht hatte – zu den Waffen greifen sollte.
3. Heilige Allianz: Als drittes Bündnissystem initiierte der russische Zar Alexander I. die sogenannte Heilige Allianz, in der sich die Regierungen auf eine Innen- und Aussenpolitik im Sinne der christlichen Religion verständigten. Das Bündnis der Heiligen Allianz sollte Frieden und Ruhe in Europa sichern. Fast alle teilnehmenden Länder traten der Heiligen Allianz bei; die Grossmacht Grossbritannien lehnte den Beitritt jedoch wegen der religiösen und

M 1 **Heilige Allianz**

Symbolische Darstellung der Allianz zwischen Zar Alexander I. (links), Kaiser Franz I. (Mitte) und König Friedrich Wilhelm III. (rechts), zeitgenössisches Bild.

M 2 Der Wiener Kongress 1814/15

Das Gemälde von Jean Baptiste Isabey aus dem Jahr 1819 zeigt die wichtigsten Delegationsteilnehmer des Wiener Kongresses. Von links: vorne sitzend Hardenberg (Preussen), hinter ihm stehend Wellington (England), stehend vor dem Stuhl Metternich (Österreich) daneben sitzend Palmella (Portugal) und, mit übergeschlagenen Beinen, Castlereagh (England). Rechts am Tisch sitzend Talleyrand (Frankreich), neben ihm im Vordergrund sitzend Stackelberg (Russland); schräg hinter Talleyrand stehend Wilhelm von Humboldt (Preussen), links daneben mit leicht vorgeneigtem Kopf Hofrat von Gentz.

emotionalen Überhöhungen und der Verschwommenheit des Dokumentes ab. Die Heilige Allianz spielte aussenpolitisch keine Rolle. Sie galt aber schon bald als Zeichen einer „Solidarität" der adligen Herrscher untereinander und wurde zum Inbegriff der Unterdrückung und polizeistaatlichen Willkür gegen liberale und nationale Bewegungen.

Die Prinzipien „Restauration" und „Legitimität"

Der Kongress wollte eine Restauration der Verhältnisse erreichen, wie sie vor der Französischen Revolution bestanden hatten. Dazu sollten vorrangig die alten Grenzen wiederhergestellt werden. In den langen Verhandlungen wurde allerdings deutlich, dass man nicht einfach zu den Zuständen der Zeit vor den Napoleonischen Kriegen zurückkehren konnte. Schliesslich wurden die Beschlüsse des Reichsdeputationshauptschlusses von 1803 (Säkularisation und Mediatisierung) anerkannt, das Heilige Römische Reich Deutscher Nation wurde nicht restauriert und es entstanden neue Staaten wie das Königreich der Vereinigten Niederlande oder das Königreich beider Sizilien.

Weiterhin stellte man die „legitime" Ordnung wieder her, indem man die vertriebenen Dynastien wieder einsetzte. Mit dieser „Legitimität" entschied man sich bewusst gegen das Prinzip der Volkssouveränität.

Stellungnahme zum 200-jährigen Jahrestag des Wiener Kongresses 2014

M 3   „Wie Frieden geschaffen wird"

Die Historiker Stella Ghervas und Mark Jarrett beurteilen in der „Zeit" den Wiener Kongress (2014):

Während sich im August der Ausbruch des Ersten Weltkriegs zum 100. Mal jährte, steht dieser September im Zeichen des 200. Jahrestags der Eröffnung des Wiener Kongresses. Bei-de Ereignisse, das von 1914 und das von 1814, bilden die
5 Koordinaten des „langen 19. Jahrhunderts", einer Periode relativer Stabilität in Europa. [...]
Leider jedoch hat der Wiener Kongress bislang deutlich weniger Aufmerksamkeit auf sich gezogen als der Erste Weltkrieg. Zweifellos kitzeln Kriegsschilderungen die Sen-
10 sationslust in der Regel stärker als Friedensverhandlun-gen. Es könnte aber auch ein anderer Grund eine Rolle spielen: Für viele ist der Kongress nach wie vor gleichbe-deutend mit dem Triumph der Reaktion über den Libera-lismus und den Geist der Französischen Revolution. Ange-
15 hörige des Hauses der Bourbonen wurden als Könige Frankreichs, Spaniens und Neapels wiedereingesetzt; und als wäre das noch nicht genug, wurden die Pressefreiheit aufgehoben und Volksbewegungen unterdrückt. Der Krieg, der 1914 ausbrach, führte hingegen zur endgültigen Zerstö-
20 rung der adligen Klassen und zum Zusammenbruch der Reiche und läutete das moderne Zeitalter der demokrati-schen Regierungsform ein. [...]
Alles in allem beschritten die Staatsmänner in Wien einen höchst innovativen Weg zum Frieden: den der internatio-
25 nalen Kooperation. Man könnte sie sogar als eine Art Pazi-

fisten bezeichnen, obgleich niemand sie nach all dem, was sie in 25 Kriegsjahren erlebt hatten, der Zartbesaitetheit bezichtigen könnte. Geduldig einen Weg durch verwickelte Konflikte suchend, ohne dabei Spannungen zu weit eska-
30 lieren zu lassen, handelten sie akzeptable Lösungen aus, und das taten sie hervorragend. Diese Tugenden ließ das Führungspersonal von 1914, als die Welt in den Krieg schlit-terte, schmerzlich vermissen. Von Kriegsbegeisterung beflügelt und in extremer Verkennung der Risiken und Ge-
35 fahren, denen sie gegenüberstanden, entfesselten die eu-ropäischen Führer von 1914 die moderne Kriegführung in all ihrer Zerstörungswut.
Müssten wir uns also entscheiden, welchem dieser bei-den Ereignisse wir in diesem Jahr gedenken wollten,
40 dann würden wir, trotz seiner Fehler und Misserfolge, 1814 den Vorzug geben und die Tugenden des Friedens-stiftens preisen. Man hat die Männer von 1814 mit Archi-tekten verglichen, während die von 1914 heute als Schlaf-wandler gelten. Bezogen auf die aktuelle Lage könnten
45 die geschickten Kompromisse von Wien den europäi-schen, amerikanischen und russischen Diplomaten, die mit der Krise in der Ukraine konfrontiert sind, als Inspi-ration dienen. Europa braucht, heute mehr denn je, hart-näckige Verhandlungsführer, die einen kühlen Kopf be-
50 wahren können.

Stella Ghervas und Mark Jarrett, „Wie Frieden geschaffen wird", in: „Die Zeit", Nr. 38, 19. September 2014, aus dem Englischen von Michael Adrian.

Aufgaben

1. **Stellungnahme zum 200-jährigen Jahrestag des Wiener Kongresses**
   a) Skizzieren Sie die Beschlüsse des Wiener Kongres-ses in einem Schaubild (Mind-Map oder Concept-Map).
   b) Erläutern Sie die Stellungnahme M3 zum Wiener Kongress. Benennen Sie dabei auch die gegenwär-tige Bedeutung, die die Autoren dem Wiener Kon-gress zuschreiben.
   c) Nehmen Sie Stellung zu den vom Wiener Kongress vertretenen Prinzipien der Friedenssicherung und begründen Sie, inwiefern diese Prinzipien heute noch Gültigkeit besitzen.

   ⌒ Text, M3

Nationswerdung im Vergleich: Frankreich und Deutschland

Frankreich: Von der Restauration zur Julirevolution 1830

1814 trat der Bourbone Ludwig der XVIII. die Nachfolge des geschlagenen Napoleon in Frankreich an. Ludwig war der Bruder des während der Jakobinerherrschaft in der Französischen Revolution hingerichteten Ludwigs XVI. und etablierte während seiner Herrschaft (1814-1824) ein parlamentarisches System in Frankreich. Trotz der restaurativen Tendenzen in Europa nach dem Wiener Kongress garantierte er die Menschen- und Bürgerrechte und hielt somit an zentralen Errungenschaften der Französischen Revolution fest. Auch die kurzzeitige Rückkehr des auf Elba verbannten Napoleons konnte die Festigung der Bourbonenmonarchie unter Ludwig XVIII. nicht beeinträchtigen.

Die restaurativen Kräfte des Wiener Kongresses machten nicht vor Frankreich halt. Durch den Kurswechsel weg von der zuvor liberaleren Politik erhofften sich die Monarchisten um den 1824 neu gekrönten König Karl X. eine Rückbesinnung zur starken Monarchie wie vor der Französischen Revolution. Der Zuspruch der Monarchisten schwand jedoch rasch, denn der allgemeine, durch die Revolution erstarkte Wunsch nach persönlicher und wirtschaftlicher Freiheit überwog in der Bevölkerung. Dies zeigte sich auch in den kurz darauffolgenden Neuwahlen des französischen Parlaments, in welchen die Liberalen die Mehrheit errangen. Versuche des Monarchen Karl X. die Liberalen zu schwächen, namentlich durch die Einschränkung der Pressefreiheit, die Begrenzung des allgemeinen Wahlrechts und die erneute Wahl des Parlaments im Juli 1830, scheiterten und führten zu einer Revolte in Paris. Die Demonstranten schwenkten die Trikolore, die Fahne der Französischen Republik, und riefen zum Volksaufstand auf. Am 28. Juli 1830 übernahmen sie die Kontrolle über die Hauptstadt Paris und läuteten das Ende der Burbonenmonarchie ein. Diese sogenannte Julirevolution griff auch auf andere europäische Länder über, so zum Beispiel auf Belgien, Deutschland, Italien, Polen und die Schweiz.

M 1 „Die Freiheit führt das Volk"

Von Eugène Delacroix im Jahr 1830 gemalte Allegorie auf die französische Julirevolution.

Zu den aufständischen Liberalen in Frankreich zählte auch das Bürgertum, das sich zwar für Reformen einsetzte, als Staatsform aber die Monarchie gegenüber der Republik favorisierte. Es gelang dieser Gruppe, eine Monarchie unter dem 1830 inthronisierten „Bürgerkönig" Herzog Louis-Philippe von Orléans durchzusetzen. Der Konflikt zwischen den Republikanern, welche weiterhin eine Republik wie zu Zeiten der französischen Revolution forderten, und den Monarchisten, welche den Bürgerkönig Louis-Philippe unterstützten, schwelte unterdessen weiter. Die Republikaner wünschten sich einen liberalen Nationalstaat, in dem alle französischen Männer vor dem Gesetz gleich sein sollten, unabhängig von ihrer Abstammung. Sie fühlten sich nicht mehr nur einem Stand zugehörig, sondern sahen sich als Franzosen an. Die Forderung nach sozialer Mobilität war daher eng mit dem patriotischen Gedanken und dem Nationalismus verbunden.

Demonstrationen in Paris führen zur zweiten Französischen Republik

Eine Wirtschaftskrise sowie die ablehnende Haltung des Bürgerkönigs gegenüber erneuten Reformen – vor allem betreffend des Wahlrechts der ärmeren Bevölkerungsteile – lösten im Februar 1848 wiederum wirksame Demonstrationen in Paris aus. Das entfachte Chaos aus Strassenkämpfen und Schiessereien zwang den Bürgerkönig Louis-Philippe zum Rücktritt: angesichts der Unzufriedenheit in der Bevölkerung hatten der König und die Monarchisten kaum noch Zustimmung und es regte sich entsprechend wenig Widerstand gegen den erneuten Regierungsumsturz. Die neu gebildete provisorische Regierung rief ohne langes Zögern die zweite Französische Republik aus und erarbeitete einen neuen Verfassungsentwurf. Wie schon 18 Jahre zuvor inspirierten die Ereignisse in Frankreich die Bevölkerung in den umliegenden Staaten und innerhalb eines Monats waren in den Grossstädten Europas Aufstände gegen die seit dem Wiener Kongress bestehende Ordnung ausgebrochen. Die Proteste zwangen die konservativen Fürsten und Könige vielerorts zu Eingeständnissen gegenüber dem aufbegehrenden Bürgertum. Die in Frankreich begonnen Unruhen leiteten so liberale Erneuerungen der europäischen Staaten ein.

Die neue französische Verfassung vom 21. November 1848 erlaubte allen mindestens 21-jährigen Franzosen, die Nationalversammlung und einen Präsidenten zu wählen. Im Dezember 1848 wurde Charles-Louis-Napoléon Bonaparte, Neffe des ehemaligen Kaisers Napoleon, zum Staatspräsidenten gewählt. Durch einen Staatsstreich gelang es dem beliebten und charismatischen Präsidenten, getreu dem Vorbild seines Onkels sein Präsidialamt in ein Kaisertum umzuwandeln. Er beendete die zweite französische Republik, begründete erneut eine Monarchie und nannte sich fortan Kaiser Napoleon III. Das Verbot von politischen Versammlungen und die Stärkung der Polizei zeugten vom bevorstehenden autoritären und diktatorisch anmutenden Kurs, den er bald einschlug.

In den 1860er Jahren wuchs die liberale Opposition gegen die autoritäre Monarchie, was unter anderem zu Lockerung der Pressezensur führte. Auch in Frankreich nahm die Industrielle Revolution Fahrt auf und verstärkt drängten erfolgreiche junge Unternehmer auf politische Teilhabe. Sie investierten in neue, liberal gesinnte Zeitungen und Zeitschriften und versuchten, die Bevölkerung von neuem zu politisieren. Napoleon III. sah sich zunehmend zu Zugeständnissen gegenüber den Liberalen gezwungen und bis 1869 erhielt das bisher mit wenig Macht ausgestattete Parlament teilweise weitgehenden Einfluss auf die Regierungsführung und vor allem auf den Staatshaushalt.

Trotz dieser sich ändernden Stimmungslage traf Napoleon III. mit seiner Vision eines starken Frankreichs den Nerv der Zeit – nämlich den nationalstaatlichen Stolz der Franzosen. Der längst nicht nur in Frankreich um sich greifende Wettstreit der Nationen zeigte sich im imperialistischen Ausgreifen nach Afrika und Südostasien. Die französische Kolonialpolitik widmete sich verschiedenen Projekten, unter anderem dem Bau des Suezkanals, der Errichtung von Handels- und Militärstützpunkten in Indochina und der Gründung eines französischen Kaiserreichs in Mexiko. Diese französische Machtpolitik führte zu zunehmenden Spannungen zwischen Preussen, Österreich und Frankreich.

19. März 1848 in Berlin
Lithografie von Anton Klaus, 1848

Deutschland: Anfänge der Nationalbewegung bis zum Vormärz

Erste tiefere Spuren des deutschen Nationalismus finden sich im frühen 19. Jahrhundert. Eine wichtige Rolle spielte dabei die kriegerische Ausdehnung Frankreichs unter Napoleon, die vielen Menschen in Europa Besatzung und Unterdrückung brachte. Auch in den deutschen Staaten, insbesondere in Preussen, wurden Stimmen laut, die sich gegen die napoleonische Fremdherrschaft richteten und dabei nicht mehr in erster Linie nur das Interesse einzelstaatlicher deutscher Monarchien oder Fürstentümer im Auge hatten, sondern einen nationalen, deutschen Standpunkt formulierten. 1817 zeigte sich diese frühe deutsche Nationalbewegung erstmals unübersehbar mit dem Wartburgfest auf der politischen Bühne: Am 18. Oktober 1817 trafen sich etwa 500 Burschenschafter (Mitglieder einer Studentenverbindung) und Angehörige des Bürgertums auf der Wartburg in Thüringen. In diesem Monat jährten sich zum 300. Mal Luthers Thesenanschlag von 1517, mit dem die Reformation begann, und zum vierten Mal die Leipziger Völkerschlacht von 1813, mit der die Herrschaft Napoleons in Deutschland geendet hatte. Die Versammlung war die erste politische Demonstration in Deutschland und das erste deutsche Nationalfest, zu dem Teilnehmer aus dem ganzen Land strömten. Gefordert wurden Pressefreiheit, Recht auf Parteibildung, Parlamente und die politische Einheit der Nation. Die frühe Nationalbewegung, die auf dem Wartburgfest feierte, stand in Opposition zum Deutschen Bund, der 1815 auf dem Wiener Kongress gegründet worden war. Dieser aus 37 Erbmonarchien und vier Stadtrepubliken bestehende Staatenbund war von seinen Schöpfern nicht als nationaler Staat gedacht worden. Es gab kein Oberhaupt, keine Regierung, kein Parlament und keine Hauptstadt, die Einzelstaaten blieben selbstständig. Einigendes Moment war allein die polizeistaatliche Zensur und Verfolgung von liberalen und nationalen Umtrieben, wie sie etwa im Wartburgfest wahrgenommen wurden. Dessen spektakulärer Ausläufer war ein Attentat: Der radikale Burschenschafter Carl Ludwig Sand erstach im März 1819 den Bühnendichter August von Kotzebue, weil er ihn für einen Vertreter des Unterdrückungssystems hielt und glaubte, die Ziele seiner Bewegung nur noch durch Gewalt erreichen zu können. Die Folge dieses politischen Mordes waren noch im selben Jahr die so genannten Karlsbader Beschlüsse: polizeiliche Überwachung, Zensurverordnungen und die Kontrolle von Universitäten prägten nun das Bild des Deutschen Bundes.

Nach der Julirevolution 1830 in Frankreich gerieten Politik und Öffentlichkeit auch in Deutschland in Bewegung. Höhepunkt der Oppositionsaktivitäten im so genannten Vormärz war das Hambacher Fest in der bayerischen Pfalz am 27. Mai 1832. Es sollte laut Einladung „dem Kampfe für Abschüttelung innerer und äußerer Gewalt, für Erstrebung gesetzlicher Freiheit und deutscher Nationalwürde" gelten. 20 000 bis 30 000 Menschen – und damit viel mehr als noch beim Wartburgfest 1817 – fühlten sich angesprochen und zogen in einem Festzug zur Hambacher Schlossruine. Hier forderten zahlreiche Redner Verfassungen und eine Volksvertretung für ganz Deutschland. Auch auf das Hambacher Fest reagierte der Deutsche Bund mit Gegenmaßnahmen. Seine „Zehn Artikel" verboten politische Versammlungen, Vereine, Feste und Symbole und verschärften die Zensur weiter. Zur Verfolgung der Opposition wurde nun eine gesonderte Behörde gegründet. Gleichwohl gelang es nun nicht mehr, die Nationalbewegung vollständig zu unterdrücken. Die nationale Idee erreichte immer weitere Teile der Gesellschaft – aus der vormaligen Elitenbewegung war eine gesamtdeutsche Massenbewegung geworden.

Märzunruhen und die Revolution von 1848/49

Im März 1848 erreichte die Nachricht vom Sturz des französischen Bürgerkönigs Louis-Philippe die deutschen Staaten. Schnell wurden aus dem Bürgertum „Märzforderungen" wie Pressefreiheit oder Schaffung eines deutschen Parlaments laut. In vielen Städten kam es zudem zu revolutionären Massendemonstrationen. Am 13. März brachen in Wien blutige Unruhen aus, der von vielen Oppositionellen gehasste österreichische Staatskanzler Metternich floh nach London. Kurz darauf starben bei erbitterten Strassenkämpfen in Berlin 254 Menschen. Die Obrigkeiten erklärten sich unter dem Eindruck der Ereignisse rasch zu Reformen bereit. Am 18. Mai 1848 kamen erstmals über 500 frei gewählte Vertreter des deutschen Volkes in der Frankfurter Paulskirche zusammen. Ziel dieser Nationalversammlung, des „Paulskirchenparlaments", war es, eine Verfassung für alle Deutschen auszuarbeiten und einen Nationalstaat zu schaffen.

Bis Ende 1848 erarbeitete die Nationalversammlung einen wegweisenden Grundrechtekatalog, der die persönlichen und politischen Freiheits- und Eigentumsrechte aller Deutschen sichern sollte. Weiter wurde eine starke zentrale Reichsgewalt unter dem Grundsatz „Reichsrecht bricht Landesrecht" vorgeschlagen. Ein Problem war dabei nicht nur die bisherige dynastische Souveränität der einzelnen Mitgliedstaaten des Deutschen Bundes, sondern auch die Frage, ob die zum Deutschen Bund gehörenden Gebiete der Habsburgermonarchie einem neuen deutschen Nationalstaat angehören sollten. Die Mehrheit des Paulskirchenparlaments war dafür, nur die Teile des Habsburger Vielvölkerstaates in den neuen deutschen Staat aufzunehmen, die bereits dem Deutschen Bund angehörten. Das waren vor allem mehrheitlich deutschsprachige Regionen, dazu tschechische, slowenische und italienische Gebiete. Dieses Modell musste jedoch zwangsläufig zu einer Auflösung der österreich-ungarischen Habsburgermonarchie führen. Deswegen forderte der österreichische Ministerpräsident Schwarzenberg im März 1849 die Aufnahme des Habsburger Gesamtstaates in den künftigen deutschen Staatsverband. Damit wäre ein übernationales mitteleuropäisches „Siebzigmillionenreich" mit den Deutschen als dominierendem Staatsvolk und Österreich als

Hegemonialmacht entstanden. Diese „grossdeutsche Lösung" sollte nach Schwarzenbergs konservativen Vorstellung kein Nationalparlament, sondern nur ein beratendes Staatenhaus mit Delegierten der einzelstaatlichen Parlamente erhalten – schon um das neue Reich nicht nationalen Fliehkräften auszusetzen.

In dieser Situation war die erstrebte parlamentarisch-nationalstaatliche Lösung nur noch unter Ausschluss Österreichs möglich. Erst jetzt entschloss sich die Mehrheit der Nationalversammlung zur „kleindeutschen Lösung": Am 28. März 1849 wählte die Paulskirche den preussischen König zum deutschen Kaiser eines deutschen Nationalstaates in Form einer konstitutionellen Monarchie. Friedrich Wilhelm IV. lehnte diese mit dem „Ludergeruch von Revolution" verbundene Kaiserwürde jedoch ab. Damit war dem Programm der Nationalversammlung der Boden entzogen. Immer mehr Abgeordnete verliessen nun desillusioniert das Paulskirchenparlament. Nur eine Minderheit, die entschlossen war, das Verfassungswerk dennoch durchzusetzen, wich nach Stuttgart aus. Es folgte eine neue, letzte Revolutionswelle, die als „Reichsverfassungskampagne" in die Geschichte eingegangen ist, schliesslich aber erfolglos blieb: Im Juni 1849 trieben württembergische Soldaten die rund 100 verbliebenen Abgeordneten des Stuttgarter „Rumpfparlaments" auseinander. Wenig später kapitulierten in der badischen Festung Rastatt die letzten Revolutionskämpfer vor der einrückenden preussischen Armee und bald darauf wurde der monarchisch-obrigkeitliche Deutsche Bund, den die Revolutionäre eigentlich hatten überwinden wollen, wieder ins Leben gerufen.

Der Nationalgedanke wächst auch ohne Nation

Auch nach dem Scheitern der Nationalstaatsgründung „von unten" 1848/49 blieb der Wunsch nach nationaler Einigung in der deutschen Bevölkerung ungebrochen. Zunehmend propagierten nun gesellschaftliche Organisationen, Vereine und Verbände nationale Ideen. Die Ritualisierung des deutschen Nationalgefühls zeigte sich etwa in zahlreichen Schillerfesten, die 1859 anlässlich des 100. Geburtstages des Dichters begangen wurden: In Rund 440 Städten feierten die Menschen die „deutsche Kulturnation" und setzten Schiller symbolisch an die Stelle der noch fehlenden politischen Einheit.

Die Idee eines kleindeutschen Nationalstaates setzte schliesslich Preussen mit drei Einigungskriegen zwischen 1864 und 1870/71 militärisch „von oben" durch. Im Gegensatz zu Frankreich oder der Schweiz war die Einigung also nicht das Ergebnis einer demokratisch getragenen Nationsbildung „von unten".

Zur Begeisterung der deutschen Nationalbewegung gelang es Preussen 1864, die zwischen Dänen und Deutschen seit den 1840er-Jahren heftig umstrittenen Herzogtümer Schleswig und Holstein durch einen Krieg zu erobern. Schleswig wurde von Preussen annektiert, Holstein fiel an Österreich, das ebenfalls am Krieg mitgewirkt hatte. Die einvernehmliche Gebietsaufteilung darf jedoch nicht über die ausgeprägte Rivalität beider Länder um die Vorherrschaft im Deutschen Bund hinwegtäuschen, die als „deutscher Dualismus" bezeichnet wird: Während Preussen die wirtschaftlich und politisch stärkere Macht war, verstand sich Österreich traditionell als Führungsnation des Deutschen Bundes. 1866 eskalierten die Spannung im Deutschen Krieg, der mit dem Sieg der preussischen Seite über Österreich und seine Verbündete endete. Preussen löste den Deutschen Bund auf und setzte an dessen Stelle den Norddeutschen Bund, der Kraft der Gültigkeit der preussi-

M 3 Der Weg zum Deutschen Reich 1866–1871

schen Verfassung für alle Mitglieder zu einem Bundesstaat wurde. Österreich schied nach etwa einem Jahrtausend als ehemaliger Teil des deutschen Territoriums aus. Das Königreich Hannover, Kurhessen, Nassau und die freie Stadt Frankfurt am Main, die an der Seite Österreichs gekämpft hatten, wurden von Preussen annektiert und die süddeutschen Staaten Baden, Württemberg, Bayern sowie Teile Hessen-Darmstadts blieben durch Verträge mit gegenseitiger Beistandspflicht im Kriegsfall mit dem Norddeutschen Bund verbunden.

Deutsch-Französischer Krieg 1870/71 und Kaiserproklamation

Dieser Kriegsfall trat bald ein: Mit Leopold von Hohenzollern bewarb sich ein Deutscher auf den frei gewordenen spanischen Königsthron. Der französische Kaiser Napoleon III. wollte diese „Einkreisung" durch deutsche Fürsten nicht zulassen und setzte eine Protestnote an den preussischen König Wilhelm I. auf, der im Kurort Bad Ems weilte. Der preussische Ministerpräsident Bismarck kürzte das Antwort-Telegramm von Wilhelm I., die so genannte „Emser Depesche" ab, so dass deren Ton deutlich schärfer ausfiel. Ganz nach Bismarcks Kalkül reagierte Napoleon III. auf diese Provokation am 19. Juli 1870 mit der Kriegserklärung an Preussen. Am 1. September 1870 kam es zur Entscheidungsschlacht im französischen Sedan, in der die besser ausgerüstete deutsche Armee siegte. Frankreich musste das Elsass und grosse Teile Lothringens als „Reichsland" abtreten. Am 18. Januar 1871 wurde im Spiegelsaal des Versailler Schlosses der preussische König Wilhelm I. zum deutschen Kaiser proklamiert. Mit der Gründung des deutschen Kaiserreiches entstand der letzte europäische Nationalstaat vor dem Ersten Weltkrieg.

Nationswerdung in Frankreich – Porträts von Napoleon III.

M 4   **Kaiser Napoleon III., Gemälde, nach 1853**
Charles-Louis-Napoléon Bonaparte mit Kroninsignien dargestellt,
Gemälde von Franz Xaver Winterhalter

M 5   **Kaiser Napoleon III., Fotografie, März 1860**
Aufnahme des Fotografen Olympe Aguado de las Marismas

Aufgaben

1. Porträts von Napoleon III.

a) Beschreiben Sie die wesentlichen Bildmerkmale der beiden Darstellungen von Napoleon III. und erläutern Sie, in welcher Tradition sich der Dargestellte jeweils porträtieren lässt.

b) Begründen Sie die unterschiedliche Selbstdarstellung von Napoleon III. in den beiden Bildern unter Einbezug des historischen Kontextes.
↶ Text, M4, M5

2. Die Revolution von 1848/49 in Deutschland

a) Stellen Sie in einem Flussdiagramm Ursachen, Verlauf und Scheitern der Revolution von 1848/49 dar.

b) Überprüfen Sie, welche Märzforderungen heute zu den verfassungsmässigen Rechten gehören.

c) Begründen Sie, warum die Ereignisse von 1848/49 als eine Revolution bezeichnet werden.
↶ Text, M6

3. „Das Parlament" – Ein deutsches Revolutionslied auswerten

a) Arbeiten Sie die Kernaussage Herweghs in dem Lied „Das Parlament" heraus und erläutern Sie die Intention, die er mit dem Lied verfolgt.

b) Verbieten, mitsingen, ignorieren? Diskutieren Sie, wie das Paulskirchenparlament auf das Lied reagieren sollte.

c) Setzen Sie sich mit Herweghs Vorschlägen zur Erreichung seiner politischen Ziele auseinander.
↶ Text, M7

Die Revolution von 1848/49 in Deutschland

M 6   Märzforderungen aus Sachsen und Hamburg

Die Nachrichten über die Aufstände in Wien und Berlin im März 1848 erreichten auch Sachsen und Hamburg und spornten Liberale und Demokraten an, sowohl im Königreich Sachsen als auch im Stadtstaat Hamburg Veränderungen zu fordern.

a) Aus einem Flugblatt der Oppsition im Königreich Sachsen (7.3.1848):

Die drohenden Zeitereignisse machen jedem echten Deutschen die ruhige, aber unverhüllte Kundgebung dessen, was nach seiner Überzeugung die Eintracht des Vaterlandes im Innern und nach Außen erheischt, zur heiligsten Pflicht.

5 [...] Von dieser Überzeugung beseelt sprechen wir, die unterzeichneten Bürger und Einwohner Dresdens, die Erwartung aus, dass auch von der sächsischen hohen Staatsregierung den Forderungen der Zeit, deren Gewährung teils für die Ruhe und das Wohlergehen unseres Sachsenlandes,

10 teils für die einheitliche Entwicklung Deutschlands und „seine Erhebung auf die unter den Nationen Europas ihm gebührende Stufe", unerlässlich und unabweisbar ist, dieselbe schleunige Erfüllung werde zu Teil werden, welche ihnen in anderen deutschen Staaten teils verheißen, teils

15 schon gefolgt ist.

Diese Wünsche sind:

1. Freiheit der Presse, Wegfall des Konzessionszwangs für Zeitschriften und Überweisung der Pressvergehen an die ordentlichen Gerichte;

20 2. Freiheit des religiösen Bekenntnisses und der kirchlichen Vereinigung.

3. Freiheit des Versammlungs- und Vereinsrechtes.

4. Gesetzliche Sicherstellung der Person gegen willkürliche Verhaftung, Haussuchung und Untersuchungshaft.

25 5. Verbesserung des Wahlgesetzes namentlich durch Herabsetzung des Zensus und Ausdehnung der Wählbarkeit auf das ganze Land.

6. Öffentlichkeit und Mündlichkeit der Rechtspflege mit Schwurgericht.

30 7. Vereidigung des Militärs auf die Verfassung.

8. Verminderung des stehenden Heeres, Umbildung des Militärwesens und der Bürgerbewaffnung. [...]

Wir zweifeln nicht an dem landesväterlichen Sinne des allverehrten, allgeliebten Königs, wir geben uns seiner Huld

35 und Weisheit mit Vertrauen hin, wir erwarten aber ebenso zuversichtlich von den Ratgebern der Krone, dass sie klare Einsicht und aufrichtigen Willen genug haben werden, jenen dringenden Forderungen der Neuzeit zu entsprechen, oder dafern dies mit ihren Überzeugungen nicht im Einklang stehen sollte, dies offen bekennen und durch freiwil- 40 ligen Rücktritt von ihrem Amte das gesetzliche Zustandekommen zeitgemäßer Reformen ermöglichen und sich dadurch der Achtung und des Beifalls aller Parteien versichern werden.

Es lebe der König! Es lebe die Verfassung! Es lebe die Ein- 45 tracht zwischen Regierung und Volk!

Dresden, den 7. März 1848.

Zit. nach: Karl Obermann, Flugblätter der Revolution. Eine Flugblattsammlung zur Geschichte der Revolution von 1848/49, Berlin (Ost) 1970, S. 70 f.

b) Aus dem 12-Punkte-Programm der liberalen und demokratischen Opposition in Hamburg (9./10.3.1848):

1. Politische Berechtigung für jeden Staatsangehörigen, der dem Staate durch seine Person oder aus seinem Vermögen Pflichten erfüllt; namentlich allgemeines Wahlrecht und allgemeine Wählbarkeit.

2. Gänzliche Trennung der Kirche vom Staat. Unabhängig- 5 keit der bürgerlichen und politischen Rechte von dem religiösen Bekenntnis.

3. Ausdrückliche Anerkennung der Freiheit nicht nur der politischen, sondern auch der religiösen Assoziation [Vereinigung, Zusammenschluss]. 10

4. Ersetzung der Erbgesessenen Bürgerschaft und ihrer bisherigen Ausschüsse durch eine Versammlung periodisch gewählter Repräsentanten, mit Öffentlichkeit der Verhandlungen, jedoch unter Vorbehalt des absoluten Veto für die Wähler in den grundgesetzlich näher zu bestimmenden 15 Gesetzesvorlagen.

5. Aufhebung der Lebenslänglichkeit und Selbstergänzung des Rats.

6. Verantwortlichkeit aller, die in öffentlichen Geschäften tätig sind. Schutz für jedes Recht, durch unabhängige von 20 der Verwaltung getrennte Gerichte.

7. Öffentlichkeit und Mündlichkeit der Gerichte. Schwurgerichte in Kriminalsachen, politischen und Presseverbrechen.

8. Unterricht für die Jugend aller Staatsangehörigen als Staatsangelegenheit. 25

[...]

Zit. nach: A. Adrians, Die bürgerliche Revolution 1848/49 in Hamburg, Hamburg 1980, S. 19.

„Das Parlament" – Ein deutsches Revolutionslied auswerten

Zu Frank-furt an dem Main sucht man der Wei-sen Stein; sie sind gar sehr in Nö-ten, Mo-ses und die Pro-phe-ten, Prä-si-dent und Se-kre-tä-re wie er zu fin-den wä-re. Im Par-la-, Par-la-, Par-la-ment, das Re-den nimmt kein End.

M 7   Das Parlament

Dieses Lied schrieb Georg Herwegh (vermutlich im Herbst) 1848. Herwegh hatte zu Beginn der deutschen Revolution in Paris eine „Legion der deutschen Handwerker" aufgestellt. Er beteiligte sich am 24. April mit einer kleinen bewaffneten Schar an der Revolution im Grossherzogtum Baden, seine Legion wurde jedoch geschlagen. Herwegh floh nach Paris zurück und von dort in die Schweiz. Die Melodie des Liedes ist anonym:

1. Zu Frankfurt am Main –
sucht man der Weisen Stein;
sie sind gar sehr in Nöten,
Moses und die Propheten,
5 Präsident und Sekretäre,
wie er zu finden wäre –
Im Parla-Parla-Parlament
das Reden nimmt kein End!

2. Zu Frankfurt am Main –
10 da wird man uns befrein;
man wird die Republiken
im Mutterleib ersticken,
und Bassermann und Welcker[1]
beglücken dann die Völker
15 im Parla-...

3. Zu Frankfurt am Main –
bald zieht der Kaiser ein!
Schon träuft der Gnade Manna[2],
ihr Knechte, Hosiannah!
20 Matthy[3], der Schuft, Minister –
Triumph, ihr Herrn Philister!
Im Parla-...

4. Zu Frankfurt am Main –
die Wäsche wird nicht rein;
25 sie bürsten und sie bürsten,
die Fürsten bleiben Fürsten,
die Mohren bleiben Mohren
trotz aller Professoren
Im Parla-...

30 5. Zu Frankfurt am Main –
ist alles Trug und Schein.
Alt-Deutschland bleibt zersplittert,
das Kapitol[4] erzittert,
umringt von Feindeslagern,
35 die Gänse giga-gagern[5]
im Parla-...

6. Zu Frankfurt am Main –
so schlag der Teufel drein!
Es steht die Welt in Flammen,
40 sie schwatzen noch zusammen,
wie lange soll das dauern?
Dem König Schach, ihr Bauern!
Dein Parla-Parla-Parlament,
o Volk, mach ihm ein End'!

1 Bassermann, Mohr und Welcker sind badische Abgeordnete in der Nationalversammlung, Feinde der Demokraten und Anhänger der „Erbkaiserpartei".
2 Manna ist eine „köstliche Gottesgabe".
3 Mathy, der Schuft, ist ebenfalls badischer Abgeordneter, auf seine Denunziation hin konnte die badische Regierung den Republikaner Josef Fickler verhaften.
4 Das Kapitol erinnert an eine alte römische Sage: Die Römer bemerken nur durch das Gackern der Gänse, dass ihre Festung „Kapitol" nachts von Feinden umringt war.
5 Heinrich von Gagern ist der Präsident der Nationalversammlung.

Zit. nach: Lieder der Revolution 1948, Kiel 1978, S. 57 f.

Interpretation einer Karikatur – ein Beispiel

Karikaturen stellen eine spezielle Form historischer Bildquellen dar. Karikaturen sind Zeichnungen, in denen sich der Zeichner, der Karikaturist, meist in kritischer Absicht, mit einem Thema, einer Person oder einem Sachverhalt auseinandersetzt. Karikaturen, die auch als „gezeichneter Kommentar" bezeichnet werden, spitzen zu und überzeichnen, sie können aber auch tendenziös, verletzend oder verzerrend sein. Immer wollen und sollen Karikaturen anregen, über einen Sachverhalt nachzudenken, sich ein Urteil zu bilden oder zu einer bestimmten Sichtweise zu gelangen.

Schritte zur Interpretation von Karikaturen

1. Schritt: Die Karikatur beschreiben

a) Die äusseren Merkmale erschließen
Die quellenkritische Analyse stellt zunächst die sog. „äusseren" Merkmale der Karikatur vor. Sie erklärt insbesondere die historische und kommunikative Situation, in der die Karikatur entstanden ist. Bei der Analyse einer Karikatur sollen Sie im Einzelnen:

- den Bildquellentyp (hier: Karikatur) kennzeichnen,
- den Karikaturisten benennen und die dazu verfügbaren Informationen vorstellen,
- vermutliche oder mögliche Adressaten der Karikatur benennen,
- den Zeitpunkt benennen, zu dem die Karikatur entstanden ist und/oder veröffentlicht wurde,
- den Erscheinungsort und das Publikationsmedium benennen, in dem die Karikatur veröffentlicht wurde,
- den vermutlichen oder anhand der dargestellten Inhalte und Zusammenhänge zu erschliessenden Anlass der Karikatur benennen und erläutern,
- die mit der Bildquelle verbundene Absicht (ggf. in Form einer Hypothese) formulieren.

b) Die Karikatur beschreiben:
Die strukturierte Bildbeschreibung soll sowohl auf den Aufbau des Materials wie auch auf die dargestellten Einzelelemente eingehen (Bild- und Textteile mit Bildüber- bzw. -unterschriften und/oder Textelemente innerhalb der Karikatur; Hauptbestandteile, Zentrum, Vorder- und Hintergrund).

2. Schritt: Die Karikatur vor dem Hintergrund des historischen Kontextes erläutern

Bei diesem Schritt geht es darum, den historischen Kontext oder den Problemzusammenhang, in dem die Karikatur steht, darzustellen und vor diesem Hintergrund die in der Quelle sichtbaren Elemente und Gestaltungsmittel zu erläutern. Ihre Ergebnisse sollten Sie in einer abschliessenden Deutung zusammenfassen.

3. Schritt: Sich mit der Karikatur auf verschiedenen Ebenen auseinandersetzen

In diesem Schritt sollen Sie sich mit der Bildquelle und ihrer Aussage, aber auch mit den Mitteln ihrer Wirkung auseinander setzen. Dabei ist stets zwischen einer zeitgenössischen, also historischen und einer gegenwärtigen Perspektive zu unterscheiden. Hier kann u. a. erörtert werden, wie die Karikatur (vermutlich) auf die zeitgenössischen Betrachter gewirkt hat. Ferner können Sie prüfen, ob die Karikatur den sachlichen Gegebenheiten entspricht, oder ob Sachverhalte und Zusammenhänge grob verzerrt oder in ihr Gegenteil verkehrt werden, eine Person glorifiziert oder verteufelt wird.
Schliesslich sollten Sie die Karikatur als Stellungnahmen des Bildautors einer eigenen Beurteilung unterziehen. Dabei können Sie sich beispielsweise auf seine Einschätzungen einer Situation, seinen Umgang mit einem Gegner, seine in der Karikatur zum Ausdruck kommenden Erwartungen oder Werte beziehen. Abschliessend können Sie Ihre Überlegungen und Einschätzungen in einem Fazit zusammenfassen, in dem Sie auch ein begründetes eigenes Urteil formulieren.

Nationswerdung in Deutschland – Eine Karikatur interpretieren

DER DENKER=CLUB

Auch eine neue deutsche Gesellschaft.

M 8 „Der Denker-Club"

Anonymes Spottblatt, um 1820

Auf dem Schild in der Mitte steht zu lesen: „Wichtige Frage welche in heutiger Sitzung bedacht wird: Wie lange möchte uns das Denken wohl noch erlaubt bleiben?"

Die Gesetze des Denker-Clubs sind auf einem zweiten Schild (rechts) wiedergegeben: „I. Der Präsident eröffnet präcise 8 Uhr die Sitzung. / II. Schweigen ist das erste Gesetz dieser gelehrten Gesellschaft. / III. Auf das kein Mitglied in Versuchung geraten möge, seiner Zunge freyen Lauf zulassen … so werden beim Eintritt Maulkörbe ausgeteilt. / IV. Der Gegenstand, welcher in jedesmaligen Sitzung durch ein reifes Nachdenken gründlich erörtert werden soll, befindet sich auf einer Tafel mit großen Buchstaben deutlich geschrieben. […]"

Aufgaben

1. Nationswerdung in Deutschland – Karikatur

Interpretieren Sie die Karikatur. Orientieren Sie sich dabei an den auf der Vorseite angegebenen Schritten.

a) Beschreiben Sie die äusseren Merkmale der Karikatur (Schritt 1).

b) Ordnen Sie die Karikatur in den historischen Kontext ein (Schritt 2).

c) Setzen Sie sich kritisch mit der Karikatur und ihrer Aussage auseinander und überprüfen Sie, in welchen Bereichen die Aussage der Karikatur heute noch zutreffend ist (Schritt 3).

⌐ Text, M8

Die Entwicklung der Schweiz im 19. Jahrhundert zum Bundesstaat

Als ehemaliger Satellitenstaat Frankreichs hatte die Schweiz hatte auch auf Druck der Grossmächte noch vor dem Wiener Kongress einen restaurativen Bundesvertrag geschlossen. Dieser sollte die Eigenständigkeit der Kantone bestätigen, nur die Aussenpolitik und das Militär sollte durch die Tagsatzung des Staatenbundes beaufsichtigt werden. Die seit der Auflösung der Mediationsakte 1813 zerstrittene Eidgenossenschaft rang in den Jahren nach dem Wiener Kongress um politische Reformen und wirtschaftliche Modernisierung. Auf politischer Ebene drehte sich der Streit vor allem um die Restauration der Untertanengebiete: Während viele Alten Orte ihre Herrschaft über ihre früheren Untertanengebiete zurückverlangten, bestanden andere Gebiete auf einer neuen Verfassung ohne Untertanengebiete. Um einen erneuten Bürgerkrieg zu vermeiden, übten die europäischen Grossmächte Druck aus und am 12. September 1814 lag schliesslich ein Bundesvertrag vor, welcher den Kantonen ausgedehnte Selbstständigkeit zugestand, aber die Rückkehr zu den Untertanenverhältnissen verhinderte. Aufgrund der neuen Aufteilung der Kantone bestanden jedoch weiterhin Streitpunkte. Zum einen ging es um die Grenzziehungen zwischen den Kantonen, und zum anderen verlangten die ehemaligen Besitzer eine Entschädigung für den Verlust ihrer Untertanengebiete. Dennoch trat nach Abschluss des Wiener Kongresses der Bundesvertrag Ende August 1815 in Kraft.

Der Bundesvertrag verbot den Kantonen, separate Allianzen untereinander oder Bündnisse mit ausländischen Mächten zu schliessen. Zugleich wurde eine gemeinsame Organisation des Militärs vorangetrieben. Aus Sicht der europäischen Grossmächte sollte die Schweiz gegenüber Frankreich als Pufferstaat agie-

M 1

Die Schweizerische Eidgenossenschaft 1813/14

- XIII Alte Kantone in den Grenzen von 1803 (Mediation)
- 1803 durch Napoleon Bonaparte geschaffene "Mediationskantone"
- Gebietsansprüche der alten Orte an die Mediationskantone 1813/14
- 1814 neu in den Bund aufgenommene Kantone
- Gebiete, die am Wiener Kongress 1814 der Schweiz zugesprochen wurden
- Gebiete, auf welche die Schweiz am Wiener Kongress Anspruch erhob, die ihr aber nicht zugesprochen wurden

0   40   80   120 km

23620EX
© westermann

ren. Für die Schweiz bot sich die Chance, ein neutraler Staat zu werden, vorbehaltlich einer Möglichkeit auf eigenständige Verteidigung, sollten zum Beispiel die Franzosen wie unter Napoleon erneut die europäischen Monarchien angreifen.

Zwischen Restauration und Regeneration

Obwohl die Untertanengebiete abgeschafft worden waren, führten die restaurativen Kantone vielerorts einen hohen Wahlzensus ein, sodass vor allem die ländlichen und ärmeren Bevölkerungsteile kaum Möglichkeiten zur aktiven politischen Mitwirkung besassen. Viele Liberalisierungen der Helvetik, darunter die Pressefreiheit und die Idee des souveränen Volkes, wurden wieder umgestossen. Die Bevölkerung ausserhalb der Städte erlangte jedoch durch die aufkommende Industrialisierung vermehrt ökonomischen Einfluss und verlangte nach Mitspracherecht in der Politik. Unmut entstand insbesondere bei den Bauern über die hohen Entschädigungen, welche die ehemaligen feudalen Grundbesitzer für ihr Land verlangten, zudem gingen vielen die Reformen in den ehemaligen Untertanengebieten zu schleppend voran. Auch im liberal eingestellten Bildungsbürgertum, dessen Ambitionen auf politische Mitsprache verwehrt blieben, war Verbitterung spürbar.

In mehreren Kantonen bündelten sich die Forderungen der verschiedenen Bevölkerungsschichten, die nun gemeinsam neue, liberale Verfassungen verlangten. Die Bauern forderten die Beseitigung der Feudallasten, die Arbeiterschaft kämpfte für bessere Arbeitsbedingungen und soziale Sicherheit, das Bürgertum sehnte sich nach politischer Partizipation und die Unternehmer streben die Vereinheitlichung des Wirtschaftsraumes an. Angesichts der schwachen Zentralgewalt innerhalb des Staatenbundes konnte aber selbst eine liberal dominierte Tagsatzung keinen nennenswerten Einfluss auf die Kantone ausüben und so waren die angestreben Besserungen vorerst kaum erreichbar.

Auch im Nachbarstaat Frankreich keimte der Protest gegen die Restauration und gipfelte in massiven Unruhen und Volksaufständen. In der Julirevolution von 1830 erzwang die Bevölkerung einen Kurswechsel mit weitreichenden liberalen Zugeständnissen seitens der Monarchie. In der Schweiz bildeten sich ebenfalls spontane Versammlungen, welche auf friedlichem Wege die Revision der Restaurationsverfassungen forderten. In den Kantonen Thurgau, Aargau, Luzern, Zürich, St. Gallen, Solothurn und Bern ereigneten sich „Volkstage", aufgrund derer die Kantonsregierungen schliesslich zahlreiche liberale Errungenschaften in ihren neuen Verfassungen niederschrieben. Je nach Kanton waren dies unter anderem die Volkssouveränität, Eigentumsgarantie, Niederlassungsfreiheit, Meinungsfreiheit, Pressefreiheit oder die Glaubens- und Gewissensfreiheit. Trotz Lockerung des Zensus blieben Frauen, Nicht-Christen, sowie ärmere Bevölkerungsteile nach wie vor vom Wahlrecht ausgeschlossen. Neben den politischen Rechten blieben die Frauen auch zivilrechtlich weit von der geschlechtlichen Gleichberechtigung entfernt. So bestimmten weiterhin Männer als Vormund über Vermögen und Einkünfte ihrer Ehefrauen. Auch ledige Frauen, welche die Volljährigkeit erreicht hatten, sowie Witwen waren nur beschränkt handlungsfähig und benötigten oft einen männlichen Vormund um rechtsgültige Verträge abschliessen zu können.

Helvetisierung und Tradition

Die europäische nationalstaatliche Bewegung während der Phase der Regeneration erfasste auch die Schweiz. Während die konservativen Kantone besonderen Wert auf ihre Eigenständigkeit und die Beibehaltung der restaurativen Verhältnisse legten, versuchten liberale Kantone weiterhin, den Bundesvertrag von 1815 abzuändern. Sie plädierten für eine stärkere Bundesgewalt, welche den Zusammenhalt der Kantone stärken, die Wirtschaft vereinheitlichen und nicht zuletzt den Bürgerinnen und Bürgern ein Nationalgefühl verleihen sollte. Bestehende Traditionen und Moralvorstellungen wurden nun miteinander verbunden, so wurden zum Beispiel Geschichtsmythen aufgegriffen, welche den Wert der «Schweizerischen Identität» verdeutlichen sollten. Diese Mythen um Wilhelm Tells Auflehnen gegen die Habsburgermacht oder den legendären Rütlischwur als Zeichen der Zusammengehörigkeit gewannen an Bedeutung und wirken bis heute als nationale, integrative Erzählungen.

M 2 „Das Eidgenössisches Schützenfest in Schwyz: Der Besuch der Bundesversammlung auf dem Rütli am 13. Juli 1867"
Holzstich, 1867

Anknüpfend an ähnliche Bestrebungen während der Helvetik war die Regeneration gekennzeichnet durch Schützen-, Turn- und Gesangsvereine sowie andere gesellige Versammlungen, die das Schweizerische Zusammengehörigkeitsgefühl stärkten. Durch diese Vereinigungen wurden einerseits liberale und nationale Ideen ausgetauscht und andererseits trugen die dabei geführten Diskussionen massgeblich zum Entstehen einer nationalen Öffentlichkeit bei.
Die restaurativen, konservativen Kantone, in welchen die liberalen Ideen weniger Anklang fanden, fürchteten um ihre kantonale Unabhängigkeit und bekämpften daher die Umgestaltung des Staatenbundes in einen Bundesstaat. Auch sie sahen Reformen, besonders wirtschaftlicher Natur, oft als notwendig an, strebten aber mehrheitlich kantonale Lösungen an. So hätten sich die Kantone jeweils untereinander verständigen müssen, ohne übergreifende, schweizweite Regelung zu treffen.
Obwohl das Vereinswesen und das Denken über die Kantonsgrenzen hinaus die Schweizerinnen und Schweizer zu vereinen schien, entzweiten sie zunehmende konfessionelle Streitigkeiten. Der Konflikt über die Zukunft der Schweiz in einem liberalen Bundestaat oder doch als konservativer Staatenbund mit autonomen Kantonen verlagerte sich in den frühen 1840ern in den Bereich der Religion. So warfen die Konservativen den Liberalen vor, gegen die Kirche und die Religion zu agieren. Besonders in den katholisch dominierten Kantonen fürchtete man sich vor liberalen Staats- und Gesellschaftsentwürfen. In diesen war – der aufklärerischen Idee folgend – das Vernunftsprinzip als Staatsräson vorgesehen und nicht mehr wie bisher der Glaube, die Bibel oder die Kirche. Beispielhaft zeigten sich die Konfliktlinien an den Bemühungen der Liberalen um ein staatliches Bildungssystem. Fortan sollte der Staat die Lehrkräfte ausbilden, sodass die Kinder nicht mehr von Pfarrern der Kirche beschult werden.
Neben wirtschaftlichen Krisen Ende der 1830er Jahre führten so auch diese konfessionellen Streitigkeiten zu mehreren Aufständen und Auseinandersetzun-

gen in verschiedenen Kantonen. Es bildeten sich zwei Lager, die sich grob folgendermassen umreissen lassen: Die Liberalen bestanden aus eher protestantisch und industrialisierten Gebieten. Sie strebten einen demokratischen Bundesstaat an, der auf dem Prinzip der Volkssouveränität fusste, also mit anderen Worten das Volk als die Nation verstand. Demgegenüber standen die Konservativen von mehrheitlich katholischem Glauben, die eher in ländlichen Gebieten wohnten. Sie waren stärker in der Tradition verwurzelt und sahen im Staatenbund die beste Organisationsform für die Schweiz.

Radikalisierung und der Sonderbund

Aus der Gruppe der Liberalen bildete sich ein radikaler Flügel, der auch bereit war, notfalls seine Vision eines demokratischen Bundesstaates gewaltsam durchzusetzen. Vielerorts mehrten sich Provokationen von beiden Seiten und die Debatten der involvierten Gruppen nahmen so einen immer aggressiveren Ton an. Im Aargau zum Beispiel protestierten die Katholiken, weil die Regierung eine neue, für sie nachteilige Kantonsverfassung beschloss. Um die Proteste einzudämmen, schloss die Aargauer Regierung 1841 die katholischen Klöster. Obwohl dies gegen den immer noch gültigen Bundesvertrag von 1815 verstiess, stellte sich die liberal dominierte Tagsatzung nur halbherzig hinter die Katholiken und erzwang nur die Öffnung der Frauenklöster im Aargau.

Demgegenüber stand eine Provokation der konservativen Luzerner Regierung, welche Jesuiten als Lehrer an die höheren Schulen berufen hatte. Die Jesuiten waren eine von den Liberalen besonders verachtete Gruppe religiöser Gelehrter und ihre Einsetzung als Lehrkräfte empörte viele Liberale zutiefst. Die Radikal-Liberalen sammelten sich kurz darauf vor der Stadt und zogen bewaffnet nach Luzern, um die dortige konservative Regierung zu stürzen.

Der Vorstoss scheiterte, doch ein Jahr später ergriffen die Radikalen einen erneuten Versuch, der ebenfalls erfolglos blieb. Diese beiden Angriffe gingen als „Freischarenzüge" in die Geschichte ein, an denen sich einige tausend Freiwillige beteiligten. Im Zuge dieser bürgerkriegsähnlichen Gefechte wurden mehrere hundert Menschen getötet, was den bestehenden Konflikt drastisch radikalisierte. Als zusätzlich ein Luzerner Regierungsrat im Dezember 1845 ermordet wurde, schlossen die katholischen Kantone Freiburg, Luzern, Nid- und Obwalden, Schwyz, Uri, Wallis und Zug einen „Sonderbund" zum Schutz gegen die Liberalen und vor allem die Radikalen. Die liberale Mehrheit in der Tagsatzung stimmte in der Folge für die Auflösung dieses Sonderbundes, gegebenenfalls mit Gewalt. Sie begründeten diesen Schritt mit dem Bundesvertrag von 1815, welcher ein Bündnis innerhalb der Schweiz, so argumentierten sie, verbot. Beide Seiten hatten sich insgeheim bereits auf einen Bürgerkrieg vorbereitet.

Der Sonderbundskrieg und die Bundesverfassung von 1848

Am 4. November 1847 brachen die Kriegshandlungen zwischen der Armee der Sonderbundskantone und den Tagsatzungstruppen aus. Weniger als ein Monat nachdem die Tagsatzung General Guillaume Henri Dufour mit der Auflösung des Sonderbunds beauftragt hatte, endete der Bürgerkrieg am 29. November 1847. General Dufour soll seinen Truppen befohlen haben, möglichst wenig Schaden anzurichten, um die Opferzahl gering zu halten. Zu der kurzen Kriegs-

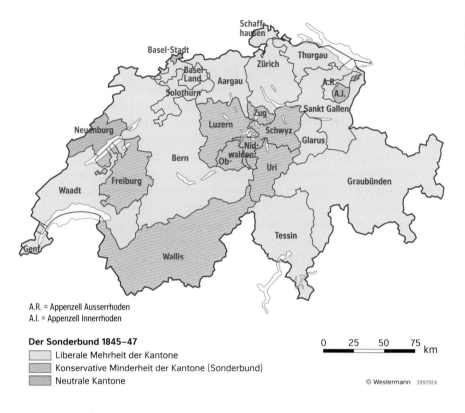

M 3 Karte der Eidgenossenschaft 1845–47 mit farblicher Kennzeichnung der Sonderbundkantone

A.R. = Appenzell Ausserrhoden
A.I. = Appenzell Innerrhoden

Der Sonderbund 1845–47

- Liberale Mehrheit der Kantone
- Konservative Minderheit der Kantone (Sonderbund)
- Neutrale Kantone

0   25   50   75 km

© Westermann   39970EX

dauer hat neben der Zurückhaltung beider Seiten auch die militärische Überlegenheit der Tagsatzungsarmee geführt. Allen Beteiligten war klar, dass sich die beiden Gegner nach dem Krieg wieder versöhnen mussten, um eine friedliche Ordnung gewährleisten zu können. Also waren die Angreifer angehalten, sich gegen die Bevölkerung der Sonderbundskantone zurückzuhalten, sodass keine Rachegefühle entstünden. Aus den gleichen Gründen wurde die Kriegsschuld nur den wichtigsten Anführern des Sonderbunds zugeschoben und die zuvor geordnete finanzielle Entschädigung für den Krieg wurde den Verlierern grösstenteils erlassen.

Die Kapitulation der Sonderbundskantone ebnete schliesslich den Weg zur Gründung des Bundesstaates 1848. Eine Kommission unter Beteiligung der Verlierer erarbeitete eine neue Verfassung für die Schweiz. Die Schaffung einer relativ starken Zentralgewalt, dem Bund, entsprach mehr den Wünschen der Liberalen, doch einigte man sich auch auf Kompromisse, so etwa in der zuvor bereits erwähnten Lehrerausbildung, welche weiterhin von den Kantonen selber bestimmt werden konnte. Um die Bevölkerung und Kantone gleichermassen im Parlament zu vertreten, einigte man sich auf das amerikanische Modell des Zweikammersystems, also eine Aufteilung in Nationalrat und Ständerat. Besonders aus wirtschaftlicher Sicht brachte der Bundestaat wichtige Veränderungen, denn der fortan gemeinsame Wirtschaftsraum wurde gestärkt durch die Abschaffung der Binnenzölle sowie durch die Einführung von gemeinsamen Massen und Gewichten und dem Schweizer Franken als einheitliche Währung.

Der Schweizer Bundesstaat bis 1874

In der Zeit nach 1848 wurde der Bundestaat weiter ausgebaut und gestärkt. Die Liberalen blieben für mehrere Jahrzehnte die dominante politische Strömung und stellten bis in die 1890er Jahre alle Bundesräte. Durch den Ausbau der Transportwege und der Beseitigung der oben beschriebenen Handelshemmnisse entwickelte sich die Industrialisierung, vor allem die Textilindustrie ab 1850 stärker und überholte bis 1880 die Landwirtschaft als stärksten Wirtschaftssektor. Trotz diesem Anstieg an wirtschaftlicher Aktivität blieb die Schweiz bis in die 1880er Jahre ein Auswanderungsland. Die Auswanderung wurde aber durch die Immigration von Ausländerinnen und Ausländern wieder ausgeglichen: Grund hierfür war die zunehmende Nachfrage der in allen Sektoren wachsenden Schweizer Wirtschaft nach Arbeitskräften, so dass der Ausländeranteil in der Schweiz zwischen 1837-1910 von 2,6 auf 14,7 Prozent anstieg. Zudem fanden ähnliche Reformbewegungen, wie jene in der Schweiz, welche zum Sonderbundskrieg und schliesslich dem Bundesstaat führten, auch in den umliegenden Gebieten statt. Weil diese dort aber beinahe überall scheiterten, strömten viele Flüchtlinge in die Schweiz, beispielsweise aus dem Gebiet des heutigen Deutschland.

Die Zeit nach 1848 führte zu Entwicklungen, die für die Schweiz richtungsweisend wurden. Einerseits wurde der Eisenbahnbau vorangetrieben und andererseits entstanden die Kreditinstitute, sprich Grossbanken, welche die benötigten finanziellen Mittel für den Eisenbahnbau stellten. Ein Ereignis, welche das humanitäre Auftreten der Schweiz lange prägen sollte, war die Aufnahme von französischen Soldaten, welche im Deutsch-Französischen Krieg 1870/71 von den Deutschen an der Schweizer Grenze eingekesselt worden waren. Die angeschlagenen Franzosen wurden entwaffnet und von der Schweiz versorgt. Dies knüpfte an das Wirken des Genfers Henry Dunant an, der sich für die freie Versorgung von verletzten Soldaten und die Anerkennung des neutralen Status von medizinischem Personal auch während Kriegshandlungen einsetze, was schliesslich zur Gründung des Schweizerischen Rotes Kreuzes 1866 führte.

In den 1860er Jahren wurden auch Rufe nach mehr politischer Partizipation laut, zum Beispiel die Wahl der Behörden durch das Volk. Ebenso stellten sich Fragen zur rechtlichen Gleichheit der Bewohnerinnen und Bewohner in den verschiedenen Landesteilen, besonders im Hinblick auf deren Glauben. Allerdings war, wie bei der Erarbeitung der Verfassung von 1848, auch bei der Revision von 1874 die politische Partizipation und die Gleichstellung der Frauen nicht ernsthaft in Erwägung gezogen worden. In den 1870er Jahren nahmen Gründungen von Frauenvereinen und -verbänden stark zu. Verschiedene Gruppen von Frauen, zum Beispiel aus dem bürgerlichen Milleu oder Industriearbeiterinnen schlossen sich zusammen, um gemeinsam die Gleichstellung im Nationalrat zu verlangen. 1874 stimmte die Bundesversammlung schliesslich einer Revision der Bundesverfassung von 1848 zu, jedoch ohne eine rechtliche Verbesserung der Frauen festzuschreiben. Die Rechtsgleichheit der jüdischen Bevölkerung, welche abgesehen davon bis 1866 keine Bürgerrechte besessen hatten, wurde mit der Einführung der Glaubens- und Gewissensfreiheit und der Niederlassungsfreiheit allerdings verbessert. Die Stimmbevölkerung konnte zudem neu das fakultative Referendum zur Einsprache gegen beschlossene Gesetze ergreifen.

Die Entwicklung der Schweiz im 19. Jahrhundert zum Bundesstaat – Quellen

M 4 Das Uster-Memorial

Der Ustertag vom 22. November 1830 gilt als Beginn der Zürcherischen Regeneration. In einer Denkschrift (Memorial) forderten die Unterzeichnenden eine neue, liberale Verfassung und die Gleichstellung von Landschaft und Stadt. Das Uster-Memorial bewirkte Neuwahlen und eine neue Verfassung im Kanton Zürich:

Hochwohlgeborner, Hochgeachteter Junker Amtsburgermeister! Hochgeachtete, Hochzuverehrende Herren und Obere!

Es ist allgemein bekannt, dass die in den letzten Tagen des
5 abgewichenen July für ganz Europa höchst wichtigen, in Frankreich statt gefundenen Vorfälle auch in unserem gemeinsamen Vaterlande, und besonders auch in unserem Kanton, die verschiedenen Begehren und Wünsche, die seit dem Jahre 1814 durch die Ereignisse in Schlummer einge-
10 wiegt wurden, aufgeweckt haben, welche gegenwärtig an der Tagesordnung sind. Allgemein ist in unserem Kanton der Wunsch und das Begehren nach Verfassungs-Änderung und Erleichterungen.

Mit gespannter Erwartung sah man der durch die Versamm-
15 lung der ein und dreissig grossen Räthe in Uster herbeigeführten ausserordentlichen grossen Rathssitzung entgegen; einerseits darum, weil Exzesse zu befürchten stunden, welche Eigenthum und persönliche Sicherheit hätten gefährden können, anderseits darum, weil man allgemein mit
20 bewegtem Gemüthe auf die Wahrung der Volksrechte achtete. [...] Das versammelte Volk, wenigstens zwölf tausend Männer an der Zahl, hat in der Überzeugung:

- Dass in Freistaaten das Volk, oder die Gesammtheit der freien Bürger der Souverain ist, folglich nur mit ihrem
25 Willen die Verfassung abgeändert werden darf.
- Dass die Verfassung nur dann von Dauer und Haltbarkeit sein kann, wenn sie den Wünschen und Forderungen der Mehrzahl entspricht.
- Dass [...] die bisher unterlassene Eröffnung eines Weges,
30 seine Ansichten einzugeben zu zeigen scheint, dass man [den Willen des Volkes] nicht kennen wolle. [...]

Das allgemein herrschende Begehren, das dem Volke, seinem Recht und seinem Interesse am nächsten liegt, ist nun:
1. Eine verhältnismässige Repräsentation im grossen Rathe;
35 2. Ein besseres Wahlsystem.

In Bezug auf den ersten Punkt ist das bestimmte Begehren heute einmüthig beschlossen worden, dass von nun an der grosse Rath aus zwei [Dritteln] von Landbürgern und zu einem [Drittel] aus Stadtbürgern Zürichs besetzt werden.
[...] In Bezug auf den zweiten Punkt, das Wahlsystem betref- 40
fend, begehrt die Versammlung einmüthig, dass durch die Verfassung festgesetzt werde:

- Soll die Amtsdauer auf 3 Jahre reduziert werden; die Ausgetretenen aber wieder wählbar sein.
- Die Wählbarkeit soll vom Vermögen gänzlich unabhän- 45
gig sein und bleiben.
- Den [Anwohnern] soll gestattet werden, an ihrem Wohnorte das Wahlrecht auszuüben. [...]

Mit der Befriedigung dieser beiden Hauptforderungen findet das Landvolk sein nächstes und heiligstes Interesse für 50
den gegenwärtigen bewegten Moment befriedigt. Da es aber einmal genöthigt war, in einer Landesversammlung aufzutreten, so hat es auch für Pflicht erachtet, die allzugrellen Mängel der Verfassung und Gesetze aufzudecken und von seinen Stellvertretern befriedigende Abhülfe zu 55
verlangen. Diejenigen Punkte, über welche die Versammlung einmüthig beschlossen hat, Abhülfe zu begehren, bestehen in folgendem:

- Dass ein Verfahren gesetzlich werde, wie in Folgezeit die Verfassung nach dem Gesittungsstand und den gemei- 60
nen Bedürfnissen zu ändern sei.
- Dass die jetzt gewünschte Verfassung und alle künftigen organischen Verfassungsänderungen nur nach erhaltener [Zustimmung] des Volkes in den Urversammlungen in Kraft und Wirksamkeit treten sollen. 65
- Trennung der Gewalten im Staat in allen Stufen.
- Pressfreiheit, als stetes Grundgesetz.
- Öffentlichkeit des grossen Raths-Protokolls und nach dem Lokal bedingte Öffentlichkeit der grossen Raths-Verhandlungen. 70
- Das Recht, Beschwerden und Wünsche des Volkes an den grossen Rath zu bringen, oder ein gesetzlich gesichertes Petitions-Recht. [...]

Bewogen durch den ruhigen, aber festen Willen des Volkes, jedoch nicht ohne bange Erwartungen, haben die zahlrei- 75
chen Männer, welche in Uster die Klagen des Volkes einvernahmen, und dasselbe zur Geduld und Ruhe bewogen haben, sich zur Abfassung der vorliegenden Denkschrift entschlossen, welche sie, ohne alle andere Absicht, als dem Vaterlande zu nützen, in den Schoss einer weisen und ge- 80
rechten Regierung legen, und dabei die Überzeugung auszusprechen wagen, dass nur eine durchgreifende Verbes-

serung der Verfassung und dauernde Abhülfe der Beschwerden, die von Woche zu Woche grösser werdende
85 Gährung und Unzufriedenheit zu stillen vermögen.

Bietet hingegen die hohe Regierung [Abhilfe,] so kann Hochdieselbe neuerdings auf dauerhafte Ruhe, sowie auf die Treue des Volkes zählen und sich auf dessen unwandelbare Anhänglichkeit und freudige Hingebung von Gut
90 und Blut in jeder Lage verlassen. Aber so wie sich das Volk früher und an jenem Tage gezeigt hat, ist bestimmt anzunehmen, dass bei der Nichtentsprechung seines Verlangens, es mit dem nämlichen Muthe, aber vielleicht nicht mit der nämlichen Ruhe seine Wünsche wiederholen wer-
95 de. [...]

Also unterzeichnet in Zürich, den 24. November 1830.

Im Namen der in Uster versammelt gewesenen, wenigstens zwölftausend Cantonsbürger [...].

Im Namen und aus Auftrag der ganzen Bürgerschaft Winter-
100 thurs: G. U. Hirzel, Stadtrath; Troll, Rector; Rieter, Stadtrath; J. Rudolf Heller, Lehrer an der Stadtschule.

Im Namen der Gemeinde Zollikon, Oberamt Zürich: Thommann, Major, von Zollikon.

Für die Oberämter Wädenschweil und Meilen (beide See-
105 ufer): Hiestand, Gemeindeammann; J. Steffan, Hauptmann; Johannes Brändlin von Stäfa.

Für das Oberamt Grüningen: Zollinger, Arzt in Dürnten.

Im Namen der Abgeordneten des Oberamtes Andelfingen: Dr. Maag in Feuerthalen.

Aus: Rolf Graber, Wege zur direkten Demokratie in der Schweiz (2013), S. 260–265

M 5   **Die Rechte der Frau**

Der Autor Johan Jakob Leuthy (1788–1855) aus Stäfa war Küfer (Fassbinder) und durfte als Landbürger keine höhere Bildung geniessen. Dennoch machte er sich als Journalist und Herausgeber der Zeitung „Der Schweizer Freiheitsfreund" einen Namen. 1833 trat in der nur in einer Nummer erschienenen Zeitschrift „Das Recht der Weiber" für die bürgerlichen und politischen Rechte der Frau ein. Sein Engagement stellt eine Ausnahme dar in der radikal-liberalen Partei, deren Parteigänger er war:

Um Willkür, Unordnung und daraus entstehende Gefährdung oder Vernichtung des gesellschaftlichen Vereins zu verhüten, müssen Gesetze und Regierungen da seyn. Die Gesetze müssen für alle da seyn, und die Regierung der
5 Ausfluss des Willens aller seyn. Dies kann nur durch Volksvertretung (Representativ-System) erreicht werden, indem ein jeder das Recht hat zu wählen und gewählt zu werden.

Durch das Vertrauen Aller werden Einzelne gewählt um Alle zu regieren. So ist jeder frei. [...]

Wenn nun die Freiheit des Menschen auf diesen Rechten 10 beruht, warum ist denn die ganze Hälfte der Menschheit das weibliche Geschlecht von der Theilnahme an diesem Rechte ausgeschlossen?

Wir stellen den Gegnern der Mündigkeitserklärung des weiblichen Geschlechts folgende einfache Fragen: 15

Hat der Mensch das Recht frei zu sein?

Sind die Weiber auch Menschen?

Haben Sie daher ein gleiches Recht frei zu seyn?

Wer nun die ersten Anfangsgründe des Denkens aufgefasst hat, wird sicher den richtigen Schluss folgern den keine 20 Spitzfindigkeit umzustossen vermag.

Wenn daher nur der Wahnsinn dagegen kämpfen kann, dass die Weiber auch Menschen sind und also Menschenrechte haben, so bleibt den Gegnern der Emanzipation der Frauen nur noch der Einwurf möglich, dass die Frauen ver- 25 möge ihrer geistigen und körperlichen natürlichen Anlagen nicht fähig sind, aktive Bürger im Staatenvereine zu seyn.

Diesen Entwurf in seiner ganzen Nichtigkeit darzustellen, ist der Hauptzweck dieser Zeitschrift und indem wir der Geschichte folgen und die Frauen darstellen, die sich als 30 Regentinnen, als Theilnehmerinnen an grossen Staatsumwälzungen, als Dichterinnen und Schriftstellerinnen, als Vorsteherinnen kommerzieller und industrieller Anstalten und als Leiterinnen öffentlicher und häuslicher Verhältnisse ausgezeichnet haben, werden wir und die Beweise si- 35 chern, die zum Belegen unserer Behauptungen dienen müssen.

Johan Jakob Leuthy, aus: Rolf Graber, Wege zur direkten Demokratie in der Schweiz (2013), S. 420–421

M 6   **Ein Schützenfest in Bern 1830**

Der Autor des Textes, August Feierabend (1812–1887) war Mediziner in Hochdorf, Luzern und gehörte politisch dem liberal-demokratischen Lager an. 1844 nahm er am Freischarenzug gegen Luzern teil und flüchtete nach dessen Scheitern kurzzeitig nach St. Gallen. Feierabend war für verschiedene Zeitungen als Autor und Verleger tätig, verfasst medizinische, landeskundliche und historische Schriften sowie vaterländische Dramen:

Den 15. Juli überreichte eine Abordnung der hohen Regierung von Bern den Schützen reichlichen Ehrenwein und nahm Theil an ihrem Mahle. Den 16. darauf hielt die Tagsatzung beinahe vollzählig Tafel in der Speisehütte. Da war es, wo der edelste und reinste Republikaner der Schweiz, 5

Landammann Sidler von Zug, den schweigenden Gefühlen in der heiligsten Begeisterung seiner freimüthigen, von Liebe zum Vaterlande und seiner Unabhängigkeit durchglühten Rede Luft machte und die grosse Ahnung über die künftige Bedeutung dieser Schützenfeste die gerührten Gemüther der horchenden Eidgenossen durchzog. Sidlers Wort galt der Freiheit des gesamten Vaterlandes, seiner kräftigen Haltung nach Aussen, dem Feuer, das der Schütze in seiner Büchse entzündet und unter die Feinde schleudern würde, dem Feuer, das er mannhaft für die Nation in der Brust bewahrt. Ein Zeitungskorrespondent jener Zeit glaubt, es werden ein Paar Diplomaten während der Rede den Essig am Salat etwas scharf gefunden haben. [...]

Wenn auch das Bernervolk, das den Hauptkern der festbesuchenden Masse bildete, in seinem gesetztem, etwas langsamen und schweigsamen Wesen sehr gegen das rege Leben und Treiben der Appenzellerschaar abstach und die verschiedensten Kontraste nicht nur der Landestrachten und der Mundarten, sondern vorzugsweise der völkerschaftlichen Temperamente ein sehr buntes, lebhaftes Bild gewährten, so war doch der Geist, der Alle mit unsichtbarer, aber wundersamer Macht beseelte und vereinte, ein ächt eidgenössisch nationaler. Daher sagt ein Augenzeuge mit Recht: „Auch dieses Schiessen hat gezeigt, dass wir ein Volk sind und eines wieder werden sollen. Sogar die so leicht wieder ins Gleichgewicht strebenden Abgeneigtheiten haben bewährt, dass jetzt schon Jeder das Ganze höher stellt, als das ihm nächst Persönliche, und dass Liebe und Eintracht nicht blos Dekorationen eines papierenen Transparentes seien, sondern ein wohlerkanntes, selbstständig aus dem Volke sich emporarbeitendes, politisch-moralisches Bedürfnis desselben." Der Volksgeist, der sich in Bern kund gab und seinen Sieg feierte wenige Tage vor den glorreich gepriesenen französischen Juli Tagen, erschien selbst solchen Männern bedeutungsvoll und erhebend, denen sein noch nicht klar erschautes Streben missheliebig war, und die Vorahnung der nächsten Entwicklungen, die mit ihren dunkeln Gefühlen die frohen, aber meist schweigsamen Massen durchzog, hatte etwas Imposantes, das dem eidgenössischen Freischiessen in Bern in der Geschichte ein eigenthümliches Gepräge auszeichnend verleiht.

Aus: M. A. Feierabend, Geschichte der eidgenössischen Freischiessen (1844), S. 113-115

Aufgaben

1. Das Uster-Memorial

a) Im einleitenden Abschnitt von M4 bezieht sich das Schreiben auf die „Vorfälle" in Frankreich von 1830. Nennen Sie die konkreten Vorfälle.

b) Erläutern Sie, was im ersten Abschnitt mit den Worten gemeint ist: „die verschiedenen Begehren und Wünsche, die seit dem Jahre 1814 durch die Ereignisse in Schlummer eingewiegt wurden".

c) Das Uster-Memorial liest sich wie eine Zusammenfassung der ländlich-liberalen Reformforderungen. Nennen Sie vier zentrale Forderungen aus dem Text.

d) Benennen Sie den Adressaten des Memorials.

e) Im ersten und im letzten Abschnitt deuten die Autoren an, weshalb die Reformen für „das Vaterland" unausweichlich sind. Erläutern Sie.

⌢ Text, M4

2. Die Rechte der Frau

a) Weder das Uster-Memorial, noch die spätere Bundesverfassung von 1848 schrieben ein Stimm- oder Wahlrecht für Frauen fest. Nennen Sie das – gemäss Leuthy – zu dieser Zeit am weitesten verbreitete Argument gegen die Emanzipation der Frauen.

b) Erläutern Sie, mit welchen Argumenten Leuthy die Gegner der Emanzipation zu widerlegen versucht.

⌢ M5

3. Ein Schützenfest in Bern 1830

a) Benennen Sie die Stellen, in denen der Autor die Bedeutung des Schützenfestes verdeutlicht.

b) Nennen Sie Werte oder Eigenschaften, die der Text den Eidgenossen zuschreibt.

c) Erklären Sie in eigenen Worten, welche Wirkung der Autor dem Schützenfest beimisst.

d) Erläutern Sie, was der Autor mit „die Vorahnung der nächsten Entwicklungen" meinen könnte.

⌢ M6

Nationswerdung – Regionale Typologie und nationale Perspektive

Die Revolutionswellen des 19. Jahrhunderts wurden vielerorts von Gewalt begleitet und endeten auch in – meist militärischer – Gewalt. Aber ihre eigentlichen Kennzeichen waren in ganz Europa nicht Aufstände, Proteste und Barrikaden, und schon gar nicht die Guillotine, sondern vielmehr das Bemühen, die Herrschafts- und Gesellschaftsordnung durch Recht und Gesetz, auf parlamentarischem Weg und über Verfassungen zu reformieren. Dabei war die Parlamentsarbeit mit der ausserparlamentarischen Öffentlichkeit eng verbunden, insbesondere durch die Presse, durch politische Vereine, die oftmals Vorläufer politischer Parteien waren, aber auch in Gestalt einer neuartigen, revolutionären „Versammlungsdemokratie" (Wolfram Siemann), die sich in zahllosen Veranstaltungen auf Strassen, auf Plätzen und in Wirtshäusern Bahn brach.

Frankreich: die Revolution als französische Tradition

Nachdem die Französische Revolution 1789 die Bourbonenmonarchie beendet hatte, schienen sich die Ereignisse in Frankreich zu wiederholen. Die erste französische Republik von 1792 endete 1804 durch einem Staatstreich und der Kaiserkrönung von Napoleon I. Das so entstandene erste französische Kaiserreich fand mit der Kriegsniederlage der Franzosen und der Abdankung von Napoleon I. im März 1814 ein Ende. Diesen auf den ersten Blick gleichen Zyklus von einer Monarchie zu einer Republik und einem Kaiserreich durchlief Frankreich im 19. Jahrhundert ein zweites Mal. Die Bevölkerung protestierte 1830 gegen die restaurierte Bourbonenmonarchie und zwang Karl X. und später 1848 auch Louis Philippe durch Aufstände, Strassenkämpfe und Barrikaden in Paris in die Knie. Doch die 1848 neu ausgerufene, zweite Republik währte nicht lange. Mit einem Staatstreich beendete Napoleon III. diese 1852 und errichtete das zweite französische Kaiserreich. Erst die Niederlage im Krieg gegen Preussen 1870 setzte seinem Imperium ein Ende und begründete die dritte Französische Republik (1870–1940). Bei genauerem Hinschauen weisen diese beiden Zyklen sicherlich markante Unterschiede auf, doch es entsteht auch der Eindruck eines Experimentierens mit den verschiedenen Staatsformen. Markant ist jedenfalls die Anhäufung von Umstürzen, welche von unterschiedlichen Trägerschaften – von der Bevölkerung, wie auch von Eliten – ausgegangen waren. Diese verdeutlichen ein Bild von starker Protestkultur und stetiger Auseinandersetzung um die konkrete Ausgestaltung einer gültigen Herrschaftsform. Das Etablieren einer ‚revolutionären Tradition' oder vielleicht gar ein Ausreifen des Prinzips der Volkssouveränität könnte daher als spezifisches Merkmal der französischen Nationalstaatenbildung angeführt werden.

„Revolution von oben" in Deutschland

Die Bestrebungen der nationalen Einigung in Deutschland blieben 1848/49 erfolglos, da der preussische König Friedrich Wilhelm IV. von höchster Stelle die deutsche Kaiserkrone ablehnte. Damit scheiterte die Revolution „von unten". Der nationale Gedanke und der Wunsch nach einer Einigung versiegten jedoch bei grossen Bevölkerungsteilen nicht und schliesslich liess der weit fortgeschrittene Nationsbildungsprozess die Kriege gegen Dänemark 1864, gegen Österreich 1866 und Frankreich 1870/71 zu preussisch geführten Einigungskriegen werden. Es war aber dennoch keineswegs selbstverständlich, dass die Kriege diesen nationalen Einigungseffekt auch tatsächlich haben würden, sie hätten auch als dynastische Kriege oder als begrenzte Militärkonflikte mit ganz anderen Folgen wirken können. Es ist das entscheidende Verdienst des preussischen Ministerpräsidenten Bismarck und der preussischen Politik, die Gelegenheit zur nationalen Einigung erkannt und zur Nationalstaatsgründung von 1871 genutzt zu haben. Schon Zeitgenossen haben die Politik Preussens und Bismarcks – zustimmend wie ablehnend – als „Revolution von oben" bezeichnet. An dieser Reichsgründung „von oben" hatten Bürgertum und Liberalismus, die in vielen anderen europäischen Staaten die Nationsbildungsprozesse dominierten, keinen entscheidenden Anteil, so dass die traditionellen adligen, militärischen und bürokratischen Eliten ihre Stellung bewahren konnten.

Eine demokratische Einigung in der Schweiz

Die Gründung des Bundestaates in der Schweiz kann als demokratischer Prozess interpretiert werden, wenn er auch nicht ohne Gewalt auskam. Die militärische Auflösung des Sonderbunds sollte, so betont es die schweizerische Geschichtsschreibung stets, kurz und unblutig von statten gehen. Dies, um den Zusammenhalt der Kantone nicht zu gefährden und mögliche Interventionen vom Ausland zu vermeiden. Dennoch lässt sich nicht von der Hand weisen, dass ein Teil der Bevölkerung gewaltsam in den liberalen Bundesstaat gedrängt wurde. Die im Anschluss an die Auseinandersetzung folgenden föderalen Kompromisslösungen zeugen allerdings von Weitsicht, da etwa die zuvor am stärksten umstrittenen Bereiche der Schule und der Kirchenhoheit kantonale Kompetenzen blieben. Revolutionär war sicher, dass die neue Bundesverfassung Instrumente zur Verfassungsrevision vorsah, bei denen ein Mehrheitsbeschluss ausreichte. Demgegenüber stand der zuvor geltende Bundesvertrag, dessen Revision Einstimmigkeit unter den Vertragspartnern verlangt hatte und daher als kaum abänderbar galt. Ob damit in der Schweiz ein Prozess stattgefunden hat, der vergleichbar ist mit den als revolutionär bezeichneten Ereignissen in England, Amerika, Frankreich oder Deutschland – darüber lässt sich streiten.

Die tatsächliche nationalstaatliche Einigung in der Schweiz beruht ursächlich auf dem Beschluss der Tagsatzung, den Sonderbund militärisch aufzulösen und so den Widerstand gegen die Verfassungsrevision zu brechen. Daher liegt der Gedanke nahe, dass es sich um eine Einigung „von oben" gegen den Willen regionaler Eliten handeln könnte. Beim Blick auf alle involvierten Regionen zeigt sich jedoch, dass die militärische Intervention auf dem Willen einer breiten liberalen Mehrheit basierte. Da dieser aber auch nicht zwangsläufig gegen eine politische Elite gerichtet war, ist das Label „Revolution von unten" genauso irreführend. Ausgangspunkt der Gründung des Schweizer Bundesstaates war nämlich nicht eine Auseinandersetzung einer weitgehend einheitlichen politischen Elite gegen eine politisch entrechtete Mehrheit der Bevölkerung. Daher wird die Bezeichnung einer demokratischen Einigung zur bundesstaatlichen Einheit den historischen Ereignissen in der Schweiz wohl am gerechtesten.

Interpretation historischer Denkmäler

Erinnerungskultur und Geschichte

Repräsentationsbauten, Denkmäler oder Gedenkstätten können Objekte sein, die von privaten Personen, Vereinen, Behörden und anderen Gruppen in Auftrag gegeben und errichtet wurden. Sie fordern die Betrachter zur Auseinandersetzung mit historischem Geschehen auf und tragen so zu einer Erinnerungskultur bei. Durch das Objekt soll ein vergangenes Ereignis im Bewusstsein der Gesellschaft bleiben und nicht in Vergessenheit geraten. Hinter einem (Bau)Denkmal steht also in der Regel eine oder mehrere Geschichten, die in verstofflichter Form weitererzählt werden sollen. Vergangene Ereignisse können aber immer unterschiedliche interpretiert werden und daher können verschiedene Geschichten zum gleichen Denkmal im Widerspruch zueinander stehen.

Zwischen 1894 und 1902 wurden in Bern die Gebäude der Schweizer Bundesregierung durch das Parlamentsgebäude erweitert. Neben weiteren Renovationen und Baumassnahmen wurden die bestehenden Gebäude Bundeshaus West (erbaut 1852–1857) und Bundeshaus Ost (1888–1892) durch eine Kuppel in der Mitte ergänzt. Auch die künstlerische Ausstattung der Innenräume wurde erneuert. Im Kuppelgewölbe wie auch im Ständeratssaal finden sich Glasfenster mit den Wappen aller Kantone, die das Schweizerkreuz umkreisen. Im Nationalratssaal triumphiert eine Panoramadarstellung des Urnersees mit Blick auf die Rütliwiese über den Sitzen. Der Titel des Wandgemäldes lautet „Die Wiege der Eidgenossenschaft." Beim Bau wurde darauf geachtet, möglichst viele Schweizer Künstler zu beschäftigen und auch bei der Auswahl der Werksteine hatten Materialien aus der Schweiz Vorrang.

Im Mittelpunkt der um die Jahrhundertwende entstandenen Kuppelhalle steht das Denkmal „Die drei Eidgenossen". Es stellt eine Szene auf der Rütliwiese dar, in welcher der Legende nach Werner Stauffacher, Walter Fürst und Arnold von Melchtal den Bund von 1291 zwischen Uri, Schwyz und Unterwalden geschlossen haben sollen. Vor den Eidgenossen stehen vier Wächter, welche die vier Sprachregionen der Schweiz vertreten. An der Nordfassade des Gebäudes wurden zudem die beiden Jahreszahlen 1291 und 1848 in goldfarbenen Zahlen angebracht. Damit wird eine Verbindung zwischen dem Rütlischwur und der Gründung des Bundestaats 1848 hergestellt.

Schritte zur Interpretation historischer Denkmäler

(Bau)Denkmäler repräsentieren die Denkweise und Werte einer bestimmten Epoche und sind damit immer auch Ausdruck eines besonderen Geschichtsbewusstseins. Die Beschäftigung mit diesen Objekten in der eigenen Stadt, Gemeinde oder Region beginnt mit der Recherche. Die eigentliche Untersuchung kann folgende Schritte umfassen:

■ Von wem wurde es in Auftrag gegeben?
■ Wer hat es angefertigt?
■ In welcher Form wurde es eingeweiht?
■ Wurde es zu einem späteren Zeitpunkt restauriert? Wann, von wem?

Diese und weitere Fragen können oft mithilfe von Stadt- oder Gemeindearchiven oder durch Zeitungsrecherchen geklärt werden.

1. Schritt: Das ausgewählte Denkmal dokumentieren

■ Wo genau befindet sich das (Bau)Denkmal?
■ Wie sieht es aus?
■ Welche Masse besitzt es?
■ Welche Materialien wurden verwendet?
■ Welcher (religiösen oder nationalen) Symbole bedient es sich?
■ Gibt es Inschriften, sind Namen am Denkmal verzeichnet?
■ In welchem Zustand befindet es sich? Ist es gut erhalten, verunstaltet, beschädigt, verwittert?
■ Lässt sich die Erscheinungsform einer bestimmten Intention zuordnen? (Repräsentation einer bestimmten politischen oder historischen Idee, z.B. Mahnmal, Siegesdenkmal, Erinnerungsdenkmal)

Zur Dokumentation können Zeichnungen und/oder Fotos des Denkmals und seiner Einzelteile angefertigt werden.

2. Schritt: Die Geschichte des Denkmals erkunden

■ Aus welcher Zeit stammt es?
■ Wann genau und aus welchem Anlass wurde es errichtet?

3. Schritt: Das Denkmal in der gegenwärtigen Geschichtskultur verorten:

■ Wer nutzt(e) das (Bau)Denkmal, zu welchen Zwecken? In welcher Traditionslinie stehen diese Nutzer?
■ Findet es bei den Bewohnern der Stadt oder der Gemeinde irgendeine Beachtung?
■ Kommt dem Monument eine öffentliche Bedeutung zu, beispielsweise anlässlich von Nationalfeiertagen, Gedenkfeiern, Ansprachen?

4. Schritt: Sich mit dem Denkmal auseinandersetzen:

■ Welche Wirkung war ursprünglich mit dem Objekt beabsichtigt?
■ Welche Wirkung übt es auf den heutigen Betrachter aus?
■ Wie sind die künstlerischen Mittel, die Formensprache, die Ausstattung oder das Bildprogramm zu beurteilen, mit denen mögliche Themen (z.B: Glück, Unglück, Gewalt, Krieg, Einheit, etc.) aufgegriffen und vermittelt werden?

M 1 Nationalratssaal im Parlamentsgebäude

Das grosse Wandbild „Die Wiege der Eidgenossenschaft" von Charles Giron, 1902, zeigt im Vordergrund das Rütli, dahinter den Vierwaldstättersee mit den beiden Mythengipfeln am Horizont.

M 3 Blick in die Kuppelhalle des Parlamentsgebäudes

M 2 „Die drei Eidgenossen"
Skulptur des Genfer Künstlers
James Vibert im Treppenhaus
des Parlamentsgebäudes, 1914

M 4 Hauptfassade des Parlamentsgebäudes

Aufgaben

1. Das Bundeshaus in Bern als historisches Denkmal

a) Informieren Sie sich zum Parlamentsgebäude in Bern.

b) Nennen Sie die historischen Themen, welche die Darstellungen im Parlamentsgebäude aufgreifen.

c) Diskutieren Sie, welche Funktion das Denkmal „Die drei Eidgenossen" um 1900 erfüllt hat.

d) Diskutieren Sie, ob Sie das Denkmal heute ersetzen würden oder nicht.

e) Seit dem Erweiterungsbau um 1900 blieb das Giebelfeld an der Nordfassade unverziert. Im Jahr 2020 lancierte die Kunstkommission Parlamentsgebäude (KKPG) einen Wettbewerb, bei dem Künstlerinnen und Künstler Vorschläge einreichen konnten, wie das leere Giebelfeld der Hauptfassade ausgeschmückt werden sollte.

- Skizzieren oder nennen Sie eigene Gestaltungsvorschläge für das Giebelfeld.

- Diskutieren Sie, mit welcher künstlerischen Arbeit Sie das Giebelfeld schmücken würden.

M1–M4

Schriftliche Musterprüfung

Aufgabenstellung

1. Beschreiben Sie die Karikatur.
2. Ordnen Sie die Karikatur in den Zusammenhang der Revolution von 1848 ein. Erläutern Sie dabei die Bildelemente.
3. Setzen Sie sich kritisch mit der Aussageabsicht des Künstlers auseinander.

M 5 „Wie der deutsche Michel Alles wieder von sich gibt"

Karikatur von Ernst Schalck, Berlin, 1849

Auf der Meerschaumpfeife: Bild von Friedrich Wilhelm IV. und die Worte „Deutscher Kaiser"

Die Volksbewaffnung (mit freier Wahl der Offiziere) und die Bildung von Bürgerwehren sollten der Sicherung der erreichten „Märzforderungen" dienen.

Internationale
Datenströme
(über 100 Millionen
Minuten Telekomuni-
kation im Jahr)

14272E_2

06

IMPERIALISMUS
1880 – 1914

Die heutige Welt zeichnet sich durch eine internationale Verflechtung der Volkswirtschaften und einen weltweiten Markt für Waren, Dienstleistungen und Kapital aus. Diese Globalisierung der Wirtschaft begann ganz allmählich im Zeitalter der Entdeckungen und des Kolonialismus seit dem 15. Jahrhundert. In der zweiten Hälfte des 19. Jahrhunderts beschleunigte sich das Zusammenwachsen der Welt rapide. Die europäischen Kolonialstaaten, sowie die USA und Japan versuchten in dieser Zeit ihren Kolonialbesitz massiv auszuweiten und nach dem Vorbild des britischen Empire regelrecht Weltreiche – Imperien – zu gründen. Deswegen nennt man diese historische Phase von 1880 bis 1914 das „Zeitalter des Imperialismus".

Der Imperialismus wird nur verständlich vor dem Hintergrund tiefgreifender struktureller Unterschiede zwischen den imperialistischen Staaten – den Metropolen – und den abhängig gemachten Territorien – den Peripherien. Die Industrielle Revolution hatte auf der einen Seite die Welt enger zusammengeschlossen, auf der anderen Seite aber auch eine Kluft bezüglich des Entwicklungsniveaus verstärkt.

M 1 „The World's Plunderers", US-amerikanische Karikatur von Thomas Nast, 1885
M 2 Internetanschlüsse je 10 000 Personen (Stand: 2004), thematische Karte.

Imperialismus – Eine Einführung

Der Begriff „Imperialismus" stammt vom lateinischen Wort „imperium" ab. Dies bedeutete in der römischen Geschichte zunächst „Befehlsvollmacht", ferner „Herrschaft" oder „Herrschaftsgebiet", später auch die Ausdehnung von Herrschaft. Dem Begriff haftet also eine erhebliche Bedeutungsbreite an, zumal in neuester Zeit oft auch zwischenstaatliche Abhängigkeitsverhältnisse der verschiedensten Art „imperialistisch" genannt werden. Ausserdem gibt es den Imperialismus als Epochenbegriff. Er umfasst die Zeit zwischen etwa 1880 und 1914 (Beginn des Ersten Weltkrieges), in der ein globaler Wettlauf der europäischen Mächte um die Aufteilung scheinbar noch „herrenloser" Gebiete stattgefunden hat.

Die Europäisierung der Welt

Universalhistorisch bezeichnet Imperialismus die historische Endphase der im 15. Jahrhundert begonnenen Europäisierung der Welt. Ausgehend von den europäischen Entdeckungsfahrten im 15. und 16. Jahrhundert konstituierte sich durch den Imperialismus des ausgehenden 19. Jahrhunderts das Weltwirtschaftssystem – ein Vorgang, der durch die Globalisierung zu Beginn des 21. Jahrhunderts seine Fortsetzung erfährt. Voraussetzung der europäischen Expansion war die wirtschaftliche, militärische und technologische Überlegenheit, die im ausgehenden 19. Jahrhundert zum Beispiel im Dampfschiff, im Telegrafen oder im Maschinengewehr sichtbar wurde.

Die europäische Dominanz begann mit einem Raub- und Plünderungskolonialismus, der nach der Eroberung Mexikos und Perus durch Spanien einsetzte. In dieser Phase stand die Jagd nach Edelmetallen sowie die auf Sklavenarbeit aufgebaute Plantagenwirtschaft im Mittelpunkt. Der Imperialismus am Ende des 19. Jahrhunderts bedeutete die Fortsetzung und gleichzeitig den Höhepunkt des Kolonialismus. Vielfach wurden nun die Staaten der Peripherie formell von jeweils einer imperialistischen Macht annektiert, um die konkurrierenden imperialistischen Staaten vom Handel ausschliessen zu können. An der Bildung von Kolonialreichen beteiligten sich alle bedeutenden Staaten Europas: die „ursprünglichen" imperialen Mächte Spanien und Portugal, die „älteren" Kolonialmächte Holland, England und Frankreich und die „späten" Nationalstaaten Deutschland und Italien. Der russische Binnenkolonialismus richtete sich auf Zentralasien. Ausserdem traten die USA und Japan hinzu.

Formen des Imperialismus

Der Imperialismus präsentierte sich in zwei unterschiedlichen Varianten der Machtausübung:

1. Die informelle Herrschaft ging aus dem älteren Kolonialismus hervor, übte die Herrschaft überwiegend wirtschaftlich aus und korrespondierte mit begrenzten Handelsinteressen. Informell war die Herrschaft, weil die Kolonialmacht die einheimischen Eliten in ihren Funktionen beliess und sich auf die wirtschaftliche Ausbeutung konzentrierte.
2. Die formelle Herrschaft war hingegen eine direkte Form der Herrschaftsausübung. In der Regel war sie das Ergebnis des Widerstands kolonialisierter Völker und der zunehmenden imperialistischen Konkurrenz. Die Kolonialmacht übernahm hierbei selbst die Regierung. Ein Beispiel stellt Indien dar,

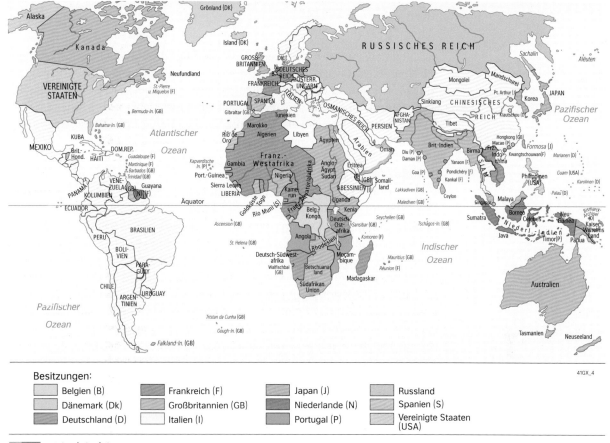

41GX_4

M 1 Kolonialreiche um 1914

wo der britische Staat 1858 als Folge eines grossen Aufstands die Verwaltung der East India Company beendete und die koloniale Herrschaft formalisierte. Formeller (direkter) und informeller (indirekter) Imperialismus schlossen einander nicht aus. Es handelte sich vielmehr um unterschiedliche Strategien, deren Verfolgung von den Rahmenbedingungen abhängig war. Beide Strategien dienten der Öffnung neuer Märkte, der Erschliessung von Rohstoffquellen sowie der Erzielung von Handelsvorteilen.

Motive und Ziele

Die Begründungen für die koloniale Expansion der imperialistischen Mächte waren sehr ähnlich. Allen Mächten ging es im Kern zunächst um die Sicherung von Rohstoffen und die Erschliessung von Exportmärkten. Ferner sollten Kolonien Raum als Siedlungsgebiet für eine wachsende Bevölkerung bieten. In geringerem Umfang wollte man auch die einheimische Bevölkerung der Kolonien als billige Arbeitskräfte nutzen. Schliesslich dienten die Kolonien der Schaffung von Stützpunkten für den Handel, die Schifffahrt und den militärischen Nachschub.

Darüber hinaus besass die imperialistische Politik eine nicht zu verkennende sozialpsychologische Wirkung im Seelenhaushalt der europäischen Gesellschaften. Da die sozialen Konflikte infolge der Industriellen Revolution die Gesellschaften förmlich zu zerreissen drohten, benötigten die Herrschenden einen starken ideologischen Kitt, um das nationale Zusammengehörigkeitsgefühl zu stärkten und diese zentrifugalen Kräfte zu neutralisieren. Die Vorstellung nationaler Grösse, zu der Kolonien als Statussymbol dazugehörten, bildete diesen Kitt. Damit war der Imperialismus gleichsam eine „Verlängerung" des Nationalismus. Der englische Imperialist Cecil Rhodes ging sogar so weit, 1895 zu behaupten, dass, wer den Bürgerkrieg vermeiden wolle, zum Imperialisten werden müsse – durch den Imperialismus könnten die proletarisierten und unterprivilegierten (Arbeiter-)Massen in die bürgerliche Gesellschaftsordnung integriert werden. Diese Argumentation war weit verbreitet, man nennt sie heute „Sozialimperialismus".

Sozialdarwinismus

Keine Idee hat den Imperialismus so sehr befeuert wie der Sozialdarwinismus. Diese mächtige geistige Zeitströmung knüpfte an die evolutionstheoretischen Arbeiten von Charles Darwin (1809–1882) und Herbert Spencer (1820–1903) an. Darwin hatte die Theorie entwickelt, dass sich die Tierwelt im Laufe der Entwicklung immer wieder an veränderte Umweltbedingungen habe anpassen müssen. Nur Tiere, denen dies gelungen sei, hätten überleben können. Diese Theorie der natürlichen Auslese übertrugen die Sozialdarwinisten von der Tierwelt auf die Konkurrenzsituation von Völkern und Gesellschaften. Gesellschaftliches wurde dadurch „biologisiert" (biologisch erklärt): Die „Höherentwickelten" – so sahen sich die meisten Europäer – müssten sich zum Wohle der gesamten Menschheit gegen die „Unterentwickelten" durchsetzen. Dieses Denkmuster erschien vielen Zeitgenossen plausibel. Die technologische, vor allem aber waffentechnologische Überlegenheit schien dies zu bestätigen. Imperialistische Politik verstand sich also als eine Politik der „natürlichen Auslese", die sich selbst im Einklang mit der Natur sah. Nach Auffassung der Sozialdarwinisten war es geradezu die Pflicht der Imperialisten, die unterentwickelten Völker zu unterdrücken, da die Menschheit ansonsten dem Untergang geweiht wäre. Der Sozialdarwinismus diente der Legitimation von Herrschaft im Allgemeinen und des Imperialismus im Besonderen. Ihre Ergänzung fand diese Ideologie in der Idee der christlichen Missionierung. Diese rechtfertigte den Kolonialismus mit der Verpflichtung des „weissen Mannes", den unterentwickelten Völkern zivilisatorischen Fortschritt und christlichen Glauben zu bringen, um so zur „Humanisierung" der Welt beizutragen.

Freihandel oder Kolonien?

Bis weit ins 19. Jahrhundert hinein überwog in Grossbritannien, der damals wichtigsten imperialistischen Macht, die Überzeugung, dass Kolonien eine kostspielige und ungewisse Angelegenheit seien. Der zunächst vorherrschende Trend ent-

M 2 „Steckenpferd Lilienmilch Seife – Für zarte, weisse Haut"

Rassistische Werbung aus Deutschland, um 1900

sprach einem kostensparenden freihändlerischen Imperialismus, der sich tendenziell auf die Sicherung der Handelsstützpunkte und Verkehrswege beschränkte. Erst gegen Ende des Jahrhunderts dominierte dann die Vorstellung einer territorialen Herrschaft über eigene Kolonien.

Diese Entwicklung war eine Folge der zunehmenden imperialistischen Konkurrenz und des Widerstands gegen die Imperialisten in den Peripherien. Auch die anderen imperialistischen Staaten gingen innerhalb kürzester Zeit dazu über, sich Territorien einzuverleiben und sich so politisch-ökonomische Einflusssphären zu schaffen. In den Achtzigerjahren des 19. Jahrhunderts setzte ein regelrechter „Wettlauf um Afrika" ein, wobei die Besetzung Tunesiens durch Frankreich (1881) und die britische Oberherrschaft über Ägypten (1882) als auslösende Momente gelten. Hatten europäische Mächte 1880 noch kaum ein Zehntel Afrikas in Besitz genommen, so war 20 Jahre später fast der gesamte Kontinent vereinnahmt (mit Ausnahme von Äthiopien, Liberia und Marokko).

In diesem letzten Stadium der Expansion Europas spielten der nationale Machtwille und innenpolitische Faktoren eine immer grössere Rolle, denn der Imperialismus besass in einer nationalistisch gestimmten Öffentlichkeit eine Massenbasis: Erst der Besitz von Kolonien schien einem Land den Status einer Grossmacht zu verleihen und das nationale Prestigebedürfnis zu befriedigen.

M 3 Konfliktlinien in Afrika

Krisen und Konflikte

Die imperialistische Konkurrenz führte fast zwangsläufig zu politischen Spannungen zwischen den beteiligten Mächten. „Säbelrasseln" und diplomatische Zerwürfnisse gefährdeten stets aufs Neue das europäische Gleichgewicht. Auch wirkten die Konflikte an der Peripherie auf das europäische Zentrum zurück. Mehrfach drohten die Rivalitäten zwischen den imperialistischen Mächten zu einem Krieg zu führen. So kam es 1898 im südlichen Sudan zwischen Grossbritannien und Frankreich beinahe zu einem militärischen Konflikt, weil beide Mächte Anspruch auf den oberen Nil erhoben. Frankreich wollte Afrika von Westen nach Osten durchdringen, während Grossbritannien den Kontinent von Norden nach Süden kolonialisieren wollte. In der Folge der Krise einigten sich die beiden Mächte auf Interessenzonen und verabredeten ein Bündnis, die „Entente cordiale" (1904), das auch im Ersten Weltkrieg noch Bestand hatte.

Die Inbesitznahme fremder Gebiete und die Aufrechterhaltung der Herrschaft durch die imperialistischen Mächte war kein friedlicher Prozess. Zwar gab es freiwillige Unterwerfung und Kollaborationen mit den Kolonialmächten, jedoch leisteten betroffene Völker vielfach auch Widerstand bis hin zu offenen Aufständen. Die Bedrohung, die von den fremden Kolonialmächten ausging, wurde nicht immer gleich erkannt. Wenn aber die Kolonialmacht das Land in Besitz nahm und die Einheimischen der Zwangsarbeit und Besteuerung unterwarf, regte sich zumeist Protest. Ähnlich reagierten die Unterworfenen auch auf die christliche Missionierung, die ihre tradierte Kultur infrage stellte.

Der Widerstand konnte verschiedene Formen annehmen, wobei grossflächige Kriege eher die Ausnahme bildeten. In der Regel handelte es sich um Guerillakriege, in denen sich am Ende die materielle Überlegenheit der Eroberer durchsetzte. Gleichwohl gab es auch bedeutende militärische Niederlagen der Kolonialmächte (1836 Frankreich in Algerien; 1842 Grossbritannien in Afghanistan; 1896 Italien in Äthiopien). Kolonialkriege stellten einen wesentlichen Aspekt des Imperialismus dar.

M 4 Eroberung von Algerien

Landung der französischen Armee 1830, kolorierte Lithografie, um 1890

Motive des Imperialismus – Beispiele aus Grossbritannien

M 5   Manifest des Imperialismus

Der britische Politiker und spätere Premierminister Benjamin Disraeli hielt am 24. Juni 1872 im Crystal Palace (in London) folgende Rede:

Wenn ich „konservativ" sage, so gebrauche ich das Wort in seinem reinsten und erhabensten Sinn. Ich will damit sagen, dass das englische Volk, und besonders die arbeitenden Schichten Englands stolz darauf sind, einem großen
5   Land anzugehören, und seine Größe bewahren wollen – dass sie stolz sind, zu einem Imperium zu gehören, und entschlossen sind, ihr Imperium, wenn sie können, aufrechtzuerhalten – dass sie überhaupt glauben, dass die Größe und das Weltreich Englands den altehrwürdigen In-
10   stitutionen des Landes zuzuschreiben sind.
[…]
Meine Herren, es gibt noch ein anderes, zweites großes Ziel der Tory-Partei. Wenn es das erste Ziel ist, die Institutionen des Landes aufrechtzuerhalten, so ist es meiner
15   Meinung nach das zweite, das englische Empire zu stützen. Wenn Sie auf die Geschichte dieses Landes seit dem Aufstieg des Liberalismus – vor vierzig Jahren – blicken, so werden Sie finden, dass keine Bemühung so anhaltend und so subtil gewesen, von so viel Energie unterstützt und
20   mit so viel Fähigkeit und Scharfsinn vorangetrieben worden ist, wie die Versuche des Liberalismus, die Desintegration des Englischen Empire zu erreichen. […] Staatsmänner von höchstem Ansehen, Schriftsteller von hervorragendster Fähigkeit, die organisiertesten und
25   wirksamsten Mittel sind bei diesem Bemühen angewendet worden. Es ist uns allen bewiesen worden, dass wir durch unsere Kolonien Geld verloren haben. Es ist mit mathematischer Genauigkeit nachgewiesen worden, dass es noch nie ein Juwel in der Krone Englands gegeben hat, das so
30   wahrhaft teuer gewesen ist, wie der Besitz Indiens. Wie oft ist uns nicht geraten worden, wir sollten uns auf der Stelle von diesem Albdruck befreien. Nun, dies wurde nahezu bewerkstelligt. Als das Land sich jene klug berechneten Ansichten unter dem einleuchtenden Vorwand zu eigen
35   machte, den Kolonien Selbstverwaltung zu gewähren, da dachte ich, ich bekenne es, dass das Band zerrissen sei. Nicht, dass ich persönlich etwas gegen Selbstverwaltung einzuwenden hätte. […] Aber als die Selbstverwaltung zugestanden wurde, hätte sie meiner Meinung nach als Teil
40   einer großen Politik imperialer Konsolidierung zugestan-

den werden müssen. Sie hätte zusammen mit einem Reichszoll, mit Sicherheiten für das englische Volk hinsichtlich der Nutznießung der noch unverteilten Ländereien erfolgen müssen, die dem Herrscher als ihrem Treuhänder gehörten, und mit einem Militärgesetz, das die
45   Mittel und die Verantwortlichkeiten genau hätte festlegen müssen, mit denen die Kolonien verteidigt werden sollten und durch die dieses Land, wenn nötig, Hilfe seitens der Kolonien selbst anfordern sollte. Ferner hätte gleichzeitig die Einrichtung eines Repräsentationsorgans in der
50   Hauptstadt getroffen werden müssen, mithilfe dessen die Kolonien in feste und dauernde Beziehungen zur Regierung des Mutterlandes gebracht worden wären. Alles dieses wurde jedoch unterlassen, weil diejenigen, die diese Politik empfahlen – und ich glaube, ihre Überzeugungen
55   waren ehrlich –, die englischen Kolonien, sogar unsere Beziehungen zu Indien, als eine Belastung dieses Landes ansahen, alles nur unter finanziellem Gesichtspunkt betrachteten und dabei völlig jene moralischen und politischen Betrachtungen außer Acht ließen, die die Nationen
60   groß machen und durch deren Einfluss allein die Menschen sich von Tieren unterscheiden.
Nun, was war das Ergebnis dieses Versuchs, während der Herrschaft des Liberalismus die Desintegration des Empire zu bewerkstelligen? Er ist gänzlich gescheitert. Aber warum
65   ist er gescheitert? Dank der Sympathien der Kolonien mit dem Mutterland. Sie haben entschieden, dass das Empire nicht zerstört werden soll, und meiner Meinung nach wird kein Minister in diesem Land seine Pflicht tun, der eine Gelegenheit versäumt, so weit wie möglich unser kolonia-
70   les Weltreich wiederaufzubauen und jenen Sympathiebekundungen aus der Ferne zu entsprechen, die die Quelle unabschätzbarer Stärke und Beglückung für dieses Land werden können. […]
Es geht darum, ob Sie damit zufrieden sein wollen, ein be-
75   quemes England zu sein, das nach kontinentalen Prinzipien organisiert ist und in absehbarer Zeit einem unvermeidlichen Schicksal anheimfallen wird, oder ob Sie ein großes Land sein wollen, ein Land, in dem Ihre Söhne, wenn sie aufsteigen, zu überragenden Positionen gelangen, und sich
80   nicht nur die Wertschätzung ihrer Landsleute erwerben, sondern den Respekt der ganzen Welt.

Zit. nach: Wolfgang J. Mommsen (Hg.), Imperialismus. Seine geistigen, politischen und wirtschaftlichen Grundlagen. Ein Quellen- und Arbeitsbuch, Hamburg 1977, S. 47f.

M 6 Die auserwählte englische Rasse

Der Kolonialpolitiker und spätere Ministerpräsident der Kapkolonie Cecil Rhodes (1853–1902) schrieb 1877:

Ich behaupte, dass wir die erste Rasse in der Welt sind und es für die Menschheit umso besser ist, je größere Teile der Welt wir bewohnen. Ich behaupte, dass jedes Stück Land, das unserem Gebiet hinzugefügt wird, die Geburt von mehr
5 Angehörigen der englischen Rasse bedeutet, die sonst nicht ins Dasein gerufen worden wären. Darüber hinaus bedeutet es einfach das Ende aller Kriege, wenn der größere Teil der Welt in unserer Herrschaft aufgeht […].
10 Die Förderung des Britischen Empire, mit dem Ziel, die ganze zivilisierte Welt unter britische Herrschaft zu bringen, die Wiedergewinnung der Vereinigten Staaten, um die angelsächsische Rasse zu einem einzigen Weltreich zu machen: Was für ein Traum! Aber dennoch ist er wahrschein-
15 lich. Er ist realisierbar. […]
Da [Gott] sich die Englisch sprechende Rasse offensichtlich zu seinem auserwählten Werkzeug geformt hat, durch welches er einen auf Gerechtigkeit, Freiheit und Frieden gegründeten Zustand der Gesellschaft hervorbringen will,
20 muss es auch seinem Wunsch entsprechen, dass ich alles in meiner Macht Stehende tue, um jener Rasse so viel Spielraum und Macht wie möglich zu verschaffen. Wenn es einen Gott gibt, denke ich, so will er daher eines gern von mir getan haben: nämlich so viel von der Karte Afrikas britisch-
25 rot zu malen wie möglich und anderswo zu tun, was ich kann, um die Einheit der Englisch sprechenden Rasse zu fördern und ihren Einflussbereich auszudehnen.

Zit. nach: Peter Alter, Der Imperialismus, Grundlagen, Probleme, Theorien, Stuttgart 1979, S. 14.

M 7 Das Konzept des Empire

Joseph Chamberlain (1836–1914), britischer Kolonialminister 1895–1903, vor dem Royal Colonial Institute am 31. März 1897 über das wahre Konzept des Empire:

Aber das Britische Reich besteht nicht nur aus den sich selbst regierenden Kolonien und dem Vereinigten Königreich. Es umfasst ein viel größeres Gebiet und eine viel größere Menschenzahl in tropischen Regionen, wo euro-
5 päische Ansiedlung nicht möglich ist und die eingeborene Bevölkerung den Weißen an Zahl weit überlegen ist. Doch auch hier hat sich die Reichsidee gewandelt. Das Besitzgefühl ist vom Pflichtgefühl abgelöst worden. Wir fühlen nun, dass unsre Herrschaft über diese Gebiete nur durch den

THE RHODES COLOSSUS
STRIDING FROM CAPE TOWN TO CAIRO.

M 8 „The Rhodes Colossus"

„Striding from Cape Town to Cairo", englische Karikatur von Edward Linley Sambourne, in: Punch, 10. Dezember 1892

Nachweis gerechtfertigt werden kann, dass sie zum Glück 10 und Wohlergehen der Völker beiträgt. Ich behaupte, dass unsere Herrschaft in der Tat Sicherheit, Frieden und bescheidenen wirtschaftlichen Wohlstand für Länder gebracht hat und bringt, die solche Segnungen bislang nie gekannt haben.
15 Indem wir diese Zivilisationsarbeit ausführen, erfüllen wir das, was nach meiner Meinung unsre nationale Mission ist. Wir haben Raum gefunden für die Entfaltung jener Fähigkeiten und Qualitäten, die uns zu einer großen Herrschaftsrasse haben werden lassen. Ich sage nicht, dass un- 20 ser Erfolg in jedem Fall vollkommen war, und auch nicht, dass unsere Methoden immer einwandfrei waren. Doch ich sage, dass in jedem Fall, in dem die Herrschaft der Königin und die Pax Britannica durchgesetzt wurden, größere Sicherheit für Leben und Eigentum und eine materielle 25 Verbesserung der Lebensbedingungen für die Masse der Bevölkerung die Folge waren.

Zit. nach: Peter Alter, Der Imperialismus, Grundlagen, Probleme, Theorien, Stuttgart 1979, S. 18f.

Kritik am Imperialismus – Eine zeitgenössische Karikatur aus Europa

M 9 „Kolonialmächte"

Karikatur aus dem „Simplicissi-mus" von Thomas Theodor Heine, 08. Mai 1904

Kolonialmächte

(Zeichnungen von Th. Th. Heine)

So kolonisiert der Deutsche,

So kolonisiert der Engländer,

So der Franzose

und so der Belgier.

Kritik am Imperialismus – Zeitgenössische Stimmen aus Afrika

M 10   Dokumente des Protestes

Aussagen afrikanischer Anführer gegen die Anfänge europäischer Kolonialpolitik (1890–1895):

a) 1890 sagt Sultan Machemba, Anführer der Yao in Ostafrika, den Deutschen:

Ich habe Ihren Worten zugehört, aber kann keinen Grund finden, warum ich Ihnen gehorchen sollte – ich würde eher sterben wollen [...]. Ich werfe mich Ihnen nicht zu Füßen, denn Sie sind wie ich eine Schöpfung Gottes. Ich bin Sultan
5 hier in meinem Land. Sie sind Sultan in Ihrem. Hören Sie: Ich sage auch nicht, dass Sie mir gehorchen sollen: Weil ich weiß, dass Sie ein freier Mensch sind. Das gilt auch für mich. Ich werde nicht zu Ihnen kommen.

b) 1891 teilt Prempeh I., König des Ashanti-Volkes in Ghana, den Engländern mit:

Der Vorschlag, dass die Ashanti, so wie wir heute leben, sich des Schutzes Ihrer Majestät der Königin erfreuen sollen, war Gegenstand sehr ernster Erwägungen, und ich bin froh, Ihnen sagen zu können, dass wir zu dem Schluss gekommen
5 sind, dass mein Königreich der Ashanti sich niemals einer solchen Politik unterwerfen wird. Wir Ashanti müssen blei-

ben, wie wir schon immer waren, um allen weißen Menschen gegenüber freundlich bleiben zu können.

c) 1895 lässt Makombe Hanga, Anführer der Barue in Mosambik, die Portugiesen wissen:

Ich sehe, wie weiße Männer mehr und mehr in Afrika eindringen, an allen Seiten meines Landes sind Geschäftsleute am Werk. Mein Land wird diese Reformen eines Tages übernehmen müssen, und ich bin darauf vorbereitet, mich ihnen zu öffnen. Ich möchte auch gern gute Straßen und
5 Eisenbahnen haben [...]. Aber ich werde jener Makombe bleiben, wie es meine Väter waren.

d) 1895 entgegnet Wobogo, König der westafrikanischen Mossi (im heutigen Burkina Faso), den Franzosen:

Ich weiß, dass die Weißen mich töten möchten, um mein Land zu bekommen. Und Ihr behauptet, dass Ihr nur helfen wollt, mein Land besser zu organisieren. Aber ich finde mein Land völlig in Ordnung, so wie es ist [...]. Ich weiß, was
5 für uns gut ist und was ich möchte: Ich führe meinen eigenen Handel. Außerdem: Schätzt euch glücklich, dass ich keinen Befehl gebe, um eure Köpfe abzuschlagen. Geht endlich weg und – vor allem – kommt niemals zurück!

Zit. nach: Lutz van Dijk, Die Geschichte Afrikas, Frankfurt/M. 2004, S. 99 f.

Aufgaben

1. **Zum Begriff des Imperialismus**
   a) Erläutern Sie mithilfe des Schulbuchtextes Merkmale, Motive, Formen und Funktionen der imperialistischen Politik der europäischen Grossmächte.
   b) Analysieren Sie die Geschichtskarte M1 zu den Kolonialreichen. Überprüfen Sie anhand der Karte die These von der Europäisierung der Welt.
   c) Stellen Sie die Informationen des Textes und der Karte in übersichtlicher Form dar (z. B. als Mind-Map).
   d) Interpretieren Sie die Karikatur „The World's Plunderers".
   ⌐ Text, M1–M4

2. **Motive des Imperialismus**
   a) Analysieren die Rede Benjamin Disraelis. Prüfen Sie, ob von einem „Manifest des Imperialismus" gesprochen werden kann.

   b) Untersuchen Sie die Darlegungen Cecil Rhodes' und Joseph Chamberlains in M6 und M7 und vergleichen Sie sie mit den Aussagen Disraelis.
   c) Beschreiben Sie die Karikatur M8, ordnen Sie sie in den historischen Kontext ein und beurteilen Sie die Aussage des Karikaturisten. – Vergleichen Sie mit der Karikatur M1 (S. 174).
   ⌐ Text, M1, M5–M8

3. **Zeitgenössische Kritik am Imperialismus**
   a) Untersuchen Sie die Materialien M9 und M10 unter dem Gesichtspunkt „Kritik am Imperialismus", vergleichen Sie die Positionen und nehmen Sie Stellung.
   b) Interpretieren Sie die Karikaturenfolge „Kolonialmächte" von Thomas Theodor Heine.
   ⌐ Text, M9–M10

Deutschland als Kolonialmacht

Deutschlands Rolle als Kolonialmacht begann 1884, als Deutsch-Südwestafrika, Kamerun und Togo unter den „Schutz" des Deutschen Reiches gestellt wurden. Ein Jahr später folgte Deutsch-Ostafrika. 1884 bis 1889 kamen einige pazifische Inseln als Kolonien hinzu und 1897 schliesslich Kiautschou, ein kleines Pachtgebiet in China. Entgegen dem Motto „Der Handel folgt der Flagge!" hatten deutsche Kaufleute und private Handelsgesellschaften den Kolonialismus begonnen, bevor sich der Staat einschaltete.

Deutschland war eine späte und zweitrangige Kolonialmacht. Reichskanzler Bismarck hatte lange gezögert, Kolonialpolitik zu betreiben, weil er den ökonomischen Nutzen bezweifelte. Überdies lag ihm der Gedanke an eine Expansion nach Übersee auch darum fern, weil im Mittelpunkt seines aussenpolitischen Denkens die Stabilisierung Deutschlands im europäischen Mächtefeld stand, die er nicht durch Kolonialkonflikte gefährden wollte.

Bismarcks Haltung zu Kolonien

Bismarcks Ablehnung eines kolonialen Engagements resultierte aus der ungesicherten geopolitischen Lage des Deutschen Reiches in der Mitte Europas. Seine Antwort an die Adresse der Kolonialisten lautete: „Meine Karte von Afrika liegt in Europa. Hier liegt Russland, und hier liegt Frankreich, und wir sind in der Mitte; das ist meine Karte von Afrika."

Dennoch setzten sich schliesslich die Befürworter des Kolonialgedankens durch. Bismarck gab dem öffentlichen Druck nach und erklärte 1884 einen staatlichen Schutz für die privaten Landerwerbungen des Kaufmanns Adolf Lüderitz im Südwesten Afrikas. Diese politische Kursänderung diente offenkundig dazu,

M 1 Ostafrika

Ein deutscher Kolonialoffizier mit seinen „boys" in Daressalam, um 1905

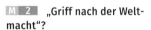
M 2 „Griff nach der Weltmacht"?

Französische Karikatur, 1899. Der Text „Honni soit qui mal y pense"(„Verachtet sei, wer Böses dabei denkt") ist das Motto des sogenannten Hosenbandordens, des höchsten englischen Ordens.

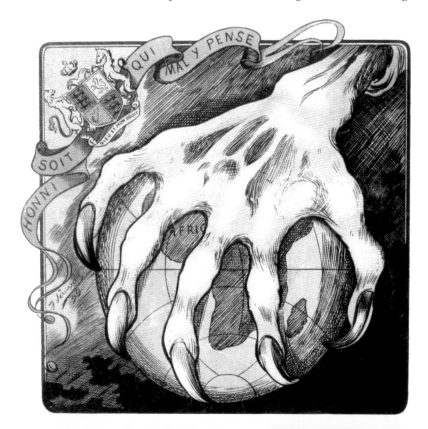

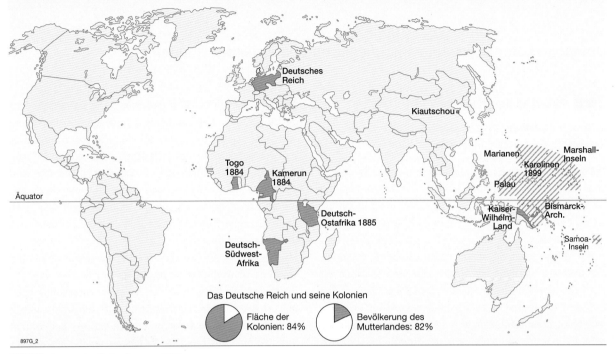

Das Deutsche Reich und seine Kolonien

Fläche der Kolonien: 84%

Bevölkerung des Mutterlandes: 82%

897G_2

M 3 Deutsche Kolonien vor 1914

innenpolitischen Druck nach aussen zu kanalisieren und eine Integration von Wirtschaftsbürgertum und Arbeiterschaft herzustellen (Sozialimperialismus). Allerdings spielte der Kolonialismus zu Bismarcks Amtszeit noch keine bedeutende Rolle; erst nach 1890 unter Kaiser Wilhelm II. wurde der Kolonialgedanke zu einer innenpolitischen Macht. Neben nationalem Prestigedenken und deutschem Sendungsbewusstsein dürfte dabei auch das englische Vorbild eine wesentliche Rolle gespielt haben:

Um 1900 kontrollierte Grossbritannien das grösste Reich der Weltgeschichte. Es umfasste etwa 30 Millionen Quadratkilometer und 25 Prozent der Weltbevölkerung. Das britische Empire war machtpolitisch das Mass aller Dinge. Im aufstrebenden wilhelminischen Deutschen Reich hegten massgebende Kreise den Wunsch, England als führende Weltmacht abzulösen. Der „Griff nach der Weltmacht" beflügelte die Fantasien hinsichtlich eines eigenen deutschen Kolonialreiches. Das Deutsche Reich als „verspätete Nation" stiess dabei jedoch überall auf andere Mächte, die ihre Interessengebiete bereits abgesteckt hatten.

Die geringe Bedeutung der Kolonien

Am Vorabend des Ersten Weltkrieges besass Deutschland ein Kolonialreich von 2,9 Mio. Quadratkilometern mit etwa zwölf Millionen Einwohnern und 24 000 zugewanderten Deutschen. Eine nennenswerte Bedeutung als Siedlungsland hatten die Kolonien also nicht. Auch ökonomisch waren die Kolonien bis 1913 unerheblich: Ihr Anteil am Aussenhandel betrug nur 0,5 Prozent; nur maximal fünf Prozent des deutschen Auslandskapitals waren in den Kolonien angelegt. Zudem waren die deutschen Kolonialkriege äusserst blutig und kostspielig, so zum Beispiel die Niederschlagung der Herero (1904/05) und Nama (1904–07) in Südwestafrika und die Bekämpfung des Ostafrika-Aufstands in Tanganjika (1905).

Deutsche Kolonialpolitik – Im Spiegel zeitgenössischer Quellen

M 4 Aufruf an das deutsche Volk

Nach der Gründung seiner „Gesellschaft für deutsche Kolonisation" schrieb Carl Peters (28. März 1884):

Die deutsche Nation ist bei der Verteilung der Erde, wie sie vom Ausgang des 15. Jahrhunderts bis auf unsere Tage hin stattgefunden hat, leer ausgegangen. Alle übrigen Kulturvölker Europas besitzen auch außerhalb unseres Erdteils
5 Stätten, wo ihre Sprache und Art feste Wurzel fassen und sich entfalten kann. Der deutsche Auswanderer, sobald er die Grenzen des Reiches hinter sich gelassen hat, ist ein Fremdling auf ausländischem Grund und Boden. Das Deutsche Reich, groß und stark durch die mit Blut errunge-
10 ne Einheit, steht da als die führende Macht auf dem Kontinent von Europa: Seine Söhne in der Fremde müssen sich überall Nationen einfügen, welche der unsrigen entweder gleichgültig oder geradezu feindlich gegenüberstehen. Der große Strom deutscher Auswanderung taucht seit Jahrhun-
15 derten in fremde Rassen ein, um in ihnen zu verschwinden. Das Deutschtum außerhalb Europas verfällt fortdauernd nationalem Untergang.
In dieser für den Nationalstolz so schmerzlichen Tatsache liegt ein ungeheurer wirtschaftlicher Nachteil für unser
20 Volk! Alljährlich geht die Kraft von 200 000 Deutschen unserem Vaterland verloren! Diese Kraftmasse strömt meistens unmittelbar in das Lager unserer wirtschaftlichen Konkurrenten ab und vermehrt die Stärke unserer Gegner. Der deutsche Import von Produkten tropischer Zonen geht von
25 ausländischen Niederlassungen aus, wodurch alljährlich viele Millionen deutschen Kapitals an fremde Nationen verloren gehen! Der deutsche Export ist abhängig von der Willkür fremdländischer Zollpolitik. Ein unter allen Umständen sicherer Absatzmarkt fehlt unserer Industrie, weil eigene
30 Kolonien unserem Volke fehlen.

Zit. n.: Jürgen Petschull, Der Wahn vom Weltreich, Hamburg 1984, S. 162.

M 5 Bismarck über Kolonialpolitik

Im April 1884 hatte die deutsche Regierung die Erwerbung des Bremer Kaufmanns Lüderitz unter deutschen Schutz gestellt. In einer Rede im Reichstag begründete der Reichskanzler, warum er seine Haltung zur Kolonialpolitik geändert hatte (26. Juni 1884):

Wir sind zuerst durch die Unternehmung hanseatischer Kaufleute, verbunden mit Terrainankäufen und gefolgt von

Anträgen auf Reichsschutz dazu veranlasst worden, die Frage, ob wir diesen Reichsschutz in dem gewünschten Maße versprechen könnten, einer näheren Prüfung zu unterzie-
5 hen. Ich wiederhole, dass ich gegen Kolonien [bin], gegen Kolonien, die als Unterlage ein Stück Land schaffen und dann Auswanderer herbeizuziehen suchen, Beamte anstellen und Garnisonen errichten –, dass ich meine frühere Abneigung gegen diese Art von Kolonisation [...] heute noch
10 nicht aufgegeben habe. [...]
Etwas ganz anderes ist die Frage, ob es zweckmäßig, und zweitens, ob es die Pflicht des Deutschen Reiches ist, denjenigen seiner Untertanen, die solchen Unternehmungen im Vertrauen auf des Reiches Schutz sich hingeben, diesen
15 Reichsschutz zu gewähren und ihnen gewisse Beihilfen in ihren Kolonialbestrebungen zu leisten, um denjenigen Gebilden, die aus den überschüssigen Säften des gesamten deutschen Körpers naturgemäß herauswachsen, in fremden Ländern Pflege und Schutz angedeihen zu lassen. Und
20 das bejahe ich, allerdings mit weniger Sicherheit vom Standpunkte der Zweckmäßigkeit – ich kann nicht voraussehen, was daraus wird –, aber mit unbedingter Sicherheit vom Standpunkte der staatlichen Pflicht.
Ich kann mich dem nicht entziehen. Ich bin mit einem gewis-
25 sen Zögern an die Sache herangetreten, und ich habe mich gefragt: Womit könnte ich es rechtfertigen, wenn ich diesen hanseatischen Unternehmern [...] sagen wollte: Das ist alles sehr schön, aber das Deutsche Reich ist dazu nicht stark genug, es würde das Übelwollen anderer Staaten auf sich
30 ziehen, es würde [...] in unangenehme Berührung mit anderen kommen, es würde „Nasenstüber" bekommen, für die es keine Vergeltung hätte; dazu ist unsere Flotte nicht stark genug! [...] Aber ich muss sagen, dass ich als der erste Kanzler des neu geschaffenen Reichs doch eine gewisse Schüchtern-
35 heit empfand, eine Abneigung, mich so auszusprechen [...].

Zit. Nach: W. Lautemann, M. Schlenke (Hg.), Geschichte in Quellen, Das bürgerliche Zeitalter, München 1980, S. 471.

M 6 Wider die Kolonialpolitik

Der SPD-Vorsitzende August Bebel (1840–1913) äusserte sich 1889 in einer Rede vor dem Reichstag zur Kolonialpolitik der Regierung:

Nun, wer ist denn diese Ostafrikanische Gesellschaft? Ein kleiner Kreis von Großkapitalisten, Bankiers, Kaufleuten und Fabrikanten, d. h. ein kleiner Kreis von sehr reichen

Leuten, deren Interessen mit den Interessen des deutschen Volkes gar nichts zu tun haben, die bei dieser Kolonialpolitik nichts als ihr eigenes persönliches Interesse im Auge haben. [...]

Einer solchen Kolonialpolitik werden wir nie unsere Zustimmung geben. Im Grunde genommen ist das Wesen aller Kolonialpolitik die Ausbeutung einer fremden Bevölkerung in der höchsten Potenz. Wo immer wir die Geschichte der Kolonialpolitik in den letzten drei Jahrhunderten aufschlagen, überall begegnen wir Gewalttätigkeiten und der Unterdrückung der betreffenden Völkerschaften, die nicht selten schließlich mit deren vollständiger Ausrottung endet. Und das treibende Motiv ist immer, Gold, Gold und wieder nur Gold zu erwerben. Und um die Ausbeutung der afrikanischen Bevölkerung im vollen Umfange und möglichst ungestört betreiben zu können, sollen aus den Taschen des Reiches, aus den Taschen der Steuerzahler Millionen verwendet werden, soll die Ostafrikanische Gesellschaft mit den Mitteln des Reiches unterstützt werden, damit ihr das Ausbeutegeschäft gesichert wird. [...]

Ich habe [...] die Überzeugung, das wesentlichste Kolonisations- und Zivilisationsmittel, das in allen Kolonien angewendet wird, die Masseneinfuhr von Branntwein, ist ganz wesentlich darauf gerichtet, die widerspenstige und opponierende Bevölkerung dadurch unterzubringen, dass man sie an den reichlichen Genuss des Branntweins gewöhnt, dass man sie dadurch degeneriert und korrumpiert und schließlich auf diese Weise vollständig in die Gewalt bekommt. [...] Meine Herren, das sind keine Ziele, das sind keine Mittel, für die wir uns begeistern könnten. Es wird allerdings als eigentliches Ziel aufgestellt, es handle sich um die Verbreitung europäischer Zivilisation, es gelte vor allen Dingen, dem scheußlichen Sklavenhandel und den Sklavenjagden ein Ende zu machen. Aber, meine Herren, den Kernpunkt der Sache, der erst den Sklavenhandel und die Sklavenjagden zur Folge hat, die Sklaverei an sich, wollen Sie nicht aufheben. [...] Sitzen wir aber erst einmal an den Fieberküsten Ostafrikas fest, dann werden auch noch

„Gott will es!"
Titelblatt der Zeitschrift des katholischen Afrika-Vereins, um 1900

ganz andere Forderungen an uns herantreten; dann wird es vor allen Dingen heißen: Nachdem wir einmal soundso viel Gut und Blut für jene Lande geopfert und aufgewendet haben, ist es ein Gebot der nationalen Ehre, dieselben zu halten; was immer es kosten mag, wir müssen dafür eintreten. Dann wird in erster Linie notwendig, eine bedeutende Verstärkung der Flotte vorzunehmen – Herr von Kardorff[1] nickt mir bereits zustimmend zu –; es wird ferner notwendig, eine bedeutende Anzahl von Kolonialtruppen aus deutschen Reichsmitteln zu unterhalten. Es wird dann heißen: Wir müssen uns derartig in unserer Marine rüsten, dass wir im Falle einer europäischen Krise nicht nur unsere heimatlichen Küsten, sondern auch unsere Kolonien in fremden Ländern ausreichend schützen und verteidigen können.

1 Wilhelm von Kardorff (1828–1907), konservativer Politiker, Vertrauensmann Bismarcks

Zit. nach: Axel Kuhn (Hg.), Deutsche Parlamentsdebatten, Bd. 1, 1871–1918, Frankfurt/M. 1970, S. 170 ff.

Aufgaben

1. Deutsche Kolonialpolitik

a) Analysieren Sie die Ausführungen von Carl Peters, Otto v. Bismarck und August Bebel und arbeiten Sie die Positionen zur Frage eines deutschen Erwerbs von Kolonien heraus.

b) Arbeiten Sie die Motive und Ziele heraus, die in der

Diskussion um die Frage eigener deutscher Kolonien erkennbar werden.

c) Simulieren Sie eine Diskussion zwischen zeitgenössischen Anhängern und Gegnern eines deutschen Kolonialerwerbs.

↪ Text, M4 – M7

◆ Diamanten ◇ Gold
◆ Kupfer ✖ Bergbau
▬▬ Eisenbahn
— Diamantensperrgebiet der
   Deutschen Kolonialgesellschaft
   für Südwestafrika

M 1 Deutsch-Südwest-
afrika

Der deutsche Kolonialismus in Südwestafrika

Der Südwesten Afrikas vor der Kolonialisierung

Der Südwesten Afrikas, das heutige Namibia, war und ist bis heute ausgesprochen dünn besiedelt. Namibia ist etwa zweieinhalbmal so gross wie die Bundesrepublik und hat heute etwa zwei Millionen Einwohner. Grosse Teile Namibias werden von Wüsten eingenommen – von der Namib entlang der Küste und der Kalahari im Nordosten des Landes. Der Rest ist überwiegend Savanne. Zur Landwirtschaft ist das Land weitgehend ungeeignet. Auf dem Gebiet der späteren Kolonie lebten mehrere Volksgruppen, sechs grössere (San, Herero, Nama, Damara, Himba und Ovambo) sowie einige kleinere. Die San sind die älteste Volksgruppe, sie waren Buschleute. Die Ovambo, Himba und Damara lebten überwiegend im Norden und waren sesshaft. Die erst im 17. Jahrhundert von Süden her zugewanderten Nama waren Nomaden, also Jäger und Sammler. Die Herero waren als Viehzüchter Halbnomaden, die mit ihren Herden aufgrund der Witterungsbedingungen oft das Weideland wechseln mussten. Zwischen den Völkern, besonders zwischen den Nama und den Herero, gab es immer wieder Konflikte um das knappe Weideland.

Der Südwesten Afrikas wird deutsche Kolonie

Für die Europäer war das karge Land lange Zeit bedeutungslos. Lediglich die Walfish Bay, eine kleine Bucht an der Küste, wurde von der britischen Krone als Stützpunkt für die Seefahrt in Besitz genommen. 1883 erwarb der Bremer Kaufmann Adolf Lüderitz einen Küstenstreifen südlich der Walfish Bay, die heute nach ihm benannte Lüderitzbucht. Kurze Zeit darauf ersuchte er die deutsche Regierung um Schutz, weil er eine englische Intervention befürchtete. Ein Jahr später erfolgte eine Schutz-Zusage durch die deutsche Reichsregierung, mit der zugleich der deutsche Kolonialismus begann.

Ab 1890 übernahm der deutsche Staat die Kolonialverwaltung. Er liess Siedlungen und eine Eisenbahnlinie zur Erschliessung des Landes bauen. Kurz darauf setzte auch der Zuzug von deutschen Kolonialbeamten, Farmern, Kaufleuten, Handwerkern und Missionaren ein. Bis 1903 stieg die Zahl weisser Siedler auf 4700, bis 1914 auf 12 000. Obwohl noch heute zahlreiche Menschen in Namibia deutsch sprechen, verweisen diese Zahlen auf die eher untergeordnete Bedeutung Deutsch-Südwestafrikas als Siedlungskolonie.

Die Besiedlung führte gleichwohl zu erheblichen Konflikten mit den indigenen Völkern. Der deutsche Gouverneur Theodor Leutwein versuchte zwar, die Unterordnung der einheimischen Bevölkerung durch Kooperation mit den Stammesführern und behutsame Vorgehensweise zu erreichen, wodurch er Vertragsabschlüsse über Gebietserweiterungen erzielte. Doch die Viehzucht der weissen Siedler brachte vor allem für die Nama und Herero zahlreiche Probleme mit sich:

M 2 Deutsche Soldaten in
Südwest-Afrika
Foto, 1904

Das Land war nicht für eine sesshafte Viehzucht geeignet. Die Savanne war schnell abgegrast und verwüstete, woraufhin die Viehzüchter bald mehr Land benötigten. Dieses Land fehlte dann sowohl den Herero als auch den Nama. Die Herero, die den europäischen Eigentumsbegriff nicht kannten, nahmen sich das Vieh der Siedler, um ihre Herden zu erweitern. Sanktionen der Kolonialverwaltung waren die Folge. 1897 führte eine Rinderpest zur Eskalation der Lage: Die Herero verloren ihre Herden und damit ihre Lebensgrundlage, wodurch sie in Abhängigkeit von den Siedlern gerieten.

Der Kolonialkrieg gegen die Herero und Nama

1904 lehnten sich die Herero unter der Führung von Samuel Maharero gegen die deutsche Kolonialmacht auf, kurz darauf auch die Nama unter Hendrik Witbooi. Sie griffen deutsche Farmen an und töteten ungefähr 125 deutsche Siedler. Da die deutschen „Schutztruppen" vor Ort nicht in der Lage waren, die Revolte niederzuschlagen, wurden aus Deutschland 14 000 zusätzliche Soldaten unter dem Kommando des Generalleutnants Lothar von Trotha (1848–1920) entsandt. Leutweins Politik der Kooperation galt als gescheitert. Trotha setzte auf unbarmherzige Härte gegen die indigene Bevölkerung und bedingungslose Unterordnung. Unter seiner Führung besiegten die Kolonialtruppen die Herero und die mit diesen verbündeten Nama am 11. August 1904 in der Schlacht am Waterberg. In einem Ultimatum forderte Trotha die Herero auf, das Territorium zu verlassen. Die meisten Herero flüchteten daraufhin in die Kalahari-Wüste, wo Trotha ihnen die Nahrungs- und Wasserversorgung abschneiden liess. Dies führte zu einem Massensterben durch Verhungern und Verdursten. In seinem Bericht schrieb Trotha 1906: „Die wasserlose Omaheke (Kalahari-Wüste) sollte vollenden, was die deutschen Waffen begonnen hatten: Die Vernichtung des Hererovolkes." Die Brutalität Trothas löste nicht nur im Deutschen Reich allgemeines Entsetzen aus. Grobe Schätzungen belaufen sich auf 65 000 getötete Herero (80 Prozent des Volkes) und 10 000 getötete Nama (50 Prozent des Volkes). Die Ereignisse gelten heute als erster Völkermord im 20. Jahrhundert.

Von 1906 bis 1919: Die letzten Jahre der deutschen Kolonie

Die wenigen Überlebenden des Vernichtungskrieges wurden auf Atlantikinseln in Konzentrationslager verbracht. Hier setzte sich das Massensterben fort, denn die Inseln waren feucht und kalt, hatten also ein völlig anderes Klima als die Nama und Herero gewohnt waren. Auch die übrigen Völker Namibias gerieten nunmehr in eine totale Abhängigkeit von den deutschen Kolonialbehörden. Man untersagte ihnen den Landerwerb, schränkte die Mobilität drastisch ein und verordnete eine Passpflicht. Ein allgemeiner Arbeitszwang sollte aus den Afrikanern nach der Zerstörung ihrer Stammesstrukturen eine (Farm-)Arbeiterklasse machen.

Mit der Entdeckung reicher Diamantenfelder nahm die Kolonie ab 1906 einen wirtschaftlichen Aufschwung. Der deutsche Staat profitierte von Zolleinnahmen und Förderabgaben; der Ausbau der Infrastruktur (Eisenbahnen, Strassen und Hafenanlagen) ging voran. Gleichwohl blieb die wirtschaftliche Bedeutung der Kolonie bis zum Vorabend des Ersten Weltkrieges gering.

Die deutsche Kolonialgeschichte in Südwestafrika endete 1915 mit der Kapitulation der deutschen Truppen vor südafrikanischen Einheiten. Völkerrechtlich wurde der Verlust der deutschen Kolonien durch den Versailler Vertrag (1919) besiegelt.

M 3 **Hendrik Witbooi**
Häuptling der Nama, Foto, 1904

Kolonialkrieg gegen die Herero und Nama – Umgang mit Krieg und Völkermord

M 4 **Denkmal von 1912**

Das Standbild wurde 1912 in Erinnerung an die Kolonialkriege eingeweiht. 2013 wurde es entfernt.

M 5 **Denkmal von 2014**

Relief auf der Rückseite des am 21. März 2014 eingeweihten „Genozid-Denkmals" vor der Alten Feste in Windhoek. Das „Genozid-Denkmal" erhebt sich dort, wo bis 2013 das Reiterdenkmal stand.

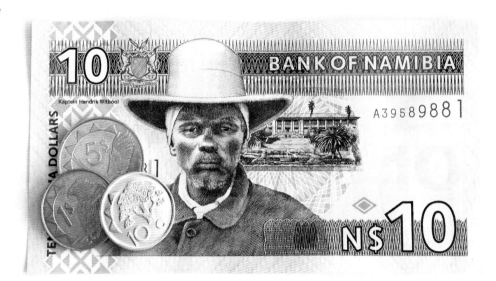

M 6 **„Ten Namibia Dollars"**

Aktueller Geldschein in Namibia, Foto, 2016

M 7 · Eine Debatte im Deutschen Bundestag

Am 26. Juni 2008 debattierte der Deutsche Bundestag über einen Wiedergutmachungsanspruch Namibias wegen der von deutschen Kolonialtruppen begangenen Verbrechen an den Herero und den Nama. Auszüge aus Debattenbeiträgen:

a) Hüseyin-Kenan Aydin (DIE LINKE):

Keine Regierung von Adenauer bis Merkel hat bis heute anerkannt, dass an den Völkern der Herero und Nama in den Jahren 1904 bis 1908 ein Völkermord verübt wurde. Völkermord ist ein Verbrechen, das die gemeinsame Aufar-
5 beitung aller Demokraten erfordert. Deshalb haben wir im November 2006 allen anderen Fraktionen vorgeschlagen, einen gemeinsamen Antrag zur Aufarbeitung der Kolonialverbrechen einzubringen. [...]
Im April hielt sich Bundestagspräsident Lammert in Nami-
10 bia auf. Selbst auf Nachfrage mochte auch er das Wort „Völkermord" nicht einmal aussprechen. Warum verleugnen Bundestagspräsident, Bundesregierung und Bundestag die historische Wahrheit? Sie haben Angst, dass daraus rechtliche Wiedergutmachungsforderungen abgeleitet werden
15 könnten. Das zeigt doch nur eines, nämlich dass diese Forderungen berechtigt sind. Warum sollten Sie sich sonst weigern, über etwas zu sprechen, das längst historisch bewiesen ist?

b) Brunhilde Irber (SPD):

Die Bundesrepublik ist seit der Unabhängigkeit [gemeint ist: Namibias] im Jahre 1990 der größte bilaterale Geber des Landes. Pro Kopf erhält Namibia die meisten deutschen Entwicklungshilfemittel von allen Ländern in Afrika. [...]
5 Deutschland hat es nicht bei der finanziellen Unterstützung belassen. Wohl wissend, dass Geld allein das während der Kolonialzeit erlittene Unrecht nicht ungeschehen machen

kann, hat die Bundesregierung gemeinsam mit dem Deutschen Bundestag bereits vor vier Jahren eine Versöhnungsinitiative auf den Weg gebracht. Anlässlich der Gedenkfeiern 10 zum 100. Jahrestag des Herero-Aufstands im Jahre 2004 bat Bundesministerin Wieczorek-Zeul im Namen der Bundesregierung die Opfer offiziell um Vergebung: „Die damaligen Gräueltaten waren das, was heute als Völkermord bezeichnet würde [...]. Wir Deutschen bekennen uns zu unserer 15 historisch-politischen, moralisch-ethischen Verantwortung und zu der Schuld, die Deutsche damals auf sich geladen haben. Ich bitte Sie im Sinne des gemeinsamen ‚Vater unser' um Vergebung unserer Schuld. Ohne bewusste Erinnerung, ohne tiefe Trauer kann es keine Versöhnung geben." So da- 20 mals die Bundesministerin. [...] Dies könnte man mit dem Kniefall Willy Brandts in Warschau vergleichen. Es war eine Verneigung vor dem namibischen Volk.

„Deutscher Bundestag, Stenografischer Bericht, 16. Wahlperiode, 172. Sitzung, S. 18335ff., https://dserver.bundestag.de/btp/16/16172.pdf

M 8 · Forderung nach Entschädigung

Die deutsche Regierung bezeichnet seit 2015 den Krieg offiziell als Völkermord. Der Vertreter der Herero, Vekuii Rukoro, fordert nun trilaterale Verhandlungen über eine Entschädigung:

Das deutsche Parlament muss eine Resolution verabschieden, wonach das, was hier passiert ist, ein Genozid war. Dann muss Deutschland ein Regierungsmitglied schicken, welches sich bei uns Herero offiziell entschuldigt. Drittens muss Deutschland sich verpflichten, uns Reparationen zu 5 zahlen. Und Deutschland muss trilateralen Verhandlungen darüber zustimmen. Mit Vertretern der Nama- und Herero-Völker, der namibischen Regierung und der deutschen Regierung.

Zit. nach: www.deutschlandfunk.de/entschaedigungen-fuer-voelkermord-herero-wollen-an.1818.de.html?dram:article_id=345789)

Aufgaben

1. **Kolonialkrieg gegen die Herero und Nama**
   a) Analysieren Sie Ursachen, Verlauf und Folgen des Kolonialkrieges gegen die Herero und Nama.
   b) Untersuchen Sie die Vorgehensweise der deutschen Reichsregierung gegenüber den Herero und Nama in Deutsch-Südwest-Afrika.
   c) Analysieren Sie anhand der Bilder den Wandel im Umgang mit dem Kolonialkrieg.
   d) Arbeiten Sie die Positionen der Redner in der

   Bundestagsdebatte um Wiedergutmachungszahlungen an die Herero im heutigen Namibia heraus. Informieren Sie sich anhand der online verfügbaren Bundestagsprotokolle über weitere Positionen innerhalb der Debatte.
   e) Nehmen Sie zu dem Problem einer heute zu leistenden Entschädigung der Bundesrepublik an die Nachkommen der Herero Stellung.

   ⤳ Text, M4–M8

Schweiz und Kolonialismus

M 1   Schweizer mit Einheimischer

August Künzler aus dem Thurgau handelte in Tansania mit Weizen und Grosswild.

Im Zeitalter des Imperialismus wurde die Schweiz von anderen europäischen Staaten nicht als imperialistische Macht wahrgenommen. In der Literatur wird je nach Zeitraum oder Interessensschwerpunkt die Schweiz als *lachender Dritter*, ein *sekundärer* oder *informeller Imperialismus*, ein *verdeckter Kolonialismus*, ein *Kolonialismus ohne Kolonien* oder gar eine *koloniale Schweiz* beschrieben. Der Schweizer Staat hatte keine eigenen Kolonien gegründet und musste deshalb auch keine direkte Kolonialpolitik finanzieren und betreiben. In Überblicksdarstellungen zur Schweizer Geschichte im 19. Jahrhundert wird der Kolonialismus thematisch meist durch die Gründung des Bundesstaates 1848 an den Rand gedrängt oder vollständig ausgeblendet. Grossbritannien wollte nach Aussagen von Cecil Rhodes die Karte Afrikas „britisch-rot" malen; Frankreich sollte laut der Rede von Eugène Étienne „nach Afrika und nach Indien gehen"; und Deutschland verlangte nach den Worten von Bernhard von Bülow einen „Platz an der Sonne". Dagegen entzog sich die Schweiz der imperialistischen Konkurrenz unter den Grossmächten, indem sie nie eine staatlich gelenkte Herrschaft über eine eigene Kolonie ausübte. Gerade aus diesem Grund wurden Gesandte von Schweizer Missions- und Handelsgesellschaften, Firmen oder Privatleute und ihre Beteiligung am Kolonialismus im europäischen Nationengefüge toleriert. Zehntausende Schweizerinnen und Schweizer wanderten in der zweiten Hälfte des 19. Jahrhunderts wegen wirtschaftlicher Not in die USA, nach Südamerika, Afrika oder Asien aus oder unternahmen weite Reisen zu wirtschaftlichen oder ethnographischen Zwecken. Sie nutzten kolonialistische Infrastrukturen, wie die von den Grossmächten militärisch gesicherten Handels- und Transportwege. Sie erzielten teils hohe Gewinne, ohne dass sich die Schweiz öffentlich als imperialistische Macht hätte positionieren müssen. Der Binnenstaat wollte sich im ausgehenden 19. Jahrhundert gegen den Imperialismus abgrenzen – aber die ökonomischen und ideologischen Verflechtungen der Schweizer Akteure mit den Kolonien und dem Kolonialismus waren stark und von langer Dauer.

Söldnerwesen

Bereits seit dem Mittelalter war die Schweiz bei verschiedenen europäischen Herrscherhäusern bekannt für ihre Söldner-Tradition. Schweizer Offiziere und einfache Soldaten haben sich auch im 18. und 19. Jahrhundert vereinzelt oder in Gruppen immer wieder in fernen kolonialen Kriegen verdingen können: So kämpften Schweizer beispielsweise für die Niederlande zur Niederschlagung der Sklavenaufstände, am Kap der Guten Hoffnung, in Ceylon und Indien erst für die Niederlande und dann für Grossbritannien, in Ägypten zeitweilig sogar gegeneinander jeweils auf Seiten Frankreichs und Englands, oder in der *Force Publique* des belgischen Kongo-Freistaates. Gemessen im Verhältnis zu ihrer Bevölkerungszahl war die Schweiz oft einer der Hauptlieferanten für erweiterte Truppenverbände. Es gab bereits im 19. Jahrhundert Bestrebungen seitens des Bundesstaates, die Einsatzmöglichkeiten von Söldnern zu beschränken, aber erst das Militärstrafgesetz von 1927 verbot jeden individuellen fremden Dienst ohne ausdrückliche, bundesrätliche Erlaubnis. Bis dahin war es den Schweizern durch den Staat weitestgehend erlaubt gewesen, sich in den Kolonialkonflikten der imperialistischen Grossmächte Europas zu engagieren.

Sklaverei

Die Schweizer Beteiligung an der Sklaverei war vielgestaltig: Schweizer Akteure übten verschiedene ökonomische, publizistische oder akademische Tätigkeiten aus, wo sie von Sklavenhaltung und -handel profitierten, wodurch die Sklaverei lange gesetzlich zulässig und gesellschaftlich akzeptiert war. Sklaventransporte durch Schweizer Gebiet blieben lange gestattet, und der Schweizer Handel mit von Sklaven gewonnenen Rohstoffen wie Baumwolle, Kaffee, Kakao oder auch Zucker war üblich. Besonders profitabel für die Schweizer Handelshäuser war der transatlantische Dreieckshandel. Auch Schweizer Unternehmen besassen Plantagen, wo Sklaven arbeiten mussten. Das rassenhierarchisch strukturierte Menschenbild, welches sich im 19. Jahrhundert im imperialistischen Europa verbreitete, erfasste auch Menschen in der Schweiz. Die Schweizer Beteiligung an der Sklaverei war über die Jahrhunderte meist privat oder halbstaatlich organisiert. Während der Bundesstaat nicht dagegen Partei ergriff, stellten sich die Basler Mission und andere, säkulare Gruppierungen in Lausanne, Genf und Bern direkt gegen die Sklaverei und zogen dadurch die öffentliche Meinung in eine abolitionistische Richtung.

M 2 **Sklavenhandel**

Menschenhandel. Porzellanmanufaktur Kilchberg-Schooren, 1775. Händler verkauft den Sklaven an Edelmann im „spanischen Kostum". Zwinglianische Kritik am katholischen Sklavenhandel.

Stoffhandel

Im 17. Jahrhundert wurden in Handarbeit aufwändig und kunstvoll bemalte oder bedruckte Baumwolltücher aus Indien zur beliebten Handelsware in Europa. Die *Indiennes* wurden ab dem 18. Jahrhundert von Schweizer Textilfirmen erst mit Holzmodeln gedruckt und zur Jahrhundertwende hin industriell und daher auch kostengünstiger hergestellt. Man nahm die exotischen Muster und Farbkombinationen als Vorbild und verbesserte die Druckqualität kontinuierlich durch neu entwickelte Färberezepte. Damit wurden diese Stoffe ein wichtiger Bestandteil der Geschichte der Industriellen Revolution in der Schweiz. Die angrenzenden Nationen hatten gegen den Schweizer Markt Zollschranken aufgebaut, weshalb die Schweizer Unternehmen eher auf den Weltmarkt zielten. Die *Indiennes* aus der Schweiz zogen den handgefertigten Stoffen aus Indien die Abnehmerschaft ab, woraufhin sich die Kolonie als Baumwollproduzent etablierte. Im 19. Jahrhundert brach der *Indiennes*-Handel ein, aber die Schweizer Kaufleute waren durch sie reich geworden und hatten sich dank weiterer Waren und Produkte aus den Kolonien und ihrer Bankierstätigkeiten in der Weltwirtschaft etabliert.

M 3 **Schweizer *Indiennes***

Stoffmuster, Musterbuch Greuterhof. Kombination von exotischen Farben mit volkstümlichen Blumenmotiven.

Industriemission

Die *Evangelische Missionsgesellschaft Basel* wurde im Jahre 1815 gegründet und bildete Missionare aus, die in Afrika und Asien die indigene Bevölkerung beim Aufbau einer christlichen Dorfgemeinschaft anleiten sollten. Mit dem Ziel, die Indigenen durch modernere Berufsbildung und technische Mittel in ihrem Handwerk zu unterstützen und ihre Erzeugnisse – insbesondere Kakao, Palmöl und Baumwolle aus Ghana, Webstoffe und Ziegel aus Indien – an den Welthandel anzubinden, wurde 1859 die *Basler Missionshandlungsgesellschaft* gegründet. Der ghanaische Kakao war die Voraussetzung für die aufstrebende Schweizer Schokoladenproduktion. Die Industriemission der *Basler Mission* war als Entwicklungshilfe gedacht, da mit alternativen Erwerbsmöglichkeiten und besseren Perspektiven der Sklavenhandel in Afrika bekämpft und aufgegeben werden sollte. Aus kolonialistischer Optik waren die Afrikaner jedoch Bauern und Lieferanten – die Rolle der Händler blieb weiterhin Schweizern vorbehalten.

M 4 **Basler Missionar in Ghana**

Otto Lädrach aus Bern, Foto 1903

Schweizer Akteure im Kolonialismus und ihre Wahrnehmungen

M 5 Schweizer Söldner im Kongo

Erwin Federspiel schrieb um 1909 als ehemaliger Kommandant des Stanley-Falls Distrikts einen Bericht über die Verhältnisse im Kongo, wie er sie erlebt hat:

Ich darf mir um so eher auch eine Meinung über die Zustände am Congo erlauben, als ich von 1898 bis Februar 1908 in dessen Dienst gestanden bin und die Verhältnisse zu kennen glaube. Und ich möchte auch noch beifügen, dass ich den
5 Dienst des Congostaates vor Ablauf meines Engagements verlassen habe, weil mir die Situation, die mir in Stanleyville gemacht wurde, nichtmehr zusagte. Ich habe somit kein persönliches Interesse, für den Congostaat eine Lanze zu brechen, aber es widerstrebt mir, auch in den bestgelesensten
10 Zeitungen der Schweiz Anklagen zu finden, die der Wirklichkeit nicht entsprechen, und ich erachte es als meine Pflicht, den guten Namen der Schweizer, die noch dort im Dienste stehen, und das Andenken derer, die dort in fremder Erde schlummern, zu beschützen und zu verteidigen.
15 Bei der Beurteilung solcher Verhältnisse, die in jeder Beziehung andere sind als im zivilisierten Europa, wo der Kulturzustand der Bewohner, ihre Sitten, ihre ganze Lebensweise und infolgedessen auch der Verkehr mit ihnen so ganz anders ist, dürfen wir nicht den gleichen Masstab anlegen; – in
20 einem Staate, wo zum Teil der Kannibalismus noch blüht, wo Mord und Totschlag wegen Futilitäten noch viel zu häufig vorkommen, wo bei den Eingeborenen Lüge und Diebstahl nur dann als etwas Schlechtes angesehen werden, wenn man sie darüber ertappt, darf man doch den einzel-
25 nen nicht unter dem gleichen Gesichtswinkel betrachten, wie den Angehörigen eines europäischen Kulturstaates. Das will nun noch lange nicht heissen, dass man den Eingeborenen quälen und verfolgen soll, aber zur Arbeit soll man ihn anhalten. Dies ist auch die Meinung der internati-
30 onalen Untersuchungskommission […].
Vor allem müssen wir uns vor einem gewissen „Humanitätsgefühl à outrance" den Eingeborenen gegenüber hüten. Darüber sind nun doch bei Missionaren und Staatsbeamten die Akten geschlossen, dass mit allzu grosser Güte und
35 Nachsicht in keiner Beziehung ein Resultat erreicht wird, und dass nur weise Strenge, gepaart aber mit gerechtester Behandlung, den Eingeborenen heben kann. Dafür könnte ich Dutzende selbsterlebter Beispiele anführen: Seht nur dort den Neuankömmling, einen jungen, frisch von der Mi-
40 litärschule hergekommenen Offizier; sein Boy ist die Perle der Bedienten, kein anderer Europäer besitzt eine solche. Demgemäss erhält er massenhaft Geschenke, da eine schöne Decke, dort einen neuen Anzug oder eine abgelegte Kleidung; er lehrt ihn lesen und schreiben und gibt sich auch sonst mit ihm viel ab; aber eines schönen Tages ist die 45 „Perle" über Stuck und Stein davon und zwar in Begleitung eines wohlgepackten Koffers seines Herrn! Und dort jener Europäer, „Bwana m'suri" nennen sie ihn, d. h. den „Guten Herrn". Wenn die Eingeborenen aber von ihm sprechen, so sehen sie sich verständnisinnig an, denn gut bedeutet hier 50 mehr gutmütig, allzugut!

Zit. nach: Erwin Federspiel, Wie es im Congostaat zugeht, S. 8–10

M 6 Sklaverei in der Christengemeinde

Eine Weisung zum Umgang mit der Sklaverei an die Missionare der Basler Mission an der Goldküste um 1861:

1. Sklavenhalter können nicht Mitglied unserer Christengemeinde werden oder bleiben, weil jeder Mensch alleiniges Eigentum des Herrn ist, die Schrift uns warnt, der Menschen Knechte zu werden, und jeder Christ aus freien Stücken das Gebot des Herrn befolgen muss: „Was du nicht willst, dass 5 dir die Leute tun sollen, das tue du ihnen auch nicht."
2. Ebensowenig kann derjenige Glied unserer christlichen Gemeinde sein, der sich selbst in die Sklaverei begibt oder ein Glied seiner Familie oder einen andern um seine Freiheit bringt. 10
3. Dagegen kann auch ein Sklave Mitglied unserer christlichen Gemeinde sein und an allen ihren Rechten und Gütern vollen Anteil haben. Kein Sklave, der ein Christ ist, darf sich mit Gewalt befreien oder durch Flucht der Sklaverei entziehen. Er soll in Demut und Geduld um des Herrn Jesu willen 15 seinem heidnischen Herrn dienen, bis dieser ihn freilässt.
4. Jeder Sklavenbesitzer hat vor seiner Taufe seine Sklaven freizugeben.

Zit. nach: Peter Ziegler: Zeiten Menschen Kulturen 7, Zürich 1980, S. 124

M 7 Zweck der Heidenmission

Ein Gesuch der Evangelischen Missionsgesellschaft Basel an das Auswärtige Amt in Berlin, betreffend einer Heidenmission im Gebiet der deutschen Kolonie Kamerun in Zentralafrika, vom 1. Juni 1886:

1. Unter Ausschluss jedes politischen Zweckes verfolgt die Gesellschaft als ihr Ziel die Pflanzung evangelischen Chris-

tentums unter den Heiden und Sammlung der Gewonnenen zu evangelisch-christlichen Gemeinden.

5 2. Durch Errichtung christlicher Volksschulen sucht sie ihre Pflegebefohlenen in den Stand zu setzen, die Heilige Schrift zu lesen, bestrebt sie sich überhaupt, eine christliche Volksbildung hervorzubringen.

3. Durch höhere Schulen sucht sie Lehrer und Prediger aus 10 den Eingeborenen heranzu-bilden und vorhandenen Bedürfnissen nach höherer Bildung in evangelischem Geiste zu entsprechen.

4. Das religiöse und sittliche Leben der gesammelten Gemeinden sucht sie durch Einführung einer christlichen Ge-15 meindeordnung und Handhabung einer christlichen Kirchenzucht nach den Grundsätzen der Heiligen Schrift zu pflegen. [...]

6. Die Gesellschaft erachtet es als ihre Pflicht, die nationalen Eigentümlichkeiten der Völker, unter denen sie arbeitet, 20 soweit sie nicht als heidnisch dem Christentum weichen müssen, zu schonen. Sie pflegt daher in ihren Schulen in erster Linie die Volkssprache, ohne dadurch den Unterricht in einer andern Sprache, sofern es Bedürfnis ist, auszuschliessen.

Zit. nach: Peter Ziegler: Zeiten Menschen Kulturen 7, Zürich 1980, S. 123–124

M 8 Ein Schweizer Geschäftsreisender in Südostasien

Fritz Adolf Lüthy übernahm 1879–1889 die Geschäfte der Zürcher Tabakfirma Näher und Grob in Sumatra. Auf seiner Heimreise in die Schweiz besuchte er einen Markt auf Java und berichtete davon in seinem Tagebuch:

Eine Frau, in weiche blaue Seide gehüllt, hatte einen schwarzen europäischen Hut auf dem Kopf und ihr Gesicht bedeckte zum Teil ein kurzer Schleier. Auf der Bahnstation wurde den Reisenden Erfrischungen serviert, währenddem 5 die mitfahrende Musik irgendeinen europäischen Marsch intonierte. Die Gegend scheint mir unfruchtbar, viel sandiger Boden und Geröll, trotzdem wie oben meist gedehnte Zuckerrohrplantagen. [...] Konnte ganz hübsche Gurtschnallen kaufen, wie die Savonen tragen, auch zwei Kris, von 10 diesen habe jetzt übergenug, werde einige davon, R. V. schenken. [...] Zu Hunderten hadern da die kleinen zart gebauten Frauen, abgearbeitet, selten ein hübsches Gesicht, um den Körper ein breites Tuch geschlungen, was zu tun deren Schwestern im Preanger [Region auf der Insel Java] auch gut anständе, dann adieu, rollende Hügel mit 15 Rosen bepflanzt! Die Frauen tragen schwere Lasten in hochgetürmten Körben auf dem Rücken, alles mit dem Selendang [schmales langes Tuch] gehalten, in dem womöglich noch der Jüngste gebunden, rittlings auf den Hüften sitzt. – Die Schirmträger spielen grosse Rolle, grosser und 20 kleiner Adel wie die europ. Beamten, allen wird dem Rang entsprechend mehr oder weniger golden gehaltene Schirme, an langem Stab hinterhergetragen.

Zit. nach: Quelle in Privatbesitz.

Aufgaben

1. Schweizer Kolonialismus

a) Arbeiten Sie verschiedene Aspekte heraus, die zeigen können, inwiefern auch die Schweiz eine koloniale Vergangenheit hat.

b) Erschliessen Sie verschiedene Gründe, warum die Schweiz von den anderen Nationen Europas geduldet wurde.

c) Beurteilen Sie die Rolle des Schweizer Bundesstaates im Zeitalter des Imperialismus.

↷ Text, M1–M4

2. Kolonialistische Wahrnehmungen

a) Untersuchen Sie die Textquellen hinsichtlich ihrer Begriffsverwendungen und Formulierungen, die Ihnen typisch für den Kolonialismus erscheinen.

b) Interpretieren Sie die Textquellen im Hinblick auf ein kolonialistisches Welt- und Menschenbild, das sich im Denken und Handeln der kolonialen Akteure im langen 19. Jahrhundert zeigt.

c) Beurteilen Sie die Rolle der Schweizer Akteure in den Kolonialgebieten.

↷ Text, M5–M8

Kolonialismus und Schweizer Öffentlichkeit

M 1   Folklore in der Ferne

Drei Auslandschweizer in Indonesien (Sumatra) beim „Rütlischwur". Foto, 1898

Manche der Schweizerinnen und Schweizer, welche im 19. Jahrhundert ihr Land verliessen, hatten gar nicht vor, dauerhaft auszuwandern. Vor allem die Männer gingen als Vertreter von Schweizer Unternehmen in die Kolonien in Südamerika, Afrika und Asien, um Vorbereitungen zu veranlassen, Absprachen zu treffen und Verträge abzuschliessen. Dabei bildeten sich wechselseitige Beeinflussungsprozesse zwischen europäischen Nationen und den Kolonien: Die Kolonisten, zu denen eben auch die Schweizerinnen und Schweizer zählten, beeinflussten, begrenzten, besetzten und benutzten das Land in den Kolonien und die indigene Bevölkerung, die dort lebte; und der Aufenthalt und die Erfahrungen als weisse, europäische Kolonialisten in Übersee entfalteten umgekehrt einen Einfluss auf die Schweizerinnen und Schweizer. Im Denken der Zeit war es bedeutsam, auch in weiter Ferne den Kontakt in die Heimat zu behalten und gegenüber dem „Fremden" und dem „Anderen" die „schweizerische Identität" zu konservieren – eine Aufgabe, die gemäss dem damaligen Rollenverständnis den Ehefrauen zugedacht war. Man traf sich über den ganzen Erdball verteilt in *Schweizer Gesellschaften* und beging gemeinsam traditionelle Feiertage mit patriotischer Strahlkraft, wie beispielsweise den 1. August oder die Gedenkfeier der Schlacht bei Sempach, auch fernab der Heimat. Als die Schweizer Geschäftsleute und Weltreisenden nach Hause zurückkehrten, investierten sie ihr Geld mancherorts in stadtbekannte Villen, welchen sie exotisch klingende Namen verliehen. Für die interessierte Schweizer Öffentlichkeit und das Bildungsbürgertum brachten sie zahlreiche Berichte und Anschauungsobjekte mit. Rassistische Denk- und Darstellungsweisen übersteigerten das nationale und kulturelle Sendungsbewusstsein in Teilen der Schweiz und Europas. In Museen, Menschenzoos und in der Schule konnte man das „Fremde" besser kennenlernen, jedenfalls soweit es die Wissensbestände und Wahrnehmungen der Kolonialzeit zuliessen.

Völkerkundemuseen

Die aus den Kolonien heimkehrenden Schweizerinnen und Schweizer brachten Menschen, Tiere, Objekte und Ideen mit, geprägt von einer eurozentrischen und kolonialistischen Perspektive. Das Mitgebrachte wurde dann der ethnologischen Forschung überantwortet und entsprechend in Gegenüberstellung mit und in Abgrenzung zum „Europäischen" analysiert, katalogisiert und in Völkerkundemuseen oder Zoos ausgestellt. Das Bild der „wilden Naturvölker" wurde im Kontrast zum Selbstbild der „zivilisierten und kultivierten Schweiz" konstruiert – analog zu den kolonialistischen Deutungsmustern zahlreicher europäischer Ethnologen. Gegen Ende des 19. Jahrhunderts entstanden auch in der Schweiz sogenannte ethnographische Gesellschaften, welche private Sammlungen zu Museen machten. Die recht uneinheitliche Sammlung der *Ethnographischen Gesellschaft Zürich* zum Beispiel hatten ein Zoologe, ein Linguist, ein Botaniker, ein Astronom und ein Missionar der Basler Mission zusammengetragen. Die Madagaskarsammlung stammte aus einer Expedition, die der Bundesrat teilfinanziert hatte. Das *Bernische Historische Museum* beispielsweie unterhielt ab 1873 eine eigene ethnographische Kollektion und ab 1914 eine bedeutende „orientalische Sammlung". Die Sammlung ist aktuell nicht mehr im Museum ausgestellt, da eine Grundsatzdebatte über die Recht- oder Unrechtmässigkeit von kolonialen Sammlungen geführt wird.

M 2   Götterstatue „Ekeko"

Das Naturhistorische Museum Bern gab Bolivien die Statue 2014 zurück.

Menschenzoos

Der zeitgenössische Begriff „Völkerschau" wird in aktuelleren Publikationen durch „Menschenzoo" ersetzt. Damit ist das kommerzielle Zurschaustellen von Menschen zu Bildungs- oder Showzwecken ab der zweiten Hälfte des 19. Jahrhunderts bis zum Zweiten Weltkrieg gemeint. Dieses geschah mit oder ohne deren Einwilligung, mit schützenden Verträgen oder ohne, und mit oder ohne Verdienst. Diese Menschenzoos wurden rasch zu einem sehr einträglichen Geschäft für Europäer, weil die Tiergärten, Zirkusse und Wanderausstellungen mit Feuerländern, Nubiern, Indianern, Samojeden, Singhalesen und Beriberi in den Grossstädten ein Massenpublikum anlocken konnten. Die Schausteller, die sogenannten *Impresarios*, nahmen die Menschen – „Menschenmaterial", wie sie es nannten – aus den kolonialen Gebieten mit. Einige der Menschen hofften bei der Tournee auf Geld und Geschenke und gingen freiwillig, andere wurden verschleppt. Ihrer persönlichen Freiheit beraubt und bewacht wurden sie in der Regel alle, und nicht wenige erlitten Schläge, körperliche Übergriffe und Vergewaltigungen, oder starben an Mangelernährung. Für die Besucherinnen und Besucher der Menschenzoos wirkten die Darbietungen im Spannungsfeld zwischen Sensationalismus und Pseudo-Authentizität, Primitivität und Erotik, Herabwürdigung und Exotik attraktiv: Die indigenen Frauen und Männer trugen farbenfrohe Kostüme oder waren unbekleidet, vollführten besonders eindrucksvolle Tänze oder Kapriolen, zeigten magische Rituale, brachten die Elefanten zur Tränke an den See, gingen einfach ihrem Handwerk nach oder sassen tagelang in extra zu diesem Zweck angelegten Dorfszenerien und bettelten. In den Zoos wurde dem Schweizer Publikum ein phantastisches, identitätsstiftendes Erlebnis geboten. In den Medien, die darüber berichteten, wurde dies mit entsprechend kolonialistischen Erlebnisberichten beworben. Nach dem Zweiten Weltkrieg wurde die Zahl der Menschenzoos weniger, nicht wegen Protesten oder Skrupeln, sondern aus ökonomischen Gründen, weil jetzt die vormals faszinierten Besucherinnen und Besucher mit dem aufkommenden Tourismus ihre Reiseziele leichter selbst besuchen konnten.

M 3 „50 wilde Kongoweiber"
Plakatwerbung für einen Menschenzoo in Berlin, 1919

Schulbücher

Lesebücher für die Schule reflektierten und tradierten das Wissen der breiteren Gesellschaft in der Schweiz. Die Schweizer Söldner und die Stoffhändler fehlten darin, und die Missionare wurden als rein zivilisierende, bekehrende Kräfte charakterisiert. Die Sklaverei zum Beispiel wurde als ein innerafrikanisches Problem beschrieben, woran vornehmlich sich bekämpfende Heidenstämme verdienten, die ihre Kriegsgefangenen zu Geld machten; weisse Sklavenhändler, Schlepper oder *Impresarios* tauchten in zeitgenössischen Darstellungen kaum auf. Die Texte kreisten um Vorstellungen von „edlen Wilden" und „Menschenfressern". Es wurde meist von „Stämmen" gesprochen, wodurch vorkoloniale Stadtstaaten und Königreiche oder auch staatenlose Handels- und Agrargesellschaften nicht besprochen wurden. Dunkelhäutige Intellektuelle des 19. Jahrhunderts wie etwa Frederick Douglas, Edward Wylmot Blyden oder Dadabhai Naoroji bekamen im Schulunterricht keinen Platz und keine Stimme. Die grossräumige Verbreitung von kolonialistischen Begrifflichkeiten in der Alltagssprache und ein Mangel an kritischer Distanz verringerten die Möglichkeit, dass in den Köpfen der Schweizer Schülerinnen und Schüler ein differenzierteres Bild entstand.

Schweizer Perspektiven auf den Kolonialismus

M 4 Antwort des Bundesrates auf eine Motion von 2018

Die Motion aus dem Schweizer Nationalrat hatte velangt, dass der Bundesrat eine nationale Strategie zur Provenienzforschung von Kulturgütern aus ehemaligen Kolonien und zu deren Rückgabe entwickelte. Der Bundesrat bezog dazu Stellung:

Stellungnahme des Bundesrates vom 13.2.2019
Der Bund unternimmt bereits heute vielfältige Anstrengungen, welche der Behandlung dieser Thematik dienen:
Er unterstützt Schweizer Museen bei der Erforschung der
5 Herkunft ihrer Werke (Provenienzforschung) mit Finanzhilfen. Dies betrifft auch die Herkunft ethnologischer und ethnografischer Werke, und der Bund empfiehlt Museen und Sammlungen, ihre Kulturgüter mit der Angabe von Provenienzen online zu publizieren.
10 Der Bund hat Richtlinien für den Umgang mit Provenienzforschung in Form eines Leitfadens erarbeitet und auf dem Internet publiziert [Link zur Website des Bundes]. Dieser enthält im Falle von geraubten und geplünderten Kulturgütern auch Empfehlungen zur Erreichung von gerechten und
15 fairen Lösungen. [...]
Der Bund hat bereits in der Vergangenheit seine guten Dienste in Streitigkeiten zwischen Schweizer Museen und ehemaligen Kolonien erfolgreich zur Verfügung gestellt. Er ist gewillt, diese Dienste auch in Zukunft auf Wunsch der
20 beteiligten Parteien einzubringen. [...]
Der Bundesrat wird die Diskussion zur Rückgabe von Kulturgütern aus dem europäischen Kolonialismus auf internationaler Ebene aufmerksam weiterverfolgen und bei Bedarf weitere Massnahmen in der Provenienzforschung
25 prüfen.
Die Thematik der Rückgabe von Kulturgütern aus dem europäischen Kolonialismus betrifft eine Vielzahl von Staaten, weshalb ein international koordinierter Ansatz zweckmässig ist. Allfällige Grundsätze zur Rückgabe von
30 Kulturgütern aus dem Kolonialismus müssten entsprechend durch die Unesco bestimmt werden.

Zit. nach: <https://www.parlament.ch/de/ratsbetrieb/suche-curia-vista/geschaeft?AffairId=20184236>

M 5 Faszination der Menschenzoos

Antwortbrief des Verwaltungsrats an den Direktor vom Zoologischen Garten Basel, datiert auf 19. Januar 1891

Es liegt im Wesen der menschlichen Natur, sich durch das Nakte anziehen [...] zu lassen. Von diesem Standpunkt aus darf man es wohl wagen, mit einer Wiederholung; es wird an Leuten nicht mangeln, die eine nakte Person ein zweites Mal ebenso gerne wieder sehen, immerhin aber wird der 5 Reiz der Neuheit für die Anständigen mangeln und daher eine gewisse Einbusse bringen.

Zit. nach: Fremde Bilder, S. 22.

M 6 Anatomische Untersuchungen

Ein Professor für Anatomie der Universität Basel untersuchte die Indigenen, die im Zoologischen Garten ausgestellt waren, wie eine Zeitung berichtet:

In Bezug auf die geistigen Fähigkeiten kam er zum Schluss, dass die Samojeden nicht den gleichen Grad an Intelligenz, wie die Australier, aufzuweisen haben [...]. Alle diese wilden Völker aber stehen nur auf derselben Stufe, auf welcher wir vor Jahrtausenden uns befunden haben; inwieweit diesel- 5 ben der Zivilisation zugänglich gemacht werden können, oder ob sie vielleicht nicht [...] vom Erdball gänzlich verschwinden, ist, [...] ein kultur-historisches Rätsel, das auch Hr. Prof. Kollmann nicht auflösen kann.

Zit. nach: Schweizer Volksfreund, 10. Juli 1883.

M 7 Kritische Zeitungsstimme

Eine Zeitung äusserte eine seltene Kritik an den Menschenzoos:

In unserer Zeit, wo kaum ein Geschäft mehr etwas Rechtes abwirft und alles verpfuscht ist, wie es allgemein heisst, gibt's doch Einen, und der versteht sich noch auf's Geldmachen. Warum? Weil er sich auf die Schwächen und Liebhabereien der Leute versteht. Dieser eine ist Herr Hagenbeck 5 in Hamburg. Dieser weiss, gerieben und unternehmend wie er ist, den Leuten das Geld aus den Taschen zu kriegen, wogegen der beste Taschenspieler nichts ist. Herr H. weiss ganz genau, bei welchem Fleck man die Leute fassen muss, und wie auf einen Befehl hin gehorchen ihm blindlings al- 10 lein in und um Basel 50 000 Menschen! Was doch die Schaulust ein mächtiger Volkshebel ist!

Früher waren die wilden Thiere Hagenbeck's Force-Artikel; jetzt sind es wilde und halbwilde Menschen. Sein neuestes
15 Schaustück ist, wie ganz Europa weiss, die Singhalesenausstellung.

Wenn wir es auch ganz interessant finden, weltfremde Menschen und ihre Eigenthümlichkeiten kennen zu lernen, so halten uns dennoch mancherlei Gründe ab an den
20 Hagenbeck'schen Menschenausstellungen Gefallen zu finden und Anziehung dafür zu verspüren. Hievon nur Einiges: Es ist an dieser Stelle anlässlich einer Kalmükenausstellung schon darauf hingewiesen worden, wie entwürdigend es sei Menschen in einem Thiergarten zur Schau auszustel-
25 len. Europa brüstet sich gern mit seiner Culturaufgabe der übrigen Welt gegenüber. Wir fragen, was wohl ein Singhalese, der ein Bischen nachdenkt, von uns weissen Culturmenschen halten mag, wenn er uns in hellen Haufen herzuströme sieht, allein um ihn hinter seiner Verzäunung zu
30 begaffen und weiter nichts?! Diese Singhalesen werden unter sich Gespräche führen über uns, die, wenn wir sie verständen, uns wenig schmeichelhaft vorkommen würden!

Aber noch empörender ist die Art und Weise, wie diese
35 Menschen von Ort zu Ort transportiert werden. Nicht anders als Zebuochsen in völlig geschlossenen Viehwagen! – Wie viel besser wäre es doch, Herr H. liesse solche Leute in ihrem lieben Heimatland, wo es ihnen bei Arbeit oder Nichtsthun wohl ist, als sie in eine Art Sklaven-Accord zu
40 nehmen und wie Thiere nach und durch Europa zu schleppen, um schliesslich meist krank und heruntergekommen zu Hause wieder anzukommen und sicherlich ohne allen

Gewinn für Geist und Seele. Auch für uns Europäer wäre es kein Verlust, wenn solche fremde Völklein hübsch zu Hause blieben. Für die forschende Wissenschaft wird auf andere 45 ausgiebigere Weise gesorgt und – der grosse Haufe hat ja doch nur gegafft! Möchte deshalb der Improvisator und Geschäftsmann Hagenbeck uns sobald nicht wieder mit einer Menschenausstellung bescheren!

Zit. nach: Christlicher Volksbote, 22. Juli 1885.

M 8   Schweizer Schulbuchtext

Der folgende Ausschnitt aus einem Lesebuch für die Volksschule aus Zürich im Jahr 1875 beschreibt die indigene Bevölkerung Afrikas in der Sprache der Zeit:

Die Negerrasse wohnt im Süden der grossen Wüste (Sahara). Im Norden und Osten davon hat es zahlreiche kaukasische Stämme: Berber, Araber, Abessinier. Im Norden ist der Mohammedanismus (Islam) weit verbreitet. Die meisten Neger bekennen sich zum rohesten Fetisch-Dienst (Götzen- 5 dienst). Kein Ding ist ihnen zu schlecht, dass sie nicht einen Gott daraus machen könnten. Die Sklaverei ist überall verbreitet. Ein Volk bekriegt das andere, um Sklaven zu fangen, die entweder im eigenen Hauswesen verwendet oder an die Mohammedaner in Asien und die Christen in Amerika ver- 10 kauft werden. Die Buschmänner, ein Stamm der Hottentotten, in Südafrika sind die niedrigste, die Kaffern, östlich von ihnen, die verständigste Negerrasse.

Zit. nach: Heinrich Wettstein, Naturkunde und Erdkunde: Lehr- und Lesebuch für die Volksschule 7.–9. Schuljahr, Zürich 1875.

Aufgaben

1. Museen heute

a) Beschreiben Sie, wie Völkerkundemuseen auf den Leistungen von Privatleuten beruhen.

b) Bewerten Sie die Stellungnahme des Schweizer Bundesstaates M4 vor dem Hintergrund der Schweizer Kolonialgeschichte.

c) Diskutieren Sie mögliche Argumente, weshalb ein Museumsgegenstand in der Schweiz bleiben sollte oder weshalb man ihn an das Herkunftsland zurückgeben sollte.

d) Prüfen Sie, wie die heutigen Staaten Europas mit der kolonialen Herkunft ihrer Museumsobjekte umgehen.

Text, M2 und M4, Internet

2. Menschenzoos und Schulbücher

a) Zeigen Sie mögliche Gründe auf, warum es in der Schweizer Öffentlichkeit kolonialistische Denkmuster gab.

b) Arbeiten Sie aus dem Text und dem kritischen Zeitungsbericht zum Basler Menschenzoo M7 die negativen Aspekte heraus.

c) Interpretieren Sie die Textquellen im Hinblick auf ein kolonialistisches Welt- und Menschenbild, das sich im Denken und Handeln der Schweizer Öffentlichkeit im langen 19. Jahrhundert zeigt.

Text, M1, M3 und M5–M8

M 1 Touristen in Gizeh vor der Sphinx und der Cheops-Pyramide, Ägypten
Fotografie von 1885

Orient und Orientalismus

Der Orient: Geografie und politische Lage im 19. Jahrhundert

Geografisch werden mit dem Orient all diejenige Gebiete bezeichnet, die Europa entgegenliegen, insbesondere Teile Asiens und Kleinasiens, des Nahen Ostens, des nördlichen Afrikas und der Balkan. Im orientalischen Diskurs, den der Westen führte, galt das Osmanische Reich als zentrales Interessensgebiet europäischer Mächte: Einerseits lagen in diesem Gebiet wichtige strategische Stützpunkte für die Machtausdehnung der imperialen Länder Europas (u. a. Frankreich, England, Österreich) und Asiens (z. B. russisches Zarenreich). Andererseits verband es wichtige europäische Handels- wie auch Pilgerrouten mit dem afrikanischen und asiatischen Festland. Der Nahe Osten galt zudem als Wiege der Menschheit und bewahrt die religiösen Schätze des Juden- und Christentums wie auch des Islams. Der deutsche Geograph und Publizist Karl Andrees (1808–1875) beschrieb den arabischen Raum 1860 als eine Grenze zweier Welten zwischen Islam und Christentum. Von der Stadt Aden in Jemen sprach er als „Schlüssel zum rothen Meer wie auch als „Stapelplatz für die Erzeugnisse der gegenüberliegenden afrikanischen Küste". Ein Gebiet also, dass wegen seiner Handelsrouten und seinen historischen sowie religiösen Schätzen immer wieder in den Fokus europäischer Interessen geriet.

Politisch erlebte insbesondere das Osmanische Reich als Vielvölkerstaat seit Beginn des 19. Jahrhunderts einen langsamen Zerfall, der den Grossmächten erlaubte, zunehmend Einfluss auf dieses Gebiet auszuüben. Unabhängigkeitsbestrebungen vieler Volksgruppen erzeugten innenpolitische Unruhen, die bürgerkriegsähnliche Formen annahmen und den amtierenden Sultan bis aufs

Äusserste forderten. 1852 bezeichnete der russische Zar Nikolaus I. das stark geschwächte und reformbedürftige Osmanische Reich als „kranker Mann am Bosporus", militärischer und politischer Beistand musste schliesslich im umliegenden Ausland gesucht werden. Die Erhaltung dieses Gebiets hing demnach von der Gunst der imperialen Mächte ab. Dieser diplomatische Diskurs dominierte das politische Geschehen des 19. Jahrhunderts und wurde in der europäischen Aussenpolitik als „Orientalische Frage" bezeichnet.

„Zivilisierung" des Ostens: Handelsrouten und Tourismus

Seit jeher war der Nahe Osten ein kultureller Schmelztiegel und wirtschaftlicher Umschlagsort. Besondere Wichtigkeit erlangte er durch die verschiedenen Handelsrouten, die von Europa aus den Weg nach Asien eröffneten. Der Vordere Orient wie auch der asiatische Raum waren reich an Handelsgütern wie Gewürzen, edlen Stoffen und Bodenschätzen, die in westlichen Ländern eine hohe Nachfrage erfuhren. Um diese Verkehrswege sicherer und komfortabler zu gestalten, zeichnete sich im 19. Jahrhundert eine Urbanisierung nach europäischem Vorbild ab. Diese zeigt sich vor allem auf stärker frequentierten Pilger- und Handelsrouten, wovon auch der Tourismus als aufkommender wirtschaftlicher Zweig profitierte.

M 2 **Bau des Suezkanals**
Undatierte Fotografie, um 1865

Als direkte Handelsroute nach Asien (Indien, China, Indochina) war der 1869 eröffnete Suezkanal von besonderem Interesse für die Kolonialmächte Grossbritannien und Frankreich. Die technische Modernisierung nach westlichem Vorbild hielt in Zusammenarbeit mit den lokalen Herrschern Einzug. Dies beförderte beispielsweise auch den Eisenbahnbau in Ägypten von Alexandria nach Kairo in den 1850er Jahren oder der Fernstrecke von Paris nach Istanbul, die seit 1883 bedient wurde. Aus letzterer Verbindung entstand schliesslich die luxuriöse Eisenbahnlinie „Orient-Express", die wohlhabenden europäischen Touristen ein exklusives und komfortables Fernreiseerlebnis ermöglichte. Personen wie der Brite Thomas Cook, dessen Reisegesellschaft als eine der ersten Nilkreuzfahrten für Touristen anbot, zählten zu den Pionieren des im 19. Jahrhundert aufkommenden Tourismus. 1869 wurde die erste Pauschalreise für Briten und Amerikaner nach Ägypten durchgeführt. Reisen nach Ägypten oder ins „Gelobte Land", also das spätere Israel, waren generell sehr beliebt.

Das Reisen in die Fremde ermöglichte auch eine kritische Selbstreflexion der eigenen kulturellen Prägung, dem eigenen Verständnis von Geschlechterrollen, dem medizinischen Wissen, der religösen oder politischen Einstellungen. So bedeutete etwa der Besuch eines Harems eines der wenigen Privilegien weiblicher Reisenden des 18. und 19. Jahrhunderts wie etwa die Gattin des britischen Botschafters Lady Mary Wortley Montagu (1689–1762), die Pilgerin Ida Pfeiffer (1797–1858), die Berufsjournalistin Luise Mühlbach (1814–1873) und die Gräfin Ida Hahn-Hahn (1805–1880), da der Zutritt ausschliesslich Frauen erlaubt war. Generell jedoch verstanden sich westliche industrialisierte Länder dem Orient gegenüber als überlegen und zivilisiert und blieb die Sichtweise auf Fremdes oder als fremdartig empfundenes eurozentrisch und wenig differenziert: Der europäische Imperialismus wurde als legitim betrachtet, um die „wilden, unzivilisierten, ungläubigen" Bevölkerung dem europäischen bürgerlichen Idealbild anzupassen. Diesbezüglich herrschte im 19. Jahrhundert ein ausgeprägter Rassismus, der die „farbigen, ausländischen" Völker der „weissen, christlichen" Bevölkerung unter-

M 3 „Das Haremsbad"

Gemälde von Jean-Léon Gerôme, 1876

M 4 Porträt eines Schreibers

Fotografie von Pascal Sébah, um 1880

stellte (Menschenzoos, Rassenlehre). Obwohl dieses streng hierarchische Verständnis verebbte, zeigen sich bis heute noch rassistische Ausläufer im gesellschaftlichen Zusammenleben.

Der Orientalismus: ein europäisches Konstrukt?

Der Literaturtheoretiker Edward Said (1935–2003) charakterisiert den Begriff „Orient" als eine „fast europäische Erfindung", einen Raum romantischer und exotischer Vorstellungen der Europäer. Gleichzeitig zeigt er sich auch als Bild des Terrors, islamischer Staatsreligion und barbarischer Umstände. Beide Darstellungen gehören in einen im 18. und 19. Jahrhundert verbreiteten wissenschaftlichen Diskurs, den Orientalismus. Als Medien dieses Diskurses dominierten neben ausführlichen literarischen Darstellungen auch Bilder des Orients in Kunst und Fotografie. Forscher, Wissenschaftler, Missionare und Künstler publizierten ihre Thesen, Ergebnisse, Abenteuer und Visualisierungen des Orients in zahlreichen Publikationen. Die aufkommende Reiseliteratur thematisierte Pilgerfahrten, wissenschaftliche Studien von Volksstämmen, missionarische Errungenschaften und touristische Expeditionen. Das Bild des „Anderen" erlitt durch die dominierenden westlichen Darstellungen eine verzerrte Form der Wahrnehmung. Die Bebilderung des Orients war häufig einseitig geprägt von Räumen der Verwahrlosung, Szenen der Gewalt oder der weiblichen, exotischen Verführung.

Im 19. Jahrhundert stachen neben den wissenschaftlichen Texten auch zahlreiche Publikationen von Briefkorrespondenzen heraus: Fernreisende pflegten mit ihrer Verwandtschaft und ihrem Freundeskreis einen privaten Briefverkehr, in dem über das Erlebte im Ausland berichtet wurde. In der bildenden Kunst dominierten als Sujets Darstellungen des Harems, des türkischen Bades oder des Bazars. Figürlich lag der Fokus von Malern wie Eugène Delacroix, Jean-Auguste-Dominique Ingres oder Jean-Léon Gerôme auf Haremsdamen, Soldaten, Herrscherfiguren und den einfachen Menschen, meist am Boden sitzend und Schischa rauchend. Die Gemälde „das türkische Bad" (1862) von Ingres oder „der Harem" (1876) von Gerôme eröffneten dabei dem prüden, bürgerlichen europäischen Publikum Einblicke in die verbotenen Räume des Orients. Zudem gab es zahlreiche Veröffentlichungen von Studiofotografien im Post- oder Visitenkartenformat für Touristen, deren klischeehaft inszenierten Orient-Darstellung in die Heimat mitgenommen wurden und dort ein verkürztes, unscharfes Bild der „Fremde" beförderten. Zu den wichtigsten osmanischen Vertretern dieser Studiofotografie gehörten die Gebrüder Abdullah (Abdullah Frères), Policarpe Joaillier sowie Pascal J. Sébah und dessen Sohn Jean P. Sébah; letztere avancierten zu den offiziellen Hoffotografen des Sultans. Alle drei Studios waren in Konstantinopen (Istanbul) vertreten. Die Missionarsfotografie verfolgte das Ziel, den nach westlichen Vorstellungen bemessenen Fortschritt der Zivilisierung und der damit einhergehenden Christianisierung zu dokumentieren. Aufnahmen von Schulen, Textilfabriken zeigten die darin arbeitende und meist in europäischer Kleidung dargestellte lokale Bevölkerung. Dokumentarische Bilder dieser Art wurden für Schulungszwecke in den Heimatländern verwendet, um die Wirksamkeit des Engagements von Hilfswerken wie der Basler Mission zu belegen.

Orient und Orientalismus – Haremsbesuche westlicher Frauen

M 5 Haremsbesuch der Gräfin Hahn-Hahn, 1843

Lieber Bruder, es giebt mir eine unglaubliche Satisfaction, dass ich Dir heut einmal von einem Irrtum erzählen kann, der Deinem Fuss ebenso unzugänglich ist, wie dem meinen jene zahlreichen sind bei denen es heisst: „Ma non le don-
5 ne"; – umsomehr, da auf diesem Ort viel interessantere Geheimnisse der Schönheit, der Liebe, der Leidenschaft zu vermuthen sind, als auf jenen. [...] Natürlich blieb die Konversation ziemlich auf Äusserlichkeiten beschränkt, denn Fragen, die sie nicht beantworten wollten und die mich am
10 meisten interessirten, z. B. wie das Verhältnis einer Favoritensklavin zur Frau des Hauses sei, liessen sie fallen – als unser Dolmetsch darauf hindeutete. Hingegen sprachen sie über andre Dinge, die in Europa grauenhaft, verbrecherisch, unerhört sind, wie von einer allgemeinen Gewohn-
15 heit, und so erfuhr ich denn, dass die Frauen wenn sie ein oder zwei Wochenbetten gehabt und derselben müde sind, die ungebornen Kinder tödten. Nach ihren Beschäftigungen fragten wir wohl auch, und sie sagten, sie hätten ausserordentlich viel zu thun; aber andrerseits hiess es doch immer,
20 Stickerein oder Beschäftigungen im Haushalt wären Arbeiten der Sklavinnen, so dass ich nicht weiss womit sie eigentlich ihre Zeit ausfüllten. [...]
Am liebsten hätte ich gefragt: Aber vergeht Ihr denn nicht vor Langeweile in Eurer einförmigen Abgeschiedenheit, die
25 Euch war umsonst. Die Favoritin blieb auf ihrem Platz – Diese befand sich übrigens heut zwischen den dienenden Sklavinnen und war durch nichts ausgezeichnet, als durch ihre wunderschöne Figur – lang und schlank wie eine Nymphe, und biegsam wie eine Gerte, fiel sie sehr neben den
30 unbeholfenen Gestalten der Meisten auf. Indessen würden wir sie noch vielleicht kaum bemerkt haben, wenn nicht nach dem Diner – von dem ich sogleich berichten werde – die Damen sich bei ihren Abwaschungen im Speisesaal aufgehalten hätten, und auf einmal frappirte uns die hübsche Person; denn sie sprach, sie lächelte, sie wurde lebhaft, und 35 das machte sie hübsch."

Ida Hahn-Hahn: Brief aus Constantinopel, an meinen Bruder vom 22.9.1843, in: Dies.: Orientalische Briefe von Ida Gräfin Hahn-Hahn. Bd. 1, Berlin 1844, S. 260–278

M 6 Eindrücke der britischen Botschaftergattin

Auszug aus der Briefkorrespondenz der Lady Mary Wortley Montagu aus dem Jahr 1717:

They walked and moved with the same majestic grace, which Milton describes our general mother with. There were many amongst them, as exactly proportioned as everany goddess was drawn by the pencil of a Guido [Reni] or Titian, – and most of their skins shiningly white, only adorned by their 5 beautiful hair divided into many tresses, hanging on their shoulders, braided either with pearl or ribbon, perfectly representing the figures of the Graces. [...]
The lady that seemed the most considerable amongst them entreated me to sit by her and would fain have undressed 10 me for the bath. I excused myself with some difficulty, they being however all so earnest in persuading me, I was a last forced to open my shirt, and show them my stays, which satisfied them very well, for I saw they believed I was so locked up in that machine, that it was not in my own power 15 to open it, which contrivance they attributed to my husband.

Mary Wortley Montagu: Letter XXVII, Adrianople, 1.4.1717, in: Dies.: Turkish Embassy Letters, London 1993, S. 59

Aufgaben

1. Orient und Orientalismus
a) Nennen Sie typische zeitgenössische orientalische Merkmale auf den Bildern M3 und M4.
b) Erklären Sie, wie sich das „Bild" des Orients bis heute gewandelt hat. Nennen Sie mögliche gesellschaftliche, wirtschaftliche oder politische Gründe hierfür.
c) Beschreiben Sie die Kritik der Gräfin Hahn-Hahn an den Haremsfrauen in M5. Berücksichtigen Sie dabei, von welchem Frauenbild sie ausgeht und inwiefern sie sich selbst mit diesem identifiziert.
d) Vergleichen Sie die unterschiedlichen Wahrnehmungen der Örtlichkeiten und der Frauen in den Textquellen M5 und M6. Besprechen Sie Ihre Ergebnisse in Ihrer Lerngruppe.
e) Erläutern Sie, worauf Lady Marys Aussage „I was so locked up in that machine [Korsett]" (Zeile 14f.) in M6 indirekt anspielt und beurteilen Sie, auf welche Einstellung der Autorin zur westlichen Frauenrolle diese Bemerkung schliessen lässt.

⌒ Text, M1–6

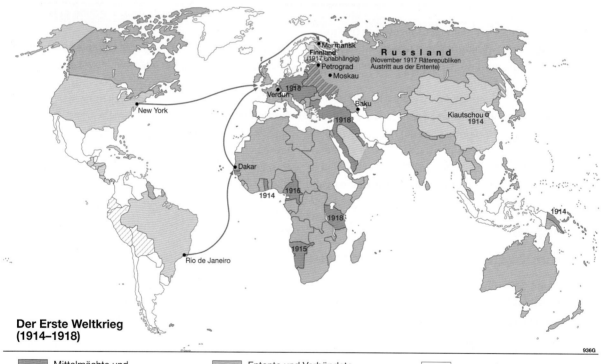

**Der Erste Weltkrieg
(1914–1918)**

936G

	Mittelmächte und Verbündete		Entente und Verbündete 1914–1916		neutrale Staaten
	von den Mittelmächten besetzte Gebiete		Verbündete der Entente seit 1917/18		diplomatische Beziehungen zu den Mittelmächten 1917 abgebrochen
		→	Geleitzüge der Entente für Kriegslieferungen	1918	Jahr der Kapitulation

07
DER ERSTE WELTKRIEG
1914 – 1918

Die Bezeichnung des Ersten Weltkrieges als „Urkatastrophe des 20. Jahrhunderts" verweist auf die Bedeutung jenes Ereignisses, das Europa in seinen Grundfesten erschütterte: Es war der erste hochmoderne Krieg, geführt mit modernster Technologie samt Massenvernichtungswaffen und mit Millionen von Opfern. Zum Symbol dieses Krieges wurde der Stellungskrieg im Westen, insbesondere an der Somme und vor Verdun. Hier starben in Grabenkämpfen um wenige Meter Land auf beiden Seiten Hunderttausende Menschen.

Die Frage, wer an diesem Krieg und dem sinnlosen Massensterben schuld war, wird auch nach über einhundert Jahren noch diskutiert. War es Deutschlands „Griff nach der Weltmacht" (Fritz Fischer), der im Kontext einer blinden Bündnistreue mit Österreich-Ungarn die Welt in den Abgrund trieb, oder sind die europäischen Staaten vielleicht einfach nur wie „Schlafwandler" (Christopher Clark) in diesen Krieg hineingestolpert? Im Ergebnis des Ersten Weltkrieges brach das Deutsche Kaiserreich zusammen; der die Nachkriegsordnung regelnde Versailler Vertrag führte jedoch nicht zu einer Versöhnung der Völker.

M 1 **Auf in den Kampf, mir juckt die Säbelspitze",** deutsche Soldaten auf dem Weg zur Westfront, August 1914

M 2 **Französische Soldaten im Schützengraben,** Lothringen, Foto, Juni 1915

M 3 **Der Erste Weltkrieg,** thematische Karte

Der Weg in den Ersten Weltkrieg

Durch die Proklamation des Deutschen Kaiserreiches am 18. Januar 1871 im Spiegelsaal von Versailles war nicht nur ein deutscher Nationalstaat, sondern zugleich auch ein gewichtiger neuer Akteur innerhalb des europäischen Mächtesystems entstanden. Den Weg zur Reichseinigung hatten die europäischen Staaten aufmerksam verfolgt. Ihr vorausgegangen waren die sogenannten Einigungskriege gegen Dänemark (1864), Österreich (1866) und Frankreich (1870/71), in denen sowohl Preussen als auch die verbündeten deutschen Länder ihre militärische Überlegenheit bewiesen hatten.

Während nach 1871 innenpolitisch die Reichseinigung umgesetzt werden musste, stand aussenpolitisch für den deutschen Kaiser Wilhelm I. und vor allem für den Reichskanzler Otto von Bismarck die Rückgewinnung des internationalen Vertrauens an erster Stelle. Bismarck betonte, dass von deutscher Seite keine Aggression ausgehen würde und dass das Deutsche Reich territorial saturiert („gesättigt") sei. Parallel dazu bemühte sich Bismarck, Bündnisse mit den anderen europäischen Grossmächten zu schmieden, die folgenden aussenpolitischen Überlegungen entsprachen: Da Deutschland eine Revanche Frankreichs für den verlorenen Krieg von 1870/71 und für die Eingliederung von Elsass und Lothringen in das Deutsche Reich befürchtete, wollte man Frankreich aussenpolitisch isolieren. Überdies fürchtete das Deutsche Reich einen eventuellen Zweifrontenkrieg, das hiess gleichzeitige Angriffe aus Westen und Osten. In den ersten zwei Jahrzehnten des Bestehens des Deutschen Kaiserreiches gelang es Bismarck tatsächlich, durch verschiedene Verträge eine weitgehende aussenpolitische Isolation Frank-

M 1 Das europäische Bündnis- und Vertragssystem unter Bismarck

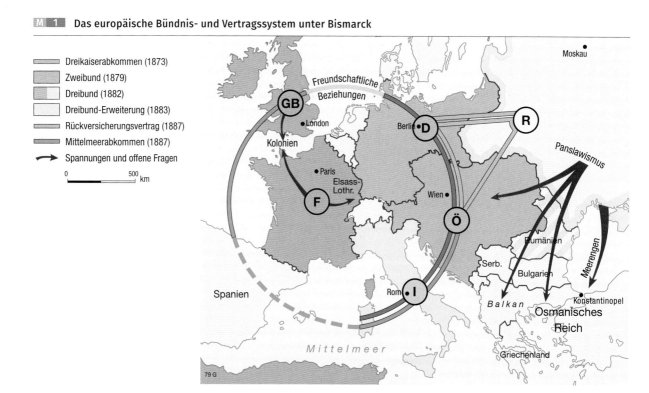

reichs herbeizuführen. Zudem wurde durch Bismarcks Bündnispolitik die Gefahr eines Zweifrontenkrieges gebannt. Deutschland fügte sich als verlässlicher Verhandlungspartner ins europäische Mächtesystem ein.

Wilhelm II. und der „Neue Kurs"

Mit der Thronbesteigung Wilhelms II. im Dreikaiserjahr 1888 und der Entlassung Bismarcks im Jahr 1890 änderte sich auch der aussenpolitische Kurs des Deutschen Reiches. Während von der Generation Wilhelms I. und Bismarcks die Reichsgründung als Schlusspunkt einer Entwicklung gesehen worden war, nahm die Enkelgeneration unter Wilhelm II. diese als Ausgangspunkt und forderte für Deutschland eine neue weltpolitische Machtstellung ein. Dies hatte mehrere Gründe. Zum einen wuchs durch die zunehmende Industrialisierung die wirtschaftliche Stärke des Deutschen Reiches bedeutend an. Zum anderen war Deutschland auch an einer Ausdehnung seines globalen Einflussbereiches interessiert und strebte nach eigenen Kolonien. Die daraus resultierende Konkurrenzsituation zu den anderen europäischen Mächten – wirtschaftlich mit England und Russland, kolonial mit Frankreich und England – führte zu zahlreichen aussenpolitischen Spannungen, die unter anderem in der Auflösung oder Nichtverlängerung der unter Bismarck geschlossenen Verträge mündeten. Das Deutsche Reich unter Wilhelm II. verfolgte zudem keinen klaren aussenpolitischen Kurs mehr, sondern reagierte auf tagespolitische Herausforderungen nur noch mit oft provozierenden Aktionen. Da dies auch die Entsendung von Militär mit einschloss, wird diese Phase der deutschen Aussenpolitik auch als „Kanonenbootpolitik" bezeichnet.

M 2 „Dropping the Pilot"
Karikatur aus der englischen Zeitschrift „Punch" von 1890, in Deutschland unter dem veränderten Titel „Der Lotse geht von Bord" veröffentlicht.

M 3 Das europäische Bündnissystem vor dem Ersten Weltkrieg

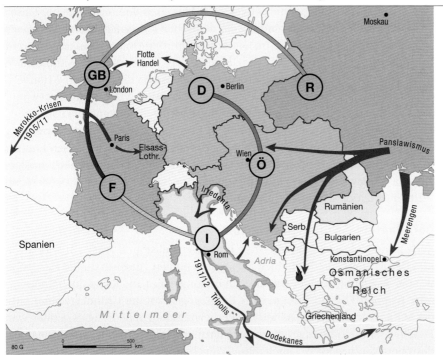

deutsch-österreichischer Zweibund
Dreibund
französisch-russischer Zweibund (1894)
französisch-italienischer Ausgleich (1902)
Entente cordiale (1904)
britisch-russischer Ausgleich (1907)
Balkankriege 1912/13
Spannungen und offene Fragen

M 4   **Kaiser Wilhelm II.**
Auf einer Postkarte (Ausschnitt),
1900

Nach der Jahrhundertwende verschärften sich die politischen Konflikte zwischen den europäischen Mächten. Ein allgemeines Wettrüsten in Erwartung eines bewaffneten Konfliktes in naher Zukunft heizte die Spannungen an. Der zunehmenden Militarisierung und der damit einhergehenden Kriegsgefahr standen allerdings auch pazifistische Strömungen und Organisationen gegenüber, deren Anstrengungen in den Internationalen Friedenskonferenzen von Den Haag (1889/1907) gipfelten, wo Vertreter aus zahlreichen europäischen Staaten über Abrüstung und die Möglichkeiten einer friedlichen Schlichtung von Konflikten berieten. Das hinderte dieselben Staaten jedoch nicht, zeitgleich Konzepte für einen zukünftigen Krieg zu verfassen. Auch in Deutschland gab es Überlegungen, möglichen Angriffen durch einen sogenannten Präventivkrieg zuvorzukommen. Mit dem Schlieffenplan glaubten deutsche Spitzenmilitärs sogar, eine Lösung für einen erfolgreichen Zweifrontenkrieg gefunden zu haben: Die deutschen Truppen sollten zuerst in knapp zwei Monaten Paris einnehmen und danach erst an die Ostfront verlegt werden, weil man Russland keine schnelle Mobilisierung zutraute.

Die Marokko-Krisen 1905 und 1911

Die Rivalität zwischen Deutschland und Frankreich um den Einfluss in Marokko löste im Jahrzehnt vor dem Ersten Weltkrieg zwei internationale Krisen aus. Frankreich, das mit Algerien in Nordafrika bereits eine wichtige Kolonie besass, strebte nach einem französisch beherrschten Maghreb und versuchte, seinen Einfluss auf das Sultanat Marokko auszudehnen. Deutschland hingegen verfolgte gegenüber Marokko zwar eine „Politik der offenen Tür", war an territorialen Erwerbungen in Nordafrika jedoch vorerst nicht interessiert.

Am 31. März 1905 stattete Kaiser Wilhelm II. dem Sultan von Marokko zu dessen diplomatischer Aufwertung einen Staatsbesuch in Tanger ab. Mit seiner dort abgegeben Erklärung über die Souveränität Marokkos demonstrierte der Kaiser, dass Frankreich nur mit Einbindung des deutschen Kaiserreichs seine Interessen in Nordafrika verfolgen könne. Im Januar 1906 fand eine internationale Konferenz zur Marokko-Frage in Algeciras statt. Ergebnis der Verhandlungen war die am 7. April 1906 unterzeichnete Algeciras-Akte, die einerseits die allgemeine Handelsfreiheit garantierte, andererseits aber die marokkanische Staatsbank unter französische Kontrolle brachte und dafür sorgte, dass die marokkanische Polizei fortan von Frankreich organisiert wurde. Das Deutsche Reich hatte im Vorfeld der Konferenz den britisch-französischen Zusammenhalt und den grossen Einfluss dieser beiden Länder auf die anderen Konferenzteilnehmer unterschätzt. In Algeciras war Deutschland mit seinem Bündnispartner Österreich-Ungarn isoliert und verlor international erheblich an Reputation.

Der „Panther-Sprung" nach Agadir

Auch in der Folgezeit gab es weitere Interessenkollisionen zwischen Frankreich und Deutschland, die 1911 einen Höhepunkt fanden. Auslöser für die Eskalation war die Besetzung der marokkanischen Festungen Fes und Rabat durch französische Truppen. Offiziell erfolgten die Besetzungen auf der Grundlage einer Bitte des Sultans, der durch Aufstände von Berberstämmen in Bedrängnis geraten war. Frankreich nutzte die Lage jedoch auch dazu, mit seinen Truppen bis tief ins Landesinnere vorzudringen. Durch dieses Vorgehen, das einen Bruch der Algeciras-

M 5 Kanonenboot SMS Panther
Fotografie, um 1906

Akte darstellte, sah das Deutsche Reich seine Position bedroht und forderte von Frankreich als Kompensation die Abtretung des französischen Kolonialbesitzes im Kongo an Deutschland. Um dieser Forderung Nachdruck zu verleihen, entsandte die deutsche Regierung am 1. Juli 1911 das Kanonenboot „Panther" in den Hafen der marokkanischen Stadt Agadir.

Grossbritannien, das seit 1904 durch die „Entente Cordiale" mit Frankreich verbunden war und den deutschen Flottenausbau als Provokation empfand, schlug sich auf die Seite Frankreichs und beanstandete die deutschen Forderungen als masslos überzogen sowie den eigenen Sicherheitsinteressen zuwiderlaufend. Um einen Gesichtsverlust zu vermeiden, drohte das politisch weitgehend in Isolation geratene Deutschland immer unverhohlener mit Krieg. Auch die Entente-Mächte arbeiteten bereits Pläne für den Ernstfall aus, der jedoch im letzten Augenblick auf diplomatischem Wege noch abgewendet werden konnte.

Letztlich musste sich das Deutsche Reich mit einem Kompromiss begnügen: In einem am 4. November 1911 unterzeichneten Abkommen verzichtete es auf jeglichen politischen Einfluss in Marokko. Frankreich, das seine Vorherrschaft über Marokko sichern konnte, musste im Gegenzug einen Teil des Kongo an Deutschland abtreten, wofür es aber wiederum Gebiete aus deutschem Kolonialbesitz in Togo und Kamerun erhielt.

Der Balkan als Krisenregion vor dem Krieg

In den Jahren vor dem Ersten Weltkrieg spitzte sich die Lage vor allem auf dem Balkan immer weiter zu und schuf mehrere brisante Situationen. Während die nationalen Unabhängigkeitsbewegungen der Balkanvölker ihr Selbstbestimmungsrecht durchsetzen wollten, versuchten sowohl Russland als auch Österreich-Ungarn und das Osmanische Reich, ihren Einfluss auf dem Balkan auszubauen.

Der Berliner Kongress hatte 1878 unter der Leitung des deutschen Reichskanzlers Otto von Bismarck eine Neuordnung des Balkans vorgenommen, nachdem das Osmanische Reich den Krieg gegen Russland 1877/78 verloren hatte und erheblich geschwächt worden war. Insbesondere Österreich-Ungarn konnte seine

Interessensphäre dadurch vergrössern: Bosnien und Herzegowina sollten zukünftig zwar weiterhin völkerrechtlich zum Osmanischen Reich gehören, ihre Verwaltung ging aber an die Doppelmonarchie über. 1908 annektierte Österreich-Ungarn diese beiden Gebiete schliesslich eigenmächtig, was einmal mehr die Machtlosigkeit des Osmanischen Reichs offenbarte und nationalistische Gefühle auf dem Balkan sowie den Expansionsdrang Russlands weckte – der Zar verstand sich und sein Land als „Protektor aller Slawen". Im März 1912 gründeten Bulgarien und Serbien unter russischer Schirmherrschaft den sogenannten Balkanbund, dem sich bald darauf auch Griechenland und Montenegro anschlossen.

Der erste Balkankrieg

Während sich das Osmanische Reich nach einem verlorenen Krieg gegen Italien noch in Verhandlungen zu einer endgültigen Friedensregelung befand, eröffnete König Nikita von Montenegro am 8. Oktober 1912 einen erneuten Krieg gegen das Osmanische Reich, dem sich am 17. Oktober der gesamte Balkanbund anschloss. Der militärische Zusammenbruch des Osmanischen Reiches erfolgte bereits nach wenigen Wochen, sodass die türkische Regierung die europäischen Grossmächte um die Vermittlung eines Friedens bitten musste. Im Londoner Friedensabkommen vom Mai 1913 musste das Osmanische Reich seinen gesamten europäischen Besitz bis auf einen schmalen Landstreifen vor Konstantinopel an seine Kriegsgegner abtreten. Der Balkanbund stimmte auf Druck der Grossmächte der Errichtung eines Herzogtums Albanien zu – Hauptgewinner des Krieges war vorerst Bulgarien.

Der zweite Balkankrieg

Die bisherigen Verbündeten Bulgariens wollten sich mit der Verteilung der eroberten Gebiete jedoch nicht zufriedengeben: Bereits Ende Juni kam es zu einem erneuten Krieg, diesmal zwischen Bulgarien einerseits und Serbien, Griechenland und Rumänien auf der anderen Seite. Kurz darauf griff auch das Osmanische Reich wieder gegen Bulgarien in den Krieg ein, um seine verlorenen Territorien wenigstens teilweise wieder zurückzuerobern.

Der zweite Balkankrieg endete mit einer Katastrophe für Bulgarien: Im Frieden von Bukarest vom 10. August 1913 verlor das Land den weitaus grössten Teil seiner Gewinne aus dem ersten Balkankrieg wieder. Serbien sicherte sich den Löwenanteil und verdoppelte sein Territorium durch die Hinzufügung von Nordmakedonien und Kosovo. Rumänien nahm sich die Dobrudscha, Griechenland drang nach Südmakedonien vor und das Osmanische Reich erhielt Adrianopel zurück.

Vorboten des Ersten Weltkrieges

Das von Russland unterstützte Serbien war damit zur grössten Regionalmacht auf dem Balkan aufgestiegen. Die Feindschaft zwischen Wien und Belgrad wurde weiter verschärft und die allgemeine Gefahr eines grossen Krieges stieg an.

Österreich-Ungarn, das ein Ausgreifen des slawischen Nationalismus unter der Führung Serbiens und unter dem Schutz Russlands befürchtete, war schon 1912 nur mit Mühe von Deutschland daran gehindert worden, in den ersten Balkankrieg einzugreifen. Ganz und gar unnachgiebig blieb Österreich aber in seinem Entschluss, Serbien den Weg an die Adria zu verlegen und deshalb die Errichtung eines selbstständigen Fürstentums Albanien zu fordern. In diesem Punkt besass Österreich-Ungarn die Unterstützung Deutschlands, das eine Schwächung seines

M 6   **Das Attentat von Sarajewo**

Bei der verhafteten Person handelt es sich um Ferdinand Behr, den die Polizei beschuldigte, die Verhaftung des Attentäters Gavrilo Princips gestört zu haben. Behr hatte mit dem Attentat nachweislich nichts zu tun, Foto vom 28.06.1914.

Bündnispartners auch auf sich selbst bezog. Überdies stimmten auch Italien und Grossbritannien für die österreichische Position. Der Ausgang des zweiten Balkankrieges, aus dem Serbien als Hauptgewinner hervorging, liess Wien neue militärische Interventionspläne erwägen. Man dachte nun an eine Revision des Bukarester Friedens von 1913 zugunsten des Verlierers Bulgarien, mit dessen Hilfe Serbien isoliert werden sollte.

Die Kämpfe der Balkanstaaten untereinander um die Vormachtstellung in der Region bildeten jedoch nur die eine Seite des Problems. Daneben und damit verknüpft entwickelte sich der Konflikt zwischen den europäischen Grossmächten, sodass das „Pulverfass Balkan" letztlich ein verdichtetes Abbild der europäischen Gegensätze darstellte.

Julikrise und Kriegsausbruch

Nach zwei Balkankriegen 1912/1913 eskalierte schliesslich die Gesamtsituation, als am 28. Juni 1914 in Sarajevo der österreichische Thronfolger und seine Frau durch ein Attentat serbischer Nationalisten getötet wurden. In der darauf folgenden Julikrise zeitigten die engen Verflechtungen zwischen den europäischen Staaten fatale Folgen.

Info

Chronologie der „Julikrise" 1914

28. Juni: Ermordung des österreich-ungarischen Thronfolgers Erzherzog Franz Ferdinand durch serbische Attentäter in Sarajevo

5. Juli: Die deutsche Regierung versichert Österreich-Ungarn seine „Bündnistreue" und gibt damit einen „Blankoscheck" für österreich-ungarisches Handeln gegen Serbien

23. Juli: Österreich-Ungarn stellt ein Ultimatum an Serbien, das innerhalb von 48 Std. beantwortet werden muss. Österreich-Ungarn fordert u. a. die Mitwirkung an der Aufklärung des Attentates, was ein Eingriff in die serbische Souveränität bedeuten würde.

24. Juli: Russland erklärt sich zur Schutzmacht der serbischen Souveränität.

25. Juli: Serbien nimmt die Forderungen Österreich-Ungarns weitgehend an, verweist aber auf seine Souveränität. Österreich-Ungarn erklärt das Ultimatum für gescheitert und beendet die diplomatischen Beziehungen zu Serbien. Serbien befiehlt die Generalmobilmachung, Österreich-Ungarn die Teilmobilmachung. Russland leitet ebenfalls die Teilmobilmachung ein.

28. Juli: Österreich-Ungarn erklärt Serbien den Krieg.

30. Juli: Russland befiehlt die Generalmobilmachung.

31. Juli: Österreich-Ungarn befiehlt die Generalmobilmachung. Deutschland stellt ein Ultimatum an Russland zwecks Einstellung der Mobilmachung und ein Ultimatum an Frankreich zwecks Neutralitätserklärung.

01. August: Dt. und franz. Mobilmachung. Deutschland erklärt Russland den Krieg.

02. August: Deutschland stellt ein Ultimatum an Belgien, um Durchmarschrecht zu erzwingen

03. August: Deutschland erklärt Frankreich den Krieg. Deutsche Truppen marschieren in das neutrale Belgien ein.

04. August: Grossbritannien erklärt Deutschland wegen der Neutralitätsverletzung Belgiens den Krieg.

06. August: Österreich-Ungarn erklärt Russland, Deutschland Serbien den Krieg.

12. August: Kriegserklärung Grossbritanniens an Österreich-Ungarn.

13. August: Kriegserklärung Frankreichs an Österreich-Ungarn.

Der Verlauf des Krieges

„Burgfriedenspolitik"

Im Juli und August 1914 herrschte grosse Aufregung in den europäischen Städten. Hatte es im Verlauf der Julikrise noch Demonstrationen und Kundgebungen gegen einen Krieg gegeben, so äusserten nach der deutschen Kriegserklärung an Russland am 1. August 1914 insbesondere bürgerliche Schichten nun unumwunden ihre Kriegsbegeisterung. Kaiser Wilhelm beschwor mit der Formel „Ich kenne keine Parteien mehr, ich kenne nur noch Deutsche", die nationale Einheit. Der Krieg sollte von der gesamten Bevölkerung als gemeinsame Sache verstanden werden, unabhängig von Klasse, Parteizugehörigkeit, Konfession oder Herkunft. Die deutsche Sozialdemokratie stimmte im Reichstag den Kriegskrediten zu und vertrat

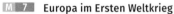 **M 7   Europa im Ersten Weltkrieg**

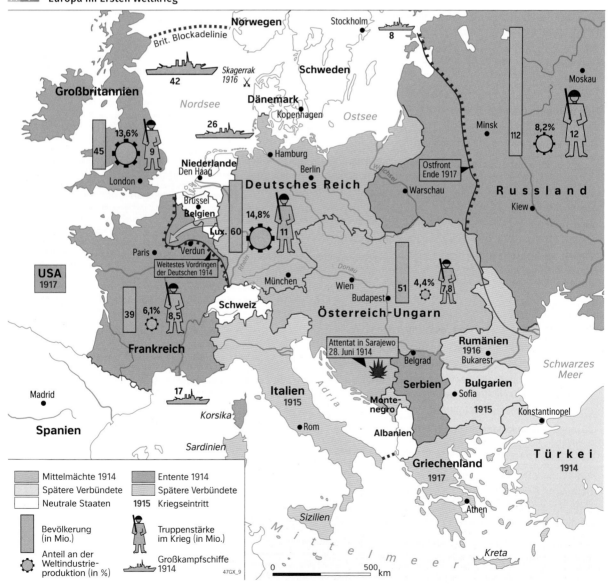

eine „Burgfriedenspolitik", die alle sozialen und innenpolitischen Forderungen zurückstellte. Die damit einhergehende nationalistische Gefühlslage wurde in Deutschland zum sogenannten Augusterlebnis hochstilisiert. Männer erhielten ihre Einberufungsbefehle oder meldeten sich freiwillig und liessen ihre Familien zurück, aber auch ihre Arbeit und die Ernte auf den Feldern. In Frankreich beschwor die Regierung ebenfalls die nationale Einheit und forderte das Zurückstellen innenpolitischer Konflikte innerhalb einer „Union Sacrée".

Krieg im Westen

Schon nach wenigen Kriegswochen zeigte sich aber, dass der Schlieffenplan der deutschen Heeresführung nicht umgesetzt werden konnte: Trotz anfänglicher Erfolge blieb der deutsche Angriff vor Paris an dem Fluss Marne stecken. Die erfolgreiche französische Abwehr wurde als „Wunder an der Marne" bezeichnet. Bis Ende Oktober 1914 versuchten daraufhin beide Armeen, sich gegenseitig im sogenannten „Wettlauf zum Meer" zu umfassen, was aber keinem der Gegner gelang. Im November 1914 erstarrte die Front; der Bewegungskrieg war beendet. Die Soldaten hoben Gräben aus und es folgte ein verlustreicher Stellungskrieg.

Krieg im Osten

Im Osten wurde die deutsche Heeresführung durch schnelle Vorstösse der russischen Armee überrascht, die nur mit grossen Opfern zum Halten gebracht werden konnten. Innerhalb weniger Monate breitete sich der Krieg über den gesamten Kontinent und sogar über die Kolonien der Kriegsparteien aus. Dabei blieben die Fronten in Europa weitgehend stabil. Die Schlacht um Verdun an der Westfront 1916 steht bis heute symbolisch für das Grauen des Ersten Weltkrieges. Im Osten endete der Krieg zwischen Deutschland und Russland bereits 1917 mit der Niederlage des von der Revolution innenpolitisch erschütterten ehemaligen Zarenreiches.

Epochenjahr 1917 und Kriegsende

1917 traten die USA als Reaktion auf den „uneingeschränkten U-Boot-Krieg" der deutschen Marine in den Ersten Weltkrieg ein und verhinderten einen Erfolg der letzten grossen deutschen Offensiven im Frühjahr 1918. Im Herbst desselben Jahres war Deutschland geschlagen.

M 8 **Der Kaiser geht ins Exil in die Niederlande**

Wilhelm II. an der Grenze zwischen Belgien und den Niederlanden, 10. November 1918

Der Balkan als Krisenregion vor dem Krieg

M 9 Krisenregion Balkan – zwei Darstellungen

a) Der Historiker Herfried Münkler urteilt über die „Krisenregion Balkan" (2013):

Überblickt man die stattliche Anzahl der „vermiedenen Kriege" vor 1914, so stellt man fest, wie wichtig das Zusammenspiel der fünf europäischen Großmächte (Großbritannien, Frankreich, Deutschland, Russland und Ös-
5 terreich-Ungarn) für die Kriegsvermeidung und das Konfliktmanagement war. [...] Das machte die Auseinandersetzungen auf dem Balkan so gefährlich: Seit dem Russisch-Osmanischen Krieg von 1877/78, in dem das Zarenreich erstmals als Schutzmacht der Bulgaren und Serben
10 aufgetreten ist und seitdem von den anderen Großmächten argwöhnisch beobachtet wurde, bargen sie allesamt die Gefahr, auf ganz Europa überzugreifen. [...]
Die beiden Balkankriege und der vorangegangene Krieg um Libyen hatten für den Ausbruch des Ersten Weltkriegs ent-
15 scheidende Bedeutung: Sie verschafften der Idee eines Groß-Serbien in Belgrad politisch weiteren Auftrieb, veränderten die Bündniskonstellationen, da sich in ihrer Folge Italien und Rumänien von den Mittelmächten entfernten, und verhalfen in Russland der anti-deutschen Partei dazu
20 durchzusetzen, dass beim nächsten Konflikt nicht mehr zurückgewichen, sondern gekämpft wurde. In Deutschland und England dagegen breitete sich der trügerische Eindruck einer allgemeinen Entspannung aus, der dann dafür sorgte, dass man im Juli 1914 viel zu lange zu unbedacht agierte.   25

Herfried Münkler, Der Große Krieg. Die Welt 1914 bis 1918, Reinbek 2013, S. 27.

b) Die Historikerin Katrin Boeckh schreibt über die Balkankriege 1912/13 (2004):

Alle Regierungen auf dem Balkan verfolgten in den Kriegen 1912/13 ein und dasselbe Ziel: die letzten osmanischen Territorien in Europa zu „befreien" und so viel wie möglich von ihnen dem eigenen Staat einzuverleiben. Voraussetzung für die Integration dieser Gebiete in die jeweiligen Staats- 5 gefüge jedoch war ihren politischen Vorstellungen zufolge eine homogene Bevölkerungsstruktur, d. h. entweder ausschließlich slawische Ethnien oder Griechen. Für Muslime blieb kein Platz mehr, da sie zum einen als Repräsentanten des osmanischen Staatswesens in Politik, Militär und Ge- 10 sellschaft galten und zum anderen im Gegensatz zu den christlichen Bauern über Grundbesitz verfügten. [...]
Die Balkankriege 1912/13 [...] stellten ein neues, bis dahin unbekanntes Phänomen der Kriegsführung dar, das sich durch harten Kampf und schonungslose Behandlung unbe- 15 waffneter Zivilisten, auch von Frauen und Kindern, charakterisieren lässt. Die Kriegsschlachten wurden äußerst brutal und rücksichtslos ausgefochten und betrafen auch die Zivilbevölkerung in einem Maß, dass deren Einbeziehung den Balkankriegen eine neue Dimension des Kriegsgrauens 20 verlieh. Gräueltaten kennzeichneten die militärischen Handlungen bei der Eroberung eines Gebietes oder einer Stadt, aber nach siegreichem Abschluss dauerten die Ausschreitungen oftmals in der Ausprägung des heute als „ethnische Säuberung" bezeichneten Phänomens an. Dabei ist 25 die Tatsache zu betonen, dass Täter und Opfer auf jeder kriegsführenden Seite zu finden waren. [...]
Es fällt schwer, die eigentlichen Gründe für das grausame Verhalten der Soldaten auf dem Balkan zu erklären. Neben individuellen Motivationen zur Gewaltanwendung [...] las- 30 sen sich jedoch einige politische und materielle Aspekte des Brutalitäten in und nach den Balkankriegen herausarbeiten:
1. An erster Stelle steht das pure Streben nach materiellem Besitz, z. B. nach Geld, Wertsachen, Getreide und Vieh. [...] 35
2. Die Regierungen rechtfertigten die Balkankriege als „Be-

M 10 „The Boiling Cauldron"

Englische Karikatur aus „Punch", 2. Oktober 1912

freiungskriege" und riefen ihre Soldaten auf, Rache für das „osmanische Joch", das die Balkanvölker über Jahrhunderte zu erdulden hatten, zu üben. [...] National-überhöhte
40 Atmosphäre ist ursächlich für die Ausschreitungen gegenüber Muslimen und eine Folge der politischen Propaganda, die dazu diente, das Bild von Willkür und Diskriminierung unter osmanischer Herrschaft zu aktualisieren. Das propagandistisch erzeugte Gefühl, über Jahrhunderte erniedrigt
45 worden zu sein, hatte durchaus Einfluss auf das Auftreten serbischer, bulgarischer, montenegrinischer und griechischer Bewaffneter gegenüber Muslimen in einem Umfeld von Krieg, Zerstörung und Chaos. Dieses Gefühl wurde zudem durch Gerüchte über osmanische Massaker und Ver-
50 brechen   ob wahr oder unwahr, sei dahingestellt – verstärkt. [...]
3. Auch die Religion spielte eine Rolle zur Erzeugung antimuslimischer Spannung, wenngleich keine beherrschende. [...] Die Devise „Befreit unsere christlichen Brüder vom os-
55 manischen Joch!" war das stärkste und lauteste Argument, mit dem die Regierungen der Balkanstaaten ihre jungen Männer aufriefen, sich zur Armee zu melden und gegen die Osmanen zu kämpfen. Die politischen Beweggründe für die Balkankriege wurden so in religiöse Botschaften verpackt.
60 Religion fungierte daher auch als Instrument gegen die nicht christliche Bevölkerung und auf den Schlachtfeldern. [...]
Es bleibt [...] festzuhalten, dass die Balkankriege keine religiösen Konflikte waren, sondern von politischen Motiven
65 und dem Streben der regierenden säkularen Eliten nach Land und Macht geleitet waren. Eine ernsthafte Aufarbeitung der Kriegsverbrechen in den militärischen Auseinandersetzungen 1912/13 wurde von den kriegsführenden Staaten seinerzeit nicht unternommen. [...]

Katrin Boeckh, Die Balkankriege. Kriegsführung, Kriegsgräuel, Kriegsopfer, in: OstDok-Themenportal Balkankriege, hrsg. vom Institut für Ost- und Südosteuropaforschung, Regensburg 2004.

M 11 Der Balkan 1912/13

Aufgaben

1. Der Weg in den Ersten Weltkrieg und Kriegsverlauf

a) Erläutern Sie anhand der Karten M1 „Das europäische Bündnis- und Vertragssystem unter Bismarck" und M3 „Das europäische Bündnissystem vor dem Ersten Weltkrieg" die Entwicklung der europäischen Mächtekonstellation.

b) Stellen Sie den Verlauf der Julikrise 1914 dar. Reflektieren Sie selbstständig Ihre methodischen Entscheidungen.

⤙ Text, M1, M3

2. Der Balkan als Krisenregion vor dem Krieg

a) Beschreiben und erläutern Sie (anhand der Karte und den Darstellung) die Probleme und Entwicklungen auf dem Balkan vor dem Ersten Weltkrieg.

b) Interpretieren Sie die Karikatur „The Boiling Cauldron".

c) Der britische Historiker Misha Glenny (*1958) urteilt: „Nicht der Balkan war das Pulverfass. Er war nur die Zündschnur. Das Pulverfass war Europa." – Setzen Sie sich mit dieser Aussage auseinander.

⤙ Text, M9 – M11

Die Schweiz während dem Ersten Weltkrieg

Militärischer Verlauf

„Ante Portas" – mit dem abgesprochenen Codewort informierte der deutsche Generalstabschef von Moltke am 31. Juli 1914, dass der Schlieffenplan ausgelöst wird. Darauf beschloss der Bundesrat die Generalmobilmachung – das erste Mal in der Schweizer Geschichte. Ab dem 3. August mussten alle Divisionen einrücken: 238 000 Mann wurden eingezogen und vor allem an die Nordwestgrenze gebracht, da mit einem Entlastungsangriff der Franzosen über Schweizer Gebiet gerechnet wurde. Am 3. August wurde auch das Parlament einberufen. Dieses wählte Ulrich Wille zum General der Schweizer Armee, obwohl die Parlamentarier aus der französischen Schweiz grosse Vorbehalte gegen ihn hatten: Wille war bekanntermassen deutschfreundlich und pflegte durch seine Ehe mit Clara von Bismarck enge Beziehungen nach Deutschland. In derselben Sitzung erteilte das Parlament dem Bunderats ausserordentliche Vollmachten. Der Bundesrat konnte ab diesem Zeitpunkt Anordnungen ohne gesetzliche Grundlage erlassen. 1100 solcher Erlasse wurden zwischen 1914 und Ende 1918 beschlossen. Sie betrafen nicht nur militärische oder wirtschaftliche Fragen. So hob der Bundesrat beispielsweise rückwirkend auf den 1. August 1914 die Pressefreiheit auf.

Die Wehrmänner blieben nicht über die gesamte Kriegsdauer im Dienst. Das Scheitern des Schlieffenplans und der Übergang zum Stellungskrieg an der Westfront führten zu einer Neubeurteilung der Lage und zur Entlassung von zwei Dritteln der mobilisierten Truppen. Die Armee ging zu einem Ablösungsdienst über. So waren durchschnittlich 70 000 Soldaten für jeweils etwa 500 Diensttage im Aktivdienst und wurden dann abgelöst. Die soziale Absicherung für diese Dienstzeit war jedoch ungenügend. Der Tagessold von etwa 1,30 Franken reichte für drei Bier und Zigaretten, nicht um die Familie zu ernähren. Ihre Dienstzeit verbrachten die Soldaten nicht nur mit Warten auf eine Grenzverletzung, zu der es nie kam, sondern mit Drillübungen und militärischer Ausbildung: die Grundlage von General Willes strategisch-operativer Vorstellung bildete nicht die Bewaffnung oder Ausrüstung, sondern eine schneidig kommandierte, disziplinierte und technisch solide ausgebildete Truppe. Dieses „System Wille" stiess auf Widerstand. Etwa 10 Prozent der Soldaten erhielten Disziplinarstrafen. Während der ganzen Kriegsdauer gab es über 1500 Fälle von Insubordination (Befehlsverweigerung) und 40 Meutereien, die von der Militärjustiz beurteilt werden mussten.

Ein Graben durch die Schweiz

Der Bundesrat verkündete am 4. August 1914 die militärische Neutralität der Schweiz. Er liess Zeitungen, die einseitig Partei ergriffen, kontrollieren und zeitweise verbieten, konnte damit jedoch eine neutrale persönliche Meinung der Bewohner des Landes nicht erzwingen. Durch die sprachliche und geographische Nähe sympathisierte die französische und italienische Schweiz überwiegend mit den Entente-Staaten, die deutschsprachige Schweiz dagegen mit den Mittelmächten Deutschland und Österreich-Ungarn, was von der Propaganda der Kriegsparteien auch gefördert wurde. So kauften Frankreich und Deutschland Mehrheitsanteile an Schweizer Zeitungen. Hinzu kam, dass die Schweizer Zeitungen kaum Auslandskorrespondenten hatten und so für die Kriegsberichterstattung ausländische Meldungen übernommen wurden. Dies führte zu einem Graben zwischen den Landesteilen, der sich auch in der Kritik an Militärführung und Bundesrat in der Westschweiz zeigte. Intellektuelle wie der Theologe Leonhard Ragaz, der Französischprofessor Paul Seippel oder der Dichter Carl Spitteler versuchten sich immer wieder als Brückenbauer und appellierten an eine Neutralität der Gesinnung, für Vermittlung statt Parteinahme. Bekannt ist dabei vor allem Spittelers Zürcher Rede „Unser Schweizer Standpunkt" vom 14. Dezember 1914, in welcher er dafür plädierte, sich nicht für den Nachbar, auf der anderen Seite der Landesgrenze (Deutschland) auszusprechen und gegen den Bruder diesseits der Landesgrenze (Westschweiz) zu stellen: „Bei aller herzlichen Freundschaft, die uns im Privatleben mit Tausenden von deutschen Untertanen verbindet [...] dürfen wir dem politischen Deutschland, dem deutschen Kaiserreich gegenüber keine andere Stellung einnehmen als gegenüber jedem anderen Staate: die Stellung der neutralen Zurückhaltung in freundnachbarlichen Distanz diesseits der Grenze." Er warb dafür, das Verhältnis zur französischen Schweiz zu verbessern, zum Beispiel indem übersetzte Artikel aus den welschen Zeitungen auch in den deutschsprachigen abgedruckt würden. Der Appell vermochte den Graben nicht zu schliessen.

Durch die sogenannte Oberstenaffäre 1915/16 vergrösserte sich die Gegensätzlichkeit nur noch mehr. Im Dezember 1915 wurde bekannt, dass zwei Generalstabs-Oberste mit dem preussischen Generalstab Dokumente ausgetauscht und dadurch die militärische Neutralität verletzt hatten. Zu einem Skandal wurde die Affäre, weil General Wille diese Neutralitätsverletzung lediglich als Taktlosigkeit bezeichnete und die Obersten ohne weitere Untersuchung des Vorfalls an die Landesgrenze versetzte. Nach einem empörten Aufschrei in der Westschweiz führte die Militärjustiz einen Prozess durch, der zu einem Freispruch führte. Die beiden Obersten wurden trotzdem, wenn auch milde, disziplinarisch bestraft und vom Bundesrat aus der Armee entlassen. In der Westschweiz kam es zu deutschfeindlichen Demonstrationen, die Vertrauenskrise in die Militärführung verschärfte sich.

Zu einer Wende kam es 1917 durch die „Hoffmann-Grimm-Affäre". Aus St. Petersburg liess der sozialdemokratische Nationalrat Robert Grimm im Mai 1917 dem deutschfreundlichen Bundesrat Arthur Hoffmann Informationen zukommen, dass Russland zu einem Frieden mit dem Deutschen Reich bereit sein könnte, wenn die Forderungen nicht zu hoch sind. Hoffmann antwortete, in Absprache mit der deutschen Gesandtschaft, dass auch von dieser Seite die Aussicht auf ein Verständigungsfrieden gut sei. Das Telegramm wurde abgefangen und löste bei den Entente-Staaten grossen Protest aus. Die Förderung eines deutsch-russischen Sonderfrieden wurde als Neutralitätsbruch betrachtet. Hoffmann musste zurücktreten und wurde im Bundesrat durch den frankophilen Genfer Gustave Ador ersetzt.

Wirtschaftspolitik im Krieg

„Den einen Vorteil der Neutralität, mit niemandem verfeindet zu sein, sollte die schweizerische Industrie ausnützen" hielt die NZZ im Februar 1915 fest – ein Grundsatz, den insbesondere die exportorientierten Wirtschaftszweige umsetzten. So hatte beispielsweise der Bundesrat mit der Erklärung der militärischen Neutralität die Ausfuhr von Waffen, Munition und Kriegsmaterial an die kriegführenden Staaten verboten, aber nicht den Export von Munitionsbestandteilen. Das nutzte die Uhren-, Metall- und Maschinenindustrie, welche die Kriegsparteien mit „Messingfabrikaten" und „Kupferprodukten" versorgte und im Gegenzug mit Rohstoffen beliefert wurde. Ihre Gewinne übertrafen die Vorkriegsjahre deutlich, so dass von einer eigentlichen Kriegskonjunktur gesprochen werden kann. Nicht profitieren von diesem Aufschwung konnten die Arbeiterinnen und Arbeiter. Weil der Bundesrat 1914 in einem Erlass das Fabrikgesetz gelockert hatte, dass die Arbeitszeiten über 11 Stunden pro Tag hinaus ausgedehnt werden konnte und gleichzeitig viele Frauen nach Arbeit suchten, da ihre Männer ausser Stande waren, sie während der Dienstzeit zu ernähren, konnte die Wirtschaft alle Arbeitsplätze besetzen ohne sie durch bessere Bedingungen attraktiver zu machen. Nicht alle Wirtschaftszweige konnten von der Situation derart profitieren. Insbesondere Hotellerie und Tourismus litten unter dem Wegbleiben ausländischer Gäste.

Die Kriegsparteien, die auf den Handel mit der Schweiz angewiesen waren, wollten nicht, dass Rohstoffe, die sie der Schweiz lieferten, direkt oder indirekt in die Hände des jeweiligen Gegners fielen. Mit der „Société Suisse de Surveillance Economique" (Entente) und der „Schweizerische Treuhandstelle" (Mittelmächte) wurden deshalb ab Sommer 1915 sämtliche schweizerischen Bezügerfirmen und Lieferungen von den Kriegsparteien kontrolliert. Da die Schweiz auf den Import von Rohstoffen, Energieträger wie Kohle und Lebensmitteln ange-

M 2   Die Schweiz als Friedensinsel
Postkarte von Rudolf Weiss, 1914

wiesen war, musste sie diesen Eingriff in die Wirtschaftsfreiheit akzeptieren. Importe wurden dadurch knapp und somit teuer. Preiskontrollen oder Rationierungssysteme waren nicht vorgesehen – wie einem Bericht von Bundesrat Hoffmann von 1912 zu entnehmen ist, wurde nicht damit gerechnet, dass die Schweiz über längere Zeit völlig von Kriegsparteien eingekreist wird, falls doch, würde sie sich einer Seite annähern und so die Versorgungslage sichern: „Eine Schweiz als dauernd unbeteiligte und neutrale Insel inmitten der Brandung des europäischen Krieges [ist] im höchten Grade unwahrscheinlich". Durch die fehlenden Massnahmen stiegen die Preise von Lebensmitteln und Kohle. Erst 1917 wurden Lebensmittel rationiert, der Preisanstieg konnte aber nicht mehr verhindert werden. Immer mehr Personen gerieten in existenzielle Not. Im Sommer 1918 waren von knapp vier Millionen Einwohnern 700 000 Personen auf Hilfe angewiesen. Unter anderem um diese Hilfe finanzieren zu können, erliess der Bundesrat im Herbst 1916 eine Kriegsgewinnsteuer auf die überdurchschnittlichen Gewinne in einzelnen Wirtschaftszweigen. Rund 730 Millionen Franken konnten Bund und Kantone so einnehmen. Das soziale Gefälle, dass sich durch diese Entwicklungen während des Krieges vergrössert hatte, konnte dadurch aber nicht mehr verringert werden.

Die Schweiz als Friedensinsel wurde zu einem Symbol der schweizerischen Neutralität, ein Bild der Schweiz, das der Bundesrat vor dem Krieg noch als „im höchsten Grade unwahrscheinlich" erachtete.

Umgang mit Fremden

Vor dem ersten Weltkrieg vertraten die meisten europäischen Länder ein Prinzip der Personenfreizügigkeit. Die Schweiz profitierte von dieser Politik, die die Arbeitsmigration begünstigte, weil sie als bereits stark industrialisierter Staat auf Arbeitskräfte angewiesen war. Entsprechend stieg der Ausländeranteil vor dem Ersten Weltkrieg auf etwa 15 % an. Stimmen, die vor einer „Überfremdung" warnten, wurden kaum gehört, die vorherrschenden liberalen Kräfte wollten den hohen Ausländeranteil durch eine verstärkte Einbürgerung senken. Der Krieg beendete diese Phase der Personenfreizügigkeit. Nach der Rückkehr vieler Ausländerinnen und Ausländer in ihre Herkunftsländer zu Kriegsbeginn, schränkte der Bundesrat den Personenverkehr stark ein. Im Frühherbst 1915 wurden schärfere Grenzkontrollen angeordnet, um „unerwünschte Ausländer" fernzuhalten. Dennoch suchten vor allem ab Sommer 1916 immer mehr Militärflüchtlinge eine neue Heimat in der Schweiz, bis Kriegsende wuchs diese Zahl auf fast 26 000 Männer an. Das waren aber immer noch weniger Personen, als zu Kriegsbeginn ausgereist waren, so dass der Ausländeranteil zu Kriegsende deutlich geringer war als in der Vorkriegszeit.

Auch in den Medien und amtlichen Texten änderte sich das gezeichnete Bild der Migrantinnen und Migranten. Im Laufe des Krieges wurde immer stärker zwischen „unerwünschten" und „erwünschten" Personen unterschieden – beispielsweise erwünschte Touristen einerseits und unerwünschte Deserteure oder Ostjuden andererseits. Im November 1917 gründete der Bundesrat die „Zentralstelle für die Fremdenpolizei", um Grenz- und Einreisekontrollen systematischer umzusetzen oder Inlandskontrollen von Ausländern vermehrt durchzuführen. Ausländerausweise wurden eingeführt und die Auflagen für die Erreichung des Bürgerrechtes deutlich verschärft.

Die Schweiz während dem Ersten Weltkrieg

M 3   Mit dem Säbel rasseln

General Wille nimmt am 20. Juli 1915 dem Bundesrat Arthur Hoffmann gegenüber Stellung zur Einführung eines Einfuhrtrusts [Vertrag] zur Kontrolle der Verwendung von Englischen Rohstofflieferungen:

Sofern die mir von Nationalrat Dr. Alfred Frey schon im August vorigen Jahres, d.h. sofort nach Kriegsbeginn ausgesprochene Überzeugung, dass Deutschland aus diesem Kriege wirtschaftlich vollkommen zu Grunde gerichtet her-
5 vorgehen werde, zutreffend ist, erblicke ich in dem Abschluss des Vertrages mit den Gegnern Deutschlands keinen Nachteil. Sollte aber die Voraussage des Nationalrat Frey nicht zutreffen – und das scheint der Fall zu sein –, dann erblicke ich in dem Abschluss dieses Vertrages eine
10 schwere Gefährdung des Gedeihens unseres Landes.
Wenn England mit nervöser Hast auf den Abschluss dieses Vertrages dringt und doch dabei an ganz bestimmten Bedingungen festhält, so ist der Grund dafür durchaus nicht der Glaube, dass nur auf diese Art sichergestellt werden
15 könnte, dass die der Schweiz gestattete Wareneinfuhr nicht auf die eine oder andere Art Deutschland zugute komme. Dies ist hinlänglich sichergestellt durch die mit den schweizerischen Privatkäufern abgeschlossenen Verträge und durch die Kontrolle, der diese sich unterziehen.
20 Der Zweck, warum England so grosses Gewicht auf den Abschluss dieses Einfuhrvertrages legt, ist, dass die Schweiz als Staat mitmacht bei der von England als Kriegswerk proklamierten Aushungerung Deutschlands, der wirtschaftlichen Zugrunderichtung Deutschlands.
25 Diese Isolierung Deutschlands […] ist für England viel wichtiger als die Verhinderung der Möglichkeit, dass von dem einen oder andern wortbrüchigen Schweizer Fabrikanten verarbeitete Waren an Deutschland verkauft werden.
Und gerade weil dies der Zweck der englischen Bemühun-
30 gen ist, habe ich schwere Sorgen, wenn der Vertrag abgeschlossen wird. Diese Sorgen beruhen […] in der Furcht vor den Folgen, wenn nach Abschluss des Friedens die europäischen Beziehungen neugeordnet werden.
[…] Nach dem bisherigen Verlauf des Krieges, auch auf wirt-
35 schaftlichem Gebiete, darf man annehmen, dass Deutschland aus diesem Kriege siegreich hervorgehen werde, und absolut sicher ist es, […] dass Deutschland nach wie vor unser auf wirtschaftlichem Gebiete mächtigster Nachbar bleiben wird.

Ich glaube auch, dass keine zwingende Notwendigkeit zum 40 Abschliessen eines solchen Vertrages mit England, Frankreich, Italien vorliegt.
Die Rohstoffe, die wir jetzt für unsere Industrie geliefert bekommen, werden wir nach wie vor erhalten, auch wenn wir den Trustvertrag nicht annehmen; denn die Lieferung 45 dieser Rohstoffe an unsere Industrie liegt im eigenen Interesse dieser Staaten. Was unsere Industrie mit diesen Rohstoffen produziert, geht sozusagen alles wieder nach Frankreich und England zurück. Was wir an Kriegsmaterial für Frankreich und auch England arbeiten, ist sehr beträcht- 50 lich, und ich glaube, Frankreich wie England werden es sich sehr überlegen, bevor sie sich diese Quelle für Befriedigung ihrer Bedürfnisse abschneiden.
[…] Ich glaube, wenn wir im jetzigen Moment sehr verständlich andeuten, dass wir, zum äussersten getrieben, davor 55 nicht zurückschrecken, für unsere Unabhängigkeit und für die Zufuhr der Bedürfnisse unseres Volkes zu den Waffen zu greifen, dies ganz wirkungsvoll sein könnte.
Auf dem Schlachtfelde steht es mit der Triple-Entente jetzt sehr schlimm. Russland liegt jetzt am Boden. Alles, was 60 Frankreich und England an Truppen aufbringen kann, ist auf der grossen Linie Deutschland gegenüber und an den Dardanellen festgelegt und weder an der einen noch andern Stelle ist ein Erfolg vorauszusehen. Und der Neualliierte, Italien, steht nach seinen vergeblichen Offensivversuchen 65 vor der österreichischen Front und wartet angsterfüllt auf den Moment, dass Österreich die Offensive ergreifen werde. Darauf müssen sich Frankreich und England an ihrer grossen Front jetzt auch gefasst halten, denn sehr viel deutsche und österreichische Truppen können jetzt aus 70 dem Osten abtransportiert werden.
Bei dieser Lage der Dinge wäre es Frankreich, England, wie Italien sehr unangenehm, wenn wir uns nicht anders helfen könnten, als ebenfalls zu den Waffen zu greifen.
[…] Ich habe eben vorher darauf aufmerksam gemacht, 75 dass etwas mit dem Säbel rasseln im gegenwärtigen Moment uns vorteilhaft sein könnte. Ich möchte beifügen, dass ich nach wie vor die Erhaltung des Friedens für eine unserer obersten Aufgaben erachte, aber dass ich, wenn die Erhaltung unserer Selbständigkeit und Unabhängigkeit 80 dies erfordert, den gegenwärtigen Moment für das Eintreten in den Krieg als vorteilhaft erachte.

Jacques Freymond et al. (Hg.), Diplomatische Dokumente der Schweiz, Bd. 6, Dok. 137, dodis.ch/43412, Bern 1981.

M 4 Ungebetene Gäste

Hans Frey, der Leiter der Fremdenpolizei des Kantons Zürich, schrieb im November 1919 als Vorwort zu einem Bundesratsbeschluss, der die Einreise, Niederlassung und Ausweisung von Ausländern neu regelte, rückblickend über die Kriegsjahre:

[Im Sommer setzte 1914 eine] Massenabwanderung dienstpflichtiger Ausländer [ein]. [...] Dafür strömten aber in der Folge ganze Scharen von Neuzuwanderern in die Schweiz, die hinsichtlich Denkungsart, Sitten, Geschäftsmoral etc.
5 uns vollständig wesensfremd waren, und die sich einer Anpassung grossenteils überhaupt als unzugänglich erwiesen. In ganz besonderem Masse trifft dies zu mit Bezug auf die Juden aus den Oststaaten. Der Andrang von Ausländern, deren Zuwanderung als natürliche Folge des internationa-
10 len Personenaustausches zu betrachten ist, nahm beträchtlich ab. Unangenehm bemerkbar machten sich dagegen die vielen Deserteure [...], welche im Laufe des Krieges den Schutz unseres Asylrechtes suchten und fanden. Weit unerwünschter noch war der Zustrom der ungezählten un-
15 sere Volkswirtschaft aufs schwerste schädigenden fremden Schieber und Wucherer, die sich durch skrupellose Ausnutzung der durch den Krieg geschaffenen Konjunkturen Riesengewinne zu sichern wussten, die die Versorgung des Landes mit Lebensmitteln und anderen unentbehrlichen
20 Gebrauchsgegenständen aufs äusserste erschwerten, den Wohnungsmarkt zu beherrschen suchten und unser Volk auf die schamloseste Weise ausbeuteten. Dazu kam die Invasion von politischen Indésirables, welche durch bolschewistische Propaganda die Klassengegensätze ver-
25 schärften und auf den Umsturz hinarbeiteten. [...] Allen diesen Kriegszuwanderern, welche in unserem Volksorga-

nismus als Fremdkörper empfunden werden, standen die Tore des Schweizerhauses in den Jahren 1914 bis 1917 weit offen.»

Bundesratsbeschluss über die Einreise, Aufenthalt, Niederlassung und Ausweisung von Ausländern. Mit einer Einführung von Dr. Hans Frey, Chef der Fremdenpolizei des Kantons Zürich. Zürich 1919. S. 5f.

M 5 Rückkehr russischer Emigranten aus der Schweiz in ihre Heimat, 1917

Eine Gruppe russischer Emigranten passiert die deutsch-russische Demarkationslinie bei Dünaburg, dem heutigen Daugavpils in Lettland.

Aufgaben

1. **Mit dem Säbel rasseln**
   a) Erklären Sie, warum General Wille der Ansicht ist, dass die Kontrolle der in die Schweiz importierten Waren nicht der wahre Grund ist, warum England den Trustvertrag mit der Schweiz abschliessen will.
   b) Arbeiten Sie aus dem Text M3 heraus, warum Wille der Ansicht ist, dass der gegenwärtige Moment vorteilhaft für ein Eintreten in den Krieg sei.
   c) Diskutieren Sie die mögliche Reaktion der Westschweiz, wenn Willes Stellungnahme öffentlich bekannt geworden wäre.
   ↪ Text, M3

2. **Ungebetene Gäste**
   a) Fassen Sie zusammen, vor welche Herausforderungen die Fremdenpolizei während der Kriegsjahre aus Sicht von Hans Frey in M4 gestellt war.
   b) Erläutern Sie, inwiefern sich die Postion von Frey von der in der Vorkriegszeit verbreiteten Haltung Ausländern gegenüber unterschied und diskutieren Sie, wie es zu diesem Wandel kam.
   c) Vergleichen Sie die Position von Frey mit der Haltung gegenüber Ausländern, wie sie in aktuellen politischen Debatten zum Ausdruck kommt.
   ↪ Text, M4

Schriftliche Musterprüfung A

Aufgabenstellung
Interpretieren Sie die Quelle, indem Sie
1. sie analysieren,
2. die Ausführungen des Verfassers im historischen Kontext erläutern und
3. die für das 20. Jahrhundert aufgestellten Prognosen in Bezug auf die tatsächliche Entwicklung
   überprüfen und den Artikel vor diesem Hintergrund abschliessend beurteilen.

An der Schwelle des zwanzigsten Jahrhunderts

Das gegenwärtige Geschlecht genießt den Vorzug, die Menschheitsgeschichte von der Zinne einer Jahrhundertwende herab zu betrachten. Da richtet sich der Blick natur-
5 gemäß auf das abgelaufene Jahrhundert, um den Wert seiner Leistungen abzuschätzen. [...]
Die Gründung eines gewaltigen Deutschen Reiches im Herzen von Europa hat sich als eine nachhaltige Förderung des Weltfriedens erwiesen, der seit nahezu einem Viertel-
10 jahrhundert von Deutschland im Bunde mit Österreich-Ungarn und Italien wirksam behütet wird. In dieser Zeit haben wir keinen Weltkrieg mehr gehabt, und wo ein Brand ausbrach, konnte er lokalisiert werden, sogar auf dem sonst so gefährlichen Boden des türkischen Orients. Der
15 moderne Deutsche ist eben kein Eroberer; wenn er arbeiten und leben kann, lässt er gern auch Andere arbeiten und leben, und die Gerechtigkeit ist ihm keine leere Phrase. [...]
Trotz der häufigen Kriege der letzten Jahre hat die Friedens-
20 idee große Fortschritte gemacht. Diese Kriege sind, so zu sagen, Spezialfälle; ein Krieg zwischen den Großstaaten selbst gilt als fast undenkbar, weil die Einsätze zu groß sind gegenüber dem etwa zu erwartenden Gewinn. [...]
Wenn es schließlich nur drei oder vier Weltreiche geben
25 wird, von denen jedes sich selbst genügen kann, dann sind die politischen und wirtschaftlichen Reibungsflächen wesentlich vermindert, und den kleinen Störenfrieden wird man das Kriegführen einfach verbieten können, wie dies auch bisher schon zuweilen geschehen ist. Die Gründung
30 und der Ausbau der großen Reiche wird die politische Hauptaufgabe des kommenden Jahrhunderts sein. Wir wünschen und hoffen, dass Deutschland, das gestärkt durch die errungene Rechtseinheit und einen großartigen wirtschaftlichen Aufschwung in das neue Jahrhundert ein-
35 tritt, zu diesen Weltreichen gehöre; aber wir wünschen und hoffen auch, dass Deutschland seine wachsende Macht stets nur im Geiste der Gerechtigkeit zum Segen der ganzen Menschheit gebrauche [...].

Den Beinamen des philosophischen hat das neunzehnte
40 Jahrhundert nicht verdient, wohl aber den des wissenschaftlichen. [...]. Unendlich groß sind die Errungenschaften der Wissenschaft und der Technik im neunzehnten Jahrhundert! Dampfschiffe, Eisenbahnen, Telegraph, Telephon, Elektrizität als Licht- und Kraftquelle, Spektral-Analyse,
45 Übertragung der Kraft, Entdeckung des Äthers, Röntgen-Strahlen, die erstaunlichen Fortschritte der Chemie und des Maschinenwesens, Phonograph, Kinematograph, drahtlose Telegraphie und wie die Erfindungen und Entdeckungen alle heißen mögen, – es sind für ein Jahrhundert
50 so viele, um mehrere Jahrhunderte damit versehen zu können! [...]
Mit vollem Recht gebührt dem neunzehnten Jahrhundert die Bezeichnung des sozialpolitischen. [...] Die Arbeiter-Versicherung, die Deutschland zuerst in bemerkenswertem Umfange durchgeführt hat, ist eine der größten Taten des
55 abgelaufenen Jahrhunderts, und zwar nicht bloß wegen der Wohltaten, die sie den Arbeitern erweist, sondern auch aus dem Grunde, weil sie den alten Polizei- und Militärstaat im Sinne sozialer Gerechtigkeit zum wirtschaftlichen Versicherungs- und Solidaritätsstaat fortbildet. [...]
60 Manche Aufgaben hat das neunzehnte Jahrhundert gelöst, aber noch mehr überliefert es ungelöst dem zwanzigsten Jahrhundert, das sie wohl auch nicht alle lösen wird. Das kann nicht anders sein, denn die Menschheit will noch länger leben und spätere Jahrhunderte wollen auch noch Ar-
65 beit haben. Aber wenn die Menschheit mit erweiterten Aufgaben in das neue Jahrhundert eintritt, dann bringt sie zur Lösung ihrer Aufgaben weit mehr Kräfte mit, als sie in früheren Jahrhunderten besaß. Die Erkenntnis hat eine Stufe erreicht und die Nutzbarmachung der Naturkräfte ist zu
70 einem Grade gediehen, wie nie zuvor. Wir haben bedeutungsvolle Schritte getan dem Ziele der Menschheit entgegen. Dieses Ziel heißt: Beherrschung der Natur und Herstellung des Reiches der Gerechtigkeit.

Aus: „Frankfurter Zeitung", 31.12.1899 (Auszüge).
Hinweis: Bei der Transkription wurde die Rechtschreibung angepasst.

Schriftliche Musterprüfung B

Aufgabenstellung

Interpretieren Sie die Quelle, indem Sie
1. sie analysieren,
2. die Ausführungen des Redners erläutern und die Rede in den historischen Kontext der Entstehung des Ersten Weltkrieges einordnen,
3. sich mit den in der Rede vertretenen Positionen auseinandersetzen.

Erklärung Hugo Haases im Namen der SPD-Fraktion in der Reichstagssitzung vom 4. August 1914

Wir stehen vor einer Schicksalsstunde. Die Folgen der imperialistischen Politik, durch die eine Ära des Wettrüstens
5 herbeigeführt wurde und die Gegensätze unter den Völkern sich verschärften, sind wie eine Sturmflut über Europa hereingebrochen. Die Verantwortung hierfür fällt den Trägern dieser Politik zu; („Sehr wahr!" bei den Sozialdemokraten) wir lehnen sie ab. („Bravo!" bei den Sozialdemokraten)
10 Die Sozialdemokratie hat diese verhängnisvolle Entwicklung mit allen Kräften bekämpft, und noch bis in die letzten Stunden hinein hat sie durch machtvolle Kundgebungen in allen Ländern, namentlich in innigem Einvernehmen mit den französischen Brüdern (Lebhaftes „Bravo!" bei den So-
15 zialdemokraten) für die Aufrechterhaltung des Friedens gewirkt.
(Erneuter lebhafter Beifall bei den Sozialdemokraten)
Ihre Anstrengungen sind vergeblich gewesen. Jetzt stehen wir vor der ehernen Tatsache des Krieges. Uns drohen die
20 Schrecknisse feindlicher Invasionen. Nicht für oder gegen den Krieg haben wir heute zu entscheiden, sondern über die Frage der für die Verteidigung des Landes erforderlichen Mittel.
(Lebhafte Zustimmung bei den bürgerlichen Parteien.)
25 Nun haben wir zu denken an die Millionen Volksgenossen, die ohne ihre Schuld in dieses Verhängnis hineingerissen sind. („Sehr wahr!" bei den Sozialdemokraten)
Sie werden von den Verheerungen des Krieges am schwersten getroffen. („Sehr richtig!" bei den Sozialdemokraten)
30 Unsere heißen Wünsche begleiten unsere zu den Fahnen gerufenen Brüder ohne Unterschied der Partei.
(Lebhaftes allseitiges „Bravo!" und Händeklatschen)
Wir denken auch an die Mütter, die ihre Söhne hergeben müssen, an die Frauen und Kinder, die ihres Ernährers be-
35 raubt sind und denen zu der Angst um ihre Lieben die Schrecken des Hungers drohen. Zu diesen werden sich bald Zehntausende verwundeter und verstümmelter Kämpfer gesellen. („Sehr wahr!")
Ihnen allen beizustehen, ihr Schicksal zu erleichtern, diese
40 unermessliche Not zu lindern, erachten wir als eine zwingende Pflicht. [...]
Für unser Volk und seine freiheitliche Zukunft steht bei einem Sieg des russischen Despotismus, der sich mit dem Blute der Besten des eigenen Volkes befleckt hat, (Lebhaf-
45 te Rufe „Sehr wahr!" bei den Sozialdemokraten) viel, wenn nicht alles auf dem Spiel. (Erneute Zustimmung)
Es gilt, diese Gefahr abzuwehren, die Kultur und die Unabhängigkeit unseres eigenen Landes sicherzustellen.
(„Bravo!")
50 Da machen wir wahr, was wir immer betont haben: Wir lassen in der Stunde der Gefahr das eigene Vaterland nicht im Stich. (Lebhaftes „Bravo!")
Wir fühlen uns dabei im Einklang mit der Internationale, die das Recht jedes Volkes auf nationale Selbständigkeit und
55 Selbstverteidigung jederzeit anerkannt hat, („Sehr richtig!" bei den Sozialdemokraten) wie wir auch in Übereinstimmung mit ihr jeden Eroberungskrieg verurteilen.
(„Sehr gut!" bei den Sozialdemokraten)
Wir fordern, dass dem Kriege, sobald das Ziel der Sicherung
60 erreicht ist und die Gegner zum Frieden geneigt sind, ein Ende gemacht wird durch einen Frieden, der die Freundschaft mit den Nachbarvölkern ermöglicht.
(„Bravo!" bei den Sozialdemokraten)
Wir fordern dies nicht nur im Interesse der von uns stets
65 verfochtenen internationalen Solidarität, sondern auch im Interesse des deutschen Volkes.
(„Sehr gut!" bei den Sozialdemokraten)
Wir hoffen, dass die grausame Schule der Kriegsleiden in neuen Millionen den Abscheu vor dem Kriege wecken und
70 sie für das Ideal des Sozialismus und des Völkerfriedens gewinnen wird.
(Lebhaftes „Bravo!" bei den Sozialdemokraten)
Von diesen Grundsätzen geleitet, bewilligen wir die geforderten Kriegskredite. (Lebhafter Beifall bei den Sozialde-
75 mokraten)

Zit. nach: Heinrich Pohl, Die Reichstagserklärung der sozialdemokratischen Fraktion vom 4.8.1914, in: Geschichte in Wissenschaft und Unterricht 35, 1984, S. 758 ff.

08

DIE RUSSISCHE REVOLUTION UND DIE ENTSTEHUNG DER SOWJETUNION

Die russisch-sowjetische Geschichte des 20. Jahrhunderts ist Spiegelbild der weltpolitischen Veränderungen in Folge des Ersten Weltkrieges. Wie in vielen anderen Ländern, so wurden auch in Russland die gesellschaftlichen Zustände in Frage gestellt. Aber in keinem anderen Land wurden die politischen und wirtschaftlichen Rahmenbedingungen so grundlegend verändert wie in diesem Riesenreich, was sich zuvor den kapitalistischen und demokratischen Entwicklungsprozessen, wie sie in Westeuropa und den USA abgelaufen waren, weitestgehend verschlossen hatte. Dies erklärt auch die Wucht, mit der im Zuge der Russischen Revolution 1917 die gesellschaftlichen Widersprüche gelöst werden sollten. Doch damit wurden neue Konfliktpotenziale geschaffen: Mit der Sowjetunion entstand ein Riesenstaat, der in enormem Tempo eine nachgeholte Industrialisierung und gesellschaftliche, ökonomische und kulturelle Modernisierung vollzog, in dem sich aber zugleich auch die revolutionär erkämpften Freiheiten unter der Gewaltherrschaft des Stalinismus in ein beispielloses politisches Unrechtsystem verkehrten.

M 1 „Der Bolschewik"
Ölgemälde von Boris Michailowitsch Kustodijew, 1920
M 2 Zwangsarbeiter beim Bau des Weissmeer-Ostsee-Kanals in Russland
Foto, 1932

Das Ende des Zarismus und die Errichtung der bolschewistischen Herrschaft

Das Zarenreich in der Krise

Während des Ersten Weltkrieges übernahmen in der Nacht vom 24. zum 25. Oktober 1917 (nach heutigem Kalender 6./7. November) die Bolschewiki in Russland die Macht. In den vorangegangenen Jahren war das russische Riesenreich neben dem Krieg auch von beständigem Hunger, inneren Unruhen und Gewalt gezeichnet gewesen. Trotz revolutionärer Erhebungen in den Jahren 1905 bis 1907 zeigte sich der russische Zar jedoch nicht bereit, die Unterdrückung des Volkes zu beenden und moderne politische Strukturen zu errichten. Die Gewaltherrschaft machte auch vor Massakern nicht halt: Am „Petersburger Blutsonntag" wurden Hunderte Demonstranten erschossen, die sich mit einer Bittschrift an den Zaren wenden wollten. Allein zwischen Oktober 1905 und April 1906 wurden 15 000 Bauern und Arbeiter hingerichtet, 45 000 in die Verbannung geschickt und weitere 5000 Revolutionäre zum Tode verurteilt.

Zwar liess der Zar bis zu einem gewissen Grade wirtschaftliche Reformen durchführen und einige Industriezentren errichten, jedoch reichte dies keineswegs aus, um zu Westeuropa und den USA aufzuschliessen. Die Arbeitsbedingungen in den Betrieben glichen modernen Formen der Sklaverei, die Arbeitszeiten betrugen zumeist zwölf Stunden und jeder Versuch, eine Arbeiterorganisation bzw. Gewerkschaft zu gründen, wurde drakonisch bestraft. Dennoch zog es die Bauern in die Städte, da die Verdienstmöglichkeiten hier trotz allem immer noch besser waren als auf dem Land. Obwohl der Zar 1861 die Aufhebung der Leibeigenschaft beschlossen hatte, hatte sich an den Lebensbedingungen der Bauern damit nur wenig geändert, da sie in einer wirtschaftlichen Abhängigkeit verblieben und praktisch keinerlei Rechte in Anspruch nehmen konnten.

Auch wenn die Zaren danach strebten, Russland durch Reformen in die Moderne zu führen, liessen die politischen Strukturen des Reiches eine konsequente Umsetzung dieser Reformen kaum zu: Seit 1874 galt in Russland eine sechsjährige allgemeine Wehrpflicht. Ungeachtet dieses Gesetzes mussten manche Bauern jedoch bis zu 20 Jahre in der Armee dienen, sodass bei der Rekrutierung in den Dörfern gelegentlich Beerdigungsfeiern abgehalten wurden, weil die Angehörigen davon ausgingen, die Männer nie wiederzusehen. Ähnliches galt für die Umsetzung der Justizreform, die bei Weitem nicht zu einer Rechtsgleichheit führte. Der russische Zarismus hatte zudem jahrhundertelang auf den Zwist zwischen einzelnen Völkern gesetzt und eine brutale Russifizierungspolitik betrieben.

In dieser Ausgangslage wirkte die Teilnahme Russlands am Ersten Weltkrieg wie ein Katalysator für die Destabilisierung der politischen Verhältnisse. Obwohl Reformer wie der ehemalige Minister Witte vor einer Überforderung der russischen Ökonomie im Falle eines Kriegseintritts Russlands gewarnt hatten, wollte der russische Zar seine imperialen Ziele vor allem auf dem Balkan umsetzen.

Die Februarrevolution

Das Jahr 1917 ist als „Epochenjahr" in die Geschichte eingegangen. Massgeblich für diese Einschätzung waren die Ereignisse in Russland. Hier hatten die Leiden des Ersten Weltkrieges sehr schnell dafür gesorgt, dass die Bevölkerung nicht mehr

---

Info

Bolschewiki/Menschewiki

Bolschewiki (russ. = Mehrheitler). Bezeichnung für die radikalen sozialdemokratischen Anhänger Lenins, die seiner revolutionären Taktik (Leninismus) auf einem Parteitag 1903 zustimmten. Die bei dieser Abstimmung Unterlegenen akzeptierten für sich den Namen Menschewiki (= Minderheitler).

M 1   **Zar Nikolaus II. mit seiner Familie**

Foto, um 1900

bereit war, sich für das Zarenregime aufzuopfern. Die allgemeine „Kriegsmüdigkeit" hing vor allem mit den mangelnden Ressourcen, aber auch mit den Kriegsniederlagen zusammen. Hungersnöte und unzählige Kriegstote demoralisierten das russische Volk und liessen den Ruf nach Brot und Frieden lauter werden. Der Zar erwies sich als unfähig und unwillig, aus dieser Situation die entsprechenden Konsequenzen zu ziehen. Dies führte nicht nur zu einem Autoritätsverlust der alten russischen Eliten, sondern trug auch im entscheidenden Masse dazu bei, dass von der Sozialdemokratie bis hin zu reformerischen Kräften des Adels breite Übereinstimmung darüber entstand, dass das zaristische System beseitigt werden müsse. Mit der Weigerung Petrograder Truppen, auf demonstrierende Arbeiter zu schiessen, wurden die Erosionserscheinungen des politischen Systems offenkundig. Das bis dahin faktisch machtlose Parlament, die Duma, weigerte sich, den Anweisungen des Zaren Folge zu leisten. Der Dumapräsident Rodsjanko ging sogar so weit, die Abdankung von Zar Nikolaus II. zu fordern. Am 3. (nach westeuropäischem Kalender 16.) März 1917 wurde der Zarismus in Russland tatsächlich abgeschafft und mit ihm die über 300-jährige Herrschaft der Familie Romanow. Ein wesentliches Ziel war erreicht, welches allerdings noch nichts an den dringenden gesellschaftlichen Aufgaben und der Frage des Krieges änderte. Wie auch bei anderen Revolutionen traten jetzt deutlich die unterschiedlichen politischen Vorstellungen der verschiedenen Akteure zutage. Während die neu gebildete provisorische Regierung unter Fürst Lwow den Kriegssieg in den Mittelpunkt ihrer Bemühungen rückte, wollte das zweite Machtzentrum der Revolution, der Petrograder Sowjet, eine Demokratisierung des öffentlichen Lebens und einen grösseren Einfluss in der Armee erreichen. Da beide Seiten über breite Unterstützung verfügten, wird für diese Phase auch von der Herausbildung einer Doppelherrschaft gesprochen. Bedeutende Ergebnisse der Februarrevolution waren neben der Abdankung des Zaren und der Errichtung einer Republik die Einführung bürgerlicher Freiheiten und des 8-Stunden-Tages.

Ungeachtet dieser Resultate harrten die grundlegenden sozialen Probleme weiter einer Lösung, ebenso die Frage nach Krieg oder Frieden. Die provisorische Regierung wollte ihre politische Macht legitimieren und bereitete die Wahl zu einer verfassunggebenden Versammlung vor. Komplizierter sah die Situation innerhalb der Arbeiterschaft aus: Die russische Sozialdemokratie war ideologisch tief

Info

Kalender

Bis zum 1. Februar 1918 galt in Russland der Julianische Kalender, der gegenüber dem im Westen schon lange gebräuchlichen Gregorianischen Kalender 13 Tage zurücklag.

M 2 „Doppelherrschaft"

Der Petrograder „Sowjet der Arbeiter und Soldaten" im linken Flügel des Taurischen Palastes (ein im 18. Jahrhundert erbauter Adelspalast), 1917 (links);

die Provisorische Regierung im rechten Flügel des Taurischen Palastes, 1917 (rechts).

Alexander Kerenski
Foto, um 1917

Lenin bei seiner Ankunft aus dem Exil in Petrograd
Foto, 3. April 1917

gespalten in die beiden Strömungen Menschewiki und Bolschewiki. Während die Menschewiki meinten, dass es in Russland darum gehe, den kapitalistischen Fortschritt durchzusetzen, waren die Bolschewiki um Lenin der Auffassung, dass es darum gehen müsse, eine Sowjetherrschaft zu errichten, da man vor allem in Deutschland und anderen westeuropäischen Ländern ebenfalls Revolutionen erwartete, die sich zu einer Weltrevolution entwickeln würden. Für die breite russische Bevölkerung jenseits der grossen Städte (vor allem Moskau und Petrograd) waren diese unterschiedlichen Auffassungen kaum verständlich. Für sie ging es vor allem darum, durch Lösung der sozialen Probleme das Überleben zu sichern und das sinnlose Töten an der Front zu beenden. Gleichwohl hatten die tief greifenden Differenzen zwischen den beiden Gruppen der russischen Sozialdemokratie dramatische Auswirkungen für die weitere Geschichte.

Der Führer der Bolschewiki, Wladimir Iljitsch Uljanow, genannt Lenin, kehrte im April 1917 mit Unterstützung des Deutschen Generalstabes aus dem Schweizer Exil nach Russland zurück. Anfangs hoffte Lenin auf eine friedliche Machtübernahme der basisdemokratischen Sowjets. Er ging dabei davon aus, dass die Bevölkerung erkennen würde, dass nur die Bolschewiki konsequent die beiden Forderungen „Brot und Frieden" umsetzen würden. Das Programm der Bolschewiki war in Lenins „Aprilthesen" formuliert: Errichtung einer Räterepublik (Sowjets), Beendigung des Krieges, Enteignung des Grossgrundbesitzes und Landverteilung sowie Verstaatlichung von Banken und Industrie.

Im Mai 1917 traten die Menschewiki in die Provisorische Regierung ein, um die bürgerlich-demokratischen Verhältnisse in Russland zu stabilisieren. Im Juni verkündete Lenin das Ziel einer Machtübernahme seiner Partei, woraufhin die Provisorische Regierung die Bolschewiki verbot.

Weil die Provisorische Regierung jedoch nur wenig zur Beendigung des Krieges unternahm und sogar noch eine neue Offensive einleitete (Kerenski-Offensive), nahm der Rückhalt der Menschewiki in der Bevölkerung rapide ab. Die Frage der Landreform wollte die Provisorische Regierung erst nach freien Wahlen angehen, womit sie den beiden zentralen Forderungen der breiten Volksschichten – „Brot und Frieden" – nicht nachkam. Als dann noch General Kornilow versuchte, mittels einer rechten Verschwörung eine Militärdiktatur zu errichten, war das Schicksal der Provisorischen Regierung besiegelt. Da sich Lenins Erwartungen einer friedlichen Fortsetzung der revolutionären Umwälzungen nicht erfüllten, setzten die Bolschewiki von nun an auf einen gewaltsamen Umsturz, der von Lenin aus dem Untergrund heraus geplant wurde.

Oktoberrevolution, Friedensschluss und Bürgerkrieg

Am 25. Oktober 1917 (nach altem, julianischem Kalender) begann in Petrograd (vor 1914: St. Petersburg) die Oktoberrevolution. Die zu einer straff organisierten Kaderpartei umgestalteten Bolschewiki wurden vor allem von Soldaten der Petrograder Garnison und von den Arbeitern der Putilow-Werke unterstützt. Es gelang den Revolutionären relativ schnell, die wichtigsten Institutionen der Stadt zu besetzen und die alte Regierung abzusetzen. Die ersten Beschlüsse der Sowjetmacht erzeugten bei vielen Menschen das Gefühl, dass Russland jetzt über eine Regierung verfügen würde, die ausschliesslich den Interessen des Volkes verpflichtet war. Die sogenannten „Umsturzdekrete" vom 26. Oktober 1917 hiessen „Dekret über den Frieden" und „Dekret über den Grund und Boden". Verabschiedet wurden sie vom „Allrussischen Rätekongress der Arbeiter-, Soldaten- und Bauernde-putierten". In der Durchführung dieser Dekrete schlossen die Bolschewiki ein Waffenstillstandsabkommen mit den Mittelmächten, unterstellten die Industrie-unternehmen der Kontrolle durch Arbeitersowjets und begannen mit der entschä-digungslosen Konfiszierung von Grossgrund- und Kirchenbesitz zugunsten der Allgemeinheit.

Die Hoffnungen auf eine rasche Verbesserung der Lage waren bei der Bevöl-kerung gross. Schon bald zeigte sich jedoch, dass die Bolschewiki auf politischem Gebiet nicht gewillt waren, ihre Macht zu teilen. Die frei gewählte verfassungge-bende Versammlung konnte nur einmal zusammentreten, bevor sie für aufgelöst erklärt wurde. Die zaristische Geheimpolizei (Ochrana) wurde zwar aufgelöst, an ihre Stelle trat aber ein Staatssicherheitsdienst („Tscheka"), der tatsächliche oder vermeintliche konterrevolutionäre Bestrebungen, fremde Geheimdienstaktivitä-ten und bald auch generell jegliche Opposition verfolgte. Um aus dem Krieg aus-scheiden zu können, waren die Bolschewiki gezwungen, mit Deutschland den Frieden von Brest-Litowsk zu schliessen, der gewaltige Gebietsverluste für Russ-land im Westen bedeutete. Damit verlor das Land zugleich wichtige Versorgungs-quellen, was die wirtschaftliche Lage im kriegsgeschädigten Land verschärfte. Der Widerstand gegen die Bolschewiki wuchs und vereinte restaurative zaristische, nationalistische, bürgerlich-liberale und sozialrevolutionäre Kräfte miteinander, welche auch aus dem Exil heraus gegen die bolschewistische Herrschaft kämpf-ten. Sowjetrussland geriet ab dem Frühjahr 1918 schrittweise in einen Bürger-krieg, der sowohl vom Zentrum aus als auch von den Landesgrenzen her immer heftiger aufflammte und neben politischen und sozialen Problemen nicht zuletzt auch ethnische Konflikte des Vielvölkerstaates repräsentierte: Nichtrussische Völ-ker wollten dem einstigen Imperium den Rücken kehren und fanden dafür ma-terielle und finanzielle Hilfe bei ausländischen Mächten, die ihren Einfluss im offenkundig zerfallenden ehemaligen Zarenimperium ausbauen wollten. Gross-britannien, die USA, Frankreich und Japan beteiligten sich sogar aktiv mit eigenen Interventionstruppen an den Kämpfen gegen die Bolschewiki, ebenso deutsche Freikorps. Im April 1920 erfolgte ein Angriff Polens auf Sowjetrussland, mit dem der polnische General Josef Pilsudski die polnische Ostgrenze – im Sinne des pol-nischen Staatsgebietes vor 1772 – über die ethnisch begründete sogenannte Cur-zon-Linie hinaus nach Osten verschieben wollte. Insgesamt forderte der verhee-rende Bürgerkrieg sechs Millionen Opfer und führte dazu, dass Sowjetrussland 1921 nur noch über eine Wirtschaftskraft von 13 Prozent im Vergleich zu 1913 verfügte. Dennoch trugen die Bolschewiki den Sieg davon. Die Gründe dafür wa-ren vielfältig: Zum einen war die politische Zersplitterung und Rivalität unter den „Weissen", wie alle antibolschewistischen Kräfte genannt wurden, zu gross. Den zentralistisch geführten „Roten" hingegen war es gelungen, unter Leo Trotzki in kurzer Zeit eine schlagkräftige und straff geführte „Rote Arbeiter- und Bauernar-mee" aufzubauen. Die Nationalisierung des Bodens und der Industrie hatte den Bolschewiki Unterstützung der Arbeiter und Bauern eingebracht. Nicht zuletzt regierten die Bolschewiki mit äusserster Härte nach den Prinzipien des „Kriegs-kommunismus", die sowohl Terror und Revolutionsgerichte als auch eine dikta-torische Wirtschaftssteuerung beinhalteten. Ende 1921 hatte es die Sowjetmacht geschafft, allen militärischen Widerstand zu brechen – die Bolschewiki waren die unbestrittenen Herrscher.

Der Friede von Brest-Litowsk

Grenze Russlands 1914

Mittelmächte und Verbündete

Frontverlauf 1918

Russische Verluste im Frieden von Brest-Litowsk (3.3.1918)

3.11.1918 Unabhängigkeitserklärungen

Russische Sozialistische Föderative Sowjetrepublik (seit 1917)

M 5

M 6 **Opfer des Bürger-krieges**

Foto, um 1922

Die Oktoberrevolution im Widerstreit – Quelle und Darstellungen

M 7   Eine zeitgenössische Quelle

Die Politikerin und Publizistin Rosa Luxemburg schreibt kurz nach der Oktoberrevolution 1917:

Gerade die riesigen Aufgaben, an die die Bolschewiki mit Mut und Entschlossenheit herantraten, erforderten die intensivste politische Schulung der Massen und Sammlung der Erfahrung.

5 Freiheit nur für die Anhänger der Regierung, nur für Mitglieder einer Partei – mögen sie noch so zahlreich sein – ist keine Freiheit. Freiheit ist immer nur Freiheit des anders Denkenden. Nicht wegen des Fanatismus der „Gerechtigkeit", sondern weil all das Belehrende, Heilsame und Reini-

10 gende der politischen Freiheit an diesem Wesen hängt und seine Wirkung versagt, wenn die „Freiheit" zum Privilegium wird. […]

Die stillschweigende Voraussetzung der Diktaturtheorie im Lenin-Trotzkischen Sinn ist, dass die sozialistische Umwäl-

15 zung eine Sache sei, für die ein fertiges Rezept in der Tasche der Revolutionspartei liege, dies dann nur mit Energie verwirklicht zu werden brauche. Dem ist leider oder je nachdem: zum Glück – nicht so. […]

Das sozialistische Gesellschaftssystem soll und kann nur

20 ein geschichtliches Produkt sein, geboren aus der eigenen Schule der Erfahrung, in der Stunde der Erfüllung, aus dem Werden der lebendigen Geschichte, die genau wie die organische Natur, deren Teil sie letzten Endes ist, die schöne Gepflogenheit hat, zusammen mit einem wirklichen gesell-

25 schaftlichen Bedürfnis stets auch die Mittel zu seiner Befriedigung, mit der Aufgabe zugleich die Lösung hervorzubringen. Ist dem aber so, dann ist es klar, dass der Sozialismus sich seiner Natur nach nicht oktroyieren lässt, durch Ukase [Befehle] einführen. Er hat zur Voraussetzung

30 eine Reihe Gewaltmaßnahmen – gegen Eigentum usw. Das Negative, den Abbau, kann man dekretieren, den Aufbau, das Positive, nicht. Neuland. Tausend Probleme. Nur Erfahrung ist imstande, zu korrigieren und neue Wege zu eröffnen. Nur ungehemmt schäumendes Leben verfällt auf tau-

35 send neue Formen, Improvisationen, erhellt schöpferische Kraft, korrigiert selbst alle Fehlgriffe. Das öffentliche Leben der Staaten mit beschränkter Freiheit ist eben deshalb so dürftig, so armselig, so schematisch, so unfruchtbar, weil es sich durch die Ausschließung der Demokratie die lebendi-

40 gen Quellen allen geistigen Reichtums und Fortschritts absperrt. (Beweis: die Jahre 1905 und die Monate Februar–

Oktober 1917.) Wie dort politisch, so auch ökonomisch und sozial. Die ganze Volksmasse muss daran teilnehmen. Sonst wird der Sozialismus vom grünen Tisch eines Dutzends Intellektueller dekretiert, oktroyiert.   45

Unbedingt öffentliche Kontrolle notwendig. Sonst bleibt der Austausch der Erfahrungen nur in dem geschlossenen Kreise der Beamten der neuen Regierung. Korruption unvermeidlich. (Lenins Worte, Mitteilungsblatt Nr. 29). Die Praxis des Sozialismus erfordert eine ganze geistige Umwäl- 50 zung in den durch Jahrhunderte der bürgerlichen Klassenherrschaft degradierten Massen. Soziale Instinkte anstelle egoistischer, Masseninitiative anstelle der Trägheit, Idealismus, der über alle Leiden hinwegträgt usw. usw. Niemand weiß das besser, schildert das eindringlicher, wie- 55 derholt das hartnäckiger als Lenin. Nur vergreift er sich völlig im Mittel. Dekret, diktatorische Gewalt der Fabrikaufseher, drakonische Strafen, Schreckensherrschaft […]. Der einzige Weg zur Wiedergeburt ist die Schule des öffentlichen Lebens selbst, uneingeschränkteste breiteste Demo- 60 kratie, öffentliche Meinung. Gerade die Schreckensherrschaft demoralisiert.

Fällt das alles weg, was bleibt in Wirklichkeit? Lenin und Trotzki haben an Stelle der aus allgemeinen Volkswahlen hervorgegangenen Vertretungskörperschaften die Sowjets 65 als die einzige wahre Vertretung der arbeitenden Massen hingestellt. Aber mit dem Erdrücken des politischen Lebens im ganzen Lande muss auch das Leben in den Sowjets immer mehr erlahmen. Ohne allgemeine Wahlen, ungehemmte Presse- und Versammlungsfreiheit, freien Meinungs- 70 kampf erstirbt das Leben in jeder öffentlichen Institution, wird zum Scheinleben, in der die Bürokratie allein das tätige Element bleibt. Das öffentliche Leben schläft allmählich ein, einige Dutzend Parteiführer von unerschöpflicher Energie und grenzenlosem Idealismus dirigieren und regie- 75 ren, unter ihnen leitet in Wirklichkeit ein Dutzend hervorragender Köpfe, und eine Elite der Arbeiterschaft wird von Zeit zu Zeit zu Versammlungen aufgeboten, um den Reden der Führer Beifall zu klatschen, vorgelegten Resolutionen einstimmig zuzustimmen, im Grunde also eine Cliquenwirt- 80 schaft – eine Diktatur allerdings, aber nicht die Diktatur des Proletariats, sondern die Diktatur einer Handvoll Politiker, d. h. Diktatur im bürgerlichen Sinne, im Sinne der Jakobiner-Herrschaft.

Rosa Luxemburg, Die russische Revolution, in: dies., Schriften zur Theorie der Spontaneität, Reinbek 1970, S. 163–193, hier S. 186 ff.

M 8 Zwei Darstellungen

a) In der historischen Forschung ist die unmittelbare Vorgeschichte der Oktoberrevolution umstritten. Die Kernfrage lautet, wieso die nach der Februarrevolution installierte politische Ordnung sogleich wieder zusammengebrochen ist. Der Historiker Richard Pipes schreibt (1992/93):

Die Leichtigkeit, mit der die Bolschewiki die Provisorische Regierung zu Fall brachten – in Lenins Worten war es „ein Kinderspiel" –, hat manche Historiker zu dem Schluss verleitet, der Oktoberumsturz sei „zwangsläufig" erfolgt. Doch
5 so kann er nur in der Rückschau erscheinen. Lenin selbst hielt ihn für ein äußerst heikles Unterfangen. In Eilbriefen, die er im September und Oktober 1917 aus seinem Versteck an das Zentralkomitee richtete, bestand er darauf, der Erfolg hänge allein von der Schnelligkeit und Entschlossen-
10 heit ab, mit der der bewaffnete Aufstand durchgeführt würde: „Eine Verzögerung des Aufstands [bedeutet] jetzt wahrhaftig schon den Tod", schrieb er am 24. Oktober, „alles [hängt] an einem Haar ..." Das waren nicht die Empfindungen einer Person, die bereit war, auf die Kräfte der Ge-
15 schichte zu vertrauen. Trotzkij behauptete später, [...] wenn „weder Lenin noch er selbst in Petersburg gewesen wären, dann hätte es keine Oktoberrevolution gegeben". Kann man sich ein „zwangsläufiges" historisches Ereignis vorstellen, dessen Eintreten von zwei Individuen abhängt?
20 Und wenn diese Belege immer noch nicht überzeugen können, dann genügt ein genauerer Blick auf die Ereignisse vom 25./26. Oktober in Petrograd, um festzustellen, dass dort die „Massen" als Zuschauer agierten und die Aufrufe der Bolschewiki zur Erstürmung des Winterpalais ignorier-
25 ten. [...]
In der richtigen Perspektive gesehen verdankt Lenin seine historische Bedeutung nicht seinen staatsmännischen Leistungen, die sich auf einem äußerst niedrigen Niveau

bewegten, sondern seiner Kriegskunst. Er war einer der großen Eroberer der Geschichte: eine Auszeichnung, die 30 durch die Tatsache, dass das von ihm eroberte Land sein eigenes war, nicht beeinträchtigt wird. Eine Neuerung, der Grund für seinen Erfolg, bestand in der Militarisierung der Politik. Er war das erste Staatsoberhaupt, das die Innen- wie die Außenpolitik als Krieg im buchstäblichen Wortsinn 35 auffasste, dessen Ziel nicht darin bestand, den Gegner zur Unterwerfung zu zwingen, sondern ihn zu vernichten. Diese Neuerung verschaffte ihm beträchtliche Vorteile gegenüber seinen Gegnern [...].

Richard Pipes, Die Russische Revolution. Aus dem Amerikan. von Udo Rennert, Verlag: Aachen, Rowohlt Berlin, Berlin 1992–93, Bd. 3, S. 799 f.

b) Der Historiker Manfred Hildermeier schreibt (2001):

[...] Die politische Stimmung der Arbeiter und Soldaten [verschob sich] seit etwa Juni 1917 tiefgreifend zu Lasten der Regierung. Darunter litten die „rechten" Sozialrevolutionäre, die Menschewiki sowie die Liberalen, und davon profi-
tierten die Gegner der Koalition und des Februarregimes 5 insgesamt, allen voran die Bolschewiki und die von ihr dominierten Räte in den Fabriken und Regimentern. Bei den Arbeitern trugen der rapide wirtschaftliche Niedergang, Arbeitslosigkeit und wachsende materielle Not nachhaltig zur Enttäuschung über die Früchte „ihrer" Revolution bei, 10 unter den Soldaten an der Front und in den Garnisonen die fatale Juli-Offensive. Im Ergebnis liefen beide Gruppen den gemäßigten Kräften davon und verschafften den radikalen die Oberhand: Nur auf diese temporäre Popularität gestützt, konnte Lenin die „Kunst des Aufstands" erfolgreich 15 demonstrieren. Zugleich war er klug genug – und darin bestand die zweite Voraussetzung des Handstreichs –, die „schwarze Umverteilung" auf dem Dorf umgehend zu billigen und den Bauern ihren „Revolutionsgewinn" zu bestätigen. 20

Manfred Hildermeier, Die Sowjetunion 1917–1991, München 2001, S. 109 f.

Aufgaben

1. Die Oktoberrevolution 1917

a) Erstellen Sie auf einem Zeitstrahl die wichtigsten russischen Ereignisse des Jahres 1917.

b) Diskutieren Sie die Auffassung: „Der Erste Weltkrieg beschleunigte die Diskreditierung der provisorischen Regierung."

c) Stellen Sie die wichtigsten Unterschiede zwischen Menschewiki und Bolschewiki in einer Tabelle dar.

d) Informieren Sie sich über Grundaussagen des Marxismus zu Ursachen von Revolutionen.

e) Erläutern Sie mit eigenen Worten die Position Rosa Luxemburgs.

f) Antworten Sie in einer kleinen Rede aus der Sicht Lenins auf Luxemburgs Positionen.

g) Stellen Sie die beiden Auffassungen zur Oktoberrevolution gegenüber und formulieren Sie eine eigene Meinung.

⌢ Text, M7– M8, Internet

Entwicklung der Sowjetunion unter Lenin und Stalin

„Neue Ökonomische Politik" nach dem Bürgerkrieg

Zu Beginn der Zwanzigerjahre standen die Bolschewiki vor der Frage, wie die Sowjetmacht politisch und ökonomisch dauerhaft erhalten werden kann. Die innenpolitische Lage war nach dem Bürgerkrieg, den ausländischen Interventionen sowie gravierenden Hungersnöten verheerend. Nicht nur die Kronstädter Matrosen revoltierten gegen die Praktiken des Kriegskommunismus, auch in der Kommunistischen Partei selbst wurde Kritik laut. Aussenpolitisch war das junge Land isoliert: Die Revolution in Deutschland, auf die Lenin gehofft hatte, hatte nicht den Sozialismus, sondern eine bürgerlich-parlamentarische Demokratie hervorgebracht. Die Weltrevolution blieb aus. Die unterschiedlichen Entwicklungen in Russland und Deutschland widersprachen der marxistischen Auffassung, dass nur die am weitesten entwickelten Staaten neue gesellschaftliche Zustände hervorbringen konnten.

Um die ökonomischen Verhältnisse in Sowjetrussland grundlegend zu verbessern, entwickelte Lenin 1921 die „Neue Ökonomische Politik" (russ. Abk.: NEP), die begrenzte privatkapitalistische Initiativen gestattete und den Bauern private Verkäufe ihrer Produkte ermöglichte. Zwar führte die NEP zu gewissen Verbesserungen, jedoch erfolgte die Steigerung des Lebensstandards äusserst ungleichmässig. Am meisten profitierten diejenigen, die Überschüsse in der Landwirtschaft produzierten und diese verkaufen konnten, sowie Besitzer von Unternehmen in den Städten („NEP-Leute"). Die dringend benötigte, schnelle Bereitstellung von Investitionsgeldern für den industriellen Aufbau konnte die NEP nicht leisten. Steuerpolitische Versuche, dieses Problem zulasten der Bauern zu lösen, hatten nur geringen Erfolg. Am 30. Dezember 1922 wurden die verschiedenen Sowjetrepubliken zur Union der Sozialistischen Sowjetrepubliken (UdSSR) vereinigt.

„Sozialismus in einem Land"

Lenin, der bereits durch ein Pistolenattentat und einen Schlaganfall schwer gezeichnet war, starb 1924. Nach seinem Tod entstand ein Richtungsstreit innerhalb der Kommunistischen Partei: Leo Trotzki vertrat – wie zuvor Lenin – die Ansicht, dass der Sozialismus in der Sowjetunion nur Bestand haben könne, wenn er durch eine Weltrevolution Unterstützung erfahren würde. Josef Wissarionowitsch Dschugaschwili, genannt Stalin, entwickelte hingegen angesichts der ausbleibenden Weltrevolution die Theorie vom „Sozialismus in einem Land". Auf dem XIV. Parteitag der Kommunisten 1925 setzte sich Stalin mit seinem Konzept durch. Zugleich betrieb er die Diffamierung und politische Ausschaltung Trotzkis und anderer Widersacher und stilisierte sich in der Folge zum einzig legitimen Nachfolger Lenins. Indem sich Stalin zum Führer des Weltproletariats aufschwang, stellte er sich in eine Reihe mit Marx, Engels und Lenin. Die Folge war bei vielen Menschen, dass sie Stalin für unantastbar und unfehlbar hielten.

Der Aufbau des Sozialismus in nur einem Land erforderte angesichts der kapitalistischen Welt eine forcierte Industrialisierung und eine schnelle Kollektivierung der Landwirtschaft. Die Industrialisierung sollte aber keinesfalls durch Angebot und Nachfrage realisiert werden, sondern durch eine konsequente Planwirtschaft – angesichts der riesigen Ausmasse des Landes und noch weit vor der Entwicklung moderner Informationstechnik eine schier unvorstellbare Aufgabe. Dazu gehörte eine umfassende Bildungsreform, denn die russische Bevölkerung bestand vor 1917 mehrheitlich aus Analphabeten. Eine Alphabetisierungskampagne wurde gestartet, die auf die Erziehung eines „neuen Menschen" ausgerichtet war, der die gesellschaftlichen Ziele der Kommunistischen Partei in den Mittelpunkt seines Lebens stellen sollte.

Die Industrialisierung des Landes

Zwangsarbeit und die Verschleppung von Arbeitskräften an entlegene Orte zum Aufbau neuer Industriezweige waren wesentliche Grundlagen der Industrialisierung des Landes, welche auf der anderen Seite zur Verbesserung der materiellen Lebensbedingungen vieler Sowjetbürger beitrug. Die mit der Industrialisierung einhergehende Kollektivierung der Landwirtschaft wurde auch aus ökonomischen Gründen forciert, da der sowjetische Staat anders kaum in der Lage war, die von der Industrie benötigten Investitionsmittel bereitzustellen. Die Kulaken (wohlhabende Bauern, im Unterschied zu Klein- und Mittelbauern sowie Tagelöhnern) wurden als Gegner des Kollektivierungskurses bekämpft. Die Eigentumsgrenze, wer als Kulak galt, verringerte sich dabei zusehends. Neben Enteignungen wurden gross angelegte Umsiedlungen nach Sibirien und Deportationen in Arbeitslager durchgeführt. Der Aderlass qualifizierter Arbeitskräfte und die Kollektivierungen führten ab 1932, vereint mit Dürren, Missernten und einer Typhusepidemie, zu einer Hungerkatastrophe mit Millionen Toten. Die Ukrainische Sowjetrepublik war besonders schwer betroffen, hier starben 1932/33 mehr als drei Millionen Menschen. Dennoch exportierte die Sowjetunion in den Dreissigerjahren Getreide, um Maschinen für den Aufbau des Landes importieren zu können.

Stalin setzte auf einen forcierten Aufbau der Schwerindustrie: Im April 1929 hatte das Politbüro die Einführung des ersten Fünfjahrplans verkündet, der unter einer Mobilisierung der gesamten Bevölkerung den Bau von Wasserkraftwerken, Stahlwerken und Maschinenfabriken in nie gesehenem Massstab vorgab. Die in Rekordzeit errichteten Bauten des Dnjepr-Staudamms (1927–1932) sowie der Stahlwerke von Magnitogorsk und im Kusnezbecken (1929–1932) nahmen Vorbildcharakter an. Obwohl enorme Summen in ausländische Fachkräfte und Maschinen investiert wurden, herrschten auf den Baustellen oft Chaos und Improvisation.

Der Anspruch, ein rückständiges Agrarland binnen weniger Jahre in die industrielle Moderne zu katapultieren, faszinierte viele Menschen im In- und Ausland. Zu den neuen Methoden der Wirtschaftslenkung gehörte der sozialistische Wettbewerb verschiedener Brigaden untereinander, wobei eine Übererfüllung des Planes erwartet wurde. Eile und Enthusiasmus waren Programm. Stalin forderte 1931 in einer Rede vor Wirtschaftsführern, dass das Land innerhalb von zehn Jahren einen Rückstand von 300 Jahren aufholen müsse. Die Industrialisierung wurde als Überlebenskampf, als Wettlauf gegen die Zeit und als Sieg über die Naturgewalten propagiert. Die in Zeitungen, Spielfilmen und Romanen als heroisch gefeierten Aufbauleistungen wurden zumeist unter elenden Arbeits- und Lebensbedingungen erbracht. Nicht wenige Menschen waren gleichwohl der ehrlichen Überzeugung, dass sie durch ihre Opferbereitschaft für die nachfolgenden Generationen eine bessere, sozialistische Zukunft aufbauten.

M 1 „Arbeiter und Kolchosbäuerin"

Das Standbild wurde von Vera Muchina für den Pavillon der UdSSR auf der Weltausstellung 1937 in Paris geschaffen und steht heute in Moskau.

„Verschärfung des Klassenkampfes"

Die von Stalin Ende der Zwanzigerjahre entwickelte Theorie von der „Verschärfung des Klassenkampfes" wurde zunehmend zur Grundlage seiner Politik. Dies hatte dramatische innen- und aussenpolitische Folgen. Die Kommunistische Internationale, ein von Lenin 1919 initiierter, weltweiter Zusammenschluss kommunistischer Parteien mit dem Ziel der Weltrevolution, geriet unter Stalins Herrschaft zu einem Organ zur Durchsetzung seiner Ziele. In den kommunistischen Parteien wurden fortan alle Abweichler zu Unterstützern des Kapitalismus erklärt. Lebensbedrohlich wurde dies später auch für kommunistische Emigranten, von denen zahlreiche vor sowjetische Gerichte gestellt wurden oder unter ungeklärten Umständen ums Leben kamen. Die sozialdemokratischen Parteien wurden generell für kapitalistisch und zu Helfershelfern des Faschismus erklärt. Innenpolitisch richteten sich die Verfolgungen vor allem gegen ehemalige Menschewiki und Sozialrevolutionäre.

Nicht alle sowjetischen Kommunisten billigten die Formen der Industrialisierung und Kollektivierung. Wer sich Stalin jedoch in den Weg stellte, wurde von ihm entmachtet, später sogar hingerichtet. Der Terror hatte zwei Gestalten: Zum einen betraf er in besonderer Weise die „alte Garde" des bolschewistischen Zentralkomitees, Parteifunktionäre und hohe Militärs, von denen Stalin glaubte, dass sie ihm gefährlich werden könnten. Neben diesem politischen Terror, dem Kommunisten zum Opfer fielen, gab es auf der anderen Seite noch den wahllosen Terror, der jeden beliebigen Bürger treffen konnte. Bereits Ende der Zwanzigerjahre gelang es Stalin, ehemalige Mitstreiter Lenins wie die Parteilinken Sinowjew und Kamenew oder den zum rechten Flügel gezählten Bucharin politisch auszuschalten. Trotzki wurde aus der Sowjetunion ausgewiesen. Verfügte Stalin anfangs noch nicht über die Skrupellosigkeit, seine tatsächlichen oder vermeintlichen Gegner auch ermorden zu lassen, so änderte sich dies ab 1936, als hohe kommunistische Funktionäre in vier Moskauer Schauprozessen zum Tode verurteilt und hingerichtet wurden. Zahllose weitere Opfer folgten.

M 2 „Der Kapitän des Sowjetlandes führt uns von einem Sieg zum anderen Sieg!"

Propagandaplakt von Boris Jefimow, 1933. Stalin wird als Kapitän am Steuer der Sowjetunion („Union der Sozialistischen Sowjetrepubliken", in kyrillischer Schrift „CCCP" abgekürzt) dargestellt.

M 3 **Arbeitslager (Gulag)**
Zwangsarbeiter beim Bau des
Fergana-Kanals (Fergana-Tal,
Usbekistan), 1939

Die „Grosse Säuberung"

Am 1. Dezember 1934 wurde der äusserst populäre Leningrader Parteichef Sergej Kirow erschossen. Über die Umstände des mysteriösen Mordes herrscht bis heute keine letzte Klarheit, jedoch nutzte Stalin das Ereignis, um eine extreme Phase des Terrors zu beginnen. Die „Grosse Säuberung" von 1936 bis 1938 kostete sowohl prominente Kommunisten als auch zahllose einfache Menschen das Leben. Der innerparteiliche Terror ging in manchen Orten so weit, dass kein einziges Parteimitglied überlebte. Die Rote Armee wurde praktisch enthauptet: Fast die komplette Armeeführung wurde hingerichtet, was dramatische Auswirkungen auf die Schlagkraft der Roten Armee im Zweiten Weltkrieg hatte. Die Moskauer Geheimdienstzentrale „Lubjanka" wurde zu einem Ort des Grauens, in dem gefoltert und gemordet wurde. Nichts geschah ohne das Einverständnis Stalins, der am Frühstückstisch Todeslisten mit zum Teil Tausenden Namen unterschrieb und mehrmals darüber klagte, dass es seiner Meinung nach zu wenige Namen waren. Selbst wer nur seine Arbeitsquote nicht erfüllte, konnte als „Volksfeind" in Gefahr geraten. Im Mittelpunkt stand die physische Vernichtung der vermeintlichen Gegner in den eigenen Reihen, wobei sogar die nachrevolutionäre, junge Kadergeneration betroffen war. Nachweislich wurden im „Grossen Terror" über 680 000 Personen erschossen, noch ungleich mehr Menschen wurden in Arbeitslager (Gulags) deportiert.

1938 ebbte der Terror ab, da er die Funktionsfähigkeit des Landes bedrohte. Das Klima der Bespitzelung, Denunziation und Repression blieb gleichwohl bestehen, bis 1948 eine zweite „Säuberungswelle" einsetzte.

Der Stalinismus als politisches System

In vielen Publikationen werden die Jahre zwischen 1927/28 (Ende der Neuen Ökonomischen Politik) und 1953 als „Stalinismus" bezeichnet.

Auf dem XX. Parteitag der KPdSU 1956 vollzog Stalins Nachfolger Nikita Chruschtschow in der sogenannten „Geheimrede" eine Abrechnung mit Stalin und seinen Methoden, die als Abkehr vom Stalinismus gedeutet wurde – Stalindenkmäler wurden entfernt, Strassen und Gebäude wurden umbenannt. War tatsächlich einzig die Person Stalin für die Verbrechen der genannten Jahre verantwortlich gewesen, und wurden mit der „Entstalinisierung" zugleich auch die ideologischen Grundpfeiler des Stalinismus beseitigt?

M 4   Leo Trotzki (1879 – 1940)
Militärischer Organisator der Oktoberrevolution, wurde von einem Agenten Stalins im mexikanischen Exil ermordet.

Zwar sind gewisse Ursachen für das System des Stalinismus, das viele Millionen Todesopfer forderte, auch in der Person Stalins zu suchen, jedoch muss der Fokus primär auf die gesellschaftliche Entwicklungssituation der Sowjetunion, ihre ideologischen Grundlagen und die historischen Bedingungen gelegt werden, um dieses System zu erklären.

Der Begriff „Stalinismus" entstand Ende der Zwanzigerjahre vor allem anlässlich des programmatischen Ringens mit Trotzki. Er kennzeichnete bereits zu diesem frühen Zeitpunkt nicht so sehr die Person Stalin als vielmehr ein politisches System. Wie konnte sich der Stalinismus entwickeln?

Lenin war in seiner Schrift „Was tun?" (1902) davon ausgegangen, dass die Arbeiter und Bauern von sich aus kein sozialistisches Bewusstsein entwickeln könnten. Eine Anleitung durch eine revolutionäre Kaderpartei, die sich als „Avantgarde" verstand, sei daher zur Erringung der Macht unabdingbar. Lenins Konzept einer „Partei neuen Typus" ging mit dem Anspruch auf Deutungshoheit einher, der der Parteiführung schliesslich auch ein Wahrheitsmonopol zusprach.

Was die objektiven Entwicklungsbedingungen der Sowjetmacht anbetraf, so sah sie sich von Staaten umgeben, von denen sie mehrheitlich direkt oder indirekt bekämpft wurde. Dies erzeugte im Inneren der Kommunistischen Partei ein grösseres Zusammengehörigkeitsgefühl und eine stärkere Abgrenzung nach aussen. Verheerend war überdies, dass Russland nach den quasi feudalistischen bzw. absolutistischen Zuständen des Zarismus keine Phase der Demokratie erlebt hatte. Die Mehrheit der russischen Bevölkerung kannte den Staat nur als Machtapparat, der ihnen keine politische Teilhabe einräumte. Diese gesellschaftlichen Bedingungen erleichterten den Aufstieg Stalins. In der vor allem ab 1921 durchgeführten „sozialistischen Kulturrevolution" wurde die alte Autorität (Zar) schlicht durch neue Autoritäten (Kommunistische Partei, Lenin, Stalin) ersetzt, denen Unfehlbarkeit zugesprochen wurde. Eine gewisse Heroisierung der Führer der Kommunistischen Partei setzte schon mit Lenin ein, der sich jedoch gegen eine Idolisierung verwahrte. Stalin stellte sich hingegen selbst in die Traditionslinie der grossen Theoretiker Marx-Engels-Lenin, was die Grundlage für einen ausgedehnten Personenkult bot. Die Prämisse einer politischen Unfehlbarkeit der Führer der kommunistischen Partei führte im Umkehrschluss dazu, dass alle widerstreitenden Auffassungen falsch sein mussten. Daraus leiteten sich unter anderem die folgenden Herrschaftsprinzipien ab: Zentralisierung der politischen Macht, Ausschaltung jeglicher Opposition, Personenkult und absoluter Machtanspruch der Kommunistischen Partei in der gesamten Gesellschaft. Unter Stalin begann die KPdSU, ihren Machtanspruch auch auf die anderen kommunistischen Parteien auszudehnen.

Trotz der Abkehr von Stalin wurden in der UdSSR auch nach 1956 viele stalinistische Herrschaftspraktiken nicht abgeschafft – für die Zeit ab 1964 wird sogar wieder von einer „Restalinisierung" der Sowjetunion gesprochen. Da viele Merkmale des Stalinismus auch auf andere sozialistische Staaten zutrafen, wird manchmal sogar die Auffassung einer Identität von Stalinismus und „Realsozialismus" vertreten, obwohl die immensen Opferzahlen, das riesige Zwangsarbeitssystem und die „grosse Säuberung" spezifische Tatsachen der Entwicklung der Sowjetunion darstellen.

Entwicklung der Sowjetunion unter Stalin – Reden Stalins analysieren

▣ 5 Über die „innere Lage der Sowjetunion"

Stalin schreibt in einem Bericht für den 14. Parteitag der Kommunistischen Partei der Sowjetunion (1925):

Wir arbeiten und bauen unter den Bedingungen der kapitalistischen Umkreisung. [...] Das ist der Rahmen, innerhalb dessen der Kampf der beiden Systeme vor sich gehen muss, des sozialistischen Systems und des kapitalistischen Sys-
5 tems. [...]
Hieraus folgt: Wir müssen unsere Wirtschaft so aufbauen, dass unser Land nicht zu einem Anhängsel des kapitalistischen Weltsystems wird, dass es nicht in das Gesamtsystem der kapitalistischen Entwicklung als deren Hilfsbetrieb ein-
10 bezogen wird, dass sich unsere Wirtschaft nicht als ein Hilfsbetrieb des Weltkapitalismus entwickelt, sondern als eine selbstständige Wirtschaftseinheit, die sich hauptsächlich auf den inneren Markt, auf den Zusammenschluss unserer Industrie mit der bäuerlichen Wirtschaft unseres Lan-
15 des stützt.
Es gibt zwei Generallinien: Die eine geht davon aus, dass unser Land noch lange ein Agrarland bleiben müsse, dass es landwirtschaftliche Erzeugnisse ausführen und Maschinen einführen, dass es dabei bleiben und sich auch in Zu-
20 kunft in der gleichen Bahn weiterentwickeln müsse. [...] Diese Linie bedeutet eine Abkehr von den Aufgaben unseres Aufbaus. Das ist nicht unsere Linie.
Es gibt eine andere Generallinie, die davon ausgeht, dass wir alle Kräfte aufbieten müssen, um unser Land zu ei-
25 nem wirtschaftlich selbstständigen, unabhängigen, auf dem inneren Markt basierenden Land zu machen, zu einem Land, das zum Anziehungsfeld für alle anderen Länder wird, die nach und nach vom Kapitalismus abfallen und in die Bahnen der sozialistischen Wirtschaft einlenken wer-
30 den. [...]
Das ist unsere Aufbaulinie, die die Partei einhält und die sie auch künftig einhalten wird. Diese Linie ist unerlässlich, solange es eine kapitalistische Umkreisung gibt.

H. Altrichter (Hg.), Die Sowjetunion, Bd.1. Übersetzer: unbekannt. © dtv Verlagsgesellschaft München 1986, S. 87ff.

▣ 6 Überwindung der Rückständigkeit

Vor Industriefunktionären hielt Stalin am 4. Februar 1931 folgende Rede:

Zuweilen wird die Frage gestellt, ob man nicht das Tempo etwas verlangsamen, die Bewegung zurückkönnte. Nein, das kann man nicht, Genossen! Das Tempo darf nicht herabgesetzt werden! Im Gegenteil, es muss nach Kräften und Möglichkeiten gesteigert werden. Das fordern die Verpflich- 5 tungen gegenüber den eigenen Arbeitern und Bauern, gegenüber der Arbeiterklasse der ganzen Welt. Das Tempo verlangsamen, das bedeutet Zurückbleiben. Und Rückständige werden geschlagen. Wir aber wollen nicht die Geschlagenen sein [...]. 10
Jetzt aber, wo wir den Kapitalismus gestürzt haben und bei uns die Arbeiter an der Macht stehen, haben wir ein Vaterland und werden seine Unabhängigkeit verteidigen. Wollt ihr, dass unser sozialistisches Vaterland geschlagen wird und seine Unabhängigkeit verliert? Wenn ihr das nicht 15 wollt, dann müsst ihr in kürzester Frist seine Rückständigkeit beseitigen und ein wirklich bolschewistisches Tempo im Aufbau seiner sozialistischen Wirtschaft entwickeln. Andere Wege gibt es nicht. Darum sagte Lenin zur Zeit des Oktobers: entweder Tod oder die fortgeschrittenen kapita- 20 listischen Länder einholen und überholen. Wir sind hinter den fortgeschrittenen Ländern um fünfzig bis hundert Jahre zurückgeblieben. Wir müssen diese Distanz in zehn Jahren durchlaufen. Entweder bringen wir das zu Stande, oder wir werden zermalmt. 25

Zit. nach: G. v. Rauch, Machtkämpfe und soziale Wandlungen in der Sowjetunion seit 1923, Stuttgart: Ernst Klett Verlag, 1972, S. 15 f. © Ernst Klett Verlag GmbH

Aufgaben

1. **Entwicklung der Sowjetunion unter Lenin und Stalin**
   a) Erklären Sie die wichtigsten Prinzipien der Neuen Ökonomischen Politik.
   b) Weisen Sie nach, dass der Abbruch der Neuen Ökonomischen Politik eine strategische Neuausrichtung der Sowjetunion zur Folge hatte.
   c) Analysieren Sie die Begründungen Stalins für sein Programm der beschleunigten Industrialisierung.

   ⌐ Text, M5, M6

09

DIE WEIMARER REPUBLIK

1918/19 – 1933

Die Weimarer Republik war nicht nur die erste parlamentarische Demokratie in Deutschland, sondern sie baute auch in ihren ruhigen Phasen einen europaweit vorbildlichen Sozialstaat auf. Sie brach mit den überkommenen Gesellschaftsstrukturen des Kaiserreiches und verwies auf Entwicklungsmöglichkeiten eines modernen Staates zum Anfang des 20. Jahrhunderts.

Als aus dem Zusammenbruch des Kaiserreiches und der Revolution von 1918/1919 hervorgegangene Staatsform hatte die Republik jedoch von Anfang an mit grossen Widerständen zu kämpfen. Da war der Makel der Kriegsniederlage, die für grosse Teile der Öffentlichkeit überraschend gekommen war und nie akzeptiert wurde. Die Dolchstosslegende bewirkte, dass viele Bürger kein positives Verhältnis zur Demokratie entwickelten. Das Urteil, die Weimarer Republik sei „eine Demokratie ohne Demokraten" gewesen, weist auf einen wesentlichen Grund ihres letztendlichen Scheiterns hin: Weder im linken noch im rechten Lager wurde die Demokratie wirklich akzeptiert. Breite Teile der Bevölkerung machten sie für das Elend in den Krisenjahren bis 1923 und ab 1929 verantwortlich; die Konservativen hingegen hingen am Kaiserreich.

Erst mit der Gründung der Bundesrepublik und deren Korrekturen der verfassungsrechtlichen Fehler von Weimar konnte die Saat, die die Weimarer Demokratie trotz allem gelegt hatte, langfristig aufgehen.

M 1 „Sie tragen die Buchstaben der Firma – aber wer trägt den Geist?"
Karikatur von Thomas Theodor Heine, in: „Simplicissimus", 21. März 1927

Eine Republik mit Geburtsfehlern

Die Revolution 1918/19: Eine verratene Revolution?

Wenn eine Demokratie nach einer so kurzen Zeit von nur 14 Jahren scheitert, dann liegt es nahe, bei der Suche nach den Gründen ganz vorne zu beginnen: Am Anfang der Weimarer Republik stand die Revolution von 1918/19. Man kann die Revolution von 1918/19 in drei Phasen unterteilen.

1. Phase: Zusammenbruch

Die erste Phase begann am 28./29. September 1918, als die militärische Führung des Deutschen Kaiserreichs einräumte, dass der Weltkrieg verloren sei. Diese Nachricht wirkte auf die deutsche Öffentlichkeit wie ein Schock – verblendet von der Kriegspropaganda war man noch wenige Wochen zuvor von einem deutschen „Siegfrieden" überzeugt gewesen. Nun schlug die Stimmung um: Seit Anfang November breitete sich innerhalb weniger Tage eine revolutionäre Bewegung aus meuternden Marinematrosen, heimkehrenden Soldaten und streikenden Arbeitern aus. Drei Forderungen standen im Mittelpunkt: sofortiger Friede, Demokratisierung und die Abdankung des Kaisers.

Am 9. November 1918 überschlugen sich die Ereignisse: Am Mittag gab Reichskanzler Max von Baden die Abdankung Kaiser Wilhelms II. bekannt, am frühen Nachmittag proklamierte der Sozialdemokrat Philipp Scheidemann von einem Balkon des Reichstags aus die „deutsche Republik", zwei Stunden später rief Karl Liebknecht vom Balkon des Berliner Schlosses die „freie sozialistische Republik" aus. Diese doppelte Ausrufung der Republik spiegelte die 1917 vollzogene politische Spaltung der Arbeiterbewegung wider: Neben der gemässigten Mehrheitssozialdemokratie (MSPD) stand die radikalere, pazifistische Unabhängige Sozialdemokratische Partei Deutschlands (USPD), deren linkem Flügel Liebknecht angehörte. In dieser Situation fiel der linken Revolutionsregierung, die unter der Führung des MSPD-Chefs Friedrich Ebert am 10. November die Macht übernommen hatte, die undankbare Rolle des „Konkursverwalters" zu. Schon am 11. November unterzeichnete eine deutsche Delegation in Frankreich den Waffenstillstand – der Erste Weltkrieg und damit die erste Phase der Revolution waren beendet.

2. Phase: Entscheidungen

Die zweite Phase der Revolution war bestimmt von den sich verschärfenden Gegensätzen innerhalb der Linken. Für Friedrich Ebert und die MSPD hatte nun die

M 1   **Novemberrevolution**

Auto mit bewaffneten Mitgliedern des Arbeiter- und Soldatenrats am Brandenburger Tor, Foto, November 1918

Vermeidung eines Bürgerkriegs und die rasche Stabilisierung der Verhältnisse oberste Priorität. Der linke Flügel der USPD und der radikale Spartakusbund hingegen suchten die Revolution auf der Strasse weiterzutreiben, die Betriebe in Arbeiterhand zu überführen und eine „Diktatur des Proletariats" zu errichten.

Da die Regierung über keine loyale „Schutzwehr" verfügte, traf Ebert in dieser Lage eine folgenschwere Entscheidung: Um den Ausbruch von Bürgerkrieg und Chaos zu vermeiden, entschloss er sich zur Zusammenarbeit mit der ehemals kaiserlichen Armee. Die Armee stellte sich der neuen Regierung zur Verfügung und erhielt dafür die Zusicherung, dass die bestehenden Befehlsverhältnisse, also die Stellungen der Offiziere, nicht angetastet würden. Hier zeichnete sich eine Entwicklung ab, die Ebert nicht beabsichtigt hatte: In der Weimarer Republik sollte die Reichswehr zum Staat im Staate werden – eine schwere Belastung für die Republik. Ebert sah sich ausgerechnet am 24. Dezember 1918, dem ersten Weihnachtsfest im Frieden, gezwungen, von dieser Abmachung Gebrauch zu machen, und liess Truppen auf revoltierende Arbeiter schiessen. Auch den sogenannten „Spartakusaufstand", einen Putschversuch der radikalen Linken im Januar 1919, liess die sozialdemokratische Regierung mithilfe von Truppen und nationalistischen Freiwilligenverbänden („Freikorps") blutig niedergeschlagen. Von nun an haftete Ebert und seiner Partei in der Sicht der radikalen Linken der Ruf des Verrats an.

Eine wichtige Grundsatzentscheidung traf im Dezember 1918 der in Berlin tagende Kongress der Arbeiter- und Soldatenräte: Mit grosser Mehrheit sprach sich der Kongress gegen die Stimmen der radikalen Linken für die Abhaltung allgemeiner Wahlen zu einer Verfassunggebenden Versammlung aus. Die Wahlen fanden bereits am 19. Januar 1919 statt und beendeten die zweite Phase der Revolution.

M 2 „Verraten durch die S.P.D. Wählt Kommunisten!"
Wahlplakat, 1928

3. Phase: Radikale Experimente und Verfassungsgebung

In den Wahlen zur Nationalversammlung erteilten die Bürgerinnen und Bürger der revolutionären Politik der Linken eine klare Absage: Mit 37,9 % der Stimmen liess die MSPD ihre linke Konkurrenz, die USPD (7,6 %), weit hinter sich, gefolgt von der linksliberalen Deutschen Demokratischen Partei (DDP, 18,5 %) und der Partei der Katholiken, dem Zentrum (19,7 %). Mit grossem Abstand folgten die monarchistische Deutschnationale Volkspartei (DNVP, 10,3 %) sowie die nationalliberale Deutsche Volkspartei (DVP, 4,4 %). MSPD, DDP und Zentrum bildeten in der Weimarer Nationalversammlung die „Weimarer Koalition". Die Weimarer Koalition – das war ein Kompromiss zwischen gemässigter Arbeiterbewegung, bürgerlichen Demokraten und dem fortschrittlichen Flügel des Katholizismus. Die Abgeordneten der Nationalversammlung arbeiteten in Weimar vom 6. Februar bis 31. Juli eine Verfassung für die deutsche Republik aus. In das beschauliche Städtchen Weimar hatten sie ausweichen müssen, weil linke Bewegungen in der Hauptstadt versuchten, die Revolution weiterzutreiben. Vor allem im Ruhrgebiet, in Berlin und in Mitteldeutschland brachen Unruhen und Massenstreiks aus, die auf eine Kontrolle der Betriebe durch die Arbeiter abzielten. In München endete der zweimalige Versuch von Mitgliedern der USPD, Kommunisten und Anarchisten, im Frühjahr 1919 eine bayerische „Räterepublik" nach russischem Vorbild zu etablieren, in einem Blutbad zwischen revolutionären Kämpfern und einrückenden Soldaten. Das Experiment kostete 600 Menschen das Leben.

Info

Räterepublik

Staatsform, die unterprivilegierte Bevölkerungsschichten (z. B. Arbeiter, Bauern, Soldaten) direkt an der Macht beteiligt. Gewählte Delegierte bilden einen Rat, der alle Entscheidungsbefugnisse besitzt und ausführende, gesetzgebende und richterliche Gewalt in seiner Hand vereinigt. Die Gewaltenteilung ist damit aufgehoben. Die Räte sind ihrer Wählerschaft direkt verantwortlich und jederzeit abwählbar. Das Rätesystem bildet somit ein Gegenmodell zur parlamentarischen Demokratie.

M 3 „Bayern, der Bolschewik geht um!"
Wahlplakat, 1919

Info

Bolschewismus

Bolschewismus, Bolschewiki (russ. = Mehrheitler). Bezeichnung für die radikalen sozialdemokratischen Anhänger Lenins, die seiner revolutionären Taktik (Leninismus) auf einem Parteitag 1903 zustimmten. Nach Lenins Theorie muss die Proletarische Revolution von einer straff geführten Kaderpartei getragen werden. Sie ist die bestimmende Kraft auf dem Weg zum Sozialismus und muss durch Parteifunktionäre alle nachgeordneten gesellschaftlichen Gruppierungen beherrschen.

Ergebnisse der Revolution

Die Ergebnisse und Folgen dieser Revolution sind für das Verständnis des Scheiterns der Weimarer Republik von einiger Bedeutung. Denn erstens hatten die Abdankung des Kaisers und der Untergang der alten monarchischen Ordnung auf die deutschen Führungsschichten, insbesondere im Militär und im Adel, wie ein Albtraum gewirkt. Für sie schien mit dem Kaiser eine ganze Welt unterzugehen. Bestrebungen nach einer Wiederherstellung („Restauration") der Monarchie sollten die Republik bis zu ihrem Untergang begleiten und belasten.

Zweitens waren weite Kreise des Bürgertums während der Revolution von einer geradezu panischen Angst gepackt worden, dass nun in Deutschland ein bolschewistisches Gewaltregime nach russischem Muster ans Ruder kommen könnte. Von dieser Furcht vor Bolschewismus, Chaos und Bürgerkrieg sollte die radikale Rechte, die der Republik von Anfang an mit Hass und Gewalt entgegentrat, noch über das Ende der Republik hinaus profitieren.

Drittens hatte der Verlauf der Revolution die schon im Weltkrieg aufgebrochene politische Spaltung der Arbeiterbewegung vertieft. Von nun an sah sich die SPD, eine der wichtigsten Stützen der Republik, durch die vor allem in der KPD organisierte radikale Linke bedroht und geschwächt.

Viertens hatten sich Gewerkschaften und Arbeitgeber während der Revolution auf einen bemerkenswerten Kompromiss geeinigt: Die Arbeitgeber erkannten die Gewerkschaften als „berufene Vertretung der Arbeiterschaft" an und erklärten sich mit der Einführung des Achtstundentages einverstanden; im Gegenzug akzeptierten die Gewerkschaften die bestehende Wirtschaftsordnung. An diesen sozialpolitischen Kompromiss knüpften sich, vor allem aufseiten der Gewerkschaften, grosse Hoffnungen, die in den folgenden Jahren bitter enttäuscht werden sollten.

Doch war mit diesen Ergebnissen der Revolution ein Scheitern der Republik vorprogrammiert? Keineswegs. Denn fünftens stand am Ende der Revolution eine Verfassung, die die demokratisch gewählte Weimarer Nationalversammlung am 31. Juli 1919 verabschiedet hatte und die der Republik die Chance zu einer freiheitlichen, demokratischen Entwicklung eröffnete.

„Demokratischste Demokratie der Welt"? – Die Verfassung

„Das Deutsche Reich ist eine Republik. Die Staatsgewalt geht vom Volke aus". Bereits diese wenigen Worte des Artikels 1 der Weimarer Verfassung hatten es in sich. Sie signalisierten den Bürgern, dass hier nicht einfach der Staatsaufbau des Kaiserreichs fortgeschrieben, sondern vielmehr etwas Neues gewagt wurde: Eine Republik, die ganz ohne Monarchen auskam, und ein Staat, in dem sich die Macht ausschliesslich auf demokratischem Weg vom Volk herleitete. Dabei blieb die politische Macht verteilt zwischen dem Deutschen Reich und den einzelnen Bundesländern, deren Regierungen im Reichsrat an der Gesetzgebung mitwirkten. Ein umfangreicher Katalog von Grundrechten sicherte nicht nur dem einzelnen Bürger die klassischen Freiheitsrechte, sondern stellte bestimmte Gruppen unter den besonderen Schutz der Verfassung, etwa die Jugend, die Beamten und die Arbeiter und Angestellten in den Betrieben, denen die Verfassung das Recht auf Mitbestimmung garantierte.

Die Verfassung stellte die Demokratie gleich auf eine dreifache Grundlage: Im Mittelpunkt des demokratischen Verfahrens stand erstens der Reichstag, der in

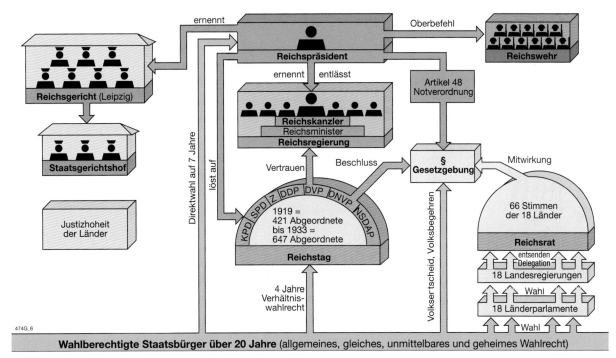

M 4 Die Weimarer Verfassung

freier, gleicher, allgemeiner und geheimer Wahl nach dem Verhältniswahlrecht gewählt wurde. Der Reichstag hatte die Gesetze zu beschliessen, die Regierung zu kontrollieren und konnte sie gegebenenfalls auf dem Wege eines parlamentarischen Misstrauensvotums auch stürzen: Die Abhängigkeit der Regierung von der Parlamentsmehrheit – dies war ein entscheidender Durchbruch zum parlamentarischen Regierungssystem.

Darüber hinaus eröffnete die Verfassung zweitens die Möglichkeit, Gesetze auf dem Wege des Volksentscheids herbeizuführen. Auch das Staatsoberhaupt, der Reichspräsident, ging aus direkter Wahl hervor und wurde in der Verfassung mit weitreichenden Befugnissen ausgestattet. Er berief und entliess die Regierung, konnte Volksentscheide veranlassen, den Reichstag auflösen und verfügte darüber hinaus über ein Notstandsrecht: Im Falle einer erheblichen Gefährdung der öffentlichen Sicherheit und Ordnung konnte der Reichspräsident Massnahmen zu deren Wiederherstellung ergreifen sowie einzelne Grundrechte ausser Kraft setzen.

Mit dieser Vielfalt an Befugnissen bildete der Reichspräsident einen bedeutenden Machtfaktor und gewichtigen Gegenspieler zum Reichstag. So konnte der Reichspräsident aufgrund einer von ihm festgestellten Gefährdungslage nach Artikel 48 so genannte Notverordnungen erlassen, die, obwohl sie nicht vom Parlament verabschiedet wurden, den Charakter von Gesetzen hatten. Allerdings

Info

Verhältniswahl

Jede Partei erhält Mandate im Verhältnis ihrer Stimmenzahl. Im Gegensatz zur Mehrheits- oder Persönlichkeitswahl gehen die Stimmen für die unterlegenen Parteien nicht verloren.

M 5 „Die Verfassung des Deutschen Reiches"

Titelblatt der Ausgabe zur Verteilung an Schulen, 1919

M 6 „Frauen denkt daran! Nie wieder Rechtsregierung"

Plakat der DDP zu den Reichstagswahlen am 20. Mai 1928

musste der Reichspräsident nach Artikel 48 erlassene Notverordnungen wieder ausser Kraft setzen, wenn der Reichstag dies verlangte. Dass der Reichspräsident dann nach Artikel 25 von seinem Recht Gebrauch machen würde, den Reichstag aufzulösen und Neuwahlen auszuschreiben, diesen Fall einer gegenseitigen Blockade der demokratischen Verfassungsorgane hatten die Architekten der Weimarer Verfassung nicht als Gefahr vor Augen. Vielmehr hatten sie das Amt des direkt gewählten Reichspräsidenten bewusst so weit gestärkt, dass dieser „Ersatzkaiser" die Übermacht des Parlaments und der in ihm vertretenen Parteien in die Schranken weisen konnte, und zwar als vermeintlich neutrale Instanz und Verkörperung des Volkswillens. Man sieht: Von der Person des Reichspräsidenten hing einiges ab.

Die Weimarer Verfassung kombinierte also Elemente der parlamentarischen, der plebiszitären und der präsidialen Demokratie. Verfassungsexperten und demokratische Politiker sahen in dieser Kombination einen Vorzug der Weimarer Verfassung. Deutschland sei nun die „demokratischste Demokratie der Welt" meinte voller Stolz der sozialdemokratische Reichsinnenminister Eduard David unmittelbar nach der Verabschiedung der Verfassung. Doch der ausgetüftelte Verfassungskompromiss hatte seine Tücken, wie sich beim dramatischen Ende der Republik zeigen sollte.

Eine Demokratie ohne Demokraten?

Zunächst jedoch sprach vieles für Eduard Davids Lob: Die Verfassung von Weimar hatte das Frauenwahlrecht garantiert und das aktive Wahlalter von 25 auf 20 Jahre herabgesetzt. Das bedeutete, dass in der Weimarer Republik 20 Millionen zusätzlicher Wählerinnen und Wähler an die Wahlurnen gingen, die noch im Kaiserreich von der politischen Mitwirkung ausgeschlossen waren. Entsprechend intensiv haben die Parteien die Frauen und vor allem die Jugend umworben.

Die Wahlbeteiligung bei den Reichstagswahlen lag 1919 bis 1932 zwischen 75 % und 84 % und zeigte, wie sehr die Bevölkerung der Republik politisiert war. Aus der hohen Wahlbeteiligung dürfen wir jedoch nicht schliessen, dass die Demokratie in der Bevölkerung breite Wurzeln geschlagen hätte. Ein Blick auf die Wahlergebnisse im Einzelnen führt uns nämlich zu ganz anderen Ergebnissen: Nur drei der zahlreichen im Reichstag vertretenen Parteien bekannten sich ausdrücklich zur demokratischen Republik: Die seit 1922 wieder vereinigte SPD, die DDP und das Zentrum. Diese drei republikanischen Parteien der „Weimarer Koalition" hatten bei den Wahlen zur Nationalversammlung im Januar 1919 noch eine klare Mehrheit errungen. In den Wirren der Revolution hatten die meisten Wähler eine Stabilisierung der Verhältnisse gewünscht und daher auf die „Mitte" gesetzt.

Doch bereits bei den Wahlen zum ersten Reichstag 1920 hatte die „Weimarer Koalition" ihre Mehrheit verloren. Enttäuschung über den „abgebremsten" Verlauf der Revolution bescherte der linkssozialistischen USPD einen gewaltigen Stimmenzuwachs auf Kosten der SPD, während die Rechtsparteien von der Verbitterung über den im Sommer 1919 abgeschlossenen Friedensvertrag von Versailles profitierten. Von nun an verfügten die demokratischen Kräfte im Deutschen Reichstag über keine Mehrheit mehr.

Die Einführung des Verhältniswahlrechts war 1919 als besonders demokratisches Verfahren lebhaft begrüsst worden, denn es eröffnete auch kleinen und

M 7 Frauenwahlrecht
Frauen vor einem Wahllokal in Berlin während der Reichstagswahl, Foto, 6. Juni 1920

kleinsten politischen Gruppierungen die Möglichkeit, sich durch Abgeordnete im Reichstag vertreten zu lassen. Das Verhältniswahlrecht begünstigte die Gründung immer neuer kleiner Parteien, die oftmals nur ein bestimmtes wirtschaftliches Interesse vertraten („Interessenparteien") und Wähler von den Parteien der Mitte abzogen. Mit der 1919 gegründeten Kommunistischen Partei Deutschlands (KPD) und der kurz darauf ins Leben gerufenen NSDAP traten am linken und rechten Rand des politischen Spektrums zwei radikale Parteien neuen Typs in Erscheinung, die die Republik mit allen Mitteln bekämpften. Nach den Juliwahlen 1932 verfügten NSDAP und KPD zusammen über eine negative Mehrheit. Auf einen knappen Nenner gebracht könnten wir also sagen, dass die Deutschen ihre Republik abgewählt haben.

Friedrich Ebert – der erste Reichspräsident

Monate vor der Verabschiedung der Verfassung, am 11. Februar 1919, wählte die Nationalversammlung den SPD-Vorsitzenden Friedrich Ebert mit grosser Mehrheit zum ersten Reichspräsidenten. Die Wahl wurde von den einen als Symbol des revolutionären Wandels begrüsst, von den anderen als Skandal gebrandmarkt: Erstmals nämlich stand ein Mann, der aus einfachsten Verhältnissen stammte, an der Spitze des Staates, und er war Sozialdemokrat. Ebert, 1871 als Sohn eines Schneidermeisters geboren, hatte das Sattlerhandwerk erlernt und sich nach seiner Wanderschaft in Bremen niedergelassen, wo er Gastwirt wurde. Sein engagiertes Eintreten für die Belange der Arbeiterschaft führte ihn in die SPD; dort machte er sich nacheinander als Arbeitersekretär, Zeitungsredakteur und Mitglied des Parteivorstands verdient und wurde 1912 in den Reichstag, im Jahr darauf in den Vorsitz der Partei gewählt.

Am 9. November 1918 übertrug ihm der letzte kaiserliche Reichskanzler Max von Baden unter dem Eindruck der sich zuspitzenden Demonstrationen in Berlin das Amt des Reichskanzlers. Zur Erleichterung des Bürgertums und zum Entsetzen der radikalen Linken war er während der Revolutionsmonate auf die Aufrechterhaltung der Ordnung und die Vermeidung des Bürgerkriegs bedacht. Dass

M 8   **Friedrich Ebert**
an seinem Schreibtisch im Palais
des Reichspräsidenten, Foto, 1924

M 9   **Paul von Hindenburg**
nach seiner Vereidigung beim
Abschreiten des Potsdamer
Infanterieregiments Nr. 9,
Foto, 12. Mai 1925

er sich dabei auf Bürokratie und Militär des zusammengebrochenen Kaiserreichs stützte, trug ihm auf der Linken den Ruf des Arbeiterverräters ein, während ihn die Rechte als „Novemberverbrecher" denunzierte. Ebert übte sein Amt als Reichspräsident sachlich und als überzeugter Demokrat im Rahmen der Verfassung aus und gewann damit bei allen republiktreuen Kräften hohes Ansehen. Den Anfeindungen und Schmähungen von rechten wie linken Gegnern suchte er sich in über 170 Beleidigungsprozessen zu erwehren. Gesundheitlich zermürbt und politisch desillusioniert starb der erste Präsident der Weimarer Republik am 28. Februar 1925 im Alter von 54 Jahren.

Paul von Hindenburg – der zweite Reichspräsident

Aus einer völlig anderen Welt als Ebert stammte dessen Nachfolger Paul von Hindenburg, der am 26. April 1925 gemäss der Weimarer Verfassung in direkter Wahl zum Reichspräsidenten gewählt wurde. Damals war Hindenburg, der am 2. Oktober 1847 in Posen als Sohn eines preussischen Offiziers zur Welt gekommen war, bereits ein hochbetagter Mann. In den Fussstapfen des Vaters hatte er eine Offiziersausbildung absolviert; er nahm am deutsch-französischen Krieg 1870/71 teil, war 1871 Augenzeuge der Proklamation des deutschen Kaiserreichs im Spiegelsaal zu Versailles und setzte seine beachtliche militärische Karriere im Kaiserreich fort, bis er 1911 als General der Infanterie in den Ruhestand verabschiedet wurde. Beim Ausbruch des Ersten Weltkrieges 1914 trat er wieder in den aktiven Dienst ein und führte an der Front in Ostpreussen den Oberbefehl über die 8. Armee, die in der Schlacht bei Tannenberg die gegnerische russische Armee Ende August 1914 vernichtend schlug. Obwohl dieser Sieg weitgehend dem taktischen Geschick des Generalstabschefs Erich Ludendorff zu verdanken war, stand Hindenburg seitdem im legendären Ruf des „Helden von Tannenberg". Im Sommer 1916 ernannte ihn Kaiser Wilhelm II. unter grosser öffentlicher Zustimmung zum Chef der Obersten Heeresleitung, d. h. zum Oberkommandierenden über die gesamte Armee. Nach der Kriegsniederlage trat Hindenburg im Mai 1919 zum zweiten Mal in den Ruhestand, bis er 1925, gedrängt von den Rechtsparteien, im Alter von 77 Jahren für die Wahl zum Reichspräsidenten kandidierte.

Hindenburg, der innerlich Monarchist geblieben war, leistete den Eid auf die Verfassung und übte sein Amt formal im Rahmen der Verfassung aus. Blockaden im Parlament und häufige Regierungswechsel bestärkten ihn jedoch in seiner Distanz zur parlamentarischen Demokratie. Unter dem Eindruck der Weltwirtschaftskrise und unter dem Einfluss antirepublikanischer Berater steuerte Hindenburg seit Ende der Zwanzigerjahre auf eine Abkehr vom parlamentarischen System zu, indem er bedenkenlos die Möglichkeiten nutzte, die ihm die Verfassung dazu bot: Die drei letzten Kanzler der Republik, Heinrich Brüning, Franz von Papen und Kurt von Schleicher, liess er am Reichstag vorbei mithilfe von Notverordnungen nach Artikel 48 der Verfassung regieren. Er wurde 1932 wiedergewählt und übertrug nach langem Zögern am 30. Januar 1933 dem „Führer" der Nationalsozialistischen Deutschen Arbeiterpartei (NSDAP), Adolf Hitler, das Amt des Reichskanzlers. Hindenburg lieferte damit die Republik nicht nur an einen skrupellosen Diktator aus, sondern er verhalf mit seiner persönlichen Autorität der nationalsozialistischen Herrschaft zu Ansehen. Nach Hindenburgs Tod am 2. August 1934 vereinigte Hitler in seiner Person die Ämter des Reichskanzlers und Reichspräsidenten.

Die Revolution 1918/19 – Zeitgenössische Quellen interpretieren

M 10 „Arbeiter! Arbeiterinnen!"

Streikaufruf der Unabhängigen Sozialdemokratischen Partei Deutschlands (USPD) vom 16. Januar 1919:

Arbeiter! Arbeiterinnen!

Ungeheuerliches geschieht seit Tagen in Berlin. Das Proletariat hat als unterdrückte Klasse unter der Herrschaft der Bourgeoisie viel erlitten, namentlich unter dem schändli-
5 chen Sozialistengesetz. Aber weder unter Wilhelm I. noch unter Wilhelm II. hat so der weiße Schrecken gewütet wie jetzt.

Grausiges hat sich heute ereignet. Mit Fntsetzen wendet sich jedes menschlich fühlende Herz von den Gräueltaten
10 dieses Tages ab. Ein grässlicher Meuchelmord ist an Karl Liebknecht und Rosa Luxemburg verübt worden. [...]

Arbeiter! Arbeiterinnen!

Das, was man heute den Spartakisten und den Unabhängigen antut, kann morgen euer Los sein. Auch ihr Arbeiter, die
15 ihr euch zu der Partei der Rechtssozialisten zählt, seid der Reaktion und der Militärkaste verdächtig. Der Hass des Bürgertums und der Reaktion wird sich genauso gegen euch, eure Organisationen wie gegen die Arbeiterschaft im Allgemeinen wenden.
20 In unglaublicher Verblendung lässt die Regierung Ebert, Scheidemann, Landsberg, Noske, die sich immer noch eine sozialistische zu nennen wagt, ihre Söldner schalten und walten. Sie bewaffnet die Offiziere und die Bürgersöhne gegen die Arbeiterschaft. Erschießungen sind in Massen vorgekommen. Verhaftungen folgen auf Verhaftungen! [...] 25
Die Militärkaste, das Bürgertum und die Regierung müssen erkennen, dass ihr nicht die Objekte ihrer Willkür, sondern die Träger der Gesellschaft, die Erhalter des Wirtschaftslebens seid.

Darum Arbeiter und Arbeiterinnen! 30

Legt geschlossen die Arbeit nieder zum Protest gegen die Gewaltherrschaft!

Protestiert gegen das Verbleiben einer Regierung, deren Politik die Arbeiterklasse gespalten und zum Brudermord geführt hat! 35

Protestiert gegen eine Regierung, die die Arbeiter entwaffnet und unaufgeklärte Truppen, Offiziere und Studenten gegen die Arbeiter bewaffnet.

Protestiert gegen die Herrschaft der Soldaten-Anarchie!

Fordert die Demobilisierung des alten Heeres und die so- 40
fortige Entfernung der Truppen aus Berlin.

Fort mit der Regierung Ebert-Scheidemann!

Es lebe die Einigkeit des Proletariats!

Zit. nach: Wolfgang Michalka/Gottfried Niedhart (Hg.), Deutsche Geschichte 1918–1933. Dokumente zur Innen- und Außenpolitik, Frankfurt 1992, S. 47–49.

M 11 „Arbeiter, Bürger, Bauern, Soldaten … vereinigt euch zur Nationalversammlung"
Plakat, 1919

Die Revolution 1918/19 – Zeitgenössische Quellen interpretieren

M 12   Eröffnung der Nationalversammlung

Aus der Rede des SPD-Vorsitzenden und Mitglieds der Revolutionsregierung Friedrich Ebert am 6.2.1919:

Meine Damen und Herren, die Reichsregierung begrüßt durch mich die Verfassungsgebende Versammlung der deutschen Nationen. Besonders herzlich begrüße ich die Frauen, die zum ersten Mal gleichberechtigt im Reichspar-
5 lament erscheinen. Die provisorische Regierung verdankt ihr Mandat der Revolution; sie wird es in die Hände der Nationalversammlung zurücklegen. (Bravo!)

In der Revolution erhob sich das deutsche Volk gegen eine veraltete zusammenbrechende Gewaltherrschaft. (Zustim-
10 mung links. – Lebhafter Widerspruch rechts.)

Sobald das Selbstbestimmungsrecht des deutschen Volkes gesichert ist, kehrt es zurück auf den Weg der Gesetzmäßig-keit. Nur auf der breiten Heerstraße der parlamentarischen Beratung und Beschlussfassung lassen sich die unauf-
15 schiebbaren Veränderungen auch auf wirtschaftlichem und sozialem Gebiet vorwärts bringen, ohne das Reich und sein Wirtschaftsleben zugrunde zu richten.
(Sehr wahr!, links.)

Deshalb begrüßt die Reichsregierung in dieser National-
20 versammlung den höchsten und einzigen Souverän in Deutschland. [...]

Wir haben den Krieg verloren. Diese Tatsache ist keine Fol-ge der Revolution.
(Sehr wahr!, links. – Lebhafter Widerspruch rechts.)

25 Meine Damen und Herren, es war die Kaiserliche Regierung des Prinzen Max von Baden, die den Waffenstillstand ein-leitete, der uns wehrlos machte. (Zurufe.)

Nach dem Zusammenbruch unserer Verbündeten und an-gesichts der militärischen und wirtschaftlichen Lage konn-
30 te sie nicht anders handeln. (Sehr richtig!, links.)

Die Revolution lehnt die Verantwortung ab für das Elend, in das die verfehlte Politik der alten Gewalten und der leicht-fertige Übermut der Militaristen das deutsche Volk gestürzt haben. (Sehr wahr!, links.)

35 Sie ist auch nicht verantwortlich für unsere schwere Le-bensmittelnot. (Widerspruch rechts.) [...]

Meine Damen und Herren, die provisorische Regierung hat eine sehr üble Herrschaft angetreten. Wir waren im eigent-lichen Wortsinne die Konkursverwalter des alten Regimes:
40 (Sehr wahr!, bei den Sozialdemokraten.) Alle Scheuern, alle Lager waren leer, alle Vorräte gingen zur Neige, der Kredit

war erschüttert, die Moral tief gesunken. Wir haben, ge-stützt und gefördert vom Zentralrat der Arbeiter- und Sol-datenräte (Lachen rechts.) – gestützt und gefördert vom Zentralrat der Arbeiter- und Soldatenräte (Lebhafte Zu- 45 stimmung bei den Sozialdemokraten – Unruhe rechts.) un-sere beste Kraft eingesetzt, die Gefahren und das Elend der Übergangszeit zu bekämpfen.

Zit. nach: Wolfgang Michalka/Gottfried Niedhart (Hg.), Deutsche Geschich-te 1918–1933. Dokumente zur Innen- und Außenpolitik, Frankfurt 1992, S. 49–52.

M 13   Ernst Jünger über die Revolution 1918/19

Der Schriftsteller Ernst Jünger urteilt 1923 in einem nati-onalsozialistischen Blatt über die Revolution:

Schwerwiegende Fehler waren begangen, vor und während des Krieges, die Abrechnung aber mußte erfolgen nach Friedensschluß. So war die Revolution nichts anderes als eine Meuterei auf einem kämpfenden Schiff. Die Leute, die sich im Augenblick höchster Gefahr des Steuers bemächtig- 5 ten, übernahmen gleichzeitig eine schwere Verantwortung. Die Geschichte hat gelehrt, daß sie dieser Verantwortung nicht gewachsen waren. Der Grund liegt darin, daß nicht die Idee es war, die sie trieb, sondern die Beutegier, unterstützt von der Feigheit einer ausgehungerten und durch Schlag- 10 worte geblendeten Masse.

Inzwischen hat wohl auch der Beschränkteste erkannt, was eigentlich hinter diesen Schlagworten steckte. Die sogenann-te Revolution von 1918 war kein Schauspiel der Wiedergeburt, sondern das eines Schwarmes von Schmeißfliegen, der sich 15 auf einen Leichnam stürzte, um von ihm zu zehren. Welche Idee ist denn verwirklicht durch diese Revolution? Die der Freiheit? Der Demokratie? Des parlamentarischen Staates? Diese Frage dürfte wirklich jeden in Verlegenheit setzen. [...]

Die Vertreter des Materialismus in seiner ganzen Gemein- 20 heit, Schieber, Börsianer und Wucherer sind die wirklich Regierenden. Alles Reden und Handeln dreht sich um Ware, Geld und Profit. Alle Äußerungen des Staates, seine Verord-nungen, seine Erklärungen, seine Maßnahmen, sein Geld, seine Aufrufe, dünsten den Geruch des Verwesens aus. Wie 25 könnte es auch anders sein, da die Revolution keine Ge-burt, kein Aufstrahlen neuer Ideen, sondern eine Verwe-sung war, die von einem sterbenden Körper Besitz ergriffen hat. Zu lange währt dieses Schauspiel schon.

Ernst Jünger, Revolution und Idee, in: Völkischer Beobachter, 23./24. September 1923.

Die Weimarer Reichsverfassung– Zeitgenössische Deutungen

M 14   Eine Demokratie ohne Demokraten?

a) Der Schriftsteller Carl von Ossietzky schrieb aus Anlass des Verfassungsjubiläums 1929:

Wenn die Feiern einen Sinn haben sollen, so kann er nur der sein, in Erinnerung zu rufen, dass die Konstitution von Weimar besser ist als ihre Hüter, die sie dilettantisch handhaben und, wenn es ihnen so passt, in kühner Schwenkung
5 umgehen. [...] Die Geschichte der neuen Verfassung ist nicht eine Geschichte ihrer Erfüllung, sondern ihrer Verletzungen. Man hält das für staatsmännisch, für realpolitisch oder sonstwas. Deutschland fehlt noch immer jener Respekt vor dem Verfassungsbuchstaben, der alle gut funktio-
10 nierenden Demokratien auszeichnet. Kein englisches oder französisches Kabinett könnte sich einen Tag halten, das so weitherzig mit den konstitutionellen Garantien umgeht, wie es unsere verschiedenen Regierungen getan haben. [...] Dadurch ist ein Zustand von Unsicherheit geschaffen worden,
15 der den Glauben an die Möglichkeiten der Republik lähmt, um die Bezirke der Politik die Zone einer kühlen, etwas verächtlichen Skepsis legt und vor allen Dingen den heute Zwanzigjährigen das triste Bild eines Systems zeigt, das nicht klappen will. Das ist viel schlimmer als die akute Be-
20 drohung, die es gar nicht mehr gibt. Dafür ist die Zukunft eine einzige Drohung geworden, und sowenig sich eine ins Einzelne gehende Prognose stellen lässt, so gewiss fühlt man überall hinter dem selbstgefälligen Kulissenkult dieses Parlamentarismus eine kommende Wirklichkeit voller
25 dunkler und erschütternder Abenteuer. Der Deutsche ist noch immer so bar aller Staatsgefühle wie in der kaiserlichen Zeit. Nur ist der Staat noch viel unbeliebter als damals, denn er ist dem Einzelnen als Polizist oder als Steuereintreiber viel nähergerückt.

Carl von Ossietzky, Geburtstag der Verfassung, in: Die Weltbühne v. 6.8.1929, zit. n.: Bernd Sösemann, Demokratie im Widerstreit. Die Weimarer Republik im Urteil ihrer Zeitgenossen, Stuttgart 1980, S. 42–44.

b) Der Staatsrechtler Hermann Heller schrieb über Befürworter und Gegner der Weimarer Verfassung (1929/30):

Wir feiern die Weimarer Verfassung nicht, weil sie uns bereits Erfüllung wäre, sondern weil sie uns unsere Aufgabe ermöglicht. [...] Wir haben das Recht, von allen deutschen Staatsbürgern aller politischer Richtungen für sie Achtung zu fordern, weil diese Verfassungsform allen Gruppen die
5 gleichen Kampfbedingungen gewährt. Wir geloben, die Weimarer Verfassung gegen alle Angriffe von Gewaltideologen zu verteidigen. Wenn diese Angreifer immer wieder von Wahlzetteldemokratie sprechen, so wollen wir ihnen eines ganz deutlich sagen: Wir wissen genau, dass man
10 einen Staat nicht allein mit Wahlzetteln sichert und wir werden ihnen dieses Wissen in dem Augenblick praktisch beweisen, wo sie einen Gewaltangriff versuchen sollten. Dann werden wir die Weimarer Verfassung verteidigen, wenn es sein muss mit der Waffe in der Hand!
15

Hermann Heller, Freiheit und Form in der Reichsverfassung, in: Die Justiz. Monatsschrift für Erneuerung des Deutschen Rechtswesens 5 (1929/30), S. 676f., zitiert nach Bernd Sösemann, Demokratie im Widerstreit. Die Weimarer Republik im Urteil ihrer Zeitgenossen, Stuttgart 1980, S. 71f.

Aufgaben

1. Die Revolution 1918/19

a) Erarbeiten Sie anhand des Streikaufrufes die politische Anschauung der USPD. Vergleichen Sie Ihre Ergebnisse mit der Aussage des Plakats.

b) Überprüfen Sie die Aussagen Eberts zur Revolution mithilfe des Autorentexts. An welchen Stellen beschönigt er die bisherige Politik der provisorischen Regierung?

c) Informieren Sie sich mithilfe einer Literaturgeschichte über Ernst Jünger und arbeiten Sie seine Bewertung der Revolution heraus.

Text, Literaturgeschichte, M10 – M14

2. Die Weimarer Reichsverfassung

a) Recherchieren Sie folgende Artikel der Weimarer Verfassung: 1, 2, 20, 21, 22, 25, 41, 48, 52, 53, 54, 73, 109 und 165. Stellen Sie diese Artikel dem Verfassungsschaubild gegenüber.

b) Vergleichen Sie die Regelungen der Weimarer Verfassung mit dem Grundgesetz, und zwar unter folgenden Gesichtspunkten: Ablösung der Regierung, Stellenwert der Grundrechte und demokratische Beteiligung des Volkes.

c) Informieren Sie sich mithilfe des Internets über Carl von Ossietzky und Hermann Heller.

d) Arbeiten Sie anhand der Aussagen von Carl von Ossietzky und Hermann Heller deren Haltung gegenüber der Weimarer Republik heraus.

Text, M4, M14, Internet

M 1 Die historische Sitzung von Versailles

Den deutschen Bevollmächtigten werden von den Alliierten die Friedensbedingungen übergeben, Titelbild der Zeitschrift „Le Petit Journal" vom 25. Mai 1919

Der Versailler Vertrag – ein vergeblicher Versuch, den Frieden zu sichern

Die internationale Friedenskonferenz in Paris

Am 11. November 1918 wurde in einem Eisenbahn-Salonwagen im französischen Compiègne ein Waffenstillstand zwischen den bis dahin noch kriegführenden Ländern des Ersten Weltkrieges vereinbart. Danach galt es, tragfähige Friedensregelungen zu finden. Diese wurden zwischen Januar und Mai 1919 in Paris auf einer internationalen Friedenskonferenz beraten, an der Vertreter aus 32 Staaten teilnahmen. Den Inhalt und den Ausgang der Verhandlungen bestimmte allerdings vor allem ein „Rat der Vier", bestehend aus dem französischen Ministerpräsidenten und Tagungsvorsitzenden Georges Clemenceau, dem amerikanischen Präsidenten Woodrow Wilson, dem britischen Premierminister Lloyd George und dem italienischen Ministerpräsidenten Vittorio Emanuele Orlando. Im Unterschied zum Westfälischen Frieden und dem Wiener Kongress wurden die Friedensverhandlungen nach dem Ersten Weltkrieg nur von den Siegern geführt; die Verlierer blieben aussen vor. Zentrales Anliegen der Siegermächte war es, nach dem Ende des „Grossen Krieges" eine dauerhafte Weltfriedensordnung zu schaffen. Über die konkreten Regelungen zum Erreichen dieses Ziels waren sich die Teilnehmer der Pariser Friedenskonferenz zunächst uneins. Fest stand lediglich, dass Deutschland abrüsten musste und so geschwächt werden sollte, dass es keine hegemoniale Stellung in Europa mehr erlangen könnte.

Die Positionen der Sieger

Den USA ging es um die Umsetzung der Idee eines Völkerbundes, wie ihn der amerikanische Präsident Wilson in seinem 14-Punkte-Programm vorgeschlagen hatte. Der Völkerbund sollte das friedliche Zusammenleben der Staaten der Welt ermöglichen und auch überwachen. Des Weiteren wollten sich die USA den europäischen Markt für ihre Exporte erhalten. In diesem Sinne plädierte man dafür, den Status Deutschlands als wirtschaftliche Macht zu erhalten, das Land aber zugleich in ein Weltwirtschaftssystem einzubinden, um es über Verträge zu kontrollieren. Ausserdem wollten die USA verhindern, dass der Funke des Bolschewismus auf Deutschland übersprang. Unabhängig davon forderten auch die USA, dass Deutschland für die verursachten Kriegsschäden Reparationen zu zahlen habe.

England brachte in die Pariser Verhandlungen vor allem die aus dem 19. Jahrhundert stammende Vorstellung eines Gleichgewichts der Kräfte ein, auch um eine zukünftige Vorherrschaft Frankreichs zu verhindern. Wie die USA, so fürchtete auch England ein weiteres Vordringen des Bolschewismus – eine mögliche Kooperation von Russland und Deutschland wurde ebenfalls als Gefährdung für das europäische Gleichgewicht angesehen. Die Übergabe bzw. Vernichtung der deutschen Kriegsmarine war schon im Waffenstillstand verlangt worden. Ausserdem musste Deutschland seine Kolonien aufgeben.

Frankreich hingegen wollte nicht nur für die Schäden des Krieges entschädigt werden und die militärische Gefahr beseitigen, die von Deutschland ausging, sondern es strebte auch gravierende territoriale und wirtschaftliche Veränderungen an, um die deutsche Machtstellung deutlich einzuschränken. Frankreichs Ziel war eine hegemoniale Stellung in Europa. Dazu sollte das vom Deutschen Reich

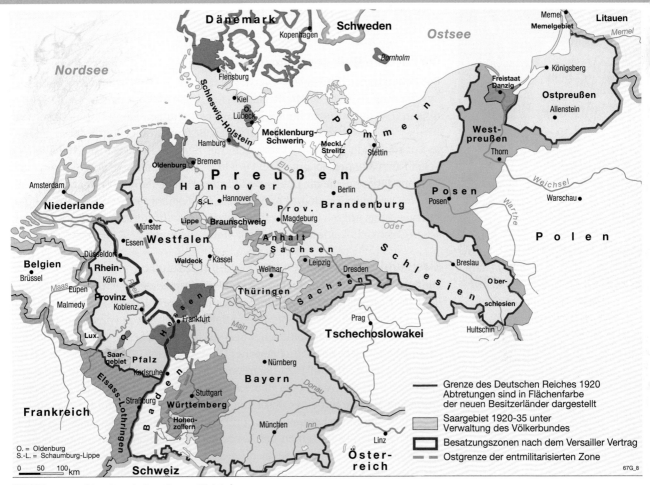

M 2 Deutschland nach dem Ersten Weltkrieg

1871 annektierte Elsass-Lothringen wieder zurückgegeben werden. Neben einer Grenzverschiebung bis an den Rhein schlug man eine Zerstückelung Deutschlands in mehrere Staaten und die Bildung eines selbstständigen Rheinlandes als Pufferstaat vor. Zwar konnte Frankreich seine Maximalforderungen nicht durchsetzen, dennoch war der Versailler Vertrag im Ergebnis stark von den französischen Vorstellungen geprägt.

Die enttäuschte Hoffnung der Deutschen

In Deutschland hoffte man auf einen Friedensvertrag, der sich an das 14-Punkte-Programm des amerikanischen Präsidenten Wilson vom 8. Januar 1918 anlehnte, schliesslich hatten die Deutschen bei ihrem Waffenstillstandersuchen vom 3./4. Oktober 1918 eine diesbezügliche Zusage der Alliierten erhalten. Angesichts der tatsächlichen Bestimmungen des Versailler Vertrages fühlte man sich betrogen und die deutsche Delegation in Paris verweigerte die Unterschrift. Die Alliierten stellten den Deutschen daraufhin ein Ultimatum und drohten mit dem Einmarsch ihrer Truppen. Da die deutschen Militärs der Nationalversammlung mitteilten, dass eine Wiederaufnahme der Kämpfe aussichtslos sei, wurde der Vertrag von deutschen Regierungsvertretern schliesslich doch unterschrieben. Von diesem Augenblick an besass die deutsche Aussenpolitik ein zentrales Ziel: die Revision des Versailler Vertrages.

M 3 „Nieder mit dem Gewaltfrieden!"

Demonstration gegen den Versailler Vertrag im Berliner Lustgarten (vor dem Schloss), Foto, Mai 1919

M 4 „Bis in die dritte Generation müsst ihr fronen!"

Plakat zum gescheiterten Volksbegehren gegen den Young-Plan, 1929

Die Aussenpolitik der Weimarer Republik

Die Bedingungen des Versailler Vertrages stiessen in Deutschland sowohl bei der Bevölkerung als auch bei der Regierung auf breite Ablehnung. Die Gebietsabtretungen und die immens hohen Reparationszahlungen wurden quer durch alle Parteien als unverhältnismässig angesehen. Besonders aber wurde der sogenannte Kriegsschuldartikel zurückgewiesen, der dem Deutschen Reich die alleinige Schuld am Weltkrieg zusprach. Im Vorfeld der Vertragsunterzeichnung kam es zu Demonstrationen, die die politische Führung Deutschlands davon abhalten sollten, den Versailler Frieden zu akzeptieren. Die Regierung der Weimarer Koalition sah allerdings angesichts der katastrophalen Ernährungslage und der militärischen Ohnmacht keine Alternative zur Unterzeichnung.

Streit und Verhandlungen um die Reparationen

Die Reparationen des Versailler Vertrages belasteten die deutsche Wirtschaft, und der Kriegsschuldartikel rüttelte am Selbstbild vieler Deutscher. Zunächst wies die deutsche Regierung die von der Reparationskommission in Paris festgelegte Reparationsschuld zurück, gemäss der bis 1963 insgesamt 223 Milliarden Goldmark zu zahlen gewesen wären. Im Londoner Ultimatum von 1921 wurde die Reparationsschuld daraufhin auf 132 Milliarden Goldmark und eine jährliche Abgabe in Höhe von 26 % des Wertes der deutschen Ausfuhr fixiert. Sollten die Zahlungen ausbleiben, wurde mit einer Besetzung des Ruhrgebietes gedroht. Die deutsche Regierung nahm das Ultimatum an und versuchte mit einer Strategie der Erfüllungspolitik den Alliierten zu beweisen, dass Deutschland trotz guten Willens wirtschaftlich nicht in der Lage sei, die geforderten Reparationszahlungen zu leisten. Diese Strategie schlug fehl, da Frankreich die Zahlungen trotz der wachsenden wirtschaftlichen Schwierigkeiten Deutschlands einforderte. Von den Deutschen erwartete man in Paris, dass diese ihre Finanzen angesichts der steigenden Verschuldung und der damit einhergehenden Inflation selbst in den Griff bekämen. Als es zu ersten Zahlungsrückständen kam, besetzte Frankreich 1923 das Ruhrgebiet als Pfand, um den Reparationsforderungen Nachdruck zu verleihen. Der parteilose deutsche Reichkanzler Wilhelm Cuno rief zum passiven Widerstand gegen die französische Besatzung auf, dem sogenannten Ruhrkampf. Die damit einhergehende Hilfe für die Bevölkerung des besetzten Gebietes kostete Unsummen und musste aus wirtschaftlichen Gründen (Hyperinflation) durch den nachfolgenden Reichskanzler Gustav Stresemann (DVP) wieder abgebrochen werden, wodurch der Ruhrkampf beendet wurde.

Mit dem 1924 in London beschlossenen Dawesplan – benannt nach dem amerikanischen Bankier und Politiker Charles Dawes – versuchte man, eine vorläufige Regelung des Reparationsproblems zu erzielen. Dazu wollte man die deutsche und europäische Wirtschaft stabilisieren und durch Kredite wieder aufbauen. Bis 1928/1929 sollte Deutschland jährlich 2,5 Milliarden Reichsmark zahlen, dafür aber auch eine internationale Anleihe über 800 Millionen Goldmark zur Stabilisierung der Währung erhalten. Weiterhin investierten US-Konzerne wie Ford und General Motors in den deutschen und europäischen Markt. Aufgrund des Kapitalzuflusses kam es zu einem Konjunkturaufschwung, auch räumten die französischen Truppen bis August 1925 das Ruhrgebiet.

Der Dawesplan wurde 1930 durch dem Young-Plan – benannt nach dem amerikanischen Wirtschaftsführer und Kommissionsvorsitzenden Owen D. Young –

abgelöst, der genau festlegte, wie lange und wie viele Reparationen Deutschland zahlen sollte, nämlich 34,5 Milliarden Reichsmark bis zum Jahr 1988. Tatsächlich führte die Weltwirtschaftskrise aber schon 1931 zur Zahlungseinstellung. Im Vertrag von Lausanne verzichteten die Alliierten 1932 nach einer einmaligen Zahlung von drei Milliarden Reichsmark schliesslich auf weitere Reparationsleistungen.

Der Weg aus der aussenpolitischen Isolation

Mit dem Rapallovertrag von 1922 wollte Deutschland seine aussenpolitische Isolation überwinden und zu einer aktiven Aussenpolitik zurückkehren. In diesem mit Sowjetrussland geschlossenen Vertrag legten beide Staaten ihren gegenseitigen Verzicht auf die Erstattung von Kriegsschäden fest und regelten die beiderseitigen Wirtschaftsbeziehungen. Für Sowjetrussland bedeutete der Vertrag eine internationale Aufwertung, England und Frankreich aber wurden von dem Vertrag überrascht. Die Haltung der westlichen Siegermächte gegenüber der Weimarer Republik verhärtete sich wieder, da man sich mit dem Rapallovertrag in der Hoffnung getäuscht sah, mit den Deutschen eine gemeinsame Politik gegen Sowjetrussland führen zu können. Tatsächlich befürchteten England und Frankreich nun ein antiwestliches militärisches Bündnis zwischen der Weimarer Republik und Moskau.

Die Erfahrung der Ruhrbesetzung führte zu einem Strategiewechsel der deutschen Aussenpolitik. Vor allem Gustav Stresemann stand als Aussenminister der Weimarer Republik von 1923 bis 1929 für eine Verständigungspolitik zwischen Deutschland und Frankreich. Bereits an den Verhandlungen zum Dawesplan beteiligt, erzielte Stresemann seinen grössten aussenpolitischen Erfolg 1925 auf der internationalen Locarno-Konferenz in der Schweiz. In den Verträgen von Locarno verzichteten Deutschland, Frankreich und Belgien auf eine gewaltsame Veränderung ihrer Grenzen und bestätigten damit die im Versailler Vertrag festgelegte deutsche Westgrenze. Des Weiteren wurde die Entmilitarisierung des Rheinlands beschlossen. Grossbritannien und Italien garantierten die Abmachungen. Eine Anerkennung der deutsch-polnischen Grenze kam nicht zustande, da Deutschland sich die Möglichkeit einer Revision seiner Ostgrenze offenhalten wollte. Dennoch war mit Locarno ein grosser Schritt für die Friedenssicherung in Europa getan. 1926 wurden Stresemann und sein französischer Kollege Aristide Briand mit dem Friedensnobelpreis ausgezeichnet und Deutschland durfte dem Völkerbund beitreten. Das Land hatte durch seine auf Verständigung ausgerichtete Politik seine aussenpolitische Isolation durchbrochen, an Ansehen gewonnen und konnte sich an internationalen Verhandlungen wieder gleichberechtigt beteiligen. 1928 wirkte Deutschland am Briand-Kellogg-Pakt mit, der als völkerrechtlicher Vertrag den Krieg ächtete und nur noch Verteidigungskriege zuliess.

M 5 **Verträge von Locarno**

Der deutsche Aussenminister Gustav Stresemann (1878–1929), rechts, und der französische Aussenminister Aristide Briand links im Bild. Foto, 1925

Der Versailler Vertrag und die politische Rechte in Deutschland

Der Versailler Vertrag sowie die auf ihn reagierende Erfüllungs- und Verständigungspolitik wurden von der politischen Rechten und insbesondere von den Nationalsozialisten heftig attackiert und zum Anlass für einen aggressiven Revanchismus und imperiale Grossmachtfantasien genommen. Die nachfolgende nationalsozialistische Aussenpolitik setzte sehr früh alles daran, die Bestimmungen des Versailler Vertrages und des Locarno-Vertrages zu unterlaufen, indem beispielsweise 1935 die allgemeine Wehrpflicht wieder eingeführt wurde und 1936 deutsche Truppen ins entmilitarisierte Rheinland einrückten.

Reaktionen auf den Versailler Vertrag – Eine Karikatur interpretieren

Die Deutschen sind schuld:

(Karl Arnold)

Sie haben Bismarck geduldet, sie haben die französischen Jugend- und Schulbücher vergiftet und den Revanchegedanken großgezogen,

sie haben sich Kolonien, Handel und Industrie geleistet,

sie haben sich politisch einkreisen lassen,

sie haben den österreichischen Thronfolger ermordet,

und als Jaurès den Krieg verhindern wollte, haben sie ihn erschossen;

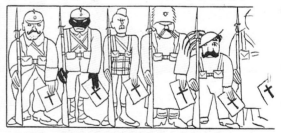

sie haben dann sofort die russische Armee gegen sich mobilisiert,

sie haben von 21 Staaten Kriegserklärungen entgegengenommen,

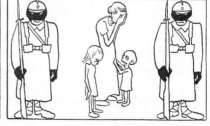

sie haben sich auf alle feindlichen Phrasen und Wilsons 14 Punkte verlassen,

und sie haben – die Hauptschuld – den Krieg verloren.

M 6 „Die Deutschen sind schuld"

Karikatur von Karl Arnold aus dem „Simplicissimus", 23. Juni 1924

Der Versailler Vertrag – Eine Darstellung analysieren

M 7 **Eine Beurteilung des Versailler Vertrags**

Seine Ansichten über den Versailler Vertrag erläutert der Historiker Jörn Leonhard, Professor für Westeuropäische Geschichte an der Universität Freiburg (2014):

[...] Aber der Friedensvertrag markierte den Bruch mit den Traditionen der neuzeitlichen Friedensverträge von 1648 und 1815: Die Vorstellung des entkriminalisierten iustus hostis [rechtmäßiger, gerechter Feind] wurde zugunsten
5 einer Moralisierung der Politik und der Zuweisung einer Alleinschuld am Kriegsausbruch aufgegeben. Doch bedeutete der Friedensvertrag im Gegensatz zum Mai 1945 eben keine bedingungslose Kapitulation Deutschlands. Aus dieser Perspektive fielen die Bedingungen je nachdem zu
10 harsch oder zu milde aus. Deutschland sah sich moralisch als stigmatisiert an und büßte doch zugleich weder politisch noch wirtschaftlich seinen europäischen Großmachtanspruch komplett ein. Anders als im Mai 1945 verfügte das Land nach dem Ersten Weltkrieg weiterhin über die Res-
15 sourcen für eine revisionistische Außenpolitik. Darin spiegelte sich der keinesfalls widerspruchsfreie Kompromiss zwischen den Siegermächten wider. Der Vertrag reflektierte das anglo-amerikanische Drängen auf eine erneuerte kontinentaleuropäische Gleichgewichtskonstellation und
20 bremste insofern die aus den doppelten Kriegserfahrungen von 1870 und 1914 resultierenden französischen Pläne einer langfristigen Zerschlagung der deutschen Großmachtposition aus. Letzteres hätte etwa auf dem Wege einer Rheinbundisierung des Reiches geschehen können, also der Bil-
25 dung kleinerer selbstständiger und von Frankreich abhängiger Staaten im Westen. [...] Das Ergebnis der Pariser Friedensverhandlungen war ein komplexer Kompromiss zwischen enttäuschten Siegern und ausdrücklich nicht zwischen Siegern und Besiegten. Dies stellte letztlich weder die Sieger noch die Verlierer des Krieges zufrieden. [...]
30 Im Gegensatz zur kritischen Wahrnehmung des Versailler Friedensvertrages wurde die Position Deutschlands durch die Ergebnisse des Friedens relativ gesehen gestärkt. Russland und die Habsburgermonarchie waren als eigenständige internationale Akteure auf lange Frist ausgeschaltet
35 oder aufgelöst. Im Vergleich zu 1815 war Deutschland auch nicht durch die staatsrechtliche Konstruktion des Deutschen Bundes geschwächt. Die politische und ökonomische Einheit des Staates wurde 1919 nicht infrage gestellt, und trotz der Kriegsniederlage blieb das Deutsche Reich auf
40 dem Kontinent ein entscheidender Akteur. [...]
Das Hauptproblem der neuen Ordnung nach 1918 lag im Anspruch der Akteure, einen künftigen Krieg durch ein System von Normen und Statuten zu verhindern, die in sich widersprüchlich blieben. Während der amerikanische Prä-
45 sident Wilson für die Vereinigten Staaten eine komplette Neuordnung Europas und der Welt im Zeichen demokratischer und universalistischer Ideale anstrebte, hielten Großbritannien an seiner imperialen Herrschaft und Frankreich an national definierten territorialen und wirtschaftli-
50 chen Kriegszielen gegenüber Deutschland fest. Zugleich spielten die Öffentlichkeiten aller Länder der Welt – weit über die Kriegsstaaten von 1914 hinaus – in den Friedensverhandlungen eine Rolle wie nie zuvor in der Geschichte. Das erhöhte den Druck auf die Delegationen, in relativ kur-
55 zer Frist zu Ergebnissen zu gelangen.

Jörn Leonhard, Die Büchse der Pandora. Geschichte des Ersten Weltkriegs. München 2014, S. 955–978.

Aufgaben

1. Reaktionen auf den Versailler Vertrag
a) Erläutern Sie die historischen Anspielungen in der Karikatur „Die Deutschen sind schuld". Setzen Sie sich anschliessend mit dem Titel auseinander.
b) Erstellen Sie eine Pro-Contra-Liste zur Bedeutung des Kriegsschuldartikels im Versailler Vertrag für die Politik der Weimarer Republik.
⌐ Text, M6

2. Bewertung des Versailler Vertrages
a) Analysieren Sie die Ausführungen des Historikers Jörn Leonhard zum Versailler Vertrag.
b) Diskutieren Sie die Möglichkeiten einer wirksamen Stabilitäts- und Friedenspolitik durch den Versailler Vertrag.
⌐ Text, M7

Die Republik am Abgrund

Schwarzer Freitag: Die Weltwirtschaftskrise

Eigentlich war der „Schwarze Freitag" ein Donnerstag, und er war auch nicht die Ursache der Weltwirtschaftskrise. Dennoch ist der 24. Oktober 1929 zum Symbol für eine wirtschaftliche Katastrophe grössten Ausmasses geworden. An diesem Tag stürzten die Aktienkurse an der Wall Street innerhalb weniger Stunden um bis zu 90 Prozent ab; mit einem Schlag war die Spekulationsblase, die sich während des vorangegangenen Börsenfiebers in den USA gebildet hatte, geplatzt. In der Folge brach das amerikanische Kreditsystem wie ein Kartenhaus zusammen. Als die amerikanischen Gläubiger daraufhin ihre in Deutschland investierten Kredite kündigten, bedeutete dies dort einen schweren Schlag für die bereits angeschlagene Konjunktur.

Zwischen 1929 und 1932 gingen die Industrieproduktion und das Bruttosozialprodukt in Deutschland um über 30 Prozent zurück, die Löhne und Gehälter sanken um 20 bis 30 Prozent – allerdings bei ebenfalls fallenden Preisen (Deflation). Im Jahr 1932, auf dem Tiefpunkt der Krise, stürzte die Arbeitslosigkeit mehr als acht Millionen Menschen – jeden dritten Erwerbstätigen! – ins Elend, viele von ihnen waren jünger als dreissig Jahre.

Politisch wog der Vertrauensverlust, den die Republik in den Augen ihrer Bürger hinnehmen musste, besonders schwer. Gerade als Sozialstaat hatte die Weimarer Republik hohe Erwartungen geweckt, die sie nun, in den Jahren des Massenelends, angesichts leerer Kassen herb enttäuschen musste. Viele der Enttäuschten, zu denen nicht nur die Arbeitslosen gehörten, schlossen sich ab 1930 einer der beiden radikalen Parteien an. Ihre Kampfbünde boten ihren aktiven Mitgliedern ein Auskommen, eine Aufgabe, ein gewaltsames Ventil für ihre Frustration – und vor allem die politische Botschaft einer ganz anderen und vermeintlich viel besseren Zukunft.

Radikalismus von rechts: Adolf Hitler und die NSDAP

Rund 2000 Menschen füllten am Abend des 13. August 1920 den Festsaal des Münchner Hofbräuhauses. Gegen 20 Uhr schwang sich ein Mann mit blassem Gesicht und dunklem, gestutztem Schnurrbart unter dem Applaus der Menge auf einen quer stehenden Biertisch und begann in bedächtigen Worten über die Rolle der menschlichen Arbeit und der menschlichen Rassen in der Weltgeschichte zu sprechen. Nach etwa einer Viertelstunde wandte er sich dem Thema „Juden" zu, und seine Stimme wurde lebhafter. Er nannte die Juden „Schmarotzer" und „Parasiten am Körper anderer Völker" und steigerte, immer wieder von Beifall unterbrochen, die Lautstärke. Nachdem er sich sichtlich in Wut geredet hatte, rief er gestikulierend und mit sich überschlagender Stimme in den Saal: „Die Tat bleibt uns unverrückbar fest, sie heisst: Entfernung der Juden aus unserem Volke." Das Publikum tobte vor Begeisterung. 77 Mal war die zweistündige Rede von Zustimmung und Jubel unterbrochen worden. Zu diesem Zeitpunkt war der Name des umjubelten Redners nur in München bekannt: Adolf Hitler.

Die Gründer der Republik schmähte Hitler als „Novemberverbrecher"; in zahllosen Bierkellerreden attackierte er das Versailler „Schanddiktat", den „Marxismus" sowie das „internationale Judentum", das er für alle Missstände der Nation verantwortlich machte. Obwohl er Hass und Gewalt predigte, sich mit einer

M 1   „Ich suche Arbeit jeder Art!"
Foto, um 1931

M 2   Hitler bei einer Rede im Wahlkampf
Propagandafoto, 1932

prügelnden Leibgarde umgab und zahllose Saalschlachten provozierte, sah die weit rechts stehende bayerische Regierung von einer Strafverfolgung ab. Als Hitler auf dem Höhepunkt der Inflation am 8./9. November 1923 versuchte, die Regierungsmacht in München gewaltsam an sich zu reissen, hatte er jedoch den Bogen überspannt: Im Kugelhagel der Polizei brach der „Hitler-Putsch" am 9. November auf dem Münchner Odeonsplatz zusammen. Hitler wurde zu fünf Jahren Festungshaft verurteilt, seine Partei verboten. Während seiner Haft auf der Festung Landsberg, aus der er bereits im Dezember 1924 vorzeitig entlassen wurde, verfasste er den ersten Band seiner Schrift „Mein Kampf". Weitschweifig legte er in diesem Buch seinen bisherigen Werdegang sowie seine nationalsozialistische Weltanschauung dar.

Nach der Haftentlassung gründete Hitler im Februar 1925 die NSDAP neu, musste jedoch ein zweijähriges Redeverbot hinnehmen. Er organisierte während dieser Zeit die Partei nach dem „Führerprinzip", schaltete seine parteiinternen Gegner nacheinander aus und beauftragte seinen Landshuter Parteigenossen Gregor Strasser mit dem Aufbau der Partei in Norddeutschland. Vor allem verfolgte er von nun an einen Kurs der Legalität: Nicht mehr auf dem Weg des gewaltsamen Umsturzes, sondern vor allem durch Propaganda und die Gewinnung einer Massenbasis sollte die Macht im Staat erkämpft werden. Die Wahlerfolge blieben einstweilen bescheiden. Bei den Reichstagswahlen erreichte die Partei bis 1928 im Durchschnitt nur vier Prozent.

In scharfem Kontrast zu diesen Misserfolgen stand Hitlers Auftreten. Siegessicher attackierte er die parlamentarisch-demokratische Republik. Seine Partei liess er auf den theatralisch inszenierten „Reichsparteitagen" in Nürnberg Geschlossenheit und Stärke demonstrieren: Die Massenaufmärsche geschlossener Formationen in einheitlicher Uniform, der Fahnenschmuck, der nächtliche Fackelzug, das Grossfeuerwerk, das Auftreten der Hitlerjugend, die aufpeitschenden Reden, das Ausstrecken des rechten Arms zum „Hitler-Gruss", die Totenehrung, die feierlichen Fahnenweihen und schliesslich die Abnahme der „Parade" durch den „Führer", der im offenen Mercedes mit ausgestrecktem Arm den Vorbeimarsch seiner Anhänger inspizierte – schon Zeitgenossen erkannten in diesen Inszenierungen die Elemente einer religiösen Liturgie (Form des Gottesdienstes).

Radikalismus von links: Die KPD

Als um die Jahreswende 1918/19 in Berlin die Kommunistische Partei Deutschlands (KPD) gegründet wurde, konnten die Delegierten bereits auf ein erfolgreiches Vorbild verweisen: In Russland hatten 1917 die russischen Kommunisten (Bolschewisten) unter der Führung von Wladimir Iljitsch Lenin die Herrschaft des Zaren gestürzt und begonnen, eine „Diktatur des Proletariats" in Gestalt einer Einparteienherrschaft zu errichten. Auch in Deutschland verfolgte die KPD in den ersten Jahren der Weimarer Republik eine Politik des gewaltsamen Umsturzes: Bis 1923 versuchte sie in mehreren Anläufen vergeblich, der Revolution von 1918/19 eine gewaltsame zweite, kommunistische Revolution folgen zu lassen. Als etwa die KPD am 18. März 1921 die Arbeiter zu den Waffen rief, forderte der überstürzte Aufstandsversuch 180 Todesopfer, darunter 35 Polizeibeamte und 145 Zivilisten.

Nach einem neuerlichen Fehlschlag im Oktober 1923 gab die KPD ihre Putschtaktik auf und wandelte sich zu einer „Partei neuen Typs": Zentral gelenkt von ei-

M 3 „Schluss mit diesem System"

Plakat der KPD zu den Reichstagswahlen vom 6. November 1932

M 4   Reichskanzler Hermann Müller (SPD)
am Rednerpult des Reichstags während seiner Regierungserklärung, Foto, 3.7.1928

nem Funktionärsapparat folgte sie von nun an jedem Kommando der sowjetischen Kommunistischen Partei und konnte zugleich mit rund zehn Prozent der Stimmen bei den Reichstagswahlen 1924 bis 1928 beachtliche Erfolge verbuchen. Unter ihrem Vorsitzenden Ernst Thälmann folgte die KPD ab 1928/29 einer neuen Moskauer Parole: Der von den Kommunisten zu bekämpfende Hauptfeind seien die Sozialdemokraten, die von nun an „Sozialfaschisten" genannt wurden. Auf diese Weise wurde die Spaltung der Arbeiterbewegung weiter vertieft; ein Bündnis der linken Kräfte gegen den Nationalsozialismus erschien nun aussichtsloser denn je. Während der Weltwirtschaftskrise erhielt die KPD beträchtlichen Zulauf durch Arbeitslose.

Anfang vom Ende: Das Scheitern der Grossen Koalition 1930

Die beiden radikalen Parteien blieben trotz ihrer auftrumpfenden Rhetorik einstweilen noch weit von der politischen Macht entfernt. Seit Juni 1928 regierte unter dem sozialdemokratischen Reichskanzler Hermann Müller eine Grosse Koalition aus SPD, DDP, Zentrum und DVP. Die Grosse Koalition hatte eine Reihe schwieriger und äusserst umstrittener Probleme zu meistern: Die Neugestaltung der Reparationszahlungen im so genannten Young-Plan, die Entscheidung über den kostspieligen Bau eines neuen Panzerschiffs („Panzerkreuzer A") und schliesslich die Bekämpfung eines rasch ansteigenden Haushaltsdefizits. Fast 21 Monate lang konnte sich die Regierung der Grossen Koalition an der Macht halten. Was aus heutiger Sicht kurz erscheint, war in der Weimarer Republik ein Rekord: Alle anderen 18 Regierungen der Weimarer Republik waren wesentlich schneller zerbrochen. Am 27. März 1930 jedoch reichte ein entnervter Reichskanzler Müller seinen Rücktritt ein. Was war geschehen?

Den Auslöser bildete ein Streit um die Finanzierung der Arbeitslosenversicherung, der innerhalb der Regierung mit grosser Unerbittlichkeit geführt wurde. 1927 hatte die Vorgängerregierung die Einführung einer Arbeitslosenversicherung durchs Parlament gebracht. Dies war eine der grossen sozialpolitischen Leistungen der Weimarer Republik, denn von nun an hatten Arbeitslose unter bestimmten Voraussetzungen ein Anrecht auf Unterstützung. Damit übernahm der Staat einmal mehr die Verantwortung für die sozialen Folgen des Wirtschaftsprozesses. Als infolge der Weltwirtschaftskrise die Arbeitslosenzahlen in die Höhe schnellten, geriet die neue Reichsanstalt für Arbeitsvermittlung und Arbeitssicherung rasch in ein erhebliches Defizit. Die unternehmernahe DVP und die Arbeitgeberverbände drängten auf eine Erhöhung der indirekten Steuern (die insbesondere Einkommensschwache und Arbeitslose belastet hätte) und Abbau der Versicherungsleistungen. Sozialdemokraten und Gewerkschaften plädierten hingegen für eine Erhöhung der Versicherungsbeiträge (die von Arbeitgebern und Arbeitnehmern gemeinsam aufgebracht wurden), eine Erhöhung der direkten Steuern und ein „Notopfer" durch die Bezieher höherer Einkommen. Nach wochenlangem Tauziehen einigten sich die Minister im Reichskabinett Anfang März 1930 auf einen Kompromiss. Doch die Reichstagsfraktion der DVP lehnte ab. Ein neuer Kompromiss wurde gefunden, nun stärker zu Lasten der Arbeitslosen. Doch dieses Mal lehnte die Fraktion der SPD ab. Am selben Tag trat Reichskanzler Müller zurück.

Der Sturz der Regierung Müller gilt als ein entscheidendes Datum auf dem Weg zur Diktatur, denn Müller war der letzte Reichskanzler der Republik, dessen

Regierung auf parlamentarische Weise, d. h. durch eine Mehrheit im Reichstag, gebildet und gestützt worden war. Die folgenden Kabinette regierten unter weitgehender Ausschaltung des Reichstages, bis der Reichspräsident am 30. Januar 1933 Hitler die Macht übertrug und damit der Republik den endgültigen Todesstoss versetzte.

Kanzler Brüning und die Praxis der Notverordnungen

Dem Reichspräsidenten Paul von Hindenburg kam das Zerbrechen der Grossen Koalition nicht ungelegen. Auch ihm waren die Sozialdemokraten an der Regierung ein Dorn im Auge gewesen. Mehr noch: In seinem Beraterkreis waren seit längerem Pläne entwickelt worden, die darauf abzielten, den Einfluss des Reichstags auf die Regierung drastisch zurückzuschrauben und stattdessen die Macht des Reichspräsidenten entscheidend zu stärken.

Hindenburg nutzte den Sturz der Regierung Müller zu diesem grundlegenden Kurswechsel. Am Tag nach Müllers Rücktritt beauftragte er den Vorsitzenden der Zentrumsfraktion, den Finanzexperten Heinrich Brüning, mit der Bildung einer Regierung, die nicht mehr auf die Unterstützung des Reichstags angewiesen sein sollte. Zu diesem Zweck gab er dem neuen Kanzler eine ungewöhnliche Zusage mit auf den Weg: Falls Brüning bei seinen Gesetzesvorhaben im Reichstag keine Mehrheiten finden würde, würde er, Hindenburg, seinem Kanzler die Möglichkeit eröffnen, mit so genannten Notverordnungen zu regieren. Die juristische Handhabe dazu bot der Artikel 48 der Verfassung.

Wie das neue System funktionierte, wurde am 16. Juli 1930 besonders deutlich: An diesem Tag lehnte der Reichstag einen Gesetzesentwurf zur Deckung des Haushalts, den Brüning vorgelegt hatte, mit grosser Mehrheit ab. Der Kanzler erklärte daraufhin, dass er auf die Fortführung der Debatte keinen Wert mehr lege und liess den Gesetzentwurf nun in Form einer von Hindenburg unterzeichneten Notverordnung in Kraft treten. Die Mehrheit der Abgeordneten wollte so nicht mit sich umspringen lassen und verlangte unter Berufung auf Artikel 48 der Verfassung von Brüning die Rücknahme der Notverordnung. Sofort nach der Bekanntgabe des Abstimmungsergebnisses, das die Notverordnung ausser Kraft setzte, liess der Reichspräsident den Reichstag auflösen und Neuwahlen ansetzen – auch dies war formal nach Artikel 25 der Verfassung möglich. Anstelle der vom Reichstag aufgehobenen Notverordnung setzte Brüning einige Tage später eine neue Notverordnung mit etwas abgeändertem Inhalt in Kraft. Diese konnte der nunmehr aufgelöste Reichstag nun nicht mehr aufheben.

Das gemeinsame Vorgehen Brünings und Hindenburgs zeigt, wie die Exekutive – Reichskanzler und Reichspräsident – durch Kombination einschlägiger Artikel der Verfassung das Parlament in seinem Recht auf Verabschiedung der Gesetze ausmanövrierte. Hindenburg und die ihn beratenden hohen Militärs hatten eine antiparlamentarische, vorwiegend auf das Notstandsrecht des Reichspräsidenten gestützte Regierungsweise auf den Weg gebracht, bei der der klassische Ort der Gesetzgebung, das Parlament, weitgehend ausgeschaltet war.

Die einzigen Gewinner der von Brüning und Hindenburg erzwungenen Neuwahlen zum Deutschen Reichstag am 14. September 1930 waren die Nationalsozialisten: Sie konnten ihren Stimmenanteil von 2,6 auf 18,3 Prozent erhöhen – ein dramatischer Erdrutsch nach rechts, der die Entwicklung der NSDAP zur Massenpartei mit einem Schlag vor Augen führte.

M 5 „Das sind die Feinde der Demokratie!"

Plakat der SPD zu den Reichstagswahlen vom 14. September 1930

M 6 „Der Reichstag wird eingesargt"
Fotomontage von John Heartfield, August 1932

M 7 Heinrich Brüning (1885–1970)
Foto, 1932

Entlassung Brünings

Die aus Politikern bürgerlicher Parteien bestehende Regierung Brüning fuhr zunächst einen strikten Konsolidierungskurs (Konsolidierung = Festigung), um den chronisch defizitären Reichshaushalt auszugleichen. Der Kanzler betrieb mithilfe der von der Weimarer Verfassung als Notbehelf vorgesehenen präsidialen Notverordnungen eine drastische Deflationspolitik, indem er Löhne und Preise in mehreren Schritten senkte sowie die Steuern erhöhte. All dies brachte ihm die Bezeichnung „Hungerkanzler" ein.

Nachdem die preussische Polizei im März 1932 bei einer Razzia auf Material gestossen war, das Hinweise auf Putschpläne des nationalsozialistischen Kampfverbandes „Sturmabteilung" („SA") enthielt, liess Brüning auf Druck der Länder die Kampftruppen der NSDAP, „SA" und „SS", endlich verbieten. Nur widerwillig hatte Hindenburg diese Notverordnung unterschrieben, weil das Verbot nicht auch für linke und republiktreue Verbände galt. Der greise Generalfeldmarschall war soeben im zweiten Wahlgang für eine weitere Amtszeit wiedergewählt worden, und zwar mit Unterstützung der Sozialdemokraten und aller republikanischer Kräfte. Für sie war Hindenburg das geringere Übel. Denn sein gefährlichster Gegenkandidat, der immerhin fast 37 Prozent der abgegebenen Stimmen erhalten hatte, hiess Adolf Hitler. Seines Kanzlers war Hindenburg inzwischen überdrüssig geworden. Als Brüning ihm eine neue Notverordnung vorlegte, mit der die Zwangsversteigerung von überschuldetem ostelbischen Grossgrundbesitz ermöglicht werden sollte, verweigerte er die Unterschrift. Kurz darauf entliess er den Kanzler in barschem Ton: „Diese Regierung muss weg, weil sie unpopulär ist."

Diese Begründung war bestenfalls die halbe Wahrheit. Denn hinter den Kulissen hatten einflussreiche Kräfte auf den Sturz des Kanzlers hingearbeitet. Massgebliche Vertreter der Schwerindustrie waren von Brüning enttäuscht, da er nicht den strammen Rechtskurs steuerte, den sie sich von ihm erhofft hatten. Scharfe Gegner hatte Brüning darüber hinaus vor allem in den Kreisen der hochadeligen ostpreussischen Grossgrundbesitzer gefunden: Sie erwarteten eine Ausweitung der staatlichen Unterstützung für die Landwirtschaft, da viele ihrer grossen Gutshöfe heillos verschuldet waren. Als Brüning jedoch plante, die am meisten verschuldeten Güter durch einen staatlichen Kommissar zwangsversteigern zu lassen, um auf dem frei werdenden Boden Hunderttausende von Arbeitslosen anzusiedeln, war die Entrüstung unter den Landwirten grenzenlos. Da traf es sich gut, dass der Reichspräsident als Besitzer des Gutes Neudeck selbst einer der ihren war und man sich gegenseitig bestens kannte.

Scharfen Gegenwind hatten Brüning und sein Reichswehrminister schliesslich aus den Reihen der Reichswehr erfahren müssen. Keiner Regierung war es bisher gelungen, die Armee in den demokratischen Staat zu integrieren. Während viele der älteren Offiziere noch „kaiserlich" eingestellt waren, sympathisierten die jüngeren nicht selten mit dem radikalen Nationalismus der NSDAP. Intern beschäftigte sich die Reichswehrführung mit Projekten zu einer massiven Aufrüstung, die aufgrund der Auflagen des Versailler Vertrages noch nicht realisierbar schienen.

Brünings Notverordnungsregiment hatte das parlamentarische System der Weimarer Republik ausser Kraft gesetzt. Massgeblichen Kräften in der Schwerindustrie, in der ostpreussischen Landwirtschaft und im Militär ging der 1930 vollzogene Rechtsruck jedoch nicht weit genug. Sie suchten die endgültige Abkehr vom Weimarer Staat.

Die Republik am Abgrund – Eine Karikatur analysieren

„Parlamentarisches", Karikatur von Karl Arnold, in: „Simplicissimus", 5. November 1923

Die Republik am Abgrund – Radikalismus von rechts

M 9 Die Wähler der NSDAP nach Berufsgruppen bei den Reichstagswahlen

	1928	1930	Juli 1932	November 1932	März 1933
Selbstständige und Mithelfende	2	17	39	33	49
Angestellte und Beamte	2	13	24	21	32
Arbeiter	2	12	27	24	33
Berufslose	2	20	42	35	48
Hausfrauen etc.	2	15	31	26	36
Alle Wahlberechtigte	2	15	31	26	39

Angaben in Prozent der Wahlberechtigten der jeweiligen Gruppen   *Nach: Jürgen W. Falter, Hitlers Wähler, München 1991, S. 283.*

M 10 Die Wähler der NSDAP nach Konfession und Herkunft bei den Reichstagswahlen

	1928	1930	Juli 1932	November 1932	März 1933
Katholiken insgesamt	2	9	15	14	28
Katholiken in der Stadt	3	11	16	14	26
Katholiken auf dem Land	1	7	15	14	31
Andere insgesamt	2	18	39	33	44
Andere in der Stadt	2	16	32	27	37
Andere auf dem Land	2	19	46	40	53
Alle Wahlberechtigten	2	15	31	26	39

Angaben in Prozent der jeweils Wahlberechtigten.   *Nach: Jürgen W. Falter, Hitlers Wähler, München 1991, S. 184.*

Aufgaben

1. **Die Republik am Abgrund – Karikaturen analysieren**
   a) Fassen Sie die im Text genannten Gründe für das Scheitern der Regierung Müller zusammen.
   b) Erläutern Sie mithilfe der Karikatur „Parlamentarisches" die politische Situation im Reichstag.
   Text, M4, M8

2. **Adolf Hitler und die NSDAP**
   a) Arbeiten Sie mithilfe des Autorentextes die politischen Ziele der NSDAP heraus.
   b) Erklären Sie mithilfe der Tabellen die Wahlerfolge der NSDAP und verfassen Sie zu diesem Thema einen kurzen Schulbuchtext.
   Text, M9, M10

Der Weg in die Diktatur

Die demokratischen Kräfte im Reichstag, auch die SPD, hatten Brüning „toleriert", d. h. sie hatten darauf verzichtet, den Kanzler über ein Misstrauensvotum zu stürzen. Denn sie ahnten: Was danach kommen würde, konnte nur schlimmer sein. In der Tat. Am 1. Juni 1932, auf dem Höhepunkt der Wirtschaftskrise, ernannte Hindenburg den westfälischen Adeligen Franz von Papen zum Reichskanzler, den er persönlich sehr schätzte und „Fränzchen" nannte. Da von vornherein klar war, dass Papen in der erstbesten Reichstagssitzung gestürzt werden würde, löste Hindenburg den Reichstag gleich nach Papens Ernennung vorsorglich auf. Als erster Kanzler gab Papen seine Regierungserklärung daher nicht im Reichstag ab, sondern er verlas sie im Rundfunk. Sein „Kabinett der Barone" bestand fast durchgehend aus sehr weit rechts stehenden Adeligen. Als eine seiner ersten Massnahmen hob er das Verbot der SA wieder auf. Der Reichstagswahlkampf im Juli 1932 wurde folglich zum blutigsten in der deutschen Geschichte. Um die Staatsmacht möglichst in seiner Hand zu konzentrieren, setzte Papen mitten im Wahlkampf, am 20. Juli 1932, die sozialdemokratisch geführte Regierung in Preussen ab und übernahm als „Reichskommissar" selbst die Macht im grössten Bundesstaat. Trotz Berufung auf den „Notstandsartikel" 48 der Verfassung war die Gleichschaltung Preussens ein klarer Verfassungsbruch.

„Brüning, der Freiheit und Ordnung letztes Bollwerk"
Plakat des Zentrums zu den Reichstagswahlen vom 31. Juli 1932

Die Reichstagswahlen vom 31. Juli 1932 erbrachten erstmals eine negative Mehrheit der radikalen Parteien: Bei einer hohen Wahlbeteiligung von 84 Prozent hatten 37,3 Prozent der Wähler für Hitler gestimmt, weitere 14,3 Prozent für die Kommunisten. Die Sozialdemokraten kamen nur noch auf 21,6 Prozent, das Zentrum auf 12,5, während die beiden liberalen Parteien zusammen nur etwas über zwei Prozent erzielten. Unmissverständlich hatten die Deutschen damit dokumentiert, dass sie die demokratische Republik mehrheitlich ablehnten.

Doch von einer konstruktiven Mehrheit waren die Verhältnisse im Reichstag nach der Wahl weiter entfernt denn je. Als ob es darum gehe, den Bürgern das Versagen des Parlamentarismus demonstrativ vor Augen zu führen, liess Papen den soeben neu gewählten Reichstag gleich bei seiner ersten Sitzung am 12. September erneut auflösen, um einem Misstrauensvotum der Kommunisten zuvorzukommen. Obwohl Hindenburg und seine Berater bereits mit dem Gedanken spielten, den „Staatsnotstand" auszurufen und einstweilen keine Wahlen mehr auszuschreiben, wurde am 6. November wieder gewählt. Dieses Mal mussten die Nationalsozialisten mit einem Stimmenrückgang auf 33,1 Prozent erstmals eine

Biografie

Franz von Papen (1879–1969)

war Sohn eines westfälischen Gutsbesitzers. Nach einer militärischen Ausbildung ging er in den diplomatischen Dienst. Als Mitglied des Zentrums spielte er wegen seiner politischen Ansichten in der Partei nur eine Aussenseiterrolle. 1932 wurde er Nachfolger von Heinrich Brüning und trug durch einige Massnahmen zur Schwächung der Weimarer Demokratie bei: So hob er das Verbot der nationalsozialistischen Kampfverbände SA und SS auf und setzte die von der SPD geführte Regierung in Preussen in einer umstrittenen Aktion ab. 1933 trat er als Vizekanzler zunächst in die erste Regierung von Adolf Hitler ein, bevor er in den folgenden Jahren verschiedene Botschafterposten übernahm. Nach seinem Freispruch im Nürnberger Kriegsverbrecherprozess zog Papen sich ins Privatleben zurück.

Franz von Papen (1879–1969)
Foto, 1932

**M 3   Kurt von Schleicher
(1882–1934)**
Foto, um 1930

Biografie

Kurt von Schleicher (1882 – 1934)

In der Weimarer Republik war er an führender Stelle im Reichswehrministerium tätig, bevor er 1932 in der Regierung von Franz von Papen Reichwehrminister wurde, dem er im selben Jahr noch im Amt des Reichskanzlers nachfolgte. Im Januar 1933 musste er den Platz für Adolf Hitler frei machen. Im Juni 1934 wurde er von den Nationalsozialisten erschossen.

Schlappe einstecken. Überhaupt schien Hitler den Höhepunkt seiner Wirksamkeit überschritten zu haben, denn bereits im August hatte ihm Hindenburg zu erkennen gegeben, dass er ihm, obwohl Chef der stärksten Partei, nicht die Regierungsverantwortung übertragen würde. Hindenburgs und Papens Ziel war es vielmehr, Hitler in die Regierungsverantwortung einzubinden, um ihn so zu „zähmen", nicht aber ihm die Macht alleine zu überlassen.

Unter dem Eindruck einer Intrige des Reichswehrministers Kurt von Schleicher liess Hindenburg Anfang Dezember 1932 seinen Günstling von Papen fallen und beauftragte von Schleicher mit der Bildung einer Regierung. Von Schleicher suchte eine letzte, durchaus neue Karte auszuspielen: Er knüpfte Kontakte zum linken, sozialen Flügel der NSDAP, stellte dessen Führer Gregor Strasser das Amt des Vizekanzlers in Aussicht und verhandelte zugleich mit den Gewerkschaften. Das Ziel seines „Querfront"-Konzepts bestand darin, die angeschlagene Hitlerbewegung zu spalten, ihren Arbeitnehmerflügel in die Regierungsverantwortung einzubinden und mit Hilfe von staatlichen Arbeitsbeschaffungsmassnahmen die Wirtschaft anzukurbeln. Das Konzept schien nicht ganz aussichtslos.

Doch nun wurde von Schleicher seinerseits das Opfer einer Intrige: Hinter seinem Rücken hatten sich im Januar 1933 von Papen und Hitler zusammen mit dem Chef der DNVP, Alfred Hugenberg, darauf geeinigt, gemeinsam eine „Regierung der nationalen Konzentration" zu bilden. Bedrängt von Papen gab Hindenburg seinen Widerstand gegen eine Ernennung Hitlers zum Reichskanzler auf. Er verweigerte von Schleicher die weitere Unterstützung und beauftragte am 30. Januar 1933 den „Führer" der NSDAP, Adolf Hitler, mit der Bildung einer Regierung. Dabei mochte ihn der Gedanke beruhigen, dass die Nationalsozialisten neben dem Reichskanzler Hitler in der neuen Regierung nur noch den Innenminister stellten, während Papen als Vizekanzler Hitler zur Seite stand. Hitler sollte, so der Plan Papens, von Konservativen eingerahmt, „gezähmt" und für die Zwecke der rechten Gegner der Republik in Landwirtschaft, Industrie und Reichswehr „benutzt" werden.

Der greise Reichspräsident Hindenburg wiederum sah in der Regierung Hitler-Papen jene „nationale Einheit" verkörpert, zu der er in den Jahren zuvor immer wieder aufgerufen hatte. Ausserdem schien ihm nach den unpopulären Notverordnungsregierungen Brünings, Papens und Schleichers die Regierung des 30. Januar 1933 auf dem besten Weg, endlich wieder eine Mehrheit der Deutschen hinter sich zu bringen.

Der 30. Januar 1933: Ein Betriebsunfall?

Die Ernennung Adolf Hitlers zum deutschen Reichskanzler am 30. Januar 1933 ist ein Datum von weltgeschichtlicher Bedeutung. Denn die Errichtung der nationalsozialistischen Diktatur im Lauf des Jahres 1933 hatte nicht nur das Ende von

**M 4   „Deutsche Zauber-
Werke AG"**
„Kein Grund zum Verzagen, solange noch Kanzler am laufenden Band produziert werden!"
Karikatur aus dem „Simplicissimus" von Karl Arnold, 12. Februar 1933

Demokratie und Freiheit, von Recht und Verfassung in Deutschland zur Folge. Vielmehr sehen wir heute in der Übergabe der Macht an Hitler vor allem den Auftakt zu einem beispiellosen Menschheitsverbrechen, das in der Entfesselung des Zweiten Weltkrieges und in der planmässigen Ermordung von Millionen von Menschen gipfelte. Aus dieser Perspektive hat die Frage in den letzten Jahren noch an Gewicht gewonnen: Wie konnte es dazu kommen? Ganze Generationen von Wissenschaftlern haben sich mit diesem Problem beschäftigt. Zu seiner Lösung müssen wir zwei Fragen unterscheiden. Erstens: Warum ist die Weimarer Republik gescheitert?

Die Geschichte der Republik zeigt, dass die Weimarer Republik vor allem an der Vielzahl von Problemen, die sie zugleich zu lösen hatte, gescheitert ist. Sie war eine überforderte Demokratie. Das Scheitern der Republik musste aber nicht zwangsläufig in die Hitler-Diktatur führen. Deshalb stellt sich eine zweite Frage besonders eindringlich: Warum konnte Hitler die Republik beerben?

Hitler profitierte am meisten davon, dass sich immer mehr Bürger enttäuscht von der Republik abwandten. Denn er konnte mit seinem radikalen Nationalismus an die in allen Bevölkerungsschichten verwurzelten nationalen Gefühle und Ressentiments appellieren, er hatte für komplizierte Probleme einfache Lösungen parat und er präsentierte Sündenböcke: Die „Juden", die „Marxisten", die „Novemberverbrecher". Wie kein anderer hat er es verstanden, den Menschen diese Parolen mit modernsten Techniken der Massenpropaganda einzuhämmern. Dabei kam seine politische Mythologie von „Führer" und „Gefolgschaft", von „Volksgemeinschaft" und der geschichtlichen Aufgabe der „arisch-germanischen Rasse" einer breiten Sehnsucht tief verunsicherter Menschen entgegen.

Dem Arbeiter und dem Industriellen, dem Bauern und dem Angestellten, dem Beamten und dem kleinen Gewerbetreibenden – nahezu jedem hat Hitler die Erlösung von seinen Nöten versprochen, wenn nur das „Dritte Reich" erst errichtet wäre. Seine Wähler kamen folglich auch aus allen Schichten der Gesellschaft.

Rolle der Konservativen

Dennoch waren es nicht die 33 Prozent NSDAP-Wähler vom November 1932, die Hitler zum Kanzler machten. Dazu bedurfte es einer kleinen Gruppe von Männern, die 1932/33 nach dem Scheitern der Kanzler Brüning, von Papen und von Schleicher einen ganz neuen Ausweg vor Augen hatten. Die Ausschaltung des Reichstags für eine längere Zeit, die langfristige Entfernung der Sozialdemokraten von der Macht, die Vernichtung der Kommunisten und stattdessen die Errichtung einer autoritären Regierung der „nationalen Konzentration" – das waren die gemeinsamen Ziele all jener, die Anfang 1933 darauf hinarbeiteten, dass Hitler Kanzler würde. Auch der 85-jährige Reichspräsident Paul von Hindenburg sah nach langem Zögern im Januar 1933 in Hitler die Lösung. Wie manch anderer Konservative glaubte auch er, dass der nationalsozialistische Parteiführer von seinen konservativen Bundesgenossen „gezähmt" würde. Dabei hätte Hindenburg zum Beispiel die Möglichkeit gehabt, Kurt von Schleicher als Kanzler zu halten, nachdem die Wirtschaftskrise Anfang 1933 bereits am Abklingen war und Hitlers Bewegung an Kraft verloren hatte. Das Ergebnis wäre dann sicher keine freiheitliche, parlamentarische Demokratie gewesen, sondern eine autoritäre Regierung, wie sie zu dieser Zeit in vielen Staaten Europas errichtet wurde. Der schlimmste Fall wäre so aber vielleicht vermieden worden.

M 5 **30. Januar 1933**

Propagandafoto mit Adolf Hitler (rechts) und seinem Parteifreund Hermann Göring an einem Fenster der Reichskanzlei

Der Weg in die Diktatur – Arbeiten mit Quellen

M 6 Verordnung des Reichspräsidenten über die Auflösung des Reichstages vom 12.9.1932

Verordnung des Reichspräsidenten über die Auflösung des Reichstages vom 12. September 1932. [Eingangsstempel des Reichstages: 12. Sep. 1932]:

Auf Grund des Art. 25 der Reichsverfassung löse ich den Reichstag auf, weil die Gefahr besteht, daß der Reichstag die Aufhebung meiner Notverordnung vom 4. Sept. d. J. verlangt.

Neudeck [gestrichen]

Berlin d. 12. Sept. 1932

Der Reichspräsident

von Hindenburg

Reichskanzler

Papen

Reichsminister des Innern

Frhr. v. Gayl

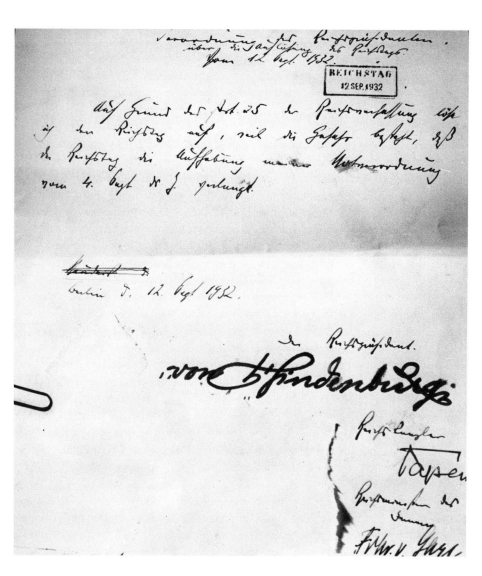

M 7 „Gesunde Entwicklung nach rechts"

Aus einer persönlichen Darlegung des Reichspräsidenten von Hindenburg vom 25.2.1932:

Es ist nur tief zu bedauern, dass die Rechte – zerrissen wie sie ist – von einseitig parteiehrgeizigen Führern den Weg der Einflusslosigkeit und Selbstzerstörung geführt wird. Ob und wann dieser Zustand sich ändert, lässt sich nicht voraussa-
5 gen. Trotz aller Nackenschläge werde ich dennoch meine Bemühungen um eine gesunde Entwicklung nach rechts nicht einstellen, in der Hoffnung, dass es möglich sein wird, nach den Preußenwahlen […] neue Verhandlungen zur Bildung einer Konzentrationsregierung aufzunehmen. […]

Ich weiß, dass ich durch den Erlass zahlreicher Notverord- 10
nungen dem deutschen Volke schwere Lasten zugemutet und mich der persönlichen Kritik sehr ausgesetzt habe. Da aber der Reichstag, der eigentliche Gesetzgeber, völlig versagte und selbst unfähig war, Maßnahmen zur Beseitigung unmittelbarer Gefahren für Wirtschaft, Staatsfinanzen und 15 Währung zu treffen, musste ich einspringen und die Verantwortung übernehmen. Ich habe hierbei nach dem alten Grundsatz der preußischen Felddienstordnung gehandelt, der besagt, dass ein Fehlgriff in der Wahl der Mittel nicht so schlimm ist als das Unterlassen jeglichen Handelns. 20

Politik und Wirtschaft in der Krise 1930–1932. Quellen zur Ära Brüning, bearb. v. Ilse Maurer u. a., Zweiter Teil, Düsseldorf 1980, S. 1307, 1309.

M 8 Eine Eingabe

Eingabe führender Persönlichkeiten aus Landwirtschaft und Industrie an Reichspräsident von Hindenburg vom 19. November 1932:

Ew. Exzellenz,
Hochzuverehrender Herr Reichspräsident!
Gleich Eurer Exzellenz durchdrungen von heißer Liebe zum deutschen Volk und Vaterland, haben die Unterzeichneten
5 die grundsätzliche Wandlung, die Eure Exzellenz in der Führung der Staatsgeschäfte angebahnt haben, mit Hoffnung begrüßt. Mit Eurer Exzellenz bejahen wir die Notwendigkeit einer vom parlamentarischen Parteiwesen unabhängigeren Regierung, wie sie in dem von Eurer Exzellenz formu-
10 lierten Gedanken eines Präsidialkabinetts zum Ausdruck kommt.
Der Ausgang der Reichstagswahl vom 6. November d. J. hat gezeigt, dass das derzeitige Kabinett, dessen aufrechten Willen niemand im deutschen Volke bezweifelt, für den von
15 ihm eingeschlagenen Weg keine ausreichende Stütze im Volke gefunden hat, dass aber das von Eurer Exzellenz gezeigte Ziel eine volle Mehrheit im deutschen Volke besitzt, wenn man – wie es geschehen muss – von der staatsverneinenden kommunistischen Partei absieht. Gegen das bishe-
20 rige parlamentarische Parteiregime sind nicht nur die Deutschnationale Volkspartei und die ihr nahestehenden kleineren Gruppen, sondern auch die Nationalsozialistische Deutsche Arbeiterpartei grundsätzlich eingestellt und haben damit das Ziel Eurer Exzellenz bejaht. Wir halten
25 dieses Ergebnis für außerordentlich erfreulich und können uns nicht vorstellen, dass die Verwirklichung des Zieles nunmehr an der Beibehaltung einer unwirksamen Methode scheitern sollte.
Es ist klar, dass eine des öfteren wiederholte Reichstags-
30 auflösung mit sich häufenden, den Parteikampf immer weiter zuspitzenden Neuwahlen nicht nur einer politischen, sondern auch jeder wirtschaftlichen Beruhigung und Festigung entgegenwirken muss. Es ist aber auch klar, dass jede Verfassungsänderung, die nicht von breitester Volksströmung getragen wird, noch schlimmere wirt-
35 schaftliche, politische und seelische Wirkungen auslösen wird.
Wir erachten es deshalb für unsere Gewissenspflicht, Eure Exzellenz ehrerbietigst zu bitten, dass zu Erreichung des von uns allen unterstützten Zieles Eurer Exzellenz die Um-
40 gestaltung des Reichskabinetts in einer Weise erfolgen möge, die die größtmögliche Volkskraft hinter das Kabinett bringt.
Wir bekennen uns frei von jeder engen parteipolitischen Einstellung. Wir erkennen in der nationalen Bewegung, die
45 durch unser Volk geht, den verheißungsvollen Beginn einer Zeit, die durch Überwindung des Klassengegensatzes die unerlässliche Grundlage für einen Wiederaufstieg der deutschen Wirtschaft erst schafft. Wir wissen, dass dieser Aufstieg noch viele Opfer erfordert. Wir glauben, dass diese
50 Opfer nur dann willig gebracht werden können, wenn die größte Gruppe dieser nationalen Bewegung führend an der Regierung beteiligt wird.
Die Übertragung der verantwortlichen Leitung eines mit den besten sachlichen und persönlichen Kräften ausge-
55 statteten Präsidialkabinetts an den Führer der größten nationalen Gruppe wird die Schlacken und Fehler, die jeder Massenbewegung notgedrungen anhaften, ausmerzen und Millionen Menschen, die heute abseits stehen, zu bejahender Kraft mitreißen.
60 In vollem Vertrauen zu Eurer Exzellenz Weisheit und Eurer Exzellenz Gefühl der Volksverbundenheit begrüßen wir Euer Exzellenz mit größter Ehrerbietung.

Zit. nach: Nils Freytag (Hg.), Quellen zur Innenpolitik der Weimarer Republik 1918–1933, Darmstadt 2010, S. 232f.

Aufgaben

1. **Der Weg in die Diktutur – Arbeiten mit Quellen**
   a) Arbeiten Sie die politischen Ziele des Reichspräsidenten Paul von Hindenburg heraus.
   b) Beschreiben und erläutern Sie die einzelnen Elemente der Verordnung des Reichspräsidenten.
   c) Prüfen Sie, inwieweit Hindenburgs Verordnung mit den Bestimmungen der Weimarer Verfassung übereinstimmt.
   d) Charakterisieren Sie die politischen Ziele der „Persönlichkeiten aus Landwirtschaft und Industrie".
   e) Erläutern Sie die Aussage der Karikatur „Deutsche Zauber-Werke AG".

   ⤳ Text, M4–M8

Der 30. Januar 1933: Ein Betriebsunfall? – Quelle und Darstellungen im Vergleich

M 9   Eine zeitgenössische Stimme

Aus einer Rede des SPD-Politikers Rudolf Breitscheid auf der Sitzung des Parteiausschusses der SPD am 31. Januar 1933:

Genossinnen und Genossen! Was viele von uns aufgrund der Wahlergebnisse des letzten Jahres und aufgrund der ablehnenden Haltung, die der Reichspräsident im August und im November 1932 eingenommen hatte, für unmöglich
5 gehalten hatten, ist Wirklichkeit geworden: Seit gestern ist Adolf Hitler Reichskanzler! Und zwar ist er Reichskanzler auf legalem Wege geworden, nicht durch einen Putsch, nicht durch einen Marsch auf Berlin. [...]
Wenn wir, Genossinnen und Genossen, die Dinge rück-
10 schauend betrachten, so glaube ich, dass die Entwicklung, die zu diesem Ergebnis geführt hat, eigentlich zwangsläufig gewesen ist. Von dem Augenblick an, als das Spiel mit den autoritären Kabinetten begann, war es fast unabwendbar, dass die Regierung zuletzt in die Hand des Man-
15 nes fallen musste, der sich selbst für den autoritärsten in Deutschland hielt und hält und der von einer großen Masse des Volkes ebenfalls für den autoritärsten gehalten wird. [...]
Die Entwicklung ist zwangsläufig gewesen, und doch muss
20 eine Einschränkung gemacht werden. Bei aller Anerkennung der Notwendigkeit der Entwicklung dürfen wir nicht an der Schuld derjenigen vorübergehen, die an der Beschleunigung der Entwicklung mitgeholfen haben. Das haben einmal die Nationalsozialisten getan dadurch, dass sie
25 die Demokratie bekämpft und die Diktatur proklamiert haben. Für sie hatte das, von ihrem Standpunkt aus gesehen, einen Sinn, es war die Politik, die zur Vorbereitung ihrer Sache nötig war. Verbrecherisch war aber, dass die Kommunisten dasselbe taten. Sie hatten ebenso wie die National-
30 sozialisten gegen uns Front gemacht und den Willen zur Demokratie gelähmt mit dem Erfolg, dass die Gegner der Arbeiterschaft den Weg zur Macht für sich gebahnt fanden. [...]
Es ist begreiflich, dass man in Diskussionen jetzt in erster
35 Linie spricht von den außerparlamentarischen Aktionen und die Frage ventiliert: Massenstreiks, Einzelstreiks, Demonstrationen mit dem Ziel, dass etwas anderes und mehr daraus wird als eine Manifestation in der Öffentlichkeit.
Wir stellen die Gegenfrage: Ist der Augenblick zu einer gro-
40 ßen außerparlamentarischen Aktion gekommen? Welches

Ziel soll eine solche außerparlamentarische Aktion haben, und wenn wir bereit sind, sie zu unternehmen, verspricht diese Aktion Erfolg?
Ich will meine Meinung dazu sagen. Wenn Hitler sich zunächst auf dem Boden der Verfassung hält, und mag 45 das hundertmal Heuchelei sein, wäre es falsch, wenn wir ihm den Anlass geben, die Verfassung zu brechen, ihn vom Boden des Rechtes entfernen, abgesehen von dem Grund, dass wir in demselben Augenblick die widerstrebenden Kräfte innerhalb des Kabinetts zusammen- 50 schweißen.

Zit. nach: Klaus Schönhoven, Reformismus und Radikalismus. Gespaltene Arbeiterbewegung im Weimarer Sozialstaat, München 1989, S. 227–229.

M 10   Das Urteil von Historikern

a) Detlef J. K. Peukert (1987):

Hitler gelang es dagegen, die durch die Krise der Moderne verstörten und aufgestöberten Massen in einer totalitären Sammlungsbewegung zu mobilisieren. Für die am Ende der Zwanzigerjahre so dramatisch aufgebrochenen Widersprüche der Massengesellschaft gab es nur die alternativen Lösungen der demokratischen und der totalitären Integra- 5
tion. Die historische Schuld der alten Eliten im Deutschland der Jahre von 1930 bis 1933 liegt darin, sich angesichts dieser Alternative zunächst gegen die Demokratie und dann, als die autoritäre Wende keinen Ausweg bot, für Hitler entschieden zu haben. 10
[...]
Jedes einzelne Krisensymptom in Deutschland findet sich auch in den anderen Ländern der modernen Industriegesellschaft. [...] Aber in Deutschland hatte sich der Modernisierungsprozess in den Zwanzigerjahren brutaler, unver- 15
blümter durchgesetzt als in anderen Ländern. Zugleich hatten sich nicht nur seine Lichtseiten besonders faszinierend ausgeprägt, sondern auch seine Schattenseiten besonders bedrückend auf die ohnehin deprimierende Alltagserfahrung von Krieg, Niederlage, Legitimationsverlust 20
der alten Werte, Inflation und Weltwirtschaftskrise gelegt. Die Verknüpfung dieser einzelnen Krisenfaktoren zu einer allumfassenden Krise der politischen Legitimation und der sozialen Wertsysteme ist in dieser Zeit und in diesem Land einzigartig gewesen. 25

Detlef J. K. Peukert, Die Weimarer Republik. Krisenjahre der klassischen Moderne, Frankfurt am Main 1987, S. 265, 270 f.

b) Eberhard Kolb (2002):

In ihrer 1919 konstituierten konkreten Gestalt wurde die parlamentarische Demokratie nur von einer Minderheit der Bevölkerung wirklich akzeptiert und mit kämpferischem Elan verteidigt, breite Bevölkerungsschichten verharrten in
5 Distanz, Skepsis und offener Ablehnung [...]. Unter diesen Umständen muss es als ein kleines Wunder – und als beachtliche Leistung – gelten, dass es den republikanischen Politikern gelang, die Weimarer Republik durch die von komplexen innen- und außenpolitischen Gefährdungen er-
10 füllten Anfangsjahre hindurchzuretten und schließlich einen bemerkenswerten Grad von politischer und wirtschaftlicher „Normalisierung" zu erreichen. Aber schon in diesen Jahren einer relativen Stabilisierung setzte auch jene Entwicklung ein, die dann seit 1929 in eine rasch voranschrei-
15 tende Desintegration des politischen Systems überging: die Abkehr großer Teile des Bürgertums und insbesondere der alten Führungseliten vom pluralistischen Sozialstaat Weimarer Prägung und damit vom „Gründungskompromiss" der Jahre 1918/19, durch den der Staat von Weimar auf ei-
20 nem politischen Zusammengehen von sozialdemokratischer Arbeiterschaft und demokratischem Bürgertum aufgebaut wurde. [...]
Aber trotz aller Erfolge bei der Massenmobilisierung und an den Wahlurnen war die NSDAP nur deshalb schließlich sieg-
25 reich, weil die alten Eliten in Großlandwirtschaft und Industrie, Militäraristokratie und Großbürgertum zur autoritären Abkehr von Weimar entschlossen waren und glaubten, die nationalsozialistische Massenbewegung für sich benutzen zu können.

Eberhard Kolb, Die Weimarer Republik, 7. Auflage, München 2013, S. 151.

c) Heinrich August Winkler (2007):

Brünings Entlassung war der entscheidende Wendepunkt in der deutschen Staatskrise. Wäre Brüning im Amt geblieben und der Reichstag erst am Ende der Legislaturperiode, im September 1934, neu gewählt worden, hätte die Wahl unter ganz anderen wirtschaftlichen und politischen Rah- 5 menbedingungen stattgefunden: Vermutlich wäre im Zuge einer konjunkturellen Erholung die Zahl der Arbeitslosen gesunken und die Anziehungskraft der extremen Parteien zurückgegangen. Die Ablösung Brünings durch Papen bedeutete den Übergang vom gemäßigten, parlamentarisch 10 tolerierten zum autoritären, offen antiparlamentarischen Präsidialsystem. [...] Zu den gesicherten Zusammenhängen der Machtübertragung an Hitler gehört jener deutsche Legalitätsglaube, den der sozialdemokratische Jurist Ernst Fraenkel [...] polemisch als „Verfassungsfetischismus" be- 15 zeichnet hat. Er wollte damit die Neigung vieler Parteifreunde treffen, die Gefahr einer Abschaffung der gesamten Verfassung weniger ernst zu nehmen als die Verletzung eines ihrer Artikel – jenes Artikels 25, der die Fristen für die Neuwahl des Reichstags festlegte. [...] 20
Hitler verdankte seine Wahlerfolge nicht zuletzt seinem Geschick, an beides zu appellieren: an das verbreitete Ressentiment gegenüber der parlamentarischen Demokratie, die ja tatsächlich gescheitert war, und an den Teilhabeanspruch des Volkes, der von den Präsidialkabinetten um sei- 25 ne politische Wirkung gebracht wurde. Ein Zufall oder „Betriebsunfall" war Hitlers Ernennung zum Reichskanzler also nicht. Es gab historische Gründe, die diese Krisenlösung über andere obsiegen ließen.

Heinrich August Winkler, Auf ewig in Hitlers Schatten? Über die Deutschen und ihre Geschichte, München 2007, S. 95, 101f.

Aufgaben

1. Der 30. Januar 1933: Ein Betriebsunfall?
   a) Charakterisieren Sie die Haltung Rudolf Breitscheids hinsichtlich der Ernennung Hitlers zum Reichskanzler und hinsichtlich des weiteren politischen Vorgehens der SPD.
   b) Nehmen Sie mithilfe des Autorentextes sowie des Urteils von Heinrich August Winkler Stellung, ob bzw. welche Alternativen sich zum Konzept Breitscheids ergeben hätten.
   c) Analysieren Sie die Gründe, die die Historiker für die „Machtübernahme" Hitlers liefern.
   d) Vergleichen Sie Heinrich August Winklers Analyse von 2007 mit der des Schriftstellers Carl von Osssietzky aus dem Jahr 1929 (M14, Seite 249) und diskutieren Sie: Darf eine Regierung unter bestimmten Umständen die Verfassung brechen?
   Text, M9, M10 sowie M14 auf Seite 249

Die Schweiz in der Zwischenkriegszeit

Die Zeit nach dem „Grossen Krieg" war in der Schweiz geprägt durch politische Veränderung und wirtschaftliche Krisen. Durch die Relevanz des Aussenhandels für die Schweizer Wirtschaft war diese immer auch stark von der Weltwirtschaftslage beeinflusst. Doch auch die politischen Krisen der Nachbarländer, wie das Aufkommen des Faschismus in Italien und des Nationalsozialismus in Deutschland, beeinflussten die Schweiz stark – wirtschaftlich, politisch als auch gesellschaftlich.

Ein Graben durch die Gesellschaft

Die letzten Kriegsjahre waren auch in der Schweiz geprägt durch eine immer grösser werdende Notlage für breite Schichten der Bevölkerung: Der Reallohn vieler Arbeitnehmenden sank zwischen 1914 und 1920 um bis zu 30 Prozent und die Lebensmittelpreise stiegen zunehmend an. Der Ernährungskrise, die sich daraus ergab, versuchten die eidgenössischen Behörden ab Frühjahr 1917 mit Rationierungen der Lebensmittel sowie Subventionen für Familien unterhalb einer bestimmten Einkommensgrenze entgegenzuwirken. Im Sommer 1918 musste ein Sechstel der Bevölkerung diese Nothilfe in Anspruch nehmen. Die Arbeiterbewegung drängte verstärkt auf Mitsprache bei der Lösung der Krise. Sie wollten eine Ausdehnung der Rationierungen und eine aktive Lohn- und Preispolitik. Weil der Bundesrat sich nicht gewillt zeigte, diesen Rufen nachzukommen, setzte die Bewegung ab 1917 zunehmend auf Arbeitsniederlegungen als Druckmittel. Zur Koordination der Massnahmen gründeten die Sozialdemokratische Partei und die Gewerkschaften 1918 das „Oltener Aktionskomitee" (OAK), genannt nach seinem ersten Sitzungsort.

Anfang April 1918 drohte das OAK zum ersten Mal mit einem Landesstreik, weil der Bundesrat plante, den Milchpreis von 32 auf 40 Rappen pro Liter zu erhöhen. Die Drohung wirkte: Mit einer Erhöhung auf 36 Rappen wurde ein Kompromiss gefunden. Am 28. Juli drohte der erste Allgemeine Arbeiterkongress in Basel erneut mit einem Generalstreik und wies das OAK an, Vorbereitungen für diesen zu treffen. Der Bundesrat hatte bereits im Januar 1918 einen geheimen Beschluss zur Vorbereitung von Massnahmen gegen einen Landesstreik gefasst.

Zur Eskalation der angespannten Situation im Herbst 1918 führten auch zwei internationale Ereignisse: Einerseits die revolutionären Unruhen in Deutschland, die zum Sturz des Kaisers Wilhelm II. geführt hatten, andererseits der erste Jahrestag der russischen Revolution. Die Sozialdemokratische Partei rief am 29. Oktober zur Feier dieses Jahrestages zu Kundgebungen auf, worauf General Ulrich Wille beim Bundesrat ein Truppenaufgebot für Zürich beantragte. Weil diesem nicht stattgegeben wurde, zog Wille das einzige in Zürich liegende Bataillon ab. Dies führte am 5. November dazu, dass die Zürcher Regierung beim Bundesrat um Truppenschutz ersuchte. Dieser ordnete am nächsten Tag die Besetzung Zürichs und weiterer Städte wie Bern an: 95 000 Mann wurden mobilisiert, 20 000 davon nach Zürich geschickt. Gegen dieses Truppenaufgebot rief nun das OAK für den 9. November zu einem 24-stündigen Proteststreik auf. Die Zürcher Arbeiterschaft beschloss die unbefristete Fortsetzung dieses Streiks. Nachdem Verhandlungen des OAK mit dem Bundesrat gescheitert waren, schloss sich dieses der Forderung der Zürcher an und rief für den 11. November zu einem unbefristeten, landesweiten Generalstreik auf. Der Bundesrat erklärte, ein Teil der eilig gefassten Forderungen des Landesstreik könnten erfüllt werden, wenn zuerst der Streik beendet werde und forderte am 13. November das OAK ultimativ zum bedingungslosen Streikabbruch auf. Da die Streikparolen in den kleinen Städten nur wenig oder gar nicht befolgt wurden und sich auch die Hoffnung des OAK auf ein Überlaufen der Soldaten nicht erfüllt hatte, gab es in der Nacht vom 14. auf den 15. November nach und beendete den Landesstreik. Einige Forderungen der Arbeiterbewegung wurden rasch erfüllt – beispielsweise die Einführung der 48-Stunden-Woche und Neuwahlen nach dem Proporzwahlrecht. Andere Forderungen, wie das passive und aktive Frauenwahlrecht wurden erst von späteren Generationen umgesetzt.

Die wirtschaftliche Entwicklung

Auf die Kriegsjahre folgte in der Schweiz ein Blütezeit: Importe waren nun wieder ohne grosse Einschränkungen möglich und auch die Exporte florierten, wenn auch nur für kurze Zeit. Durch die Inflationen in den meisten Nachbarstaaten wurden die schweizerischen Produkte zu teuer, es kam zu einem starken Konjunktureinbruch. Zwischen 1920 und 1922 schnellte die Zahl der Arbeitslosen von 6000 auf 67 000 stark in die Höhe. Jedoch führte der Wirtschaftsaufschwung zwischen 1923 und 1929 bei wichtigen Handelspartner wie Deutschland und den USA auch in der Schweiz rasch wieder zu einem Hoch. 1929 waren die Arbeitslosenzahlen bereits wieder auf 8000 Personen gesunken, die Preise stabilisierten sich und die Löhne stiegen leicht an.

Durch die Abhängigkeit vom Aussenhandel beendete die Weltwirtschaftskrise ab Ende 1929 die „Goldenen Zwanzigerjahre" auch in der Schweiz. Dass die Preise und Löhne in der Schweiz im Vergleich mit den Nachbarländern zunächst weniger stark sanken, führte zu einer relativen Verteuerung der Exportprodukte und wirkte sich zusätzlich auf den Absatzmarkt aus: Die Exporte brachen bis 1936 um etwa 65 Prozent ein, mit den entsprechenden Auswirkungen auf den Arbeitsmarkt. 1936 waren durchschnittlich 5 Prozent der Beschäftigen, umgerechnet 93 000 Personen, arbeitslos – im Januar 1936 lag die Arbeitslosenquote gar bei hohen 6,5 Prozent. Doch auch wer seine Arbeitsstelle nicht verlor, hatte massive Einbussen, denn durch Gehaltsverschlechterungen sanken die Löhne um bis zu 10 Prozent. Die Weltwirtschaftskrise machte nicht nur den exportorientierten Branchen stark zu schaffen: Die Landwirtschaft wurde durch Einbrüche bei den Lebensmittelpreisen so stark beeinträchtigt, dass viele Betriebe in Konkurs gehen mussten.

Im Gegensatz zu den Nachbarländern hielten der Bundesrat und die Nationalbank lange an ihrer Deflationspolitik fest, was die Dauer der Krise in der Schweiz beeinflusste. Erst 1936 werteten sie den Schweizer Franken um 30 Prozent ab. Diese Massnahme wirkte sich vor allem auf die Metall- und Maschinenindustrie positiv aus: die Exporte stiegen wieder an. Durch punktuelle Eingriffe, wie etwa die Subventionierung der Landwirtschaft, versuchte der Bundesrat die Wirtschaft zu stützen. Im Grundsatz war die Regierung in der Krisenzeit jedoch bestrebt, einen ausgeglichenen Haushalt zu erreichen unter anderem durch Lohnabbau beim Bundespersonal und Verminderung von Subventionen. Die bürgerlichen Parteien unterstützten diese Politik, die Sozialdemokratische Partei und die Gewerkschaften dagegen sprachen sich für eine antizyklische Finanzpolitik aus, die durch einen Verzicht auf Lohnabbau die Kaufkraft fördern sollte. Ihr entsprechende „Kriseninitiative" wurde jedoch 1935 vom Volk knapp abgelehnt.

M 1 Landesstreik 1918
Eine Menschenmenge hört am 13. November 1918 einer Rede des Kantonsrats Otto Pfister auf dem Bahnhofsplatz in Winterthur zu.

Majorzwahl

Bei Majorzwahlen (Majorität = Stimmenmehrheit) gilt die Person als gewählt, welche die meisten Stimmen auf sich vereinigen kann. Dieses Wahlsystem kommt meistens zur Anwendung, wenn nur ein einzelner bzw. wenige Sitze zu besetzen sind. Zum Beispiel bei den Bundesratswahlen, den Ständeratswahlen oder bei der Wahl von Exekutiven auf kantonaler und kommunaler Ebene.

Proporzwahl

Bei Proporzwahlen (proportional = verhältnismässig) werden die zu besetzenden Sitze im Verhältnis zum Stimmenanteil der Parteien verteilt. Wählbar sind nur Kandidierende, die auf Listen stehen, die die Parteien erstellen. Für die Zuteilung der Sitze sind in erster Linie die Parteistimmen massgebend: Je mehr Stimmen eine Partei erhalten hat, desto mehr Sitze können besetzt werden. Diese Sitze werden an diejenigen Personen verteilt, die innerhalb der jeweiligen Partei am meisten Kandidierendenstimmen erhalten haben. Die Proporzwahl wird in der Regel bei Parlamentswahlen (Nationalrat, Kantonsrat oder Grosser Gemeinderat) angewendet.

Von der Stagnation zur Stabilisierung

Nachdem bereits in diversen Kantonen die Wahlen des Parlament nicht mehr im Majorz- sondern im Proporzsystem durchgeführt wurden – z. B. im Tessin schon seit 1890, in Basel Stadt seit 1905 und in Zürich seit 1917 – wurde im Oktober 1918 eine Initiative angenommen, welche die Wahl des Nationalrates nach Proporzwahlrecht forderte. Zuvor waren zwei Initiativen gescheitert, die eine Änderung des Wahlsystems gefordert hatten. Das erste Mal nach dem neuen System gewählt wurde bei den Neuwahlen, die nach dem Landesstreik 1918 angesetzt wurden. Die Freisinnigen verloren dabei einen grossen Teil ihrer bisher 101 Sitzen und errangen neu 61 Sitze. Die Katholisch Konservativen konnten ihre 41 halten, während die Sozialdemokraten ihre Sitzzahl von 20 auf 41 verdoppelten. Neu zog die erstmals kandidierende Bauern- und Bürgerpartei ein, die 28 Sitze erreichte. Die restlichen 18 Sitze verteilten sich auf kleinere Parteien. Trotz des beachtlichen Sitzgewinns blieb die Sozialdemokratie in der Opposition: Ein „Bürgerblock" aus Freisinn, Katholisch-Konservativ und Bauernpartei trat an die Stelle der bisherigen freisinnigen Mehrheit. Diese Sitzverteilung blieb während der Zwischenkriegszeit und bis in die Zeit des zweiten Weltkrieges hinein relativ stabil. Der „Bürgerblock" stellte auch die Bundesräte. Bis 1929 verteilten sich die sieben Sitze auf fünf Freisinnige Vertreter und zwei Katholisch-Konservative. 1929 wurde der erste Vertreter der Bauernpartei in den Bundesrat gewählt. Die Sozialdemokratische Partei war erst ab 1943 im Bundesrat vertreten.

Sowohl die Arbeiterbewegung wie auch der „Bürgerblock" waren in sich gespalten. Die Flügel der Sozialdemokraten und Gewerkschaften unterschieden sich vor allem durch ihre Haltung gegenüber der Armee – die nur vom „rechten" Flügel grundsätzlich unterstützt wurde – und in der Frage, ob die internationalen Kommunistischen Bewegungen, wie Lenins Bolschewisten in Russland, unterstützt werden sollten. Diese Frage führte 1921 zur Abspaltung des „linken" Flügels und zur Gründung der „Kommunistischen Partei der Schweiz", die auf nationaler Ebener Ebene kaum eine Rolle spielte.

Das Bürgerliche Lager war grösser und nicht weniger heterogen. Die Bauern-, Gewerbe und Bürgerpartei (BGB) definierte die Bauernschaft als die eigentliche Keimzelle des Vaterlandes und als Bastion gegen die „rote Flut". Die Katholisch-Konservative Partei positionierte sich nicht nur als Kämpferin gegen den Kommunismus, sondern lehnte auch den Liberalismus klar ab. Der Freisinn als weiterhin grösste Partei spaltete sich in einen Reformflügel, der sich auch für das Frauenstimmrecht einsetzte und einen „Rechtsfreisinnigen" Flügel, der sich gegen die Linke und die Zugeständnisse engagierte, die nach dem Landesstreik an sie gemacht worden waren.

Im Parlament dominierte das Bürgerliche Lager, in den Volksabstimmungen konnte keine Seite ihre Anliegen durchbringen. Sozialdemokratische Initiativen scheiterten meist, durch die Bürgerlichen erreichte Gesetzesänderungen wurden durch Referenden rückgängig gemacht. So zum Beispiel 1924 der Versuch, die 48-Stunden-Woche durch die Bestimmung zu ergänzen, dass in Krisenzeiten die Arbeitszeit auf 54 Stunden erhöht werden darf. Diese gegenseitige Blockade verhinderte grössere Änderungen.

Die Krise der europäischen Demokratien hinterliess auch in der Schweiz ihre Spuren. Faschistische Organisationen wie „Erneuerungsbewegungen" und „Fronten" wurden ab 1930 vermehrt gegründet und griffen ab 1933 auch in Wahl- und

Abstimmungskämpfe ein. Die vor allem von jungen Akademikern und Studenten geführten Organisationen wollten die Wahl- und Referendumsdemokratie der Schweiz durch eine „höhere Form" der Demokratie mit einer starken Führung ersetzen. Dafür lancierten die „Nationale Front" 1934 eine Initiative für eine Totalrevision der Bundesverfassung. Obwohl diese Idee zuerst auch bei den Konservativen Parteien auf Zustimmung stiess, wurde sie in der Volksabstimmung mit einer Mehrheit von 70 Prozent der Stimmen verworfen.

M 2 **Frontentreffen in Winterthur, 1936**

Unter grosser Beteiligung seitens der zürcherischen Frontisten findet am Sonntag, 24. Mai 1936 in Winterthur ein grosses Frontentreffen statt. Leo Viktor Bühlmann, Rechtsanwalt und Parteifunktionär der Frontistenpartei „Nationale Front", hält eine Rede.

Die „Fronten" kämpften wie ihre Vorbilder in Italien und Deutschland gegen alles, was sie als „international" deklarierten und ihrem Bild einer Nation entgegenstand: Juden und Freimaurer, den Marxismus, Kommunismus und die Sozialdemokratie. Auch ihr Auftreten mit Fackelaufzügen und Fahnenmärsche in Uniform orientierte sich am Vorbild der Nachbarländer. Veranstaltungen und kulturelle Vorführungen, die nicht ihrem Gedankengut entsprachen, störten sie gewaltsam.

Der „Bürgerblock", vor allem dessen rechtskonservativen Teile, begrüssten die Fronten als Bündnispartner, besonders in Städten mit sozialdemokratischen Regierungen wie in Zürich und Genf. In den Wahlen zeigte sich jedoch, dass die Sitzgewinne der Fronten nicht auf Kosten der Linken gingen, sondern auf die ihrer bürgerlichen Allianzpartner. Ab Mitte der Dreissigerjahre gingen die bürgerlichen Parteien darum wieder auf Distanz zu den Fronten, die dadurch in Isolation gerieten und ihre Relevanz verloren.

Durch diese Abgrenzungsbewegung des Bürgerblocks näherten sich die politischen Kräfte in der Schweiz in der zweiten Hälfte der Dreissigerjahre an, denn auch in der Sozialdemokratischen Partei setzten sich 1935 bei der Überarbeitung des Parteiprogramms die gemässigten Kräfte des „rechten" Flügels durch: Die Forderung nach einer „Diktatur des Proletariats" wurde gestrichen und die grundsätzliche Notwendigkeit der Armee anerkannt. Zudem bekräftigte die Partei ihre Absicht, auch in den Bundesrat einziehen zu wollen – die Arbeiterschaft sollte stärker in das politische System eingebunden werden. Dieses Ziel verfolgten auch die Gewerkschaften, setzten dafür aber immer weniger auf Massnahmen wie Streiks. 1937 handelte als erste Gewerkschaft der Schweizer Metall- und Uhrenarbeiterverband ein Abkommen mit dem Arbeitgeberverband dieses Industriezweigs aus, welches beide Seiten verpflichtete, während der Laufzeit der ausgehandelten Gesamtarbeitsverträge auf Kampfmassnahmen zu verzichten. Ausschlaggebendes Moment für das Zustandekommen des Abkommens waren Pläne des Bundesrates, ein obligatorisches staatliches Schiedsgericht zur Schlichtung von Arbeitskämpfen einzuführen. Da Arbeitgeber und Arbeitnehmer bei Einführung eines solchen Schiedsgerichts um ihre Autonomie fürchteten, suchten sie nach einer gemeinsamen Lösung ohne staatliches Zutun. Das Abkommen hatte Signalwirkung über die Branche hinaus: Aus Gegnern wurden Sozialpartner und die Arbeiterschaft erhielt gesicherte Lohn- und Arbeitsverhältnisse.

Die Schweiz in der Zwischenkriegszeit

M 3 **Eingabe des Oltener Aktionkomitees an die Bundesbehörden 8. März 1918**

Das vom Schweizerischen Gewerkschaftsbund und der Schweizerischen Sozialdemokratischen Partei eingesetzte Oltener Aktionskomitee (OAK) verabschiedete folgendes wirtschaftliches Hilfsprogramm, das am 8. März 1918 dem Bundesrat als Eingabe zugestellt wurde. Ziel war es, die wirtschaftliche Situation und die Nahrungsmittelversorgung der Bevölkerung insbesondere der Arbeiterschaft zu verbessern:

Wir unterbreiten Ihnen dieses Programm in der Annahme, daß Sie sich dem selben im Interesse der Konsumenten anschließen und für seine Verwirklichung bei den Bundesbehörden unverzüglich einstehen werden.

5 1. Errichtung eines eidgenössischen Versorgungsamtes mit einem Beirat, der alle Versorgungsfragen begutachtet und in Verbindung mit dem Bundesrat gutscheinende Entscheidungen trifft.

2. Möglichste Ausschaltung des Zwischenhandels.

10 3. Festsetzung von Mindestlöhnen in den Gewerben und Industrien, in denen solche bisher nicht bestanden. Garantie eines Mindesteinkommens auf Grund der örtlichen Kosten der Lebenshaltung mit Hilfe von Zuschüssen aus öffentlichen Mitteln.

15 4. Festsetzung der Preise für alle Lebensmittel und Bedarfsartikel durch den Beirat des Versorgungsamtes entsprechend der Interessen der Konsumenten.

5. Verhinderung weiterer Milchpreisaufschläge oder Übernahme der Mehrkosten durch den Bund. (...) Unterdrückung 20 der Produktion von Milchschokolade. Die Ausfuhr frischer Milch ist völlig zu verbieten, die von Milchprodukten ausschließlich zu Kompensationszwecken zu bewilligen.

6. Keine weiteren Brotpreiserhöhungen. Bei sinkenden Vorräten Reservierung des Brotgetreides für die Bevölkerungsschichten, denen andere Nahrungsmittel fehlen. 25

7. Kartoffeln. Abschätzung des Ertrages, Beschlagnahme und Ankauf der gesamten Ernte durch den Bund.

9. Fleisch. Einführung des Viehhandelsmonopols. Rationierung des Konsums und Herabsetzung der Fleischpreise.

10. Massenspeisungen, Verpflichtung der größeren Ge- 30 meinden zur Durchführung von Massenspeisungen unter Anwendung des Grundsatzes der Teilnahme der gesamten Bevölkerung und unter finanzieller Mithilfe des Bundes.

11. Brennstoffe. Kohlenmonopol. Zentralisierung des Brennstoffhandels und Rationierung des Bedarfs. Festset- 35 zung von Höchstpreisen für Brennstoffe aller Art. Abgabe an Minderbemittelte zu billigeren Preisen. Einschränkung des Holzexportes.

12. Fußbekleidung. Abgabe des Volksschuhs an Minderbemittelte zu reduzierten Preisen. 40

Aufgaben

1. **Landesstreik**
   a) Fassen Sie die Forderungen des OAK an den Bundesrat in M3 zusammen. Erklären Sie die wirtschaftliche Situation der Bevölkerung, die diesen Forderungen zu Grunde lag.
   b) Vergleichen sie die Forderungen des OAK vom 8. März 1918 mit den Forderungen des Landesstreiks im November des gleichen Jahres. Wie unterscheiden sich die Forderungen? Erläutern Sie die Gründe für diese Unterschiede.
   ↰ Text, M3

2. **Die Angst vor dem Bolschewismus**
   a) Beschreiben Sie das Wahlplakat der Freisinnigen Partei von 1919 und vergleichen Sie es mit dem im gleichen Jahr veröffentlichten Plakat aus Bayern M3 auf Seite 242. Erläutern Sie, wie der Bolschewismus auf diesen Plakaten jeweils verkörpert wird.
   b) Beurteilen Sie, inwiefern die Angst vor dem Bolschewismus die Entwicklungen beeinflusst hat, die im November 1918 zum Landesstreik führten.
   ↰ Text, M4, auf Seite 242 M3

3. **Von der Stagnation zur Stabilisierung**
   a) Erklären Sie, welche Entwicklungen im „Bürgerblock" und der Sozialdemokratischen Partei zur Annäherung der politischen Kräfte in der zweiten Hälfte der Dreissigerjahre geführt haben.
   b) Erörtern Sie die Frage, warum die Frontenbewegung in der Schweiz nicht nachhaltig Fuss fassen konnte.
   ↰ Text, M2

13. Wohnungsnot. Förderung des Kleinwohnungsbaus unter finanzieller Mithilfe des Bundes insbesondere in den Gemeinden, in denen Wohnungsnot herrscht. Zeitweise Bauverbot für Luxuswohnbauten, Kirchen und Vergnügungseta-
45 blissementen.

14. Notstandsmaßnahmen. Vorbereitung von Notstandsar-

beiten. Reduktion der Arbeitszeit. Ausreichende Unterstützung der Arbeitslosen aus öffentlichen Mitteln.

15. Kriegsgewinne, Enteignung aller über 10 % hinausgehenden Geschäftsgewinne.
50

Zit. nach: Willi Gautschi (Hg.): Dokumente: Der Landesstreik 1918. Zürich 1968, S. 77–82

M 4 Wahlplakat
„Gegen den Bolschewismus – mit der unveränderten Liste I – Freisinnige Partei – Alles zur Urne!, 1919

10
DER NATIONALSOZIALISMUS
1933 – 1945

Der deutsche Nationalsozialismus war ein System, das die „Volkszuge-hörigkeit" und damit die Rechte eines Menschen bis hin zur Entschei-dung über Leben und Tod an die Zustimmung zum Regime und an eine „arische Abstammung" knüpfte. Der Staat definierte, wer zur „Volksge-meinschaft" gehörte und wer ausgeschlossen wurde. Die zentral auf den „Führer" Adolf Hitler ausgerichtete und gleichgeschaltete Gesell-schaft war zutiefst antidemokratisch, antikommunistisch und von einer Rassenideologie durchdrungen, die in dem millionenfachen Mord an den europäischen Juden mündete. Als Herrschaftsinstrumente setzte die Diktatur auf umfassende Propaganda, eine totalitäre Überwachung und offene Gewalt. „Gegner" des NS-Regimes wurden durch verbrecherische Gesetze und Willkür gleichermassen verfolgt, terrorisiert und vernichtet.

Nach einer Phase der intensiven Aufrüstung überzog Deutschland ab 1939 die Welt mit einem weiteren Krieg, der keine Vergleiche in der Geschichte findet. Gemäss der nationalsozialistischen „Lebensraum"-Ideologie und dem zentralen Feindbild des „jüdischen Bolschewismus" führte Deutschland diesen Krieg im Osten Europas als Vernichtungs-krieg, dem in den überfallenen Staaten Millionen Soldaten und Zivilisten zum Opfer fielen. In der Sowjetunion, die die Hauptlast dieses Krieges zu tragen hatte, starben etwa 27 Millionen Menschen. Das nationalsozialis-tische Deutschland wurde nicht von innen heraus, sondern durch eine internationale Koalition besiegt, deren Hauptalliierte die Sowjetunion, die USA und Grossbritannien waren. Nach der Befreiung von der NS-Diktatur im Mai 1945 lag auch Deutschland in Trümmern.

M 1   **Häftlinge beim Zählappell im Konzentrationslager Dachau,** Foto, 1936
M 2   **„Ostarbeiter" in einem süddeutschen Rüstungsbetrieb,** Foto, 1943
M 3   **„Ich bin am Ort das größte Schwein und lass mich nur mit Juden ein!",** Foto, Cuxhaven, 1935
M 4   **Adolf Hitler auf dem „Reichsparteitag",** Foto, 1938
M 5   **Zuschauer beim Judenmord,** vermutlich Ukraine, Foto, 1941

M 1 „To the Dark Ages"

Amerikanische Karikatur zum
„Ermächtigungsgesetz", New York
Times, 2. April 1933

Die Etablierung der Diktatur

Der Regierungsantritt Hitlers am 30. Januar 1933 erfolgte gesetzeskonform: Die Regierungskoalition aus NSDAP und Deutschnationaler Volkspartei (DNVP) hatte zwar keine parlamentarische Mehrheit, aber sie war ein vom Reichspräsidenten legal einberufenes Präsidialkabinett wie zuvor auch schon die Regierungen unter Heinrich Brüning, Franz von Papen und Kurt von Schleicher. Damit war die Strategie der NSDAP aufgegangen, die Macht durch eine „Legalitätstaktik" zu erlangen.

Schon Ende September 1930 hatte Hitler öffentlich verkündet, die NS-Bewegung werde auf verfassungsmässigem Weg „die ausschlaggebenden Mehrheiten in den gesetzgebenden Körperschaften zu erlangen suchen, um in dem Augenblick, wo uns das gelingt, den Staat in die Form zu giessen, die unseren Ideen entspricht". Was wie eine Absage an eine Neuauflage des Hitler-Putsches von 1923 klang, wurde für die Schlägertrupps der SA durch den spöttischen Halbsatz ergänzt: „… dann werden möglicherweise legal einige Köpfe rollen." Brutale Gewalt als Mittel des politischen Kampfes gehörte nach wie vor zum festen Repertoire der Nationalsozialisten.

In den dramatischen Krisenjahren nach dem Zusammenbruch der Weltwirtschaft im Winter 1929/30 hatte sich die NSDAP schlagartig zu einer Massenpartei entwickelt, die ihre Mitglieder vor allem aus der unteren Mittelschicht bzw. dem Kleinbürgertum rekrutierte, aber zunehmend auch weitere Bevölkerungsgruppen ansprach. Von der Krise betroffene und von den erfolglosen Präsidialkabinetten enttäuschte Wähler wurden gezielt umworben und durch aggressive Propaganda gegen das „Weimarer System" für die NSDAP gewonnen. Die konstituierenden Grundelemente des NS-Weltbildes – Sozialdarwinismus, aggressive „Lebensraum"-Politik, Antikommunismus und Antisemitismus – wurden in dieser Zeit aus taktischen Gründen weniger offensiv verbreitet. Adolf Hitler als zentrale Führungsfigur der Partei gewann an Zustimmung, indem er die parlamentarische Demokratie zum Sündenbock machte und sich selbst als eine Art „Erlöser" stilisierte.

In den Verhandlungen über die Bildung einer Regierung mit der NSDAP im Januar 1933 glaubte die DNVP noch, den totalen Machtanspruch Hitlers eindämmen zu können: Obwohl die NSDAP die meisten Sitze im Reichstag hatte, stellte sie im elfköpfigen Kabinett neben dem Reichskanzler Hitler nur zwei Minister. Der künftige Vizekanzler Franz von Papen verkündete daher siegesgewiss: „In zwei Monaten haben wir Hitler in die Ecke gedrückt, dass er quietscht."

Die Abschaffung der Grundrechte nach dem Reichstagsbrand

Papens Optimismus hinsichtlich der Machtverhältnisse war naiv. Bereits am 1. Februar 1933 wurde der Reichstag durch den Reichspräsidenten Hindenburg aufgelöst, weil Hitler sich von Neuwahlen eine absolute Mehrheit versprach. Erstmals konnten die Nationalsozialisten dabei auch die staatliche Gewalt explizit für ihre Zwecke missbrauchen: Göring besass als kommissarischer preussischer Innenminister die Befehlsgewalt über die Polizei. Am 17. Februar forderte er diese ausdrücklich dazu auf, gegen „staatsfeindliche" Kräfte von der Schusswaffe Gebrauch zu machen und mit SA und SS zu kooperieren. Als „Hilfspolizisten" attackierten schliesslich etwa 50 000 Mitglieder dieser paramilitärischen Parteiorganisationen die politischen Gegner, in erster Linie Kommunisten und Sozialdemokraten. Der Reichstagsbrand vom 27. Februar 1933, dessen Hintergründe bis heute noch nicht restlos aufgeklärt sind, wurde von den Nationalsozialisten zur Ausweitung der scheinlegalen Terrormassnahmen genutzt. Unter dem Vorwand, kommunistischen Umsturzplänen zuvorzukommen, begannen noch in der Nacht des Brandes Massenverhaftungen von Funktionären der KPD. Die sogenannte „Reichstagsbrandverordnung" („Verordnung des Reichspräsidenten zum Schutz von Volk und Staat") vom 28. Februar setzte „bis auf Weiteres" die Grundrechte der Weimarer Verfassung, insbesondere die Freiheit der Person sowie Meinungs-, Presse- und Versammlungsfreiheit, ausser Kraft. Diese Verordnung schuf einen dauerhaften Ausnahmezustand, der die rechtliche Grundlage für die Verfolgung und „Schutzhaft" politisch Andersdenkender bildete und bis 1945 anhielt. Obwohl die Reichstagswahlen vom 5. März 1933 nur als „halbfrei" bezeichnet werden können, kam es zu keinem überwältigenden Sieg der Regierungskoalition. Die NSDAP war mit 43,9 % weiterhin auf die DNVP (8,0 %) angewiesen, um eine absolute Mehrheit zu erreichen.

Durchsetzung des Einparteienstaates

Der nächste Schritt war die völlige Entmachtung des Parlaments. Das Vorspiel stellte der „Tag von Potsdam" am 21. März 1933 dar, an dem der neugewählte Reichstag feierlich eröffnet wurde. Joseph Goebbels inszenierte eine öffentlichkeitswirksame Zeremonie, in der ein Handschlag zwischen dem Reichspräsidenten Hindenburg (in der Uniform eines preussischen Generalfeldmarschalls) und Reichskanzler Hitler (im zivilen schwarzen Frack) die Versöhnung von „altem" Deutschland und NS-Bewegung symbolisieren sollte.

Um die Entmachtung des Parlaments auf „legalem" Weg zu erreichen, sollte der Reichstag am 24. März 1933 ein „Ermächtigungsgesetz" beschliessen. Die

M 2 „Tag von Potsdam"

Reichskanzler Adolf Hitler und Reichspräsident Paul von Hindenburg, 21. März 1933

M 3 Propaganda zum 1. Mai 1933

Die Nationalsozialisten vereinnahmten diesen Tag, der einst gewerkschaftlichen Forderungen der Arbeiter vorbehalten war, Plakat, 1933.

KPD-Abgeordneten waren bereits nach dem Reichstagsbrand durch Ermordung, Verhaftung oder Flucht ausgeschaltet worden, auch zahlreiche SPD-Abgeordnete waren verhaftet oder geflohen. Die für das Ermächtigungsgesetz notwendige Zweidrittelmehrheit gewannen die Nationalsozialisten durch die Stimmen der Mittelparteien mit einer Mischung aus Gewaltandrohung und Versprechungen. Damit war die Gewaltenteilung als grundlegendes Prinzip moderner Verfassungen beseitigt.

Zur gleichen Zeit entwickelte sich die SA zu einem unkontrollierten Terrorinstrument, das neben der politischen Linken nun auch Zentrumsanhänger und Juden ins Visier nahm – Schätzungen gehen hier bis zum Herbst 1933 von 500 bis 600 Todesopfern und etwa 100 000 Inhaftierungen aus.

Ungeachtet dieser Vorgänge konnte die NSDAP nach den Märzwahlen einen Ansturm neuer Mitglieder verzeichnen, zwischen Januar und April 1933 hatte sich deren Anzahl auf über 2,5 Millionen verdreifacht. Auch die Zahl der SA-Männer stieg binnen eines Jahres bis Januar 1934 von 428 000 auf 2,95 Millionen an. Offensichtlich spiegelte sich darin neben Opportunismus auch ein Stimmungsumschwung in der deutschen Bevölkerung wider. Der US-Generalkonsul Charles M. Hathaway fasste diese Stimmung in seinem Lagebericht vom 13. Mai 1933 so zusammen: „Er [Hitler] hat nun die meisten Deutschen mit seinem eigenen Glauben infiziert. Sie sind der Überzeugung, dass er ihnen ein besseres Leben verschaffen wird, und sie folgen ihm." Der Stimmungswechsel, der rechtliche und verfassungsmässige Ausnahmezustand nach Reichstagsbrand und Ermächtigungsgesetz sowie der ungebremste SA-Terror führten schliesslich zur Selbstauflösung auch derjenigen Parteien, die noch nicht wie KPD und SPD in die Illegalität getrieben worden waren. Am 2. Mai 1933 wurden die meist der politischen Linken nahestehenden Gewerkschaften aufgelöst und deren Mitglieder zwangsweise in die „Deutsche Arbeitsfront" (DAF) eingegliedert. Am 14. Juli 1933 machte schliesslich das „Gesetz gegen Neubildung von Parteien" die NSDAP zur alleinigen Staatspartei.

„Gleichschaltung" und Regimekrise 1934

Mit dem Begriff „Gleichschaltung" sind alle von den Nationalsozialisten durchgeführten Massnahmen zur totalen Durchdringung und Beherrschung sämtlicher Bereiche des politischen, wirtschaftlichen und sozialen Lebens gemeint. Der technisch und modern klingende Begriff beschönigte die Täuschung, die Hitler noch am 23. März 1933 in seiner Rede zum Ermächtigungsgesetz geäussert hatte: „Es soll damit aber nicht die Aufgabe einer überlegenen Staatsführung sein, nachträglich das organisch gewachsene Gute nur wegen eines theoretischen Prinzips einer zügellosen Unitarisierung zu beseitigen." Schon am 31. März wurde durch das „Erste Gesetz zur Gleichschaltung der Länder mit dem Reich" de facto die föderative Struktur der Weimarer Republik und damit die Selbstständigkeit der Länder zerschlagen. Mit dem „Zweiten Gesetz zur Gleichschaltung der Länder mit dem Reich" vom 7. April wurden „Reichsstatthalter" in den deutschen Ländern eingesetzt, die das zentralistische Führerprinzip durchsetzen sollten. Damit waren die gewählten Länderregierungen, die nicht der NSDAP angehörten, gestürzt und der Staatsstreich juristisch getarnt. Nach der Auflösung der Länderparlamente mit dem „Gesetz über den Neuaufbau des Reiches" (30.01.1934) wurde am 14. Februar 1934 der nun überflüssige Reichsrat aufgelöst.

Die Verwaltung wurde am 7. April 1933 durch das „Gesetz zur Wiederherstellung des Berufsbeamtentums" gleichgeschaltet. Damit konnten politisch missliebige Beamte durch Nationalsozialisten ersetzt werden, wodurch sich für Tausende von NS-Gefolgsleuten Karrierechancen zum persönlichen Vorteil ergaben. Zudem wurden mit dem „Arierparagrafen" Juden von der Beamtenlaufbahn ausgeschlossen. Auch die Justiz wurde von den Nationalsozialisten dem Führerprinzip unterworfen. Sichtbar wurde dies in einer Krisensituation im Sommer 1934, als sich die SA unter ihrem Chef Ernst Röhm zu einer Bedrohung für das NS-Regime entwickelte. Nachdem Röhm eine „zweite Revolution" und eine Verschmelzung der SA mit der Reichswehr gefordert hatte, wurden Gerüchte über Putschvorbereitungen gestreut. Am 30. Juni 1934 gab Hitler dann persönlich den Auftrag zur „Nacht der langen Messer": In den drei darauffolgenden Tagen wurden gezielt SA-Führer ermordet, darunter Röhm selbst. Zu den mehr als 90 Opfern gehörten aber auch andere politische Widersacher, unter anderem der ehemalige Reichskanzler und Reichswehrgeneral Kurt von Schleicher. Am 13. Juli 1934 rechtfertigte Hitler vor dem Reichstag diese Morde als Präventivschlag gegen eine „Meuterei" und erklärte: „Wenn mir jemand den Vorwurf entgegenhält, weshalb wir nicht die ordentlichen Gerichte zur Aburteilung herangezogen hätten, dann kann ich ihm nur sagen: In dieser Stunde war ich verantwortlich für das Schicksal der deutschen Nation und damit des deutschen Volkes oberster Gerichtsherr." Politischer Mord sollte so nachträglich den Rang eines legalen Staatsaktes erhalten. Mit dem Ende der unabhängigen Rechtsprechung war ein weiteres Prinzip der Gewaltenteilung beseitigt worden. Dem öffentlichen Ansehen Hitlers schadeten die Mordaktionen indes nicht, er konnte sein Image als tatkräftiger Führer dadurch sogar ausbauen. Die Reichswehr als Nutzniesser der Enthauptung der SA feierte Hitler ebenfalls. Nachdem der greise Reichspräsident Hindenburg Anfang August 1934 gestorben war, wurden daher nicht nur dessen bisherige Befugnisse auf Hitler übertragen, sondern darüber hinaus auch alle Offiziere und Soldaten der Reichswehr auf die Person des Diktators vereidigt. Damit war auch die Reichswehr kein potenzieller Unruhefaktor mehr – das nationalsozialistische Regime war gefestigt.

M 4 „They salute with both hands now"

Englische Karikatur von David Low, 3. Juli 1934 (british Cartoon Archive, University of Kent, www.cartoons.ac.uk).

„Reichstagsbrandverordnung" und „Ermächtigungsgesetz" – Gesetze analysieren

M 5 Die „Reichstagsbrandverordnung"

„Verordnung des Reichspräsidenten zum Schutz von Volk und Staat" (28. Februar 1933):

Aufgrund des Artikels 48 Abs. 2 der Reichsverfassung wird zur Abwehr kommunistischer staatsgefährdender Gewaltakte Folgendes verordnet:
§ 1: Die Artikel 114, 115, 117, 118, 123, 124 und 153 der Verfas-
5 sung des Deutschen Reichs werden bis auf weiteres außer Kraft gesetzt. Es sind daher Beschränkungen der persönlichen Freiheit, des Rechts der freien Meinungsäußerung, einschließlich der Pressefreiheit, des Vereins- und Versammlungsrechts, Eingriffe in das Brief-, Post-, Telegrafen-
10 und Fernsprechgeheimnis, Anordnungen von Haussuchungen und von Beschlagnahmen sowie Beschränkungen des Eigentums auch außerhalb der sonst hierfür bestimmten gesetzlichen Grenzen zulässig.
§ 2: Werden in einem Lande die zur Wiederherstellung der
15 öffentlichen Sicherheit und Ordnung nötigen Maßnahmen nicht getroffen, so kann die Reichsregierung insoweit die Befugnisse der obersten Landesbehörde vorübergehend wahrnehmen.
§ 3: Die Behörden der Länder und Gemeinden (Gemeinde-
20 verbände) haben den aufgrund des § 2 erlassenen Anordnungen der Reichsregierung im Rahmen ihrer Zuständigkeit Folge zu leisten.
§ 4: Wer den von den obersten Landesbehörden oder den ihnen nachgeordneten Behörden zur Durchführung dieser
25 Verordnung erlassenen Anordnungen oder den von der Reichsregierung gemäß § 2 erlassenen Anordnungen zuwiderhandelt oder wer zu solcher Zuwiderhandlung auffordert oder anreizt, wird, soweit nicht die Tat nach anderen Vorschriften mit einer schwereren Strafe bedroht ist, mit
30 Gefängnis nicht unter einem Monat oder mit Geldstrafe von 150 bis zu 15000 Reichsmark bestraft.
Wer durch Zuwiderhandlung nach Abs. 1 eine gemeine Gefahr für Menschenleben herbeiführt, wird mit Zuchthaus, bei mildernden Umständen mit Gefängnis nicht unter sechs
35 Monaten und, wenn die Zuwiderhandlung den Tod eines Menschen verursacht, mit dem Tode, bei mildernden Umständen mit Zuchthaus nicht unter zwei Jahren bestraft. Daneben kann auf Vermögenseinziehung erkannt werden. [...]

Reichsgesetzblatt Teil I, Nr. 17/28.2.1933.

M 6 Das „Ermächtigungsgesetz"

„Gesetz zur Behebung der Not von Volk und Reich" (24. März 1933):

Der Reichstag hat das folgende Gesetz beschlossen, das mit Zustimmung des Reichsrats hiermit verkündet wird, nachdem festgestellt ist, dass die Erfordernisse verfassungsändernder Gesetzgebung erfüllt sind:
Artikel 1: Reichsgesetze können außer in dem in der Reichs- 5
verfassung vorgesehenen Verfahren auch durch die Reichsregierung beschlossen werden. Dies gilt auch für die in den Artikeln 85 Abs. 2 und 87 der Reichsverfassung bezeichneten Gesetze.
Artikel 2: Die von der Reichsregierung beschlossenen 10
Reichsgesetze können von der Reichsverfassung abweichen, soweit sie nicht die Einrichtung des Reichstags und des Reichsrats als solche zum Gegenstand haben. Die Rechte des Reichspräsidenten bleiben unberührt.
Artikel 3: Die von der Reichsregierung beschlossenen 15
Reichsgesetze werden vom Reichskanzler ausgefertigt und im Reichsgesetzblatt verkündet. Sie treten, soweit sie nichts anderes bestimmen, mit dem auf die Verkündung folgenden Tage in Kraft. Die Artikel 68 bis 77 der Reichsverfassung finden auf die von der Reichsregierung beschlos- 20
senen Gesetze keine Anwendung.
Artikel 4: Verträge des Reichs mit fremden Staaten, die sich auf Gegenstände der Reichsgesetzgebung beziehen, bedürfen nicht der Zustimmung der an der Gesetzgebung beteiligten Körperschaften. Die Reichsregierung erlässt die 25
zur Durchführung dieser Verträge erforderlichen Vorschriften.
Artikel 5: Dieses Gesetz tritt mit dem Tage seiner Verkündung in Kraft. Es tritt mit dem 1. April 1937 außer Kraft; es tritt ferner außer Kraft, wenn die gegenwärtige Reichsregie- 30
rung durch eine andere abgelöst wird.

Reichsgesetzblatt, Teil I, 24.3.1933.

M 7 „Legale Machtergreifung"?

Der Historiker Horst Möller schreibt (1983):

Aber auch die für die NS-Herrschaft entscheidenden Stationen der ersten Monate waren nicht legal im Sinne der Weimarer Verfassung: Die formelle Korrektheit der Beratungs- und Entscheidungsprozedur beim Zustandekommen des Ermächtigungsgesetzes änderte nichts daran, 5 dass der Reichstag bei diesem Beschluss nicht legal zusammengesetzt war. Schon der Terror bis zum 5. März 1933, den die NSDAP unter Zuhilfenahme der nun von Göring befehligten preußischen Polizei auf Wähler und politische Gegner ausübte, war alles andere als legal. Aber lässt man diese Vorgänge außer Betracht, weil ihre Wirkung auf die Wähler nicht zweifelsfrei messbar ist, dann bleibt der Tatbestand: 81 KPD- und einige SPD-Abgeordnete waren verhaftet worden; unter Verletzung der durch die Verfassung garantierten Immunität wurden sie an der Wahrnahme ihres Mandats gehindert. Aber selbst diese zweifelsfreie Illegalität, die allein ausreicht, die These einer „legalen" Machtergreifung zu widerlegen, ist nur ein illegaler Akt unter anderen.

Im Übrigen ist das Ermächtigungsgesetz nicht legal angewendet worden: Nach dem Rücktritt Hugenbergs am 26.6.1933 hätte es nicht mehr praktiziert werden dürfen, bestimmte der Artikel 5 doch, dass es außer Kraft trete, „wenn die gegenwärtige Reichsregierung durch eine andere abgelöst wird". In der Tat wäre das Ausscheiden des wichtigsten Koalitionspartners ein solcher Grund gewesen. Nach Artikel 2 durften die aufgrund des Ermächtigungsgesetzes erlassenen Reichsgesetze nicht die Einrichtung des Reichstags und des Reichsrates als solche zum Gegenstand haben, die Rechte des Reichspräsidenten mussten unberührt bleiben. Tatsächlich ist der Reichsrat am 14.2.1934 aufgehoben und damit das Ermächtigungsgesetz auch formell gebrochen worden, nachdem die Institution des Reichsrates bereits seit Frühjahr 1933 durch Auflösung der Länder keinen der Weimarer Verfassung entsprechenden Sinn mehr hatte. Schließlich bedeutete die nach dem Tode Hindenburgs am 2. August 1934 erfolgte Zusammenlegung des Reichspräsidentenamtes mit dem des Reichskanzlers eine zumindest höchst fragwürdige Auslegung des Ermächtigungsgesetzes, kann doch die dort erfolgte ausdrückliche Sicherung der Kompetenzen des Reichspräsidenten nur dann sinnvoll sein, wenn er als selbstständiges Verfassungsorgan neben Reichstag, Reichsrat und Reichsregierung besteht: Gerade das aber setzt die Nennung der Verfassungsorgane im Artikel 2 voraus.

Schon diese wenigen Erinnerungen an bekannte Verfassungsverstöße der NS-Machthaber belegen, dass die These von der Legalität der NS-Machtergreifung einigermaßen absurd ist.

Horst Möller, Die nationalsozialistische Machtergreifung. Konterrevolution oder Revolution?, in: Vierteljahrshefte für Zeitgeschichte 31, 1983, S. 25 – 51, 48 f.

Aufgaben

1. Errichtung und Ausbau der Diktatur

a) Erstellen Sie eine Übersicht über den Prozess der nationalsozialistischen Machtsicherung.

b) Erörtern Sie, an welchem Punkt bzw. mit welcher Massnahme der Weg in die Diktatur unumkehrbar geworden war.

c) Beschreiben Sie die Karikaturen (M1 und M4) und arbeiten Sie das Bild heraus, das von Hitler dort vermittelt wird.

⤴ Text, M1, M4

2. „Reichstagsbrandverordnung" und „Ermächtigungsgesetz" – Gesetze analysieren

a) Fassen Sie in jeweils einem Begriff den Inhalt der einzelnen Paragrafen der sogenannten „Reichstagsbrandverordnung" zusammen.

b) Zeigen Sie die verfassungsrechtlichen Konsequenzen des sogenannten „Ermächtigungsgesetzes" auf und bewerten Sie das Gesetz vor dem Hintergrund der Ideen der Aufklärung.

c) Viele Abgeordnete demokratischer Parteien haben diesem Gesetz zugestimmt. Erläutern Sie mögliche Motive.

d) Ist die Zustimmung zum „Ermächtigungsgesetz" aus heutiger Sicht entschuldbar? Begründen Sie Ihre Meinung.

e) War die Machtübernahme der Nationalsozialisten legal? Erläutern Sie knapp die Position des Historikers Horst Möller und setzen Sie sich mit seinen Aussagen auseinander.

⤴ Text, M5 – M7

3. NS-Sprachgebrauch – Begriffe analysieren und reflektieren

a) Erläutern Sie folgende Begriffe aus dem Schulbuchtext dieses Kapitels: „Weimarer System", „Erlöser", „Schutzhaft", „Ermächtigungsgesetz", „Machtergreifung".

b) Beurteilen Sie obige Begriffe hinsichtlich ihrer Angemessenheit. Berücksichtigen und verdeutlichen Sie dabei, aus welcher Perspektive sie ohne Anführungszeichen Verwendung fanden.

⤴ Text

Info

Stereotyp

(plur. Stereotype), eingebür-
gertes Vorurteil mit festen
Vorstellungsklischees innerhalb einer Gruppe.

Die Ideologie des Nationalsozialismus

„Die Lektüre ist schrecklich. Es ist, um es mal hart zu sagen, schon ein ziemlicher Dreck", sagt Dr. Christian Hartmann zu Hitlers Buch „Mein Kampf", in dem wesentliche Elemente der nationalsozialistischen Ideologie formuliert sind. Hartmann muss es wissen, denn er hat am Münchener Institut für Zeitgeschichte an einer kommentierten, wissenschaftlichen Ausgabe des Buches gearbeitet, die 2016 erschienen ist, kurz nachdem der Freistaat Bayern Ende 2015, 70 Jahre nach dem Tod des Verfassers, die Urheberrechte verloren hatte. Die Diskussion um eine Wiederherausgabe des Buches ist nicht neu. Schon angesichts des 50. Jahrestages (1975) des Erscheinens der Originalausgabe erinnerte der Journalist der Wochenzeitung „Die Zeit", Karl-Heinz Janßen, daran, dass der erste Bundespräsident der Bundesrepublik Deutschland Theodor Heuss seinerzeit angeregt habe, Hitlers Buch „mit Kommentaren zu versehen, neu aufzulegen, um das Volk vor neonazistischen Umtrieben zu bewahren".

Die nationalsozialistische Ideologie, die in „Mein Kampf" und Hitlers sogenanntem „Zweiten Buch" (1928) sowie in den Parteiprogrammen der NSDAP, zahllosen Reden, Propagandabroschüren, Zeitungsartikeln und Briefen nationalsozialistischer Schulungsleiter zum Ausdruck kam, erscheint heute absurd, und doch bleibt ohne Kenntnisse über diese Quellen das Verständnis der nationalsozialistischen Politik um einen wesentlichen Aspekt verkürzt.

Ideologische Voraussetzungen des Nationalsozialismus

Als Adolf Hitler 1933 zum Reichskanzler ernannt wurde, verfügten die Nationalsozialisten bereits über eine ausformulierte Ideologie. Diese gründete hauptsächlich auf einer Zusammenfügung zahlreicher älterer Gedankengebilde und Stereotype, welche in der Zeit der Weimarer Republik eine Vermengung mit pseudowissenschaftlichen Behauptungen und nationalistisch-revanchistischen Deutungen des Ersten Weltkrieges und des Versailler Vertrages erfuhren. Das Weltbild der Nationalsozialisten stand ganz „im Zeichen [...] des durch den Weltkrieg, die Niederlage und die Kriegsfolgen radikalisierten deutschen Nationalismus" (Hans-Ulrich Wehler). Wer nach den Einflüssen auf die nationalsozialistische Ideologie fragt, die Hitler u.a. während seiner Haft nach dem erfolglosen Putsch in München (1923) zu Papier brachte und 1925 als ersten Band von „Mein Kampf" veröffentlichen liess, muss die Antworten sowohl in den politischen Erfahrungen ihrer Träger als auch bei deren gedanklichen Vorläufern suchen. Als wesentliche Bestandteile der nationalsozialistischen Ideologie lassen sich wenigstens fünf Strömungen des 19. Jahrhunderts benennen, die im Nachfolgenden beschrieben werden.

1. Sozialdarwinismus: Bei diesem pseudowissenschaftlichen Konzept handelt es sich um eine unhaltbare Übertragung der Theorien von Charles Darwin zum Kampf verschiedener Arten um Lebensraum, deren Weiterentwicklung durch Anpassung an die Umwelt und das sogenannte Überleben der Angepasstesten auf den menschlich-sozialen Bereich, u.a. durch Herbert Spencer (1820–1903).

2. Rassismus: Die Idee, dass die Menschheit in „Rassen" aufgeteilt wäre, die in einer hierarchischen Ordnung zueinander stünden, war seit der Mitte des 19. Jahrhunderts weit verbreitet und stand u.a. in Zusammenhang mit der Kolonisierung zahlreicher Völker in Afrika und Asien. Hier waren vor allem die Ideen und Werke von Arthur de Gobineau (1816–1882) und Houston Stewart Chamberlain

AN DIE DEUTSCHEN MÜTTER!

12 000 jüdische Soldaten sind für das Vaterland auf dem Felde der Ehre gefallen.

M 2 „12 000 Juden fielen im Kampf!"

Plakat des Reichsbundes jüdischer Frontsoldaten. Mit dem Ersten Weltkrieg drohte eine neue Welle des Antisemitismus. Als sich abzeichnete, dass der Krieg nicht – wie erwartet – binnen Kurzem zu einem Sieg Deutschlands führte, regten sich wieder die Antisemiten, die nach einem Sündenbock für die stagnierende Kriegsführung und die miserable Lage der Versorgung im Reich suchten. Zwar unterdrückte die Militärzensur offen antisemitische Publikationen. Das preussische Kriegsministerium ordnete jedoch 1916 die Zählung der jüdischen Soldaten an, einem antisemitischen Gerücht folgend, dass Juden sich um den Kriegsdienst drücken würden. Obwohl die Zählung dies nicht belegen konnte, blieben ihre Ergebnisse unter Verschluss und die Gerüchte damit unwidersprochen.

(1855–1927) von grossem Einfluss. Gobineau hatte in seinem „Essay über die Ungleichheit der Menschenrassen" die Behauptung aufgestellt, dass die „Arier" oder die „nordische Rasse" die wertvollste aller Menschenrassen darstelle. Houston Stewart Chamberlain, der eine Tochter Richard Wagners geheiratet hatte und zum Bayreuther Wagner-Kreis gehörte, griff diese Vorstellungen auf und verband sie mit dem verbreiteten und auch in Richard Wagners Schriften zum Ausdruck gebrachten Antisemitismus. In seinem Buch „Die Grundlagen des 19. Jahrhunderts" sieht Chamberlain die Geschichte als einen „Kampf der Rassen" und propagiert einen rassisch geprägten Antisemitismus. 1923 besuchte Hitler, der ein glühender Wagner-Verehrer war, Houston Stewart Chamberlain in Bayreuth. Verknüpft mit dem Sozialdarwinismus fand der Rassismus auch Eingang in Begründungsstrategien für imperialistische Bestrebungen des 19. Jahrhunderts. Am Ende des Jahrhunderts beförderten die rassistischen Ideen auch die weitverbreitete Lehre der „Eugenik", die mit bevölkerungs- und gesundheitspolitischen Zielsetzungen eine „Züchtung rassisch wertvoller" Menschen forderte.

3. Antisemitismus: Juden wurden in Zeiten wirtschaftlicher und politischer Krisen oft zu „Sündenböcken" gemacht. Die alte, meist religiös begründete Judenfeindschaft erfuhr im 19. Jahrhundert durch die Konzepte des Sozialdarwinismus und Rassismus eine Veränderung hin zu einer pseudowissenschaftlichen Theorie: Der moderne Antisemitismus sah die Juden nicht mehr als Religionsgemeinschaft, sondern als Rasse mit unveränderlichen negativen Wesenszügen. Obwohl Juden, gemessen am Anteil der jüdischen Bevölkerung des Deutschen Reiches, sogar überproportional am Ersten Weltkrieg teilgenommen hatten, wurden sie als „Drückeberger" und „Kriegsgewinnler" bezeichnet.

4. Nation und Nationalismus: „Nationalismus" als politische Bewegung hatte im 19. Jahrhundert in Deutschland unterschiedliche Ausprägungen. Ging es anfangs darum, einen deutschen Nationalstaat zu schaffen, so zielte der Nationalismus nach 1871 auf eine Festigung und Ausweitung der Position des deutschen Nationalstaates in Europa und in der Welt. Die Ansichten über die Kriterien der Zugehörigkeit zu einer Nation – im Allgemeinen eine gemeinsame Sprache, Ge-

M 3 „Der ewige Jude"

Die Darstellung enthält alle Symbole, die die Nationalsozialisten mit dem Judentum verbanden, Plakat zu der antisemitischen Ausstellung „Der ewige Jude", München 1937.

M 4 Adolf Hitlers 48. Geburtstag

Die Fotografie Heinrich Hoffmanns (1885 – 1957), des „Leibfotografen" Hitlers, entstand am 20. April 1937 in Berlin. Sie zeigt Schutzpolizisten und Zuschauer der Parade anlässlich Hitlers Geburtstages.

schichte oder Kultur – unterlagen einem Wandel mit beständigen Schwerpunktverlagerungen. Der Rassismus führte als neues Kriterium der Zugehörigkeit zu einer Nation die biologische Abstammung ein.

5. **„Lebensraum":** Das „Phantasma" (so der Historiker Michael Wildt 2008), dass ein Volk „Raum" brauche, um sich ernähren und entfalten zu können, war bereits Bestandteil der Begründungen für koloniale und imperiale Bestrebungen Frankreichs und Grossbritanniens, aber auch des Deutschen Reiches.

Zentrale Elemente der NS-Ideologie

In der nationalsozialistischen Ideologie lassen sich zahlreiche Elemente der gedanklichen Vorläufer aus dem 19. Jahrhundert wiederfinden, die wiederholt, variiert und radikalisiert wurden. Der Historiker Hans-Ulrich Wehler unterscheidet bis zu zehn „Basisüberzeugungen" (2003); die vier bedeutsamsten und folgenreichsten waren ein eliminatorischer Antisemitismus, das Konzept der „Volksgemeinschaft", das Führerprinzip und die „Lebensraum"-Ideologie.

1. **Eliminatorischer (auslöschender) Antisemitismus:** Rassismus und Sozialdarwinismus des 19. Jahrhunderts wurden zu der Behauptung zusammengeführt, auch in der Geschichte ginge es um einen „Kampf um Lebensraum und ums Dasein" zwischen höher- und minderwertigeren Menschenrassen. Der Antisemitismus erfuhr dabei eine Radikalisierung: Das Judentum wurde nicht als Religionsgemeinschaft, sondern als minderwertige biologische Rasse definiert, deren Wesenszug es wäre, nach der Weltherrschaft zu streben.

2. **„Volksgemeinschaft":** Sowohl im Kaiserreich als auch in der Weimarer Republik waren nationalistische und auch sozialistische Ideen weit verbreitet. Während der Nationalismus eine Vormachtstellung der eigenen Nation anstrebte, zielte der Sozialismus ganz im Gegensatz dazu auf eine länderübergreifende Klassenzugehörigkeit (Sozialistische Internationale). Um sowohl nationalistische als auch sozialistisch orientierte Bevölkerungsschichten für sich zu gewinnen, behaupteten die Nationalsozialisten, beide Konzepte miteinander zu verbinden. Natürlich strebte der Nationalsozialismus keine Vergesellschaftung der Produktionsmittel an; vielmehr wurde propagiert, dass der rassisch begründete völkische Nationa-

lismus ein „nationaler Sozialismus" wäre. Sozialistische Ideen der Gleichheit wurden dabei nicht ökonomisch eingelöst, sondern lediglich im Konzept der „Volksgemeinschaft" behauptet, welches eine „Überwindung der Klassengegensätze" vorspiegeln sollte. „Volksgemeinschaft" definierte sich dabei nicht so sehr durch Inklusion bzw. Integration, sondern vornehmlich durch Exklusion bzw. Ausgrenzung politisch Andersdenkender, Juden und verschiedener anderer Menschengruppen. Aufgabe des Staates wäre es, die „Volksgemeinschaft" durch „Rassenpflege" zu stärken.

3. Führerprinzip: In radikaler Abgrenzung von Republikanismus und Parlamentarismus sollte die deutsche Nation nach Auffassung der Nazis durch einen „Führer" repräsentiert sein, der im Geiste einer von Hitler propagierten quasi-religiösen „Vorsehung" die Interessen des Volkes vertrat. Die aufklärerische Idee der Volkssouveränität wurde dabei verdreht. Hitler schrieb dazu in „Mein Kampf": „Über den deutschen Menschen im Diesseits verfügt die deutsche Nation durch ihren Führer." Das Führerprinzip sollte sich in allen gesellschaftlichen, politischen und wirtschaftlichen Bereichen auf allen Stufen der Hierarchie wiederfinden lassen, mit „der Autorität jedes Führers nach unten und Verantwortlichkeit nach oben" (Knaurs Lexikon, 1939).

4. „Lebensraum im Osten": In aussenpolitischer Hinsicht bestimmte das ideologische Konzept des „Lebensraumes im Osten" antibolschewistische und wirtschaftliche Zielsetzungen. Die Eroberungen sollten nicht nur zur „Germanisierung", d. h. zur Besiedlung mit Bürgern des Deutschen Reiches genutzt werden, sondern vor allem auch zur Ausbeutung von Landwirtschaft und Rohstoffvorkommen sowie als neue Absatzmärkte. Der „Osten" sollte für das Deutsche Reich das werden, was Indien für England gewesen sei, so Hitler in „Mein Kampf". Ausgehend von den Erfahrungen des Ersten Weltkrieges waren die wirtschaftlichen Vorstellungen des NS-Regimes zudem von Autarkiebestrebungen geprägt. Das Deutsche Reich wollte in wesentlichen wirtschaftlichen Sektoren unabhängig von Importen aus dem Ausland sein. Dazu sollte die Eroberung neuen „Lebensraumes" beitragen.

NS-Sprachgebrauch

Die NS-Ideologie wurde offensiv propagiert, wobei man anstrebte, das Denken der Menschen nicht nur über ideologische Behauptungen, sondern auch über den Sprachgebrauch selbst zu beeinflussen. Schon während der NS-Zeit analysierte und entlarvte der Romanist Victor Klemperer (1881–1960) die Reden Hitlers und des „Reichsministers für Volksaufklärung und Propaganda" Joseph Goebbels sowie die alltägliche Propaganda aus sprachwissenschaftlicher Sicht. Klemperer, der als Jude die NS-Zeit in Deutschland durch die Hilfe seiner „arischen" Frau überlebte, zeigte in seinem Buch „Lingua Tertii Imperii – Die Sprache des Dritten Reiches" die Mechanismen des nationalsozialistischen Sprachgebrauchs auf. Dieser war vor allem gekennzeichnet durch Abkürzungen, die Verwendung von Begriffen aus dem Bereich der Technik (z. B. „Gleichschaltung") sowie durch Metaphern und Vergleiche aus dem Bereich der Tier- und Pflanzenwelt (Juden als „Parasiten" und „Schmarotzer"). Verbrechen wurden durch Euphemismen (= beschönigende Umschreibungen) verschleiert, z. B. „Rassenhygiene", „Endlösung der Judenfrage", „Euthanasie", „Kinderfachabteilung", „Lebensborn".

Ideologische Voraussetzungen des Nationalsozialismus

M 5 **Houston Stewart Chamberlain**

a) In seinem Buch „Die Grundlagen des Neunzehnten Jahrhunderts" (1899) schreibt Chamberlain über die Entwicklung der „Rassen":

Als ob die gesamte Geschichte nicht da wäre, um uns zu zeigen, wie Persönlichkeit und Rasse auf das Engste zusammenhängen [...]. Und als ob die wissenschaftliche Tier- und Pflanzenzüchtung uns nicht ein ungeheuer reiches und zu-
5 verlässiges Material böte, an dem wir sowohl die Bedingungen, wie auch die Bedeutung von „Rasse" kennenlernen! [Bereits Gobineau war der Meinung ...] die von Hause aus „reinen", edlen Rassen vermischten sich im Verlauf der Geschichte und würden mit jeder Vermischung unwieder-
10 bringlich unreiner und unedler, woraus sich dann notwendigerweise eine trostlos pessimistische Ansicht über die Zukunft des Menschengeschlechtes ergeben muss. Die erwähnte Annahme beruht jedoch auf einer gänzlichen Unkenntnis der physiologischen Bedeutung dessen, was man
15 unter „Rasse" zu verstehen hat. Eine edle Rasse fällt nicht vom Himmel herab, sondern sie wird nach und nach edel, genau so wie die Obstbäume, und dieser Werdeprozess kann jeden Augenblick von Neuem beginnen [...].

Houston Stewart Chamberlain, Die Grundlagen des Neunzehnten Jahrhunderts, I. Hälfte, München, 2. Auflage, 1900, S. 265 und 267.

b) Zum Zusammenhang von Rasse und Nation schreibt Chamberlain:

Fast immer ist es die Nation, als politisches Gebilde, welche die Bedingungen zur Rassenbildung schafft oder wenigstens zu den höchsten, individuellsten Betätigungen der Rasse führt. [...] Das römische Reich in seiner Imperiumzeit
5 war die Verkörperung des antinationalen Prinzips; dieses Prinzip führte zur Rassenlosigkeit und zugleich zum geistigen und moralischen Chaos; die Errettung aus dem Chaos geschah durch die zunehmend scharfe Ausbildung des entgegengesetzten Prinzips der Nationen. Nicht immer hat die
10 politische Nationalität bei der Erzeugung individueller Rassen dieselbe Rolle gespielt wie in unserer neueren Kultur; [...] Und da Rasse nicht bloss ein Wort ist, sondern ein organisches, lebendiges Wesen, so folgt ohne weiteres, dass sie nie stehen bleibt: sie veredelt sich, oder sie entartet, sie

entwickelt sich nach dieser oder jener Richtung und lässt 15 andere Anlagen verkümmern. [...] Der feste nationale Verband ist aber das sicherste Schutzmittel gegen Verirrung: er bedeutet gemeinsame Erinnerung, gemeinsame Hoffnung, gemeinsame geistige Nahrung; er festet das bestehende Blutband und treibt an, es immer enger zu schlie- 20 ßen.

Houston Stewart Chamberlain. Die Grundlagen des Neunzehnten Jahrhunderts. I. Hälfte, München, 2. Auflage, 1900, S. 290, 292, 294.

M 6 **„So weit die deutsche Zunge klingt!"**
Postkarte des „Alldeutschen Verbands", 1914. Der 1891 gegründete und 1939 aufgelöste Verband propagierte völkische, militaristische, rassistische und antisemitische Inhalte und nahm damit zentrale Positionen des späteren Nationalsozialismus vorweg.

Ideologischer Charakter des NS-Sprachgebrauchs – Begriffe analysieren

M 7 „Ausmerze/ausmerzen/Ausmerzung"

a) Zum Begriff „Ausmerze" im geplanten, aber nie volle-naeten „NS-Wörterbuch des SS-Hauptamtes" (Frühjahr 1945):

Sie besteht in der biologischen Vernichtung des erblich Minderwertigen durch Unfruchtbarmachung, in der zahlen-mäßigen Verdrängung des Ungesunden und Unerwünsch-ten. Durch Ausmerze wird ein Volk vor dem Überwuchern
5 durch Erbkranke und Belastete geschützt. Im natürlichen Daseinskampf wird das Lebensuntüchtige, Schwache und Unfruchtbare ausgemerzt. Völker, die die Beachtung der Naturgesetze unterlassen haben, sind im Verlauf der Ge-schichte unserer Erde genau so wie zahlreiche Arten der
10 Tiere und Pflanzen ausgelöscht worden.

Thorsten Eitz, Georg Stötzel: Wörterbuch der „Vergangenheitsbewälti-gung". Die NS-Vergangenheit im öffentlichen Sprachgebrauch, Georg Olms Verlag, Hildesheim 2007, S. 104

b) Zur Herkunft des Begriffes „Ausmerze/ausmerzen/busmerzung" heisst es in einem Wörterbuch von 2007:

Der Ausdruck Ausmerze ist wegen seiner Funktion als zentrales Konzeptwort der NS-Ideologie und dem mit ihm verbundenen Programm der Zwangssterilisation und „Aus-rottung Minderwertiger" eine nach 1945 tabuisierte Stigma-vokabel [...]. Die Ausdrücke ausmerzen und Ausmerzung 5 dagegen wurden nach 1945 durchweg als nicht belastet wahrgenommen und in der Bedeutung „tilgen, ausrotten, eliminieren" problemlos weiterverwendet. [...]
Das Verb ausmerzen ist seit dem 16. Jahrhundert in der Bedeutung „als untauglich aussondern, beseitigen" belegt. 10 Es wurde [so das Duden-Herkunftswörterbuch (1989)] „ursprünglich in der Sprache der Schafszüchter gebraucht, und zwar im Sinne von ‚die zur Zucht untauglichen Schafe aus einer Herde aussondern'."

Thorsten Eitz, Georg Stötzel: Wörterbuch der „Vergangenheitsbewälti-gung". Die NS-Vergangenheit im öffentlichen Sprachgebrauch, Georg Olms Verlag, Hildesheim 2007, S. 101

Aufgaben

1. Ursprünge der NS-Ideologie

a) Analysieren Sie Chamberlains Auffassung zur Ent-wicklung der „Rassen" und zum Zusammenhang von „Rasse" und „Nation".

b) Erläutern Sie unter Hinzuziehung der Informationen des Schulbuchtextes die ideologischen Elemente, die in den Materialien M5 deutlich werden.
⤳ Text, M5

2. Ideologischer Charakter des NS-Sprachgebrauchs

a) Fassen Sie die Entwicklung des Begriffes „Ausmerze" zusammen.

b) Erläutern Sie unter Berücksichtigung Ihrer Kenntnis-se zu den Vorläufern der NS-Ideologie den ideologi-schen Charakter des Begriffes „Ausmerze".

c) „Die Ausdrücke ausmerzen und Ausmerzung [...] wurden nach 1945 durchweg als nicht belastet wahr-genommen und in der Bedeutung ‚tilgen, ausrotten, eliminieren' problemlos weiterverwendet." – So heisst es in dem Wörterbuch zum Gebrauch von NS-Begriffen vor und nach 1945 (2007). Nehmen Sie Stellung zur Frage, ob eine unreflektierte gegenwär-tige Verwendung von NS-Begriffen problematisch ist.
⤳ Text, M7

Hitlers Antisemitismus – Eine frühes Zeugnis von Hitler

M 8   Hitlers Antisemitismus

Im Auftrag des Reichswehrgruppenkommandos 4 in München, für das er als Vertrauensmann und Redner arbeitete, nahm Hitler am 16. September 1919 erstmals in einem Brief zum „Judenproblem" Stellung. Dieses Schreiben ist das älteste Zeugnis, in dem sich Hitler nachweislich zum Antisemitismus äusserte:

Wenn die Gefahr [,] die das Judentum für unser Volk heute bildet [,] seinen [ihren] Ausdruck findet in einer nicht wegzuleugnenden Abneigung großer Teile unseres Volkes, so ist die Ursache dieser Abneigung meist nicht zu suchen in der
5 klaren Erkenntnis des bewusst oder unbewusst planmäßig verderblichen Wirkens der Juden als Gesamtheit auf unsere Nation, sondern sie entsteht meist durch den persönlichen Verkehr, unter dem Eindruck, den der Jude als Einzelner zurücklässt und der fast stets ein ungünstiger ist. Dadurch
10 erhält der Antisemitismus nur zu leicht den Charakter einer bloßen Gefühlserscheinung. Und doch ist dies unrichtig. Der Antisemitismus als politische Bewegung darf nicht und kann nicht bestimmt werden durch Momente des Gefühls, sondern durch die Erkenntnis von Tatsachen. Tatsachen
15 aber sind: Zunächst ist das Judentum unbedingt Rasse und nicht Religionsgenossenschaft. Und der Jude selbst bezeichnet sich nie als jüdischen Deutschen, jüdischen Polen oder etwa jüdischen Amerikaner, sondern stets als deutschen, polnischen oder amerikanischen Juden. Noch nie
20 hat der Jude von fremden Völkern [,] in deren Mitte er lebt [,] viel mehr angenommen als die Sprache. Und so wenig ein Deutscher [,] der in Frankreich gezwungen ist [,] sich der franz. Sprache zu bedienen, in Italien der italienischen und in China der chinesischen, dadurch zum Franzosen, Italie-
25 ner oder gar Chinesen wird, so wenig kann man einen Juden, der nunmal unter uns lebt und, dadurch gezwungen, sich der deutschen Sprache bedient, deshalb einen Deutschen nennen. Und selbst der mosaische Glaube kann, so groß auch seine Bedeutung für die Erhaltung dieser Rasse
30 sein mag, nicht als ausschließlich bestimmend für die Frage, ob Jude oder Nichtjude [,] gelten. Es gibt kaum eine Rasse, deren Mitglieder ausnahmslos einer einzigen bestimmten Religion angehören.

35 Durch tausendjährige Innzucht [sic], häufig vorgenommen in engstem Kreise, hat der Jude im Allgemeinen seine Rasse und ihre Eigenarten schärfer bewahrt als zahlreiche der Völker, unter denen er lebt. Und damit ergibt sich die Tatsache, dass zwischen uns eine nichtdeutsche fremde Rasse
40 lebt, nicht gewillt und auch nicht imstande, ihre Rasseneigenarten zu opfern, ihr eigenes Fühlen, Denken und Streben zu verleugnen, und die dennoch politisch alle Rechte besitzt wie wir selber. Bewegt sich schon das Gefühl des Juden im rein Materiellen, so noch mehr sein Denken und Streben. Der Tanz ums goldene Kalb wird zum erbarmungs-
45 losen Kampf um alle jene Güter, die nach unserm inneren Gefühl nicht die höchsten und einzig erstrebenswerten auf dieser Erde sein sollen.
Der Wert des Einzelnen wird nicht mehr bestimmt durch seinen Charakter, der [die] Bedeutung seiner Leistungen für
50 die Gesamtheit, sondern ausschließlich durch die Größe seines Vermögens, durch sein Geld.

Die Höhe der Nation soll nicht mehr gemessen werden nach der Summe ihrer sittlichen und geistigen Kräfte, sondern
55 nur mehr nach dem Reichtum ihrer materiellen Güter.
Aus diesem Fühlen ergibt sich jenes Denken und Streben nach Geld, und Macht, die dieses schützt, das den Juden skrupellos werden lässt in der Wahl der Mittel, erbarmungslos in ihrer Verwendung zu diesem Zweck. Er winselt
60 im autokratisch regierten Staat um die Gunst der „Majestät" des Fürsten, und missbraucht sie als Blutegel an seinen Völkern. Er buhlt in der Demokratie um die Gunst der Masse, kriecht vor der „Majestät des Volkes" und kennt doch nur die Majestät des Geldes. [...]
65 Alles [,] was Menschen zu Höherem streben lässt, sei es Religion, Sozialismus, Demokratie, es ist ihm alles nur Mittel zum Zweck, Geld und Herrschgier zu befriedigen. Sein Wirken wird in seinen Folgen zur Rassentuberkulose der Völker. Und daraus ergibt sich Folgendes: Der Antisemitis-
70 mus aus rein gefühlsmäßigen Gründen wird seinen letzten Ausdruck finden in der Form von Pogromen. Der Antisemitismus der Vernunft jedoch muss führen zur planmäßigen gesetzlichen Bekämpfung und Beseitigung der Vorrechte des Juden [,] die er zum Unterschied der anderen zwischen
75 uns lebenden Fremden besitzt (Fremdengesetzgebung).
Sein letztes Ziel aber muss unverrückbar die Entfernung der Juden überhaupt sein. Zu beidem ist nur fähig eine Regierung nationaler Kraft und niemals eine Regierung nationaler Ohnmacht.
80

Zit. nach: Ernst Deuerlein (Hg.), Der Aufstieg der NSDAP in Augenzeugenberichten, 2. Aufl., München 1976, S. 91–94.

„Rassenlehre" und „Lebensraum" – Auszüge aus „Mein Kampf" analysieren

M 9 „Rassenlehre"

Auszug aus „Mein Kampf":

Die Sünde wider Blut und Rasse ist die Erbsünde dieser Welt und das Ende einer sich ihr ergebenden Menschheit. [...] Demgegenüber erkennt die völkische Weltanschauung die Bedeutung der Menschheit in deren rassischen Urele-
5 menten. Sie sieht im Staat prinzipiell nur ein Mittel zum Zweck und fasst als seinen Zweck die Erhaltung des rassi-schen Daseins der Menschen auf. Sie glaubt somit keines-wegs an eine Gleichheit der Rassen, sondern erkennt mit ihrer Verschiedenheit auch ihren höheren oder minderen
10 Wert und fühlt sich durch diese Erkenntnis verpflichtet, gemäß dem ewigen Wollen, das dieses Universum be-herrscht, den Sieg des Besseren, Stärkeren zu fördern, die Unterordnung des Schlechteren und Schwächeren zu ver-langen. [...] Sie glaubt an die Notwendigkeit einer Idealisie-
15 rung des Menschentums, da sie wiederum nur in dieser die Voraussetzung für das Dasein der Menschheit erblickt. Al-lein sie kann auch einer ethischen Idee das Existenzrecht nicht zubilligen, sofern diese Idee eine Gefahr für das ras-sische Leben der Träger einer höheren Ethik darstellt; denn
20 in einer verbastardierten und vernegerten Welt wären auch alle Begriffe des menschlich Schönen und Erhabenen sowie alle Vorstellungen einer idealisierten Zukunft unseres Men-schentums für immer verloren. Menschliche Kultur und Zivilisation sind auf diesem Erdteil unzertrennlich gebun-
25 den an das Vorhandensein des Ariers.

Adolf Hitler, Mein Kampf, München 1936, S. 272 und S. 420 f.

M 10 „Lebensraum"

Hitler in „Mein Kampf" über „Lebensraum im Osten":

Wollte man in Europa Grund und Boden, dann konnte dies im Großen und Ganzen nur auf Kosten Russlands gesche-hen, dann musste sich das neue Reich auf der Straße der einstigen Ordensritter in Marsch setzen, um mit dem deut-schen Schwert dem deutschen Pflug die Scholle, der Nation 5 aber das tägliche Brot zu geben. [...]
Wir Nationalsozialisten haben jedoch noch weiter zu ge-hen. Das Recht auf Grund und Boden kann zur Pflicht wer-den, wenn ohne Bodenerweiterung ein großes Volk dem Untergang geweiht erscheint. Noch ganz besonders dann, 10 wenn es sich dabei nicht um ein x-beliebiges Negervölk-chen handelt, sondern um die germanische Mutter all des Lebens, das der heutigen Welt ihr kulturelles Bild gegeben hat. Deutschland wird entweder Weltmacht oder überhaupt nicht sein. Zur Weltmacht aber braucht es jene Größe, die 15 ihm in der heutigen Zeit die notwendige Bedeutung und seinen Bürgern das Leben gibt.
Damit ziehen wir Nationalsozialisten einen Strich unter die außenpolitische Richtung unserer Vorkriegszeit. Wir setzen dort an, wo man vor sechs Jahrhunderten endete. Wir 20 stoppen den ewigen Germanenzug nach dem Süden und Westen Europas und weisen den Blick nach dem Land im Osten. Wir schließen endlich ab die Kolonial- und Handels-politik der Vorkriegszeit und gehen über zur Bodenpolitik der Zukunft. 25

Adolf Hitler, Mein Kampf, München 1936, S. 154 u. 741 f.

Aufgaben

1. **Hitlers Antisemitismus**
   a) Erläutern Sie wesentliche Elemente von Hitlers Antisemitismus.
   b) Vergleichen Sie Ihre Ergebnisse mit den Ursprüngen von Hitlers Antisemitismus (M5, S. 288).
   ⌐ Text, M5–M8

2. **„Rassenlehre" und „Lebensraum": Auszüge aus „Mein Kampf" analysieren**
   a) Erläutern Sie die wesentlichen Elemente der NS-Ideologie vor dem Hintergrund ihrer Ursprünge.
   b) „Wir wollen den Zünder ausbauen, wie bei einer alten Granate", so der Historiker Christian Hartmann (2014) zur 2016 veröffentlichten Ausgabe von „Mein

Kampf", die mit einem wissenschaftlich-kritischen Kommentar versehen wurde. Nehmen Sie Stellung zu der Frage, ob es sich bei einer wissenschaftlich-kritischen Ausgabe von „Mein Kampf" um literari-schen „Zündstoff" handelt.
⌐ Text, M8–M10

3. **Der nationalsozialistische Nationalismus**
   a) Skizzieren Sie anhand des Schulbuchtextes zentrale Elemente des nationalsozialistischen Nationalis-mus.
   b) Weisen Sie solche zentralen Elemente in den Texten Hitlers nach.
   ⌐ Text, M8–M10

Herrschaftsstruktur und Gesellschaft im NS-Staat

Im August 1934 waren alle entscheidenden Machtfunktionen auf die Person von Adolf Hitler übertragen worden. Er war nun Staatsoberhaupt, Führer der NSDAP, Oberbefehlshaber der Wehrmacht und Chef der Regierung. Die Herrschaftsstruktur des NS-Staates war hingegen zunehmend von einem Neben- und Durcheinander von Partei-, Regierungs- und Verwaltungsinstitutionen bestimmt. So wurde zum Beispiel Heinrich Himmler als „Reichsführer SS", also einer Gliederung der NSDAP, 1936 Chef der gesamten deutschen Polizei, die im traditionellen Staat eigentlich Ländersache war. Himmler vereinigte diese beiden Institutionen zu einem gefürchteten und effektiven „Staatsschutzkorps". In der Regel führte die Vermischung der Positionen zu Reibungen zwischen Partei und Staat, einer unklaren Abgrenzung von Kompetenzbereichen und grossem Machtgerangel unter den Funktionsträgern.

Die Parteiorganisation der NSDAP sollte dazu beitragen, die deutsche Bevölkerung nationalsozialistisch zu erziehen, ihr eine hierarchische Struktur zu verleihen und sie zu überwachen. In den 32 „Gauen" des Landes waren auf unterster Ebene insgesamt über 200 000 sogenannte Blockleiter für die Betreuung von durchschnittlich 82,5 Haushalten zuständig (Stand 1935). Sie sammelten Information über die politische Zuverlässigkeit der Menschen und hielten deren Daten in Haushaltskarteien fest. In einem sich über die gesamte Gesellschaft ausbreitenden Netz sollte jedes Individuum vom Nationalsozialismus erfasst werden: SA und SS, Hitlerjugend, NS-Frauenschaft, Nationalsozialistischer Deutscher Studenten-, Lehrer- oder Ärztebund und Reichsbund der Deutschen Beamten sind nur einige Beispiele für die Vielzahl von Partei-Gliederungen, die soziale und politische Kontrolle ausübten. Streng nach dem Führerprinzip wurden hier Entscheidungen getroffen, denen die untergeordneten Ebenen unbedingt zu gehorchen hatten.

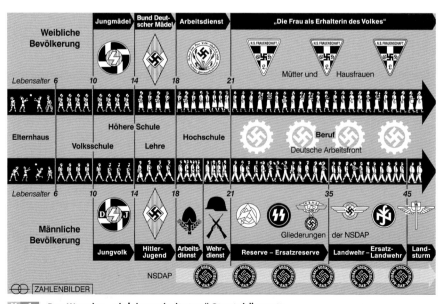

M 1   Der Weg des „gleichgeschalteten" Staatsbürgers

Für diesen Parteiapparat war eine enorme Zahl von Funktionsträgern notwendig, 1943 verfügte die NSDAP über 1,5 Millionen politische Leiter. Damit bot sich für viele Menschen die Gelegenheit, Ehrgeiz und Geltungsbedürfnis auszuleben. Die Unbeliebtheit zahlreicher Parteifunktionäre, die sich nach Meinung der Bevölkerung als unfähige und korrupte „Bonzen" erwiesen, schadete in den Friedensjahren bis 1939 aber nicht dem steigenden Prestige Adolf Hitlers – der „Führer" selbst schien über allen Dingen zu stehen.

In der Geschichtswissenschaft hat sich für die besondere Herrschaftsstruktur des Nationalsozialismus die Vorstellung von einer Polykratie (altgriech.: poly = viel; krateīn = herrschen) entwickelt. Der Begriff beschreibt, dass viele miteinander konkurrierende Institutionen Macht ausübten. Dieser Zustand beeinträchtigte die zentrale Position Hitlers aber kaum. Wenn es darauf ankam, blieb er die letzte Entscheidungsinstanz. Dabei kam ihm auch sein ungewöhnlicher Regierungsstil zugute: Hitler scheute Schreibtischarbeit und Aktenstudium, weshalb heute auch nur relativ wenige schriftliche Regierungszeugnisse von ihm überliefert sind. „Führerentscheidungen" wurden meist im persönlichen Gespräch getroffen, weswegen der direkte Zugang zu Hitler entscheidend für die jeweilige Machtposition der höheren NS-Funktionsträger war. Diese Struktur entwickelte eine eigene Dynamik: Die Unsicherheit über die jeweils erkämpfte Machtposition führte bei den Untergebenen zu einem „beständigen Wettlauf um die Gunst des Führers" (Hans Mommsen). Die Führer der jeweils unteren politischen Ebenen waren ständig bestrebt, sich an dem tatsächlichen oder vermeintlichen Willen Hitlers zu orientieren.

Führermythos und „charismatische Herrschaft"

Die Popularität Adolf Hitlers basierte zum grössten Teil auf dem gezielt verbreiteten Hitler-Mythos. Die reale Person stimmte nur wenig mit dem öffentlichen „Führer"-Bild überein, das propagandistisch aufgebaut wurde. Massgeblich für die mediale Darstellung Hitlers wurde die filmische Inszenierung des „Führers" in dem Parteitagsfilm „Triumph des Willens" von Leni Riefenstahl (1935). Die hier vorgenommene Stilisierung Hitlers, die in den Friedensjahren bis 1939 zusammen mit den Fotografien seines „Hoffotografen" Heinrich Hoffman (1885–1957) visuell den Kult um seine Person begründete und oft kopiert wurde, verblasste auch nicht, als sich Hitler in den Kriegsjahren kaum noch in der Öffentlichkeit zeigte. Zum Hitler-Kult gehörten auch zahlreiche Umwidmungen von Platz- und Strassennamen ab 1933 sowie eine ins Religiöse tendierende Verehrung. Diese zeigte sich zum Beispiel im sogenannten „Deutschen Gruss", wie der Hitler-Gruss („Heil Hitler") von der NSDAP bezeichnet wurde. Innerhalb der Partei war der Gruss seit 1926 Pflicht. Obwohl er für die Öffentlichkeit nach 1933 nicht rechtsverbindlich vorgeschrieben war, galt es als Zeichen antinationalsozialistischer Gesinnung, wenn man auf ihn verzichtete.

Um die besondere Machtposition Hitlers zu beschreiben, greifen manche Historiker auf ein Modell des Soziologen Max Weber (1864–1920) zurück. Weber beschrieb mit dem Begriff der „charismatischen Herrschaft" eine besondere Beziehung zwischen einer Führerfigur und ihren Anhängern. Über „Charisma" verfügt eine Persönlichkeit demnach, wenn sie in den Augen der Gefolgschaft „mit übernatürlichen oder übermenschlichen oder mindestens spezifisch ausseralltäglichen" Eigenschaften oder Kräften ausgestattet ist. Es geht dabei nicht um die

M 2 **Hitler in Redepose**
Fotopostkarte mit einer Aufnahme von Heinrich Hoffmann aus einer Serie "Adolf Hitler spricht, 6 photographische Momente", vor August 1927.

objektiven Eigenschaften der Führerpersönlichkeit, entscheidend ist vielmehr, ob sich diese Herrschaft aus Sicht der Anhänger bewährt. Schwindet der Erfolg der Führerpersönlichkeit, verliert ihre Herrschaft zugleich auch ihre Legitimation. Das Modell der charismatischen Herrschaft ist allerdings nicht hinreichend, um die ganze Bandbreite der Beziehungen zwischen der „Führer"-Figur und der gesamten deutschen Bevölkerung zu erfassen. So merkte der Historiker Michael Grüttner an, dass damit weder die repressiven Aspekte des NS-Regimes noch die Funktionsweise der NS-Bürokratie ausreichend gewürdigt seien, die zwei unverzichtbare Komponenten der NS-Herrschaft darstellten.

Die „Volksgemeinschaft"

Neben dem Hitler-Kult war das Versprechen einer „Volksgemeinschaft" ein weiterer wichtiger Faktor, der für die grosse Anziehungskraft des Nationalsozialismus sorgte und seine Herrschaft stabilisierte. In der Sprache der Nationalsozialisten wurden die Ideen der Überwindung von Klassengrenzen und Inklusion rassisch und sozialdarwinistisch pervertiert: Dazugehören sollte nur, wer nach Definition der NSDAP deutscher „Volksgenosse" war und sich bereit zeigte, dem Grundsatz zu folgen: „Du bist nichts, dein Volk ist alles!" Alle „Nichtarier" und „Gemeinschaftsfremden", die keine „Reinheit des Blutes" nachweisen konnten, wurden ebenso brutal ausgegrenzt wie politisch Andersdenkende oder gesellschaftliche Minderheiten. Die fabrikmässig organisierte Vernichtungsmaschinerie der Konzentrations- und Vernichtungslager war die radikale Folge dieser Ideologie.

Trotz allem Gerede von der „Volksgemeinschaft" bestanden in der NS-Diktatur die materiellen und sozialen Ungleichheiten innerhalb der Gesellschaft auch für die nicht-jüdische deutsche Bevölkerung fort. Die propagierte wirtschaftliche Gleichheit blieb ein leeres Versprechen. Von den in Aussicht gestellten „Volksprodukten" wie „Volkswagen" oder „Volkskühlschrank" fanden hauptsächlich die propagandistisch wichtigen „Volksempfänger" genannten Radios sowie „Volksgasmasken" breiten Einzug in die Haushalte. Die wirtschaftlichen Anstrengungen des Regimes konzentrierten sich vor allem auf die Aufrüstung.

Gewalt und Terror

Als Paradebeispiel für die willkürliche Machtausübung der NS-Diktatur kann der Herrschaftsbereich von Heinrich Himmler angesehen werden. Die SS („Schutzstaffel") diente nach ihrer Gründung im Jahr 1925 zunächst als eine Art Parteipolizei und sollte den persönlichen Schutz Hitlers garantieren. Im Zweiten Weltkrieg entwickelte sie sich zu einer fast 800 000 Mann starken Organisation, die sich selbst als elitären „Orden" mit eigenen Regeln ansah. Die SS war massgeblich für Organisation und Betrieb der Konzentrations- und Vernichtungslager zuständig, überdies versetzte sie mit ihrem Terror grosse Teile Europas in Angst und Schrecken. Die Gestapo war die Geheimpolizei des „Dritten Reiches", deren Hauptaufgabe darin bestand, sogenannte „Volksfeinde" zu verfolgen. Dabei war die Gestapo nicht an Recht und Gesetz gebunden: Sie verhängte willkürlich „Schutzhaft", unterhielt in Kellern eigene „Hausgefängnisse" und terrorisierte, folterte und ermordete ihre Opfer. Für die Arbeit der Gestapo spielte auch die Bereitschaft der Bevölkerung zur Denunziation eine grosse Rolle. Denunziationen von Arbeitskollegen, Nachbarn, Bekannten oder sogar Verwandten waren kein erzwungener Verrat, sondern erfolgten freiwillig aus niederen Beweggründen.

M 3   **Heinrich Himmler**
Der „Reichsführer SS und Chef der Deutschen Polizei" war massgeblich an der Errichtung der Konzentrationslager beteiligt, Foto von 1935.

Führermythos und „Führerprinzip" – NS-Propaganda analysieren

M 4   „Führerprinzip"

Aus einer am 21. Februar 1934 gehaltenen Rede von Werner Willikens (1893 bis 1961), NS-Agrarfunktionär und SS-Gruppenführer:

Jeder, der Gelegenheit hat, das zu beobachten, weiß, dass der Führer sehr schwer von oben her alles das befehlen kann, was er für bald oder für später zu verwirklichen beabsichtigt. Im Gegenteil, bis jetzt hat jeder an seinem Platz
5 im neuen Deutschland dann am besten gearbeitet, wenn er sozusagen dem Führer entgegen arbeitet.
Sehr oft und an vielen Stellen ist es so gewesen, dass schon in den vergangenen Jahren Einzelne immer nur auf Befehle und Anordnungen gewartet haben. Leider wird das in Zu-
10 kunft wohl auch so sein; demgegenüber ist es die Pflicht eines jeden, zu versuchen, im Sinne des Führers ihm entgegen zu arbeiten. Wer dabei Fehler macht, wird es schon früh genug zu spüren bekommen. Wer aber dem Führer in seiner Linie und zu seinem Ziel richtig entgegen arbeitet, der wird
15 bestimmt wie bisher so auch in Zukunft den schönsten Lohn darin haben, dass er eines Tages plötzlich die legale Bestätigung seiner Arbeit bekommt.

Zit. nach: Ian Kershaw, Hitler 1889–1936, Stuttgart 1998, S. 665.

M 5   „Ja! Führer wir folgen Dir!"

Eine Volksabstimmung sollte Hitler am 19. August 1934 die Vereinigung der Ämter von Reichspräsident und Reichskanzler in seiner Person zusätzlich durch Volkswillen „bestätigen", Propagandaplakat, 1934.

Aufgaben

1. **Herrschaftsstruktur und Gesellschaft im NS-Staat**
   a) Charakterisieren Sie die Rolle die NSDAP für die „Gleichschaltung" der Gesellschaft.
   b) Erklären Sie in einem selbstverfassten Lexikoneintrag, was unter „charismatischer Herrschaft" zu verstehen ist.
   c) Erörtern Sie: Die Herrschaftsstruktur des Nationalsozialismus – Führerstaat oder Polykratie?
   d) Beurteilen Sie die Herrschaftsstruktur und die Gesellschaft im NS-Staat vor dem Hintergrund der Ideen der Aufklärung.
   ⌒ Text

2. **Führermythos und „Führerprinzip" – NS-Propaganda analysieren**
   a) Analysieren Sie die visuelle Propagandadarstellung Adolf Hitlers.
   b) Interpretieren Sie das von Werner Willikens aufgestellte Gebot „dem Führer entgegen arbeiten". Entwickeln Sie Hypothesen, wie Zeitgenossen diese Aufforderung verstanden haben könnten.
   c) Beurteilen Sie die Bedeutung Adolf Hitlers für die Herrschaftsstruktur des NS-Staates.
   ⌒ Text, M4, M5

Die „Volksgemeinschaft" – Einen Begriff definieren

M 6 „Ich bin aus der Volksgemeinschaft ausgestoßen"

Auf dem Marktplatz von Schmölln (Thüringen) werden Frauen öffentlich kahl geschoren. Die drei deutschen Frauen hatten mit polnischen Zwangsarbeitern Freundschaften begonnen. Die Polen wurden getötet, Foto, November 1940.

M 7 „Winterhilfswerk – Ein Volk hilft sich selbst!"

Plakat des im September 1933 gegründeten „Winterhilfswerks", das dem Reichspropagandaminister Joseph Goebbels unterstand, nach 1933

M 8 Inklusion und Exklusion

Der Hamburger Historiker Frank Bajohr schreibt (2009):

In Deutschland jedoch konnte sich mit dem politischen Sieg der Nationalsozialisten deren auf Rassereinheit basierende Vorstellung von „Volksgemeinschaft" durchsetzen. Ohne Zweifel war das Versprechen der Inklusion aller
5 „Volksgenossen", das die Nationalsozialisten wie die meisten übrigen Parteien der Weimarer Republik heraustrichen, das entscheidende Moment vieler Millionen Deutscher, NSDAP zu wählen. Hitler versprach „Arbeit und Brot", und im Unterschied zu den anderen Parteien, die jeweils
10 spezifischen „sozialmoralischen Milieus" (M. Rainer Lepsius) zugeordnet wurden, konnte sich die junge NSDAP erfolgreich als klassenübergreifende Volkspartei präsentieren, die glaubwürdig die Schaffung einer „Volksgemeinschaft" zu versprechen imstande war. [...]

Neben der Inklusionsverheißung führte die nationalsozia- 15 listische „Volksgemeinschaft" stets die rassistische und antisemitische Exklusion mit sich. Nicht so sehr, wer zur Volksgemeinschaft zugehören sollte, stand im Zentrum nationalsozialistischer Politik als vielmehr die Frage, wer auf jeden Fall aus ihr ausgeschlossen werden müsse. 20 „Staatsbürger kann nur sein, wer Volksgenosse ist. Volksgenosse kann nur sein, wer deutschen Blutes ist, ohne Rücksichtnahme auf Konfession. Kein Jude kann daher Volksgenosse sein." – so hieß es klar und deutlich im Parteiprogramm der NSDAP aus dem Jahre 1920. Bei aller Gleichheitsrhetorik 25 bestand der Kern nationalsozialistischer Volksgemeinschaftspolitik in der Herstellung von rassistischer Ungleichheit.

Frank Bajohr und Michael Wildt (Hg.), Volksgemeinschaft. Neue Forschungen zur Gesellschaft des Nationalsozialismus, Fischer-Taschenbuch-Verlag, Frankfurt/Main 2009, S. 16 f.

Gewalt und Terror – Ein Beispiel aus Köln

M 9 Bericht über ein Gefängnis in Köln

Der ehemalige Zentrums-Politiker Leo Schwering (1883–1971) wurde im August 1944 von der Gestapo in Köln verhaftet und im Kölner Hausgefängnis, im sogenannten „EL-DE-Haus", verhört. Er berichtet darüber in seinen Erinnerungen:

Die Mitgefangenen behaupteten, und dies ist mir auch von anderer Seite bestätigt worden, es habe im Keller einen separaten Raum für „schwere" Fälle gegeben. Ich lasse dies dahingestellt, obwohl ich damals schon davon überzeugt
5 war. Denn warum ging der Mann fort? Heute weiß ich, dass es tatsächlich eine reguläre Folterkammer gab. [...] Nach einiger Zeit tauchte der Kerl wieder auf, nahm seinen Platz ein, und das Verhör ging weiter. Dasselbe Spiel, dieselbe Art, dieselben Methoden. Aber das Opfer war schon weicher ge-
10 worden, müder klang die Stimme, selbst dies Jammern, das immer noch ertönte. Dieses Flehen! Es zerriss mir das Herz. Nur ein bis zum Äußersten gebrachtes Opfer kann so flehen, so fassungslos betteln. [...] Welche Verbrechen! Noch zwei Mal wurde das Verhör in die „Chambre séparée" verlegt,
15 dann – war das Werk vollendet. Dieses Scheusal konnte zufrieden sein. Sein Opfer war gefügig, vermutlich gab es alles zu, was der Schurke wollte. Er konnte das Protokoll aufnehmen, das ihm seine ausgezeichnete Eignung für solche Fälle erneut bezeugte! Der Ärmste war zerbrochen. Ich hatte alle
20 Stufen der geistigen Zermürbung eines Menschen miterlebt.

NS Dokumentationszentrum Köln (Hrsg.): Köln im Nationalsozialismus, Emons Verlag, Köln, 2001, S. 50 f.

Hauptamt Sicherheitspolizei

Reichsführer-SS			
Chef der Sipo und des SD			

Ämter			
Verw. Recht	Polit. Polizei (Geheimes Staatspolizeiamt)		Kriminal-polizei

Abteilungen			
I	II	III	
Organisation, Personal, Etat, Verw. Recht	Innerpolit. Angelegen-heiten	Abwehr	

Unterabteilungen Abt. II						
Kommu-nismus	Konfes-sionen, Juden[1]	Reaktion, Opposition	Schutz-haft	Wirt-schaft	Kartei	Presse
Überwachung, Attentate	Partei-angelegen-heiten	Verkehr mit ausländ. Politikern		Homosexuelle, Abtreibung		

[1] Das Referat Judentum im Gestapo-Amt in Berlin arbeitete zunächst parallel zum Judenreferat des SD, bis im Sept. 1939 beide Stellen im neu gegründeten RSHA zusammengefasst wurden.

2297G

M 10 Schaubild Sipo/Gestapo (1939):

Die Polizei ist das wichtigste innenpolitische Machtinstrument moderner Staaten. Ihre Hauptaufgabe besteht darin, die öffentliche Sicherheit und Ordnung als Voraussetzung für ein geregeltes Staatsleben aufrechtzuerhalten. Die nationalsozialistischen Machthaber bedienten sich zielbewusst der Polizei zur Ausweitung ihres Terrorsystems. Mit der Ernennung des Reichsführer-SS Himmler zum „Chef der Deutschen Polizei" setzte eine organisatorische Straffung und Verstärkung der Politischen Polizei ein. Nach der Verschmelzung mit der SS wurde der Polizeiapparat die eigentliche Zentrale der nationalsozialistischen Vernichtungspolitik.

Aufgaben

1. **Die „Volksgemeinschaft" – Einen Begriff definieren**
   a) Informieren Sie sich über die NS-Organisation „Winterhilfswerk".
   b) Analysieren Sie die Fotografie und das Propagandaplakat und arbeiten Sie in einem zweiten Schritt heraus, auf welche Weise hier für die zeitgenössischen Betrachterinnen und Betrachter Inklusion in die und Exklusion aus der „Volksgemeinschaft" veranschaulicht wurde.
   ⌒ Text, M6 – M8

2. **Gewalt und Terror – Ein Beispiel aus Köln**
   a) Erklären Sie die Struktur und den Aufbau des nationalsozialistischen Polizeiapparats vor dem Hintergrund Ihrer Kenntnisse der NS-Ideologie.
   b) Informieren Sie sich, wie die Aufgabe der Polizei in gegenwärtigen Landesgesetzen deutscher Bundesländer, und erläutern Sie, welche Rechte festgehaltene Personen haben.
   c) Das Hausgefängnis der Kölner Gestapo im sogenannten EL-DE-Haus lag in zentraler Stadtlage und war nicht abgeschottet vor Passanten. Schildern Sie die Behandlung von Gefangenen in Gestapo-Haft und diskutieren Sie die Aussenwirkung einer derart präsenten Institution.
   ⌒ Text, M9 – M10

Die NS-Aussenpolitik

Friedensbekundungen und aggressiver Expansionismus

Die NS-Aussenpolitik von 1933 bis 1939 war von der Revisionspolitik der 1920er-Jahre, ideologischen Zielsetzungen, Vertragsbrüchen, militärischer Gewalt und einer Abkehr von der internationalen Sicherheitspolitik geprägt.

Bereits im „Grundsätzlichen Programm der nationalsozialistischen Deutschen Arbeiter-Partei" von 1920 war zu lesen, dass die NSDAP auf der Basis der Selbstbestimmung der Völker ein „Gross-Deutschland", die Aufhebung des Friedensvertrages von Versailles und „Land und Boden" zur Ansiedlung und Ernährung des deutschen Volkes forderte. Als Hitler Ende Januar 1933 zum Reichskanzler ernannt wurde, gab er zunächst nur Friedensbekundungen ab, um die aggressiv-expansionistische Neuausrichtung der Aussenpolitik vor nationalen und internationalen Beobachtern zu verbergen. „Im Innern handeln und immer von Frieden und von der Abrüstung reden", war Hitlers vor den Reichsstatthaltern im Juli 1933 erklärte Taktik.

Hitlers wahre aussenpolitische Absichten unterschieden sich jedoch deutlich von seinen öffentlichen Bekundungen, in denen er immer wieder seinen Friedenswillen betonte. Auf diese Weise sollte das Ausland über seine wahren Absichten getäuscht werden. Ausserdem hoffte Hitler so die Zeit gewinnen zu können, die er benötigte, bis die Aufrüstung abgeschlossen und Deutschland kriegsbereit sein würde. Tatsächlich jedoch waren alle aussenpolitischen Aktivitäten darauf gerichtet, Deutschland in eine geostrategisch günstige Ausgangssituation für einen neuen Krieg zu manövrieren sowie wirtschaftliche Autarkie zu erlangen. Die Mittel, die dazu gewählt wurden, waren bewusste Vertragsbrüche, territoriale Expansion und Aufrüstung.

Massnahmen von 1933 bis 1939: Revisions- und Expansionspolitik

Die ersten aussenpolitischen Massnahmen der NS-Regierung standen unter dem Zeichen einer Loslösung von den Bestimmungen des Versailler Vertrages. Nach dem Vorbild Japans verliess das Deutsche Reich im Oktober 1933 den Völkerbund. Im März 1935 wurde das Saargebiet nach einer Volksabstimmung wieder in das Reich eingegliedert, am 16. März 1935 die allgemeine Wehrpflicht wieder eingeführt, im März 1936 das Rheinland remilitarisiert. Weil Hitler in öffentlichen Reden und Rundfunkansprachen seine Schritte mit dem Wunsch nach internationaler Gleichberechtigung und dem Selbstbestimmungsrecht der Völker rechtfertigte, reagierte das Ausland auf seine Vertragsbrüche nur mit schwachem Protest und einer Beschwichtigungspolitik („Appeasement"), die deeskalierend wirken sollte.

Die neuen internationalen Abkommen des Deutschen Reiches verschleierten zunächst die radikalen Zielsetzungen der Aussenpolitik. Bereits im April 1933 verlängerte Hitler den Freundschafts- und Nichtangriffsvertrag mit der Sowjetunion; im Juli 1933 wurde im sogenannten „Viererpakt" mit Frankreich, Grossbritannien und Italien vereinbart, internationale Fragen gemeinsam zu beraten und den Frieden zu wahren. Dieser Vertrag wurde jedoch nie ratifiziert. Im Januar 1934 schloss Hitler überraschend einen Nichtangriffspakt mit Polen, im Juni 1935 ein Flottenabkommen mit Grossbritannien.

Während die Olympischen Spiele im Sommer 1936 in Berlin vor der Weltöffentlichkeit die Friedfertigkeit und „neue Gesellschaft" des Deutschen Reiches

Olympische Spiele in Berlin 1936
Eröffnung der Spiele im Olympiastadion: „Einmarsch der Nationen", 1. August 1936

mittels eines gross angelegten Propagandaapparates zur Schau stellen sollten, unterstützte das Deutsche Reich bereits den Putschistengeneral Franco im Spanischen Bürgerkrieg. Die deutsche Luftwaffe wirkte im April 1937 massgeblich bei der Zerstörung der nordspanischen Industriestadt Guernica mit. Im März 1938 wurde der „Anschluss" Österreichs vollzogen, der für das Deutsche Reich wirtschaftliche, demografische und geostrategische Vorteile bedeutete.

Diejenigen Deutschen, die in Hitlers aussenpolitischen Massnahmen zunächst ein hohes Risiko gesehen hatten, wurden angesichts dieser „Erfolge" überzeugt. Von dem geringen internationalen Widerstand und der breiten Zustimmung der deutschen Bevölkerung ermutigt, erlangte Hitler im Münchner Abkommen im September 1938 das Einverständnis Grossbritanniens, Frankreichs und Italiens, das Sudetenland ins Deutsche Reich einzugliedern. Gegen das öffentliche Versprechen, dass dies die letzte territoriale Forderung des Deutschen Reiches wäre, wurde das Gebiet mit ca. 3,2 Millionen Sudetendeutschen, wichtigen Industriezweigen und Rohstoffen von der Tschechoslowakei abgetrennt, zu der es seit dem Ende des Ersten Weltkriegs gehört hatte. Der britische Premierminister Neville Chamberlain überredete die französische und tschechoslowakische Regierung, Hitlers Forderungen nachzukommen, um den Frieden zu wahren. In einem Akt von Appeasement stimmten Grossbritannien, Frankreich und Italien der Abtretung zu, z. T. unter Missachtung eigener Bündnisverpflichtungen gegenüber der Tschechoslowakei. Das Sudetenland wurde am 1. Oktober von deutschen Truppen besetzt.

Als Hitler sich zur Sicherung von Rohstoffen und Industrieanlagen und zum Ausbau einer geostrategischen Machtposition für den beabsichtigten Krieg im Osten dann die Zerschlagung der „Resttschechei" vornahm, kam es schliesslich aber doch zum Bruch mit den Siegermächten des Ersten Weltkrieges. In der Nacht vom 14. auf den 15. März 1939 musste der tschechische Staatspräsident

Münchner Abkommen

Gruppenaufnahme der Teilnehmer nach der Unterzeichnung am 29. September 1938. 1. Reihe (von links): Arthur Neville Chamberlain (Grossbritannien), Edouard Daladier (Frankreich), Adolf Hitler, Benito Mussolini und Graf Galeazzo Ciano (beide Italien)

Emil Hácha, der nach Berlin gereist war, um mit dem Deutschen Reich friedliche Beziehungen zu vereinbaren, unter Androhung eines Einmarsches der Wehrmacht und eines Luftangriffes auf Prag kurz vor vier Uhr morgens unterschreiben, dass er „das Schicksal des tschechischen Volkes vertrauensvoll in die Hände des Führers" lege. Bereits um sechs Uhr morgens überschritten deut-

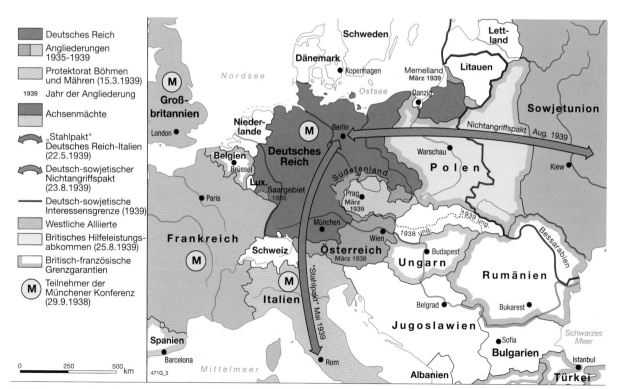

Deutsches Reich

Angliederungen 1935–1939

Protektorat Böhmen und Mähren (15.3.1939)

1939   Jahr der Angliederung

Achsenmächte

„Stahlpakt" Deutsches Reich-Italien (22.5.1939)

Deutsch-sowjetischer Nichtangriffspakt (23.8.1939)

Deutsch-sowjetische Interessensgrenze (1939)

Westliche Alliierte

Britisches Hilfeleistungsabkommen (25.8.1939)

Britisch-französische Grenzgarantien

(M)   Teilnehmer der Münchener Konferenz (29.9.1938)

M 3   Das „Dritte Reich" und Europa 1935–1939

sche Truppen die Grenze, am Abend traf Hitler auf der Prager Burg ein, um hier am Folgetag die Errichtung des „Protektorats Böhmen und Mähren" zu verkünden. Grossbritannien und Frankreich beendeten angesichts dieser Vorgänge – zum ersten Mal konnte Hitler territoriale Expansionen nicht mit dem „Selbstbestimmungsrecht der Völker" oder einer Revision der Bestimmungen des Versailler Vertrages „rechtfertigen" – ihre Appeasement-Politik. Sie gaben Garantieerklärungen für Belgien und Polen ab, und die USA belegten deutsche Importe mit Strafzöllen.

Entfesselung der Kriegsdynamik

Mit der „Zerschlagung der Resttschechei" hatte die deutsche Aussenpolitik ihre Maske vorgeblich friedlicher Absichten fallen gelassen. Am 28. April 1939 kündigte Hitler sowohl das deutsch-britische Flottenabkommen als auch den deutsch-polnischen Nichtangriffspakt auf.

Um sich vor einem möglichen Zweifrontenkrieg zu schützen, schloss Hitler am 23. August 1939 einen Nichtangriffspakt mit der Sowjetunion. Durch ein geheimes Zusatzprotokoll des sogenannten „Hitler-Stalin-Paktes" stand der Weg zum Eroberungskrieg gegen Polen offen, denn Hitler und Stalin einigten sich auf die Aufteilung Polens und des Baltikums in ein deutsches und ein sowjetisches Interessengebiet. Der Versuch Grossbritanniens, den Krieg durch wirtschaftliche Zugeständnisse („economic appeasement") abzuwenden, blieb erfolglos. Am 1. September 1939 überfiel die deutsche Wehrmacht Polen.

M 4 Krieg in Polen

Erschiessung von polnischen Zivilisten durch deutsche Soldaten, Foto, September 1939

NS-Aussenpolitik – Schein und Wirklichkeit

▮ M 5 　Die NS-Aussenpolitik – reale Absichten

Anlässlich eines Treffens Hitlers mit höchsten Befehlshabern des Heeres und der Marine hält Generalleutnant Curt Liebmann Hitlers Ausführungen fest (3. Februar 1933):

Ziel der Gesamtpolitik allein: Wiedergewinnung der pol. Macht. Hierauf muß gesamte Staatsführung eingestellt werden (alle Ressorts!).
1. Im Innern. Völlige Umkehrung der gegenwärt. innenpol.
5　Zustände in D. Keine Duldung der Betätigung irgendeiner Gesinnung, die dem Ziel entgegensteht (Pazifismus!). Wer sich nicht bekehren lässt, muss gebeugt werden. Ausrottung des Marxismus mit Stumpf und Stiel. Einstellung der Jugend u. des ganzen Volkes auf den Gedanken, dass nur d.
10　Kampf uns retten kann u. diesem Gedanken gegenüber alles zurückzutreten hat. (Verwirklicht in d. Millionen d. Nazi-Beweg. Sie wird wachsen.) Ertüchtigung der Jugend u. Stärkung des Wehrwillens mit allen Mitteln. Todesstrafe für Landes- u. Volksverrat. Straffste autoritäre Staatsführung.
15　Beseitigung des Krebsschadens der Demokratie!
2. Nach außen. Kampf gegen Versailles. Gleichberechtigung in Genf; aber zwecklos, wenn Volk nicht auf Wehrwillen eingestellt. Sorge für Bundesgenossen.
3. Wirtschaft! Der Bauer muss gerettet werden! Siedlungs-
20　politik! Künft. Steigerung d. Ausfuhr zwecklos. Aufnahmefähigkeit d. Welt ist begrenzt u. Produktion ist überall übersteigert. Im Siedeln liegt einzige Mögl., Arbeitslosenheer z. T. wieder einzuspannen. Aber braucht Zeit u. radikale Änderung nicht zu erwarten, da Lebensraum für d(eutsches)
25　Volk zu klein.
4. Aufbau der Wehrmacht wichtigste Voraussetzung für Erreichung des Ziels: Wiedererringung der pol. Macht. Allg. Wehrpflicht muss wieder kommen. Zuvor aber muss Staatsführung dafür sorgen, daß die Wehrpflichtigen vor Eintritt
30　nicht schon durch Pazif., Marxismus, Bolschewismus vergiftet werden oder nach Dienstzeit diesem Gifte verfallen.
Wie soll pol. Macht, wenn sie gewonnen ist, gebraucht werden? Jetzt noch nicht zu sagen. Vielleicht Erkämpfung neuer Export-Mögl., vielleicht – und wohl besser – Eroberung
35　neuen Lebensraumes im Osten u. dessen rücksichtslose Germanisierung. Sicher, dass erst mit pol. Macht u. Kampf jetzige wirtsch. Zustände geändert werden können. Alles, was jetzt geschehen kann – Siedlung – Aushilfsmittel. Wehrmacht ist wichtigste u. sozialistischste Einrichtung d.

Staates. Sie soll unpol. u. überparteilich bleiben. Der Kampf 40 im Innern nicht ihre Sache, sondern der Nazi-Organisationen. Anders wie in Italien keine Verquickung v. Heer u. SA beabsichtigt. – Gefährlichste Zeit ist die des Aufbaus der Wehrmacht. Da wird sich zeigen, ob Fr(ankreich) Staatsmänner hat; wenn ja, wird es uns Zeit nicht lassen, sondern 45 über uns herfallen (vermutlich mit Ost-Trabanten).

Walther Hofer (Hg.), Der Nationalsozialismus. Dokumente 1933–1945, überarbeitete Neuausgabe, Frankfurt a. M. 1982, S. 180 f.

▮ M 6 　Die nationalsozialistische Aussenpolitik – öffentliche Darstellung

Hitler in seiner sogenannten „Friedensrede" am 17. Mai 1933 im Reichstag:

Wenn ich in diesem Augenblicke bewusst als deutscher Nationalsozialist spreche, so möchte ich namens der nationalen Regierung und der gesamten nationalen Erhebung bekunden, dass gerade uns und dieses junge Deutschland das tiefste Verständnis beseelt für die gleichen Gefühle 5 und Gesinnungen sowie die begründeten Lebensansprüche der anderen Völker. […] Indem wir in grenzenloser Liebe und Treue an unserem eigenen Volkstum hängen, respektieren wir die nationalen Rechte auch der anderen Völker aus dieser selben Gesinnung heraus und möchten aus tief- 10 innerstem Herzen mit ihnen in Frieden und Freundschaft leben.
Wir kennen daher auch nicht den Begriff des „Germanisierens". Die geistige Mentalität des vergangenen Jahrhunderts, aus der man glaubte, vielleicht aus Polen oder Franzosen Deutsche machen zu können, ist uns genau so fremd, 15 wie wir uns leidenschaftlich gegen jeden umgekehrten Versuch wenden. Wir sehen die europäischen Nationen als gegebene Tatsache. Franzosen, Polen usw. sind unsere Nachbarvölker und wir wissen, dass kein geschichtlich 20 denkbarer Vorgang diese Wirklichkeit ändern könnte. Es wäre ein Glück gewesen, wenn im Vertrage von Versailles diese Realitäten auch in Bezug auf Deutschland gewürdigt worden wären. […] Dennoch wird keine deutsche Regierung von sich aus den Bruch einer Vereinbarung durchführen, 25 die nicht beseitigt werden kann, ohne durch eine bessere ersetzt zu werden. […]
Das Recht aber, eine Revision dieses Vertrages zu fordern, liegt im Vertrage selbst begründet. […] Das Elend der Völker

wurde nicht behoben, sondern hat zugenommen. Die tiefste Wurzel dieses Elends aber liegt in der Zerreißung der Welt in Sieger und Besiegte als die beabsichtigte ewige Grundlage aller Verträge und jeder kommenden Ordnung. [...] Deutschland wäre auch ohne Weiteres bereit, seine gesamte militärische Einrichtung überhaupt aufzulösen und den kleinen Rest der ihm verbliebenen Waffen zu zerstören, wenn die anliegenden Nationen ebenso restlos das Gleiche tun. Wenn aber die anderen Staaten nicht gewillt sind, die im Friedensvertrag von Versailles auch sie verpflichtende Abrüstung durchzuführen, dann muss Deutschland zumindest auf der Forderung seiner Gleichberechtigung bestehen. [...]

Die deutsche Regierung wünscht, sich über alle schwierigen Fragen politischer und wirtschaftlicher Natur mit den anderen Nationen friedlich und vertraglich auseinanderzusetzen. [...]

Wenn uns von der übrigen Welt vorgehalten wird, dass man dem früheren Deutschland sehr wohl gewisse Sympathien entgegengebracht hätte, dann haben wir die Folgen und die Auswirkungen dieser Sympathien in Deutschland und für Deutschland jedenfalls kennen gelernt. Seit dem Friedensvertrage von Versailles hat das deutsche Volk ein politisches und wirtschaftliches Elend erfasst, von dessen Größe sich die andere Welt keine Vorstellung machen kann. Millionen zerstörte Existenzen, ganze Berufsstände ruiniert und eine ungeheure Armee von Arbeitslosen – ein trostloser Jammer, dessen ganzen Umfang und Tiefe ich am heutigen Tage der übrigen Welt nur durch eine einzige Zahl zum Verständnis bringen möchte: Seit dem Tag der Unterzeichnung dieses Vertrages, der als Friedenswerk der Grundstein zu einer neuen besseren Zeit für alle Völker sein sollte, haben sich in unserem deutschen Volk fast nur aus Not und Elend

M 7 US-amerikanische Karikatur zu Hitlers Aussenpolitik
„The Nation", Frühjahr 1933

224 900 Menschen mit freiem Willen das Leben genommen, Männer und Frauen, Greise und Kinder! Diese unbestechlichen Zeugen sind Ankläger gegen den Geist und die Erfüllung eines Vertrages, von dessen Wirksamkeit sich einst nicht nur die andere Welt, sondern auch Millionen Menschen in Deutschland Heil und Segen versprochen hatten.

Herbert Michaelis und Ernst Schraepler (Hg.), Ursachen und Folgen. Vom deutschen Zusammenbruch 1918 und 1945 bis zur staatlichen Neuordnung Deutschlands in der Gegenwart. Eine Urkunden- und Dokumentensammlung zur Zeitgeschichte, 10. Band, Berlin 1965, S. 9f., 12–14.

Aufgaben

1. **Die NS-Aussenpolitik: Friedensbekundungen und aggressiver Expansionismus**
   a) Erstellen Sie eine Chronologie zu den wesentlichen Phasen der NS-Aussenpolitik.
   b) Erklären Sie den Unterschied zwischen realer Politik und öffentlicher Darstellung der Aussenpolitik des Deutschen Reiches.
   c) Erörtern Sie, ob die NS-Aussenpolitik eher von einem von Beginn an festgelegten Programm oder von taktischer Flexibilität und Improvisation geprägt war.
   ⤳ Text, M1, M3

2. **NS-Aussenpolitik: Schein und Wirklichkeit**
   a) Arbeiten Sie aus dem Protokoll Liebmanns die zentralen aussenpolitischen Zielsetzungen heraus.
   b) Zeigen Sie Elemente der NS-Ideologie in Hitlers Ausführungen auf.
   c) Fassen Sie die sogenannte „Friedensrede" mit eigenen Worten zusammen.
   d) Übernehmen Sie die Perspektive eines US-amerikanischen Journalisten und schreiben Sie einen Kommentar zur Rede für die New York Times.
   e) Stellen Sie reale Aussenpolitik, geheime Zielsetzungen und öffentliche Darstellung gegenüber.
   ⤳ Text, M5 – M7

Appeasementpolitik – Lernen aus der Vergangenheit?

M 8   Einmarsch in Prag
Deutsche Truppen ziehen in Prag
ein, Foto vom 15. März 1939.

**M 9   Reaktionen auf die „Zerschlagung" des
tschechoslowakischen Staates**

*Angesichts der Anschuldigungen bezüglich seiner
moderaten Appeasement-Politik in München erklärt der
britische Premierminister Neville Chamberlain in Bir-
mingham nach dem Vorgehen Hitlers gegen die Tschechoslowakei am 17. März 1939:*

Eines ist gewiss. Die öffentliche Meinung der Welt hat eine
schwerere Erschütterung erlitten, als sie jemals [...] erfahren hat. Welches die letzten Auswirkungen dieser tiefen
Störung auf die Gemüter sein werden, kann noch nicht vo-
5 rausgesagt werden, aber ich bin sicher, dass ihre Folgen in
der Zukunft weitreichend sein müssen. [...]
Aber zuerst will ich etwas sagen über eine Theorie, die sich
aus diesen Ereignissen entwickelt hat [...] und [...] in verschiedenen Organen der Presse aufgetaucht ist. Es ist be-
10 hauptet worden, dass die Besetzung der Tschechoslowakei

die unmittelbare Folge meines Besuches in Deutschland im
letzten Herbst war [...]. Sodann sagen einige Leute: „Wir
dachten, dass Sie im September unrecht hatten, und jetzt
hat sich erwiesen, dass wir recht hatten." [...]
Ich brauche meine Reisen nach Deutschland vom vergan- 15
genen Herbst wirklich nicht zu verteidigen, denn welches
war die Alternative? Nichts, was wir hätten tun können,
nichts, was Frankreich hätte tun können oder Russland hätte tun können, wäre imstande gewesen, die Tschechoslowakei vor der Invasion und der Vernichtung zu bewahren. 20
[...]
Aber ich hatte noch eine andere Absicht, als ich nach München ging. Das war die Förderung der Politik, welche ich
andauernd verfolgt habe, [...] eine Politik, die manchmal
europäische Befriedung genannt wird [...]. Wenn diese Po- 25
litik erfolgreich sein sollte, so war es wesentlich, dass keine
Macht danach strebte, eine allgemeine Vorherrschaft über
Europa zu gewinnen . [...] Als ich nach München ging, hoffte
ich, durch persönlichen Kontakt herauszufinden, was Herr

30 Hitler im Sinne habe und ob es wahrscheinlich sei, dass er bei einem Programm dieser Art mitarbeiten würde [...] und ich dachte, dass die Resultate nicht ganz unbefriedigend wären. [...]

Wie können die Ereignisse dieser Woche in Einklang ge-
35 bracht werden mit den Zusicherungen [... Hitlers]? Zweifellos hatte ich ein Recht auf jene Konsultation, die in der Münchner Erklärung vorgesehen war, wenn Herr Hitler es aufzulösen wünschte. Statt dessen hat er sich ein Selbsthilferecht angemaßt. Noch ehe der tschechische Präsident
40 empfangen und vor Forderungen gestellt wurde, denen zu widerstehen er nicht die Macht hatte, waren die deutschen Truppen auf dem Marsch und binnen weniger Stunden waren sie in der tschechischen Hauptstadt. [...]

Wieviel Vertrauen kann man [...] noch in die übrigen Zusi-
45 cherungen setzen [...]?

Deutschland hat der Welt unter seinem jetzigen Regime eine Serie von unangenehmen Überraschungen bereitet. Das Rheinland, der Anschluss Österreichs, die Lostrennung des Sudetengebietes – alle diese Dinge erregten und em-
50 pörten die öffentliche Meinung der ganzen Welt. Jedoch, soviel wir auch einwenden mögen gegen die Methoden, die in jedem dieser Fälle angewandt wurden, etwas ließ sich doch sagen – entweder wegen der rassenmäßigen Zugehörigkeit oder wegen allzulang missachteter gerechter An-
55 sprüche – etwas ließ sich doch sagen, zugunsten der Notwendigkeit einer Änderung der vorhandenen Lage.

Aber die Dinge, die sich diese Woche unter völliger Missachtung der von der Deutschen Regierung selbst aufgestellten Grundsätze ereignet haben, scheinen zu einer an-
60 deren Kategorie zu gehören, und sie müssen uns allen die Frage nahelegen: „Ist dies das Ende eines alten Abenteuers, oder ist es der Anfang eines neuen?

M 10 **Premierminister Chamberlain**
Nach seiner Rückkehr von der Münchener Konferenz verkündete er am 30. September 1938 in London „Peace for our time", Foto.

Ist dies der letzte Angriff auf einen kleinen Staat, oder sollen ihm noch weitere folgen? Ist dies sogar ein Schritt in der Richtung auf den Versuch, die Welt durch Gewalt zu beherr- 65 schen?

Herbert Michaelis und Ernst Schraepler (Hg.), Ursachen und Folgen. Vom deutschen Zusammenbruch 1918 und 1945 bis zur staatlichen Neuordnung Deutschlands in der Gegenwart. Eine Urkunden- und Dokumentensammlung zur Zeitgeschichte, 13. Band, Berlin 1968, S. 95–98.

Aufgaben

1. **Appeasementpolitik – Lernen aus der Vergangenheit?**

   a) Spätestens mit der „Zerschlagung" des tschechoslowakischen Staates im März 1939 fand sich Chamberlain mit seiner Appeasement-Politik harscher Kritik ausgesetzt. Arbeiten Sie zentrale Argumente der Rechtfertigung seiner Appeasement-Politik heraus.

   b) Der britische Historiker Frank McDonough behauptet (2002), Chamberlain habe nicht verstanden, dass ein ständiges Nachgeben auf Druck einer aggressiven Macht Krieg nur verzögere, ihn aber nicht verhindere. Diskutieren Sie diese These.

   c) Entwickeln Sie angesichts der historischen Erfahrung des Scheiterns der Appeasement-Politik der 1930er-Jahre Ansätze für Handlungsoptionen gegen aggressive aussenpolitische Methoden und Verletzungen der Staatssouveränität in der Gegenwart.

   Text, M8 – M10

Der Zweite Weltkrieg in Europa

Der Beginn: Deutschland überfällt Polen

Der Zweite Weltkrieg begann mit einer Inszenierung: Am 31. August 1939 überfiel ein mit polnischen Uniformen getarntes SS-Kommando den deutschen Rundfunksender Gleiwitz nahe der Grenze zu Polen. Diese verdeckte Operation diente als propagandistischer Vorwand, schon am Folgetag, dem 1. September 1939, in Polen einzufallen. Grossbritannien und Frankreich verzichteten daraufhin auf weitere Beschwichtigungsversuche und erklärten dem Deutschen Reich den Krieg. Während der Krieg im Westen in den ersten Monaten jedoch als „Sitzkrieg" galt – Briten und Franzosen sicherten zunächst nur die Grenzen zum Deutschen Reich – wurden im Osten durch die Wehrmacht schnelle Siege errungen, die von der deutschen Propaganda als „Blitzkriege" tituliert wurden. Polen war bereits Ende September 1939 erobert und gemäss dem Geheimen Zusatzprotokoll des Hitler-Stalin-Paktes zwischen dem Deutschen Reich und der Sowjetunion aufgeteilt.

„Blitzkriege" im Westen

Nachdem das Deutsche Reich im Mai 1940 Belgien, die Niederlande und Luxemburg besetzt hatte, wurden die auf dem Festland stehenden britischen Truppen eilig über den Ärmelkanal nach Grossbritannien evakuiert. Bereits im Juni 1940 zogen deutsche Truppen in Paris ein. Hitler liess denselben Eisenbahnwaggon, in dem 1918 in Compiègne Frankreich und das Deutsche Reich das Waffenstillstandsabkommen unterzeichnet und so den Ersten Weltkrieg beendet hatten, eigens aus dem Museum holen, um darin Frankreich seine Bedingungen zu diktieren. Die Deutschen besetzten den Norden und den Westen des Landes, während in einer unbesetzten Zone im Süden das französische „Vichy-Regime" unter Marschall Pétain installiert wurde, das mit dem Deutschen Reich kollaborierte. Nach dem Sieg über Frankreich verblieb Grossbritannien als einziger Gegner. Da eine Invasion aufgrund der Überlegenheit der britischen Flotte aussichtslos war, begann das Deutsche Reich 1940 mit Luftangriffen auf London („Blitz"), Coventry und andere britische Städte, denen über 60 000 Menschen zum Opfer fielen.

M 1 **Hitler in Compiègne**
Vor dem Eisenbahnwaggon, in dem am Ende des Ersten Weltkrieges der Waffenstillstand unterzeichnet worden war, 23. Juni 1940

Vernichtungskrieg gegen die Sowjetunion

Statt die Macht in den besetzten Gebieten zu konsolidieren, entschied sich Hitler zum Überraschungsangriff auf die Sowjetunion. Am 22. Juni 1941 startete Hitlerdeutschland das „Unternehmen Barbarossa", um „Lebensraum im Osten" sowie Rohstoffe zu erobern und die angebliche „jüdisch-bolschewistische Weltverschwörung" zu beenden. Der Krieg gegen die Sowjetunion wurde von den Nationalsozialisten als „Weltanschauungskrieg" bezeichnet und als Vernichtungskrieg geführt. Die unerwartete Stärke der Roten Armee, die Weite des Landes und die harten klimatischen Bedingungen insbesondere des russischen Winters bereiteten dem anfangs raschen deutschen Vormarsch jedoch bald zunehmende Probleme. Die Schlacht um Stalingrad brachte dann die Wende: Anfang 1943 kapitulierte hier die 6. deutsche Armee. Obwohl Propagandaminister Goebbels in einer Rede im Berliner Sportpalast Anfang 1943 noch den „totalen Krieg" beschwor, begann in der deutschen „Volksgemeinschaft" der Glaube an fortdauernde militärische Erfolge nach Stalingrad zu zerbrechen.

M 2 „Rendezvous"
Übersetzung der (ursprünglich) britischen Karikatur von David Low, erschienen am 20. September 1939.

Unvermeidlich wurde die deutsche Niederlage schliesslich durch die Zusammenarbeit der „grossen Drei". Ende 1943 stimmten Stalin, Roosevelt und Churchill auf der Konferenz von Teheran (Iran) ihr gemeinsames Vorgehen miteinander ab. Die Landung britischer und US-amerikanischer Truppen an den Küsten der Normandie am 6. Juni 1944 läutete das Kriegsende im Westen ein. An der Ostfront ging die sowjetische Armee ebenfalls im Sommer 1944 erfolgreich mit einer Grossoffensive gegen die Wehrmacht vor. In Reaktion darauf befahl Himmler als Befehlshaber des deutschen Ersatzheeres Ende 1944 und Anfang 1945, die Jugendlichen der Jahrgänge 1928 und 1929 einzuziehen.

Europa unter deutscher Besatzung

Zur Belieferung der deutschen Industrie und zur Versorgung des Militärs und der deutschen Bevölkerung wurden die industriellen und landwirtschaftlichen Ressourcen sowie die Staatskassen der besetzten Länder geplündert. Die in der Sowjetunion stehenden deutschen Armeen versorgten sich „aus dem Lande selbst". Diese rigorose Ausbeutung führte in den besetzten Territorien zu Hungersnöten, die unter der Zivilbevölkerung und den sowjetischen Kriegsgefangenen Millionen von Toten forderten. Die Juden wurden in den besetzten Gebieten in Pogromen vor Ort ermordet oder in Konzentrations- und Vernichtungslager deportiert, ihr Besitz wurde geraubt.

M 3 Vernichtungskrieg
Murmansk nach einem deutschen Luftangriff, Foto, 1942

Der „Lebensraumkrieg" im Osten unterschied sich erheblich vom Krieg im Westen. Er war geprägt vom ideologischen Konzept eines Kampfes gegen die „jüdisch-bolschewistische Intelligenz", die laut Hitler ausgelöscht werden musste. Die Folge war ein Vernichtungskrieg, der von Beginn an Kriegsverbrechen ausdrücklich zuliess. Waffen-SS, Sicherheitsdienst, Polizeieinheiten und Wehrmacht ermordeten Juden, politische Kommissare der Roten Armee, kommunistische Funktionäre und Partisanen. So wurden Ende September 1941 in der Schlucht von Babi Jar bei Kiew an nur zwei Tagen mehr als 33 000 Menschen von SS- und Polizeieinheiten erschossen.

Neben dem überall anzutreffenden Grundmuster der wirtschaftliche Ausbeutung und der Verfolgung der Juden finden sich in den einzelnen eroberten Staaten durchaus Unterschiede in der deutschen Besatzung. So war die Besatzungspolitik in den ersten Monaten nach dem Überfall auf die neutralen Niederlande noch relativ zurückhaltend; nach Streiks gegen Massenverhaftungen von Amsterdamer

Juden im Februar 1941 verschärfte sie sich dann allerdings. In der folgenden Zeit wurden Hundertausende Niederländer als Zwangsarbeiter nach Deutschland deportiert, und im Sommer 1942 begann der Abtransport der niederländischen Juden in die Vernichtungslager. Daneben fielen auch mehrere Tausend nichtjüdische Niederländer deutschen Verbrechen zum Opfer, ca. 20 000 Menschen verhungerten 1944/45 infolge des von den Deutschen blockierten Lebensmittelnachschubs.

Auch in Dänemark, das trotz eines Nichtangriffspaktes mit Deutschland angegriffen wurde, kam es nach einer ersten, zurückhaltenderen Phase zu einer Verschärfung der Besatzung, in deren Folge mehrere Tausend Dänen in Konzentrationslager verbracht wurden. Der vielfältige dänische Widerstand gegen die Besatzung kulminierte in einer einzigartigen Rettungsaktion für die dänischen Juden, die mit Fischerbooten ins sichere Schweden gebracht wurden und so zum grössten Teil der Vernichtung entkommen konnten.

Deutlich grösser waren die Repressionen gegen die Zivilbevölkerung, die wirtschaftliche Ausbeutung (u. a. in Form einer Zwangsanleihe) und die von Deutschland angerichteten Zerstörungen in Griechenland. Verschiedene Massaker und Massenerschiessungen kosteten mindestens 25 000 Menschen das Leben. Im Winter 1941/42 gab es etwa 100 000 Hungertote, fast eine Million Menschen verloren ihre Heimat.

Anders war die Situation in Ungarn, das als Verbündeter Deutschlands am Krieg gegen die Sowjetunion teilnahm. Erst als die ungarische Regierung Friedensverhandlungen anbahnte, besetzte die Wehrmacht im März 1944 das Land. Danach begann die Deportation der ungarischen Juden nach Auschwitz – zwischen Mai und Juli 1944 waren dies etwa 440 000 Menschen.

Aufgrund des Kriegseinsatzes der Männer im wehrfähigen Alter herrschte im Deutschen Reich ein grosser Mangel an Arbeitskräften, insbesondere in Rüstungsindustrie und Landwirtschaft. Aus diesem Grund wurden an zahlreichen Industriestandorten KZ-Aussenlager eingerichtet, in denen Häftlinge Zwangsarbeit verrichten mussten. Auch Kriegsgefangene und Zwangsarbeiter aus den besetzten Gebieten wurden für die Kriegswirtschaft eingesetzt. Insgesamt wurden etwa 13,5 Millionen Männer, Frauen und sogar Kinder ab zehn Jahren entwurzelt und aus ganz Europa in das Deutsche Reich deportiert.

Zerstörerische Kriegsführung im Luftkrieg

Im Februar 1942 verstärkten die Alliierten ihre Luftangriffe und weiteten sie zu Flächenangriffen auf deutsche Städte und Industrieanlagen aus. In der Nacht zum 31. Mai 1942 wurden beispielsweise in Köln 13 000 Wohnungen durch Spreng- und Brandbomben zerstört, mehr als 30 000 wurden beschädigt und es gab zahlreiche Tote und Verletzte. Viele deutsche Städte standen vor der Aufgabe, die durch die Luftangriffe obdachlos gewordenen, „ausgebombten" Menschen mit Notunterkünften zu versorgen. Überdies wurden Luftschutzanlagen und -keller errichtet, von deren Nutzung die noch verbliebenen Juden jedoch ausgeschlossen waren. Kleidung, Eigentum und Mobiliar der bereits in die Konzentrationslager deportierten Juden wurden in den bombardierten Städten versteigert oder an die „volksdeutsche" Bevölkerung verteilt. Zur Bergung der Toten und zur Sprengung der nicht gezündeten Bomben setzte man häufig KZ-Häftlinge ein. Insgesamt wurden durch den Luftkrieg auf beiden Seiten über eine Million Zivilisten getötet. Der

---

Info

7./8./9. Mai 1945

Am 7. Mai (um 2 Uhr 41) unterzeichnete Generaloberst Alfred Jodl im US-Hauptquartier in Reims die Kapitulationsurkunde: Die militärischen Operationen mussten bis zum 8. Mai 23 Uhr 01 MEZ eingestellt werden.

Am 9. Mai (um ca. 0 Uhr 40) unterzeichnete Generalfeldmarschall Wilhelm Keitel im sowjetischen Hauptquartier in Berlin-Karlshorst eine weitere Kapitulationsurkunde: Die militärischen Operationen mussten ebenfalls bis zum 8. Mai eingestellt werden.

verheerende Luftangriff auf Dresden im Februar 1945 wurde und wird in Deutschland auch heute noch emotional diskutiert.

Die globale Dimension des Krieges

Als die Rote Armee vor Berlin stand, beging Hitler am 30. April 1945 Selbstmord. Am 9. Mai unterzeichnete Generalfeldmarschall Keitel die Kapitulationsurkunde: Der Krieg in Europa war zu Ende.

Alle beteiligten Völker haben jeweils eigene Perspektiven auf den „Zweiten Weltkrieg". Für die Deutschen begann dieser Krieg am 1. September 1939, und er endete am 8. Mai 1945. Für Menschen der ehemaligen Sowjetunion ist das Datum des deutschen Überfalls, der 22. Juni 1941, bedeutsam. In der Erinnerung der Chinesen beginnt der Krieg am 7. Juli 1937 mit der japanischen Invasion, nachdem Japan 1931 bereits die Mandschurei, eine rohstoffreiche Region Chinas, besetzt hatte. Aus US-amerikanischer Perspektive bedeutete der Krieg zunächst nur eine Unterstützung Grossbritanniens mit Rüstungsgütern und ein Öl-Embargo gegen Japan. Dies änderte sich jedoch mit dem japanischen Luftangriff auf die US-amerikanische Pazifikflotte in Pearl Harbor, Hawaii, am 7. Dezember 1941. Als die USA in Reaktion darauf in den Krieg gegen Japan eintraten, erklärten das Deutsche Reich und Italien als Bündnispartner Japans wiederum den USA den Krieg. Ab 1941 waren alle Grossmächte an militärischen Auseinandersetzungen beteiligt; insgesamt nahmen 63 Staaten am Zweiten Weltkrieg teil.

Auch der afrikanische Kontinent blieb nicht verschont: Während Italien und das Deutsche Reich in Nordafrika gegen alliierte Truppen kämpften, rekrutierten Frankreich und Grossbritannien Soldaten aus ihren afrikanischen Kolonien und verpflichteten deren Einwohner zu zeitlich befristeter Zwangsarbeit. Überdies nutzten Frankreich und Grossbritannien Finanzmittel, Rohstoffe sowie industrielle und landwirtschaftliche Produkte ihrer Kolonien.

Wenn in Europa alljährlich am 8. Mai des Kriegsendes gedacht wird, ist wohl nur wenigen bewusst, dass der Krieg im Pazifik und in Südostasien noch für Monate nach dem 8. Mai andauerte. Hier endete der Zweite Weltkrieg erst mit der japanischen Kapitulation am 2. September 1945, die wesentlich unter dem Eindruck der amerikanischen Atombombenabwürfe auf die Städte Hiroshima und Nagasaki am 6. bzw. 9. August 1945 erfolgte.

Die genaue Zahl der Toten des Krieges, der als europäischer Krieg begann und als globaler Krieg endete, ist schwer zu bestimmen und hinsichtlich der Ermittlungsmethode wissenschaftlich umstritten. Insgesamt starben zwischen 1939 und 1945 weltweit wohl mindestens 60 bis 70 Millionen Menschen – Soldaten, Kriegsgefangene und Zivilisten. Die grössten Opferzahlen hatte die Sowjetunion zu beklagen, wo 20 bis 27 Millionen Bürger dem deutschen Überfall zum Opfer fielen.

Die globale Dimension des Zweiten Weltkrieges zeigt sich nicht nur an seinem territorialen Ausmass, sondern auch in seiner politischen und moralischen Bedeutung für die Nachkriegszeit. Die wichtigsten nachfolgenden weltpolitischen Entwicklungen lassen sich – in je unterschiedlicher Weise – als mehr oder weniger direkte Folgen des Zweiten Weltkrieges beschreiben. Zu ihnen gehören u. a. der Aufstieg von USA und UdSSR zu Supermächten, die über Jahrzehnte bestehende Bipolarität der Welt mitsamt „Kaltem Krieg" zwischen den USA und der Sowjetunion, das atomare Wettrüsten, die Entkolonialisierung, die Gründung des Staates Israel (1948) und der Aufstieg Chinas zur neuen Macht in Südostasien.

M 4 Eroberung Berlins

Ein sowjetischer Soldat hisst die Rote Fahne über dem Reichstag am 2. Mai 1945, nachgestellte Szene, nachträglich koloriertes Foto.

M 5 Atompilz über Nagasaki

Die am 9. August 1945 von den USA über Nagasaki abgeworfene Atombombe kostete nach Schätzungen 70 000 Menschen das Leben, Zehntausende Überlebende erlagen später Strahlenschäden.

Der Zweite Weltkrieg in Europa – Mit thematischen Karten arbeiten

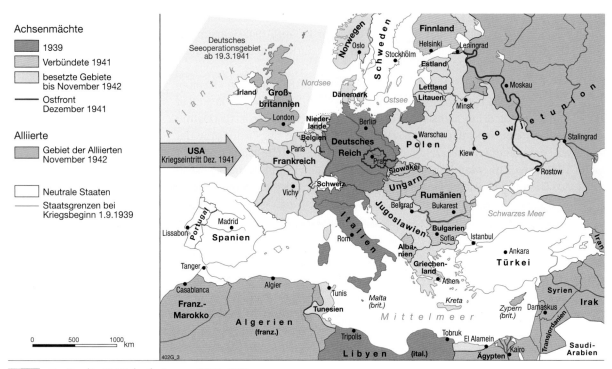

Achsenmächte

- 1939
- Verbündete 1941
- besetzte Gebiete bis November 1942
- Ostfront Dezember 1941

Alliierte

- Gebiet der Alliierten November 1942
- Neutrale Staaten
- Staatsgrenzen bei Kriegsbeginn 1.9.1939

M 6   Der Zweite Weltkrieg in Europa 1939–1942

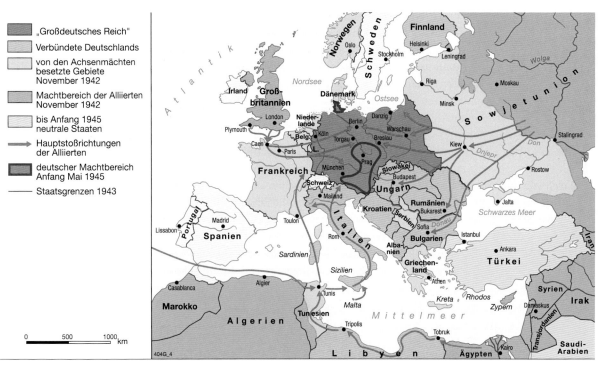

- „Großdeutsches Reich"
- Verbündete Deutschlands
- von den Achsenmächten besetzte Gebiete November 1942
- Machtbereich der Alliierten November 1942
- bis Anfang 1945 neutrale Staaten
- Hauptstoßrichtungen der Alliierten
- deutscher Machtbereich Anfang Mai 1945
- Staatsgrenzen 1943

M 7   Der Zweite Weltkrieg in Europa 1942–1945

M 8 Chronologie: Wichtige politische und militärische Ereignisse 1939–1945 im Überblick

23.08.1939	Nichtangriffspakt Deutschland-UdSSR
01.09.1939	Deutscher Angriff auf Polen
03.09.1939	Britisch-französische Kriegserklärungen an das Deutsche Reich
27.09.1939	Bildung des Reichssicherheitshauptamtes (RSHA) in Berlin aus Gestapo, Kripo und Sicherheitsdienst (SD)
28.09.1939	Deutsch-sowjetischer Grenz- und Freundschaftsvertrag
April 1940	Deutsche Truppen besetzen Dänemark und Norwegen.
10.05.1940	Beginn der deutschen Offensive im Westen gegen Frankreich
April 1941	Eroberung Jugoslawiens und Griechenlands
22.06.1941	Deutscher Überfall auf die Sowjetunion; Einsatzgruppen der Sipo und des SD exekutieren Juden, Sinti, Roma u. kommunistische Funktionäre
14.10.1941	Deportationen deutscher Juden nach Riga beginnen, Exekutionen folgen.
23.10.1941	Emigrationsverbot für Juden
11.12.1941	Nach dem japanischen Überfall auf die US-Flotte im Pazifik erklärt Hitler den USA den Krieg.
20.01.1942	Wannsee-Konferenz in Berlin über „Endlösung der Judenfrage" in Europa
Juni 1942	Beginn der Massenvergasungen im Vernichtungslager Auschwitz-Birkenau
24.01.1943	Konferenz von Casablanca, USA und GB fordern bedingungslose Kapitulation der Achsenmächte.
31.01.1943	Kapitulation der 6. deutschen Armee in Stalingrad
18.02.1943	Propagandaminister Goebbels verkündet den „totalen Krieg".
06.06.1944	Alliierte Invasion in der Normandie
20.07.1944	Attentat von Oberst Graf Stauffenberg auf Hitler
26.11.1944	SS zerstört Krematorien in Auschwitz und vernichtet Lagerakten.
Februar 1945	Alliierte Kriegskonferenz in Jalta, Regelungen zur Besetzung Deutschlands
30.04.1945	Selbstmord Hitlers in Berlin
07./09.05.1945	Bedingungslose Kapitulation der deutschen Wehrmacht in Reims und Berlin

Aufgaben

1. Der Zweite Weltkrieg in Europa

a) Vergleichen Sie anhand relevanter Kriterien den Krieg im Westen mit dem Krieg im Osten.

b) Interpretieren Sie die Karikatur zum „Hitler-Stalin-Pakt" unter Berücksichtigung des Umgangs mit Polen und der Beziehungen der Sowjetunion zum Deutschen Reich.

c) Analysieren Sie die beiden Karten hinsichtlich bedeutsamer Wendepunkte im Kriegsverlauf.

d) Teilen Sie die Chronologie zum Kriegsverlauf in wesentliche Phasen ein und erläutern Sie diese.

Text, M2, M6–M8

2. Die globale Dimension des Krieges

a) Erläutern Sie die globale Dimension des Zweiten Weltkrieges.

b) Der ehemalige amerikanische Präsident Harry S. Truman rechtfertigte die Abwürfe von Atombomben auf die japanischen Städte Hiroshima und Nagasaki im August 1945 mit der Feststellung, dass dadurch der Krieg beendet und das Leben zahlreicher amerikanischer und japanischer Soldaten geschont werde, da eine Invasion Japans mit Bodentruppen nicht nötig wäre. Nehmen Sie Stellung zu dieser Position.

Text, M5

Vernichtungskrieg im Osten – Aufzeichnungen der Täter

M 9   Kriegsverbrechen im Vernichtungskrieg

Der Kriegsgerichtsbarkeiterlass vom 13.5.1941:

Erlass über die Ausübung der Kriegsgerichtsbarkeit im Gebiet „Barbarossa" und über besondere Maßnahmen der Truppe.

[Für] [...] den Raum „Barbarossa" (Operationsgebiet, rück-
5 wärtiges Heeresgebiet und Gebiet der politischen Verwaltung) [wird] folgendes bestimmt:

I. Behandlung von Straftaten feindlicher Zivilpersonen.

[...] 2. Freischärler sind durch die Truppe im Kampf oder auf der Flucht schonungslos zu erledigen.

10 3. Alle anderen Angriffe feindlicher Zivilpersonen gegen die Wehrmacht, ihre Angehörigen und das Gefolge sind von der Truppe auf der Stelle mit den äußersten Mitteln bis zur Vernichtung des Angreifers niederzukämpfen.

4. Wo Massnahmen dieser Art versäumt wurden oder zu-
15 nächst nicht möglich waren, werden tatverdächtige Elemente sogleich einem Offizier vorgeführt. Dieser entscheidet, ob sie zu erschießen sind.

Gegen Ortschaften, aus denen die Wehrmacht hinterlistig oder heimtückisch angegriffen wurde, werden unverzüglich
20 [...] kollektive Gewaltmassnahmen durchgeführt, wenn die Umstände eine rasche Feststellung einzelner Täter nicht gestatten.

5. Es wird ausdrücklich verboten, verdächtige Täter zu verwahren, um sie bei Wiedereinführung der Gerichtsbarkeit
25 über Landeseinwohner an die Gerichte abzugeben. [...]

II. Behandlung der Straftaten von Angehörigen der Wehrmacht und des Gefolges gegen Landeseinwohner.

1. Für Handlungen, die Angehörige der Wehrmacht und des
30 Gefolges gegen feindliche Zivilpersonen begehen, besteht kein Verfolgungszwang, auch dann nicht, wenn die Tat zugleich ein militärisches Verbrechen oder Vergehen ist.
[...]

3. Der Gerichtsherr prüft [...], ob [...] eine disziplinare Ahn-
35 dung angezeigt oder ob ein gerichtliches Einschreiten notwendig ist. Der Gerichtsherr ordnet die Verfolgung von Taten gegen Landeseinwohner im kriegsgerichtlichen Verfahren nur dann an, wenn es die Aufrechterhaltung der Mannszucht oder die Sicherung der Truppe erfordert. [...]

Bundesarchiv-Militärarchiv (BArch MA), RW 4/V. 577, Bl. 72–74, hier zit. nach: Sönke Neitzel, „Der totale Krieg", in: ders, Zeitalter der Weltkriege, Informationen zur politischen Bildung, Heft 321, 1/2014, S. 38.

M 10   Grundsätze der Besatzungspolitik

Aus dem Diensttagebuch des Generalgouverneurs in Polen, Hans Frank (31. Oktober 1939 und 19. Januar 1940):

[31. Oktober 1939]

Ganz klar müsse der Unterschied zwischen dem deutschen Herrenvolk und den Polen herausgestellt werden. [...]

Den Polen dürfen nur solche Bildungsmöglichkeiten zur Verfügung gestellt werden, die ihnen die Aussichtslosigkeit 5 ihres völkischen Schicksals zeigten. Es könnten daher höchstens schlechte Filme oder solche, die die Größe und Stärke des Deutschen Reiches vor Augen führen, in Frage kommen. Es werde notwendig sein, dass große Lautsprecheranlagen einen gewissen Nachrichtendienst für die Po- 10 len vermitteln.

Reichsminister Dr. Goebbels führt aus, dass das gesamte Nachrichtenvermittlungswesen der Polen zerschlagen werden müsse. Die Polen dürften keine Rundfunkapparate und nur reine Nachrichtenzeitungen, keinesfalls eine Mei- 15 nungspresse behalten. Grundsätzlich dürfen sie auch keine Theater, Kinos und Kabaretts bekommen, damit ihnen nicht immer wieder vor Augen geführt werden würde, was ihnen verloren gegangen sei. [...]

20

[19. Januar 1940]

Am 15. September 1939 erhielt ich den Antrag, die Verwaltung der eroberten Ostgebiete aufzunehmen, mit dem Sonderbefehl, diesen Bereich als Kriegsgebiet und Beuteland rücksichtslos auszupowern, es in seiner wirtschaftlichen, 25 sozialen, kulturellen, politischen Struktur sozusagen zu einem Trümmerhaufen zu machen.
[...]

Entscheidend wichtig ist nunmehr auch der Neuaufbau der Produktion im Generalgouvernement. [...] Den Polen, die in 30 die Betriebe eingestellt werden, muss Hören und Sehen vergehen, sodass sie vor lauter Arbeit – disziplinierter Arbeit! – zu Sabotageakten gar nicht mehr kommen. [...] Mein Verhältnis zu den Polen ist dabei das Verhältnis zwischen Ameise und Blattlaus. Wenn ich den Polen förderlich be- 35 handele, ihn sozusagen freundlich kitzele, so tue ich das in der Erwartung, dass mir seine Arbeitsleistung zugute kommt. Hier handelt es sich nicht um ein politisches, sondern um ein rein taktisch-technisches Problem.

Zit. n.: Imanuel Geiss, Die deutsche Politik im Generalgouvernement Polen 1939–1945, in: Aus Politik und Zeitgeschichte, Nr. 34/1978, S. 16 ff.

Globale Dimension des Zweiten Weltkrieges – Eine Darstellung

M 11 Globale Dimension des Krieges

Der Historiker Sönke Neitzel schreibt zur globalen Dimension des Zweiten Weltkrieges (2014):

Überall stößt man auf die Spuren der Weltkriege, ganz gleich wohin man reist. Schlachtfelder gab es in Spitzbergen ebenso wie in Namibia und auf Hawaii, in Alaska oder im Dschungel Papua-Neuguineas. Und nicht nur die Kämp-
5 fe an Land haben bis heute sichtbare Spuren hinterlassen. Mehr als 20 000 Schiffe sind in den beiden Kriegen versenkt worden, tausende von ihnen werden heute von Tauchern aus aller Welt besucht: vom St. Lorenz Strom in Kanada bis zu den chilenischen Juan Fernández' Inseln, von der iri-
10 schen Westküste über Ägypten, die Malediven bis zu den Küsten Australiens. Die Gräber derjenigen, die in den Kämpfen oder später in der Gefangenschaft starben, sind um den ganzen Globus verstreut. Allein der Volksbund Deutsche Kriegsgräberfürsorge pflegt Friedhöfe in 64 Län-
15 dern. Die Bergtour in den Alpen, die Tauchreise zu den Philippinen, der Sprachurlaub auf Malta, die Safari in Tansania, die Kulturreise nach China – Hunderttausende Touristen stoßen auf ihren Reisen jedes Jahr auf die Spuren der Weltkriege. Nahezu überall ist das Leben der Menschen von
20 diesen Kriegen geprägt worden. Und dies nicht nur in Europa, sondern praktisch überall auf dem Globus, ob in Grönland, den Tropen Afrikas oder der Inselwelt des Südpazifiks. [...] Der Zweite Weltkrieg überstieg auch in seiner geografischen Ausdehnung den Ersten bei weitem. 63 Staaten nah-

men nominell an ihm teil, und mit dem Pazifik gab es ein 25 zweites Zentrum des Krieges, auf das mindestens 40 Prozent der Kriegstoten entfallen. In Deutschland ist der Krieg in Ostasien bislang nur wenig beachtet worden. Nur wenige wissen, dass China nach der Sowjetunion die höchste Zahl an Toten zu beklagen hatte. Spricht man hierzulande vom 30 Zweiten Weltkrieg, kommen einem Auschwitz, Stalingrad oder Dresden in den Sinn, nicht aber Nanking, Midway oder Tokio. Vielfach bekannt ist, dass am 6. Juni 1944 die Alliierten in der Normandie landeten – nicht zuletzt aufgrund der Verfilmungen mit John Wayne (The Longest Day, 1964) und 35 Tom Hanks (Saving Private Ryan, 2004). Doch wer weiß schon, dass die Amerikaner nur neun Tage später mit einer gewaltigen Streitmacht auf den Marianen landeten und damit die letzte Kriegsphase auch im Pazifik einleiteten? Das Gros der japanischen Flotte wurde dort vernichtet, und es 40 war nicht zuletzt der erbitterte Widerstand der Japaner auf der Marianen-Insel Saipan, der die Amerikaner in der Ansicht bestätigte, nur mit der Atombombe die japanische Kapitulation erzwingen zu können. Die B-29 Bomber, die im August 1945 Hiroshima und Nagasaki in Schutt und Asche 45 legten, waren im Übrigen auch von den Marianen aus gestartet.
[...] Es war der Krieg im Pazifik, der die globale Dimension des Zweiten Weltkrieges unterstrich.

Sönke Neitzel, Der Globale Krieg, in: Informationen zur politischen Bildung (Heft 321), Bonn 09.05.2014, zit. nach: www.bpb.de/izpb/183862/der-globale-krieg?p=all (Stand: 27.08.2014).

Aufgaben

1. Vernichtungskrieg im Osten – Quellenarbeit

a) Erläutern Sie die einzelnen Bestimmungen des Kriegsgerichtsbarkeitserlasses M10.

b) Beurteilen Sie die Bedeutung des Erlasses für den „Krieg im Osten".

c) Entscheidungsspielräume von Wehrmachtsangehörigen sind von Historikern im Kontext der Frage nach der „Täterschaft" angesichts von Kriegsverbrechen kontrovers diskutiert worden. Überprüfen Sie in diesem Zusammenhang den Erkenntniswert des Erlasses.

d) Arbeiten Sie aus den Aufzeichnungen heraus, wie Hans Frank das Verhältnis zu Polen beschreibt.

e) Beurteilen Sie die Behauptung Franks, dass es sich bei dem beschriebenen Umgang mit den Polen „nicht um ein politisches, sondern um ein rein taktisch-technisches Problem" handelte.
Text, M9 – M10

2. Globale Dimension des Krieges – Eine Darstellung

a) Arbeiten Sie die Aspekte des Zweiten Weltkrieges heraus, denen Sönke Neitzel eine globale Dimension zuschreibt.

b) Erörtern Sie die Möglichkeit einer globalen Erinnerungs- und Gedenkkultur zum Zweiten Weltkrieg.
Text, M11

Von Bürgern zu Ausgegrenzten: Judenverfolgung in Deutschland 1933–1939

Aufbau eines Feindbildes und inszenierte Boykotte

Der Antisemitismus gehörte zu den zentralen ideologischen Grundpfeilern der NSDAP, und zwar von ihrer 1920 erfolgten Gründung an. Während in der Spätphase der Weimarer Republik der Judenhass der Nationalsozialisten zugunsten eines radikalen Antikommunismus deutlich zurücktrat, veränderte sich diese Gewichtung jedoch nach der „Machtergreifung" und der anschliessenden Ausschaltung der KPD wieder.

Erster, für die gesamte Bevölkerung sichtbarer Beleg für die Rückkehr des Antisemitismus in den politischen Alltag der NSDAP war am 1. April 1933 der Boykott jüdischer Geschäfte, Warenhäuser, Rechtsanwälte und Ärzte. Vielerorts versuchten SA-Truppen, die Menschen vom Besuch jüdischer Betriebe, Einrichtungen und Praxen abzuhalten. Angeblich sollte die Aktion dazu dienen, jüdische Agitationen im Ausland gegen die neuen Machthaber in Deutschland zu unterbinden. Im Verlauf des Boykotts kam es zu zahlreichen Körperverletzungen, Dieb-

M 1 „Deutsche! Wehrt Euch! Kauft nicht bei Juden!"

Boykott jüdischer Geschäfte, 1. April 1933

stählen und Nötigungen, bei denen die Polizei nicht eingriff. Als Hermann Göring im Juni 1933 anordnete, antisemitische Gewaltakte und Morde nicht mehr zu verfolgen oder zu bestrafen und auch für alle bereits ergangenen Urteile eine Amnestie erliess, wurde es offenkundig: Deutsche jüdischen Glaubens besassen im Deutschen Reich keinen Rechtsschutz mehr.

Entrechtung per Gesetz

Auch auf ökonomischem Feld drängte das Regime die Juden aus ihren Berufen. Mit dem Gesetz zur angeblichen „Wiederherstellung des Berufsbeamtentums" vom 7. April 1933 wurden alle jüdischen Beamten und Angestellten aus dem öffentlichen Dienst entlassen. Ähnliche Bestimmungen schränkten die Tätigkeit von Medizinern oder Juristen zunehmend ein – aus zuvor gleichberechtigten Bürgern wurden so innerhalb nur weniger Monate politisch, wirtschaftlich und sozial ausgegrenzte Personen. Deutsche Juden polnischer oder russischer Herkunft verloren sogar schon im Juli 1933 ihre deutsche Staatsbürgerschaft.

Für die Deutschen jüdischen Glaubens folgte am 15. September 1935 mit den „Nürnberger Gesetzen" die tiefste juristische Zäsur. Das „Staatsbürgergesetz" unterschied zwischen „Reichsbürgern deutschen oder artverwandten Blutes" und den übrigen „Staatsangehörigen"; Deutsche jüdischen Glaubens waren damit nur noch Bürger zweiter Klasse. Das gleichzeitig erlassene „Gesetz zum Schutz des deutschen Blutes und der deutschen Ehre" verbot ihnen sogar das Hissen der deutschen Flagge. Vor allem aber untersagte es „Mischehen" und aussereheliche Geschlechtsverkehr zwischen „Ariern" und Juden. Bis zum Kriegsausbruch 1939 erliessen die Nationalsozialisten etwa 250 weitere Gesetze und Verordnungen, die die Deutschen jüdischen Glaubens fast vollständig aus dem öffentlichen Leben drängten. Weil diese Regelungen jedoch scheinbare Restfreiheiten vorgaben und eine Auswanderung den Verlust des gesamten Eigentums bedeutete, verliessen bis Ende 1937 nur 185 000 der etwa 500 000 in Deutschland lebenden Juden ihre Heimat. Erst die „Arisierung", bei der die Menschen ihr Eigentum weit unter Wert verkaufen mussten, und Berufsverbote sorgten für einen Anstieg der Emigrantenzahlen. Der „Anschluss" Österreichs und die Eingliederung des Sudetenlandes 1938 glichen dies jedoch wieder aus – die Zahl der Juden im Reich blieb hoch.

Die Novemberpogrome

Die Schwelle zur offenen Gewalt markierte der 9. November 1938. Als Reaktion auf den Mord an einem deutschen Botschaftsangehörigen in Paris – verübt von dem in Hannover geborenen, zum Tatzeitpunkt 17-jährigen Juden Herschel Grynszpan – organisierte das Regime angeblich spontane Pogrome, die unter dem euphemistischen Namen „Reichskristallnacht" in die Geschichte eingingen. Dieser Begriff soll schon am Morgen des 10. November in Berlin geprägt worden sein, als viele Strassen der Hauptstadt mit Kristallglas und Splittern von Fensterscheiben bedeckt waren. Allerdings verharmlost der Begriff die systematischen Gewalttaten der Pogrome vom 9. November 1938, denn schliesslich kam es nicht nur zu Sachbeschädigungen, sondern auch zu Hunderten Misshandlungen und Morden. Fast alle Synagogen im Deutschen Reich wurden zerstört und etwa 30 000 Juden in Konzentrationslager verschleppt. Das NS-Regime entliess sie in der Folgezeit nur aus der Gefangenschaft, wenn sie der „Arisierung" ihres Besitzes zustimmten und sich zur Auswanderung bereit erklärten.

M 2 „Ich bin am Ort das größte Schwein und lass mich nur mit Juden ein!"
Aufnahme aus Cuxhaven, 1935

Info

„Arisierung"

Die von den Nationalsozialisten geprägte Wortschöpfung bezeichnete die Enteignung der Juden und die Überführung ihres Eigentums in „arischen", d. h. nicht-jüdischen Besitz. Die Folge dieser Ausplünderung war eine Verarmung der jüdischen Bevölkerung sowie ihre totale finanzielle und wirtschaftliche Deklassierung.

Verfolgung und deutsche Gesellschaft 1933 bis 1937

M 3 „Nürnberger Gesetze"

a) „Reichsbürgergesetz" (15. September 1935):

Der Reichstag hat einstimmig das folgende Gesetz beschlossen, das hiermit verkündet wird:

§ 1. (1) Staatsangehöriger ist, wer dem Schutzverband des Deutschen Reiches angehört und ihm dafür besonders ver-
5 pflichtet ist.

(2) Die Staatsangehörigkeit wird nach den Vorschriften des Reichs- und Staatsangehörigkeitsgesetzes erworben.

§ 2. (1) Reichsbürger ist nur der Staatsangehörige deutschen oder artverwandten Blutes, der durch sein Verhalten
10 beweist, dass er gewillt und geeignet ist, in Treue dem Deutschen Volk und Reich zu dienen.

(2) Das Reichsbürgerrecht wird durch Verleihung des Reichsbürgerbriefes erworben.

(3) Der Reichsbürger ist der alleinige Träger der vollen po-
15 litischen Rechte nach Maßgabe der Gesetze.

§ 3. Der Reichsminister des Innern erlässt im Einvernehmen mit dem Stellvertreter des Führers die zur Durchführung und Ergänzung des Gesetzes erforderlichen Rechts- und Verwaltungsvorschriften.

b) „Gesetz zum Schutze des deutschen Blutes und der deutschen Ehre" (15. September 1935):

Durchdrungen von der Erkenntnis, dass die Reinheit des deutschen Blutes die Voraussetzung für den Fortbestand des Deutschen Volkes ist, und beseelt von dem unbeugsamen Willen, die Deutsche Nation für alle Zukunft zu sichern,
5 hat der Reichstag einstimmig das folgende Gesetz beschlossen, das hiermit verkündet wird:

§ 1

(1) Eheschließungen zwischen Juden und Staatsangehörigen deutschen oder artverwandten Blutes sind verboten. Trotz-
10 dem geschlossene Ehen sind nichtig, auch wenn sie zur Umgehung dieses Gesetzes im Ausland geschlossen sind.

(2) Die Nichtigkeitsklage kann nur der Staatsanwalt erheben.

§ 2

15 Außerehelicher Verkehr zwischen Juden und Staatsangehörigen deutschen oder artverwandten Blutes ist verboten.

§ 3

Juden dürfen weibliche Staatsangehörige deutschen oder artverwandten Blutes unter 45 Jahren in ihrem Haushalt
20 nicht beschäftigen.

§ 4

(1) Juden ist das Hissen der Reichs- und Nationalflagge und das Zeigen der Reichsfarben verboten.

(2) Dagegen ist ihnen das Zeigen der jüdischen Farben ge-
25 stattet. Die Ausübung dieser Befugnis steht unter staatlichem Schutz.

§ 5

(1) Wer dem Verbot des § 1 zuwiderhandelt, wird mit Zuchthaus bestraft.

(2) Der Mann, der dem Verbot des § 2 zuwiderhandelt, wird
30 mit Gefängnis oder mit Zuchthaus bestraft.

(3) Wer den Bestimmungen der §§ 3 oder 4 zuwiderhandelt, wird mit Gefängnis bis zu einem Jahr und mit Geldstrafe oder mit einer dieser Strafen bestraft.

§ 6
35
Der Reichsminister des Innern erlässt im Einvernehmen mit dem Stellvertreter des Führers und dem Reichsminister der Justiz die zur Durchführung und Ergänzung des Gesetzes erforderlichen Rechts- und Verwaltungsvorschriften.

§ 7
40
Das Gesetz tritt am Tage nach der Verkündung,

§ 3 jedoch erst am 1. Januar 1936 in Kraft.

Nürnberg, den 15. September 1935, am Reichsparteitag der Freiheit.

Zit. nach: Ingo von Münch (Hg.), Gesetze des NS-Staates. Dokumente eines Unrechtssystems, Paderborn 1994, S. 119 f.

M 4 **Hetze gegen Juden in Greifenberg (Pommern)**
Foto, 1935

M 5 Ein jüdischer Student wird von der SA durch Marburg getrieben

Foto, 24. August 1933

M 6 „Nachbarlosigkeit"

Joachim Prinz war Rabbiner in Berlin und emigrierte 1937 in die USA. Er schrieb im April 1935 in der „Jüdischen Rundschau":

Des Juden Los ist: nachbarlos zu sein. Vielleicht gibt es das nur einmal auf der Welt, und wer weiß, wie lange man es ertragen kann: das Leben ohne Nachbarn. Überall kennt das Leben den nachbarlichen Menschen. Das ist nicht der
5 Freund, aber einer, der gewillt ist, mit dem anderen das Leben zu tragen, es ihm nicht zu erschweren, sein Mühen und sein Hasten mit freundlichen Augen zu betrachten. Das fehlt. Die Juden der großen Stadt spüren das nicht so, aber die Juden der kleinen Städte, die am Marktplatz wohnen
10 ohne Nachbarn, deren Kinder in die Schule gehen ohne Nachbarkinder, spüren die Isolierung, welche die Nachbarlosigkeit bedeutet, die grausamer ist als alles andere, und es ist vielleicht für das Zusammenleben von Menschen das härteste Los, das einen treffen kann. Wir würden das alles
15 nicht so schmerzlich empfinden, hätten wir nicht das Gefühl, dass wir einmal Nachbarn besessen haben.

Jüdische Rundschau, Nr. 31/32 vom 17. April 1935, S. 3.

M 7 „Judengegner und Judenfreunde"

Bericht des Bezirksamtes Bad Kissingen über Reaktionen auf die „Nürnberger Gesetze" (27.9.1935):

Die in Nürnberg erlassenen Gesetze gegen die Juden werden im Allgemeinen von der Bevölkerung begrüßt; doch fehlt es auch weiterhin nicht an Personen, die glauben, die Juden in Schutz nehmen zu müssen. Besonders in der Gemeinde Steinach scheint sich die Bevölkerung in zwei Lager 5 gespalten zu haben: Judengegner und Judenfreunde.

Zit. nach: Otto Dov Kulka, Eberhard Jäckel, Die Juden in den geheimen NS-Stimmungsberichten 1933–1945, Düsseldorf 2004, S. 163.

M 8 Karnevalsumzug in Marburg

Als „Juden" verkleidete Teilnehmer amüsieren sich über die Auswanderung nach Palästina, Foto, Februar 1936.

Die Novemberpogrome von 1938 im Spiegel zeitgenössischer Quellen

M 9 **Gaffer vor der brennenden Synagoge in Bielefeld während der Novemberpogrome 1938**

Im ganzen Reich lösten NS-Verbände nach dem Attentat eines Juden, dessen Eltern zuvor aus Deutschland ausgewiesen wurden, auf einen deutschen Diplomaten schwere Ausschreitungen aus. Dabei fanden etwa 100 Deutsche jüdischen Glaubens den Tod, viele wurden verhaftet oder verletzt.

M 10 **Reaktionen auf die Pogrome**

a) Aus dem Monatsbericht des Oberbürgermeisters von Ingolstadt (Oberbayern), 1. Dezember 1938:

Die Aktion gegen die Juden wurde rasch und ohne besondere Reibungen zum Abschluss gebracht. Im Verfolg dieser Maßnahme hat sich ein jüdisches Ehepaar in der Donau ertränkt [...].

b) Aus dem Monatsbericht des Regierungspräsidenten von Ober- und Mittelfranken, 8. Dezember 1938:

Die freche Herausforderung des Weltjudentums durch den feigen Mord in Paris war für zahlreiche Lehrer des Regierungsbezirks Veranlassung, aufgrund ihrer nationalsozialistischen Einstellung zur Judenfrage den Religionsunterricht niederzulegen. Im Verlauf der Protestaktion gegen die Juden wurden in Wunsiedel auch zwei evangelische Geistliche und vier katholische Pfarrer, die als „Judenknechte" gelten, durch die empörte Volksmenge auf die Polizeiwache verbracht und dort vorübergehend festgehalten. In den Pfarrhäusern wurde eine Anzahl Fensterscheiben zertrümmert. [...] Im Zuge der Protestaktion gegen das jüdische Mördergesindel wurden im Regierungsbezirk 772 Juden festgenommen, von denen sich noch 389 in Haft befinden. Außerdem wurden nach dem Bericht der Staatspolizeistelle Nürnberg-Fürth 17 Synagogen ausgebrannt, 25 Synagogen demoliert, 115 jüdische Geschäfte zerstört; weitere 39 jüdische Geschäfte wurden nur geschlossen. In 594 jüdischen Wohnungen wurde die Inneneinrichtung zerstört bzw. beschädigt. Außerdem wurde das Geschäft einer Deutschblütigen beschädigt, weil der Bevölkerung bekannt war, dass die Inhaberin mit einem Juden Rassenschande getrieben hatte. [...] Judenfrei sind bereits die Städte Dinkelsbühl, Eichstätt, Schwabach, Zirndorf und die Bezirke Hersbruck, Neustadt a. d. Aisch, Nürnberg, Pegnitz, Rothenburg o. d. Tauber und Staffelstein.

Zit. nach: Hans-Jürgen Döscher, „Reichskristallnacht". Die Novemberpogrome 1938, München 2000, S. 111.

Aufgaben

1. Verfolgung und deutsche Gesellschaft 1933–1937
  a) Stellen Sie die Stufen der Judenverfolgung zwischen 1933 und 1937 zusammen und erläutern Sie, wie die Bevölkerung jeweils darauf reagierte.
  b) Arbeiten Sie die Rolle, die die Propaganda für die „Volksgemeinschaft" spielte, heraus.
  Text, M1–M2

2. „Nürnberger Gesetze"
  a) Erläutern Sie die einzelnen Bestimmungen der „Nürnberger Gesetze".
  b) Fassen Sie die Beurteilung von Joachim Prinz zur Situation der Juden zusammen.
  c) Untersuchen Sie anhand des Berichts des Bezirksamtes Bad Kissingen die Reaktion der Bevölkerung. Achten Sie dabei auf die Art der Quelle.
  Text, M3–M8

3. Die Novemberpogrome von 1938 im Spiegel zeitgenössischer Quellen
  a) Beschreiben und erläutern Sie die Abbildungen und erklären Sie, welche Rückschlüsse daraus auf die Einstellung der Bevölkerung gezogen werden können.
  b) Beurteilen Sie die Bedeutung, die diese fotografischen Quellen haben.
  c) Stellen Sie das Verhalten der deutschen Bevölkerung gegenüber den Pogromen dar. Berücksichtigen Sie die Herkunft der Quelle.
  d) Beurteilen Sie vor dem Hintergrund der Kategorien Schuld und Verantwortung Handlungsspielräume der deutschen Bevölkerung während der Novemberpogrome.
  Text, M9–M10

Täglich RM 5.50
koſtet den Staat
ein Erbkranker

RM
5,50

für RM 5.50
kann eine erbgeſunde Familie
1 Tag leben !

RM
5,50

M 1   Vorbereitung der „Euthanasie"

Aus der Dia-Serie „Blut und Boden", die für Schulungszwecke eingesetzt wurde.

Von der Verfolgung zum Massenmord: „Euthanasie" und Holocaust

„Euthanasie" als Vorstufe des Holocaust?

Die von den Nationalsozialisten propagierte „Volksgemeinschaft" schloss zahlreiche Gruppen aus. Neben den politischen Gegnern und Juden zählten auch Homosexuelle, Sinti und Roma sowie Behinderte zu den Exkludierten. Dass Menschen mit Behinderung für die Gesellschaft nur eine unnütze Belastung darstellen, wurde den Schülerinnen und Schülern sogar im Mathematikunterricht eingeschärft, in dem die jährlichen Kosten für einen Patienten berechnet und mit den Verpflegungskosten einer „gesunden" Familie verglichen werden mussten. Die „Gesundheitspolitik" der Nationalsozialisten beraubte die Patienten aller Rechte, bereits ab 1933 gab es gesetzlich angeordnete Zwangssterilisationen. Die Massenmorde an geistig und körperlich Behinderten begannen noch vor Kriegsbeginn und nahmen während der ersten Kriegsjahre zu.

In der sogenannten „Euthanasie"-Aktion (altgriechisch: „schöner Tod") wurden Tausende Patienten aus ihren Heimen oder Wohnungen geholt und zu einer von insgesamt sechs zentralen Tötungsanstalten gebracht, wo sie durch Gas ermordet wurden. Bis zum offiziellen Stopp der Aktion im Sommer 1941 töteten die Nationalsozialisten auf diese Weise mehr als 70 000 Menschen. Gleichwohl ging die Ermordung von Behinderten in einer geheimen, sogenannten „wilden Euthanasie" noch bis 1945 weiter. Dabei wurde den Menschen zumeist Nahrung oder medizinische Versorgung vorenthalten. Bis Kriegsende fielen insgesamt etwa 200 000 Menschen der nationalsozialistischen „Euthanasie" zum Opfer. Warum es 1941 zur offiziellen Einstellung dieser Massenmorde kam, ist in der Forschung umstritten. Ein Erklärungsansatz für den offiziellen Stopp geht davon aus, dass das Regime das Wissen der Tötungsspezialisten ab Herbst 1941 an anderer Stelle dringender benötigt habe: bei der Massentötung der Juden.

Zusammenhang zwischen Vernichtungskrieg und Völkermord

Mit dem unerwartet schnellen Sieg über Polen gelangten Millionen polnischer Juden in den Machtbereich der deutschen Wehrmacht. Diejenigen, die keinen gezielten Tötungen zum Opfer gefallen waren, wurden zunächst in Gettos konzentriert. Mit dem deutschen Überfall auf die Sowjetunion radikalisierte sich das Vorgehen der Nationalsozialisten dann jedoch dramatisch: Hinter der Front agierten sogenannte „Einsatzgruppen", die zwischen 1939 und 1941 mehr als eine Million Juden und Kommunisten erschossen. Die Mörder aus diesen „Einsatzgruppen" hatten vor Kriegsbeginn zumeist in verschiedenen Polizeieinheiten gedient und waren „ganz normale Männer" (Christopher Browning).

Im Spätsommer 1941, auf dem Höhepunkt der Siegeseuphorie im Vernichtungskrieg gegen die Sowjetunion, schienen „Lebensraum" und „Endlösung", Hitlers langfristige Zielsetzungen, in greifbare Nähe zu rücken. Auch wenn kein schriftlicher Befehl Hitlers überliefert ist, beweisen die vorliegenden Quellen, dass im Herbst 1941 der Entscheidungsprozess zum Völkermord an den Juden abgeschlossen war. Als jedoch ab dem Wintereinbruch 1941 der Vormarsch der Wehrmacht vor Moskau stecken blieb, die Aussichten auf die Eroberung von „Lebensraum" zunehmend schwanden und die USA in den Krieg eintraten, „mag Hitler", so der deutsche Historiker Eberhard Jäckel, „die Ausrottung der Juden als das allein noch erreichbare Kriegsziel erschienen sein". Auf der „Wannsee-Konferenz" am 20. Januar 1942 kamen dann die offiziellen Vertreter aller relevanten Ministerien des deutschen Staates auf Einladung Reinhard Heydrichs, des Chefs der Sicherheitspolizei und des SD, zusammen, um alle Massnahmen zur Vernichtung der europäischen Juden unter Federführung der SS zu koordinieren. Euphemistisch (beschönigend) sprachen die Täter dabei von der „Endlösung der Judenfrage".

Deutsche Vernichtungslager in Polen

Massenerschiessungen und mobile Gaswagen reichten dem NS-Regime für seine Pläne nun nicht mehr aus; fortan ging man dazu über, die Juden aus ganz Europa in sechs zentrale Vernichtungslager zu deportieren. Anders als die Tötungsanstalten der „Euthanasie" wurden diese Lager aber nicht im Deutschen Reich, sondern im besetzten Polen errichtet, um den gewaltigen Massenmord vor der deutschen „Volksgemeinschaft" nach Möglichkeit zu verbergen. In den Vernichtungslagern Auschwitz, Belzec, Chelmno, Majdanek, Sobibor und Treblinka kamen die meisten jüdischen Opfer ums Leben, allein im grössten Vernichtungslager in Auschwitz-Birkenau starben mehr als eine Million Juden. Insgesamt ermordeten die Nationalsozialisten bis 1945 mehr als sechs Millionen jüdische Menschen. Daneben starben in den Lagern aber auch andere Opfer, zum Beispiel internationale Zwangsarbeiter, Sinti und Roma oder Anhänger der Zeugen Jehovas.

M 2 **Jüdische Frauen und Kinder unmittelbar vor ihrer Ermordung in Auschwitz** Foto, 1944

Was wussten die Deutschen?

Während die Ausgrenzung und Verfolgung der von der „Volksgemeinschaft" Ausgeschlossenen noch in aller Öffentlichkeit stattgefunden hatte, bemühten sich die Nationalsozialisten, die physische Vernichtung der betroffenen Menschen geheim zu halten. Doch schon die Ermordung von Behinderten in den Tötungsanstalten im Reich blieb nicht unbemerkt: Auffällige Häufungen von Todesanzeigen in einer bestimmten Region machten die Menschen misstrauisch, zumal das „Euthanasie"-Programm in der Bevölkerung zu keinem Zeitpunkt breitere Unterstützung fand. Als Konsequenz aus diesen Erfahrungen wurde der Genozid an den Juden ausserhalb Deutschlands vollzogen – die „Volksgemeinschaft" sollte davon nicht belastet sein. Interessierten und aufmerksamen Zeitgenossen konnten die Vorgänge dennoch nicht verborgen bleiben. Sogar in den gleichgeschalteten Medien und im alltäglichen Leben war zu erfahren, dass das NS-Regime der Rhetorik gegen die Juden nun radikale Taten folgen liess.

Engagement Einzelner gegen die Mordaktionen

Nur wenige Menschen entschlossen sich zur konkreten Tat. Zu den Prominentesten, die sich im heutigen Nordrhein-Westfalen gegen die Vernichtungspolitik äusserten, gehörte der katholische Bischof von Münster, Clemens August Graf von Galen. Seine Predigten gegen die Krankenmorde in seiner Region verbreiteten sich rasch im ganzen Reich und an allen Fronten des Krieges. Ob Galen damit zum Ende der organisierten „Euthanasie" beigetragen hat oder ob es dem Regime bei dem 1941 verhängten Stopp um andere Aspekte ging, wird von der Forschung noch immer diskutiert. Allerdings protestierte der Bischof auch nur gegen die Tötung (christlicher) Behinderter – zu den Massendeportationen von Juden schwieg er.

M 3 **Bischof Graf von Galen** Der Bischof von Münster kritisierte in seinen Predigten offen die „Euthanasie", Foto, um 1945/46.

Quellen zur Deportation deutscher Juden

Deportation von Juden aus Deutschland

Foto oben: Eine Kolonne von Juden wird unter polizeilicher Bewachung durch Würzburg geführt. Aufnahme vom 27. November 1941

Foto unten: Deportation von Juden aus dem Regierungsbezirk Minden, Lippe-Detmold und Schaumburg-Lippe: Juden auf dem Bahnhof von Bielefeld vor dem Abtransport. Aufnahme vom 13. Dezember 1941

M 5　Deportationen 1942

Bericht des Sicherheitsdienstes der SS über die Reaktion der Bevölkerung auf den Abtransport der Juden aus dem Raum Detmold vom 31. Juli 1942:

Aus Lemgo wird berichtet, dass der Abtransport der letzten Juden innerhalb der Bevölkerung größtes Aufsehen erregt habe. Die Juden wurden vor ihrem Abtransport auf dem Marktplatz in Lemgo gesammelt. Diese Tatsache gab der
5 Bevölkerung Veranlassung, sich recht zahlreich hierzu auf dem Marktplatz einzufinden. Es konnte beobachtet werden, dass ein großer Teil der älteren Volksgenossen (darunter sollen sich auch Parteigenossen befunden haben) die Maß-

nahme des Abtransportes der Juden aus Deutschland allgemein negativ kritisierte. [...]
10 Gegen den Abtransport wurde mehr oder weniger offen mit allen möglichen Begründungen Stellung genommen. So wurde gesagt, dass die Juden in Deutschland ja sowieso zum Aussterben verurteilt seien und diese Maßnahme, die für die Juden eine besondere Härte bedeutete, sich daher 15 erübrige. Selbst solche Volksgenossen, die bei jeder passenden und unpassenden Gelegenheit früher ihre nationalsozialistische Gesinnung herausgestellt hätten, hätten in dieser Hinsicht Partei für die Interessen der Juden bzw. kirchlich gebundenen Volksgenossen genommen. Inner- 20 halb kirchlich gebundener Kreise wurde geäußert: „Wenn das deutsche Volk nur nicht eines Tages die Strafe Gottes zu gewärtigen hat. Sie täten ja keiner Fliege etwas zuleide".

Institut für Zeitgeschichte, München, MA 1534, 736 f.

M 6　Suchanfragen nach deportierten Juden

Brief der Staatspolizeileitstelle Düsseldorf an den Polizeipräsidenten, die Landräte und den Oberbürgermeister vom 5.5.1942:

Betrifft: Auskunftserteilung der polizeilichen Meldeämter über die nach dem Osten abgeschobenen Juden.
In der letzten Zeit mehren sich die Fälle, in denen Privatpersonen und Firmen auf Grund der von den Meldebehörden erhaltenen Auskunft über den Aufenthalt der nach dem 5 Osten abgeschobenen Juden bei den in den Ostgebieten eingesetzten Verwaltungsstellen und Einsatzkommandos der Sicherheitspolizei und des SD. Rückfragen verschiedenster Art halten. Das Reichssicherheitshauptamt in Berlin hat angeordnet, dass bei der Abmeldung von Juden nach 10 dem Osten in den Melderegistern nicht der Zielort, sondern der Vermerk „unbekannt verzogen" bzw. „ausgewandert" aufgenommen werden soll.
Ich bitte, die Meldebehörden im Sinne der Anordnung des Reichssicherheitshauptamtes entsprechend zu unterrich- 15 ten und bei künftigen Auskunftserteilungen hiernach zu verfahren.
Zusatz für die Herren Polizeipräsidenten und Landräte: Mehrabdrucke für die Polizeiämter bzw. die Herren Bürgermeister liegen bei. 20

Staatspolizeileitstelle Düsseldorf an Polizeipräsidenten, Landräte und Oberbürgermeister vom 5.5.1942, 1.2.3.0/82164626/ITS Digital Archive, Bad Arolsen.

Vernichtungskrieg und Völkermord

M 7   Massenerschiessungen

Viele deutsche Soldaten konnten die Massenmorde der SS- und Polizeieinheiten an Juden in der besetzten Sowjetunion mit ansehen. Die Geheimhaltung war hier nur begrenzt. Hier ein Beispiel von Franz Josef Strauß, der als Offizier der Wehrmacht im Juli 1941 Augenzeuge bei einer Massenerschiessung war. Aus seinen Memoiren von 1988:

Wenige Tage später – wir liegen noch in der gleichen Stellung, neben uns ein größeres Waldstück – krachen ununterbrochen Feuerstöße aus einer Maschinenpistole. Wir machen uns auf, wollen sehen, was los ist im Wald. Hinter
5 den Bäumen eine Szene des Schreckens: Zusammengetriebene Juden, kommunistische Funktionäre, unschuldige Menschen mussten mit dem Spaten eine Grube ausheben, vielleicht 50 Meter in der Länge und zwei in der Breite. Die Gefangenen standen da zu vielen Hunderten, vielleicht
10 auch Tausenden – die Erschießungen erstreckten sich über mehrere Tage. Sie mussten sich hinknien vor der Grube, dann ging ein junger SS-Mann, vielleicht 18 Jahre und sternhagelblau, mit der Maschinenpistole von Kopf zu Kopf, drückte ab, die Toten fielen in die Grube. War eine
15 Lage voll, wurde Erde darauf geworfen, das Morden ging weiter.

Franz Josef Strauß, Die Erinnerungen, Siedler Verlag, Berlin 1989, S. 48.

M 8   Rechtfertigung

Als die Massenmorde an Juden in der besetzten Sowjetunion im Sommer 1941 auf Frauen und Kinder ausgeweitet wurden, regte sich unter den deutschen Soldaten vereinzelt Kritik. Deshalb erliessen mehrere Oberbefehlshaber Anweisungen, die die Verbrechen rechtfertigen sollten, wie der Befehl des Oberkommandierenden der 6. Armee, Walter von Reichenau, vom 10. Oktober 1941. Reichenau stand dem NS-Regime besonders nahe:

M 9   Zuschauer beim Judenmord

Die Originalbeschriftung des Fotos lautete: „Juden beim Grabschaufeln." Die Massenmorde an Juden in der besetzten Sowjetunion fanden oft in aller Öffentlichkeit statt. Viele Soldaten fotografierten die Verbrechen sogar, Foto von 1941, vermutlich in der Ukraine.

Hinsichtlich des Verhaltens der Truppe gegenüber dem bolschewistischen System bestehen vielfach noch unklare Vorstellungen. Das wesentlichste Ziel des Feldzuges gegen das jüdisch-bolschewistische System ist die völlige Zerschlagung der Machtmittel und die Ausrottung des asiati-
5 schen Einflusses im europäischen Kulturkreis. Hierdurch entstehen auch für die Truppe Aufgaben, die über das hergebrachte einseitige Soldatentum hinausgehen. Der Soldat ist im Ostraum nicht nur ein Kämpfer nach den Regeln der Kriegskunst, sondern auch Träger einer unerbittlichen völ-
10 kischen Idee und der Rächer für alle Bestialitäten, die deutschem und artverwandtem Volkstum zugefügt wurden. Deshalb muss der Soldat für die Notwendigkeit der harten, aber gerechten Sühne am jüdischen Untermenschentum volles Verständnis haben. Sie hat den weiteren Zweck, Er-
15 hebungen im Rücken der Wehrmacht, die erfahrungsgemäß stets von Juden angezettelt wurden, im Keime zu ersticken.

Zit. nach: Gerd R. Ueberschär/Wolfram Wette (Hg.), Unternehmen Barbarossa. Der deutsche Überfall auf die Sowjetunion 1941. Berichte, Analysen, Dokumente, Paderborn u.a. 1984, S. 339f.

Aufgaben

1. **Quellen zur Deportation von deutschen Juden**
   a) Stellen Sie anhand der Quellen Informationen zur Deportation von deutschen Juden zusammen.
   b) Erläutern Sie, welche Rückschlüsse die Quellen auf die Mitwisserschaft von Deutschen erlauben.
   ⌐ Text, M3 – M6

2. **Vernichtungskrieg und Völkermord**
   a) Charakterisieren Sie anhand der Quellen die Rolle der Wehrmacht beim Massenmord.
   b) Erläutern Sie den Zusammenhang zwischen Vernichtungskrieg und Völkermord.
   ⌐ Text, M7 – M9

Auschwitz – Darstellung und Quelle im Vergleich

M 10   Die Ermordung der Juden

Die Historikerin Sybille Steinbacher schreibt in ihrem Buch „Auschwitz. Geschichte und Nachgeschichte" (2004):

Ende März 1942 trafen die ersten vom Reichssicherheitshauptamt organisierten Massentransporte in Auschwitz-Birkenau ein: In der Nacht vom 25. auf den 26. März kamen 1000, zwei Tage später rund 800 Jüdinnen aus der Slowakei
5 an, am 30. März folgten mehr als 1100 jüdische Männer und Frauen verschiedener Staatsangehörigkeit aus französischen Internierungslagern. Die Juden, deren Arbeitseinsatzfähigkeit vom Reichssicherheitshauptamt ausdrücklich verlangt worden war, wurden nicht sofort ermordet, son-
10 dern registriert und in das Lager aufgenommen. Systematische Vernichtungsaktionen setzten im Mai 1942 ein – Opfer waren Juden aus Ostoberschlesien, der Slowakei, Frankreich, Belgien und den Niederlanden – und wurden ab Juli 1942 zur Regel.
15 Dass Massentransporte aus Westeuropa ab Sommer 1942 nach Auschwitz-Birkenau geleitet wurden, hatte vermutlich pragmatische Gründe, denn nach der Frühjahrsoffensive der Wehrmacht behinderte eine Transportsperre den Weg nach Majdanek und in die Lager der „Aktion Reinhardt".
20 Auschwitz-Birkenau diente allem Anschein nach als Ausweichstätte. Die Mordtechnik wurde nun ausgeweitet und die Tötungskapazität vergrößert.
Am 17. und 18. Juli 1942 kam Himmler zu einer zweitägigen Inspektion ins Lager. Er besichtigte die landwirtschaftli-
25 chen Betriebe und genehmigte einige Bauvorhaben, im Mittelpunkt aber stand die Vorführung einer Massenvernichtung. An einem Transport aus den Niederlanden ließ er sich die Etappen demonstrieren: von der Selektion bis zur Tötung in der Gaskammer von „Bunker 2" und dem Einsatz
30 des Sonderkommandos. [...] Kurz darauf bestimmte Himmler, dass das Generalgouvernement, mit Ausnahme einiger Sammellager, bis Jahresende „judenfrei" zu sein habe.
In Auschwitz stieg die Zahl der Massentransporte von Juden aus ganz Europa von Monat zu Monat. Hatten Juden bis zum
35 Beginn der Vernichtungsaktionen nur einen kleinen Teil der Häftlinge gebildet, stellten sie fortan die größte Gruppe. Ankommende Transporte wurden nun nicht mehr registriert und nummeriert, sondern unmittelbar nach der Selektion ermordet. Auf die Transporte aus Westeuropa folgten
40 Juden aus Ländern, mit denen Deutschland verbündet war

und deren Regierungen in die Deportation eingewilligt hatten: Kroatien, Norwegen, später Italien und Ungarn. Weitere Länder und Regionen kamen hinzu, darunter zur Jahreswende 1942/43 Jugoslawien, Griechenland und der südliche Teil Frankreichs.
45
Deutsche Juden trafen in einem vom Reichssicherheitshauptamt organisierten Transport erstmals Mitte Juli 1942 aus Wien ein. Im November und Dezember 1942 folgten aus Berlin die ersten Massentransporte des Altreichs. Nachdem im Oktober 1942 der Befehl ergangen war, die im Altreich 50 gelegenen Konzentrationslager „judenrein" zu machen, wurden die knapp 2000 dort inhaftierten Juden nach Auschwitz-Birkenau gebracht. Wegen drastischen Arbeitskräftemangels revidierte das Regime diese Maßnahme im März 1944; jüdische Häftlinge kamen dann zurück in die 55 Lager, um für die Rüstungsindustrie zu arbeiten, vor allem im Untertagebau (insbesondere in Mittelbau-Dora, das zu Buchenwald gehörte, und Kaufering, ein Außenlager-Komplex von Dachau).
Ein Durchgangslager in die Massenvernichtung von Ausch- 60 witz-Birkenau war das Getto Theresienstadt. Inhaftiert wurden hier alte Juden aus dem Reichsinneren, auch jüdische Soldaten des Ersten Weltkriegs mit ihren Familien, ferner „Mischlinge", die nach den Nürnberger Gesetzen als Juden galten, sowie jüdische Ehegatten aufgelöster sogenannter 65 Mischehen und Juden aus dem Protektorat Böhmen und Mähren. Die Deportationen aus Theresienstadt begannen am 8. September 1943. Knapp 18 000 Männer und Frauen wurden in das sogenannte Familienlager gebracht, den gesonderten Lagerabschnitt BIIb in Birkenau. Ungewöhnlich 70 war – zumindest vorläufig – ihre Behandlung: Die Theresienstädter Juden wurden weder nach Geschlechtern getrennt noch selektiert, auch ihr Gepäck mussten sie nicht abgeben, ihre Zivilkleidung durften sie behalten, und die Kinder konnten bei den Erwachsenen bleiben. Sie erhielten 75 allerlei Vergünstigungen, und nur einige wurden in Arbeitskommandos eingeteilt. Es gab eine Schule und einen Kindergarten, untergebracht in einer Baracke, die mit Märchenszenen ausgemalt werden durfte.
Ähnlich wie das Getto Theresienstadt diente das „Familien- 80 lager" in Birkenau den Propagandazwecken des Regimes. Ziel war es, weltweit kursierende Nachrichten über die Ermordung der Juden zu entkräften. Etwa ein halbes Jahr lang währten die Privilegien der Juden aus Theresienstadt, dann löste die SS das „Familienlager" in zwei Etappen auf; fast 85

alle Insassen wurden im März und Juli 1944 ermordet, etwa 3000 in andere Lager überstellt.

Im Sommer 1944 erreichte die Massenvernichtung einen letzten Höhepunkt. Bis zu 10 000 ungarische Juden traten
90 täglich an der neu errichteten „Judenrampe" zur Selektion an. Zwischen 15. Mai und 9. Juli trafen etwa 430 000 Menschen ein, etwa 20 Prozent wurden in das Lager aufgenommen, alle anderen sofort getötet. Ihre Ermordung war eine der größten Vernichtungsaktionen überhaupt. Ungarn hat-
95 te die Deportationen trotz massiven deutschen Drucks lange verweigert. Nachdem das Land aber militärisch besetzt und eine Satrapenregierung gebildet worden war, begannen die Vernichtungstransporte auch dort – geleitet von Adolf Eichmann, dem Organisator der Judentransporte im
100 Reichssicherheitshauptamt. Hochrangig besetzt war die Koordination des Massenmords auch im Lager selbst: Rudolf Höß kam für diese Sonderaufgabe nach Auschwitz zurück. Innerhalb weniger Wochen hatte Höß seine Mission erfüllt; ausgezeichnet mit dem Kriegsverdienstkreuz erster
105 und zweiter Klasse verließ er das Lager am 29. Juli 1944 wieder in Richtung Berlin.

Die schwierige Transportlage hinderte das Reichssicherheitshauptamt nicht, noch im Sommer 1944 Juden von Rhodos, Korfu, Kreta und anderen griechischen Inseln nach
110 Auschwitz-Birkenau zu deportieren. 60 000 bis 70 000 Juden aus Lodz, dem letzten aufgelösten Getto im besetzten Polen, kamen im September und Oktober 1944 ins Lager, außerdem Juden aus der Slowakei. Ein Zug mit rund 2000 Juden aus Theresienstadt war am 30. Oktober 1944 der letzte
115 jüdische Massentransport, vermutlich auch der letzte, der selektiert wurde.

Sybille Steinbacher, Auschwitz. Geschichte und Nachgeschichte, München 2015 (3. Auflage), S. 84 ff.

M 11 Erinnerung an Auschwitz

Wenige Monate nach ihrer Befreiung schildert die ungarische Jüdin Elisabeth Rubin im August 1945 ihren Transport nach und ihre Zeit in Auschwitz-Birkenau:

Dann hiess es: „Verfaulte Juden gebt eure Juwelen heraus, ihr habt sie lange genug gehabt!" Männer und Frauen mussten sich entkleiden und wurden untersucht. Dann wagonierten wir, zu 50 in einem Wagon, wir vom Krankenhaus, die Übrigen zu 80. Beim Einsteigen wurde dann so recht ge-5 schlagen. Auch meine Mutter traf es; als ich zu Hilfe eilen wollte, liess man mich nicht aus dem Wagen heraus – ich war nämlich schon oben. Unterwegs starb eine junge Mutter mit ihrem vierjährigen Kinde, in einem Nachbarwagon fand eine Geburt statt, das Kind kam in Birkenau lebend an. 10 Ebenso der Patriarch des Dorfes, ein 106jähriger Schächter, den seine auf ihn stolze Tochter auch in Birkenau nicht verliess und mit ihm auf eine Seite ging. – In Birkenau arbeitete ich nicht viel; wir mussten Steine tragen. Wir waren im C-Lager im 31-er Block, neben dem Tschechenlager. Dort 15 waren viele Leichen zu sehen. Im C-Lager wurden nur ausgesprochen stramme, junge Frauen und Mädchen am Leben gelassen. Wir gingen in zerrissenen Kleidern. Viele arme Häftlinge fragten in einem fort: „Wann werde ich meinen Mann sehen, wann meine Eltern, wann meine Brüder?" Erst 20 später erfuhr ich es überzeugend, dass die polnischen Blockältesten die Wahrheit gesagt hatten: Menschen wurden vergast und ins Krematorium geschickt. Auch meine Mutter war in den Ofen gegangen. Was den eigenen Geruch betraf, der in der Luft lag, so sagte man, er sei von dem 25 verbrannten Frauenhaar, das man uns abgeschnitten hatte. Wir sahen mit eigenen Augen, wie 14-Jährige Jungen in den Ofen gingen, sie mussten noch singen. Des Nachts hörten wir weinen und Jammer, die SS schoss.

In Budapest protokollierte Erinnerung Elisabeth Rubins vom 9. August 1945, Yad Vashem Archives, 0.15 E-959, Rechtschreibung beibehalten.

Aufgaben

1. Der Holocaust

 a) Geben Sie Stationen des Massenmordes an den europäischen Juden wieder.

 b) Für den Massenmord werden verschiedene Begriffe gebraucht: „Endlösung", Holocaust, Schoah. Diskutieren Sie, welche Bezeichnung angemessen ist.

 c) Beurteilen Sie die Massnahmen gegen Juden vor dem Hintergrund der Ideen der Aufklärung.

   ⌢ Text

2. Auschwitz – Darstellung und Quelle im Vergleich

 a) Erläutern Sie den Ablauf des Massenmordes in Auschwitz.

 b) Charakterisieren Sie den Stil der Darstellung von Sybille Steinbacher.

 c) Vergleichen Sie die Darstellung mit der Schilderung von Elisabeth Rubin.

   ⌢ Text, M10 – M11

Anpassung und Unterstützung

„Noch zittert man nicht um sein Leben – aber um Brot und Freiheit", schrieb der Dresdner Romanistik-Professor Victor Klemperer (1881–1960) im März 1933 in sein Tagebuch. Für aufmerksame Zeitgenossen wie den zum Protestantismus konvertierten Juden Klemperer wurde schnell klar, dass die Interessen und Rechte des Individuums künftig nicht mehr viel zählen sollten. Der aus der „Volksgemeinschaft" ausgegrenzte Klemperer beschrieb auch das Verstummen kritischer Stimmen: „Niemand atmet mehr frei, kein freies Wort, weder gedruckt noch gesprochen. […] Und niemand rührt sich, alles zittert, verkriecht sich." Ein Grund für die geräuschlose Anpassung vieler „Volksgenossen" wird die Furcht vor den Repressionen des Regimes gewesen sein. Schon im März 1933 hatte die nationalsozialistische Regierung eine sogenannte „Heimtücke-Verordnung" erlassen, die jede Kritik an ihrer Politik unter Strafe stellte. Gefängnis drohte allen, die „öffentlich gehässige, hetzerische oder von niedriger Gesinnung zeugende Äusserungen über leitende Persönlichkeiten des Staates oder der NSDAP, über ihre Anordnungen oder die von ihnen geschaffenen Einrichtungen" machten. Über 3700 Verstösse gegen diese Verordnung wurden noch 1933 aktenkundig. Dazu konnte das Erzählen eines politischen Witzes ebenso gehören wie das Übermalen von Hitlerbildern. Die Kriminalisierung der Meinungsfreiheit erklärt aber noch nicht hinreichend, warum sich der Grossteil der deutschen Bevölkerung, der nicht zum harten Kern der nationalsozialistischen Bewegung gehörte und im Wesentlichen an seinen Lebens- und Denkgewohnheiten festhielt, dem Regime gegenüber loyal zeigte.

Popularität der Diktatur in der Vorkriegszeit

Von 1933 bis 1939 gewann das NS-Regime eine immer breitere Zustimmung in der Bevölkerung. Wer zur „Volksgemeinschaft" dazugehören durfte, profitierte vom wirtschaftlichen Aufschwung und von der Entrechtung der jüdischen Bevölkerung („Arisierung"). Für regelrechte Begeisterung sorgte die zunehmende Weigerung des Regimes, den Vereinbarungen des Versailler Vertrages nachzukommen, da dieser von Anfang an als nationale Demütigung empfunden worden war. Die Entrechtung und Verfolgung insbesondere der Juden wurde von der Mehrheitsgesellschaft stillschweigend akzeptiert. Die Häufung der Terrorakte bis hin zur Reichspogromnacht im November 1938 stiess zwar teilweise auch auf Missbilligung, ein unterschwelliger Antisemitismus war jedoch weit verbreitet. Der Historiker Hans-Ulrich Wehler beurteilte das kollektive Verhalten der Deutschen jener Zeit als „beschämendes Schweigen".

M 1 **Adolf Hitler auf dem Reichsparteitag**
Propagandafoto, 1938

Erklärungsversuche von Historikern

Historiker haben auf die Frage nach den Gründen der Anpassung und Zustimmung in der Zeit des Nationalsozialismus unterschiedliche Antworten gegeben.

Hans-Ulrich Wehler sieht ein entscheidendes Bindeglied zwischen nationalsozialistischem Regime und Bevölkerung im übersteigerten Nationalismus. Wehler verweist darauf, dass die Wurzeln dieses Ultranationalismus im Deutschen Reich bis ins 19. Jahrhundert zurückreichen. In diesen Komplex gehörten nach Wehler vor allem der Auserwähltheitsglaube, die Glorifizierung der Vergangenheit und die Überzeugung einer welthistorischen Zukunftsmission der Deutschen. In der Krisensituation nach dem Ersten Weltkrieg habe dieser Ultranationalismus vor allem als „Integrationsverheissung" gewirkt, die sich „mit dem Antimarxismus und Antisemitismus, mit dem Antiparlamentarismus und Antiliberalismus, mit Grossreichsvisionen und Imperialismusplänen, mit übersteigerten Feindbildern […] zu einem explosiven Aggregat [d. h. einer explosiven Mischung] verband". Die charismatische Führergestalt Hitler war schliesslich, um im Sprachbild Wehlers zu bleiben, der Zündfunken für dieses Aggregat.

Völlig anders gelagert ist der Ansatz von Götz Aly. Aly bezeichnet den Holocaust als den „konsequentesten Massenraubmord der modernen Geschichte". Die Vernichtung der europäischen Juden habe dazu gedient, den NS-Staat, seine „Volksgenossen" und ausländische Kollaborateure zu bereichern. Die Radikalisierung und aggressive Dynamik des Nationalsozialismus sei eine Folge des sozialpolitischen Versprechens eines egalitären „Volksstaats" gewesen, welches durch die Erringung des „Endsieges" finanziell eingelöst werden sollte.

Täterforschung

Im Hinblick auf die Verbrechen des Nationalsozialismus befasst sich auch die Geschichtswissenschaft mit der Frage der Schuld und Verantwortung, die sowohl Befehlsgeber, Täter und aktive Unterstützer als auch ideologische Ideengeber betrifft.

Der in Österreich geborene amerikanische Historiker Raul Hilberg (1926–2007) versuchte, den Holocaust als bürokratische Vernichtungsmaschinerie zu verstehen: Die Arbeitsteilung von Weltanschauungstätern, Schreibtischtätern, Wachleuten, Lokführern und zahlreichen anderen habe es jedem ermöglicht zu behaupten, „nur ein Rädchen im immensen Getriebe" gewesen zu sein.

Mittlerweile hat sich sogar herausgestellt, dass die Zahl der Menschen, die direkt in gezielte Tötungsaktionen eingebunden waren, grössere Ausmasse hatte, als Hilberg vermutete – heutige Schätzungen gehen von über 200 000 aktiven Tätern aus. Bei diesen Tätern handelte es sich keineswegs ausschliesslich um antisemitische Psychopathen. Die Mordaktionen wurden auch nicht alleine von der in den Vernichtungslagern eingesetzten SS durchgeführt, an ihnen war vielmehr ein riesiger SS- und Polizeiapparat beteiligt, darunter die Gestapo und vor allem auch die sogenannte Ordnungspolizei, die mehrheitlich das Personal für mobile Mordeinheiten im Osten stellte. Viele Einzelstudien haben gezeigt, dass es sich hier meist um „ganz normale Männer" gehandelt hat. Zur Motivation ihres Handels werden heute unter anderem sozialpsychologische Erklärungsmuster herangezogen, z. B. dass der Gruppendruck zu einer Umwertung von Prinzipien wie „Ehre" und „Anstand" geführt habe.

M 2 Massenexekution 1942
Ein SS-Mann erschiesst vor Zuschauern einen Zivilisten am Rand eines Massengrabs, Foto, vermutlich 1942.

„Hitlers Volksstaat"? – Eine wissenschaftliche Kontroverse

M 3 „Mit ‚Kraft durch Freude' nach Italien"
Propagandaplakat, 1938

M 4 „Hitlers Volksstaat"

Der Historiker Götz Aly schreibt in seinem Buch „Hitlers Volksstaat" (2005):

Wie konnte ein im Nachhinein so offenkundig betrügerisches, größenwahnsinniges und verbrecherisches Unternehmen wie der Nationalsozialismus ein derart hohes, den Heutigen kaum erklärbares Maß an innenpolitischer Integration erreichen? 5

Um zu einer überzeugenden Antwort beizutragen, betrachte ich die NS-Herrschaft aus einem Blickwinkel, der sie als Gefälligkeitsdiktatur zeigt. Die insoweit wichtigen Fragen lassen sich am besten für die Zeit des Krieges beantworten, in der auch die anderen Charakteristika des Nationalsozialismus besonders deutlich hervortreten. Hitler, die Gauleiter der NSDAP, ein Gutteil der Minister, Staatssekretäre und Berater agierten als klassische Stimmungspolitiker. Sie fragten sich fast stündlich, wie sie die allgemeine Zufriedenheit sicherstellen und verbessern könnten. Sie erkauften sich den öffentlichen Zuspruch oder wenigstens die 15 Gleichgültigkeit jeden Tag neu. Auf der Basis von Geben und Nehmen errichteten sie eine jederzeit mehrheitsfähige Zustimmungsdiktatur. Die kritischen Punkte, an denen sich ihre Politik der volksnahen Wohltaten zu bewähren hatte, 20 ergaben sich aus der Analyse des inneren Zusammenbruchs am Ende des Ersten Weltkriegs.

Folglich versuchte die NS-Führung im Zweiten Weltkrieg, erstens die Lebensmittel möglichst so zu verteilen, dass die Vergabe namentlich von den einfachen Leuten als gerecht 25 empfunden wurde. Zweitens tat sie alles, um die Reichsmark wenigstens äußerlich stabil zu halten. So sollte skeptischen Hinweisen auf die Kriegsinflation von 1914 bis 1918 wie auf den Zusammenbruch der deutschen Währung im Jahr 1923 der Boden entzogen werden. Drittens ging es da 30 rum, die Familien der Soldaten – im klaren Gegensatz zum Ersten Weltkrieg – mit genug Geld zu versorgen. Sie erhielten an die 85 Prozent dessen, was der eingezogene Soldat zuletzt netto verdient hatte. Die entsprechenden britischen und amerikanischen Familien bekamen im Vergleich weni 35 ger als die Hälfte. [...]

Wie aber wurde der kostspieligste Krieg der Weltgeschichte bezahlt, wenn die Mehrheit davon so wenig wie nur möglich spüren sollte? Die Antwort liegt auf der Hand: Hitler schonte den Durchschnittsarier auf Kosten der Lebensgrund 40 lagen anderer. Um das eigene Volk bei Laune zu halten, ruinierte die Reichsregierung die Währungen Europas, indem sie ständig höhere Kontributionen erzwang. [...] In die deutsche Kriegskasse flossen auch die Milliardenbeträge, die aus der Enteignung der Juden Europas gewonnen wur 45 den.

Götz Aly, Hitlers Volksstaat. Raub, Rassenkrieg und nationaler Sozialismus, S. Fischer Verlag, Frankfurt a. M. 2005, S. 36 ff.

M 5 „Engstirniger Materialismus"

Der Bielefelder Historiker Hans-Ulrich Wehler schreibt im „Spiegel" über das Buch von Götz Aly (2005):

Aly hält es, völlig zu Recht, für irreführend, die „Volksgemeinschaft" als NS-Propagandaformel abzutun. Vielmehr will er erkunden, wie und warum sich die Regierung Hitler derart schnell in eine „mehrheitsfähige Zustimmungsdikta-
5 tur" verwandeln konnte, wodurch die „Volksgemeinschaft" für Millionen zu dem die Klassenschranken glaubwürdig überwindenden politischen Verband der „Volksgenossen" aufstieg, der auch im Krieg so lange zusammenhielt. Wichtige Aspekte dieser Frage haben nicht gerade wenige Histo-
10 riker diskutiert. Aly, der ein pointiertes Urteil liebt, hat eine dezidiert andere Meinung zu den Vorbedingungen des NS-Regimes. Ein Beispiel: „Die Deutschen waren in den Jahrzehnten" vor 1933, glaubt er, „nicht ressentimentbeladener als die übrigen Europäer, ihr Nationalismus war nicht ras-
15 sistischer als der anderer Nationen. Es gab keinen deutschen Sonderweg, der sich in eine plausible Beziehung zu Auschwitz setzen ließe".

Das klingt markant und selbstbewusst, ist aber durchweg falsch. Mit der Ausnahme Österreichs hat kein europäi-
20 sches Volk derart massiv wie das deutsche nach 1918 unter dem Trauma der Niederlage, dem Versailler Frieden, der „Reparationsknechtschaft", der Hyperinflation und der großen Weltwirtschaftskrise seit 1929 gelitten. Der rassistische Antisemitismus hatte seit dem Ersten Weltkrieg weithin an
25 Boden gewonnen, und immer wieder entlud er sich in militanter Aggressivität.

Vor allem aber: Deutschland ist das einzige westliche Industrie- und Kulturland gewesen, das einen Radikalfaschismus in Gestalt des Nationalsozialismus hervorgebracht und den Holocaust ausgeführt hat. Diese 30 Entwicklung muss, eine simple theoretische oder methodische Notwendigkeit, primär aus deutschen Sonderbedingungen erklärt werden. Zu diesen gehört die Bereitschaft, die charismatische Herrschaft des „Führers" erst über seine radikalnationalistische Massenbewegung, dann über den 35 Staat zu fordern und zu unterstützen, damit aber auch den gesamten Staatsapparat in den Dienst seiner mörderischen Ideologie zu stellen. Wenn das kein fataler Sonderweg ist! Aly setzt nach diesem Fehlstart mit der Machtübertragung auf Hitler ein und fragt, wie das Regime so verblüffend 40 schnell die Loyalität der Mehrheit gewinnen konnte. Diesen Effekt haben viele Historiker aus den spektakulären Erfolgen Hitlers abgeleitet, die seine charismatische Sonderstellung zu bestätigen schienen.

Da waren die in ihrer Wirkung kaum zu überschätzende 45 Vollbeschäftigung seit 1935/36, die Befriedigung des tief gekränkten Nationalismus durch die Aufrüstung, die Rheinlandbesetzung, der Austritt aus dem Völkerbund, aber auch das Spektakel der glanzvollen Olympischen Spiele. Und da waren zum anderen der Friedfertigkeit demonstrierende 50 Ausgleich mit Polen, den kein Weimarer Politiker hätte riskieren können, die unbehinderte Militarisierung, der „Anschluss" Österreichs und die Realisierung des Traums vom „Großdeutschen Reich", die Annexion des Sudetengebiets und die Zerschlagung der „Resttschechei". Diese Erfolgsse- 55 rie wirkte berauschend, wie das Hitlers bombastisch gefeierter 50. Geburtstag am 20. April 1939 demonstrierte.

Der Spiegel 14/2005, S. 50–54

Aufgaben

1. „Hitlers Volksstaat"? – Eine wissenschaftliche Kontroverse

   a) Informieren Sie sich über die NS-Organisation „Kraft durch Freude". Interpretieren Sie das Propagandaplakat unter der Fragestellung, worin die Anziehungskraft solcher Angebote bestand.

   b) Fassen Sie die Texte von Götz Aly und Hans-Ulrich Wehler zusammen.

   c) Vergleichen Sie die Darstellung von Götz Aly mit der Kritik von Hans-Ulrich Wehler. Arbeiten Sie heraus, welche Aspekte die Historiker jeweils hervorheben, und stellen Sie die Schlussfolgerungen einander gegenüber.

   d) Erläutern Sie die unterschiedlichen Deutungen, zu denen Götz Aly und Hans-Ulrich Wehler hinsichtlich der NS-Herrschaft als „mehrheitsfähiger Zustimmungsdiktatur" gelangen.

   e) Beurteilen Sie, welche Rolle der nationalsozialistische Ultranationalismus für die Zustimmung unterschiedlicher Bevölkerungsgruppen gespielt hat.

   ⌒ Text, M3–M5

Der Völkermord und die Täter – Erklärungsversuche

M 6 Ein Interview

Interview mit dem Holocaust-Forscher Dieter Pohl in der Tageszeitung „taz" (2011):

Herr Pohl, gibt es den typischen deutschen Täter beim Völkermord im Osten nach 1941?

Dieter Pohl: Nein. Aber es gibt die Kerntätergruppen von SS und Polizei. Die sind hoch motiviert und ausgeprägte
5 Antisemiten. Wir haben es mit Männern zu tun, die zwischen 30 und 45 Jahre alt sind. Sie gehören zur Kriegsjugendgeneration, die im Ersten Weltkrieg aufgewachsen ist, aber zu jung für den Krieg war. Diese Gruppe hat schon vor 1933 eine Affinität zum Nationalsozialismus und ist danach
10 Teil des NS-Systems. Es gibt also biografische Muster.

Wie groß ist diese Tätergruppe?

Ich schätze, dass wir beim Holocaust insgesamt von 200 000 Tätern reden, fast alles Männer. Der Anteil der Frauen ist verschwindend gering. Im Osten sprechen wir für die Zeit
15 1941 bis 1944 von mehreren zehntausend Tätern. Die größte Gruppe sind tatsächlich durchschnittliche Deutsche, die in der Wehrmacht, der Zivilverwaltung, der Ordnungspolizei arbeiten.

Ganz normale Deutsche, keine ausgeprägten Antisemi-
20 **ten?**

Ja, wobei ja seit Mitte der 1930er die gesamte deutsche Gesellschaft dem verschärften Antisemitismus der Nazis folgt. Es gibt 1941 nicht mehr den NS-Ideologen hier und dort den Durchschnittsdeutschen, sondern hier den NS-
25 Ideologen und dort Deutsche, die Antisemitismus für etwas Selbstverständliches halten, ohne ihm eine zentrale Bedeutung zu geben. Der Historiker Raul Hilberg hat schon 1961 geschrieben, dass die Täter verstanden, warum sie es taten. Das gilt auch für die Durchschnittstäter.
30

Hatten die Täter ein schlechtes Gewissen?

Das ist ex-post schwer zu sagen. Es gibt wenig brauchbare Aussagen von Tätern darüber. Ich denke, dass es bei der Ermordung jüdischer Männer keinerlei moralische Zurück-
haltung gab. Als Herbst 1941 die massenhafte Tötung von 35 Frauen und Kindern beginnt, empfinden – das zeigen Feldpostbriefe – viele Wehrmachtssoldaten das als Problem. Es gibt Diskussionen. Bei den Einsatzgruppen ist das anders. Dort gibt es keine Hemmung bei der Tötung von Kindern. Die Einsatzgruppen, deren Daseinszweck die Durchführung 40 der Massaker sind, umfassten nur 3000 Mann, die Polizeibataillone knapp 5000.

Welche Rolle hat die Wehrmacht beim Holocaust gespielt?

Die Wehrmacht hatte nicht den Auftrag, die Juden umzu- 45 bringen. Das zentrale Verbrechen der Wehrmacht war deren Umgang mit den sowjetischen Kriegsgefangenen, die in ihrer Obhut waren und zu Millionen starben. Die Wehrmacht hat die besetzten Gebieten der UdSSR über weite Strecken beherrscht. Daher war sie direkt an der Enteignung, Ent- 50 rechtung, Gettoisierung der Juden beteiligt. Die Wehrmacht hat vielfach bei Massenmorden abgesperrt und die Opfer registriert, Wehrmachtssoldaten haben an Massakern teilgenommen. Die Wehrmacht schirmte den Holocaust ab.

taz, 9.11.2011, www.taz.de/!81511/ (Stand: Dezember 2014).

Aufgaben

1. Der Völkermord und die Täter – Erklärungsversuche

a) Arbeiten Sie die Aussagen des Holocaust-Forschers Dieter Pohl über die Täter heraus.

b) Viele Angeklagte in Prozessen, die NS-Verbrechen aufarbeiteten, beriefen sich in ihrer Verteidigungsstrategie auf „Befehlsnotstand". Klären Sie, was darunter zu verstehen ist, und recherchieren Sie die Stichhaltigkeit dieser Argumentation. Reflektieren Sie dabei Ihren Rechercheweg und diskutieren Sie Ihre Ergebnisse.

⌢ Text, M6, Internet

Widerstand gegen den Nationalsozialismus

Gemessen an der Bevölkerungszahl des Deutschen Reiches war die Zahl der Menschen, die sich aktiv gegen die nationalsozialistische Diktatur auflehnten, gering. Eine übergreifend vernetzte deutsche Widerstandsbewegung existierte zu keinem Zeitpunkt der NS-Herrschaft, vielmehr bildeten sich im Laufe der Jahre verschiedene Gruppierungen mit zum Teil sehr unterschiedlichen Überzeugungen und Zielen heraus. Daneben gab es auch Aktionen mutiger Einzelpersonen (z. B. Georg Elser), die allerdings weitgehend isoliert waren.

Grundsätzlich war zwischen 1933 und 1945 jedes Verhalten riskant, das sich dem totalitären Gleichschaltungsdruck widersetzte. Dieser Zustand verschärfte sich mit dem Beginn des Zweiten Weltkriegs noch einmal eklatant: Zum Heimtückegesetz von 1933/34, das Kritiker aller Art mundtot machen sollte, kamen weitere Gesetze hinzu. Die zivilen Strafgerichte und die Militärjustiz ließen über 30 000 Menschen hinrichten, ganz überwiegend wegen regimefeindlicher Taten oder sogar schon wegen regimefeindlicher Äußerungen. In der Sprache der Nationalsozialisten wurden oppositionelle oder staatsfeindliche Aktivitäten meist in juristische Begriffe gekleidet – statt von „Widerstand" sprach man von „Wehrkraftzersetzung" oder von „Hochverrat".

M 1 Georg Elser (1903 – 1945)

Der Schreiner aus Hermaringen (Württemberg) verübte am 8. November 1939 ein Bombenattentat auf Hitler im Bürgerbräukeller in München. Georg Elser wurde 1945 im Konzentrationslager Dachau ermordet.

Zur Definition von Widerstand

Was ist unter dem Begriff „Widerstand" zu verstehen? In einer knappen Definition bezeichnete der Historiker Hermann Graml Widerstand gegen das NS-Regime als „jede[n] Akt aktiver Bekämpfung des Systems und seines „Führers" Adolf Hitler, von der Herstellung und dem Kleben regimefeindlicher Plakate bis zum versuchten Attentat und Staatsstreich". Neben diesem Widerstand im engeren Sinne, der letztlich auf den Sturz des NS-Regimes abzielte, haben andere Historiker weiter abgestufte Widerstandsformen definiert, so finden sich in der wissenschaftlichen Debatte auch Begriffe wie Nonkonformität, Verweigerung,

Info

Widerstand im Überblick

1933, Mai	Beginn des Kirchenkampfes in der evangelischen Kirche
1933 – 1936	politisch motivierter Widerstand, insbesondere der KPD und SPD
1938, Herbst	Putschpläne einer Offiziersgruppe um General Beck während der Sudetenkrise
1939, November	Attentat Georg Elsers auf Hitler in München
1941	Predigten des Bischofs von Galen in Münster gegen die „Euthanasie" (Ermordung der Insassen der Heil- und Pflegeanstalten)
1942, Mai	Attentat auf SS-Obergruppenführer Heydrich in Prag
1942/43	Flugblatt-Aktionen der „Weißen Rose" (Geschwister Scholl)
	Zerschlagung der kommunistischen Widerstands- und Spionageorganisation „Rote Kapelle"
1943, Juli	Gründung des „Nationalkomitees Freies Deutschland" in Moskau
1944, 20. Juli	Attentat auf Hitler im „Führerhauptquartier" in Ostpreussen

Protest und äussere oder innere Emigration. Die Vielfalt der Begriffe birgt zum einen die Gefahr einer Relativierung widerständigen Verhaltens, zum anderen kann daraus der Eindruck entstehen, Widerstandsformen gegeneinander auszuspielen oder aufzurechnen.

Bereits im Krieg gab es in den von Deutschland besetzten Staaten Begriffe für die gegen die Besatzer kämpfenden Gruppierungen: Die Widerstandsbewegung in Frankreich und Belgien wurde „Résistance" genannt, in Italien hiess sie „Resistenza".

Gruppen des Widerstands

M 2   Die Geschwister Scholl

Auf dem Münchener Bahnhof verabschiedet sich Sophie Scholl von ihrem Bruder Hans (zweiter von links), der an die Ostfront einberufen wurde, Foto, Juni 1942.

In den ersten Jahren der NS-Diktatur kam der Widerstand im Deutschen Reich vor allem aus den Reihen der organisierten Arbeiterschaft. Der Terror der Nationalsozialisten traf neben Angehörigen der SPD und der Gewerkschaften vor allem die KPD. Der Untergrundkampf der KPD war wenig erfolgreich; immer wieder gelang es der Gestapo, die vom kommunistischen Widerstand errichteten Organisationen aufzuspüren und zu zerstören. Die Kommunisten stellten die zahlenmässig grösste Widerstandsgruppe dar, so betrafen zum Beispiel 134 der bisher bekannten 183 Prozesse, die in der Zeit von 1934 bis 1938 gegen Kölner Widerstandskämpfer geführt wurden, Mitglieder der KPD.

Die katholische Amtskirche missbilligte zwar die antichristliche Ideologie und Praxis des Nationalsozialismus, verzichtete aber weitgehend auf politischen Widerstand. Einzelne Geistliche wie die Bischöfe Clemens August Graf von Galen (Münster) und Konrad Graf von Preysing (Berlin) protestierten jedoch öffentlich gegen die „Euthanasie". Der Dompropst der Berliner Hedwigs-Kathedrale Bernhard Lichtenberg betete 1938 nach den Novemberpogromen öffentlich für die verfolgten Juden und kam 1943 in der KZ-Haft ums Leben.

Die evangelischen Landeskirchen waren gespalten in die mutig auftretende „Bekennende Kirche" und die mit den Nationalsozialisten kooperierenden „Deutschen Christen".

Der militärische Widerstand hätte wohl die grösste Aussicht auf Erfolg haben können. Im September 1938 veranlasste die drohende Kriegsgefahr militärische Kreise unter Führung des Generalstabschefs des Heeres Ludwig Beck zu Putschplänen. Diese wurden jedoch durch das Münchener Abkommen hinfällig. Von mehreren erfolglosen Attentatsversuchen aus Kreisen der Wehrmacht nach der Kriegswende im Jahr 1943 ist das gescheiterte Attentat der Widerstandsgruppe um Claus Schenk Graf von Stauffenberg vom 20. Juli 1944 das bekannteste.

M 3   Claus von Stauffenberg mit Adolf Hitler

Im „Führerhauptquartier Wolfsschanze" in Ostpreussen, Foto, 15. Juli 1944

Jugendwiderstand hatte sich nach 1933 vor allem im konfessionellen und proletarischen Milieu geregt. Auch bündische Jugendgruppen wie z. B. Pfadfinder oder Wandervögel lehnten sich gegen die totale Vereinnahmung der Jugend durch das NS-Regime auf. Die „Edelweißpiraten" waren vor allem in den Grossstädten des rheinisch-westfälischen Industriegebiets organisiert. Ihr unangepasster Lebensstil brachte sie immer wieder in die Fänge von Polizei und Justiz. Die Mitglieder der wohl bekanntesten studentischen Widerstandsgruppe „Weiße Rose" kamen aus gutbürgerlichen, liberalen bis konservativen Elternhäusern. Dieser Freundeskreis war von christlich-humanistischen Werten geprägt und rief ab 1942 in mehreren Flugblättern zum Widerstand gegen das NS-Regime auf. Die Geschwister Scholl und ihre Mitkämpfer bezahlten den Appell an Moral und Gewissen ihrer Landsleute mit ihrem Leben.

Widerstand – Debatte um „Kriegsverräter"

M 4 Ein Interview

Interview in der Zeitschrift „Der Spiegel" mit dem Militärhistoriker Rolf-Dieter Müller (2009):

Interviewer: Professor Müller, im Bundestag streiten die Parteien über die Rehabilitierung von sogenannten Kriegsverrätern. Die Große Koalition bietet Einzelfallprüfungen an; Linkspartei und Grüne wollen pauschal alle entspre-
5 chenden Urteile aufheben. Verdient nicht jeder Respekt, der sich auf deutscher Seite einer Beteiligung am verbrecherischen Zweiten Weltkrieg zu entziehen suchte?

Müller: Natürlich, und der Bundestag hat daraus auch die Konsequenzen gezogen und 2002 die Urteile gegen Deser-
10 teure pauschal aufgehoben. Allerdings differenziert das Justizministerium zwischen Fahnenflucht – da entscheidet jemand für sich, diesen Krieg nicht mehr mitzumachen – und einer Verratshandlung, wo immer die Möglichkeit besteht, dass andere zu Schaden kommen.

15 **Interviewer:** Das ist uns zu abstrakt.

Müller: Dann gebe ich Ihnen ein Beispiel. Wir wissen aus der Ardennenoffensive 1944, dass deutsche Überläufer den Amerikanern Stellungen der Wehrmacht verraten haben. Daraufhin haben die Amerikaner am nächsten Tag die Stel-
20 lungen beschossen, wobei zahlreiche Soldaten starben.

Interviewer: Einen solchen Überläufer wollen Sie nicht rehabilitieren?

Müller: Es ist eine Sache, die Seite zu wechseln und mit offenem Visier zu kämpfen. Das würde ich im Zweiten Welt-
25 krieg als heldenhafte Tat bezeichnen. Nehmen Sie General Seydlitz von der sechsten Armee, die in Stalingrad unterging. Er war bereit, für Stalin eine Armee aus deutschen Kriegsgefangenen aufzustellen. Er wäre freilich niemals bereit gewesen, militärische Geheimnisse zu verraten.
30 Wenn jemand durch Verrat in Kauf nimmt, dass seine Kameraden, die als Wehrpflichtige zwangsweise bei der Wehrmacht sind, oder Zivilisten zu Schaden kommen, dann ist das ein Problem.

Interviewer: Es war doch ein verbrecherischer Krieg.

Müller: Das ist unbestritten. Nur bedeutet das, dass Wehr- 35 pflichtige, die ja nicht alle begeistert in der Wehrmacht dienten, vogelfrei waren? So weit ist nicht einmal die Anti-Hitler-Koalition gegangen. Nach dem Völkerrecht muss ein Gefangener Name und Feldpostnummer mitteilen. Mehr nicht. Das soll den Gefangenen schützen, der nicht verant- 40 wortlich ist für die Handlungen seiner Regierung.

Debatte um „Kriegsverräter": „Es gab eben auch Charakterlumpen", Interview mit dem Militärhistoriker Rolf-Dieter Müller (Klaus Wiegrefe und Markus Deggerich), www.spiegel.de/einestages/debatte-um-kriegs verraeter-a-948200.html., SPIEGEL Online, Hamburg, 05.03.2009

M 5 Denkmal für Deserteure und Opfer der NS-Militärjustiz in Köln

Das 2009 errichtete Denkmal für Deserteure ist das erste in Deutschland, das von der öffentlichen Hand finanziert wurde. 104 Kölner Soldaten wurden als Deserteure von der NS-Militärjustiz verurteilt.

Text in farbigen Buchstaben: „Hommage den Soldaten, die sich weigerten zu schiessen auf die Soldaten, die sich weigerten zu töten die Menschen, die sich weigerten zu foltern die Menschen, die sich weigerten zu denunzieren die Menschen, die sich weigerten zu brutalisieren die Menschen, die sich weigerten zu diskriminieren die Menschen, die sich weigerten auszulachen die Menschen, die Zivilcourage zeigten, als die Mehrheit schwieg und folgte."

Aufgaben

1. Widerstand- Debatte um „Kriegsverräter"

   a) Arbeiten Sie die zentralen Aussagen des Militärhistorikers Rolf-Dieter Müller heraus.

   b) Nehmen Sie Stellung zu der von Müller zitierten Unterscheidung zwischen „Fahnenflucht" und „Verratshandlungen".

   c) Analysieren Sie die Aussage des Denkmals für Deserteure und Opfer der NS-Militärjustiz in Köln und setzen Sie sich damit auseinander.

     ⌐ Text, M4 – M5

Widerstand und Traditionsbildung – Beispiel 20. Juli 1944

M 6 Eine Darstellung

Der britische Historiker Richard J. Evans schreibt über den 20. Juli 1944 (2009):

Nur wenige Ereignisse der innerdeutschen Geschichte des Zweiten Weltkriegs waren von höherer Dramatik als der Versuch des Oberst Claus Schenk Graf von Stauffenberg am 20. Juli 1944 den Führer des deutschen Reiches, Adolf Hitler,
5 zu ermorden. Die geflüsterten Gespräche und geheimen Unterredungen der Verschwörer im Vorfeld; die abgebrochenen Attentatsversuche am 11. und 15. Juli; die atemberaubende Kühnheit bei der Durchführung des Bombenanschlags; der Zufall, durch den Hitler mit dem Leben
10 davonkam; die chaotischen Zustände bei Beginn der Operation Walküre, die immer aussichtslosere Lage der letzten Stunden im Armeehauptquartier in der Berliner Bendlerstraße; die tiefe Tragödie der hastigen Hinrichtung Stauffenbergs; das Rätsel seiner letzten Worte: „Es lebe das ge-
15 heiligte Deutschland!" Dass die Verschwörung des 20. Juli 1944 jetzt Thema eines Hollywood-Films geworden ist, überrascht nicht.
Doch Stauffenberg eignet sich nicht für die Rolle des Actionhelden, der aus dem einfachen moralischen Antrieb
20 handelt, wie er dem Bestreben Hollywoods genügt, Geschichte im Rahmen starker Gegensätze von Gut und Böse abzuhandeln. Stauffenbergs Moralverständnis war ein vielschichtiges Konglomerat aus katholischer Lehre, einem aristokratischen Ehrenkodex, dem Ethos des Alten Grie-
25 chenland und deutscher romantischer Dichtung.
Mehr als alles andere prägte ihn in dieser Hinsicht wohl der Einfluss des Dichters Stefan George, dessen Ehrgeiz es war, ein „Geheimes Deutschland" wiederzubeleben, das den Materialismus der Weimarer Republik hinwegfegen
30 und das Leben in Deutschland zu seiner wahren Spiritualität zurückführen sollte. Vom Gedankengut Georges inspiriert, ersehnte Stauffenberg ein idealisiertes mittelalterliches Reich, durch das Europa – unter der Führung Deutschlands – ein neues Maß an Kultur und Zivilisation
35 erlangen würde. Eine Sinnsuche dieser Art war nicht untypisch für die utopistischen Ideen, die am Rande der Weimarer Republik gediehen – optimistisch und ehrgeizig, aber auch abstrakt und unrealistisch: eine völlig ungeeignete Grundlage für eine reale politische Zukunft. Diese
40 Denkart unterschied Stauffenberg von anderen, oft langjährigen Mitgliedern des Widerstands innerhalb des Mili-

tärs. Deren Pläne, Hitler zu stürzen, reichten bei manchen bis 1938 zurück und waren vor allem von der Überzeugung getrieben, dass der Krieg, den die Nationalsozialisten anstrebten, nicht zu gewinnen war. Diesen Krieg vom Zaun zu 45 brechen, so glaubten sie, werde Deutschland unabsehbaren Schaden zufügen.
Mehr als eine prinzipielle Opposition zum Nationalsozialismus war es diese Befürchtung, die die Anführer des militärisch-aristokratischen Widerstands in den ausgehenden 50 Dreißiger- und beginnenden Vierzigerjahren motivierte. Wie diese Männer verstand sich auch Stauffenberg zuerst als Soldat, ganz nach der jahrhundertealten Tradition seiner Familie, und für lange Zeit wog dieses Selbstverständnis schwerer als die Einflüsse, die im Kreis um Stefan George 55 auf ihn wirkten.
Selbst gegen Ende der Dreißigerjahre war Stauffenberg merklich stärker dem Nationalsozialismus zugetan als viele ältere Offiziere. Verwandte beschrieben ihn als das einzige „braune" Mitglied der Familie. Obwohl er später jegli- 60 che Begeisterung für den Nationalsozialismus verlieren sollte, hatte er für die parlamentarische Demokratie zeitlebens nur Verachtung übrig. Allein schon aus diesem Grund ist Stauffenberg als Vorbild für künftige Generationen schlecht geeignet. 65

© Süddeutsche Zeitung Magazin, Heft 4/2009, München, 22.01.2009. Übersetzung: Stephan Klapdor

M 7 Eine politische Rede

Ansprache der Verteidigungsministerin Ursula von der Leyen zum feierlichen Gelöbnis auf dem Paradeplatz des Bendlerblocks in Berlin am 20. Juli 2014:

Sehr geehrter Graf Stauffenberg,
liebe Familie Stauffenberg,
liebe Gäste dieser Feierstunde, meine sehr geehrten Damen und Herren!
Vor allem aber, Soldatinnen und Soldaten! Sie werden heu- 5
te geloben: „der Bundesrepublik Deutschland treu zu dienen und das Recht und die Freiheit des deutschen Volkes tapfer zu verteidigen". Dies ist nur ein kurzer Satz – aber ein Satz mit großem Gewicht. Ein Satz, der es in sich hat. Er bindet all das zusammen, wofür Sie als Soldatinnen und 10 Soldaten der Bundeswehr einstehen. Der Satz beschreibt, was Ihr Land von Ihnen erwartet. Und er umfasst, was Sie von Ihrem Land erwarten und einfordern dürfen.

Es geht um unseren freiheitlich-demokratischen Rechtsstaat. Ihm geloben Sie Treue. Und es geht um die wesentlichen Werte, auf die wir unser Zusammenleben in Deutschland gründen: Recht und Freiheit.

Das wird besonders am 20. Juli deutlich. Wir gedenken heute der dramatischen Ereignisse vor genau 70 Jahren. Am
20. Juli 1944 haben die Angehörigen des Militärischen Wider-
standes versucht, die nationalsozialistische Schreckensherrschaft mit einem Attentat auf Hitler zu beenden. Wir alle
wissen: Der Versuch scheiterte trotz aller Bemühungen – er
fand hier im Bendlerblock sein tragisches Ende. Oberst
Claus Schenk Graf von Stauffenberg und seine Mitstreiter
sind eingestanden gegen die Auswüchse einer menschen-
verachtenden Diktatur – für das Recht und die Freiheit, gegen Willkür und Tyrannei. Sie taten dies, obwohl ihr Feind
übermächtig erschien.

Sie verkörpern damit Tapferkeit in einem ganz besonderen
Maß. Graf Stauffenberg und die Männer und Frauen um ihn
haben ihre persönliche Situation angesichts des Kampfes
gegen die Diktatur zurückgestellt. Sie haben erkannt: nicht
der blinde Gehorsam, nicht das Nichtstun, nicht das Abwar-
ten war das Gebot der Stunde, sondern das Widerstehen,
das Handeln, die Tat.

Die Haltung von Graf Stauffenberg und all derer, die das
Vorhaben unterstützten, ist ein hohes Gut, das uns kostbar
ist. Diese Haltung findet sich in der Gelöbnisformel wieder,
die Sie heute ablegen werden. Denn wir alle müssen uns
jederzeit bewusst sein: Recht und Freiheit sind keine
Selbstverständlichkeit, sondern sie sind Werte, die wir alle
hüten und schützen müssen!

Sie, Soldatinnen und Soldaten, haben sich freiwillig entschlossen, dafür eine besondere Verantwortung zu übernehmen. Manch einer mag sich fragen, ob man nicht als
junger Mensch eher einen Teil seiner Freiheit vergibt, wenn
man den Dienst als Soldat leistet? Meine Antwort heißt,
dass Freiheit und Verantwortung zusammengehören – auch
das ist ein Vermächtnis des 20. Juli: Erst in der Bindung
durch Verantwortung verwirklicht sich Freiheit.

M 8 Gedenkstätte 20. Juli
Bendlerblock in Berlin, aktuelles Foto

Lassen Sie mich gerade am heutigen Tage mit Blick auf aktuelle Ereignisse einen Gedanken anfügen: Die Werte, die
ich angesprochen habe, verbinden uns mit unseren engsten
Partnern und Verbündeten, denen wir nach den Tiefen von
Diktatur und Krieg unseren Weg in den Kreis der Demokratien zu verdanken haben. Gerade in schwierigen Zeiten,
wenn Vertrauen enttäuscht wurde, sollten wir uns im Klaren
darüber sein, dass wir vor allem anderen zu einer Wertege-
meinschaft gehören – dies ist ein hohes Gut, das es zu bewahren gilt und mit dem wir – alle – stets verantwortungsvoll, weitsichtig und mit Gradlinigkeit umgehen sollten. [...]
Meine sehr geehrten Damen und Herren, ich möchte Ihnen
allen danken – vor allem den Angehörigen –, dass Sie heute an diesem besonderen Tag hier sind. Sie zeigen damit
den Soldatinnen und Soldaten Ihre Anerkennung.
Soldatinnen und Soldaten, Ihnen wünsche ich für die Zukunft von Herzen Soldatenglück und alles Gute. Und bleiben Sie behütet.

Zit. nach: Bundesministerium für Verteidigung, Reden und Interviews 2014,
www.bmvg.de/portal/poc/bmvg?uri=ci%3Abw.bmvg.ministerium.der_
minister.reden (Stand: Dezember 2014)

Aufgaben

1. **Widerstand und Traditionsbildung – Beispiel 20. Juli 1944**
   a) Geben Sie den Gedankengang und die Aussagen von Richard J. Evans und von Ursula von der Leyen wieder.
   b) Stellen Sie die Argumentation des Historikers und die der Verteidigungsministerin einander gegenüber.

c) Nehmen Sie Stellung zur Verbindung von Gelöbnis-
feiern und Gedenken an den militärischen Widerstand vom 20. Juli 1944.
Text, M6 – M8

Schweizer Landesverteidigung im Zweiten Weltkrieg

Obwohl die Schweiz mitten auf dem europäischen Kontinent liegt, wurden die Bevölkerung, das Land und seine demokratischen Institutionen weitgehend vom Kriegsgeschehen verschont. Um diesen besonderen Umstand zu erklären, sind Ereignisse und Entwicklungen innerhalb als auch ausserhalb der Schweiz zu berücksichtigen: Die Schweiz setzte im Bereich der Landesverteidigung auf Patriotismus, Grenzschutz und Festungsbau, aber eine offensive Gefahr stellte sie nicht dar; die Politik agierte beschwichtigend; die Schweiz importierte und exportierte auch im Krieg zahlreiche Güter; nach ihrem Neutralitätsverständnis durften private Schweizer Industriefirmen und Banken Aufträge mit dem Ausland aushandeln, wozu eine unbesetzte Schweiz vorteilhafter war; in der Flüchtlingspolitik entwickelte die Schweiz keine einheitliche Haltung und machte mehrere Konzessionen an den NS-Staat – das hat zu Fragen von Verantwortung und Mitschuld an den nationalsozialistischen Verbrechen geführt. In Kombination stellen die beschriebenen Sachverhalte dar, dass die Schweiz nicht vollkommen selbstbestimmt einem grossangelegten Angriff entging: Die potentiellen Feinde verzichteten ihrerseits darauf. Der Sieg der Alliierten war letztes Endes für das Fortbestehen eines föderalistisch organisierten, demokratischen Bundesstaates ausschlaggebend, und nicht allein das Vorgehen vonseiten der Schweiz.

M 1 Die Schweiz am Kriegsanfang

Soldaten, Zivilisten und Kinder lesen Plakat zur Mobilmachung der Grenzschutztruppen am 29. August 1939.

Geistige Landesverteidigung

Die geistige Landesverteidigung wurde am 9. Dezember 1938 vom Bundesrat zu einem innen- und aussenpolitischen Ziel erklärt. Zu den Zielen der geistigen Landesverteidigung zählte einerseits die Bewahrung der Schweizer Geschichte und Kultur, der vier Nationalsprachen und der demokratischen Einrichtungen im Inland, und andererseits die Schweizer Werbung im Ausland und die Selbstbehauptung gegenüber der fremden Staatspropaganda. Bereits in den Jahren davor waren in den Behörden und in der Öffentlichkeit die Notwendigkeit des Patriotismus, der Einheit und der Stärkung von „Schweizerischen Werten und Traditionen" diskutiert worden. Ab 1938 wurde die geistige Landesverteidigung von Presse, Kulturschaffenden, Gelehrten- und Lehrervereinigungen und von einer breiten Bevölkerungsschicht getragen. Modernen Medien wie Radio und Film (*Füsilier Wipf, Landammann Stauffacher und Gilberte de Courgenay*) kam dabei eine wichtige Bedeutung zu. Vor allem in der Deutschschweiz gab es aber auch Minderheiten (Frontisten), die den Nationalsozialismus in der Schweiz verwirklicht sehen wollten. Je nach politischer Couleur der Urheber wurde die geistige Landesverteidigung mit anderen Inhalten angestrebt: Die einen lehnten sich gegen Nationalsozialismus und Faschismus auf, andere würdigten den Bund, den Föderalismus, die kulturelle Vielfalt oder die Freiheit, und wieder andere beschworen die Alpen als sinnstiftendes Kollektivsymbol, als natürliche Trutzburg zur Verteidigung, als Ort der körperlichen und geistigen Reinigung. Dabei wurde wiederholt von Bedrohung, Widerstand und Landigeist gesprochen. Letzteren feierte man ausgiebig mit der Schweizerischen Landesausstellung 1939 in Zürich zwischen Mai und Oktober: Bauernhäuser und Trachten sollten kulturelle Eigenheiten der Schweiz verdeutlichen; technische Neuheiten sollten die wirtschaftliche Tüchtigkeit der Nation vorführen; und Waffenschauen sollten dem In- und Ausland Wehrfähigkeit und Wehrbereitschaft signalisieren.

M 2 Symbol des „Landigeistes"

Die Statue *Wehrbereitschaft* wurde von Hans Brandenberger für die Landi gestaltet. Im Bundesbriefmuseum in Schwyz steht eine Kopie von 1941.

Erste Kriegsphase: Grenzschutz und wachsende Bedrohung

Die Ausrüstung der Schweizer Armee im August 1939 genügte mangels schlagkräftiger Waffen nicht zur Bewältigung eines bevorstehenden Krieges in Europa: Man unterhielt zu wenige Panzer; Artillerie und Flugwaffen stammten teils aus dem Ersten Weltkrieg; und manche Objekte der Panzer- und Flugabwehr waren veraltet oder defekt. Die Infanterie war besser gerüstet und die Grenzstellungen konnten rasch bezogen werden, aber man hätte (noch) nicht auf Bunkeranlagen im Alpenraum zurückfallen können. Man hatte zu wenig Vorräte an militärischen Roh- und Hilfsstoffen angelegt und musste dafür nach Kriegsbeginn überhöhte Preise zahlen. Der Luftschutz erwies sich mit Verdunkelungsübungen und den Schutzräumen für die Zivilbevölkerung als vergleichsweise gut vorbereitet.

Am 29. August 1939 wurden die Grenzschutztruppen mobilisiert. Am 30. August übertrug die Vereinigte Bundesversammlung dem Bundesrat die nötigen Vollmachten (Vollmachtenregime): Neutralitätserklärung, Mobilmachung, unbegrenzter Kredit. Und Henri Guisan wurde zum General der Armee gewählt. Tags darauf beschloss der Bundesrat, im „bevorstehenden Konflikt vollständige Neutralität einhalten zu wollen". Nach dem deutschen Überfall auf Polen am 1. September ordnete er die Generalmobilmachung für 430 000 Milizsoldaten an. Der Bestand wurde wegen des Arbeitsausfalls und der Mobilisationskosten mehrmals ab- und wieder aufgebaut (63 000 bis 450 000) und so tief gehalten, wie es die Kriegslage zuliess. Die Bedürfnisse der Arbeitswelt mussten mit denjenigen des Militärs abgestimmt werden. Abseits der Miliz dienten junge und ältere Männer in Ortswehren. Der freiwillige Frauenhilfsdienst (FHD) löste die Soldaten im rückwärtigen Dienst (Sekretariat, Transport, Fürsorge) ab. Bis Ende 1940 waren 18 000 Schweizerinnen im Einsatz, und ab dann gleichzeitig jeweils 3000 bis 1945. Die Anzahl der Frauen im zivilen Hilfsdienst, der die fehlende Arbeitsleistung eingezogener Männer kompensieren sollte, war noch höher.

Die Armeeführung fokussierte in der ersten Kriegsphase bis im Sommer 1940 auf den Grenzschutz im Sinne der erklärten Neutralität, da deutsche und französische Märsche und Transporte über Schweizer Gebiet als möglich galten. 1940 kam es im Vorfeld der Westoffensive zu gegenseitigen Abschüssen von Schweizer und deutschen Flugzeugen. Guisan arbeitete trotz staatlicher Neutralität geheime Pläne aus, sich bei einem deutschen Überfall der Hilfe durch französische Artillerie und britische Flugzeuge zu versichern. Darauf folgten Drohungen und ein Kohleembargo aus Deutschland. Die Schweiz befürchtete einen deutschen Durchmarsch und ordnete die zweite Generalmobilmachung von 700 000 Soldaten an. Als Frankreich dem Blitzkrieg im Juni 1940 nachgab, war die Schweiz von den Achsenmächten umstellt, und die deutsch-italienische Vorherrschaft in Europa zeichnete sich ab. Das *Unternehmen Tannenbaum* war eine Planreihe für eine deutsch-italienische Invasion der Schweiz, die ab Ende Juni 1940 ausgearbeitet wurde. Es war geplant, Transportknoten, Brücken und Tunnels unversehrt unter Kontrolle zu bringen. Ein langanhaltender Widerstand der Schweizer Stellungen sollte vereitelt werden. 1940 war die Schweizer Unabhängigkeit einer realen Bedrohung ausgesetzt, obwohl das Planungsszenario der Invasion und Bombardierung Englands die Kräfte des deutschen Heeres langfristig band. Mit einer Fortsetzung des Krieges auf dem Kontinent und einer relativ baldigen Schwächung der Achsenmächte konnte die Schweiz nach der Evakuation der britischen Armee in Dünkirchen jedenfalls nicht rechnen.

M 3 **General Guisan, 1940**
Die Vereinigte Bundesversammlung wählt im Kriegsfall einen General – der Rang existiert in Friedenszeiten nicht. Neben Guisan ist auf diesem Empfang 1940 Bundespräsident und Aussenminister Marcel Pilet-Golaz erkennbar.

M 4 **Werbeplakat für den FHD**
Du Bois & Perrier, 1944

M 5 **Rütlirapport im Alpen-panorama am 25. Juli 1940**

Guisans Manuskript des Rütlirap-ports ist nicht überliefert. Dieser Ort an sich sollte eine grosse Wirkung entfalten.

Zweite Kriegsphase: Beschwichtigung und Reduit

Der Bundespräsident Marcel Pilet-Golaz sprach am 25. Juni 1940 davon, dass die „grossen Nachbarn nun den Weg des Friedens beschritten haben" und von „Anpassung". Dies wurde teils als notgedrungenerweise realistisch oder seltsam willfährig interpretiert. Ein Offiziersbund wollte, falls der Bundesrat kapitulierte, die Regierung übernehmen und den Krieg weiterführen. Hingegen hätten sich einige Minderheiten der Kapitulation nicht widersetzt: Allen voran die Frontisten, welche Anschlusspläne an Deutschland hegten. Im September traf Pilet-Golaz Mitglieder der frontistischen „Nationalen Bewegung der Schweiz" und gab ihnen so eine Legitimation. Justizminister Eduard von Steiger empfing Unterzeichner der „Eingabe der 200", worin im November 200 Herren aus rechtsbürgerlichen Kreisen eine neutrale Berichterstattung gegenüber den Nachbarn (Deutschland) gefordert hatten. Goebbels hatte in einer Rede im Februar von den neutralen Staaten schon dasselbe gefordert. Die Zensur von Schweizer Medien durch Offiziere und das Justizministerium sollte Kontroversen hemmen. Der Bundesrat war bemüht, Deutschland zu beschwichtigen, um einen Angriff zu verhindern.

General Guisan plante einen Abwehrkampf: Er rief am 25. Juli 1940 die höheren Offiziere zum „Rütlirapport" am Vierwaldstättersee, um sie über das Reduit-Konzept aufzuklären und eindringlich an den Widerstandswillen im Fall eines Angriffs zu appellieren. Das Konzept sah vor, dass die Grenze längerfristig nicht zu schützen war und die Armee die Alpen zur Verteidigung nutzen sollte. In drei befestigten Zonen um St. Maurice (Wallis), im Gotthard (Uri/Tessin) und um Sargans (St. Gallen) wurden zahlreiche weitere Festungen gebaut, die zu Schutz- und Tarnzwecken mit dem Gebirgsmassiv verschmolzen. Steile Berghänge, Schnee und Panzersperren sollten angreifenden Armeen den Zugang verwehren. Bunkereingänge und Geschützstände wurden als Bauernhäuschen kaschiert. Bei einer Invasion sollten die Brücken und Tunnels (Nord-Süd-Achse) zerstört werden. Das Reduit zielte darauf ab, im Minimum die Kapitulationsbedingungen für die Schweiz

M 6 **Verteidigungskonzept der Schweiz 1940-1944**

Laut Plan sollten sich die grossen Truppenverbände zum Reduit zurückbewegen, während kleinere Verbände den Verzögerungskampf an der Nordgrenze, im Mittelland und in den Südalpen führten.

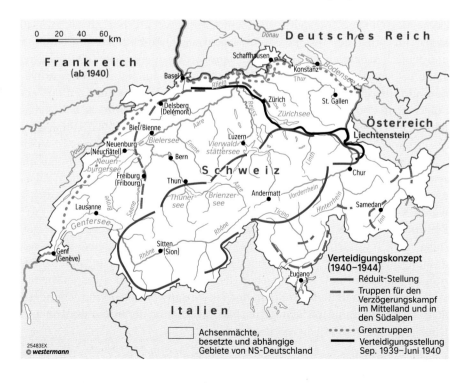

zu verbessern und dem potentiellen Feind einen Angriff auf die Schweiz – obschon nicht unmöglich – doch möglichst langwierig, kostenintensiv und kräfteraubend erscheinen zu lassen.

Für den Schutz des Mittellandes verfügte man im Sommer 1940 nicht über genügend Soldaten, da die Armee auf 120 000 Mann reduziert wurde. Manche Zeitgenossen verstanden das als Zugeständnis an die Industrie; andere sahen darin ein Zugeständnis an Deutschland. Durch das Reduit sollten Produktion, Landwirtschaft und Zivilbevölkerung nicht dem Feind ausgeliefert und lebloses Geröll bewacht werden: Es sollte dadurch gar nicht zu einem Angriff kommen. In der damaligen Schweiz traf das Reduit auf breite Zustimmung, während es spätere Beobachter eher ablehnend bewerteten. Zunächst wurde betont, das Reduit hätte das Vertrauen in die Wehr- und Opferbereitschaft im Volk gestärkt. Dem wurde entgegnet, dass manche Festungen ab 1941 erst gebaut wurden und die wichtigsten Tunnels erst 1942 zur Sprengung präpariert waren. In der zweiten Kriegsphase bis Ende 1942 hatten sich die Kriegsschauplätze durch den Ostfeldzug und den Kriegseintritt der USA von der Schweiz entfernt. Das Land wurde nicht direkt angegriffen und das Reduit damit nicht geprüft. Bis heute setzt sich die Forschung kritisch damit auseinander und als Metapher taucht das Reduit immer wieder in aktuellen politischen Debatten auf.

Dritte Kriegsphase: Erneute Bedrohung und Grenzschutz

Nach den Niederlagen der Wehrmacht in Nordafrika und in der Sowjetunion kam der Krieg wieder in Schweizer Nähe. Eine grössere Anzahl deutscher Soldaten formierte sich Ende 1942 in der Bodenseeregion. Das löste in der Schweiz 1943 einen Alarmzustand aus, da man doch eine Invasion befürchtete; aber dazu kam es nicht. Im Sommer 1943 kämpften sich die Alliierten durch Italien bis zur südlichen Schweizer Grenze, und die Schweizer Armee baute (auch wegen der Flüchtlinge aus Italien) ihren Grenzschutz verstärkt auf. Im August 1944 waren die Alliierten schliesslich an der westlichen Grenze angekommen und die Umschliessung der Achsenmächte wurde aufgebrochen. In den letzten beiden Kriegsjahren kam es auf Schweizer Boden trotz stark bewachter Grenzen und Abfangmassnahmen zu mehreren unbeabsichtigten Bombenabwürfen durch US-Flugzeuge mit Todesopfern. Am 8. Mai 1945 wurde auch in der Schweiz die Kapitulation Deutschlands und das Ende des Zweiten Weltkrieges gefeiert.

M 7   Festung Gütsch ob Andermatt
Das Artilleriewerk (drei um 360° drehbare Panzertürme, drei Aussenbunker mit Maschinengewehren, drei Flugabwehrstellungen) war damals die höchstgelegene Festung Europas auf 2300 Meter über Meer.
Baubeginn: August 1941
Schussbereitschaft: Oktober 1942
Beendigung Innenausbau: Juni 1944
Kosten: 11,6 Millionen (heute 60 Millionen) SFr.

M 8   8. Mai 1945 in Lausanne
Jugendliche bejubeln das Kriegsende.

Quellen zwischen Widerstand und Anpassung

M 9   Geistige Landesverteidigung

Botschaft des Bundesrates an die Bundesversammlung über die Organisation und die Aufgaben der schweizerischen Kulturwahrung und Kulturwerbung, 9.12.1938:

In einer Zeit geistiger Umwälzung stellen sich einem Volk, das den festen Willen zur Selbstbehauptung besitzt, neue Aufgaben, denen es sich nicht entziehen darf. Unser Land hat während der letzten Jahre für seine militärische und wirt-
5 schaftliche Verteidigung gewaltige Mittel in vordem unerhörtem Ausmass eingesetzt. Indessen hat die Erkenntnis, dass wir es nicht bei der blossen bewaffneten und wirtschaftlichen Landesverteidigung bewenden lassen dürfen, in wachsender Kraft weiteste Kreise erfasst. In der Presse, in
10 Vereinigungen und Versammlungen wurde während der letzten Jahre die Notwendigkeit einer geistigen Landesverteidigung lebhaft besprochen. Von allen Seiten erhob sich immer dringender der Ruf, auch die geistigen Kräfte des Landes zu mobilisieren und für die geistige und politische Selbstbe-
15 hauptung unseres Staates einzusetzen. Diese Bewegung verdichtete sich in den eidgenössischen Räten zu verschiedenen parlamentarischen Vorstössen, deren wichtigste wir nachstehend in Erinnerung rufen:
Am 19. Juni 1935 stellte Herr Nationalrat Dr. Hauser folgendes
20 Postulat:
„Das faschistische System in den Nachbarländern zwingt den schweizerischen Geistesarbeiter, entweder auf die demokratischen Ideen oder auf die Verbreitung seiner Werke im faschistischen Ausland zu verzichten. Der frühere Aus-
25 tausch der Ideen, der die geistige Unabhängigkeit der Schweiz gesichert hat, macht einer staatlich geleiteten, faschistischen, durchaus einseitigen Propaganda Platz. Sie bedient sich der Literatur, des Theaters, des Films und des Radios. Der schweizerische Geistesarbeiter, der sich gegen die Gleichschaltung sträubt, verliert einen Teil des Marktes 30 und gerät in Not.“

Zit. nach: Bundesblatt, 14. Dezember 1938.

M 10   Aus der Radioansprache von Bundespräsident Pilet-Golaz vom 25. Juni 1940:

Frankreich hat soeben den W a f f e n s t i l l s t a n d mit Deutschland und Italien abgeschlossen. Welches auch die Trauer sein mag, die jeden Christen angesichts der angehäuften Ruinen und Menschenverluste erfüllen mag, so bedeutet es doch für uns Schweizer eine grosse Erleichte- 5 rung, zu wissen, dass unsere drei grossen Nachbarn nun den Weg des F r i e d e n s beschritten haben, diese Nachbarn, mit denen wir so enge geistige und wirtschaftliche Beziehungen pflegen, diese N a c h b a r n die im Geiste auf den Gipfeln unserer Berge in Himmelsnähe zusammentref- 10 fen, und deren Kulturkreise uns jahrhundertelang bereicherten, wie die vom Gotthard herabsteigenden Ströme ihre Ebene befruchten.
[...] Waffenstillstand bedeutet noch nicht Friede, und unser Weltteil bleibt in Alarmzustand. Da der Krieg nicht mehr an 15 unseren Grenzen toben wird, können wir allerdings unverzüglich eine teilweise und stufenweise Demobilmachung ins Auge fassen.
[...] Es sei beispielsweise auf unseren Handel, auf unsere Industrie, auf unsere Landwirtschaft hingewiesen. Wie 20 schwer wird ihre Anpassung an die neuen Verhältnisse werden! Sofern wir jedermann, und das ist erste Pflicht, das t ä g l i c h e B r o t s i c h e r n wollen, das den Körper ernährt und die A r b e i t, die die Seele stärkt, werden Hindernisse zu beseitigen sein, die man noch vor weniger als einem Jahr 25 für unübersteigbar hielt.

Zit. nach: Neue Zürcher Zeitung. 25. Juni 1940 (Abendausgabe). S. 1

Aufgaben

1. **Die Schweiz im Zweiten Weltkrieg**
   a) Interpretieren Sie die Bildquellen und die Karte im Hinblick auf ihre Eignung für die damaligen Zwecke der geistigen Landesverteidigung.
   b) Beurteilen Sie die Wirksamkeit des Reduit-Konzepts für die Landesverteidigung.
   c) Arbeiten Sie die Gründe heraus, warum die Schweiz weitgehend vom Kriegsgeschehen verschont blieb. Unterscheiden Sie dabei zwischen Gründen, welche die Schweiz massgeblich beeinflussen konnte, und Gründen, bei welchen dies nicht der Fall war. Wägen Sie die Gewichtung dieser Gründe gegeneinander ab.
      Text, M1–M8

2. **Schweizerische Blicke auf die Kriegsereignisse**
   Vergleichen Sie die in M9 und M10 geäusserten unterschiedlichen Haltungen gegenüber den Nachbarländern der Schweiz.
      M9, M10

Schweizer Kriegswirtschaft und Handelspolitik

Für die rohstoffarme Schweizer Volkswirtschaft waren Handelsbeziehungen ins Ausland nach 1939 wesentlich für die Sicherung des Landes, die Erhaltung von Arbeitsplätzen und die Versorgung der Bevölkerung und der Industrie. Vor 1939 wurden Exportgüter aus der Schweiz etwa zu gleichen Teilen nach England und Frankreich wie nach Italien und Deutschland geliefert, während Importgüter grösstenteils aus den Achsenmächten in die Schweiz eingeführt wurden. Bis 1945 änderten sich diese Verhältnisse: Nationale, kriegswirtschaftliche Kollektivinteressen mischten sich mit kommerziellen Unternehmensinteressen. Die Verflechtungen der Schweizer und der deutschen Wirtschaft waren ein Schwerpunkt der *Unabhängigen Expertenkommission Schweiz – Zweiter Weltkrieg (UEK)* 1996. Der Schlussbericht (*Bergier-Bericht*) wurde 2002 publiziert.

M 1 **Kartoffelernte in der Hauptstadt**

Erntearbeiter auf einer kleinen Wiese neben dem Bundeshaus, Bern 1944. Manche Wiesen, Parkanlagen und Sportplätze wurden zu Getreide- und Kartoffeläckern umgegraben.

Kriegswirtschaftliche Massnahmen und Anbauschlacht

Um die Lebensmittelversorgung gewährleisten zu können und um eine gewisse Verteilungsgerechtigkeit herzustellen, traf die Schweiz bereits vor Kriegsbeginn einige Massnahmen: erschwerte Bedingungen für Mietzinserhöhungen, stabile Elektrizitäts- und Gastarife und die Einrichtung von Pflichtlagern. Ausserdem sollte die Vieh- und Milchwirtschaft reduziert und der arbeitsintensivere, aber ertragreichere Getreideanbau gefördert werden. Dazu wurden die Anbauflächen erweitert und Landwirtschaftsgeräte gekauft. So sollte ein höherer agrarischer Selbstversorgungsgrad erlangt werden. 1939 lag er durchschnittlich bei 52 % (151 % Käse, fast 100 % Milch, Butter und Fleisch; 30 % Getreide, Öle und Fette und 7 % Zucker). Hinzu kamen 1939 die Rationierung gewisser Grundnahrungsmittel, ausgehend von einem reduzierten Kalorienspruch pro Kopf, und 1940 die Erwerbsersatzordnung für Militärdienstleistende. Die Massnahmen waren nicht unumstritten, aber mit Notrecht durchzusetzen.

Als mit dem Reduit-Konzept zahlreiche Soldaten demobilisiert wurden, rief der ETH-Landwirtschaftsprofessor und spätere Bundesrat Friedrich Traugott Wahlen auf, Autarkie (wirtschaftliche Unabhängigkeit) anzustreben. Wahlens Ruf nach einer „Anbauschlacht" verwarfen manche Experten als illusorisch, die Öffentlichkeit aber schenkte ihm mehrheitlich Gehör. Es gab Interessenskonflikte zwischen Militär, Industrie und Landwirtschaft, und in manchen Bereichen kam es zeitweilig zu einem Mangel an verfügbaren Arbeitskräften. Viele der internierten Militär- und Zivilflüchtlinge wurden wie die Einheimischen zwischen 16 und 65 Jahren im landwirtschaftlichen Arbeitsdienst eingesetzt. Bis 1945 wurden die Anbauflächen und die Getreide- und Kartoffelernte verdoppelt. Die Rationierung, die über den Krieg hinaus bis 1948 weiterbestand, bewahrte die Bevölkerung trotz Schwarzmarkthandel vor Hungerkrisen. Kartoffeln, Gemüse und Obst blieben frei verkäuflich. Der Selbstversorgungsgrad stieg auf 59%. Als ein propagandistischer Nebenzweck sollten die Schweizerinnen und Schweizer durch die Anbauschlacht zu einer Schicksalsgemeinschaft zusammenwachsen.

Handelspolitik

Mit dem Kriegsverlauf in Europa änderten sich die Handelsmöglichkeiten der Schweizer Firmen im europäischen Markt. Im *War Trade Agreement* von 1940 mit den Alliierten bewahrte sich die Schweiz ihren Anspruch auf allseitige Wirtschafts-

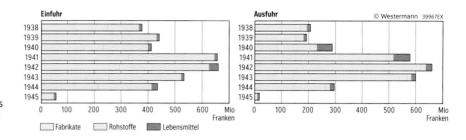

M 2 Schweizer Warenaustausch mit dem Deutschen Reich 1938–1945

▨ Fabrikate
▧ Rohstoffe
◼ Lebensmittel

Mit Ausnahme des Jahres 1943 wies die Schweiz im Krieg eine negative Handelsbilanz (Einfuhr > Ausfuhr) mit dem Deutschen Reich aus.

beziehungen. Die Schweizer Import- und Exportströme wurden sowohl von den Alliierten wie auch den Achsenmächten überwacht, da beide das Land in ihre Wirtschaftsblockadepolitik miteinbinden wollten. Nach der Besetzung Nordfrankreichs nahmen die Schweizer Handelsvolumina mit Frankreich und England ab, wohingegen die mit Deutschland und Italien anstiegen. Nach dem Wirtschaftsabkommen vom 9. August 1940 lieferte Deutschland Kohle in die Schweiz (nachdem Lieferungen zuvor als Druckmittel ausgesetzt wurden), und die Schweiz sprach einen Kredit von 150 Millionen Franken für den Bezug Schweizerischer Güter und hielt den Transit von Gütern und nicht-deklarierten Waffen zwischen den Achsenmächten offen. Später erhöhte die Schweiz den Kredit auf 700 Millionen, wofür sie Rohstoffe (Produktion, Ausbau des Reduits), Samen und Dünger (Anbauschlacht) erhielt. 1940 bis 1944 lieferte die Schweiz 84 % ihrer Rüstungsexporte an die Achsenmächte und 8 % an die Alliierten. Die Schweiz hat bis 1945 immer mit beiden Parteien zu verhandeln versucht, aber die Schweizer Wirtschaft wurde mehrheitlich in die NS-Kriegswirtschaft integriert. Bei gewissen Erzeugnissen musste gar der Bedarf der Inlandindustrie und der eigenen Armee hintangestellt werden. Einige Schweizer Firmenniederlassungen in Deutschland gewichteten unternehmerische Ziele und Selbsterhaltung höher – wie beim Einsatz von Kriegsgefangenen als Zwangsarbeiter – als eine ökonomische, politische oder ideologische Abgrenzung zum NS-Staat.

Bankenplatz Schweiz

Wie wichtig die Schweiz als Handelsplatz für Gold aus dem Deutschen Reich war, zeigen die folgenden Zahlen: 79 % der Goldlieferungen von der Reichsbank ins Ausland liefen während des Weltkriegs über die Schweiz; 87 % wurden von der Schweizer Nationalbank (SNB) und 13 % von anderen Banken angenommen. Gold im Wert von bis 1,7 Milliarden wurde gegen Schweizer Franken gehandelt: Der NS-Staat kam an Geld, um auf dem Weltmarkt einzukaufen (die Reichsmark war immer weniger akzeptiert), und die Schweiz sicherte die Golddeckung der Währung und so die Versorgung über Importe. Des Weiteren machte die SNB den Überziehungskredit für Schweizer Produkte unbegrenzt: Bis Kriegsende sollten es über eine Milliarde Franken sein. 1941 diskutierte die SNB intern die Problematik des Raubgoldes: „Raubgold" ist laut Bergier-Bericht „konfisziertes und geplündertes Gold sowie Gold, das das NS-Regime ermordeten und überlebenden Opfern der Vernichtungspolitik raubte" und die „Währungsreserven von Zentralbanken im Machtbereich des NS-Staates". Die Alliierten warnten 1943 vor Raubgold-Käufen und die SNB bestand auf Garantien über die rechtmässige Herkunft des Goldes. Nach 1943 argumentierte die SNB, man habe durch den Goldhandel und den Kredit die Gefahr einer Invasion bannen können. Diese Argumentation wurde von der UEK kritisch beurteilt und in Zweifel gezogen.

M 3 Tells Sohn Walterli in Berlin

Das „Haus der Schweiz" wurde 1934–1936 in Berlin erbaut, im Auftrag der Schweizerischen Bodenkreditanstalt, der Bank Leu und der SBB, um höhere Reichsmarkbeträge zu verwalten. Den Tyrannentöter Tell aus dem vertrauten Schweizer Nationalmythos hätten die Nationalsozialisten nicht toleriert – darum schmückte Walther die Ecke.

Quellen zwischen Selbstversorgung und Aussenhandel

M 4 Industrie – Arbeitsmarkt – Militär

*Der Direktor der Schweizer Nationalbank Max Schwab
zeigt sich nach dem Wirtschaftsabkommen mit Deutschland vom 9. August 1940 in einem Schreiben an den Bun-
despräsidenten Marcel Pilet-Golaz zuversichtlich:*

[Deutschland] hat die bestimmte Erwartung ausgesprochen, dass es nun, nachdem es uns weiter die Kohlenliefe-
rungen zugesagt, auch seinerseits die von ihm gewünschten Warenbezüge in der Schweiz tätigen könne. Es ist
5 unerlässlich, dass nun diejenigen für die Belieferung
Deutschlands in Betracht kommenden Industriebetriebe
über die erforderlichen Arbeitskräfte verfügen können, und
es sollten daher jetzt schon die nötigen Anordnungen getroffen werden, damit die benötigten Arbeitskräfte, soweit
10 sie zurzeit noch im Militärdienst stehen, auf erstes Begehren entlassen werden.

Zit. nach: Unabhängige Expertenkommission Schweiz – Zweiter Weltkrieg,
Die Schweiz und die Goldtransaktionen im Zweiten Weltkrieg (Zwischen-
bericht), S. 80

M 5 Raubgold

*Der Reichsbankvizepräsident Emil Puhl spielte für die
schweizerisch-deutschen Finanzbeziehungen eine wichtige Rolle. Er war für die NS-Goldpolitik und für alle Wäh-
rungsfragen zuständig. Nachdem Puhl 1949 in Nürnberg
zu fünf Jahren Haft verurteilt worden war, sagte 1954,
dass es nicht die Aufgabe der Reichsbank war, die Herkunft des von ihr übernommenen Goldes zu prüfen und
zu beurteilen:*

Selbstverständlich hat die Reichsbank keinen Unterschied
machen können etwa zwischen […] Gold, das später von der
Gegenseite als Raubgold dargestellt worden ist, und ihren
sonstigen Goldbeständen. […] Dabei ging die Reichsbank
von dem allgemeinen internationalen Grundsatz aus, dass
5 das Gold fungibel [austauschbar, handelbar] ist, und hat
daher ihren Goldbestand immer als eine globale Angelegenheit betrachtet. Dies musste sie auch tun, da sonst der
Sinn des Goldes als Notendeckung verlorengegangen wäre.

Zit. nach: Unabhängige Expertenkommission Schweiz – Zweiter Weltkrieg,
Die Schweiz und die Goldtransaktionen im Zweiten Weltkrieg (Zwischen-
bericht), S. 27

M 6 Lebensmittelkarte für den Monat Juni 1943,
vergeben durch das Eidg. Kriegsernährungsamt.

Aufgaben

1. **Die Wirtschaft im Zweiten Weltkrieg**
   a) Beschreiben Sie die verschiedenen Zielsetzungen
   der Schweizer Kriegswirtschaft einerseits und der
   Handelspolitik andererseits.
   b) Interpretieren Sie die Bildquellen und die Grafik
   im Hinblick auf Eigenständigkeit durch Selbst-
   versorgung oder Abhängigkeit vom Aussenhandel.
   ⌢ Text, M1 – M3, M6

2. **Schweizerische Eigenständigkeit und Abhängigkeit**
   a) Erläutern Sie Gründe für die Rationierung von
   Grundnahrungsmitteln im Krieg in der Schweiz.

   b) Diskutieren Sie die Kriegsgefahr für die Schweiz
   zwischen 1940 und 1943 anhand des Schreibens M4
   von Max Schwab.
   c) Beurteilen Sie anhand der Aussage von Emil Puhl
   in M5 die Rolle des Bankenplatzes Schweiz anhand
   von wirtschaftlichen, aussenpolitischen und moralischen Kriterien.
   ⌢ Text, M4 – M6

Schweizer Flüchtlingspolitik und humanitäre Tradition

Grenze zu Frankreich, 1940

Grenzposten im Kanton Jura. Seit Kriegsausbruch war der Grenzschutz auch für die Kontrolle und die Rückweisung von Flüchtlingen zuständig.

Wer beim Besuch der Landi 39 die Höhenstrasse abschritt, konnte Folgendes lesen: „Die Schweiz als Zufluchtsort Vertriebener, das ist unsere edle Tradition. Das ist nicht nur unser Dank an die Welt für den jahrhunderte langen Frieden, sondern auch besonderes Anerkennen der grossen Werte, die uns der heimatlose Flüchtling von jeher gebracht hat". Das Bild einer humanitären Schweiz war in der Zeit des Weltkrieges auf dem Prüfstand. Die Biographien der Menschen aus der Schweiz und ihre Reaktionen auf die humanitäre Katastrophe waren unterschiedlich. Der 1916 in Neuenburg geborene Maurice Bavaud zum Beispiel versuchte 1938 am Jahrestag des Hitler-Putsches den Führer zu erschiessen, wurde aber verhaftet und hingerichtet. Etwa 2000 Schweizer traten aus freiem Willen in die Waffen-SS ein. Der St. Galler Polizeihauptmann Paul Grüninger liess trotz Grenzsperre hunderte jüdische Flüchtlinge einreisen. Gertrud Kurz und Regina Kägi-Fuchsmann betätigten sich in herausragender Weise in der Flüchtlingshilfe. Die lebensrettende Rückführung des jüdischen, homosexuellen Anwalts Leopold Obermayer in die Schweiz scheiterte letztlich am Unwillen der Schweizer Behörden. Der Vorsteher des Eidgenössischen Justiz- und Polizeidepartements Eduard von Steiger sagte nach dem Krieg: „Wenn man gewusst hätte, was sich drüben im Reich abspielte, hätte man den Rahmen des Möglichen weiter gespannt". Die *Unabhängige Expertenkommission Schweiz – Zweiter Weltkrieg (UEK)* kam zum Schluss, dass „man" davon gewusst hatte.

Internationales Komitee vom Roten Kreuz (IKRK)

Das 1863 gegründete *IKRK* ist die älteste nichtstaatliche, internationale medizinische Hilfsorganisation. Während die Bundesbehörden im Zweiten Weltkrieg der humanitären Tradition der Schweiz nicht entsprachen, wurde sie von den persönlichen Engagements von zahlreichen Schweizerinnen und Schweizern im *IKRK* oder in weiteren Hilfsorganisationen getragen. Die Leistungen reichten vom Blutspendedienst, über den Betrieb von Flüchtlingslagern, Hilfsgüter und Postsendungen für Militär- und Zivilflüchtlinge im Ausland, die Kinderhilfe und die Ärztemission an der Ostfront, bis hin zur Fluchthilfe in die Schweiz. Beide Kriegsparteien wollten nicht auf die Leistungen des *Schweizerischen Roten Kreuzes (SRK)* verzichten – für die Gefangenen in den KZ konnte es nichts tun. Die Kinderhilfe brachte kriegsversehrte Kinder für drei Monate bei Schweizer Gastfamilien unter – allerdings waren jüdische Kinder davon ausgenommen.

Flüchtlingspolitik und Flüchtlinge

Sorge vor wirtschaftlichen oder militärischen Massnahmen vonseiten des NS-Staates, Angst vor Versorgungsengpässen, Arbeitsmarktüberlastung oder Überfremdung und Antisemitismus in gewissen Bevölkerungskreisen trugen dazu bei, dass das Justizdepartement eine restriktive Flüchtlingspolitik befürwortete. Die Schweiz berief sich auf die nationale Gesetzgebung, die im Vollmachtenregime leicht veränderbar war. Die Schweiz verstand sich ab 1933 als Transitland, welches Flüchtlingen als Station zur Weiterreise dienen sollte. 1938 sah der Bundesrat von einer Visumspflicht für alle Einreisenden aus Deutschland ab. Man akzeptierte den Vorschlag des NS-Staates, Pässe von jüdischen Reisenden mit einem „J" zu kennzeichnen, sodass man sie an der Grenze ohne gültige Ein- oder Durchreise-

Visa zurückweisen konnte; nach einer Schweizer Polizeiorder sollten die Flüchtlinge bei der ersten Rückweisung nicht den Beamten auf der anderen Seite ausgeliefert werden.

Zwischen 1. September 1939 und 8. Mai 1945 nahm die Schweiz gemäss UEK 51 129 Zivilflüchtlinge vorwiegend aus Italien, Frankreich, Polen, der Sowjetunion und Deutschland auf (1939: 45; 1940: 47; 1941:120; 1942: 8436; 1943: 14 520; 1944: 17 906; 1945: 10 055): Man registrierte 25 203 Männer, 15 142 Frauen und 10 448 Kinder. Darunter waren 22 303 Katholiken, 2638 Protestanten, 2319 Orthodoxe und 21 304 Juden und Menschen mit jüdischer Herkunft; jüdische Flüchtlinge kamen zwar in die Schweiz, oft aber nur auf Druck der Kirchen hin und auf Kosten der jüdischen Gemeinden; viele wurden interniert und im Arbeitsdienst eingesetzt. Allgemein waren die Schweizer Behörden bei der Aufnahme von Juden, Kommunisten und Homosexuellen äusserst zurückhaltend und ablehnend. Am 4. August 1942 kündigte der Chef der Fremdenpolizei Heinrich Rothmund Rückweisungen in höherem Masse an, „auch wenn den davon betroffenen Ausländern daraus ernsthafte Nachteile (Gefahr für Leib und Leben) erwachsen könnten" – die Grenze blieb für Flüchtlinge „nur aus Rassegründen" geschlossen. Für Justizminister Eduard von Steiger war der Bundesstaat am 30. August „ein schon stark besetztes kleines Rettungsboot mit beschränktem Fassungsvermögen". Man wollte die Flüchtlinge vor einem Einreiseversuch abbringen und wenigstens die bereits Aufgenommenen retten – so lautete die wohlwollende Interpretation. Offiziell wurden über die Zeit des Krieges rund 24 500 Flüchtlinge weggewiesen. Gemäss damals geltender Abkommen konnte die Schweiz um die 104 000 Militärflüchtlinge aufnehmen (keine Verpflichtung); diese mussten interniert und von weiteren Kampfhandlungen abgehalten werden. Auch im Umgang mit den Militärflüchtlingen traten in der Bevölkerung Ressentiments zu Tage.

Was wussten die Menschen in der Schweiz?

Ab 1941 drangen Berichte über die Deportation und den Massenmord an Juden und an „unerwünschten Minderheiten" im Deutschen Reich und in den besetzten Gebieten bis zu den Behörden in der Schweiz. Die Berichte stammten etwa von Schweizer Diplomaten aus Köln, Rom und Bukarest; manch anderen Schweizer Vertretern wurden auch Informationen (Gespräche, Widerstandspublikationen, Proteste von Hilfswerken) zugespielt, aber nicht weiter nach Bern kommuniziert. Die Schweizer Diplomaten in Berlin blieben derweil still und untätig. Im Frühjahr 1942 bekam der Schweizer Nachrichtendienst durch Befragungen von Flüchtlingen und Deserteuren detailliertere Angaben, Skizzen und Fotos. Im Februar meldete der Historiker Jean Rudolf von Salis in seiner vielgehörten, wöchentlich ausgestrahlten Radiosendung Weltchronik die Ankündigung Hitlers, „durch diesen Krieg würde nicht die arische Menschheit vernichtet, sondern die Juden ausgerottet werden". Manche der Schweizerinnen und Schweizer, die sich aus wirtschaftlichen oder humanitären Gründen im Ausland aufhielten, sandten im Sommer 1942 Berichte aus erster oder zweiter Hand in die Schweiz.

Ausgehend von den Quellen der *UEK* verfügten die Schweizer Behörden über viele Informationen, wollten diese aber (auch unter dem Geheimhaltungs-Druck deutscher Diplomaten) filtern: Man versuchte, zwischen authentischen Informationen und „Gräuelpropaganda" zu differenzieren. Manche anonyme, oft aus widrigsten Umständen stammende, scheinbar fast unglaublich Berichte und Belege

M 2 **Paul Grüninger, 1971**

Der St. Galler Polizeihauptmann Grüninger liess 1938–1939 hunderte jüdische Flüchtlinge illegal einreisen und rettete sie so vor Verfolgung und Vernichtung. Dazu datierte er Visa vor und fälschte Dokumente. 1939 wurde er suspendiert und im 1940 zu einer Geldstrafe verurteilt. Fortan war er verfemt und bekam zeitlebens keine feste Anstellung mehr. 1971 wurde ihm von der St. Galler Kanntonsregierung die „Anerkennnung fuer seine humane Haltung gegenueber vom Tode bedrohten Fluechtlingen" ausgesprochen. 1994 folge eine posthume Ehrenerklärung des Bundesrates und 1995 wurde er freigesprochen.

M 3 Eine Gruppe von Flüchtlingen überquert 1941 die Schweizer Grenze

Die Veröffentlichung war durch die Schweizer Zensurbehörde *Abteilung Presse und Funkspruch (APF)* untersagt. Die Behörde unterstand teils dem Armeekommando und teils dem Bundesrat.

M 4 Grenzübertritt kriegsmüder deutscher Wehrmachtssoldaten, eskortiert von Schweizer Soldaten, bei St. Margrethen

Aufnahme vom 20. April 1945

wurden bewusst unterdrückt und der Öffentlichkeit vorenthalten, da, so vermutete die UEK, das dort geschilderte Grauen zum sofortigen Handeln hätte auffordern können. Weil das Zensurregime bei Pressetexten eine Nachzensur (keine Vorzensur wie bei Bildern und Filmen) vornahm, tauchten Meldungen vom NS-Völkermord trotzdem in den Zeitungen auf (Strafen bis hin zum Publikationsverbot konnten erst danach erfolgen). Allgemeine Zweifel an der Echtheit solcher Meldungen hätten nach 1942 in der Schweiz nicht fortbestehen dürfen: Zu zahlreich wurden die Hilfegesuche internationaler jüdischer Organisationen, die Angaben des Genfer Büros des Jüdischen Weltkongresses, die Hinweise auf Sklavenarbeit und industriell organisierter Tötung in den Vernichtungslagern. Die restriktive Flüchtlingspolitik des Schweizer Bundesrates wurde im Sommer 1942 mit öffentlichen Protesten kritisiert, aber durch die Debatten im mehrheitlich bürgerlichen Nationalrat gestützt. Erst als sich 1943 abzuzeichnen begann, dass die Alliierten den Krieg in Europa gewinnen könnten, nahm die Schweiz mehr Zivilflüchtlinge auf und kam damit den internationalen Forderungen nach.

Fluchtgeld und nachrichtenlose Vermögen

Durch die zunehmend antisemitische Politik des NS-Staates flossen ab 1933 hohe Fluchtgeld-Beträge von deutschen Juden in die Schweiz. Die Bereitschaft, auf unbürokratischem Weg Konti aus dem Ausland zu eröffnen und das strenge Bankgeheimnis der Schweizer Banken sollte das Ersparte vor dem Zugriff der Nationalsozialisten schützen. Viele Einzahlende wurden in den Kriegsjahren deportiert und ermordet. Die Schweizer Banken entwickelten keine Strategie im Umgang mit nachrichtenlosen Vermögen (zehn Jahre lang kein Kontakt zu den Inhabern) und suchten nicht aktiv nach allfälligen Nachkommen: So waren die Nachkommen in der Regel auf genaue Angaben und Totenscheine angewiesen, um Anspruch auf die Konti zu erheben. Mitte der 1990er-Jahre wuchs der Druck durch Sammelklagen sowie offiziellen Protesten der USA derartig an, dass die Schweizer Banken nach mehreren juristischen Verfahren in den frühen 2000er-Jahren Beträge in Milliardenhöhe zur Wiedergutmachung sprechen mussten. Mittlerweile existiert eine zentrale Datenbank für nachrichtenlose Vermögen.

Quellen zwischen humanitärem Ideal und Realität

M 5 Jüdischer Schweizer in Deutschland

Der jüdische, homosexuelle Anwalt Leopold Obermayer beschwerte sich als Untersuchungsgefangener in Würzburg am 17. Oktober 1936 beim Oberstaatsanwalt Schröder wegen der Diffamierung seiner Person als Jude. Die Schweizer Behörden wollten Obermayer in dieser Situation keinen Beistand leisten. Er starb 1943 im KZ Mauthausen. Hier folgt sein Beschwerdebrief:

Bedenken Sie [Oberstaatsanwalt Schröder]: Ich als Schweizer deutscher Muttersprache gehöre ebenso wie Sie dem deutschen Kulturgebiet und Kulturkreis an. Je anständiger und gerechter ich behandelt werde, desto weniger habe ich
5 Veranlassung, Hassgefühle, die mir die Politische Polizei andichtet, gegen Deutschland überhaupt nur in Betracht zu ziehen. Dass es bei der Politischen Polizei, Richtern, Staatsanwälten, Justizbeamten etc. Amtsverbrecher gibt, das hatte ich am eigenen Leibe Gelegenheit festzustellen. Dass
10 sich unter meinen Glaubensgenossen und Landsleuten ebenso wie unter den Ihren Verbrecher jeder Art befinden, werden Sie ebensowenig wie ich leugnen. Aber es müsste eines gebildeten Menschen unwürdig sein, es der Allgemeinheit anzukreiden, was der Einzelne verbrochen hat.
15 In der Wahrung meiner Rechte und in der Ablehnung jeder Diffamierung als Jude bin ich unnachgiebig, auch auf die Gefahr hin, mir dadurch in der Jetztzeit zu schaden. In puncto Recht und Gleichheit vor dem Gesetz lehne ich jetzt und künftig jeden Kompromiss ab. Ich weise auch die Unterstel-
20 lung, dass ich irgendwie ein Rechtsgut verletzt hätte, zurück. Ich hoffe, dass auch für Ihr Land Deutschland der Tag kommen wird, wo man die Bestrafung der Homosexualität auf die gleiche Stufe wie die letzte Hexenverbrennung in Oberzell stellen wird. Vielleicht ist Ihnen bekannt, dass bis
25 ca. 1862 in Bayern jede homosexuelle Betätigung straffrei war.
Ich bedaure, dass Herr Staatsanwalt Steeger mir mit grosser Befangenheit gegenübertritt. Ich würde im Interesse der sachlichen Verhandlungsführung es begrüssen, wenn
30 ein anderer Referent die Anklage vertreten würde, da Herr Staatsanwalt Steeger zum Personenkreis der unseligen zwei letzten Jahre gehört. Ich bitte deshalb einen anderen Referenten, sofern dies möglich ist einen homonovus – mit dieser Aufgabe zu betrauen, wobei ich Sie nochmals auf die
35 Ihnen gezeigte Anklageschrift verweise.
Dass die Justiz mich bisher als Juden diffamierte und mit zweifachem Masse behandelte, werde ich Ihnen demnächst belegen und unterbreiten.

Zit. nach: Elke Fröhlich/Martin Broszat (Hg.), Die Herausforderung des Einzelnen. Geschichten über Widerstand und Verfolgung, München 1983, S. 99 f.

M 6 Flucht von Österreich in die Schweiz

Ferdinand Neumann wollte als Jude am 19. Oktober 1938 bei Hohenems aus Österreich in die Schweiz flüchten. An der Grenze wurde er zurückgewiesen. Im Winter kam er über die grüne Grenze und reiste möglichst schnell weiter nach Zürich. Von dort wurde er nicht ausgewiesen, sondern in einem Schweizer Lager interniert, wo er eine Führungsrolle übernahm und im Strassenbau eingesetzt wurde. In Zürich lernte er seine spätere Ehefrau kennen, welche bei der Schweizer Flüchtlingshilfe arbeitete. 1941 ersuchte er den Bundesstaat darum, seine jüdische Mutter einreisen zu lassen. Der 1940 gewählte Bundesrat und Vorsteher des Eidgenössischen Justiz- und Polizeidepartements Eduard von Steiger beantwortete das Gesuch wie folgt:

Bern, den 11. Dezember 1941.

Geehrter Herr Neumann,
Sie wenden sich am 26. November 1941 mit der Bitte an mich, Ihrer Mutter die Einreise in die Schweiz zu erlauben. Es tut mir leid, dass ich Ihren Wunsch nicht erfüllen kann. Die Schweiz ist noch mit allzuviel Emigranten belastet, die 5 nur unter Ueberwindung der allergrössten Schwierigkeiten weiterkommen. Diese Schwierigkeiten werden sich, angesichts der neuesten Ereignisse zweifellos noch vermehren. Eine Erleichterung ist deshalb für längere Zeit nicht zu erwarten. Auch betrifft Ihr Begehren keinen Einzelfall; wenn 10 wir Ihnen erlauben wollten, Ihre Mutter hierherkommen zu lassen, so müssten wir gerechterweise auch allen anderen Emigranten, die sich in Ihrem Falle befinden, entgegenkommen. Es würde sich aus dieser Lockerung der fremdenpolizeilichen Einreisepraxis aber eine Mehrbelastung für die 15 Schweiz ergeben, die zur Zeit nicht tragbar ist. Sie schreiben mir, dass Sie für die Lage der Schweiz dem Emigrantenproblem gegenüber Verständnis haben. Sie werden daher sicher auch begreifen, dass unser Entscheid – auch wenn wir ihn menschlich bedauern – nicht anders ausfallen kann. 20
Mit vorzüglicher Hochachtung
Eduard von Steiger

Zit. nach: Quelle im Privatbesitz.

Quellen zwischen humanitärem Ideal und Realität

M 7 Der Pass von Ferdinand Neumann mit dem Judenstempel vom Oktober 1938 und dem Zwangsvornamen „Israel". Bei Frauen wurde „Sara" eingefügt.

M 8 Aus dem Konzentrationslager in die Schweiz

Fabian Gerson wurde 1926 im polnischen Łódź in ein bürgerlich zionistisches Elternhaus geboren. Nach der deutschen Besetzung vom 8. September 1939 floh die Familie nach Częstochowa. Dort wurden die jüdischen Menschen ghettoisiert. Im September 1942 wurde das Ghetto geräumt und 40 000 Bewohner, darunter auch Gersons Eltern und seine Schwester Franciszka, wurden ins Vernichtungslager Treblinka deportiert. Gerson überlebte die „Vernichtung durch Arbeit" bei der deutschen Metallverarbeitungsfirma HASAG in Częstochowa. Bevor im Januar 1945 die Rote Armee die Stadt einnahm, wurde er ins Konzentrationslager Buchenwald deportiert. Schwerkrank erlebte er die Befreiung durch die amerikanischen Truppen am 11. April 1945. Er kam in die Schweiz, erlangte die Matura, begann ein Studium an der ETH Zürich, gründete eine Familie und wirkte als Professor für Physikalische Chemie an der Universität Basel. Er ist 2011 in Basel verstorben:

Bei der Ankunft von Pattons Armee in Buchenwald war ich vor Hunger, Durst und Fieber fast ohnmächtig und konnte nur noch mit dem Aufbieten der letzten Kräfte vor die Baracke treten. Dort waren bereits mehrere GIs mit Fotoaufnahmen beschäftigt und wandten mir, einem wandelnden Skelett, ihre volle Aufmerksamkeit zu. Die entstandenen Bilder bekam ich nie zu Gesicht. Vermutlich hätte ich mich darin nicht erkannt. [...] Vier Wochen nach der Befreiung endete am 8. Mai der Zweite Weltkrieg. Im Juni kam ein Transport von Jugendlichen in die Schweiz zustande. Er wurde organisiert vom Roten Kreuz und finanziert von jüdischen Organisationen. Auch ich meldete mich dafür, weil ich im Aufenthalt in einem kriegsverschonten Land eine Chance sah, mich endlich zu erholen. In der Tat konnte ich in der Schweiz meine Gesundheit wieder erlangen, was aber 6 Jahre in Anspruch nahm. Mit den vorangegangenen 6 Jahren Verfolgung bedeutete dies einen vollen Verlust meiner Jugendzeit.

In den zwei Monaten, die ich noch in Buchenwald nach der Befreiung und vor dem Transport in die Schweiz verbrachte, überstürzten sich die Ereignisse. Am 8. Mai 1945 war der Krieg in Deutschland vorbei, nachdem sich der grösste Massenmörder der modernen Geschichte durch einen Selbstmord in seinem Berliner Schlupfloch einer gerechten

Strafe entzog. Im besiegten Deutschland mit Millionen von Flüchtlingen und Zwangsarbeitern aus allen Nationen herrschte ein Chaos. Die Teilung Europas begann sich abzuzeichnen. Das befreite Polen kam wieder unter ein diktatorisches Regime, und auch Thüringen wurde zur Sowjetzone, dies allerdings erst nach meiner Abreise aus Buchenwald. Für mich war die alte Heimat nichts mehr als ein riesiger Friedhof, insbesondere nachdem der schreckliche Tod meiner Familienangehörigen nun zur Gewissheit wurde. Ausserdem waren die Holocaust-Überlebenden in Polen nicht willkommen, vor allem wenn sie Anstalten machten, ihr geraubtes Eigentum zurückzuverlangen. Eine Rückkehr dorthin kam für mich daher, wie für die anderen Jugendlichen des Buchenwald-Transports, nicht in Frage. Sie verliessen nach einem mehrmonatigen Erholungsaufenthalt die Schweiz in Richtung Israel, Nordamerika oder Australien. Nur einzelne durften wie ich meist nach längeren Sanatorium-Kuren, im Land bleiben. Für sie und für mich ist die Schweiz eine Heimat geworden. […]

Der Transport der Jugendlichen aus Buchenwald erreichte am 23. Juni 1945 bei Basel die Schweizer Grenze. Nach der Einreise wurden wir in einem Lager in Rheinfelden unter Quarantäne gestellt. Röntgendurchleuchtungen ergaben, dass viele dieser ehemaligen Häftlinge an Lungentuberkulose erkrankt waren. Ich hatte die zweifelhafte Ehre, einer der am stärksten Betroffenen zu sein. Meine linke Lungenhälfte war weitgehend zerstört, während der rechte Flügel von Kavernen übersät war. Nach einem kurzen Zwischenhalt in Gurnigelbad gelangte ich mit einer Gruppe von Leidensgenossen nach Bern, wo wir im Tiefenauspital untergebracht wurden. Dort bezog ich ein Bett in einem Raum mit mehreren anderen Jugendlichen aus dem Buchenwald-Transport. Wir wurden vom Spitalpersonal freundlich aufgenommen und gut gepflegt. […] Die karge Spitalkost mit viel Brot, Kartoffeln und Gemüse (in der Schweiz waren viele Lebensmittel noch rationiert) tat mir gut, und ich nahm rapide zu, sodass sich in wenigen Wochen mein Gewicht fast verdoppelte. […] Da das Spital sich für längere Kuren nicht eignete, war als die nächste Station ein Sanatorium in Davos vorgesehen. […] Mein Gesundheitszustand verbesserte sich rasch. Ende 1946 musste ich das schöne, aber für Flüchtlinge zu teure Parksanatorium verlassen und in eine Pension umziehen.

Ich hatte bereits ein klares Ziel vor den Augen: Matura und Studium. Der Weg dahin führte über die Schweizerische Alpine Mittelschule Davos (SAMD), welche nach dem Zweiten Weltkrieg aus einem von den Deutschen mit ihrem Nazi-Gedankengut geprägten Gymnasium entstand. Die folgenden Wintermonate benutzte ich um mich für eine Aufnahmeprüfung in die Maturaklasse dieser Schule vorzubereiten. Nachdem ich die Prüfung im Frühjahr 1947 (damals Anfang eines neuen Schuljahres) mit Bravour bestanden hatte, konnte ich die Schule regelmässig besuchen.

Zit. nach: Fabian Gerson, „... ohne Abschied von ihnen nehmen zu können!", Jüdischer Verlag im Suhrkampf Verlag, Berlin, 2016, S. 32–37.

Aufgaben

1. **Der Umgang der Schweiz mit der humanitären Katastrophe**
   a) Skizzieren Sie einen Zeitstrahl von 1933 bis 1945 mit den Angaben aus dem Text, wie man in der Schweiz mit der humanitären Katastrophe umging.
   b) Erschliessen Sie aus den Bildquellen M1 bis M4, wie uneinheitlich die Schweiz dem Kriegsleid begegnete.
   Text, M1–M4

2. **Die Haltung der Schweiz in der Flüchtlingspolitik**
   a) Arbeiten Sie aus den Quellen M5 bis M8 heraus, welche Arten von Ablehnung, Diffamierung, Diskriminierung oder Verfolgung diese Menschen erfuhren.
   b) Beurteilen Sie anhand der Quellen M5 bis M8 die restriktive Flüchtlingspolitik der Schweiz anhand von aussenpolitischen, innenpolitischen und moralischen Kriterien.
   c) Beschreiben Sie nach eigener Recherche, wie die aktuelle Flüchtlings- oder Asylpolitik der Schweiz aussieht.
   Text, M5–M8

11

DIE SCHWEIZ SEIT 1945

1945 war die Schweiz von den Siegermächten noch weitgehend isoliert, hatte sie doch bei Kriegsbeginn ihre Neutralität erklärt, sich weder politisch noch ideologisch auf die Seite der Alliierten geschlagen und geringstenfalls wirtschaftliche Beziehungen zu den Achsenmächten unterhalten. In den Folgejahren entwickelten sich die Schweizer Wirtschaft, die Gesellschaft und die Politik jedoch keineswegs losgelöst von internationalen Ereignissen, Ideenströmungen und Abkommen. Für diese Entwicklungen in der Schweiz wurde in der Literatur der Begriff eines „Sonderfalls" geprägt, da sie sich demokratisch, skandalfrei, ja geradezu harmonisch zu vollziehen schienen. Dieser Eindruck, so zeigt es der aktuelle Forschungsstand an, ist jedoch irreführend: Auch in der Schweiz führten nationale und internationale Entwicklungen zu tiefgreifenden Irritationen und Verwerfungen. Die Schweiz spürte die Ölpreiskrise, der Bankenplatz wurde von einem Skandal erschüttert und das „Wirtschaftswunder" war Konjunkturzyklen unterworfen. Aufgrund separatistischer Bemühungen mussten Kantonsgrenzen neu gezogen werden. Innerhalb der Gesellschaft wurde erbittert gerungen um Zugehörigkeiten zur Bevölkerung, um den Frieden zwischen Generationen und um die Rechte von Frauen und von nicht heterosexuellen Menschen. Verdingung und staatliche Zwangsmassnahmen hinterliessen zehntausende Opfer, die lange um die Anerkennung des Unrechts kämpfen mussten. Im Kontext des Kalten Krieges stellten sich für die Schweiz wesentliche Orientierungsfragen zur Neutralität und zum Staatsschutz. Bis heute wegweisend blieben zudem Fragen zur Zugehörigkeit der Schweiz zu Europa – obwohl das Land mitten auf dem Kontinent liegt.

M 1 **Frauenstreik-Demonstration in Bern,** 14. Juni 2019
M 2 **Velofahrer in Zürich während der Ölkrise,** 21. November 1973
M 3 **Demonstration von Fremdarbeitern in Bern,** 3. Oktober 1970
M 4 **Armeepavillon an der Expo 64 in Lausanne,** 1964

Wirtschaftliche Entwicklungen der Schweiz nach 1945

Wachstum nach den Kriegsjahren

Von Aussen wurde die Schweiz nach dem Ende des Zweiten Weltkrieges als Gegenentwurf zum kriegszerstörten Europa wahrgenommen. Auch wenn das Bild der gänzlich unversehrten Schweiz der eigenen, von Verzicht geprägten kollektiven Erinnerung nicht entsprach, so wusste man es doch wirtschaftlich auszunutzen. Im Gegensatz zum Ersten Weltkrieg, wo keine fremden Soldaten in Uniform im Land geduldet wurden, durften ab Sommer 1945 hunderttausende amerikanische GIs uniformiert die Grenze überqueren, um sich zu erholen. Im Sinne der Imagepflege wurden sie Willkommen geheissen: Der Soldat von heute ist der Tourist von Morgen, der hoffentlich mit seiner ganzen Familie wiederkommt.

M 1 GIs vor dem Panorama der Bourbaki-Armee, Luzern
Foto, 1945

Finanzielles Kalkül war auch der Hintergrund der Kreditvergabe des Bundes, der bis Herbst 1947 an 22 Staaten insgesamt 1,8 Milliarden Franken auszahlte: Durch Wirtschaftshilfe an andere Länder sollten der Schweizer Industrie Aufträge verschafft werden. Durch die unversehrten Produktionsstätten und Verkehrswege sowie die in grossem Umfang vorhandenen Kapitalreserven konnte die Wirtschaft der zunehmenden Nachfrage nach helvetischen Exportprodukten problemlos nachkommen.

Der wirtschaftliche Aufstieg belebte auch den Binnenmarkt. Jedoch wurde mit einer Nachkriegskrise wie nach dem Ersten Weltkrieg 1920/21 gerechnet. 1947/48 unterzeichneten darum die Unternehmerverbände, Gewerkschaften und die Landwirtschaft ein „Stabilisierungsabkommen", welches für die Dauer von 10 Monaten einen Verzicht auf Lohn- und Preiserhöhungen festschrieb. Auch staatliche Investitionen wie in den dringend benötigten Infrastrukturausbau wurden auf künftige Krisen verschoben, um in wirtschaftlich schlechteren Zeiten die Konjunktur wieder ankurbeln zu können – die befürchtete Rezession trat jedoch nicht ein. Wie in anderen westeuropäischen Ländern hielt auch in der Schweiz der Aufschwung an.

Um im Zuge des anhaltenden Aufschwungs bessere Löhne und Arbeitsbedingungen zu erreichen, setzten die Gewerkschaften vermehrt auf Verhandlungen mit den Arbeitgeberverbänden anstelle von Streiks: Der 1937 angefangene Weg der Sozialpartnerschaft setzte sich fort. Zwischen 1944 und 1950 nahm die Zahl der abgeschlossenen Gesamtarbeitsverträge (GAV) von 632 auf 1434 zu, so dass 1950 etwa die Hälfte der Arbeitnehmenden einem GAV unterstellt waren. Durch diese Verträge stiegen die Löhne – und dadurch auch die Kaufkraft – stetig an, was einen Spielraum für Ausgaben in Bereichen wie Erholung, Reisen, Verkehr und Bildung öffnete. Die Haushalte wurden zunehmend technologisiert: 1950 verfügten 16 Prozent der Haushalte über eine Waschmaschine und 11 Prozent über einen Kühlschrank. Bis 1965 stieg dieser Prozentsatz auf 85 bzw. 81 Prozent. Auch konnten sich immer mehr Haushalte ein Auto leisten. 1695 hatten bereits 15 Prozent der Haushalte ein eigenes Auto, 1950 lag dieser Wert noch bei 7 Prozent.

Agrar- und Finanzsektor

Die wirtschaftliche Entwicklung der Nachkriegsjahre und das anhaltende Bevölkerungswachstum verlangten auch nach Wachstum im Agrarsektor. Diese wurden mit an Fabriken erinnernden Stallkonzepten und Rationalisierungen in der Tierhaltung erreicht: Die eingeschränkte Bewegungsfreiheit der Tiere erhöhte die Futtermitteleffizienz. Durch die Zusammenlegung von einzelnen Höfen wurde die Landwirtschaft auf Produktivität getrimmt: die Schweiz reihte sich in den internationalen Trend einer Modernisierung dieses Sektors mit einem massiven Einsatz von Agrochemie ein. Die Arbeitskräfte, die durch diese Rationalisierungen frei gesetzt wurden, vermochten jedoch kaum den steigenden Bedarf der Industrie zu decken. Bereits 1946 hatten Unternehmer daher angefangen, in Kalabrien und Sizilien nach jungen, wenig qualifizierten Arbeitskräften zu suchen, um einem Arbeitskräftemangel vorzubeugen. In den Boom-Jahren der Nachkriegszeit setzen viele Unternehmen auf ausländische Arbeitskräfte, die in grosser Zahl in die Schweiz geholt wurden.

Eine steigende Zahl Arbeitsplätze für gut qualifizierte Arbeitnehmer wurde vor allem im Finanzsektor geschaffen, dessen Wertschöpfung laufend anstieg und bis Mitte der 1960er-Jahre etwa einen Zehntel des Sozialproduktes ausmachte. Als internationale Kapitalmarktdrehscheibe war der Finanzsektor stark vom Ausland abhangig. Zugleich jedoch stiessen der Umgang mit den nachrichtenlosen Vermögen aus der Zeit des Zweiten Weltkrieges, aber auch das Schweizer Bankgeheimnis und die anonymen Konten immer wieder auf Kritik: In der Aussenwahrnehmung des Finanzplatzes verstärkte sich der Eindruck, die Schweiz sei ein sicherer Ort für Gelder aus dubiosen Geschäften und rettende Insel für vermögende Steuerflüchtlinge. Dieses Vorwürfe verschärften sich in den ausgehenden 1960er-Jahren. Zunehmend wurde in dieser Zeit auch die Rolle der Banken im postkolonialen Imperialismus kritisiert. Das Bild der Schweizer Bank als Bösewicht fand auch Niederschlag in der Populärkultur. Dubiose Deals werden in den Filmen der 1970er-Jahre jeweils über fiktive Schweizer Banken abgewickelt und nicht selten treten Schweizer Banker als Bösewicht und Helfershelfer auf.

Die Schweiz nach der Ölkrise

Die Reduzierung der Erdöllieferung und anschliessende Preiserhöhung ab Oktober 1973 führte auch in der Schweiz zur sogenannten Ölkrise, die den Unternehmen hart zusetzte. Weil die Schweiz nicht über grosse Erdölreserven verfügte, bestimmte der Bundesrat „autofreie Sonntage" und stimmte damit in die Krisenstimmung der Industriestaaten ein.

Die darauf folgende Krise in den Jahren 1974–76 fiel in der Schweiz besonders scharf aus. Das Sozialprodukt der Schweiz ging um 4,5 Prozent zurück, die Industrieproduktion um 6 Prozent, die Beschäftigung sogar um 12 Prozent. Über zwei Drittel der abgebauten Stellen betrafen ausländische Arbeitskräfte, die nicht mehr in die Schweiz einreisen durften. Die Arbeitslosigkeit wurde exportiert. Aus heutiger Sicht wird in der prozyklische Finanzpolitik des Bundes mit anhaltenden Sparanstrengungen ein Grund für die starken Auswirkungen der Krise gesehen.

Ein erhöhtes Kostenbewusstsein im Unternehmensbereich ging Hand in Hand mit finanziellen Restriktionen und Rationalisierungen. Ausgehend von diesen Veränderungen setzte sich in der Wirtschaft zunehmend die Forderung nach Flexibilität, Anpassungsfähigkeit und Veränderungsbereitschaft durch.

In den 1980er-Jahren kurbelte eine Konsumwelle die Wirtschaft wieder an. Die Beschäftigung stieg jährlich, bei den Frauen stärker als bei den Männern. Im ausgetrockneten Arbeitsmarkt fanden Frauen vermehrt wieder Anstellungen – ein Aufstieg auf der Karriereleiter blieb ihnen aber meistens verwehrt. Mit dem Aufschwung verbunden war auch ein Bauboom, der aber ebenso kurz anhielt, wie der

M 2 **Velofahrer auf den autofreien Strassen in der Stadt Zürich**
Foto, 21. November 1973

Aufschwung und danach in eine Immobilienkrise umschlug. Das Wirtschaftswachstum ging zu Beginn der 1990er-Jahre stark zurück. Im Zuge der zunehmend globalisierten Wirtschaft fanden die Unternehmen zusätzliches Rationalisierungspotential in der Auslagerung von Arbeitsplätzen in kostengünstigere Länder mit weniger Schutz der Arbeitnehmenden. Dies führte im Gegensatz zu früheren Krisen nicht nur im industriellen Sektor, sondern auch im Dienstleistungssektor zu einem massiven Personalabbau. Bezeichnend für diese Zeit sind auch Fusionen von Firmen und Banken, welche die Konkurrenzfähigkeit international verbesserten, aber auch zu einem zusätzlichen Stellenabbau führten.

Die Arbeitslosigkeit stieg steil an – von 0,5 Prozent 1990 auf über 5 Prozent 1997. Die im internationalen Vergleich tiefen Zahlen waren für die Schweiz alarmierend hoch. Bei den bundeseigenen Betrieben setzte man in dieser Zeit auf „mehr Markt" als Weg für notwendige Verbesserungen. Beispielhaft zeigt sich dieser Trend an der Auflösung und teilweisen Privatisierung des Unternehmens PTT (Post, Telegraf, Telefon).

Im Gegensatz zur Wirtschaft, die auch in den 1990er-Jahren noch stark von Rationalisierungsideen geprägt war, setzte sich im Agrarsektor zumindest bei der Finanzierung zunehmen ein neuer Kurs durch. Die bisherigen Übernahmegarantien, Festpreise sowie Subventionen nach Stückzahlen wurden ersetzt durch einen ökologischen Leistungsausweis und ein System von Direktzahlungen, dass diejenigen Bauernbetriebe bevorzugt, die strenge Umwelt- und Tierhaltungsauflagen erfüllen und den Erhalt der Kulturlandschaft fördern. Die Frage war nicht mehr, ob die Produktion in der Landwirtschaft wachsen soll oder nicht, sondern die Art und Weise des Wachstums rückte in den Fokus. Diese Änderung der Fragestellung hielt in der Wirtschaft erst verzögert Einzug und verstärkte sich in der Breite erst durch die Klimaschutzbewegung.

„Skandal" in den Banken

Die Wirtschaftskrise der ausgehenden 1970er-Jahre hatte auch auf den Finanzsektor einschneidende Auswirkungen. Beispielweise durch den sogenannten Chiasso-Skandal 1977. Die Schweizerische Kreditanstalt (SKA) hatte auf kriminelle Weise Kundengelder in dubiosen Beteiligungsgesellschaften angelegt, welche durch Firmenbankrotte in der Wirtschaftskrise insolvent gingen. Das Bekanntwerden der illegalen Geschäfte bestätigte die vom Ausland immer wieder erhobenen Vorwürfe gegen den Schweizer Finanzplatz. Dass die Vereinbarung über die Sorgfalt bei der Entgegennahme von Geldern, welche zwischen der Nationalbank und den Geschäftsbanken in der Folge getroffen, wurde wenig nutzte, zeigt der unter dem Stichwort „Pizza-Connection" bekanntgewordene Skandal in der Mitte der 1980er-Jahre. Gelder der US-Mafia aus dem Drogenhandel wurden über Schweizer Banken weiss gewaschen. Wie beim Chiasso-Skandal wurden auch hier einzelne Mitarbeitende als Verantwortliche bezeichnet und verurteilt. Der Druck aus dem Ausland, die Schweizer Banken von Mafia-, Diktatoren- und Blutgeld zu reinigen stieg zunehmend an. Um das Bankgeheimnis als solches erhalten zu können, begann die Schweiz Exempel zu statuieren. Mit der Blockierung der Konti des Marcos-Clans 1986 nach dem Sturz von Ferdinand Marcos in den Philippinen wurde erstmals das Vermögen eines Diktators eingefroren. Damit reihte sich auch die Schweiz in die Anstrengungen zur Bekämpfung der internationalen Geldwäscherei ein. Damit sich die Schweizer Banken einem weiteren dunklen Flecken

M 3 Chiasso-Skandal, 1977

Die Hauptangeklagten im „Fall Chiasso" vor Gericht. Bei dem 1977 aufgedeckten Skandal verschoben Mitarbeiter der Tessiner Filiale der Schweizerischen Kreditanstalt (SKA) in grossem Stil Gelder in dubiose Gesellschaften in Liechtenstein, was für die SKA zu einem Verlust von ca. 1.4 Mrd. Franken führte. 1997 ging die SKA in die Credit Suisse Group auf. Foto, 28. Mai 1979

ihrer Vergangenheit, den nachrichtenlosen Vermögen, auseinandersetzte, brauchte es wiederum internationale Anstrengungen. Erst ein 1998 eröffnetes Gerichtsverfahren in den USA führte dazu, dass das dunkle Kapitel aufgearbeitet wurde und die Banken einer Vergleichszahlung von 1,25 Milliarden US-Dollar zustimmten.

Start in ein neues Jahrtausend

Die Schweiz habe unter dem Eindruck der Rezession der 1990er-Jahre ihre Hausaufgaben gemacht, betonte der Bundesrat Kaspar Villiger bei seiner Ansprache zum Nationalfeiertag 2000 auf der Rütliwiese. „Wir haben wieder Wachstum, die Arbeitslosigkeit ist auf die globale Bestmarke gesunken, wir sind bei den besten." Die Worte des Bundesrat spiegelten den kurzen Aufschwung wieder, den die Schweiz seit 1998 erlebte. Die Aktienkurse, insbesondere von Firmen im Bereich der „neuen Technologien", schnellten in die Höhe. Bereits 2001 war dieser Boom wieder vorbei. Die Aktienkurse brachen ein – der Kurssturz wurde vielen Anlegern, die durch Kredite in Aktien investiert waren, zum Verhängnis: Konkurse häuften sich, die Arbeitslosenzahlen stiegen wieder an und auch Versicherungen gerieten durch die Krise in Bedrängnis.

Sinnbildlich für die Krise dieser Zeit steht das Grounding der Swissair. Die als „fliegende Nationalhymne" bekannt Fluglinie hatte versucht ihre zunehmenden Kapazitäts- und Fixkostenprobleme durch eine Strategie des Wachstums und den Kauf diverser maroden Fluglinien zu bekämpfen. Diese Strategie schlug fehl. Der betriebswirtschaftliche Sinkflug im Herbst 2001 endete am 2. Oktober, als die Fluglinie den Flugbetrieb einstellen musste, weil sie die Treibstofflieferanten nicht mehr bezahlen konnte. Weltweit waren 39 000 Reisende betroffen. Der Bundesrat hatte noch versucht, die Fluglinie zu retten und drei Milliarden in ein Stabilisierungsprogramm investiert – ohne Erfolg. Im März 2002 wurde mit Geldern von Bund, Kantonen und Privaten – vor allem der deutschen Fluggesellschaft Lufthansa – aus der Swissair-Konkursmasse die neue Fluggesellschaft Swiss gegründet, die seit 2007 zu 100 Prozent in Besitz der Lufthansa ist.

Die Konjunkturzyklen, die die Schweizer Wirtschaft seit der Ölkrise in den 1970er Jahren prägten, hielten auch im neuen Jahrtausend an. Nach einer Rezension um die Jahrtausendwende profitierte die Schweiz ab 2003 von einer Aufschwungsphase, die in einem Wachstumstempo erfolgte, wie es seit den 1980er-Jahren nicht mehr festgestellt wurde. Mit der globalen Finanzkrise 2007/08 kühlte sich der Wirtschaftsaufschwung auch in der Schweiz ab. Nach Überwindung dieses Konjunktureinbruchs konnte sich die Schweizer Wirtschaft zwischen 2008 und 2018 mit einem Wachstum des realen Bruttoinlandproduktes (BIP) von etwa 1,5% pro Jahr wieder relativ robust entwickeln.

Ausbau der sozialen Sicherheit

Die bereits im Landesstreik 1918 vorgebrachte Forderung nach Einführung einer Alters- und Invalidenversicherung gehört zu denjenigen Forderungen, die nicht direkt im Nachgang des Landesstreik erfüllt worden waren. So waren auch nach dem Zweiten Weltkrieg der Lebensabend für viele Personen in der Schweiz noch nicht finanziell abgesichert. Für die Wehrmänner im Aktivdienst wurde jedoch im Zweiten Weltkrieg eine Lohn- und Verdienstersatzordnung geschaffen, um die finanzielle Belastung der unteren Einkommensschichten durch den Krieg zu mildern und eine Krise wie im Ersten Weltkrieg zu verhindern. Die Ersatzordnung funktionierte nach einem Umlageverfahren, das für die Alters- und Hinterlassenenversicherung (AHV) übernommen wurde, die ab 1947/48 eingeführt wurde und die ganze Schweizer Bevölkerung erfasste. Dass die Einführung dieser Versicherung bereits 1944, noch während dem Krieg, versprochen wurde, lässt annehmen, dass auch die Furcht vor sozialen Unruhen wie zum Ende des Ersten Weltkriegs befürchtet wurden. Die AHV-Rente ist jedoch kein existenzsicherndes Einkommen. Eine Initiative, die forderte, dass die Leistung mindestens 60 Prozent des Durchnittseinkommen der fünf ertragreichsten Jahre beruflicher Tätigkeit erreicht, wurde von der Stimmbevölkerung 1972 klar verworfen. Stattdessen wurde das bürgerliche Konzept des „Drei-Säulen-Modells" angenommen. Durch staatliche AHV, obligatorische berufliche Vorsorge über private Pensionskassen und individuelles Sparen soll eine existenzsichernde Altersvorsorge erreicht werden.

Eine weitere Lücke im System des Wohlfahrtstaates wurde 1960 durch die Schaffung der Invalidenversicherung (IV) geschlossen. Zuvor wurden von Invalidität betroffene Personen durch private Hilfswerke wie Pro Juventute oder Pro Infirmis unterstützt. Mit der IV wurde eine Versicherung geschaffen, bei der die ganze Bevölkerung abgesichert ist und die auch Massnahmen zur Wiedereingliederung in den Arbeitsmarkt unterstützt.

Als dritter Baustein der Sozialen Sicherheit wurde 1976 nach der Ölkrise durch eine Volksabstimmung die Arbeitslosenversicherung (ALV) als Obligatorium eingeführt.

Im Zuge der Krise der 1990er-Jahre gerieten auch die drei Sozialversicherungen unter finanziellen Druck. Der AHV machte vor allem das sich verschiebende Verhältnis zwischen zahlenden und beziehenden Versicherten zu schaffen. Darum ist die Höhe des Rentenalters sowie das tiefere Rentenalter der Frauen Gegenstand anhaltender politischer Diskussionen.

Territoriale Verschiebungen in der Schweiz

Wie in verschiedenen europäischen Regionen (z. B. Katalonien, Bretagne, Schottland) entstand nach dem Zweiten Weltkrieg auch in der Schweiz ein Konflikt, der als Krise des nationalstaatlichen Territorialitätsprinzip gedeutet werden kann. Bereits 1917 hatte sich ein Komitee gegründet, dass im Sinne des Selbstbestimmungsrecht der Völker auf die Schaffung eines eigenen, vom Kanton Bern losgelösten Kanton Jura gedrängt hatte. Die geistige Landesverteidigung hatte diese separatistischen Bemühungen in den Hintergrund gedrängt. Ab 1947 nahm das „Mouvement séparatiste jurassien" (ab 1951 „Rassemblement jurassien") die Forderung wieder auf, scheiterte jedoch 1959 mit einer kantonalen Initiative. Die Jugendorganisation des Rassemblement, die Béliers, verstanden es jedoch, die Medien zu nutzen und die Jura-Frage aufs nationale Parkett zu heben, zum Beispiel mit der Störung des „Berner Tages" an der Landesausstellung 1964, aber auch mit Brandanschlägen auf Bauernhöfe.

Weil die Bezirke im Jura uneins waren, wurde ein Plan für verschiedene kantonale Abstimmungen ausgearbeitet, die es den Bezirken erlaubte, beim Kanton Bern zu bleiben oder einem neu zu gründenden Kanton Jura beizutreten. In der

M 4   Ergebnisse der Erstabstimmung über die Schaffung eines eigenständigen Kantons Jura vom 23. Juni 1974

Ergebnis		%	Anzahl der Gemeinden
Ja		75–100	43
		50–75	37
Nein		75–100	26
		50–75	39

—— Bezirksgrenzen (vor der Abstimmung)

– Ja: Schaffung eines neuen Kantons
– Nein: Verbleib im Kanton Bern

39971EX
© Westermann

Erstabstimmung vom 23. Juni 1974 votierten die nordjurassischen Bezirke für eine Trennung, die südjurassischen für einen Verbleib beim Kanton Bern. In einer eidgenössischen Volksabstimmung am 24. September 1978 stimmten 82,3 Prozent der Schweizer Stimmbevölkerung für die Schaffung eines neuen Kanton Jura aus den nordjurassischen Bezirken.

Für die Béliers war die Jura-Frage mit dieser Gründung nicht gelöst, durch gezielte Aktionen und Anschläge kämpften sie weiter für eine Vereinigung aller jurassischen Bezirke in einem Kanton. Die bernjurassischen Bezirke lehnten aber 2013 – mit Ausnahme der Gemeinde Moutier – die Vereinigung der jurassischen Bezirke ab. Am 28. März 2021 stimmte eine Mehrheit der Stimmbevölkerung in Moutiers für einen Kantonswechsel.

Auf Gemeindeebene sind seit den 1990er-Jahren vermehrt gegenteilige Tendenzen zu vermerken. Ähnlich dem privaten Sektor wurden vermehrt Gemeinden fusioniert, vor allem durch die Reorganisationen in Gemeindeverwaltung und Rationalisierungen im sogenannten Service Public angetrieben. Zwischen 1850 und 1990 verschwanden rund 250 Gemeinden durch Fusionen – in den 1990er-Jahren waren es 122, seit 2000 bereits mehr als 500. Die Fusionierungstendenz hängt mutmasslich auch mit dem Prestigeverlust kommunaler Ämter zusammen, sowie dem schwindenen politischen Einfluss der einzelnen Gemeinden gegenüber dem Kanton.

Die Zauberformel der Regierung

Während des Zweiten Weltkriegs wurde der erste Vertreter der SP in den bisher rein bürgerlich dominierten Bundesrat gewählt. Die Vertretung der Sozialdemokraten in der Landesregierung währt aber nicht lange: nach dem Rücktritt von Max Weber 1953 wegen einer verlorenen Abstimmung über eine neue Finanzordnung verlor die SP ihren Einsitz wieder. Erst 1959, als durch den Rücktritt der drei Bundesräte der katholisch-konservativen und eines Vertreters der Liberalen vier Sitze gleichzeitig besetzt werden mussten, konnten die Sozialdemokraten wieder Einsitz in der Landesregierung nehmen. Die neue Verteilung der Sitze mit jeweils zwei Vertretern des Freisinns, der katholische Konservativen und der Sozialdemokraten und einem Vertreter der Bürger-Gewerbe-Bauern Partei (BGB) hielt sich für die kommenden fünf Jahrzehnte. Diese Zusammensetzung wurde schon bald als „Zauberformel" bezeichnet und nach eidgenössischen Wahlen ab den 1980er-Jahren regelmässig hinterfragt. Besonders der Rückgang der katholisch Konservativen (seit 1970 Christlich-demokratische Volkspartei (CVP)) und der Aufstieg der 1971 aus der BGB entstandenen Schweizerischen Volkspartei (SVP) stellt die Zauberformel zunehmend in Frage.

Die SVP wurde nach einer Neuausrichtung ab den 1990er-Jahren mit einem klar europakritischen Kurs und einer restriktiven Einwanderungs- und Finanzpolitik zur stärksten Macht im Bundesparlament und verlangt eine entsprechende Vertretung in der Regierung. Unter der Androhung, bei einer Nichtwahl ihrer Kandidaten in die Opposition zu gehen, wurden 2003 zwei Vertreter der SVP in den Bundesrat gewählt – die CVP hatte neu nur noch einen Sitz in der Landesregierung inne und die Zauberformel war gebrochen. Angesichts wachsender Wählerstimmen für die so genannten Grünen Parteien nach der Jahrtausendwende ist die Zusammensetzung der Landesregierung weiterhin Gegenstand politischer Debatten.

Wirtschaftliche Entwicklungen der Schweiz nach 1945

▨ 5 Treibstoff-Einschränkung und Fahrverbot

Das Volkswirtschaftsdepartement beantragt am 21. November 1973 beim Bundesrat die Einschränkung des Verbrauchs von flüssigen Treib- und Brennstoffen:

Die Ereignisse im Nahen Osten haben nicht nur zu enormen Preissteigerungen geführt. Der Einsatz des Erdöls als politische Waffe hat nun auch zur Folge gehabt, dass auf dem europäischen Markt eine gewisse Knappheit an Erdöl und
5 Erdölprodukten entstanden ist, die uns zu einschränkenden Massnahmen zwingt. [...]
In Ergänzung der von Ihnen bereits beschlossenen Verordnungen über die Beschränkung der Höchstgeschwindigkeit ausserorts sowie über die Abgabe von Treibstoffen an Tank-
10 stellen unterbreiten wir Ihnen in der Beilage die Entwürfe zu je einer Verordnung über Einschränkungen um Verbrauch flüssiger Treib- und Brennstoffe und über das Sonntagsfahr- und flugverbot. [...]
Wir haben auch die Frage geprüft, ob allenfalls im Sinne
15 einer flankierenden Massnahme zur Kontingentierung ein Wochenendfahr- und flugverbot oder ein Sonntagsfahr- und flugverbot eingeführt werden soll. Dies hätte den Vorteil, dass der Bundesrat eine Massnahme trifft, die von der Bevölkerung erwartet wird. Damit würde dem einzelnen
20 Verbraucher der Ernst der Lage bewusst. Es ist auch daran zu erinnern, dass in Holland, Belgien, Dänemark und Westdeutschland Sonntagsfahrverbote bereits erlassen sind. Bei dieser Sachlage unterbreiten wir Ihnen im Sinne eines Eventualantrages den Entwurf einer Verordnung über das
25 Sonntagsfahr- und flugverbot. Dabei hat es die Meinung, dass das Sonntagsfahr- und flugverbot nur während der nächsten drei Sonntage gelten soll. Es bleibt abzuwarten, ob diese Massnahme allenfalls nach Neujahr erneut in Kraft gesetzt werden muss. Aufgrund der Entwicklung der
30 Verhältnisse werden wir in der Sitzung des Bundesrates vom 21. November 1973 definitiv Antrag stellen. [...]
Antrag:
1 Der Entwurf einer Verordnung über Einschränkungen im Verbrauch flüssiger Treib- und Brennstoffe wird geneh-
35 migt und auf Montag den 26. November 1973 in Kraft gesetzt.
2 Eventuell: Der Entwurf einer Verordnung über das Sonntagsfahr- und flugverbot wird genehmigt und auf Sonntag, den 25. November 1973 in Kraft gesetzt.

Aus: Notz, Thomas. Quellen zur Schweizer Geschichte seit 1945, hep. S. 63

▨ 6 Fraktionserklärung der SPS zum Fall Chiasso

Aus einer Fraktionserklärung der SPS zum Fall Chiasso vom 4. Mai 1977:

Die Schweizerische Kreditanstalt [die heutige Bank Credit Suisse] hat in Chiasso illegale Fluchtgelder aus Italien entgegengenommen und über Vaduz in spekulative Geschäfte einfliessen lassen. Sie hat damit ihren Kapitalgebern aus Italien geholfen, illegale Finanztransaktionen abzuwickeln 5 und die Wirtschaft unseres südlichen Nachbarstaates durch Devisenverluste zu schädigen. [...] Es geht darum, dass dieses Parlament jetzt begreift, dass die Kontrolle der Banken auf gesetzgeberischem Weg dringlich auszubauen ist. Dazu gehört vor allem die Relativierung des Bankenge- 10 heimnisses, das die übelsten Geschäfte mit einem Schutz versieht, der sich durch nichts mehr rechtfertigen lässt. [...] Die sozialdemokratische Fraktion ist der Auffassung, es seien aus dem Fall Chiasso Konsequenzen zu ziehen. Wir haben u.a. folgende Vorschläge: 15
1 Die Grossbanken sind zum Staat im Staate geworden. Sie erfüllen eine nationale Aufgabe nach rein privatwirtschaftlichen Grundsätzen. Gewinnstreben um jeden Preis steht über dem Landesinteresse. Grossbanken müssen stärker als bisher der öffentlichen Kontrolle mit bestimmendem 20 Einfluss unterworfen werden. Sie sind vom Auftrag her mit öffentlicher Beteiligung und mit dem Kontrollrecht des Parlamentes auszustatten.
2 Der Missbrauch mit dem Bankengeheimnis muss abgestellt werden. 25
3 Es ist abzuklären, wieweit auch andere Banken das Geschäft mit ausländischem Fluchtkapital betreiben. Hier hat im Interesse des Landes Remedur zu erfolgen.
4 Die bankinterne und externe Kontrolle ist völlig ungenügend. Zum Teil bezahlen die Kontrollierten ihre Kontrolleu- 30 re selber. Wir verlangen eine Bundesaufsicht über die Banken, die diesen Namen tatsächlich verdient. [...]
Wir müssen, meine Damen und Herren, Abschied nehmen von einer «heiligen Kuh». Es wurde einmal erklärt, das Bankgeheimnis sei die Maginotlinie der schweizerischen 35 Neutralität. Langfristig ist es ungemütlich, in trügerischer Sicherheit zu leben.

Aus: Notz, Thomas. Quellen zur Schweizer Geschichte seit 1945, hep. S. 66

M 7 **Vereidigung des Bundesrats 1959**

Foto, 17. Dezember 1959

M 8 **Voten der Parlamentswahlen in der Schweiz seit 1959**

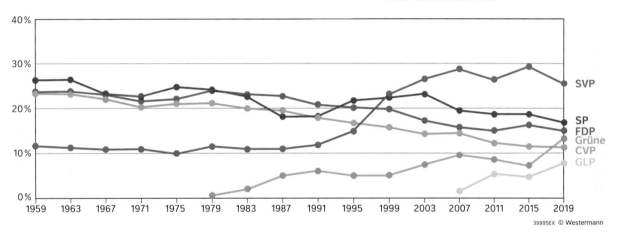

39995EX © Westermann

Aufgaben

1. Die Ölkrise in der Schweiz

a) Geben sie die Gründe wieder, welche das Volkswirtschaftsdepartement für die Treibstoff-Einschränkung und das Sonntagsfahr- und flugverbot anführt.

b) Die Forderung nach Sonntagsfahrverboten wird auch in der Gegenwart immer wieder laut. Recherchieren sie die Gründe, die heute für ein solches Verbot angeführt werden und vergleichen Sie diese mit den Gründen von 1973.

⌒ Text, M5

2. Das Schweizer Bankgeheimnis und der Fall Chiasso

a) Die Maginotlinie war ein aus Bunkern bestehendes Verteidigungssystem entlang der französischen Grenze zu Belgien, Luxemburg, Deutschland und Italien, das zwischen 1930 und 1940 erbaut wurde, um mögliche Angriffe von Deutschland und Italien abzuwehren. Erklären Sie die Aussage in M6: „Das Bankgeheimnis ist die Maginotlinie der schweizerischen Neutralität." (Z. 35) und erläutern sie die Haltung, die die SPS in ihrer Fraktionserklärung zu dieser Aussage einnimmt.

b) Diskutieren Sie, welche Haltung sich in den Jahren nach dem „Fall Chiasso" durchsetzen konnte und beurteilen Sie diese Entwicklung.

⌒ Text, M3, M6

3. Die Zauberformel der Regierung

a) Interpretieren Sie die Grafik M8.

b) Beurteilen Sie, inwieweit die in M8 abgebildeten Wahlergebnisse der letzten Jahre repräsentativ sind für die aktuelle Zusammensetzung des Bundesrats und erörtern Sie mögliche Anpassungen.

⌒ Text, M7, M8

Gesellschaftliche Umbrüche

Die unterschiedlichen gesellschaftlichen Umbrüche in der Schweiz nach 1945 waren eng mit den politischen und wirtschaftlichen Veränderungen dieser Zeit verknüpft. Die Nachkriegsgesellschaft schien zunächst noch geprägt von den Erfahrungen der Aktivdienstgeneration, der geistigen Landesverteidigung und der Kriegswirtschaft, einem recht bürgerlichen Ehe- und Familienmodell mit der traditionellen Rollenteilung, einer eher konservativ-religiösen Wertehaltung und darauf beruhenden Gesetzen. Das Schweizer Wirtschaftswunder bescherte der Bevölkerung insgesamt einen angenehmen Lebensstandard, führte aber auch zu Meinungsverschiedenheiten darüber, wer denn nun auf welche Weise daran teilhaben sollte, und inwiefern die Gesellschaft eher nach Kontinuität oder nach Neuerungen streben sollte.

In den 1960er-Jahren wollten die einen Arbeitskräfte aus lohngünstigeren Ländern in die Schweiz locken, andere aber hegten Überfremdungsängste: Ab 1965 versuchten jene mit einer Initiative die Immigration zu begrenzen. 1968 zog es einen Teil der jüngeren Bevölkerung auf die Strasse, während die Älteren ihren Wohlstand zu geniessen schienen: Die Jugendlichen liefen gegen die etablierte Ordnung und Autorität an, laut, angriffig und revolutionär. Für viele war die Schweiz nicht eine vollendete Demokratie, sondern nur eine halbe: Mit der Gründung des Bundesstaates 1848 war das Männerstimm- und -wahlrecht ab 20 Jahren eingeführt worden, aber durch kantonale Gesetze konnten Verurteilte oder Armengenössige ausgeschlossen werden, sodass bloss circa 20 % der Bevölkerung stimmberechtigt waren. Mit der Überwindung des Männerstimm- und -wahlrechts auf eidgenössischer Ebene 1971 durften das Geschlecht, eine Verurteilung oder eine finanzielle Notlage kein Ausschlussgrund mehr sein. Für manche Menschen blieb darüber hinaus ein freies Leben in der Öffentlichkeit unmöglich: Menschen mit anderen sexuellen Orientierungen und Geschlechtsidentitäten wurden lange Zeit an den Rand der Gesellschaft gedrängt, bevor sie sich gemeinsame und öffentlich dagegen wehrten. Bis 1981 gab es Menschen in der Schweiz, die man Zwangsmassnahmen unterwarf und enormer Gewalt aussetzte. Darüber wurde geschwiegen, bis in den 2010er-Jahren schliesslich die Aufarbeitung begann. All diese Umbrüche stellen eine Frage ins Zentrum: Welche Menschen durften sich zu welchem Zeitpunkt selbst als vollwertige, mündige und gleichberechtigte Schweizer Bürgerinnen und Bürger bezeichnen, und wurden von der Gesellschaft auch als solche anerkannt – und welche nicht?

Zugehörigkeitsdebatten

In der Zeit des Wirtschaftswunders erschien die Frage nach der Zugehörigkeit von Ausländerinnen und Ausländern zur Schweiz nicht bloss als wirtschaftliche, sondern als gesellschaftliche Frage. 1931 hatte das Parlament ein „Bundesgesetz über Aufenthalt und Niederlassung der Ausländer" verabschiedet, welches das Vorgehen bei Aufenthaltsbewilligungen regelte: „Die Bewilligungsbehörden haben bei ihren Entscheidungen die geistigen und wirtschaftlichen Interessen sowie den Grad der Überfremdung des Landes zu berücksichtigen." 1934 wurde mit dem Saisonnierstatut das Regelwerk zur Saisonarbeit konkret festgelegt. Der demographische Wandel in der Schweiz nach dem Zweiten Weltkrieg – eine höhere Lebenserwartung durch eine gesicherte Gesundheitsversorgung, hohe Geburtenzahlen,

M 1   Der *Geschichtsschreiber der Gegenwart* am Bundeshaus, Bern

Die von Maurice Reymond de Broutelles 1901 geschaffene Statue rechts vom Eingangsbereich mag daran erinnern, dass gegenwärtige Entscheidungen Geschichte machen werden. Linkerhand gemahnt der Geschichtsschreiber der Vergangenheit mit aufgeschlagenem Buch an die Möglichkeit, aus der Vergangenheit zu lernen.

M 2   Italienische Saisonniers beim Jassen am Bahnhof in Brig, 1956

die positive Wanderungsbilanz (Zu- minus Abwanderung) und die Bildung von Ballungszentren – provozierte mehrere Debatten rund um den Begriff „Überfremdung". Diese sollten die Wahrnehmung der Menschen aus dem Ausland und von Schweizerinnen und Schweizern über drei Einwanderungsphasen hinweg beeinflussen.

In einer ersten Phase von 1948 bis 1973 kamen vorwiegend Menschen aus wirtschaftsschwächeren Gebieten wie Italien oder später Spanien zu Arbeitszwecken in die Schweiz. Während die Einwohnerzahl von 1939 bis 1945 um knapp 160 000 auf 4,4 Millionen anstieg, wuchs sie bis 1950 auf 4,7 Millionen, bis 1960 auf 5,4 Millionen und bis 1970 auf 6,2 Millionen. Bis 1960 nahmen die Geburten gegenüber den Todesfällen zu und die jährliche Wanderungsbilanz lag nahezu immer zwischen +20 000 und +30 000 Menschen. Der jährliche Bevölkerungszuwachs war von 1961 bis 1963 mit durchschnittlich 2,36 % am grössten, und erreichte nicht annähernd je wieder solche Werte. Das lag an der gegenüber früher eindeutig höheren Wanderungsbilanz: Diese lag von 1961 bis 1963 nahezu bei durchschnittlich +80 000. Um den Bedarf des Baugewerbes, der Fabriken und der Restaurants an ausländischen Arbeitskräften mit niedrigen Lohnansprüchen zu decken, drängten Arbeitgeber in den 1960er-Jahren den Bund zu einer offenen Einwanderungspolitik. Infolgedessen und auch infolge des „Pillenknicks" 1965, der Entwicklung der Pille zur Empfängnisverhütung, stieg der Ausländeranteil im Verhältnis zur Schweizer Bevölkerung von 1950 (6 %) über 1960 (11 %) bis 1970 (16 %) an; Nach 1960 kamen überwiegend ausländische Männer ins Land, davor waren es mehrheitlich Frauen gewesen. Die Städte und Gemeinden entwickelten sich besonders im Mittelland zu immer grösseren Ballungszentren mit räumlich getrennten Wohn- und Arbeitsorten, stärkerem Verkehrsaufkommen und Pendelverkehr.

Das Saisonnierstatut von 1934 war die Rechtsgrundlage zur Vergabe von Kurzaufenthaltsbewilligungen von unter zwölf Monaten und in der Regel ohne Familiennachzug an ausländische Arbeitskräfte – die Saisonniers; die Schweiz bestimmte jährliche Kontingente (Höchstzahlen) für deren Vergabe, welche sich ganz nach den Bedürfnissen der Wirtschaft richten konnten. Zudem erteilte sie Jahresaufenthaltsbewilligungen, die verlängert wurden, sofern die Arbeitskräfte weiterbeschäftigt wurden. Nach sechs Jahren durften Mehrjahresaufenthalter eine offizielle Niederlassungsbewilligung beantragen, um Schweizerinnen und Schweizern auf dem Arbeitsmarkt rechtlich gleichgestellt zu sein. Nach weiteren sechs Jahren konnten sie um ihre Einbürgerung ersuchen. Diese migrationspolitischen Hemmnisse reichten nicht aus, um die Überfremdungsängste in weiten Teilen der einheimischen Bevölkerung zu zerstreuen.

Der rechtspopulistische Zürcher Politiker James Schwarzenbach nahm die gesellschaftliche Verunsicherung wahr und forderte eine restriktivere Einwanderungspolitik. 1967 wurde er als erster Vertreter aus der Partei „Nationale Aktion gegen Überfremdung von Volk und Heimat" in den Nationalrat gewählt. Schon 1965 war von den „Zürcher Demokraten" eine erste Überfremdungsinitiative eingereicht worden; diese wurde 1968 auf politischen und wirtschaftlichen Druck hin vor der Abstimmung zurückgezogen. Im selben Jahr reichte Schwarzenbach die zweite Überfremdungsinitiative ein, die eine Begrenzung des Ausländeranteils auf 10 % je Kanton verlangte (unter anderem waren die Saisonarbeiter, Grenzgänger und Studenten davon nicht betroffen). Ein hitziger und oft äusserst emotional

M 3 **Arbeiterinnen aus Italien an einer Abfüllmaschine in der Konservenfabrik Hero in Frauenfeld, 8. August 1966**

Die Fremdarbeiterinnen und -arbeiter übernahmen für einen tieferen Lohn Arbeitsstellen in Bereichen oder unter erschwerten Bedingungen, die den Schweizerinnen und Schweizern vielfach nicht so recht behagten.

M 4 **Helvetia-Statue des St. Jakobs-Denkmals in Basel, 6. Juni 1970**

Helvetia erhielt im Abstimmungskampf zur zweiten Überfremdungsinitiative ein rotes Gewand mit Schweizerkreuz und grossem „Ja". Auf dem Foto will jemand das Gewand wieder entfernen.

M 5   **James Schwarzenbach nach einer Ansprache am 1. August 1970 in Sempach bei Luzern vor dem Winkelried-Denkmal**

geführter Abstimmungskampf um die Gunst der noch ausschliesslich männlichen Stimmbürger entbrannte. Die Befürworter fürchteten den Zerfall von Schweizer Werten, schlechtere Schulbildung durch ausländische Kinder, eine stärkere Konkurrenz auf dem Arbeits-, Wohnungs- oder Partnermarkt, mehr Kriminalität und das Fremd-Sein im eigenen Land. Die Gegner dieser Initiative – die Mehrheit der Unternehmer, alle anderen Parteien und auch die Kirche – erinnerten an die Arbeitslosenquote von 0 % seit 1960 und die wesentlichen Beiträge der Ausländerinnen und Ausländer zum Schweizer Wohlstand. Sie betonten die mangelnden Integrationschancen: Die Saisonniers lebten oft in Baracken; für die Fremdarbeiterinnen und -arbeiter war es schwierig, in Furcht vor einem Jobverlust eine vielleicht bloss vorübergehende Existenz aufzubauen und sich an die schweizerischen Sprachen und Gebräuche anzupassen, ohne ihre persönliche kulturelle Identität vollends aufzugeben. Ihre Kinder durften meist nicht in der Schweiz leben oder zur Schule gehen; wenn beide Elternteile in der Schweiz arbeiteten, nahmen sie ihre Kinder zuweilen illegal mit, wobei sie als „Schrankkinder" versteckt und ohne Schulbildung aufwachsen mussten. Der Baubeginn des Gotthard-Strassentunnels am 5. Mai 1970 musste als anekdotisches Beispiel für die Tatkraft von Fremdarbeitern hinhalten, da 270 der 300 Bauarbeiter aus dem Ausland stammten. Manche Einheimischen suchten die Verbrüderung mit den Fremdarbeitern, andere fühlten sich von Linken, Liberalen und Christdemokraten verraten und unverstanden. Die Initiative wurde am 7. Juni 1970 mit 54 zu 46 % und mit einer Stimmbeteiligung von 74 % für viele überraschend knapp abgelehnt. 1970 lag der Ausländeranteil bei 16 % und entsprach damit 1 Million Menschen. Wäre die Initiative angenommen worden, hätten über 300 000 Ausländerinnen und Ausländer das Land verlassen müssen.

M 6   **Demonstration von 600 italienischen Fremdarbeitern in Bern am 3. Oktober 1970**

Anlass waren die Verhandlungen zwischen Italien und der Schweiz über die Auslegung des Saisonnierstatuts. Auf den Plakaten ist „Schweizer und ausländische PROLETARIER ALLE VEREINT", „wir sind nicht nur ARBEITSKRÄFTE, wir sind auch MENSCHEN", „ABSCHAFFUNG DES SAISONNIERSTATUTS", „ALLE VEREINT gegen den KAPITALISMUS" und „WIR SIND MENSCHEN, KEINE MASCHINEN" zu lesen.

In einer zweiten Phase von 1974 bis 1990 sank der Ausländeranteil leicht bis 1980 (15 %), stieg aber bis 1990 (18 %) wieder an. Die Bevölkerung wuchs entsprechend bis 1980 langsam auf 6,3 Millionen und bis 1990 auf 6.7 Millionen. Durch die Ölpreiskrise Ende 1973 büsste die Schweizer Volkswirtschaft etwa 10 % der Arbeitsplätze ein, was die Bundespolitik aber mehr als kompensieren konnte, indem sie die Verlängerungen der Jahresaufenthaltsbewilligungen für Fremdarbeiterinnen und -arbeiter aussetzte – diese mussten ihre Stellen in der Schweiz unvermittelt aufgeben und in die Heimat zurückkehren. Manche stürzte dieser

Schritt in existentielle Not, wenn sie auf eine Niederlassungsbewilligung gehofft hatten. Die dritte Überfremdungsinitiative wollte 1974 einen maximalen Ausländerbestand von 500 000 und höchstens 4000 Einbürgerungen jährlich zulassen; sie wurde mit 65 % abgewiesen. Die vierte Überfremdungsinitiative verlangte 1977 einen Ausländeranteil von maximal 12,5 %; sie wurde mit 70,5 % deutlich abgeurteilt. Die Mitenand-Initiative aus dem linken politischen Lager wollte 1981 das Saisonnierstatut abschaffen; sie wurde mit 84 % abgelehnt. In den 1980er-Jahren ersuchten zahlreiche Menschen aus Osteuropa und Asien die Schweiz um Asyl – ohne unmittelbare politische Reaktionen, denn die letzte Überfremdungsinitiative scheiterte 1987 schon im Sammelstadium.

In einer dritten Phase nach 1990 wurden die Migrationsgründe stärker diversifiziert: Nebst wirtschaftlichen Gründen wurden familiäre Beziehungsnetze und humanitäre Katastrophen bedeutender für die Beschreibungen von Migrationsbewegungen. Auf der Suche nach Arbeit kamen vermehrt Leute aus Portugal, der Türkei oder Deutschland in die Schweiz, oder als Asylsuchende aus Krisengebieten wie Ex-Jugoslawien oder Sri Lanka. Der Ausländeranteil ist von 2000 (20 %) bis 2010 (22 %) und 2020 (25 %) angestiegen. Der Begriff „Überfremdungsinitiave" verschwand aus den Debatten. Stattdessen sprach man von „Masseneinwanderung", „illegaler Einwanderung" und „Asylrechtsmissbrauch". 2010 wurde die Initiative „für die Ausschaffung krimineller Ausländer" und 2014 die Initiative „Gegen Masseneinwanderung" angenommen; und 2020 wurde die Initiative „Für eine massvolle Zuwanderung" abgelehnt. Die Zugehörigkeitsdebatten gehen weiter.

Bewegte Jugend

Die Jugendbewegungen der 68er- und 80er-Jahre bestand aus Angehörigen der jüngeren Generationen, welche sich von den älteren Generationen, ihren Eltern, Chefs und Politikern auf verschiedentlichste Arten abgrenzen wollten. Eine Darstellung der „Bewegten" – von unstrukturierten und spontanen Bewegungen, die zuweilen einer unzweifelhaft sozialistisch-marxistischen Ideologie folgten, aber Andersdenkende mitreden und mitentscheiden liessen, globalpolitische Ziele verfolgten oder sich auf lokale Bedürfnisse einschossen, manchmal den Dialog

M 7 **1.-Mai-Umzug 1968 in Zürich**

Am Umzug und an der Kundgebung beteiligten sich 1968 viele junge Menschen mit ganz unterschiedlichen Anliegen: „ANERKENNUNG NORDVIETNAMS DURCH BERN", DER PASS ENTZWEIT UNS – DIE KLASSE VEREINT UNS", „ES LEBE DER GUERILLAKAMPF DER AMERIKANISCHEN VÖLKER GEGEN DIE UNTERDRÜCKER USA" (mit Che Guevara), „DIE REVOLUTION STIRBT NICHT AN BLEIVERGIFTUNG" (Attentat auf Rudi Dutschke, einen Wortführer der Studentenbewegung der 1960er-Jahre in West-Berlin).

M 8   *Sit-In* im besetzten Globusprovisorium in Zürich, 16. Juni 1968

M 9   **Blick von der Bühne** am *1. Internationalen Folkfestival Bern-Gurten* vom 2. bis am 3. Juli 1977

M 10   **Das „Ehepaar Müller"** im *CH-Magazin* vom 15. Juli 1980

M 11   **Jugendliche am Sechseläuten vom 27. April 1981 grüssen Zünfter und Polizisten mit dem Hitlergruss**

suchten und gleichzeitig Strassenschlachten mit der Polizei fochten – umreisst sinnvollerweise die häufigsten Gemeinsamkeiten: Die Bewegten hinterfragten die Normgesellschaft und experimentierten mit alternativen Lebens- und Wohnformen; dabei nahmen sie internationale Strömungen auf und passten sie für die Schweiz an; sie fanden die Städte und die Menschen leb-, lust- und trostlos und wollten Jugendzentren, um sich zu entfalten; sie trugen oft lange Haare, feierten die Hippie-Kultur und wollten „Sex, Drugs and Rock 'n' Roll"; sie sahen eine Leistungs- und Konsumgesellschaft ohne Sinn, aber voller Ungerechtigkeit und „US-imperialistischer" Tendenzen; die Demokratie halte nicht die Freiheit hoch, sondern übe gesellschaftliche Zwänge aus; die Politik werde durch das Geld bestimmt und sei dem Egoismus verfallen; für das Bürgertum sei Geld da, für die Jugend nicht. In den Jugendbewegungen fanden sich mehrere kleine Revolutions-, Friedens-, Esoterik-, Demokratie-, Frauen-, Homosexuellen- und Umweltbewegungen zusammen, die gemeinsam grösser wirkten.

Viele Jugendliche liefen im Demonstrationszug am 1. Mai 1968 mit Transparenten und Sprechchören durch die Städte, und setzten sich für Nordvietnam, Kuba, die deutsche Studentenschaft oder die Saisonniers ein. Der Höhepunkt der Jugendbewegung waren die Globuskrawalle im Juni 1968 in Zürich. Die Jugendlichen besetzten das leerstehende Globusprovisorium: Sie wollten ein autonomes Jugendzentrum, wo man sich versammeln und diskutieren konnte; der Stadtrat lehnte ab. Eine Strassenschlacht mit der Polizei brach aus: Steine und Flaschen als Wurfgeschosse auf der einen, Wasserwerfer und Knüppel auf der anderen Seite. 169 Bewegte wurden festgenommen, ein Drittel davon jünger als 20. Jugendliche aus anderen Städten, vorwiegend Studierende und Mittelschülerinnen und -schüler, solidarisierten sich mit den Zürcher Bewegten. Die Gesellschaft war schockiert ob der beidseitigen Gewaltbereitschaft. Im Oktober wurde im „Lindenhofbunker" das erste autonome Jugendzentrum eröffnet – und nach 68 Tagen wegen Drogenproblemen (laut Behörden) und Misstrauen (laut Jugendlichen) geschlossen. In manchen Städten wurden als Reaktion darauf Jugendhäuser eingerichtet, wie etwa in Bern 1971 der „Gaskessel". Im Laufe der 1970er-Jahre verebbten die Unruhen – der Vietnamkrieg war zu Ende, das Frauenstimmrecht erkämpft, und die Gesellschaft schien ein wenig toleranter –, obwohl es am 1. Mai immer zu Auseinandersetzungen mit der Polizei kam.

Die Opernhauskrawalle in Zürich Ende Mai 1980 waren der Auftakt zur 80er-Bewegung in der Schweiz. Eine neue junge Generation wollte es nicht einfach hinnehmen, dass 60 Millionen für die Renovation des Opernhauses gesprochen wurden, und ihre Forderungen nach einem selbstverwalteten Jugendzentrum unerfüllt blieben. Nach Zürich kam es auch in Basel, Bern und Lausanne zu „Räuber und Poli"-Szenen. In der Sendung *CH-Magazin* vom 15. Juli 1980 zur Verhältnismässigkeit des Polizeieinsatzes gegen die Krawalle traten zwei Junge als bieder verkleidetes Schweizer Ehepaar „Anna und Hans Müller" auf; sie kritisierten die Polizeigewalt nicht, sondern verlangten in einem ironischen Ton, dass man die Jugendlichen erschiesse. In den städtischen Jugendbewegungen bildeten sich Drogenszenen, so zum Beispiel am Platzspitz in Zürich, der als „Needle-Park" tragische internationale Berühmtheit erlangte. Auf schwerwiegende Auseinandersetzungen folgte 1991 das Symbol einer Versöhnung unter den Generationen: Das Stimmrechtsalter – als „Geschenk" an die Jugend – wurde per Volksabstimmung von 20 auf 18 Jahre herabgesetzt.

Emanzipationsbewegungen

Nach 1945 akzentuierte sich der Widerstreit zwischen dem gesellschaftlichen Status quo einerseits und den Emanzipationsbewegungen von Frauen und von geschlechtlichen und sexuellen Minderheiten andererseits zunehmend. Durch die günstige Nachkriegskonjunktur und einen erhöhten Bedarf an Arbeitskräften wurde es für Mädchen und Frauen selbstverständlicher, eine höhere Schule zu besuchen oder einen eigenen Beruf zu erlernen. Die Curricula von Mädchen und Knaben wurden ab den 1950er-Jahren angeglichen, und ab den 1960er-Jahren wurde auf allen Volks- und Mittelschulstufen gemischtgeschlechtlicher Unterricht eingeführt. An Gymnasien überwiegt seit 1994 der Mädchenanteil und an Hochschulen seit 2007 der Anteil an Absolventinnen. Diese Entwicklungen können als Ergebnisse der Emanzipationsbewegungen angesehen werden.

Das Frauenstimmrecht führten die allermeisten Nationen Europas in der Zeit nach dem Ersten oder Zweiten Weltkrieg ein. Die andauernde staatsbürgerliche Rechtsungleichheit zwischen Frauen und Männern in der Schweiz wurde so zur Anomalie; die Rechtsgleichheit galt einigen als „unschweizerisch". Im Umland forderten die Frauenbewegungen mit Verweis auf die Heimatfront die politische Gleichberechtigung; die Schweizerinnen versuchten mit vorbildlichem Verhalten im Beruf und im (oft unbezahlten) sozialen Engagement ihre staatsbürgerliche Eignung anzuraten – radikalere Ansichten blieben hingegen selten. Durch die Teildemobilisierung blieben in der Schweiz genügend männliche Arbeitskräfte für Industrie und Landwirtschaft verfügbar und die traditionelle Rollenverteilung blieb weiter bestehen. Zwischen 1946 und 1957 lehnten die Stimmbürger in acht kantonalen Abstimmungen die politische Gleichberechtigung der Frau ab. Es folgten drei konsultative Frauenbefragungen: Im Kanton Genf 1952 wollten 85 %, im Kanton Basel-Stadt 1954 wollten 72.9 % und in der Stadt Zürich 1955 wollten 67.3 % (gar 80.5 % wünschten sich das begrenzte Recht in Angelegenheiten von Schule, Kirche und Fürsorge) das volle Stimm- und Wahlrecht.

In der Botschaft an die Bundesversammlung vom 22. Februar 1957 äusserte sich der Bundesrat zum Argumentarium der Gegnerschaft des Frauenstimm- und -wahlrechts in eidgenössischen Angelegenheiten: Der Frau stünde Rechtsgleichheit zu, da eine deutliche Mehrheit der Schweizerinnen dies wünsche; der vielbeschworene „Unterschied des Geschlechts" sei nun durch die *Allgemeine Erklärung der Menschenrechte* (1948) in Zweifel gezogen; in künftigen Kriegen würde die Frau wohl noch wichtiger für die Verteidigung des Landes, und dürfte daher mitbestimmen; die „Besonderheit des weiblichen Denkens" gäbe es zwar, aber diese sei als „erwünschte Ergänzung" in der Politik zu begrüssen; der Platz der Frau sei zwar im Haus, nur sei es falsch, ihr deswegen die Rechtsgleichheit zu verwehren; und die indirekte Einflussnahme der Frau auf den Mann reiche nicht aus, damit spezifische „Frauenbegehren" sich in der Politik durchsetzten. Bei der eidgenössischen Abstimmung 1959 scheiterte das Frauenstimm- und -wahlrecht am Volks- (33 zu 67 %) und am Ständemehr (3 zu 19 Kantone). Bis 1971 wurde das Recht – mit vorangetrieben durch die 68er-Bewegung und die wachsende Anerkennung des Beitrages der Frauen zum Wohlstand des Landes – in neun Kantonen eingeführt; Am 7. Februar 1971 zogen der Bund nach einer zweiten Abstimmung (65.7 % und 15.5 Kantone) und weitere Kantone nach; mit einer Stimmrechtsbeschwerde beim Bundesgericht konnten zuletzt die Frauen in Appenzell-Innerrhoden 1990 das Stimm- und Wahlrecht erringen.

M 12 Plakate von 1920, 1946 und 1959

M 13   **Eröffnungszug der ersten SAFFA (Schweizerische Ausstellung für Frauenarbeit) am 26. August 1928 in Bern**

Unter dem Schneckenwagen – der *SAFFA-Schnecke* – ist zu lesen: „Die Fortschritte des Frauenstimmrechts in der Schweiz". Die Schweiz war eines der letzten Länder der Erde, welches das Frauenstimm- und -wahlrecht einführte. Sie war aber das erste Land, welches die Gleichstellung auf nationaler Ebene durch eine Volksabstimmung einführte.

M 14   **Frauenstreik 1991 in Zürich**

Transparent mit „HERRSCHAFT. HERR SCHAFFT. FRAU STREIKT".

M 15   **Gitter am Basler Käppelijoch anlässlich des Frauenstreiks 2019 mit Liebesschlössern und BH**

Nach 1971 veränderte sich die Zusammensetzung der politischen Gremien: 1971 waren erst 10 Frauen in den National- und eine in den Ständerat gewählt worden; 2020 gab es einen Frauenanteil von 42 % im National- und 26,1 % im Ständerat. In den kantonalen und städtischen Regierungen und Parlamenten lag ihr Anteil 2020 zwischen 25 und 32 %. 1984 wurde Elisabeth Kopp die erste Bundesrätin. Sie musste 1989 zurücktreten, da sie Interna an ihren Ehemann verraten hatte und das Vertrauen in sie erschüttert war, obwohl sie im Jahr darauf rechtlich rehabilitiert wurde. Die zweite Bundesrätin, Ruth Dreyfuss, wurde 1993 gewählt. Im Jahr 2010 gab es erstmals eine Frauenmehrheit im Schweizer Bundesrat. Auch die Gesetzgebung änderte sich ab 1971: Bis 1996 hoben alle Kantone das Konkubinatsverbot („wilde Ehe") auf. Die Volksinitiative „Gleiche Rechte für Mann und Frau" schrieb den Gleichstellungsartikel (gleiche Rechte und Pflichten, gleicher Lohn für gleichwertige Arbeit, Gleichstellung und Chancengleichheit in Familie, Bildung und Arbeit) 1981 in der Verfassung fest; diesem Artikel entsprechend ersetzte 1988 ein neues Eherecht das patriarchale durch ein partnerschaftliches Modell (gemeinsame Entscheidungen betreffend Wohnort, Finanzen, Haushalt und Erziehung). Der Frauenstreik am 14. Juni 1991 war die grösste öffentliche Demonstration seit dem Landesstreik von 1918. Hunderttausende berufstätige, studierende und nicht-erwerbstätige Frauen (und Männer) setzten sich unter dem Motto „Frauenstreik! Wenn Frau will, steht alles still!" ein für eine wirksamere Umsetzung des Gleichstellungsartikels von 1981: Man trat ein für gleiche Löhne, höhere Renten, Blockzeiten an den Schulen und mehr Krippenplätze, und gegen Vergewaltigung und Gewalt in der Ehe, sexuelle Belästigung und Sexismus. Am 14. Juni 2019 fand der zweite Frauenstreik mit über 500 000 Teilnehmenden statt. Der Appell von 1991 wurde mit zeitgenössischen Aktionsfeldern verknüpft: Hinzu kamen Rufe nach Aufwertung von Care-Arbeit, realitätsnahen Teilzeitarbeitsmodellen, einem Asylrecht bei geschlechtsbezogener Gewalt und der eigenen Wahlfreiheit in Fragen von Reproduktion, sexueller Orientierung und Geschlechtsidentität.

Im Vergleich mit dem übrigen Europa herrschte in der Schweiz nach dem Krieg eine einigermassen liberale Gesetzeslage im Umgang mit Homosexualität – dem gegenüber war aber von Toleranz in Politik, Arbeitswelt und Gesellschaft kaum etwas zu spüren. In einer Strafrechtsreform hatten die Schweizer 1938 in einem Referendum ganz knapp die Entkriminalisierung homosexueller Akte unter

Erwachsenen ab 20 Jahren beschlossen – damit, so hatte man zum Teil argumentiert, man sich „nie mehr" damit befassen müsse. Man hatte dabei fast ausschliesslich an männliche Schwule gedacht; lesbische Homosexualität und weitere sexuelle Orientierungen, Geschlechtsidentitäten und Beziehungskonzepte waren von der Schweizer Gesellschaft zwar in ähnlichem Mass tabuisiert und diskriminiert, aber mangels Begrifflichkeiten allgemein weniger wahrgenommen worden. Seit den 1930er-Jahren hatten sich Homosexuelle in vereinzelten, geschlossenen Frauen- und Männerclubs in einem anonymisierten und relativ sicheren Rahmen zu Feiern und Ausflügen treffen können. Aus dem Umfeld der Zürcher Clubs war 1932 die allererste Schweizer Homosexuellenzeitschrift *Das Freundschaftsbanner* hervorgegangen, inspiriert von der vormaligen deutschen Lesbenzeitschrift *Frauenliebe*. Im Krieg war die Schweizer Zeitschrift mit dem neuen Namen *Menschenrecht* die einzige ihrer Art weltweit geworden. Zwischen 1942 und 1967 erschien sie als *Der Kreis* speziell für männliche Leser. Die Zeitschriften waren zugleich Sprachrohr, Unterhaltungsorgan, Erotikmagazin, Partyflyer, Kontaktforum und Kampfschrift, in einer Zeit, wo all dies abseits der Öffentlichkeit existieren musste. Auch nach Inkrafttreten der Entkriminalisierung 1942 übten die städtischen Sittenpolizeien Zensur aus, legten eigene Register an und führten Razzien, Personenkontrollen und Hausdurchsuchungen durch. Manche Fälle von Körperverletzung oder Mord an Homosexuellen wurden durch eine Täter-Opfer-Umkehr kaum geahndet. Mutige Festveranstaltungen wurden teils zum Ziel medialer Hetzkampagnen. Die ihnen auferlegte Scham und die weitverbreitete Ignoranz und Ablehnung zwang viele nicht-heterosexuelle Menschen in ungewollte Beziehungen, in Doppelleben, in die Isolation oder in den Widerstand. Einige kämpften als Teil der 68er- und 80er-Bewegungen für die Anerkennung ihrer Rechte und ihrer Liebe. Viele lesbische Frauen engagierten sich mit der Frauenbewegung für das Frauenstimm- und -wahlrecht.

Die Homosexuellen-Bewegung und ihre Anliegen wurden daraufhin immer diverser. Man trat weitaus energischer in der Öffentlichkeit auf, wie zum Beispiel in der viel diskutierten Fernsehsendung *Telearena* vom 12. April 1978. Zur Zeit der AIDS-Epidemie in den 1980er-Jahren wollte man mit Sachinformationen der Stigmatisierung von Betroffenen vorbeugen. Seit 1990 gilt dasselbe Schutzalter für homo- und heterosexuelle Akte. Ein Volksentscheid von 2005 erlaubt es homosexuellen Paaren, ihre Partnerschaft eintragen zu lassen. Seit 2020 kennt das Strafgesetzbuch ein „Verbot der Diskriminierung aufgrund der sexuellen Orientierung". Die „Ehe für alle" wurde im September 2021 nach einem Volksbeschluss ermöglicht. Der *Christopher-Street-Day*, eingedenk des Aufstandes geschlechtlicher und sexueller Minderheiten gegen die Polizeiwillkür in New York 1969, fand in der Schweiz erstmals 1978 statt. Unter dem Namen *Pride* ist die Veranstaltung seit 1994 immer bekannter geworden. Jedes Jahr setzen sich zehntausende Teilnehmer*innen für Gleichstellung und gesellschaftliche Akzeptanz ein.

Fürsorgerische Zwangsmassnahmen

Die Schweizer Gesetzgebung hinsichtlich fürsorgerischer Zwangsmassnahmen – wie zum Beispiel Verdingung, Heimeinweisung, Kindswegnahme, Einweisung in geschlossene Anstalten, Adoption, Abtreibung, Sterilisation oder Kastration – verletzte bis 1981 die Grundrechte von Menschen in krasser Weise, in nahezu allen Fällen ohne dass diese sich irgendwie dagegen hätten wehren können.

M 16 *Milchbüechli – Zeitschrift für die falschsexuelle Jugend* zum Pride Festival 2015

Die Schweizer *Milchjugend* (seit 2012) beschreibt sich selbst als „die grösste Jugendorganisation für lesbische, schwule, bi, trans, inter und asexuelle Jugendliche und für alle dazwischen und ausserhalb".

M 17 Verändertes Verkehrsschild am *Zurich Pride Festival*, Juni 2020

Die Treppe ist in den Farben der Transgender Pride-Fahne gehalten. Für eine geschlechtergerechte Sprache wird die Verwendung des *Gender_Gap*, des *Gender-Sternchens* oder des *Gender-Doppelpunkts* vorgeschlagen.

Die Massnahmen wurden zum Schutz der Kinder und der öffentlichen Ordnung und Gesundheit oder zur Armen, Sucht- oder Erziehungshilfe vom Staat angeordnet. Die Sozialsysteme der Gemeinden waren unterfinanziert und konnten in den Familien kaum unterstützend tätig werden. Föderalistische Unterschiede und unpräzise Gesetzesformulierungen führten zu willkürlichen Auslegungen. 1981 passte die Schweiz ihre Gesetzgebung bezüglich fürsorgerischer Zwangsmassnahmen an die 1974 ratifizierte *Europäische Menschenrechtskonvention* an. Die umliegenden Nationen hatten ebenfalls solche Massnahmen gekannt; die meisten hatten die *Konvention* jedoch bereits in den 1950er-Jahren ratifiziert und den Rechtsschutz für Betroffene stark verbessert. Eine wissenschaftliche Aufarbeitung der Geschichten der Opfer von Zwangsmassnahmen setzte erst in den 2010er-Jahren ein. Die vom Bundesrat 2014 berufene *Unabhängige Expertenkommission Administrative Versorgungen* (UEK) erklärte das Festhalten an den Massnahmen mit einem Abwehrreflex gegen internationale Normen, der zwar direktdemokratischen aber nur wenig grundrechtssensiblen Rechtskultur, einem moralischen Konformitätsdruck und einer starken Leistungsideologie.

„Alle wussten es, die meisten schauten weg" und „Basierend auf 100 000 wahren Geschichten": Der Film *Der Verdingbub*, auf dessen Plakat diese beiden Sätze zu lesen waren, holte 2011 die Geschichte der Heim- und Verdingkinder ins öffentlich-mediale Bewusstsein. Die Verdingung war vor allem in ländlichen Regionen der Schweiz bis weit ins 20. Jahrhundert die üblichste Methode zur Fremdunterbringung von Halb- und Vollwaisen, unehelichen und Scheidungskindern, und Kindern aus kinderreichen Familien, die überfordert oder bedürftig waren oder dem bürgerlichen Familienideal nicht entsprachen. In städtischen Regionen wurden die Kinder von den Behörden häufig in Heimen, auf dem Land bei Bauernfamilien fremdplatziert. Die Fremdplatzierungen geschahen nur zum Teil mit dem Einverständnis der Eltern; der Kindeswille spielte gar keine Rolle. Die Pflegefamilien bekamen eine Entschädigung von der Gemeinde oder in seltenen Fällen von der Ursprungsfamilie und boten den Kindern im besten Fall eine wohlwollende Pflege und Erziehung. Aber die Schwelle, um Pflegekinder aufnehmen zu dürfen, war niedrig; die Situation in der Ursprungsfamilie wurde bisweilen nach viel strengeren Massstäben beurteilt als in der Pflegefamilie. Das Wort „Verdingkinder" stellte die Arbeit in den Vorder- und den Pflegeauftrag in den Hintergrund. Diese Kinder durften oft und vor allem zur Erntezeit nicht zur Schule gehen, sondern mussten ohne Lohn arbeiten. Sie wurden wie Knechte und Mägde oder schlimmstenfalls wie Leibeigene behandelt. Die Heime waren häufig auch mit Landwirtschaftsbetrieben und kleineren Fabriken verbunden, wo man die Arbeitsleistung der Kinder ausbeutete. Die Arbeit von Kindern unter 14 Jahren war durch das eidgenössische Fabrikgesetz von 1877 in der Industrie verboten worden, blieb in der Landwirtschaft und der Heimarbeit aber bis 1978 erlaubt. Eine extrem harte Arbeitsbelastung, folterähnliche Strafen, physische und psychische Gewalt, Erniedrigung und sexueller Missbrauch waren für Heim- und Verdingkinder eher die Regel als die Ausnahme. Die Lebenssituation der Kinder wurde manchmal gar nicht oder durch Laien und oberflächlich kontrolliert. Die Verantwortlichen wurden kaum jemals zur Rechenschaft gezogen; nur wenn Heimleitung, Lehrpersonen, Kirchenleute und ärztliches Personal intervenierten. Meist gehörten diese aber selbst zum Kreis derer, welche die Ohnmacht der Kinder ausnutzten und für die Misshandlungen verantwortlich waren.

M 18   **Kinder um einen Esstisch, Kinderheim „Sunnehus" in Frutigen bei Bern, 24. Mai 1952**

Dieses Foto von Walter Studer entstand im Rahmen einer Reportage für die „Schweizer Illustrierte Zeitung". Kinderheime wie dieses hatten oft mit mangelnden finanziellen Mitteln zu kämpfen.

Das „Hilfswerk für die Kinder der Landstrasse" wurde 1926 durch die halbstaatliche Stiftung *Pro Juventute* lanciert. Dadurch wollte man die jenischen Familiengemeinschaften trennen und ihre Sprache und Kultur zurückdrängen. Die Jenischen wurden auf ihr Leben als Fahrende reduziert, auch wenn einige einen festen Wohnsitz hatten. Ihnen wurden ein schädlicher Einfluss auf die Gesellschaft, Bettlertum und Diebstahl unterstellt. Das vermeintliche Hilfswerk sorgte dafür, dass 600 Kinder gegen den Willen der Eltern als Heim- oder Verdingkinder fremdplatziert wurden. 1973 wurde das Projekt nach öffentlichem Druck eingestellt. Nach der *Konvention über die Verhütung und Bestrafung des Völkermordes* der *UNO* von 1948 wies die systematische Kindswegnahme bei den Jenischen auf den Strafbestand eines Genozids. Die Schweiz ratifizierte diese Konvention jedoch erst im Jahr 2000 und die Täterschaft blieb unbelangt.

Mindestens 20 000 bis 40 000 Jugendliche und Erwachsene wurden von 1930 bis 1981 durch die Vormundschaftsbehörden „administrativ versorgt". Das bedeutete für sie Freiheitsentzug und Entrechtung durch eine Einweisung in Erziehungsheime, Armenhäuser, Trinkerheilstätten, Psychiatrien und Gefängnisse ohne Gerichtsurteil oder rechtliches Vergehen. Dort mussten Menschen, die als „arbeitsscheu", „lasterhaft" oder „verwahrlost" galten – Armengenössige, Suchtkranke, Jenische, ledige Schwangere, ungehorsam erscheinende Frauen, Prostituierte, Menschen mit Behinderungen oder von zuhause Ausgerissene – unbezahlte Arbeit verrichten. Dies erschien als geeignetes Mittel, um ihnen die entsprechend erforderliche Arbeits- und Sexualmoral anzuerziehen. Die Dauer der Versorgung oblag ganz den Behörden und reichte von wenigen Monaten bis zu vielen Jahren. Im Rahmen dessen wurden Medikamententests, Adoptionen, Abtreibungen, bis hin zu Sterilisationen und Kastrationen durchgeführt.

Die Zwangsmassnahmen nahmen vielen Betroffenen ihre Chance auf ein selbstbestimmtes Leben und bewirkten tiefe körperliche und seelische Wunden. 2010 und 2013 baten Bundesrätin Eveline Widmer-Schlumpf und Bundesrätin Simonetta Sommaruga im Namen des Bundes die Opfer um Entschuldigung. 2014 setzte dann das „Bundesgesetz über die Aufarbeitung der fürsorgerischen Zwangsmassnahmen und Fremdplatzierungen vor 1981" die Forderungen einer zurückgezogenen „Wiedergutmachungsinitiative" zumindest teilweise um: Die Opfer sollten rehabilitiert, die Einsicht in die Akten erleichtert und 300 Millionen Franken in Solidaritätsbeiträgen ausbezahlt werden. 2019 publizierte die *UEK* ihren Schlussbericht und erinnerte an die Opfer, die bereits verstorben waren. Aus Sicht von Politik und Gesellschaft könnte die Aufarbeitung damit als abgeschlossen angesehen werden – die Verarbeitung bei den Opfern dauert an.

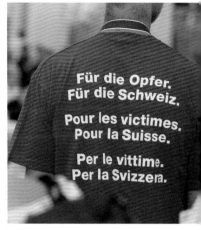

M 19 „Für die Opfer. Für die Schweiz."

Foto vom 30. Juni 2018 in Mümliswil, wo sich nach erfolgreichem Kampf für Anerkennung zum ersten Mal in der Schweizer Geschichte über 800 ehemalige Verdingkinder treffen. In Mümliswil befindet sich auch die nationale Gedenkstätte für Heim- und Verdingkinder.

M 20 Blick in die Foto-Ausstellung „Verdingkinder, Portraits von Peter Klaunzer" im Anna-Göldi-Museum in Ennenda im Kanton Glarus, 2018

Die Portraits gaben den Opfern der fürsorgerischen Zwangsmassnahmen einen Namen und ein Gesicht. Die Ausstellung eröffnete Einblicke in ihre aktuellen Lebensumstände. An der Vernissage gab es die Möglichkeit für direkte Begegnungen mit ehemaligen Verdingkindern.

Zugehörigkeit, Fremdheit und Identität

M 21 **In der Zürcher Ferien-kolonie für Schülerinnen und Schüler gibt es 1965 italie-nische Pasta statt Schweizer Kartoffeln.**

M 22 **„Und es kommen Menschen"**

1965 schrieb der Schweizer Schriftsteller Max Frisch ein Vorwort zum Buch Siamo Italiani – Die Italiener *des Autors und Filmemachers Alexander J. Seiler. Jener hatte im Jahr davor einen Dokumentarfilm mit dem gleichen Titel veröffentlicht. Aus Frischs Vorwort stammt der vielzitierte Spruch „man hat Arbeitskräfte gerufen, und es kommen Menschen":*

Ein kleines Herrenvolk sieht sich in Gefahr: man hat Arbeitskräfte gerufen, und es kommen Menschen. Sie fressen den Wohlstand nicht auf, im Gegenteil, sie sind für den Wohlstand unerlässlich. Aber sie sind da. Gastarbeiter oder
5 Fremdarbeiter? Ich bin fürs Letztere: sie sind keine Gäste, die man bedient, um an ihnen zu verdienen; sie arbeiten, und zwar in der Fremde, weil sie in ihrem eigenen Land zurzeit auf keinen grünen Zweig kommen. Das kann man ihnen nicht übel nehmen. Sie sprechen eine andere Spra-
10 che. Auch das kann man nicht übelnehmen, zumal die Sprache, die sie sprechen, zu den vier Landessprachen gehört. Aber das erschwert vieles. Sie beschweren sich über menschenunwürdige Unterkünfte, verbunden mit Wucher, und sind überhaupt nicht begeistert. Das ist ungewohnt. Aber
15 man braucht sie. Wäre das kleine Herrenvolk nicht bei sich selbst berühmt für seine Humanität und Toleranz und so weiter, der Umgang mit den fremden Arbeitskräften wäre leichter; man könnte sie in ordentlichen Lagern unterbringen, wo sie auch singen dürften, und sie würden nicht das

Strassenbild überfremden. Aber das geht nicht; sie sind 20 keine Gefangenen, nicht einmal Flüchtlinge. So stehen sie denn in den Läden und kaufen, und wenn sie einen Arbeitsunfall haben oder krank werden, liegen sie auch noch in den Krankenhäusern. Man fühlt sich überfremdet. Langsam nimmt man es ihnen doch übel. Ausbeutung ist ein ver- 25 brauchtes Wort, es sei denn, dass die Arbeitgeber sich ausgebeutet fühlen. Sie sparen, heisst es, jährlich eine Milliarde und schicken sie heim. Das war nicht der Sinn. Sie sparen. Eigentlich kann man ihnen auch das nicht übelnehmen. Aber sie sind einfach da, eine Überfremdung durch 30 Menschen, wo man doch nur Arbeitskräfte wollte. Und sie sind nicht nur Menschen, sondern anders: Italiener. Sie stehen Schlange an der Grenze; es ist unheimlich. Man muss das kleine Herrenvolk schon verstehen. Wenn Italien plötzlich seine Grenze sperren würde, wäre es auch un- 35 heimlich. Was tun? Es geht nicht ohne strenge Massnahmen, die keinen Betroffenen entzücken, nicht einmal den betroffenen Arbeitgeber. Es herrscht Konjunktur, aber kein Entzücken im Lande. Die Fremden singen. Zu viert in einem Schlafraum. Der Bundesrat verbittet sich die Einmischung 40 durch einen italienischen Minister, schliesslich ist man unabhängig, wenn auch angewiesen auf fremde Tellerwäscher und Maurer und Handlanger und Kellner und so weiter, unabhängig (glaube ich) von Habsburg wie von der EWG [Europäischen Wirtschaftsgemeinschaft]. Es sind einfach zu 45 viele, nicht auf der Baustelle und nicht in der Fabrik und nicht im Stall und nicht in der Küche, aber am Feierabend,

vor allem am Sonntag sind es plötzlich zu viele. Sie fallen
auf. Sie sind anders. Sie haben ein Auge auf Mädchen und
50 Frauen, solange sie die ihren nicht in die Fremde nehmen
dürfen. Man ist kein Rassist; es ist schliesslich eine Tradition, dass man nicht rassistisch ist, und die Tradition hat sich
bewährt in der Verurteilung französischer oder amerikanischer oder russischer Allüren, ganz zu schweigen von den
55 Deutschen, die den Begriff von den Hilfsvölkern geprägt
haben. Trotzdem sind sie einfach anders. Sie gefährden die
Eigenart des kleinen Herrenvolkes, die ungern umschrie-
ben wird, es sei denn im Sinn des Eigenlobs, das die andern
nicht interessiert; nun umschreiben uns aber die anderen.
60 [...] Ein seltsamer Menschenschlag: eigentlich sehr demütig,
naiv, nicht untertänig und nicht knechtisch, aber auch nicht
arrogant, nur nicht auf Demütigung gefasst, [...] lebensgläu-
big wie Kinder erschrecken viele über den Schnee im fremden Land und brauchen lange Zeit, bis sie merken, welcher
65 Art die Kälte ist, die sie erschreckt.

Zit. nach: Frisch, Max. „Überfremdung I". In: Max Frisch: Öffentlichkeit als
Partner. S. 100 ff.

Zur Initiative gegen die Überfremdung ein klares NEIN am 6./7. Juni

M 23 Ein Plakat gegen die zweite Überfremdungsinitiative von 1970

M 24 **„Nicht ganz das Gleiche"**

*Francesca Micelli, Tochter einer Schweizerin und Friula-
ners aus dem italienischen Friaul, wurde später Lehrerin
in Zürich. Sie erinnerte sich an zwei prägende Erlebnisse
aus ihrer Kindheit im Zusammenhang mit ihrer Nationalität:*

„Ich bin i Glarnerland ausgewachsen, und prägend war
schon, dass die meisten Leute bei meinem Nachnamen
stutzten. Damals konnten die Leute das wirklich nicht aussprechen. Immer, wenn am Sporttag die Rangliste verlesen
wurde, wusste cih zum Voraus, dass ich drankommen. Es 5
hiess dann: „Äh"..., und schon kam die übliche Pause –, „wie
spricht man dieses c in Francesca und in Micelli aus?" Da
wurde mir bald klar, dass ich nicht ganz das Gleiche bin,
obwohl meine Mutter Schweizerin war, aus dem Kanton
Glarus, und wir zu Hause vor allem Mundart redeten. 10
Das andere Prägende war die Überfremdungsinitiative. Ich
weiss nicht mehr genau, wann das war, aber ich weiss, wie
wir vor dem Fernseher gesessen und gezittert haben, denn
unsere Eltern hatten uns gesagt, wenn das angenommen
wird, dann müssen wir nach Italien. Und für uns war das 15
damals ein fremdes Land. Wir gingen zwar zweimal im Jahr
zu den Verwandten, aber es war eben das Land, in dem eine
Sprache gesprochen wurde, die man nicht ganz verstand,
wo es so wahnsinnig körperlich war, man geküsst und um-
armt wurde von Leuten, die man nur einmal im Jahr sah – 20
für uns eine erschreckende Vorstellung. Irgendwie hat mich
das schon geprägt, die Vorstellung, dass ich, die eigentlich
mehr mit der Schweiz zu tun hatte, anscheinend in den
Augen von vielen nicht hierher gehörte. Das war in einem
Alter, in dem ich das noch nicht so rational sehen konnte, 25
aber es hat mich extrem beschäftigt, dieses Gefühl.
Ich war 10 Jahre alt, als mir klar wurde, dass ich nicht ganz
Schweizerin bin. Damals sorgte meine Mutter dafür, dass
ich die schweizerische Nationalität bekam. Das bedeutete,
dass der Dorfpolizist in die Schule kam, um sich zu erkun- 30
digen, och ich „recht" tue in der Schule. Ich gehörte also
noch nicht ganz dazu, ich musste etwas leisten. Ich hatte
mich sowieso immer über Leistung definiert, und in diesem
Moment war ich froh darum, dass ich so gut war in der
Schule. 35

Zit. nach: Marina Frigerio Martina und Susanne Merhar, „... und es kamen
Menschen" – Die Schweiz der Italiener, S. 284.

Zugehörigkeit, Fremdheit und Identität

M 25   „Richtige Schweizer"

Die Familie von Annarella Rotter-Schiavetti flüchtete 1931 aus Italien über Frankreich in die Schweiz, da der Vater als Antifaschist verfolgt wurde. Die spätere Kunstmalerin erinnert sich an ihre Wohngegenden und an ihre Schulzeit zurück:

Wir wechselten oft die Wohnung: wir lebten an der Nordstrasse, an der Langstrasse, an der Obstgartenstrasse hier im Kreis 6. Ich habe einmal ausgerechnet, dass ich in meinem Leben 14-mal umgezogen bin. Ich sage das immer
5 wieder, es gibt ja Diskussionen, dass das Kind immer am gleichen Ort bleiben sollte und nicht viel wechseln wegen der Freundinnen und so ...; ich habe es nicht als Nachteil empfunden, wirklich nicht. Und vor allem war die Zeit an der Langstrasse für mich ein grosser Vorteil. Erstens gab
10 es viele Italiener dort, und die Schweizer waren ganz ähnlich wie meine Landsleute. Hier oben war es wieder ganz anders, das waren richtige Schweizer, wenn ich sage „richtige Schweizer", dann meine ich sehr konform. An der Langstrasse waren die Kinder sehr witzig, sie machten
15 auch Scherze und auf dem Markt am Helvetiaplatz stahlen wir immer Äpfel. Das machten alle, aber unsere Eltern wussten natürlich nichts davon ... Auch in der Schule herrschte eine andere Stimmung gegenüber den Lehrern. Man war viel kompakter gegenüber diesen Lehrern. Wenn
20 es irgendetwas gab, hielt man zusammen, was ich nachher nie mehr erlebte. Es waren vor allem Arbeiterkinder, die dort wohnten. Das war ein anderes Milieu als hier, wo das Bürgertum und das Grossbürgertum lebte, es war auch eine andere Zeit.
25 Als wir in die Schweiz kamen, besuchte ich die Schule hier im Nordstrasse-Schulhaus. Da kam ich geradewegs in die vierte Klasse. Das war ein grosses Trauma, denn in Marseille in die Schule zu gehen, war etwas ganz anderes. Vor allem auch, was die Autorität des Lehrers anbelangte; auch dort
30 hielten alle zusammen, gegen den Lehrer. Zu meiner Zeit waren die Lehrer dort nicht gerade glücklich. Diese Kinder machten alle mögliche Scherze mit ihnen und hielten sie zum Narren. Hier hingegen, im Nordstrasse-Schulhaus, hatte ich am Anfang einen Lehrer, der eine Art deutscher Offi-
35 zier war. Das war noch einer, der einem Schläge auf die Hand gab, mit einem Lineal, und andauernd Befehle erteilte. Dort war ich ganz unglücklich und ich konnte die Sprache auch noch nicht. Ganz unglücklich war ich da, und ich

weiss noch, wie ich für mich gedacht habe, wenn der nur sterben würde. Und siehe da, er starb plötzlich.
40
[...] Er war von einem Auto überfahren worden.
Ich muss sagen, dass das eigentlich mein Glück war, weil wir dann ein Fräulein bekamen, ein gewisses Fräulein Bodmer, die mich sehr, sehr gerne hatte. Sie sagte auch den anderen Kindern – da sieht man, welchen Einfluss Lehrer haben
45 können –: „Ihr müsst nett sein mit dem Mädchen, sie hat keine Heimat mehr, sie ist jetzt bei uns und seid nett." Von da an bekam ich immer einen Apfel oder ein bisschen vom Znüni, die wurden dann sehr nett, meine Kolleginnen in der Klasse, weil diese Lehrerin da war. Sie konnte sehr gut Ita-
50 lienisch und übersetzte mir alles nach der Schule.

Zit. nach: Marina Frigerio Martina und Susanne Merhar, „Und es kamen Menschen" – Die Schweiz der Italiener, S. 93 ff.

M 26   „Paradies für eine Dritte-Welt-Land-Frau"

Kanika Chhim-Buoy, geboren 1945 in Kambodscha, wuchs in der Hauptstadt Phnom-Penh auf und wurde Lehrerin. Als 1975 die kommunistischen Roten Khmer an die Macht kamen, wurde ihr Mann erschlagen und ihre beiden Kinder starben an Hunger und Krankheit. Sie selbst konnte vor Zwangsarbeit und Todesgefahr 1979 durch das Hilfswerk der Evangelischen Kirchen Schweiz (HEKS) in die Schweiz fliehen. Kanika Chhim-Buoy hielt später ihre Ankunft in einem selbst geschriebenen deutschen Text fest:

Unten wartete auf uns eine Gruppe, die aus einigen Leuten bestand, ein paar Vertreter vom Bundesamt für Polizeiwesen, von Hilfswerken HEKS, Caritas und einige Kambodschaner. Ein Herr hielt eine kleine Rede in einer Sprache, von der ich kein Wort verstand. Nachher übersetzte uns ein
5 Kambodschaner der Empfangsgruppe die Ansprache, deren Sinn war, dass wir in der Schweiz willkommen empfangen wurden und man uns weiterhin alles Gute für unser Leben wünschte. Nachdem wir unser Gepäck geholt und es in den geschlossenen Anhänger verstaut hatten, stiegen wir
10 in die Busse ein. Wir wussten nicht, wohin wir gebracht wurden. Unterwegs sah ich mehrere Dörfer. Überall war es sehr sauber und schön. Ein solches Land hatte ich noch nicht erlebt. Und was mir am besten gefiel, waren die Pflanzen mit ihren schönen, bunten Blättern auf den Fenster-
15 brettern vor den Häusern, in den Gärten und auf den Wiesen. Ich fühlte mich schon wie im Paradies.

„Weisst du was", unterbrach mich eine Nachbarin von meinem herrlichen Gedanken. „Wo sind die Menschen hier?",
20 fragte sie weiter.

Spontan antwortete ich lächelnd: „Es könnte sein, dass es nun Ferien sind und man verbringt seine Zeit am Meer oder auf den Bergen".

„Aber nicht alle".

25 „Du hast recht. Das verstehe ich selbst auch nicht".

Ich blickte andere Leute an, die im gleichen Bus mit mir fuhren. Sie hatten sicher die gleiche Frage wie meine Nachbarin. Es war für uns ein grosses Erstaunen, weil wir von einem Land gekommen waren, wo man überall Menschen
30 sah.

Zit. nach: Kanika Chhim-Buoy, „Paradies für eine Dritte-Welt-Land-Frau",
in: Fremd in der Schweiz, Irmela Kummer, Elisabeth Winiger (Hg.), Cosmos
Verlag, Muri b. Bern 1987, S. 23f.

M 27 „Auslender Kind"

Dragica Rajćić, geboren 1959 in Split, Jugoslawien, kam um das Jahr 1980 in die Schweiz. Sie hat mehrere Gedichte zum Leben in der Schweiz in Deutsch verfasst – das folgende trägt den Titel „Auslender Kind":

nur Kind
zehn Jahre, dunkel, ein Kind nur
mager, verspielt
Zimmerwand Brucce Lee, Rambo
Schreibpult   5
nicht zu Hause benutzte Worte
Schulbuch tortur

Die Mutter schweigt viel
Vatter immer nur Fabrik
alles für Ihm   10
drausen zu spelen verleidet
kalt ist es in
diesem Land
Schwester ausgezogen
jetzt liegt ganzes Familie Zukunft auf Ihm   15
er denkt
„wen ich gross bin
gehe ich nach America"

Zit. nach: Dragica Rajćić, „Auslender Kind", in: Fremd in der Schweiz,
Irmela Kummer, Elisabeth Winiger (Hg.), Cosmos Verlag, Muri b. Bern 1987,
S. 139

Aufgaben

1. Zugehörigkeitsdebatten

a) Beschreiben Sie ausgehend von M1 und dem Text, wie die gesellschaftlichen Umbrüche in der Schweiz nach 1945 die aktuelle Gegenwart beeinflusst haben.

b) Analysieren Sie Bildelemente aus den Quellen M2-M6 und M21, welche einerseits auf Unterschiede und andererseits auf Gemeinsamkeiten zwischen Fremdarbeiterinnen und -arbeitern und Schweizerinnen und Schweizern hinweisen.

c) Erschliessen Sie aus dem Text von Max Frisch M22, welche Eigenschaften er den Italienerinnen und Italienern und welche er den Schweizerinnen und Schweizern zuweist.

d) Interpretieren Sie das Plakat M23 hinsichtlich des selektiven Rückgriffs auf die Vergangenheit und dessen Verwendung im Abstimmungskampf.

e) Erschliessen Sie aus dem Text von Francesca Micelli und Annarella Rotter-Schiavetti M24 und M25, welche Eigenschaften die beiden den Italienerinnen und Italienern und welche sie den Schweizerinnen und Schweizern zuweisen.

f) Vergleichen Sie den Text von Kanika Chhim-Buoy M26 und das Gedicht von Dragica Rajćić M27 hinsichtlich ihrer Beschreibung der Schweiz.

g) Interpretieren Sie die Verwendung von wiederholten Begriffen und Zuweisungen von Eigenschaften in den Textquellen M22 und M24-M27 im Hinblick darauf, inwieweit die Menschen aus dem Ausland zur Schweiz zugehörig sind.

Text, M1–M6, M21–M27

Jugendbewegungen und Generationenkonflikt

M 28 Hippies in Luzern an der Reuss 1971

M 29 **Augenzeugen**

Die Zeitung Neue Presse *am 1. Juli über die Ereignisse vom 29. Juni 1968 in Zürich:*

ZUERICH – So erleben Augenzeugen das Vorgehen der Polizei: Emilio Modena, Arzt: «Zu mir kamen zwei Patienten, ein 24jähriger Mann und ein Mädchen. Die beiden waren im Gemenge eingeschlossen worden. Der extrem kurzsichtige
5 Mann verlor seine Brille und wurde darauf von der Polizei zusammengeknüppelt. Er hatte vom Kopf bis Fuss Knüppelspuren; er gab an, am schlimmsten sei er geprügelt worden, nachdem er in den ‚Globus' geschleppt worden sei. Das Mädchen hatte einen starken Schlag auf den Hinterkopf
10 erhalten; es wies die klassischen Symptome einer Gehirnerschütterung auf.“ Jörg Reichlin, Gymnasiast: „Ein Polizist rief: ‚Dieser Saukerl hat auch lange Haare' dann wurde ich

brutal gepackt und erhielt von hinten einen Schlag über den Kopf. An den Haaren wurde ich ins ‚Globus'-Provisori-umgeschleift, und was dort geschehen ist, spottet jeder 15 Beschreibung. Durch Wasser und Schlamm wurde ich durch ein Polizeispalier getrieben; jeder teilte mir Fusstritte und Knüppelschläge aus. Am Ende einer Treppe, über die ich eben falls an den Haaren hinunter gezerrt wurde, verlor ich das Bewusstsein und erwachte erst wieder im Polizeiauto.“ 20 René Bautz, Student: „Am Anfang beim ‚Globus'- Provisorium befahlen die Polizeioffiziere ihren Leuten, hinter den Abschrankungen auf dem Trottoir zu bleiben. Die Polizisten kümmerten sich nicht um diese Befehle und machten ständige Ausfälle. Keiner der Demonstranten hatte zu jener Zeit 25 eine Waffe in der Hand.“

Zit. nach: Emilio Modena, Jörg Reichlin, René Bautz: Neue Presse No. 152, 01.07.1968. https://www.uzh.ch/cosmov/edition/ssl-dir/V4/XML-Files/XML/ EH_1120_TG.xml

M 30 „ZUERCHER JUGEND SCHAFFT DEMOKRATIE"

Unter diesem Titel erschien am 1. Juli 1968 ein Flugblatt der Aktion Jugendzentrum:

Am Samstagabend ist das Globus-Provisorium von der Zürcher Jugend kampflos besetzt worden. Der Stadtrat kapitulierte vor der Entschlossenheit der fortschrittlichen Zürcher. Die direkt demokratische Aktion konnte sich in
5 Zürich erstmals gegen den autoritären Staatsapparat durchsetzen.

Die völlig ungerechtfertigte Prügelei der Stadtpolizei vor dem Hallenstadion und die Empörung über die sich häufenden Skandale im Polizeikorps veranlassten mehrere
10 tausend Personen trotz strömenden Regens vor der Hauptwache zu demonstrieren. Ein öffentlicher Prozess, welcher zum Freispruch des unbekannten Schläger-Polizisten führte, stellte eindeutig klar, wo die Verantwortung für die Missstände liegt. Nicht so sehr beim einfachen Polizeimann, als
15 bei der Polizeileitung und der autoritären Struktur unserer Gesellschaft.

Die Generalversammlung der fortschrittlichen Zürcher Jugend im besetzten Globus bewies, dass die Jugend durchaus in der Lage ist, ihre Interessen auf echt demokratische
20 Weise selbst zu vertreten. Zwei Hauptforderungen des mit überwältigender Mehrheit angenommenen Resolutionstextes der Initianten lauten:

- Steht der Jugend am 1. Juli 1968 der Globus oder ein ihm gleichwertiges Gebäude im Zentrum der Stadt nicht zur
25 Verfügung, werden wir das Globusareal besetzen und zu unserem autonomen Kultur-. Gesellschafts- und Freizeitzentrum aufbauen.

- Das Jugendzentrum ist von den Stadtbehörden absolut unabhängig. Verwaltung und Organisation liegen in den
30 Händen der Jugend.

Anschliessend wurde ein provisorisches Aktionskomitee Jugendzentrum gewählt. Es umfasst Vertreter von 13 Jugendgruppen. Ueberdies bildeten sich spontan Aktionsausschüsse der Arbeitnehmer, der Gewerbeschüler, der Mittelschüler, der Schüler des Kaufmännischen Vereins 35 und der freischaffenden. Ihre Aufgabe besteht darin, die Basis der antiautoritären Bewegung in Zürich zu erweitern.

Die Versammlung entschied sich auch weiterhin für das Mittel der direkten Aktion. Weitere Informationen werden 40 über Flugblätter und Anschläge an geeigneten Plätzen der Stadt veröffentlicht.

Zit. nach: Flugblatt, Aktion Jugendzentrum, 01.07.1968, https://www.uzh.ch/cosmov/edition/ssl-dir/V4/XML-Files/XML/GK_1012_CJ.xml

M 31 Langhaar-Verbotsschild an einem Neuenburger Restaurant am 4. August 1971

---

1. Bewegte Jugend

a) Analysieren Sie Bildelemente aus den Quellen M7-M11, M28 und M31, welche auf eine Abgrenzungsbewegung der Jugendlichen gegenüber dem Staat und älteren Generationen hinweisen.

b) Charakterisieren Sie die Sprache der Bewegten in den Quellen M29 und M30 hinsichtlich ihrer Schuldzuweisungen an die Polizei.

⌐ Text, M7–M11, M28–M31

Emanzipation von Geschlechtern und Sexualitäten

Frauenstreik
2019 in Luzern

Frauenstreik!

Die autonome Frauengewerkschaft Schweiz wurde 1988 in Bern gegründet. Zum Frauenstreik 1991 verfasste sie ein Flugblatt:

14. Juni: Mütter-Tag? Fest-Tag? Kampf-Tag? Jedenfalls eine erweiterte Diskussion über Angriffe auf die Frauen, die Frauenbewegung und den FRAUENSTREIK!

1. Der ökonomische Angriff

5 Ueber 60 – eher unerwartet und ohne viel Kampftradition zustandegekommene – Streikkomitees sind eine lebendige Antwort darauf, dass sich die Lage der Frauen in den letzten zwanzig Jahren statt verbessert deutlich verschlechtert hat. Haus- und Sozialarbeit sind Frauenarbeit geblieben. Glei-10 che Rechte konnten sich Privilegierte oder Prozessmutige ergattern, gleiche Löhne für gleichwertige Arbeit wurden postuliert aber nicht durchgesetzt. Krippenplätze fehlen ebenso wie Ganztagesschulen, und weder Mutterschutz noch Abtreibung sind zufriedenstellend geregelt. Teilzeit-15 stellen wurden gemäss Unternehmer-Bedürfnissen angeboten. Pensionskassen lehnten Freizügigkeit ab und die 10. AHV-Revision lässt weiter auf frauengerechte Neuerungen warten. Sexistische Werbung wurde wieder alltäglicher, Diskriminierungen gegen Ausländerinnen ausgebaut. So ist 20 es eine Genugtuung, wenn überall nicht nur Forderungen aufgelistet, sondern Boykotte vorbereitet, Kundgebungen geplant und Streikformen für Frauen diskutiert und eingeübt werden!

2. Ideologische Versuche, unseren Streik zu diffamieren

In Frauenzeitschriften wie ANNABELLE und BRIGITTE brand-25 marken Kaderfrauen den Streik als „lächerlich" oder finden „Frauenbeitrag zur 700-Jah-Feier umstritten". Die Art der Berichterstattung unterschiebt die alte Leier: dass weitgehend selbst verschuldet sei, wenn jemand bei uns in der Schweiz zu kurz komme. Diese Frauen sind gekauft, sie ge-30 hören zu unseren Gegnern. Linke (aufgestiegene?) Männer, die ihre Angst vor Frauen-Konkurrenz nicht wahrhaben mögen, packen in rührender Weise dort an, wo anpacken nichts Grundlegendes verändert. [...]

3. Vater Staat ist ein Patriarch 35

Er nimmt sein Geld von den Frauen und gibt es den Männern. Der als kapitalistisch kritisierte Staat ist auch ein patriarchalischer, die Rechtlosigkeit der Frau im Rechtsstaat ist eine Tatsache. [...]

4. Der Feind in und unter uns 40

Ein konkretes Ueberfordertsein angesichts der vielschichtigen Angriffe und verzwickten Sachzwänge verlockt uns Frauen zum Ausweichen. Unsere Wohlanständigkeit und unser oft krankhaftes Harmoniebedürfnis grenzen zeitweise an Prostitution oder Masochismus. [...] Wir müssen dringend 45 Autoritätshörigkeit abbauen, die uns hoffen lässt, wenn nur erst einmal die SPS oder der Staat ein aktuelles Problem normiert und auf dem Papier seine Beseitigung versprochen haben, werde sich mit der Zeit alles zum Guten wenden. [...]

5. Das Unbehagen, Utopien zu verteidigen, wenn die halbe 50 Welt dereguliert

[...] Wirtschaftswachstum und Frauenunterdrückung sind zwei Seiten derselben Medaille, weil Wirtschaftswachstum unter Konkurrenz und Profitmaximierung nur auf einer fortgesetz-
55 ten Ausbeutung und Zerstörung der Naturreserven möglich ist und weil Unternehmer und Patriarchen Frauen generell zu diesen Naturreserven zählen. Eine Behauptung von uns? In zwei Arbeitsgruppen der Frauengewerkschaft kann frau an diesen Thesen mitdenken, mitreden, mitkämpfen!

Zit. nach: Dokument aus dem Schweizerischen Sozialarchiv. SozArch QS 04.6 C *Str, 1991: Frauenbewegung in der Schweiz: Frauenstreiktag: 14. Juni

M 34 Manifest zum Frauenstreik 2019

Im Sommer 2019 erschien ein ausführliches Manifest zum Frauenstreik. Der Darlegung der Gründe, warum gestreikt werde, ging eine einleitende Lagebeurteilung der Frauen in der Schweiz voraus:

Manifest für den feministischen Streik / Frauen*streik am 14. Juni 2019
Verfasst vom Collectifs romands pour la grève féministe et des femmes *
5 Vom Reden zum Streik
An vielen Orten in der ganzen Welt leben feministische Bewegungen wieder auf: #metoo hat dazu beigetragen, dass Frauen* reden, und dank der sozialen Netzwerke gab es ein weltweites Echo, wie sich unter anderem am überwältigen-
10 den Frauen*streik vom 8. März 2018 in Spanien gezeigt hat. Auch in der Schweiz dauern Sexismus, Ungleichheit und Gewalt gegenüber Frauen* an, trotz politisch korrekter Redeweisen über die Gleichstellung und obwohl die Gleichstellung in der Verfassung seit 1981 festgeschrieben ist.
15 Wenn Frau will, steht alles still
Im Land des sogenannten Arbeitsfriedens haben die Frauen* schon einmal gestreikt und eine halbe Million Menschen mobilisiert, am 14. Juni 1991, also 10 Jahre nach Inkrafttreten des Verfassungsartikels zur Gleichstellung. An
20 diesem Tag verschränkten die Frauen* die Arme: Der Frauenstreik fand nicht nur an den Arbeitsplätzen statt, sondern auch in den Haushalten, wo Frauen* die Arbeit niederlegten, ihre Besen aus dem Fenster hängten, weder kochten noch die Kinder versorgten.
25 Der Frauen*streik von 1991 hat alle überrascht. Ein heftiger Wind für die Gleichstellung zog durchs Land: seither gab es einige konkrete Resultate wie das Gleichstellungsgesetz, den Mutterschaftsurlaub, Splitting und Erziehungsgutschriften in der AHV, die sogenannte Fristenlösung beim Schwanger-
30 schaftsabbruch und Massnahmen gegen häusliche Gewalt. Heute ist ein neuer Schwung nötig. Am 22. September 2018

demonstrierten 20'000 Frauen* und solidarische Männer in Bern für Gleichstellung und gegen Diskriminierung – der Beginn einer Mobilisierung, die wir bis zum feministischen Streik, bis zum Frauen*streik am 14. Juni 2019 fortführen 35 wollen.
Die Gleichstellung stagniert: Frauen* mobilisieren sich!
Wir alle sind auf die eine oder andere Art Sexismus, Diskriminierungen, Stereotypen und Gewalt ausgesetzt, am Arbeitsplatz, zuhause und auf der Strasse. Aber wir wissen, 40 dass spezifische Diskriminierungen auf der Basis der Hautfarbe, der Klasse, der sexuellen Orientierung oder Identität zusammen kommen können, so dass einige von uns mehrfache Diskriminierung erfahren.
Mit all unseren Unterschieden wehren wir uns gegen jede 45 Instrumentalisierung unserer Kämpfe, insbesondere für rassistische Ziele. Wir fordern das Recht frei zu leben in einer Gesellschaft, welche gleiche Rechte für alle garantiert.
Während den letzten 20 Jahren war der Aufstieg der neoliberalen Politik zu beobachten, mit Angriffen auf den Ser- 50 vice Public, Zurückfahren von Leistungen, Privatisierung von Bereichen wie der Gesundheitsversorgung, Verschlechterung der Arbeitsbedingungen und der Renten.
Die kapitalistische Ökonomie möchte die Profite auf Kosten der Menschen und des ökologischen Gleichgewichts maxi- 55 mieren. Die Frauen* sind die ersten, die darunter leiden, als prekarisierte Arbeitnehmerinnen, Migrantinnen oder auch als Mütter, die in vielen Fällen alleine für Haushalt und Kinder verantwortlich sind.
Wie die Isländerinnen sagen: „Ändern wir nicht die Frauen, 60 ändern wir die Gesellschaft!" Denn Gleichstellung kann nicht in einer Welt umgesetzt werden, in der nur das Geld zählt, sondern sie setzt eine Gesellschaft voraus, in der Respekt und das Wohlbefinden eines jeden menschlichen Wesens zählen. 65

Collectifs romands pour la grève féministe et des femmes, SGB / USS 14.06.2019, https://www.14juni.ch/wp-content/uploads/2019/03/manifest-streikkollektiv_d.pdf

M 35 „Ich bin unehelich, dumm und dann auch noch schwul"

Liva Tresch, die 2015 82 Jahre alt war, erinnerte sich an ihre Zeit als 22-Jährige:

Mit 22 [1955] bekam ich meine erste Stelle als Hilfslaborantin in einem Fotogeschäft. Dort lernte ich die Fototechnik kennen und verliebte mich unglücklich in die Chefin. Als ich eines Abends mit meinen Arbeitskollegen unterwegs war, sagten sie mir auf einmal, jetzt zeigen wir dir noch die 5 Schwulen. Ich dachte, das *Saupack* will ich gar nicht sehen.

Emanzipation von Geschlechtern und Sexualitäten

Ich wusste nicht, was schwul ist, aber es war der Inbegriff des *Gruusigen*. Wir gingen zum „Blauen Himmel" im Niederdorf, das heutige Restaurant Turm. Das war ein düsteres
10 Lokal mit vielen jungen Männern. Aber es hatte keine *Bau-Chnuschtis* und keine *Puuretschumpel* dort. Nur gepflegte Männer. Ich dachte, die sind überhaupt nicht schwul, das sind ja herzige junge Männer. In der Ecke sass eine junge Frau, die aussah wie ein Büebel, mit kurzen dunklen Haaren
15 und schönen grossen Augen. Meine Kollegen sagten, das sei eine Schwule. Das Wort „Lesbe" brauchte man in den Fünfzigerjahren noch nicht. Ich musste sie immer anschauen und fand sie wunderschön. Dann kam eine ältere, pummelige Frau rein und ging zu dem schönen Mädchen. Sie
20 umarmten und küssten sich. Ich schaute zu und dachte, ah, das möchte ich auch. Ich will auch so eine liebe *Tante*. Durch den Schnaps und die Aufregung war ich ganz durcheinander. Auf der Toilette traf ich das schöne Mädchen, und sie sagte, sie würde am Wurlitzer für mich Musik wählen.
25 Sie wählte „Gern habe ich die Frauen geküsst". Ich verstand immer noch nicht genau, worum es ging. Ich war nach diesem Barbesuch so besoffen, dass mich meine Freunde heimbringen mussten.

Das schöne Mädchen ging mir nicht mehr aus dem Kopf.

Zit. nach: Corinne Rufli, Seit dieser Nacht war ich wie verzaubert – Frauenliebende Frauen über siebzig erzählen, S. 193.

M 36   „Die unausweichliche Aufgabe"

Der führende Kopf der Redaktion der Zeitschrift Der Kreis *arbeitete unter dem Pseudonym „Rolf". Rolf blickte in der Ausgabe vom September 1957 zurück auf die Anfänge der vorangehenden Zeitschrift 1932 und erklärte seine Aufgabe:*

Jede Minderheit will sich behaupten.
Jeder Verfemte kämpft um seine Achtung.
Jeder Gefangene reisst an seinen Ketten.
Diese innere Situation war vor 25 Jahren gegeben, als einige
5 Wenige – und mit ihnen eine tapfere Frau – die ersten hektographierten [durch ein Druckverfahren vervielfachte] Seiten einer Zeitschrift für Homoeroten in Zürich herausgaben. Ohne finanzielle Mittel, ohne Aussicht auf Erfolg selbst in den eigenen Reihen, wurde versucht, entstellenden Ver-
10 allgemeinerungen über den homosexuellen Menschen entgegenzutreten, gewissenlosen Verunglimpfungen der gleichgeschlechtlichen Neigung die Lebenstatsache eines

Eros gegenüberzustellen, der seit Urbeginn im Menschengeschlecht da war und zu allen Zeiten Beglückung und Leid über die mit diesem Dasein Getroffenen gebracht hat und 15 bringen wird.

Eine Zeitschrift bleibt immer eine Aufgabe und eine Aussage. [...]

Die Tolerierung unserer Art durch das Gesetz bedeutet aber noch keineswegs diejenige durch die Oeffentlichkeit. Im 20 Gegenteil: Ereignisse der jüngsten Zeit haben mit erschreckender Deutlichkeit bewiesen, dass die „kompakte Majorität" im Eros zwischen Männern immer noch nur ein verwerfliches Laster, im besten Fall eine mit gutem Willen heilbare Krankheit, sieht. [...] 25

So sehen wir, denen die Zeitschrift als Aufgabe ans Herz gewachsen ist, die uns aufgetragene Notwendigkeit. So suchen wir immer wieder die Aussage, die zu den Herzen und zu den Sinnen spricht. So suchen wir immer wieder das grosse „Ja" zu dem Rätsel unseres Lebens. Manchmal kom- 30 men auch Stunden des Zweifels: Ist nicht schon genug darüber gesagt und geschrieben worden? Bleibt es nicht verlorene Zeit, weil die öffentliche Meinung sich so verdammt wenig geändert hat? Wäre es nicht gescheiter, zu schweigen und im Dunkel zu verschwinden, sein Leben so verlogen wie 35 möglich zu leben, um der Majorität den Glauben zu lassen, diese Liebe sei nur ein Abweg und ihr Reich sei nur der Asphalt und die verrufenen Gassen der Nacht? Es wäre ja so einfach, so zu tun, als ob es das nicht gäbe und nie gegeben habe: Hadrian und Antinous, Michelangelo und Tom- 40 maso Cavalieri, August von Platen, Peter Tschaikowsky, Johannes von Müller und ihre nie umarmten Freunde, auch nicht die noch Lebenden, die die Eingeweihten seit vielen Jahren kennen und bewundern und deren Namen zu nennen Verrat an ihnen und Preisgabe an die geifernde Meute 45 wäre! Man könnte einfach schweigen – und käme sich doch eben vor wie einer, der sich der Aufgabe feige entzieht, zu der er sich aufgerufen glaubt. Spätere Jahrzehnte mögen entscheiden, ob die Aussage gut oder schlecht war. Gelingt es uns weiter, der Wahrheit, und nichts als der Wahrheit, 50 den Boden zu ebnen, damit die nach uns Kommenden freier in der Verantwortung leben können, dann behält unsere Zeitschrift auch weiterhin ihren Sinn – und unsere Arbeit an ihr auch.

Mag sie einer schöneren Zukunft dienen! 55

Zit. nach: Kurt v. Hammerstein und Björn Knoll (Hg.), Der Kreis – Eine Sammlung, Edition Salzgeber, Berlin 2014, S. 156 ff.

M 37 Frauendemo in Zürich, 10. März 1979 und „Homo Demo" in Bern, 24. Juni 1979

1. Emanzipationsbewegungen

a) Erschliessen Sie aus dem Text eine mehrschichtige Begründung, weshalb das Frauenstimm- und -wahlrecht in der Schweiz erst 1971 eingeführt wurde.

b) Analysieren Sie Bildelemente aus den Quellen M12 – M17, M32 und M37, anhand derer Sie aufzeigen können, welche Veränderungen das Frauenbild seit 1920 durchlaufen hat.

c) Vergleichen Sie das Flugblatt M33 von 1991 mit dem Manifest M34 von 2019 hinsichtlich der darin angesprochenen Kritikpunkte.

d) Charakterisieren Sie anhand der Sprache in den Quellen M35 und M36 die Wahrnehmung von (lesbischer und schwuler) Homosexualität.

e) Arbeiten Sie aus den Quellen M33-M37 heraus, inwiefern die Emanzipationsbewegungen der Frauen und verschiedener sexuelle Orientierungen und Geschlechtsidentitäten miteinander zusammenhängen.

f) Diskutieren Sie, inwiefern die Kennzeichnung der sexuellen Orientierung oder der Geschlechtsidentität mithilfe von „Labels" wie „lesbisch", „schwul", „bi", „trans", „inter" oder „asexuell" für manche Menschen von höherer oder tieferer Bedeutung sein kann.

⌒ Text, M12 – M17, M32 – M37

Aufarbeitung der fürsorgerischen Zwangsmassnahmen

M 38 „Weggeschaut"
Holzskulptur des Künstlers Stephan Schmidlin. Die Skulptur steht seit Juni 2014 als Mahnmal vor dem ehemaligen Kinderheim Mümliswil, heute nationale Gedenkstätte für Heim- und Verdingkinder. Die Figur, die im Bild hinter dem Kind zu sehen ist, stellt einen Beamten dar.

M 39 „Erlebnisse aus meiner Verdingzeit"

R. B., geboren 1936, beschrieb im Rückblick ihre Jugend als Verdingkind:

In den fünf Jahren meiner Verdingung hatte ich viel Schweres und Trauriges zu ertragen, ab und zu auch Angenehmes und Erfreuliches. Ein Erlebnis negativer Art war, als einmal gänzlich vergass, den Brennholzkasten in der Küche aufzu-
5 füllen. Angst und Schrecken erfüllten mich, als ich dessen gewahr wurde. Die junge Bäuerin beschuldigte mich hart. Das reichte; ihr Mann packte mich und peitschte mich so tüchtig aus, dass ich am Gesäss blutete. Der Lederriemen tat seinen Dienst, nicht das erste und nicht das letzte Mal.
10 Da fühlte ich mich total einsam und verlassen. Ich hatte keinen Menschen, dem ich meine Nöte und Empfindungen mitteilen konnte.
Wechseln wir zu den helleren Seiten. Trotz meiner langen und oft strengen Arbeitszeit durfte ich auch Erfreuliches
15 erleben. Der Vater des jungen Bauern war korrekt und gut zu mir. In Abständen musste er in die Kantonshauptstadt (ich denke, dass er ein politisches Amt innehatte), dazu benutzte er bei trockenem Wetter sein Fahrrad. Dieses musste ich jeweils sauber putzen. In der Regel erhielt ich

dafür eine kleine Süssigkeit, welche ich dankbar und mit 20 Freude entgegennahm. Eine grosse Enttäuschung war, wenn er aus Zeitmangel kein Mitbringsel hatte.
Eine andere gütige Person war die Frau der Metzgerei. Samstag musste ich jeweils Siedfleisch holen, dabei erhielt ich eine Scheibe Cervelat, die ich dankbar genoss. Eines 25 Samstags erhielt ich infolge vieler Kunden nichts, doch gab ich nicht auf und blieb einfach ruhig stehen. Dies entging der Frau nicht, und indem sie sagte: „Ah, du hast deine Wurst noch nicht!", gab sie mir ein grosses Stück davon. War das ein Leckerbissen!   30
Auch der Dorfkäser meinte es gut mit mir. Morgens und abends musste die Milch zur Käserei gebracht werden. Das war meine Aufgabe. Bei dieser Gelegenheit musste ich ab und zu ein Kilogramm Käse einkaufen. Dabei gab mir der Käser ein Stück zu essen, ich dankte, dachte aber, ein Stück 35 Wurst wäre mir lieber. – Heute bin ich Käseliebhaber.
Ein anderes wohltuendes Erlebnis war bei der Heuernte. Schuhe waren sehr rar, und so ging ich barfuss, das war ich gewohnt. Doch die Stoppeln stachen mich in die Füsse, dazu war es sehr heiss. Da erlebte ich eine angenehme 40 Überraschung. Die junge Bäuerin sagte anerkennend zu mir: „Jetzt habe ich gesehen, dass du mehr leistest als des

Nachbarn Knecht", der uns auch half. Diese Anerkennung tat mir sehr wohl. Dazu überreichte sie mir ein 20-Rappen-
45 Stück mit der Anweisung: „Kauf dir etwas beim Bäcker." Obwohl es mich gelüstete, kaufte ich nichts, denn ich sparte längere Zeit für eine Tafel Nussschokolade. Doch mein ganzes Vermögen blieb bei 55 Rappen stehen, inklusive der 20 erwähnten Rappen. Nun hoffte ich, vielleicht würde mir
50 die Verkäuferin, die ich gut kannte und sie mich auch, die Schoggi, welche 75 Rappen kostete, für 55 Rappen geben. Doch mein Plan und meine Hoffnung wurden zerschlagen. Ich hatte viele Pflichten, wie zum Beispiel um fünf Uhr beim Grasen auf dem Felde mitzuhelfen, dann den Kuhstall aus-
55 zumisten, mit der Milch in die Käserei zu gehen, das Milchgeschirr sauber zu waschen und zu brühen und das Morgenessen zu richten. Der Schulbeginn war um halb acht Uhr. So musste ich jeweils schnell rennen, damit ich nicht zu spät kam. Die Leute, die das sahen, sagten, man sehe von
60 mir nur Haarbüschel und Absätze.

Zit. nach: Marco Leuenberger und Loretta Seglias (Hg.), Versorgt und vergessen – Ehemalige Verdingkinder erzählen, S. 179.

M 40 „Immense Kraft und einen hellwachen Geist"

Marielies Birchler, geboren 1950, erzählte von den Schrecken ihrer Zeit als Verding- und Heimkind:

„Meine Kindheit und Jungenzeit möchte ich nicht für 10 Millionen zurück haben." Das schrieb mein jüngerer Bruder kurz vor seinem Suizid, im Alter von 27 Jahren, an seinen Vormund. Diese Aussage unterschreibe ich auch für mich.
5 Nestwärme kannten und erlebten wir keine.
Am 1. Januar 1950 bin ich als ältestes von fünf Geschwistern in Zürich geboren. Im September 1951 wurde ich mit meinem Bruder, acht Monate, aufgrund angeschlagener Gesundheit für einen Kuraufenthalt ins Kinderheim Einsie-
10 deln überwiesen, in die Heimatgemeinde meines Vaters. Meine Eltern waren sehr jung und überfordert. Der Kuraufenthalt wurde zur Dauerplatzierung.

Das Heim, von Ingenbohler Schwestern geführt, erwies sich jedoch als katastrophale Alternative! Weil ich Bettnässerin war, wurde ich schon als Kleinkind grausam dafür bestraft. 15 Jeden Abend vor dem Schlafengehen drückte mich die Nonne in der Badewanne unter das eiskalte Wasser, bis ich fast erstickte. Anschliessend prügelte sie mit dem Stiel des Teppichklopfers auf meinen nackten Körper ein. […] Als hoffnungsloser Fall bezeichnet, wurde mir indoktriniert vom 20 Teufel besessen zu sein. Besondere Rituale wurden mit mir durchgeführt, die diesen austreiben sollten. Ich wurde zusehends mehr ausgegrenzt und von anderen Kindern isoliert. Ich war häufig tage- und nächtelang in dem von allen Kindern extrem gefürchteten Estrich, in einer Kammer, ein- 25 gesperrt. Ausser einem Eisenbett und einem Nachttopf hatte ich dort nichts. […]
1963, mit 13 Jahren, Erziehungsheim Burg Rebstein, wegen sexueller Beziehung zu Italienern. Hier musste ich intern die Primarschule abschliessen. Aufgrund „sexueller Ge- 30 fährdung" wurde mir die Sekundarschule ausserhalb des Heimes verweigert und später eine höhere Bildung verhindert. […] Bemerkenswert ist, dass ich in den Erziehungsheimen humanere Pädagogik erlebte. Im Gegensatz zu Einsiedeln wurde ich weder ausgegrenzt noch geschlagen, noch 35 war ich vom Teufel besessen.
Meine Kindheit holte mich zeitlebens immer wieder ein. Neben schweren Krankheiten und Infektionen, wiederholten Erschöpfungsdepressionen brach 2006 eine Welt für mich zusammen. Ich verlor meine Stelle als Pflegefachfrau 40 und war bis zu meiner Pensionierung von der IV abhängig. […] Beruflich wie privat konnte ich meine tiefsten Wünsche nicht umsetzen. Es erforderte von mir immense Kraft und einen hellwachen Geist, um mit den Folgen meiner traumatischen Kindheit leben zu lernen und nicht daran zu zerbre- 45 chen.

Zit. nach: Beat Gnädinger und Verena Rothenbühler (Hg.), Menschen korrigieren, S. 23.

Aufgaben

1. Fürsorgerische Zwangsmassnahmen

a) Erschliessen Sie aus dem Text alle möglichen Gründe, um als Mensch verdingt oder in einem Heim aufgenommen zu werden.

b) Arbeiten Sie aus dem Text heraus, wie es möglich war, dass fürsorgerische Zwangsmassnahmen in der Schweiz bis 1981 durchgesetzt wurden.

c) Untersuchen Sie die beiden Textquellen von R. B.

M39 und Marielies Birchler M40 auf Gemeinsamkeiten und Unterschiede.

d) Diskutieren Sie anhand der Bildquellen M18 – M20 und M38 die Bedeutung von Filmen, Bildern, Reportagen, politischen Initiativen und Ausstellungen („Öffentlichkeit" im Allgemeinen) für die Betroffenen von fürsorgerischen Zwangsmassnahmen.

Text, M18 – M20, M38 – M40

Schweizer Aussenpolitik zwischen Neutralitäts-konzept und Westorientierung

Die Schweizer Aussenpolitik stützte sich nach 1945 auf fünf Grundpfeiler: Neutralität, Solidarität, staatliche Unabhängigkeit und Friedenssicherung, Universalität (flächendeckende, ideologiefreie diplomatische Beziehungen), Disponibilität (internationale Vermittlung, Gute Dienste) und Wohlstand. Dabei wurde der Neutralitätstopos (Neutralitätspolitik) den vier anderen übergeordnet. Tatsächlich ging es nach dem Zweiten Weltkrieg um eine Neupositionierung der Schweiz in Europa, aber auch auf einer internationalen Ebene, insbesondere innerhalb der sich verschärfenden Blockbildung zwischen Ost und West. Die Schweiz hatte sich seit den 1930er Jahren innerhalb Europas zunehmend abgeschottet, wodurch man sie metaphorisch als „Igel" bezeichnete. In den Anfängen des Kalten Krieges verstärkte sich diese Tendenz.

Die Neutralitätspolitik erlaubte es der Schweiz, sich im Wesentlichen von militärischen Konflikten zu distanzieren, was sich im Nichtbeitritt der NATO (North Atlantic Treaty Organization) äusserte. Die Schweiz, als neutraler Staat, strebte nach dem Zweiten Weltkrieg die Wiederanknüpfung der unterbrochenen wirtschaftlichen Beziehungen sowie die Wiederaufnahme der diplomatischen Beziehungen im Westen als auch im Osten an. Zudem zeigte sie sich als politisch neutrale Nation als Vermittlerin zur Friedenssicherung zwischen den Konfliktgebieten, wie etwa während der Kuba-Krise (1962): Auch nach der Machtübernahme durch Fidel Castros auf Kuba war die Schweizer Botschaft immer noch diplomatisch vertreten, der Schweizer Botschafter Emil A. Stadelhofer pflegte zu Castro gute Beziehungen und wurde deshalb vom amerikanischen Staatssekretär für dessen politischen Interessen als Vermittler angeworben. Stadelhofer sollte in einem privaten Gespräch mit dem kubanischen Revolutionär deutlich machen, dass die USA durchaus zu Verhandlungen mit Kuba bereit wären, sofern sich Castro von den UdSSR distanzieren und sich gegen die Stationierung russischer Militärbasen auf Kuba aussprechen würde. Die Schweiz trat also als inoffizielles Sprachrohr der Amerikaner auf und konnte gleichzeitig ihre diplomatische Rolle in diesem Konflikt stärken. Im Austausch solcher Dienste konnten schliesslich auch Forderungen im Interesse des eigenen Landes eingebracht werden.

Weiter erwies sich die Entspannungspolitik zwischen Ost und West der 1960er Jahre als Erleichterung für die Fortführung der internationalen Zusammenarbeit in Konfliktgebieten, ohne dass das Neutralitätskonzept der Schweiz aufgegeben werden musste. Unter anderem zeigte sich bis heute die Politik der „Guten Dienste" als wesentlicher Bestandteil des Schweizer Engagements. Als „Gute Dienste" bezeichnet die UNO-Charta sämtliche diplomatische und humanitäre Initiativen eines Drittlandes oder einer neutralen Institution, deren Ziel es ist, die Friedenssicherung zwischen Konfliktparteien zu erreichen. Als Beispiel sei hier das Veranstalten von diversen Friedenskonferenzen auf neutralem Boden oder die Mitarbeit der Schweiz in diversen Unterorganisation der UNO genannt, wie dem internationalen Komitee des Roten Kreuzes. Letzteres erfolgte auch ohne UNO Beitritt. Diese Strategie der „Guten Dienste" erlaubte es der Schweiz, sich aus der Isolation herauszulösen und sich auf einer internationalen Bühne ein Mitspracherecht zu erarbeiten. Während des Kalten Krieges übernahm die Schweiz über die Kuba-Krise hinaus eine wichtige Vermittlerrolle in der Suezkrise (1956), dem

M 1 Der Armeepavillon „Wehrhafte Schweiz" kurz vor Eröffnung der Landesausstellung Expo 64 in Lausanne
Foto, 1964

M 2 Gipfeltreffen der USA und der UdSSR in Genf, 1985
Der russische Präsident Gorbatschow und der amerikanische Präsident Reagan gehen aufeinander zu. Foto, November 1985

Jom-Kippur-Krieg (1973) sowie im Irak-Iran Krieg (1980–1988). „Neutralität" bedeutete für die Schweiz allerdings nicht, völlig wertfrei zu handeln. Ideologisch orientierte sie sich „dem Westen" zu. Zum einen vertrat dieser politisch ihr Idealbild der demokratische Staatsstruktur und der Wahrung der Menschrechte. Zum anderen gab es dank dem aufkommenden Wohlstand, der sich durch die liberale Marktwirtschaft etablierte, keinen Grund, sich einer sozialistischen Wirtschaftsform anzuschliessen.

Weiter erfuhr die Schweizer Asylpolitik nach 1945 eine Lockerung für Asylsuchende. Diese Entwicklung war auf die Erfahrungen aus dem Zweiten Weltkriegs zurückzuführen: Auf internationaler Ebene wurde der Schweiz nach dem Krieg vorgeworfen, insbesondere bezüglich der jüdischen Flüchtlinge zu restriktiv gewesen zu sein. Während des Kalten Krieges war die Schweiz deshalb bemüht, ihr Fremdbild aufzubessern, indem sie ihre Politik der „Guten Dienste" in den Vordergrund stellte. In der Asylpolitik zeigte sich insbesondere eine Solidaritätsbewegung hinsichtlich der Flüchtlingswellen aus Ungarn (1956) und der Tschechoslowakei (1969). Beide Flüchtlingsströme flohen aus sozialistischen Mitgliedsstaaten des Warschauer Paktes, die sich zu reformieren versuchen und mehr Mitspracherecht gegenüber der UdSSR eingefordert hatten; in beiden Fällen jedoch wurden die Reformversuche von der sowjetischen Armee niedergeschlagen. Neben der Aufnahme der Asylsuchenden versendete das Schweizerische Rote Kreuz mit der Unterstützung von Nachbarländern wie Österreich Hilfsgüter nach Ungarn und der Tschechoslowakei. Insgesamt wurden rund 25 000 Asylsuchende aus diesen Krisenjahren aufgenommen. Die Mehrheit davon blieb in der Schweiz sesshaft und konnte sich rasch integrieren.

M 3 Kundgebung für den ungarischen Volksaufstand auf dem Lindenhof in Zürich, November 1956

Staatsschutz und Antikommunismus

Die Angst vor dem Kommunismus strapazierte innenpolitisch das Neutralitätskonzept der Schweiz: aktiv wurde im Namen des Staatsschutzes in der eigenen Bevölkerung nach kommunistischen Staatsfeinden gefahndet. Dieses geheime Vorgehen des Nachrichtendienstes sollte erst 1989 als „Fichenskandal" oder „Fichenaffäre" an die Öffentlichkeit gelangen. Zentral für die Aufdeckung des Skandals war der forcierte Rücktritt der Bundesrätin Elisabeth Kopp am 31. Januar 1989 und die vom Parlament eingesetzte Untersuchungskommission (PUK), die eine umfassende Untersuchung ihres Falls einleiten sollte. Kopp wurde am 2. Oktober 1984 als erste Frau in den Bundesrat gewählt und übernahm nach ihrem Amtsantritt das Justiz- und Polizeidepartement (EJPD). Seit Ende August 1988 geriet sie unter öffentlichen Druck, da ihr vorgeworfen wurde, illegale Geschäfte unter dem Schutz des Geheimdienstes zuzulassen. Anlass war ein von Kopp getätigtes Telefonat aus dem EJPD, indem sie ihrem Ehemann riet, aus dem Verwaltungsrat einer der Geldwäscherei verdächtigten Firma zurückzutreten. Ihr wurde folglich vorgeworfen, gegen das Amtsgeheimnis verstossen zu haben. Dieser politische Skandal führte zur Beendigung ihrer politischen Karriere. 1990 sprach das Bundesgericht Elisabeth Kopp allerdings frei, wodurch sie in den Folgejahren wieder als Juristin tätig sein konnte. Nach ihrem Rücktritt sollte mit den Untersuchungen der PUK zudem die vermehrten Vorwürfe über korrupte Verhältnisse im EJPD zurückgewiesen werden. Die PUK deckte schliesslich eine jahrzehntelange Praxis der Überwachung hunderttausender Bürger und Bürgerinnen auf, die bei der Bundesanwaltschaft als politisch „gefährlich" verzeichnet waren und im Krisen- oder Kriegsfall interniert werden sollten. Während des Kalten Krieges gerieten insbesondere Anhänger und Sympathisanten der kommunistischen Bewegung ins Visier des Schweizer Nachrichtendienstes. Diese Datensammlung von rund 900 000 Karteikarten (Fichen) erfolgte ohne gesetzliche Grundlage im Namen des Staatsschutzes und wurde neben der Bundespolizei auch von Privatpersonen getätigt.

Der „Fichenskandal" empörte einerseits die Betroffenen wie auch die Schweizer Öffentlichkeit generell. Andererseits erwies er sich als symptomatisch für den schwierigen Balanceakt der Schweiz, während des Kalten Krieges das politische Kräftespiel zwischen selbstbestimmtem Neutralitätskonzept einerseits und Westorientierung andererseits auszutarieren, gerade weil letztere auch immer wieder von den USA und den westeuropäischen Staaten eingefordert wurde.

Die Westorientierung beinhaltete eben auch, den Kommunismus im eigenen Land einzudämmen. Beispielhaft zeigte sich dies am Status der schweizerischen Partei der Arbeit (PdA), der jegliche Legitimität abgesprochen wurde, indem sie als tendenziell illegal gekennzeichnet wurde. Die kommunistische Anhängerschaft musste zudem mit gesellschaftlicher Diskriminierung, sowie mit staatlich gelenkten Auftritts- und Berufsverboten rechnen. Die Satirezeitschrift „Nebelspalter" publizierte 1958 ein Gedicht, dass eine verbreitete Angstvorstellung auf den Punkt brachte, der ausländische Kommunismus bedrohe die demokratischen Freiheitsrechte: „Schlaf Schweizer nur! Die rote Diktatur kommt kampf- und lautlos über Nacht und stets als Minderheit zur Macht." Erst im Rahmen der internationalen Entspannungspolitik verebbte der öffentliche Positionierungsdruck der Schweiz, wodurch wieder eine Festigung der Ostbeziehungen möglich wurde.

M 4 „Schluss mit dem Schnüffelstaat!"

Vor der Bundesanwaltschaft in Bern protestieren Personen mit Transparenten für sofortige und umfassende Einsicht in ihre Fichen und Dossiers, sowie für die Abschaffung der politischen Polizei. Foto vom 22. Januar 1990

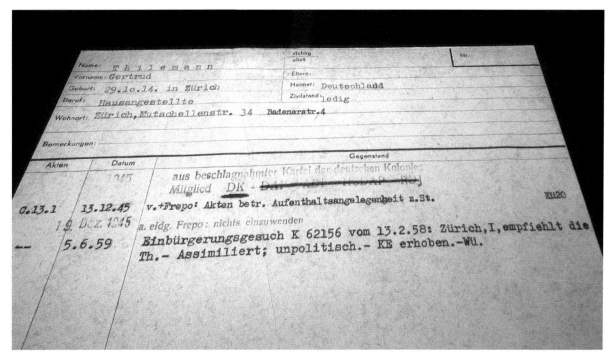

M 5 Eine Fiche aus den 1990er Jahren

Aufnahme aus dem Bundesarchiv Bern, 18. März 2005

Schweizer Aussenpolitik zwischen Neutralitätskonzept und Westorientierung

M 6 Die Neutralitätspolitik der Schweiz

Ein hoher Beamter des Politischen Departements (= heutiges Eidgenössisches Departement für auswärtige Angelegenheiten EDA) äussert sich 1951 zur Praxis der Neutralitätspolitik der Schweiz zu Beginn des Kalten Krieges:

Im Konflikt West-Ost steht die Schweiz eindeutig auf einer Seite. Ideologisch ist sie mit dem Westen verbunden. Auch geographisch gehört sie zum Westen. Herr Bundesrat Petitpierre hat einmal gesagt, die Schweiz sei ein Ast am west-
5 europäischen Baum. Verdorrt der Baum, so kann auch der Ast kein Eigenleben führen. Es ist nicht zum ersten Mal, dass wir in einem solchen Dilemma sind. Als die liberale Weltauffassung durch das Experiment des Nationalsozialismus und Faschismus in Frage gestellt wurde, so versuchten wir, die
10 Neutralität lediglich als eine Obliegenheit des Staates darzustellen und behielten uns die Freiheit der Gesinnung vor, d.h. wir lehnten strikte die Gesinnungsneutralität ab. In meinen Reisen im Ausland und besonders während meines Aufenthaltes in Berlin [1942–45] musste ich feststellen, dass
15 jeder Versuch, diese Zweiteilung verständlich zu machen, auf taube Ohren stiess, zum Teil weil die Partner davon einfach nichts hören wollten, zum Teil weil sie ehrlich ausserstande waren, diese Subtilitäten zu verstehen. Dabei hatten wir es immerhin noch mit Europäern, zugegen defor-
20 mierten, aber immerhin Europäern zu tun. Versuchen wir, diese Subtilität Nicht-Europäern zu erklären, so stossen wir heute auf volles Unverständnis. Ein totalitäres Regime, viel totalitärer als das von Hitler wie heute das russische ist, ist ausserstande, einer solchen Auffassung zuzustimmen,
25 selbst wenn es sie verstehen könnte. In Amerika ist es nicht viel anders. Mit der den Amerikanern inhärenten Tendenz, alles zu vereinfachen, müssen wir damit rechnen, dass sie bei einer weiteren Verschärfung des Konfliktes sich auf die einfachste Formel zurückziehen, nämlich Freund oder Feind.
30 Auch wenn sie bereit wären, die Neutralität zu verstehen, so würden sie unfreundliche Reaktionen in der Schweizerpresse gegen die amerikanische Regierung, gegen amerikanische Institutionen, gegen ihre Politik als schliesslich unvereinbar mit der Neutralität erklären. [...]
35 Im Rahmen des sogenannten West-Ost-Konfliktes traten die Vereinigten Staaten, unterstützt von England und Frankreich, an uns heran, mit dem Begehren, den Handel mit den Oststaaten von bestimmten strategisch wichtigen Artikeln einzustellen, d.h. die Blockade Amerikas gegen die Sowjet-
40 union und ihre Satelliten[staaten] mitzumachen. Es handelt sich in der Tat um eine politische Haltung im Frieden, die unvereinbar gewesen wäre mit unseren Grundsätzen der Neutralität, hätten wir dem amerikanischen Begehren entsprochen. Wir haben deshalb jede Mitarbeit an dieser Blo-
45 ckade verweigert. [...]
In Wirtschaftsfragen gilt die Regel der Leistung und Gegenleistung, des do ut des [lat.: ich gebe, damit du gibst]. Stark simplifiziert präsentierte sich die Lage wie folgt: Einerseits Lieferung der für unsere Industrie unerlässlichen Rohstof-
50 fe und Halbfabrikate gegen Abnahme von Waren unserer traditionellen Exporte. Auf der anderen Seite Lieferungen von wenig interessanten Waren für uns gegen Abnahme von fast ausschliesslich nur Investitionsgütern und für die Rüstung sehr wichtigem Material. Es wäre mit der sauberen
55 Haltung der Schweiz unvereinbar, wollten wir weiterhin aus den westlichen Staaten die selbst bei ihnen knapp gewordenen Rohstoffe beziehen, um damit nach den Oststaaten strategisch wichtiges Material zu liefern, ohne die geringste Anstrengung ihrerseits, unseren Rohstoffbedarf zu de-
60 cken. Hier musste der Grundsatz des do ut des in voller Schärfe angewendet werden. Wir haben deshalb unsere Ausfuhr nach dem Osten eingeschränkt und werden nur dann mehr kostbare Waren liefern, wenn der Osten sich dazu bequemt, interessante Gegenlieferungen zu bieten.
65 [...]
Es ist uns gerade in diesem Zusammenhang oft der Vorwurf gemacht worden, wir hätten dem amerikanischen Druck nachgegeben. Ich möchte hier erklären, dass dies nicht der Fall ist, sondern dass die Amerikaner bei uns die Bereit-
70 schaft gefunden haben, im geschilderten Ungleichgewicht die notwendige Korrektur anzubringen. Es ist übrigens interessant zu vermerken, dass vom Osten her, trotz breit angelegter Angriffe der kommunistischen Presse der Schweiz auf den Bundesrat, uns bisher kein Vorwurf der unneutralen
75 Haltung gemacht worden ist. Im Gegenteil, man ermuntert uns vom Osten her, das Problem der mangelnden Rohstoffe mit Amerika zu lösen, denn auch dort gab man sich Rechenschaft darüber, dass der Export wichtiger Waren aus der Schweiz eingestellt werden müsste, wenn die Rohstoffe
80 fehlten. Selbstverständlich konnte der Osten nur eine unpolitische Lösung annehmen, d.h. ausserhalb der durch Amerika verfügten Blockade.

Antoine Fleury et al. (Hg.), Diplomatische Dokumente der Schweiz, Bd. 18, Dok. 113, dodis.ch/8743, S. 339

M 7 Sicherheits- und Neutralitätspolitik

2001 stimmte die Schweiz über bewaffnete Auslandsein-sätze der Schweizer Armee ab. Die Vorlage wurde knapp angenommen. Der Bundesrat hatte zuvor folgende Stellungnahme abgegeben:

Der Bundesrat befürwortet die Vorlage namentlich aus folgenden Gründen:
Eigeninteresse und Solidarität
Unsere Teilnahme an internationalen Einsätzen zur Förde-
5 rung des Friedens trägt dazu bei, dass Konflikte beigelegt werden können und sich die Lage stabilisiert. Damit wird es unwahrscheinlicher, dass es zu grösseren Fluchtbewegungen kommt, die schliesslich auch die Schweiz erreichen. Wenn wir mithelfen, Krisen und Konflikte einzudämmen,
10 verkleinern wir das Risiko einer Ausweitung, die auch die Schweiz militärisch bedrohen würde. Es ist zudem ein Ausdruck unserer Solidarität, dass wir uns mit allen geeigneten Mitteln an der Förderung des Friedens beteiligen. [...]
Armeeangehörige müssen sich schützen können
15 Auch wenn Angehörige der Armee freiwillig an internationalen Einsätzen zur Förderung des Friedens teilnehmen, haben sie Anrecht auf einen möglichst hohen Schutz. Für jeden Einsatz – und bei Veränderungen der Lage auch im Verlauf eines Einsatzes – wird festgelegt, welche Bewaff-
20 nung notwendig ist. Wer angemessen bewaffnet ist, läuft weniger Gefahr, überhaupt angegriffen zu werden. Die Bewaffnung dient aber nicht dazu, mit offensiven Kampfeinsätzen den Frieden zu erzwingen: Das Gesetz schliesst dies ausdrücklich aus. Die Bewaffnung hat vielmehr den Zweck,
25 dass die Angehörigen der Armee sich selber schützen und ihren Auftrag erfüllen können, statt auf den Schutz durch ausländische Truppen angewiesen zu sein. [...]
Volle Wahrung unserer Souveränität
Die Schweiz entscheidet weiterhin in voller Eigenständig-
30 keit und Souveränität darüber, ob sie an einem internationalen Einsatz zur Friedensförderung teilnehmen will oder nicht. Wenn sie sich für einen militärischen Beitrag zu einem Einsatz entscheidet, legt sie selber fest, mit welchen Mitteln, für wie lange und in welcher Rolle sie sich enga-
35 giert und ob dies bewaffnet oder unbewaffnet erfolgen soll. Es werden keine Souveränitätsrechte an die NATO, die EU, die UNO oder die OSZE abgegeben. Erst recht geht es nicht um einen Beitritt der NATO.
Die Schweiz bleibt neutral
40 Auch die militärische Friedensförderung steht im Einklang mit der Neutralität und ist sowohl rechtlich als auch politisch unbedenklich. Die Teilnahme an internationalen Ein-

sätzen ist keine Einmischung in einen ausländischen Krieg. Sie ist ein Engagement für den Frieden und entspricht den Werten, die wir mit anderen Völkern teilen. Die Teilnahme 45
der Schweiz an solchen Einsätzen ist nur möglich, wenn diese völkerrechtlich zulässig sind und ein UNO- oder OSZE-Mandat vorliegt. Somit erfolgt die Teilnahme im Geiste der Unparteilichkeit. Auch die anderen neutralen Staaten Europas – Österreich, Finnland, Schweden und Irland – 50
stellen bewaffnete Armeeangehörige für internationale Friedenseinsätze zur Verfügung, und zwar seit langem und ohne deswegen ihre Neutralität zu schwächen. [...]
Aus all diesen Gründen empfehlen Bundesrat und Parlament, der Teilrevision des Militärgesetzes betreffend die 55
Bewaffnung zuzustimmen.

Schweizerische Bundeskanzlei (Hrsg.): Volksabstimmung vom 10. Juni 2001. Erläuterungen des Bundesrates (Stellungnahme des Bundesrates). Bern 2001, S. 8f.

M 8 Fichenaffäre

Lied „der Geheime" von Franz Hohler, 1990:

Er fiel nicht auf, man kannte ihn kaum
er betrat am Morgen einen fensterlosen Raum
im Untergeschoss eines riesigen Baus
und kann von dort erst am Abend wieder raus.
Von der Arbeit erzählte er nichts daheim. 5
Denn was er tat, war streng geheim

im Untergeschoss
Gang zwo, Raum vier
hinter der schweren
Doppeltür. 10

Er protokollierte und fotokopierte
er telefonierte und archivierte
er ordnete Dokumente und Papiere
und manchmal klopfte es an seine Türe
und man brachte ihm ein Mäppchen herein 15
und bat ihn, den Inhalt einzureihn

im Untergeschoss
Gang zwo, Raum vier
hinter der schweren
Doppeltür. 20

Er hörte Bänder und Kassetten ab
von Telefon, und die Zeit war immer zu knapp
denn die Feinde waren zahlreich und mächtig

und heute war fast jeder verdächtig
25 da hiess es genau hinhören und -schauen
und schlimmer als die Männer waren die Frauen

die tranken abends
gern ein Bier
hinter der schweren
30 Doppeltür.

Er wusste, wozu er da war auf Erden
und sollte die Lage noch ernster werden
dann hatte er für sein ganzes Archiv
ein äusserst geheimes Dispositiv
35 er kannte davon – denn der Feind hört mit –
einzig und allein den ersten Schritt

im Untergeschoss
Gang zwo, Raum vier
hinter der schweren
40 Doppeltür.

Schritt 1 war das Öffnen eines Siegels an der Wand
dann erführe man, wo der Feind ist im Land

Schritt zwo würde sich aus Schritt 1 ergeben
darauf war Verlass im Geheimdienstleben
doch liess man ihn bei seiner Arbeit in Ruh   45
dann käme es bestimmt nicht dazu

im Untergeschoss
Gang zwo, Raum vier
hinter der schweren
Doppeltür.   50

Doch auf einmal da war nichts mehr wie zuvor
und Tausende verlangten im Chor
die Öffnung dieses mächtigen Baus
und sein Chef war schon weg, da packt ihn der Graus
er nahm sein Dispositiv in die Hand   55
ging zitternd damit zur hintern Wand

er atmet tief
und er brach das Siegel
und siehe, dahinter war
ein Spiegel.   60

Hohler, Franz: Der Geheime, in: Hohler, Franz: Der Theaterdonnerer (Audio CD). Zytglogge Verlag, Bern 1995

Aufgaben

1. Neutralitäts- und Sicherheitspolitik

a) Benennen Sie die in M6 angeführten „Verständnis-schwierigkeiten" der USA und der UdSSR angesichts der Schweizer Neutralitätspolitik.

b) Nehmen Sie Stellung zur Aussage, die Schweiz habe dem Druck der Amerikaner nicht nachgegeben. Beurteilen Sie auch die Begründung dieser Aussage durch den Autor und nennen Sie mögliche Gegenargumente zu seiner Position.

c) Erläutern Sie das im Text ausgeführte Neutralitätsverständnis der Schweiz. Gehen Sie dabei auf die benannte Gegensätzlichkeit von „Freiheit der Gesinnung" und „Gesinnungsneutralität" ein.

d) Nennen und beurteilen Sie die in M7 genannten Gründe, inwiefern eine Ausweitung der Bewaffnung der Armee aus Sicht des Bundesrates mit der Neutralitätspolitik der Schweiz zu vereinbaren ist.

↶ Text, M6, M7

2. Fichenaffäre

a) Geben Sie den Inhalt des Liedes „der Geheime" in eigenen Worten wieder.

b) Beschreiben Sie anhand des Liedtextes, wie die Öffentlichkeit die antikommunistische Verfolgung wahrgenommen hat. Gehen Sie dabei auch auf die Alltagsstimmung ein.

c) Erläutern Sie die Bedeutung des letzten Verses: „er atmet tief, und er brach das Siegel, und siehe, dahinter war ein Spiegel." (Z56-60).

d) Als Folge der Fichenaffäre besteht in der Schweiz noch immer eine verbreitete Abneigung gegen staatliche Überwachung. Diskutieren Sie in Kleingruppen, in wie weit eine staatliche Überwachung von Privatpersonen unter gewissen Umständen zu rechtfertigen ist, und wann das Recht auf Unverletzlichkeit der Privatsphäre staatliche Überwachungsmassnahmen verbietet.

↶ Text, M4, M5, M8

Die Schweiz und Europa

Die Schweiz ist geographisch im Herzen Europas gelegen und pflegt zu den umgebenden Nachbarländern seit jeher politische, kulturelle und wirtschaftliche Beziehungen. Aus Sicht der Europäische Union (EU) ist die Schweiz als unverzichtbares Transitland für den Waren- und Personenverkehr ein wichtiger Partner, andersherum gehen mehr als die Hälfte der Schweizer Exporte in die EU. Bei aller Nähe zu den europäischen Nachbarn ist die Position der Schweiz zur EU auch stets bestimmt gewesen durch die ambivalente Herausforderung, sowohl die eigene staatliche Souveränität zu wahren als auch Zugang zum lukrativen Binnenmarkt der EU andererseits zu erhalten.

1957 beschlossen die Mitgliedsstaaten der Europäischen Gemeinschaft für Kohle und Stahl – Frankreich, Deutschland, Belgien, die Niederlande, Luxemburg und Italien – die Schaffung einer Europäischen Wirtschaftsgemeinschaft (EWG). Die Schweiz lehnte einen Beitritt mit Verweis auf ihre Neutralitätspolitik ab. Stattdessen beteiligte sie sich 1960 an der Gründung der Europäischen Freihandelsassoziation (EFTA) zusammen mit Grossbritannien, Schweden, Norwegen, Dänemark, Portugal und Österreich. Die EFTA war als Gegengewicht zur EWG konzipiert. Ihre Mitgliedsstaaten einigten sich untereinander auf die Abschaffung von Tarifschranken und die Aufhebung der Einfuhrmengenbegrenzung von Industriegütern. Eine Zollunion oder ein gemeinsamer Markt als Vorstufe für eine weitergehende politische Integration war im Gegensatz zur EWG nicht geplant. Nach dem Beitritt der beiden wirtschaftlich starken EFTA-Gründungsmitglieder Grossbritannien und Dänemark 1973 zur EWG marginalisierte sich die Rolle der EFTA in der europäischen Handels- und Wirtschaftspolitik zunehmend. Die EWG dagegen hatte sich bereits 1967 zur „Europäischen Gemeinschaft" (EG) und damit zur Vorläuferinstitution der heutigen EU weiterentwickelt. Die verbliebenen EFTA-Staaten, darunter auch die Schweiz, begannen, mit der EG bilaterale Freihandelsabkommen bei gleichzeitiger Wahrung ihrer jeweiligen aussen- und wirtschaftspolitischen Eigenständigkeit abzuschliessen, wodurch bis 1977 die weltgrösste Freihandelszone entstand.

Die Annäherung zwischen der EG und den EFTA-Staaten mündete 1990 in Verhandlungen über die Unterzeichnung des Abkommens für einen einheitlichen Europäischen Wirtschaftsraum (EWR). Auch die Schweiz unterzeichnete 1992 das Abkommen, das eigentlich am 1. Januar 1994 in Kraft treten sollte. Per Volksabstimmung am 6. Dezember 1992 wurde die Ratifizierung des Abkommens allerdings denkbar knapp mit 50,3 % Nein-Stimmen verworfen. Regierung, Parlament und die Mehrheit der grossen Parteien hatten sich im Vorfeld für den Beitritt ausgesprochen und der Bundesrat in Brüssel bereits ein offizielles Beitrittsgesuch zum EWR hinterlegt, das Schweizer Stimmvolk jedoch votierte gespalten: Befürworter des Beitritts befürchteten bei Nichtunterzeichnung Wettbewerbsnachteile und ein Abrutschen ins politische und wirtschaftliche Schattendasein; die Gegner, angeführt vom SVP-Politiker Christoph Blocher, argumentierten mit dem drohenden Verlust eidgenössischer Identität durch Überfremdung und dem Ende politischer Selbstbestimmung durch die schleichende Übernahme von EU-Rechtsvorschriften, sollte die Schweiz dem EWR beitreten.

Nach dem Beitritts-Nein erfolgte auf anderem Wege eine sukzessive Angliederung der Schweiz an den EWR: Der Bundesrat beschloss 1994 den autonomen

Fernsehdebatte zum EWR-Beitritt 1992

Am 6. Dezember 1992 debattieren im Schweizer Fernsehen (von links nach rechts) Christoph Blocher, Thomas Onken, Vreni Spoerry, Jean Pierre Bonny und Monika Weber.

Nachvollzug eines Teils der für den EWG massgeblichen europarechtlichen Gesetzgebung und nahm mit der EU in sieben Bereichen – Land- und Luftverkehr, freier Personenverkehr, Forschung, öffentliche Märkte, technische Handelshemmnisse, Landwirtschaft – bilaterale Verhandlungen auf, die so genannten „Bilateralen I und II".

Mit den Bilateralen I wurde ein Paket von Vereinbarungen abgeschlossen, die es zum einen im Bereich der Personenfreizügigkeit den Schweizer Bürgern erlaubte, sich in den EU-Mitgliedstaaten niederzulassen und zu arbeiten. Gleichzeitig öffnete sich der Schweizer Arbeitsmarkt für Personen aus EU-Ländern. Zum zweiten wurde der Handel mit Agrarprodukten vereinfacht durch den Abbau von Zollschranken oder durch die Anerkennung der Gleichwertigkeit von Vorschriften in den Bereichen Veterinärmedizin, Pflanzenschutz und biologische Landwirtschaft. Zum dritten öffneten sich die Märkte für den Strassen- und Schienentransport und den Luftverkehr. Zum vierten wurde eine engere internationale Zusammenarbeit an Forschungsprojekten beschlossen. Bern und Brüssel unterzeichneten am 21. Juni 1999 die sieben bilateralen Abkommen, die am 21. Mai 2000 knapp vom Volk angenommen wurden.

2004 erfolgte die Unterzeichnung eines zweiten Pakets bilateraler Abkommen zwischen der Schweiz und der EU: Die Bilateralen II umfassten Angleichungen an EU-Standards etwa in den Bereichen Lebensmittelindustrie, Tourismus, Finanzmärkte oder Bankenwesen. Zudem dehnte dieses zweite Abkommen die Zusammenarbeit auf weitere wichtige politische Bereiche wie den Reiseverkehr und die Sicherheitspolitik (Kriminalitätsbekämpfung, Asylwesen und Datenaustausch von Personendaten im europäischen Raum) aus. Im Rahmen der Bilateralen II erhielten schliesslich auch Kulturschaffende sowie die Schweizer Bildungslandschaft Zugang zu EU-Förderungsprogrammen. Der zweite Teil des Vertragspakets wurde vom Schweizer Stimmvolk mit deutlicher Mehrheit angenommen und die Bilateralen II traten am 29. März 2009 in Kraft. Bei beiden Paketen bedingte sich die EU eine so genannte „Guillotine-Klausel" aus: Die einseitige Kündigung oder Nichtverlängerung eines einzelnen Vertragsabschnittes bewirkt automatisch die Ausserkraftsetzung der übrigen Bestimmungen, da einige Regelungen nur bei Einhaltung aller anderen Beschlüsse Sinn machen.

Ein Rahmenabkommen zur Vertiefung des bilateralen Weges?

Der mit den Bilateralen I und II eingeschlagene Weg ermöglichte es der Schweiz, weitgehenden Zutritt zum EU-Binnenmarkt sowie Kooperationsmöglichkeiten in ausgewählten Interessensgebieten zu erhalten; zugleich konnte sie ihre politische Eigenständigkeit in hohem Masse behalten. Für die Weiterentwicklung dieses bilateralen Wegs brachte der Bundesrat die Idee eines Rahmenabkommen mit der EU ins Spiel, das die gemeinsamen Beziehungen vertiefen sollte. Im Juni 2008 beschloss das Parlament, der Bundesrat solle diesbezüglich Verhandlungen mit Brüssel aufnehmen. Die EU begrüsste diesen Vorstoss: ein Rahmenabkommen sollte es aus ihrer Sicht ermöglichen, die nach statischem Recht verfassten Bilateralen I und II in das sich dynamisch weiterentwickelnde EU-Recht einzukleiden. Das proeuropäische Votum von Bundesrat und Parlament entsprach allerdings nur bedingt der politischen Willensbildung der Schweizer Öffentlichkeit: Während der Bundesrat noch im Dezember 2013 das Mandat zur Aufnahme von Verhandlungen mit der EU über ein Rahmenabkommen verabschiedet hatte, wurde die von der SVP lancierte Volksinitiative „Gegen Masseneinwanderung" am 9. Februar 2014 knapp mit 50,3% der Stimmenden angenommen. Die Irritationen der EU angesichts dieses Volksentscheids entschärfte der Bundesrat, indem er die geplante Wiedereinführung von Zuwanderungskontingentierungen abschwächte und als Stellenmelde- und Interviewpflicht der Unternehmen zugunsten inländischer Arbeitnehmer umsetzte.

Die Verhandlungen zwischen der Schweiz und der EU über Ausgestaltung und Reichweite des Rahmenabkommens gestalteten sich indes als schwierig, auch wenn beide Seiten den Willen zu einer Einigung immer wieder betonten. Ende 2018 teilte die EU mit, die Verhandlungen über das Rahmenabkommen seien aus ihrer Sicht abgeschlossen, die Schweiz dagegen forderte Nachverhandlungen. Die grundsätzliche Differenz zwischen der Schweiz und der EU bestand im unterschiedlichen Verständnis des Begriffs „Freizügigkeit": Die Schweiz wehrte sich gegen die von Brüssel erwartete Übernahme der europäischen Unionsbürgerrichtlinie, die im Kern den Ausbau des Sozialhilfeanspruchs für in der Schweiz lebende EU-Bürger nach sich gezogen hätte. Dies wäre aus Sicht des Bundesrates einem grundlegenden, nicht erwünschten Paradigmenwechsel in der eidgenössischen Zuwanderungspolitik gleichgekommen. Zugleich wollte sie auf keinen Fall den 2004 gewerkschaftlich erkämpften Lohnschutz preisgeben, der den Schweizer Arbeitsmarkt vor Lohndumping ausländischer Firmen schützt und den Grundsatz garantiert, dass jeder, der in der Schweiz arbeitet, auch das – im europäischen Vergleich sehr hohe – Schweizer Lohnniveau beziehen kann. Während die Schweiz insistierte, diese Punkte von der Angleichung an dynamisches EU-Recht auszunehmen, sah die EU gerade in einer ausnahmslosen Rechtsanpassung den entscheidenden Mehrwert des Rahmenabkommens. Der Bundesrat brach am 26. Mai 2021 relativ überraschend und zum Bedauern der EU die Weiterverhandlungen über das Rahmenabkommen ab. Neu hat die Schweiz für die EU den Status eines Drittlandes. Zwar bestehen die Bilateralen I und II nach wie vor, allerdings ist ohne Rahmenabkommen eine Anpassung der bestehenden Verträge unmöglich geworden, womit der einstmals erfolgreich beschrittene bilaterale Weg droht, in einer Sackgasse zu enden.

Die Schweiz und Europa

M 2 Verhandlungsabbruch als Chance

Aus einer Medienmitteilung des Wirtschaftsverbandes autonomiesuisse vom 26. Mai 2021 nach Abbruch der Gespräche über das Rahmenabkommen:

autonomiesuisse begrüsst den Entscheid des Bundesrats, die Gespräche mit der EU über das Rahmenabkommen abzubrechen. Eine Weiterführung hätte zu einem einseitigen, negativen Resultat zulasten der Schweiz und einem unwi-
5 derruflichen Souveränitätsverlust geführt.
In den Bereichen, über die der Bundesrat mit der EU verhandeln wollte – Lohnschutz, Unionsbürgerrichtlinie und staatliche Beihilfen –, waren die Differenzen unüberwindbar gross. Der Übungsabbruch bietet der Schweiz die Chan-
10 ce, eine Standortbestimmung vorzunehmen, um das gute Einvernehmen mit der EU auf eine partnerschaftliche Basis zurückzuführen. Aus Sicht von autonomiesuisse geht es dabei vor allem um die Souveränität der Schweiz. Die Schweiz möchte mit ihren starken Handelspartnern – EU,
15 USA, China – Verträge auf Augenhöhe abschliessen.
Es wäre jedoch strategisch falsch, sich einem dieser Partner auf Gedeih und Verderben auszuliefern. Die Übernahme fremden Rechts, der Richter der Gegenpartei, Kontrollen durch die EU-Kommission in der Schweiz und eine Guilloti-
20 ne-Klausel für alle wichtigen Verträge, wenn sich die Schweiz nicht nach den Vorstellungen der EU-Kommission verhält, sind nicht akzeptierbar und würden von Volk und Ständen auch nie akzeptiert werden.
Die Neubesinnung in der Schweiz macht Verbesserungen
25 der eigenen Rahmenbedingungen möglich, um den Import und Export von Gütern und Dienstleistungen auf eine starke Basis zu stellen.

https://www.autonomiesuisse.ch/assets/Medien/Medienmitteilungen/
20210526/autonomiesuisse_communicato_stampa_20210526_versione_
tedesca

M 3 Unnötiger Abbruch der Gespräche

Medienmitteilung des Verbandes progesuisse vom 26. Mai 2021. Der Verband wurde im Februar 2021 mit dem Ziel gegründet, das Rahmenabkommen in der Schweiz innenpolitisch mehrheitsfähig zu machen:

Der heutige Entscheid des Bundesrates, das Rahmenabkommen mit der EU nicht zu unterzeichnen, gefährdet nicht nur die Zukunft und den Wohlstand unseres Landes, er zeigt auch einen Mangel an strategischer Vision für eine kohärente Europapolitik. Es stellt sich die Frage, warum der 5 Bundesrat gerade jetzt so entschieden hat. Der Bundesrat kennt die erheblichen negativen Folgen dieses Verhandlungsabbruches [...] und gefährdet mit diesem Entscheid wissentlich den Wohlstand und die Zukunft unseres Landes. 10
Dieser Entscheid ist umso unverständlicher, als das Argument für die Ablehnung des Rahmenabkommens bei einer allfälligen Volksabstimmung keine solide Grundlage hat. Im Gegenteil: Zwei aktuelle Studien zeigen, dass es sowohl in der Wirtschaft als auch in der Bevölkerung eine starke Un- 15 terstützung für das Rahmenabkommen gibt.
Einen «Plan B» zur Sicherung des bilateralen Wegs präsentiert der Bundesrat nicht. Stattdessen fordert er nun von der EU, was er bislang vermieden hat, einen «politischen Dialog» über die weitere Zusammenarbeit und stellt in Aussicht, was 20 längst gesprochen ist: Die Freigabe der Kohäsionsmilliarde [Zahlungen der Schweiz an strukturschwache EU-Staaten]. Als Supplement will der Bundesrat die einseitige Übernahme von EU-Recht in unproblematischen Bereichen vorantreiben. Die EU wird das so nicht hinnehmen und es ist auch 25 mitnichten eine Perspektive für unser Land. Um die Konsequenzen dieses unnötigen Abbruchs gegenüber der Bevölkerung abzufedern, muss der Bundesrat nun in den Modus «Schadensbegrenzung». Das ist Plan B.

https://progresuisse.ch/de/bundesrat-beendet-verhandlungen-zum-
rahmenabkommen/

Aufgaben

1. Die Schweiz und Europa

a) Geben Sie den europapolitischen Kurs der Schweiz von 1945 bis in die Gegenwart wieder.

b) Diskutieren Sie in der Klasse mögliche zukünftige Positionen der Schweiz im Verhältnis zur EU.

c) Stellen Sie die Argumente für (M2) und gegen (M3) den Abbruch der Gespräche in einer Tabelle gegenüber. Setzen Sie dann einen kurzen Redebeitrag auf, in dem Sie die Argumente abwägen und am Schluss für eine Fortsetzung der Gespräche oder die Beibehaltung des Abbruchs plädieren.

⌐ Text, M2, M3

Nr. 25 / 16.6.08
Deutschland: 3,50 €

4 190700 703502   25

DER SPIEGEL

Der Krieg nach dem Krieg

Amerikaner gegen Sowjets: Das gefährlichste Kapitel in der Geschichte der Menschheit

PRINTED IN GERMANY

Türkei YfL 10,–
Ungarn Ft 1.250,–

Spanien € 4,50
Spanien / Kanaren € 4,70
Thailand Baht 380,–
Tschech. Republik Kc 170,–

Portugal (cont.) € 4,50
Schweden Skr 49,–
Slowakei Sk 205,–
Slowenien € 4,70

Japan (inkl. tax) Yen 1.764
Malta € 5,00
Norwegen NOK 47,–
Polen (ISSN /0038/7452) Zl 22,–

Griechenland € 5,10
Großbritannien £ 3,80
Hongkong HK$ 70,–
Italien € 4,50

Benelux € 4,–
Dänemark dkr 39,–
Finnland € 5,95
Frankreich € 4,50

Österreich € 3,80

Schweiz sfr 6,50

US ARMY CHECKPOINT

www.spiegel.de

12
INTERNATIONALE BEZIEHUNGEN IM UMBRUCH

Sehr bald nach dem Sieg der Alliierten im Zweiten Weltkrieg entstanden Spannungen zwischen den beiden Supermächten USA und UdSSR, die ab dem Ende 1940er-Jahre zur Blockbildung zweier gegensätzlicher Staatengruppen und zum sogenannten Kalten Krieg führten. Beide Grossmächte versuchten, ihren weltpolitischen Einfluss auszuweiten. Hierbei kam es immer wieder zu Stellvertreterkriegen, etwa in Korea Anfang der 1950er-Jahre, in Vietnam seit Mitte der 1960er-Jahre oder in Afghanistan Ende der 1970er-Jahre. Die wohl gefährlichste Krise des Ost-West-Konfliktes fand aber in der Karibik statt: Nachdem die USA in Italien und in der Türkei Atomraketen stationiert hatten, reagierte die Sowjetunion mit der Stationierung ebensolcher Raketen auf Kuba. Im Oktober 1962 befand sich die Welt für etwa zwei Wochen am Rande eines Dritten Weltkrieges, der ein Atomkrieg geworden wäre. Die Krise wurde diplomatisch zwischen Chruschtschow und Kennedy beigelegt; die Lehren aus diesem Konflikt führten zu einer schrittweisen Entspannungspolitik zwischen den Supermächten. Verträge und Abmachungen wie die Einrichtung einer direkten Kommunikation zwischen den Staatsoberhäuptern der beiden Supermächte („rotes Telefon") sollten die Welt in der Folgezeit vor einer nicht mehr kontrollierbaren Eskalation bewahren. Mit der Auflösung der UdSSR 1991 endete zugleich auch der Ost-West-Konflikt. Der ebenfalls seit dem Ende des Zweiten Weltkrieges bestehende Nahostkonflikt konnte hingegen bis heute nicht beigelegt, sondern nur phasenweise deeskaliert werden.

M 1 **„Der Krieg nach dem Krieg",** Anlässlich des Baus der Berliner Mauer stehen sich im August 1961 amerikanische und sowjetische Panzer am „Checkpoint Charly" gegenüber, Spiegel-Titel, 16.6.2008

Bipolarität und Kalter Krieg

Der Zweite Weltkrieg

Nach Ausbruch des Zweiten Weltkrieges (1939) verhinderte zunächst eine breite neutralistische Grundströmung den Kriegseintritt der USA gegen den Faschismus. Erst der japanische Überfall auf den Flottenstützpunkt Pearl Harbor auf Hawaii (1941) bedeutete das Ende des Isolationismus und die Übernahme einer weltweiten Führungsrolle, die die USA seitdem nicht mehr abgegeben haben.

Vor dem Hintergrund britischer Zahlungsunfähigkeit waren bereits seit dem Frühjahr 1941 Hilfslieferungen an die Alliierten auf der Grundlage des „Lend-Lease-Act" (Leih-Pacht-Gesetz) abgewickelt worden. Von der Militärhilfe profitierte vor allem England, später aber auch die Sowjetunion.

Der Aufstieg der USA als auch der UdSSR zu ihrer weltbeherrschenden Stellung begann 1941 mit dem japanischen Überfall auf Pearl Harbor und dem Angriff Hitler-Deutschlands auf die UdSSR. Die Gemeinsamkeiten im Kampf gegen den Faschismus liessen zeitweilig die politisch-ideologischen Unterschiede in den Hintergrund treten.

Mit Kriegsbeginn war ein gewaltiges Rüstungsprogramm angekurbelt worden, das rasch Erfolge zeigte. Bereits 1943 übertraf die Produktionskapazität der USA diejenige der Achsenmächte (Deutschland, Italien, Japan). Deren Niederlage 1945 spiegelte die materielle und technologische Überlegenheit der USA wider.

Die Amtszeit von Franklin Delano Roosevelt (1933–45) zählt zu den grossen Präsidentschaften in der Geschichte der USA. Als überzeugter Demokrat und Anhänger einer liberalen Weltwirtschaftsordnung führte er sein Land in dem globalen Konflikt mit dem deutschen Nationalsozialismus, dem italienischen Faschismus und dem japanischen Imperialismus. Auf ihn hatten sich die Hoffnungen der Demokraten in vielen Ländern der Welt konzentriert. Als er 1945 verstarb, hinterliess er eine siegreiche Nation mit dem unzweifelhaften Status einer Weltmacht.

Seine Vorstellungen hinsichtlich der Nachkriegsordnung, nämlich die Welt kooperativ mit der Sowjetunion Stalins zu regieren, waren allerdings zum Scheitern verurteilt und muten aus heutiger Perspektive illusionär an.

Von der Kooperation zur Konfrontation

Aus dem Zweiten Weltkrieg gingen zwei Weltmächte siegreich hervor: die USA und die UdSSR. Ein bipolares Weltsystem war entstanden, denn die westeuropäischen Staaten waren faktisch zu politischen Mittelmächten geworden.

Nach dem Zweiten Weltkrieg

Angesichts der Niederlage des Faschismus zerbrach schnell jene „seltsame Allianz" der beiden Grossmächte in der Anti-Hitler-Koalition. Ideologische und machtpolitische Gegensätze liessen sich offenbar nur so lange zurückstellen, als ein gemeinsamer Feind vorhanden war.

Der Ost-West-Konflikt entzündete sich an der Verschiebung des sowjetischen Einflussbereiches nach Westen. Die Politik der UdSSR zielte auf die Errichtung eines Gürtels freundlich gesinnter Staaten. Zu diesem Zweck wurde eine Sowjetisierung Osteuropas betrieben, die den alliierten Absprachen in Bezug auf das Selbstbestimmungsrecht der Völker entschieden zuwiderlief.

Als Siegermacht des Zweiten Weltkrieges schob die UdSSR ihren Einflussbereich nach Westen vor und befestigte sich als vorherrschende Macht in Osteuropa. Dies geschah zum einen durch die Annexion jener Gebiete, die das nationalsozialistische Deutschland der UdSSR zugestanden hatte, zum anderen durch die Einsetzung von kontrollierten Regierungen. Die Politik Stalins lief darauf hinaus, einen „cordon sanitaire" (Sicherheitsgürtel) – gebildet von politisch und wirtschaftlich abhängigen Staaten – zu schaffen. Nicht zuletzt diese Politik war es, die zum Zerbrechen der Allianz mit den Westalliierten führte. Aus der Kooperation wurde die Konfrontation.

M 3 **Das Vordringen der Sowjetunion in Europa**

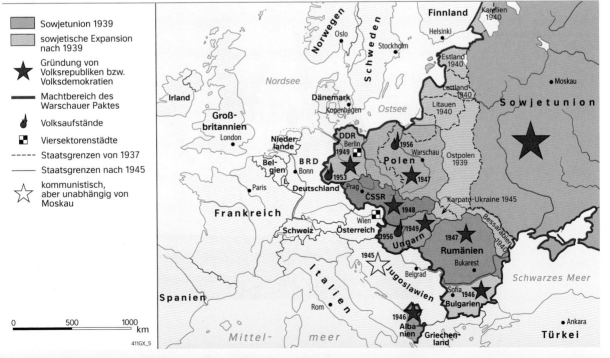

In der Amtszeit von Roosevelts Nachfolger im Präsidentenamt, Truman, verschärfte sich der Ost-West-Gegensatz zum Kalten Krieg. Als 1947 die britische Regierung erklärte, sie könne die griechische Regierung, die in einem Krieg mit kommunistischen Partisanen stand, nicht länger unterstützen, sprangen die USA aus wirtschaftlichen, strategischen und humanitären Gründen ein. Diese als Truman-Doktrin bezeichnete amerikanische Aussenpolitik akzentuierte sich im Sinne einer antikommunistischen Strategie der Eindämmung (containment)

- durch militärische und wirtschaftliche Hilfsmassnahmen an Länder, die von kommunistischen Bewegungen bedroht waren,
- durch ein internationales wirtschaftliches Hilfsprogramm (European Recovery Program, ERP), auch Marshallplan genannt,
- durch Bündnispolitik und ein globales Stützpunktsystem.

Zwischen 1947 und 1949 zerfiel die Welt in zwei feindliche Lager. Die Idee einer gemeinsamen globalen Sicherheit hielt der Wirklichkeit nicht stand, die von ideologischer Konfrontation und militärischer Rivalität geprägt war.

Weltpolitik im Rahmen der Ost-West-Beziehungen: Kalter Krieg

Die Kooperation der Weltkriegsverbündeten zerbrach 1947/48. Die USA reagierten darauf mit der Gründung von Militärbündnissen, Stützpunkten und mittelfristig mit der Wiederbewaffnung der Bundesrepublik Deutschland im Rahmen der NATO. Angesichts der nuklearen Überlegenheit der USA bestand die offizielle Militärdoktrin in der „massiven Vergeltung" im Falle eines sowjetischen Angriffes. Spannungen prägten die Beziehungen zwischen Ost und West, wobei die Bezeichnung „Kalter Krieg" nur für Mitteleuropa berechtigt ist. Denn hier kam es trotz verschiedener Konflikte (zum Beispiel Berlin-Blockade 1948/49, Berlin-Krise 1959, Mauerbau 1961) nie zu bewaffneten Auseinandersetzungen.

M 4 „Yankee, go home"

Angehörige der Jugendorganisation der DDR, „Freie Deutsche Jugend" (FDJ), tragen während einer „Friedensdemonstration" im Berliner Lustgarten ein antiamerikanisches Transparent. Aufnahme vom 28./29. Mai 1950

Der Ausdruck „Kalter Krieg" bezeichnete ab 1947 den Spannungszustand im Kontext des Ost-West-Verhältnisses, wobei der Konflikt primär mit propagandistischen Mitteln, diplomatischen Drohgebärden, wirtschaftlichem Druck und dem Wettrüsten ausgetragen wurde. Auf der Grundlage abgesteckter Einflussbereiche wandelte sich die Konfrontation zur Koexistenz zweier unterschiedlicher Gesellschaftsordnungen. Die Teilung Europas und Deutschlands war festgeschrieben und Ergebnis einer bipolaren Weltordnung.

In dieser bipolaren Weltordnung standen sich zwei Weltmächte gegenüber: die USA und vor allem die NATO auf der einen Seite sowie die Sowjetunion und der Warschauer Pakt auf der anderen. Die NATO (North Atlantic Treaty Organization), 1949 gegründet, umfasste zunächst zwölf Staaten und war als reines Defensivbündnis angelegt. Die Reaktion der Sowjetunion bestand zunächst in zweiseitigen Verträgen mit ihren Satellitenstaaten. 1955 erfolgte dann der Zusammenschluss zu einer übergreifenden Militärorganisation unter ihrer Führung (Warschauer Pakt).

In den nachfolgenden Jahrzehnten, die von den tief greifenden politischen Gegensätzen zwischen Ost und West geprägt waren, kam es trotz der Spannungen zu keiner unmittelbaren militärischen Konfrontation zwischen den hochgerüsteten Weltführungsmächten. Dies konnte aus wohlerwogenem Überlebensinteresse verhindert werden.

Dreimal nach 1945 drohte der „kalte" Krieg allerdings zu einem globalen „heissen" Krieg zu eskalieren: im Koreakrieg (1950–1953), im Vietnamkrieg (1964–75) und im Zusammenhang mit der Kuba-Krise, als die Sowjetunion versuchte, Mittelstreckenraketen auf der Karibikinsel zu stationieren (1962).

M 5 „Warschauer Pakt"

Die sowjetische Delegation auf der Warschauer Konferenz, wo sie und Vertreter Albaniens, Bulgariens, der DDR, Polens, Rumäniens, der Tschechoslowakei und Polens am 14. Mai 1955 den „Vertrag über Freundschaft, Zusammenarbeit und gegenseitigen Beistand" unterzeichneten.

Koreakrieg

1950 überfiel das kommunistische Nordkorea – man vermutet nicht ohne das Einverständnis Stalins – den Süden des geteilten Landes. Nachdem Südkorea fast gänzlich erobert worden war, schafften es die USA und ihre Verbündeten, im Rahmen eines UN-Mandats die Aggression zurückzuschlagen. Trotz des Eingreifens der Volksrepublik China gelang es, den Krieg zu regionalisieren und nach drei Jahren den Status quo ante, also den Zustand vor dem Konflikt, wiederherzustellen (1953). Die Demarkationslinie zwischen Nord- und Südkorea am 38. Breitengrad besitzt bis heute ihre Gültigkeit.

Der Koreakrieg hatte weitreichende militärische, wirtschaftliche und psychologische Folgen. Allgemein wurde er aus europäischer Perspektive als Testfall von Seiten der Sowjetunion angesehen, wie sich die westlichen Demokratien im Falle eines Angriffs verhalten würden. Eine Kapitulation in Korea hätte in dieser Sichtweise die Sowjetunion Stalins ermutigen können, etwas Vergleichbares auch in Europa zu unternehmen. Der Koreakrieg bewirkte daher die militärische Aufrüstung in Europa und er beschleunigte die Wiederbewaffnung der Bundesrepublik Deutschland und ihre Integration in das westliche Verteidigungsbündnis der NATO.

Kuba-Krise

In der Kuba-Krise (1962) stand die Menschheit abermals am Abgrund eines Weltkrieges. Die UdSSR versuchte auf Kuba Mittelstreckenraketen aufzustellen. Dieser Schachzug im globalen Ost-West-Konflikt diente dazu, einen strategischen Vorteil

M 6 Sowjetische Raketen auf Kuba, 1962

Russische Raketen und Abschussgeräte warten im Hafen von Mariel auf die Verschiffung in die Sowjetunion. Ein amerikanisches Aufklärungsflugzeug machte diese Aufnahme am 4. November 1962, die den Abzug der sowjetischen Atomraketen und das Ende der Kubakrise markiert.

M 7 Die Kuba-Krise

zu erringen. Die amerikanische Führung unter Präsident Kennedy zeigte sich zutiefst entschlossen, eine solche Stationierung zu verhindern. Allerdings hätte ein Einmarsch auf Kuba die Gefahr heraufbeschworen, dass im Gegenzug West-Berlin besetzt werden würde. Letztlich erwiesen sich die Androhung militärischer Gewalt und eine Seeblockade Kubas als erfolgreich. Die UdSSR gab – nicht ohne Prestigeverlust – nach. Als inoffizielle Gegenleistung wurden später die amerikanischen Jupiterraketen aus der Türkei entfernt.

Die USA dokumentierten in der Kuba-Krise ihre Überlegenheit; sie standen im Zenit ihrer Macht.

Im April 1955 trafen sich in Bandung (Indonesien) die Vertreter von 23 asiatischen und sechs afrikanischen Ländern. Ihr Ziel bestand darin, in der Zeit des Ost-West-Konfliktes eine neue „Bewegung der Blockfreien" zu gründen. Im Zentrum stand dabei zum einen die Furcht, in eine militärische Konfrontation verwickelt zu werden. Zum anderen betonten sie ihre Nichtpaktgebundenheit. Neben der Erhaltung des Weltfriedens stand der Antikolonialismus ganz oben auf der Agenda. Ihre überragenden Führungspersönlichkeiten besassen die Blockfreien im ägyptischen Präsidenten Gamal Abdel Nasser, im indischen Ministerpräsidenten Jawaharal Nehru und in dem jugoslawischen Staats- und Parteichef Josip Broz Tito.

Dem Anspruch, die Rolle einer wirklichen dritten Kraft zu spielen, konnte die Bewegung nicht gerecht werden. Dazu waren die Interessenunterschiede zwischen den Mitgliedern viel zu gross. Bis 1979 auf 94 Staaten angewachsen, schwächten Konflikte und Kriege untereinander die Bewegung, die seit dem Zusammenbruch der Sowjetunion (1991) keine Rolle mehr spielt. In dem angesehenen „Handwörterbuch Internationale Politik" wird der Begriff „Blockfreiheit" folglich auch nicht mehr aufgeführt.

Vietnamkrieg

Vietnam war bis zum Zweiten Weltkrieg ein Teil der französischen Kolonie Indochina. Als nach Kriegsende dem Land die Unabhängigkeit verweigert wurde, brach ein Unabhängigkeitskrieg aus. Nachdem die national-kommunistischen Vietminh der französischen Kolonialmacht bei Dien-Bien-Phu (1954) eine schwere Niederlage zugefügt hatten, zog sich Frankreich aus Indochina zurück. Die anschliessende Genfer Indochinakonferenz (1954) beschloss die provisorische Teilung Vietnams in einen kommunistischen Norden und einen westlich orientierten Süden. Für 1956 waren gesamt-vietnamesische Wahlen vorgesehen.

Nach dem Abzug der französischen Kolonialmacht steigerten die USA kontinuierlich ihr finanzielles und militärisches Engagement. Sie förderten das antikommunistische und autoritäre Diem-Regime in Saigon, das sich nur auf eine Minderheit aus Soldaten, sozialer Oberschicht und Katholiken stützen konnte. Die gesamtvietnamesischen Wahlen wurden von dieser Regierung boykottiert und die Oppositionellen verfolgt. Diem selbst wurde im Verlaufe eines Armeeputsches 1963 ermordet. Südvietnam nahm danach die Form einer Militärdiktatur an. Gegen dieses Regime hatte sich eine nationalrevolutionäre Widerstandsbewegung (Vietcong) formiert, die von Nordvietnam unterstützt wurde. Es entwickelte sich ein Guerillakrieg, bei dem die USA immer mehr die Hauptlast trugen. Die Zahl amerikanischer Soldaten stieg von 16 000 (1963) auf knapp 550 000 (1968). Diese Eskalation wurde Präsident Johnson, dem Nachfolger J. F. Kennedys, durch die sogenannte Tonkin-Golf-Resolution ermöglicht, in der ein gezielt falsch informierter Kongress auf das Vorrecht der Kriegserklärung verzichtete. Diese Blankovollmacht ermöglichte der US-Führung die Bombardierung Nordvietnams und eine weitgehende Amerikanisierung des Krieges.

Mit dem War Powers Act hat der Kongress (1973) die Ermächtigung wieder zurückgenommen. Nunmehr gilt, dass die Kriegsführung ohne Zustimmung des Kongresses nur noch zeitlich begrenzt (60 Tage) möglich ist.

Der seit 1969 im Amt befindliche Präsident Nixon reduzierte die amerikanische Präsenz in Vietnam. Sein Programm der „Vietnamisierung" des Kriegs verband den Rückzug amerikanischer Bodentruppen mit einer Aufrüstung der südvietnamesischen Armee und massiver amerikanischer Luftunterstützung.

Das Pariser Waffenstillstandsabkommen (1973) – ausgehandelt von Richard Nixons Sicherheitsberater und späterem Aussenminister Henry Kissinger – leitete die Beendigung der amerikanischen Verwicklung in Vietnam ein.

Das Waffenstillstandsabkommen konnte den Zerfall des südvietnamesischen Regimes Thieu nur für kurze Zeit aufhalten. 1975 zogen Vietcong- und nordvietnamesische Einheiten in Saigon ein.

Der Vietnamkrieg war der längste Krieg in der Geschichte der USA und der erste Krieg, den sie verloren haben. Trotz grosser materieller, militärischer und personeller Übermacht gelang den USA keine „Eindämmung". Vielmehr bewirkte der Krieg ein sinkendes Ansehen der USA in der Weltöffentlichkeit und spaltete die amerikanische Nation. Der Verfall der militärischen Moral, die Kriegsmüdigkeit und das Anwachsen einer breiten Protestbewegung zeigten, dass dieser Krieg selbst innerhalb der amerikanischen Gesellschaft stark umstritten war.

Die Niederlage im Vietnamkrieg hatte ganz wesentlich ihre Ursache in der Funktionsweise einer demokratischen Gesellschaft. In ihr kann – im Unterschied zu diktatorisch regierten Staaten – kein Krieg gegen den Willen der Bevölkerungsmehrheit fortgesetzt werden. Selbst Minderheiten besitzen in freiheitlichen Gesellschaften eine Art Vetomacht und können militärische Einsätze politisch erschweren. Die Kriegshandlungen und Kriegsgräuel, die aufgrund der freien Berichterstattung tagtäglich auf den amerikanischen Bildschirmen zu sehen waren, hatten einen grossen Einfluss auf die wachsende Ablehnung des Kriegseinsatzes in der amerikanischen Öffentlichkeit. Ausserdem litt das militärische Engagement unter einem Legitimationsdefizit. Zwar kämpften die USA gegen einen

M 8 **Der Vietnamkrieg**
1964 – 1973

M 9 **Krieg in Vietnam**

Napalmbomben explodieren neben einer US-amerikanischen Patrouille, undatiertes Foto.

M 10 **Teilnehmer einer Antikriegs-Demonstration gegen den Vietnamkrieg**

Amerikanische Veteranen des Vietnamkrieges demonstrieren vor dem Supreme Court in Washington, D.C. Foto vom 1. Juni 1971

kommunistischen Feind, der – jenseits aller Propaganda – weder für Menschenrechte noch für Demokratie eintrat, aber gleichzeitig stützten die Amerikaner eine südvietnamesische Regierung, die mit ähnlich terroristischen Methoden regierte wie die andere Seite.

Der psychologische Vorteil des Vietcong und der hinter ihm stehenden nordvietnamesischen Armee bestand darin, dass sie ihren Kampf als nationale Befreiung vom amerikanischen Kolonialismus darzustellen vermochten. In weiten Teilen der vietnamesischen Bevölkerung galten die amerikanischen Soldaten als die Eindringlinge und weniger als willkommene Helfer in der Not. Von Belang war zweifellos auch die Tatsache, dass der Vietcong die Vorteile des Territoriums besser nutzen konnte. Die Form des Dschungelkrieges begünstigte den technologisch Unterlegenen. Hingegen mussten die amerikanischen Soldaten fernab der eigenen Heimat kämpfen – in einem Umfeld, das ihnen fremd war. Als Folge davon setzte eine weitverbreitete Demoralisierung der Truppen ein.

Der Vietnamkrieg stiess die amerikanische Gesellschaft in eine kollektive Depression, auch weil mit ihm das Ansehen von der Unbesiegbarkeit verloren gegangen war. Er kostete die amerikanische Nation 55 000 Tote und die – für damalige Verhältnisse – gewaltige Summe von etwa 170 Milliarden US-Dollar.

Info

Chronologie

1933 – 1945	Präsidentschaft Franklin D. Roosevelts
1937	Neutralitätsgesetzgebung
1941	Lend-Lease-Act (Leih-Pacht-Gesetz): Es ermöglichte den Kauf von Waffen und militärischen Gütern durch „befreundete Staaten".
1941	Atlantik-Charta zwischen US-Präsident Roosevelt und dem britischen Premierminister Churchill
1941	Japanischer Überfall auf Pearl Harbor und Eintritt der USA in den 2. Weltkrieg
1941	Deutscher Angriff auf die Sowjetunion
1945	Ende des Zweiten Weltkriegs; Kapitulation Deutschlands und Japans; Konferenz von Potsdam
1947	Beginn des Kalten Kriegs (Truman-Doktrin)
1948	Staatsstreich in der Tschechoslowakei bringt das Land unter kommunistische Kontrolle
1948	Berlin-Krise
1949	Gründung der NATO
1950 – 1953	Korea-Krieg
1953	Stalins Tod
1953	Volksaufstand in der DDR
1955	Gründung des Warschauer Paktes
1956	Aufstände in Ungarn und Polen
1962	Kuba-Krise
1964 – 1975	Vietnam-Krieg

Bipolarität und Kalter Krieg

M 11 Englische Karikatur zur sowjetischen Osteuropa-Politik nach 1945

M 12 Truman-Doktrin

In einer Botschaft an den Kongress am 12. März 1947 verkündete US-Präsident Harry S. Truman einen neuen Grundsatz amerikanischer Aussenpolitik:

In einer Anzahl von Ländern waren den Völkern kürzlich gegen ihren Willen totalitäre Regimes aufgezwungen worden. Die Regierung der Vereinigten Staaten hat mehrfach gegen Zwang und Einschüchterung bei der Verletzung des Jalta-
5 Abkommens in Polen, Rumänien und Bulgarien protestiert. Und weiter muss ich feststellen, dass in einer Anzahl anderer Staaten ähnliche Entwicklungen stattgefunden haben.
Im gegenwärtigen Abschnitt der Weltgeschichte muss fast jede Nation ihre Wahl in Bezug auf ihre Lebensweise tref-
10 fen. Nur allzu oft ist es keine freie Wahl. Die eine Lebensweise gründet sich auf den Willen der Mehrheit und zeichnet sich durch freie Einrichtungen, freie Wahlen, Garantie der individuellen Freiheit, Rede- und Religionsfreiheit und Freiheit von politischer Unterdrückung aus.
15 Die zweite Lebensweise gründet sich auf den Willen einer Minderheit, der der Mehrheit aufgezwungen wird. Terror und Unterdrückung, kontrollierte Presse und Rundfunk, fingierte Wahlen und Unterdrückung der persönlichen Freiheiten sind ihre Kennzeichen.
20 Ich bin der Ansicht, dass es die Politik der Vereinigten Staaten sein muss, die freien Völker zu unterstützen, die sich der Unterwerfung durch bewaffnete Minderheiten oder durch Druck von außen widersetzen.
Ich glaube, dass wir den freien Völkern helfen müssen, sich
25 ihr eigenes Geschick nach ihrer eigenen Art zu gestalten.

Ich bin der Ansicht, dass unsere Hilfe in erster Linie in Form wirtschaftlicher und finanzieller Unterstützung gegeben werden sollte, die für eine wirtschaftliche Stabilität und geordnete politische Vorgänge wesentlich ist.
Die Welt steht nicht still, und der Status quo ist nicht heilig. 30
Aber wir können keine Veränderungen im Status quo zulassen, die eine Verletzung der Charta der Vereinigten Nationen durch Zwangsmethoden oder durch vorsichtigere Maßnahmen wie eine politische Durchdringung bedeuten. Wenn wir freien und unabhängigen Nationen helfen, ihre Freiheit zu 35
bewahren, so werden wir damit die Prinzipien der Charta der Vereinten Nationen verwirklichen.

Ernst-Ulrich Huster, Gerhard Kraiker, Burkhard Scherer, Friedrich-Karl Schlotmann, Marianne Welteke: Determinanten der westdeutschen Restauration 1945–1949, Suhrkamp Verlag, Frankfurt/Main 1972, S. 338 f.

M 13 Antikommunismus

Der amerikanische Aussenminister John Foster-Dulles (1953–1959) erläutert sein Bild vom sowjetischen Kommunismus (1953):

Es gibt eine Reihe von politischen Fragen, die ich vorziehe, mit dem Ausschuss in einer geschlossenen Sitzung zu diskutieren, aber ich habe keine Einwände dagegen, in einer offenen Sitzung zu sagen, was ich schon früher gesagt habe: nämlich, dass wir niemals einen sicheren Frieden 5
oder eine glückliche Welt haben werden, solange der sowjetische Kommunismus ein Drittel aller Menschen, die es gibt, beherrscht und dabei ist, mindestens den Versuch zu machen, seine Herrschaft auf viele andere auszuweiten.
Diese versklavten Menschen sind Menschen, die die Frei- 10
heit verdienen, und die, vom Standpunkt unseres Eigeninteresses, die Freiheit haben sollten, weil sie, wenn sie unterwürfige Mittel eines aggressiven Despotismus sind, irgendwann einmal zu einer Kraft zusammengeschweißt werden, die für uns selbst und die ganze freie Welt höchst 15
gefährlich sein wird.
Deswegen müssen wir immer die Befreiung dieser unterjochten Völker im Sinn behalten. Nun bedeutet Befreiung nicht einen Befreiungskrieg. Befreiung kann auch erreicht werden durch Vorgänge unterhalb der Kriegsschwelle. Wir 20
haben als ein Beispiel, wenn auch nicht als ideales Beispiel, aber es veranschaulicht meine Argumentation, den Abfall Jugoslawiens unter Tito von der Herrschaft des sowjetischen Kommunismus. [1948] [...]

Bipolarität und Kalter Krieg

25 Deswegen ist eine Politik, die nur darauf zielt, Russland auf den Bereich zu beschränken, in dem es schon ist, für sich allein genommen eine unvernünftige Politik; es ist aber auch eine Politik, die zum Scheitern verurteilt ist, weil eine nur defensive Politik niemals gegen eine aggressive Politik ge-
30 winnt. Wenn unsere Politik nur darauf zielt, zu bleiben, wo wir sind, dann werden wir zurückgedrängt. Allein dadurch, dass wir an der Hoffnung auf Befreiung festhalten, dass wir uns diese Hoffnung zu Nutze machen, wenn sich eine Gelegenheit bietet, werden wir dieser schrecklichen Gefahr ein
35 Ende machen, die die Welt beherrscht, die uns so schreckliche Opfer und so große Zukunftsängste auferlegt. Aber all dies kann und muss getan werden in Formen, die keinen allgemeinen Krieg provozieren, und in Formen, die auch keinen Aufstand provozieren, der mit blutiger Gewalt zerschla-
40 gen würde. [...] Die Bedrohung durch den sowjetischen Kommunismus ist meiner Meinung nach nicht nur die schwerste Bedrohung, der sich die Vereinigten Staaten je ausgesetzt sahen, sondern auch die schwerste Bedrohung, dem das, was wir westliche Kultur nennen, oder überhaupt jede Kul-
45 tur, die vom Glauben an Gott geprägt ist, je ausgesetzt war. Der sowjetische Kommunismus ist seinem Wesen nach atheistisch und materialistisch. Er glaubt, menschliche Wesen seien nicht mehr als etwas bessere Tiere [...]. Glaubt man jedoch an die göttliche Natur des Menschen, dann ist es eine
50 Ideologie, die völlig unannehmbar ist und die mit diesem Glauben vollständig unvereinbar ist.

Ernst-Otto Czempiel/Carl-Christoph Schweitzer: Weltpolitik der USA nach 1945. VS Verlag für Sozialwissenschaften, Wiesbaden, 1984 © Leske Verlag + Budrich GmbH, Leverkusen 1984

M 14   NATO-Vertrag vom 4. April 1949

Präambel:
5
Die Parteien dieses Vertrages bekräftigen erneut ihren Glauben an die Ziele und Grundsätze der Satzung der Vereinten Nationen und ihren Wunsch, mit allen Völkern und allen Regierungen in Frieden zu leben. Sie sind entschlossen, die Freiheit,
10 das gemeinsame Erbe und die Zivilisation ihrer Völker, das auf den Grundsätzen der Demokratie, der Freiheit der Person und der Herrschaft des Rechts beruhen, zu gewährleisten. Sie sind bestrebt, die innere Festigkeit und das Wohlergehen im nordatlantischen Gebiet zu fördern. Sie sind entschlossen, ihre
15 Bemühungen für die gemeinsame Verteidigung und für die Erhaltung des Friedens und der Sicherheit zu vereinigen.

Artikel 1
Die Parteien verpflichten sich, in Übereinstimmung mit der Satzung der Vereinten Nationen jeden internationalen Streitfall, an dem sie beteiligt sind, auf friedlichem Wege so
20 zu regeln, dass der internationale Friede, die Sicherheit und die Gerechtigkeit nicht gefährdet werden, und sich in ihren internationalen Beziehungen jeder Gewaltandrohung oder Gewaltanwendung zu enthalten, die mit den Zielen der Vereinten Nationen nicht vereinbar ist. [...]
25
Artikel 5
Die Parteien vereinbaren, dass ein bewaffneter Angriff gegen eine oder mehrere von ihnen in Europa oder Nordamerika als ein Angriff gegen sie alle angesehen werden wird; sie vereinbaren daher, dass im Falle eines solchen bewaffneten
30 Angriffs jede von ihnen in Ausübung des in Artikel 51 der Satzung der Vereinten Nationen anerkannten Rechts der individuellen oder kollektiven Selbstverteidigung der Partei oder den Parteien, die angegriffen werden, Beistand leistet, indem jede von ihnen unverzüglich für sich und im Zusam-
35 menwirken mit den anderen Parteien die Maßnahmen, einschließlich der Anwendung von Waffengewalt, trifft, die sie für erforderlich erachtet, um die Sicherheit des nordatlantischen Gebiets wiederherzustellen und zu erhalten.
Von jedem bewaffneten Angriff und allen daraufhin getrof-
40 fenen Gegenmaßnahmen ist unverzüglich dem Sicherheitsrat [der UNO] Mitteilung zu machen. [...]
Artikel 6
Im Sinne des Artikels 5 gilt als bewaffneter Angriff auf einen oder mehrere der Parteien jeder bewaffnete Angriff.
45
1. auf das Gebiet eines dieser Staaten in Europa oder Nordamerika, auf das Gebiet der Türkei oder auf die der Gebietshoheit einer der Parteien unterliegenden Inseln im nordatlantischen Gebiet nördlich des Wendekreises des Krebses[1];
50
2. auf die Streitkräfte, Schiffe oder Flugzeuge einer der Parteien, wenn sie sich in oder über diesen Gebieten oder irgendeinem anderen europäischen Gebiet, in dem eine der Parteien bei Inkrafttreten des Vertrags eine Besatzung unterhält, oder wenn sie sich im Mittelmeer oder im nordatlantischen Gebiet
55 nördlich des Wendekreises des Krebses befinden.

1 nördl. Wendekreis des Krebses: der am 23°27' nördlich vom Äquator entfernte Parallelkreis (verläuft südlich der Kanarischen Inseln)

Zit. nach: G. Walpuski, Verteidigung + Entspannung = Sicherheit, Bonn 1975, S. 57 ff.

M 15 Sozialistische Revolution und Weltfriede

Aus dem Programm der KPdSU (1961):

Die Kommunisten waren nie und sind auch heute nicht der Auffassung, dass der Weg zur Revolution über Kriege zwischen den Staaten führt. Die sozialistische Revolution hängt nicht unbedingt mit einem Krieg zusammen.

5 Obwohl beide von den Imperialisten entfesselten Weltkriege mit sozialistischen Revolutionen endeten, sind Revolutionen durchaus ohne Krieg möglich. Die großen Ziele der Arbeiterklasse können ohne einen Weltkrieg erreicht werden. Heute sind die Bedingungen dafür günstiger denn je. Die Arbeiter-

10 klasse und ihre Vorhut, die marxistisch-leninistischen Parteien, sind bestrebt, die sozialistische Revolution auf friedliche Weise zu verwirklichen. Dies entspräche den Interessen der Arbeiterklasse und des ganzen Volkes, entspräche den gesamtnationalen Interessen des Landes. [...]

Zit. nach: R. Thomas. Marxismus und Sowjetkommunismus, Teil 2: Sowjetkommunismus, Stuttgart 1978, S. 111.

M 16 Militärpakte

Der Politikwissenschaftler Hans Wassmund stellt dar, wie die USA dem Kommunismus begegneten:

Während nach dem Ende der Kampfhandlungen an den europäischen und asiatischen Fronten 1945 praktisch keine formellen Militärpakte mehr existierten, gehörten nur zehn Jahre später bis auf ganz wenige Ausnahmen alle wichtigen Staaten

5 der Erde zu einem der rivalisierenden Bündnissysteme.

Auf der einen Seite standen die USA im Zentrum eines weltumspannenden Systems von Militärpakten: Mit den westeuropäischen Staaten schlossen sie 1949 die Nordatlantische Verteidigungsgemeinschaft (NATO), der sich 1955 auch

10 die Bundesrepublik Deutschland anschloss; im pazifischen Raum gründeten sie 1951 mit Australien und Neuseeland den Anzus-Pakt und 1954 zusammen mit Australien, Frankreich, Neuseeland und den Philippinen die Südostasiatische Verteidigungsgemeinschaft (SEATO). Schließlich

15 waren die USA seit 1947 mit weiteren 20 Staaten des amerikanischen Kontinents durch den Rio-Pakt verbunden. Auf der anderen Seite war aufgrund der Initiative der Sowjetunion ein dichtes Netz von Verträgen und Bündnisstrukturen geschaffen worden, durch das Moskau seine militäri-

20 schen Potenziale steigerte [...]. Der sowjetisch-chinesische Verteidigungspakt vom Februar 1950 z. B. räumte der Sowjetunion eine Fülle von Sonderrechten in der gerade gegründeten Volksrepublik ein [...].

Die Vielzahl der bilateralen Bündnispakte, die die Sowjetunion mit allen osteuropäischen Staaten bereits geschlos- 25 sen hatte, wurde 1955 durch den Warschauer Pakt ergänzt, in dem Moskau sich mit sieben Staaten Ost- und Südosteuropas zu „Freundschaft, Zusammenarbeit und gegenseitigem Beistand" verbündete.

Gemeinsame Abschreckung des Gegners vor unbedachten 30 Militäraktionen und Eindämmung der Kommunistischen Weltbewegung ganz generell wurden zu den zentralen Zielen der im ersten Jahrzehnt nach 1945 entstandenen westlichen Militärbündnisse. Ihnen standen im östlichen Militärlager „Verteidigung der Errungenschaften des Sozialismus" und [die] 35 „Durchsetzung des Sozialismus im Weltmaßstab" gegenüber.

H. Wassmund, Die Supermächte und die Weltpolitik, München 1989, S. 58 f.

M 17 Die „Dominotheorie"

Der US-Präsident Dwight David Eisenhower begründete das amerikanische Engagement in Südostasien (1954):

[...] Es geht da um Spezifisches und Allgemeines, wenn man sich über alle diese Dinge Gedanken macht. Zum Ersten geht es um den spezifischen Wert eines geografischen Raumes im Hinblick auf die Produktion von Rohstoffen, die die Welt braucht. 5

Dann besteht die Möglichkeit, dass viele Menschen unter eine Diktatur geraten, die der freien Welt feindlich gegenübersteht.

Schließlich gibt es allgemeinere Erwägungen, die sich ableiten aus einem Prinzip, das man als „Dominotheorie" be- 10 zeichnen kann.

Es steht da eine Reihe von Dominosteinen. Sie stoßen den ersten um, und was mit dem letzten geschieht, ist die Gewissheit, dass es sehr schnell gehen wird. So könnte der Anfang eines Zerfalls mit außerordentlich weitreichenden 15 Folgen aussehen.

Nun zu dem ersten Punkt: Zwei Dinge, die die Welt aus dieser speziellen Gegend bezieht, sind Zinn und Wolfram. Diese sind sehr wichtig. Natürlich gibt es noch andere, die Gummiplantagen usw. 20

Dann zu der zunehmenden Anzahl von Menschen, die unter diese Herrschaft geraten: Asien hat schließlich bereits ungefähr 450 Millionen Menschen seiner Bevölkerung an die kommunistische Diktatur verloren, und wir können uns größere Verluste einfach nicht leisten. 25

Aber wenn wir zu dem möglichen Ablauf der Ereignisse kommen, dem Verlust von Indochina, Burma, Thailand, der Halbinsel und danach Indonesiens, hier geht es um Gebiete, die nicht nur die Nachteile vervielfachen, die durch den Verlust von Rohstoffen und Rohstoffquellen entstünden, 30

jetzt geht es hier vielmehr in Wirklichkeit um Millionen und Millionen und Millionen von Menschen. Schließlich wird durch die damit entstandene geografische Situation vieles bewirkt: Sie verschiebt die sogenannte Inselverteidigungs-
35 kette: Japan, Formosa, Philippinen weiter südwärts; mit dieser Verschiebung kommt es zur Bedrohung Australiens und Neuseelands.

In wirtschaftlicher Hinsicht verliert Japan die Gebiete, die es als Handelspartner braucht; oder aber Japan müsste seinerseits, um weiterzuleben, sich in eine ganz bestimmte Richtung 40 hin orientieren, nämlich zu den kommunistischen Gebieten. So sind also die möglichen Konsequenzen des Verlusts für die freie Welt gar nicht auszudenken. [...]

Ernst-Otto Czempiel/Carl-Christoph Schweitzer, a.a.O., S. 154

M 18   **Die Welt im Ost-West-Konflikt nach 1949**

Aufgaben

1. Bipolarität und Kalter Krieg

a) Fassen Sie in einem Schaubild die US-amerikanische Politik vom Ende des Zweiten Weltkriegs bis zur doppelten Staatsgründung zusammen.

b) Erläutern Sie die Systematik, mit der die UdSSR die Sowjetisierung Osteuropas betrieb.

c) Kennzeichnen Sie die Politik der Eindämmung (Truman-Doktrin).

d) Erläutern Sie, wie Dulles seine aussenpolitische Konzeption in M13 begründet.

e) Analysieren Sie den sowjetischen Entwurf für die Weltrevolution in M15.

f) Prüfen Sie, inwiefern sich aus der „Dominotheorie" das Eingreifen der USA in Vietnam ableiten lässt.

g) Fassen Sie die Probleme in einem Tafelanschrieb zusammen, zu denen die amerikanische „Eindämmungspolitik" in der Dritten Welt führte.

⌐ Text, M11–M18

Entspannung und friedliche Koexistenz

Von der Kuba-Krise gingen zwei ganz gegensätzliche Folgewirkungen aus: Die faktische Niederlage veranlasste die Führung der UdSSR zu verstärkten Rüstungsanstrengungen, sodass sich schon gegen Ende der Sechzigerjahre ein ungefähres nuklearstrategisches Gleichgewicht abzeichnete. Die beiden Weltführungsmächte verfügten nunmehr über globale Vernichtungspotenziale, die eine traditionelle Drohpolitik als widersinnig erscheinen liessen. Die militärische Parität (Gleichwertigkeit) erforderte eine den veränderten Verhältnissen angepasste Militärdoktrin.

Abschreckung als Verteidigungsstrategie

Die militärische Weltlage wurde über Jahrzehnte durch die Bezeichnung „Gleichgewicht des Schreckens" charakterisiert. Sie war das Resultat jener Konzeption von Sicherheit, die auf Abschreckung beruht. Die Fähigkeit zum vernichtenden Gegenschlag mit nuklearen Waffen sollte einen potentiellen Angreifer davon abhalten, einen kriegerischen Konflikt zu beginnen.

Die Abschreckung als Kriegsverhütungsdoktrin hat den Zweck, einen potenziellen Gegner von einem Angriff abzuhalten und diesen davon zu überzeugen, dass er bei einem Angriff mehr zu verlieren als zu gewinnen habe. Der Abschreckungsmechanismus basiert darauf, das Risiko für den Angreifer so hoch anzusetzen, dass er vor einer Aggression zurückschreckt: „Wer als Erster schiesst, stirbt als Zweiter!" Vertreter der Abschreckungstheorie gehen davon aus, dass die Abschreckung dann am glaubwürdigsten ist, wenn die Bereitschaft des Angegriffenen unzweifelhaft ist, bei einem Überfall sein militärisches Potenzial auch einzusetzen.

Im Zuge des Ost-West-Konflikts hat die Abschreckungsstrategie des Westens verschiedene Stufen durchlaufen:

a) Das Konzept der massiven Vergeltung (massive retaliation) der frühen 50er-Jahre, das den massiven Einsatz der Nuklearwaffen bei einem Angriff vorsah.

b) Als die Sowjetunion im Laufe der 60er-Jahre mit ihrer atomaren Rüstung gleichzog, wandelte sich der Funktionsmechanismus der Abschreckung zur gegenseitig gesicherten Zerstörung (mutual assured destruction = MAD).

c) 1967 wurde die Strategie der massiven Vergeltung durch jene der angemessenen Erwiderung (flexible response) abgelöst.

Diese Strategie ging davon aus, dass ein Angriff abgestuft beantwortet wird. Wenn der Gegner es zuliess, soll zuerst konventionell, dann taktisch-atomar reagiert werden. Erst wenn der militärische Konflikt auch dann nicht gelöst werden konnte, war der Einsatz von strategischen Nuklearwaffen vorgesehen.

Die ständige Vorbereitung auf den schlimmsten Fall („worst-case"), die Drohung mit der Vernichtung des Gegners bei Einkalkulierung der eigenen Zerstörung und die ständige Perfektionierung der Vernichtungswaffen, waren letztlich die Konsequenz der Abschreckungsdoktrin.

Friedliche Koexistenz

Die Politik der friedlichen Koexistenz eröffnete ein neues Kapitel in den Ost-West-Beziehungen. Der „kalte" und teilweise auch „heisse" Krieg hatte seine Höhepunkte in der Berlin-Blockade (1948/49), im Koreakrieg (1950–53), in der Berlinkrise (1958–61) sowie der Kuba-Krise (1962) gehabt. Mitte der Fünfzigerjahre setzte sich

Ende des „Prager Frühlings" 1968

Strassenschlachten beim Einmarsch der Roten Armee in Prag, Foto vom 20./21. August 1968

in der UdSSR die Erkenntnis durch, dass im Zeitalter der Verfügung über thermonukleare Waffen die „friedliche Koexistenz von Staaten unterschiedlicher Gesellschaftsordnung" zwangsläufig wird. In der Chruschtschow-Ära wurde damit formell Abschied genommen von einer kompromisslosen Revolutionspropaganda. Tatsächlich stammt diese Lehre bereits von Lenin und ist später aufs Engste verknüpft mit Stalins These vom „Sozialismus in einem Land". Spätestens seitdem dominierte innerhalb der Sowjetführung das Interesse, die eigene Entwicklung voranzutreiben, die aussenpolitische Isolierung zu durchbrechen und den eigenen Einflussbereich abzusichern. Die Politik der „friedlichen Ko-existenz" und die mit ihr verknüpfte These von der Vermeidbarkeit von Kriegen hatte ihre Basis letztlich in der gegenseitigen Respektierung der Systemgrenzen. Im Unterschied zu Teilen der Dritten Welt waren in Europa die Grenzen zwischen Ost und West klar abgesteckt. Im Atomzeitalter wäre ein Antasten dieses Status quo mit unkalkulierbaren beziehungsweise menschheitsbedrohenden Risiken verbunden gewesen.

Wiederholt hatte die UdSSR Unabhängigkeitsbestrebungen in ihrem Herrschaftsbereich gewaltsam unterdrückt, ohne dass der Westen eingegriffen hätte, so zum Beispiel in der DDR (1953), in Ungarn (1956) und in der Tschechoslowakei (1968). Militärische Interventionen stellten in diesem Zusammenhang aber nur eine extreme Form der politischen Disziplinierung dar. Andere Instrumente, mit deren Hilfe die Souveränität der osteuropäischen Staaten eingeschränkt wurde, waren die Warschauer Pakt Organisation, Truppenstationierungen, der Rat für gegenseitige Wirtschaftshilfe sowie Rohstoff- und Kreditabhängigkeiten.

Breschnew-Doktrin

Im Zuge der militärischen Niederschlagung des tschechoslowakischen Reformkommunismus (1968) wurde von Seiten der sowjetischen Führung die Breschnew-Doktrin formuliert, so benannt nach dem damaligen Parteivorsitzenden der KPdSU. Sie beinhaltete die Aussage von der „beschränkten Souveränität sozialistischer Staaten". Ihr zufolge gab es also innerhalb des sowjetischen Machtbereiches keine eigenständige Entwicklung – losgelöst von den Vorgaben Moskaus. Die UdSSR behielt sich damit ein Interventionsrecht vor. Die Breschnew-Doktrin hatte die Funktion, die Gleichschaltung innerhalb des sowjetischen Machtbereiches zu rechtfertigen. Die UdSSR hatte im Zuge der Koexistenzpolitik oft wiederholt, dass der „Kampf der Systeme" auf ideologischer Ebene fortgesetzt beziehungsweise verschärft werden sollte.

Koexistenz und Entspannung

Bei den Weltmächten war nach der Kuba-Krise langsam die Erkenntnis gewachsen, dass die atomare Rüstung unter Kontrolle gebracht werden müsse. Das schlug sich im Kernwaffenteststopp-Abkommen von 1963 und auch im Vertrag über die Nichtweiterverbreitung von Kernwaffen (1968) nieder. Beide Abkommen leiteten zu einer neuen Phase der Ost-West-Beziehungen über, in der die Koexistenz durch Entspannung und Zusammenarbeit weitergeführt wurde.

Während der Siebzigerjahre entstand ein Beziehungsgeflecht als Antwort auf das „Gleichgewicht des Schreckens". Ost und West suchten neue Formen der Kooperation auf politischem, militärischem und wirtschaftlichem Gebiet:

- Gewaltverzicht und Anerkennung territorialer Besitzstände (z. B. Konferenz über Sicherheit und Zusammenarbeit in Europa: Helsinki 1975).

M 2 Unterzeichnung der Schlussakte von Helsinki

Bundeskanzler Helmut Schmidt und der DDR-Staatschef Erich Honecker beim Unterzeichnen des Schlussdokuments am 1. August 1975. Der DDR ging es vor allem um die Nichteinmischung in ihre inneren Angelegenheiten und den Status quo in Europa. Die Bundesrepublik erhoffte sich hingegen Reiseerleichterungen zwischen beiden Staaten und eine Ausweitung der humanitären Kontakte.

- Entschärfung von Krisenherden (z. B. Viermächteabkommen über Berlin 1971).
- Rüstungskontrollabkommen (z. B. Begrenzung strategischer Waffen: SALT I 1972 und SALT II 1979).
- Handel, Kredite und Technologietransfer an den Osten.

Auch die neue Ostpolitik der sozialliberalen Bundesregierung Brandt/Scheel war in die politische Grosswetterlage vollständig eingebunden und führte zu den Verträgen von Moskau und Warschau (1970). Diese Phase ging 1979/80 zu Ende.

Aufrüstung und neues Misstrauen

Ein entscheidender Auslöser für die Verschlechterung der Beziehungen zwischen den beiden Weltmächten war der Einmarsch sowjetischer Truppen in Afghanistan (Dezember 1979).

Nahezu zeitgleich verloren die USA – allerdings ohne Einflussnahme der Sowjetunion – nach dem Sturz des Schahs von Persien eine strategisch wichtige Bastion. Die Geiselnahme von amerikanischen Diplomaten der Teheraner US-Botschaft trug viel zum Stimmungsumschwung der Amerikaner bei.

Der Nahe Osten mit seinen Erdölreserven sowie die Tankerrouten wurden wegen der lebenswichtigen Bedeutung für die westlichen Industriestaaten zu Brennpunkten des Ost-West-Konflikts. Die USA verkündeten, dass der Versuch, Kontrolle über das Gebiet des Persischen Golfes zu erlangen, von ihnen als Angriff auf ihre Lebensinteressen gewertet und militärisch zurückgeschlagen werden würde (US-Präsident Jimmy Carter 1980).

Durch die Entspannungspolitik war das amerikanische Misstrauen gegenüber der UdSSR nicht abgebaut worden. Denn der Ost-West-Konflikt als solcher war nicht beseitigt worden, er hatte sich vielmehr nur aus dem europäischen Bereich in andere Regionen, vor allem nach Afrika, verlagert (z. B. sowjetisch-kubanisches Engagement in Angola 1975 und Äthiopien 1978).

Zudem hatte die Rüstungskontrollpolitik das Wettrüsten nicht bremsen können. Die UdSSR nutzte die Siebzigerjahre zur Vergrösserung und Modernisierung ihres Militärapparates (z. B. Flottenbau, Panzer, SS-20-Mittelstreckenraketen). Die NATO ihrerseits reagierte auf diese Situation mit dem Doppelbeschluss von 1979, der die Aufstellung von Pershing-2-Raketen und Marschflugkörpern für den Fall vorsah, dass Verhandlungen erfolglos bleiben sollten.

So deutete sich der Umschwung zur vierten Phase der Ost-West-Beziehungen bereits am Ende der Amtszeit des amerikanischen Präsidenten Carter an. Die Wahl des nachfolgenden Ronald Reagan (1980) spiegelte den Stimmungsumschwung in den Vereinigten Staaten wider. Reagan knüpfte in seiner Rhetorik an den Kalten Krieg an (die UdSSR wurde als „Reich des Bösen" bezeichnet) und leitete eine umfangreiche Aufrüstung ein, um die militärisch-politischen Handlungsmöglichkeiten zu erweitern. Verhandlungen mit der UdSSR wurden zwar nicht grundsätzlich abgelehnt, aber sie sollten nur aus einer Position der Stärke heraus geführt werden.

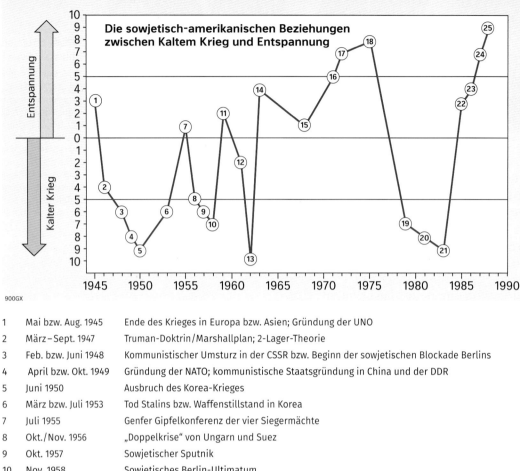

900GX

1	Mai bzw. Aug. 1945	Ende des Krieges in Europa bzw. Asien; Gründung der UNO
2	März – Sept. 1947	Truman-Doktrin / Marshallplan; 2-Lager-Theorie
3	Feb. bzw. Juni 1948	Kommunistischer Umsturz in der CSSR bzw. Beginn der sowjetischen Blockade Berlins
4	April bzw. Okt. 1949	Gründung der NATO; kommunistische Staatsgründung in China und der DDR
5	Juni 1950	Ausbruch des Korea-Krieges
6	März bzw. Juli 1953	Tod Stalins bzw. Waffenstillstand in Korea
7	Juli 1955	Genfer Gipfelkonferenz der vier Siegermächte
8	Okt. / Nov. 1956	„Doppelkrise" von Ungarn und Suez
9	Okt. 1957	Sowjetischer Sputnik
10	Nov. 1958	Sowjetisches Berlin-Ultimatum
11	Sept. 1959	Gipfeltreffen in Camp David
12	Aug. 1961	Bau der Berliner Mauer
13	Okt. / Nov. 1962	Kuba-Krise
14	Juli / Aug. 1963	Vertrag über Stopp von Atomtests und „heissen Draht"
15	Juli / Aug. 1968	Kernwaffensperrvertrag; Ende des „Prager Frühlings"
16	Sept. 1971	Berlin-Abkommen
17	Mai 1972	SALT-I-Vertrag
18	Aug. 1975	Schlussakte der KSZE in Helsinki
19	Dez. 1979	NATO-Doppelbeschluss; sowjetische Besetzung Afghanistans
20	Dez. 1981	Kriegsrecht in Polen; amerikanische Handelssanktionen gegen die UdSSR
21	Nov. / Dez. 1983	Abbruch aller Rüstungskontrollverhandlungen in Genf
22	Nov. 1985	Gipfeltreffen in Genf
23	Okt. 1986	Gipfeltreffen in Reykjavik
24	Nov. / Dez. 1987	Einigung in Genf über Abbau der Mittelstreckenraketen; Unterzeichnung dieses INF-Vertrages beim Gipfeltreffen in Washington (über die Vernichtung der Mittelstreckenraketen)
25	Mai – Aug. 1988	Gipfeltreffen in Moskau; Fortsetzung des sowjetischen Rückzugs aus Afghanistan; Waffenstillstandsabkommen für Iran / Irak, Angola / Namibia; gegenseitige Besuche der amerikanischen und sowjetischen Generalstabschefs, überwachter Abbau von Mittelstreckenraketen

Nach: H. Wassmund, Die Supermächte und die Weltpolitik, München 1989, S. 54 f.

M 3   **Die sowjetisch-amerikanischen Beziehungen zwischen Kaltem Krieg und Entspannung**

M 4 Entspannung und Kriegsvermeidung

Grundsatzerklärung über die amerikanisch-sowjetischen Beziehungen, am 29. Mai 1972 in Moskau anlässlich des Besuches von US-Präsident Nixon in der Sowjetunion unterzeichnet:

Die Vereinigten Staaten von Amerika und die Union der Sozialistischen Sowjetrepubliken sind [...] wie folgt übereingekommen:

1. Sie werden von dem gemeinsamen Schluss ausgehen,
5 dass es im Nuklearzeitalter keine andere Alternative gibt, als die gegenseitigen Beziehungen auf der Grundlage einer friedlichen Koexistenz zu gestalten. Unterschiede in der Ideologie und in den Gesellschaftssystemen der USA und der UdSSR sind keine Hindernisse für die bilaterale Ent-
10 wicklung normaler Beziehungen, die auf den Grundsätzen der Souveränität, der Gleichberechtigung, der Nichteinmischung in innere Angelegenheiten und des beiderseitigen Vorteils beruhen.

2. Die USA und die UdSSR legen größten Wert darauf, das
15 Entstehen von Situationen zu verhindern, die zu einer gefährlichen Verschlechterung ihrer Beziehungen führen könnten. Sie werden daher ihr Äußerstes tun, um militärische Konfrontationen zu vermeiden und den Ausbruch eines Nuklearkrieges zu verhindern. Sie werden in ihren gegensei-
20 tigen Beziehungen stets Zurückhaltung üben, und sie werden bereit sein, zu verhandeln und Meinungsverschiedenheiten mit friedlichen Mitteln beizulegen. Gespräche und Verhandlungen über offenstehende Fragen werden in einem Geiste der Gegenseitigkeit, des beiderseitigen Entgegen-
25 kommens und des beiderseitigen Vorteils geführt werden. Beide Seiten erkennen an, dass Bestrebungen, direkt oder indirekt einen einseitigen Vorteil auf Kosten des anderen zu erreichen, nicht im Einklang mit diesen Zielen stehen.
Die Voraussetzungen für die Erhaltung und Stärkung fried-
30 licher Beziehungen zwischen den USA und der UdSSR sind die Anerkennung der Sicherheitsinteressen der Vertragspartner auf der Basis des Grundsatzes der Gleichberechtigung und der Verzicht auf Anwendung oder Androhung von Gewalt. [...]
35 6. Die Vertragspartner werden ihre Bemühungen fortsetzen, die Rüstungen sowohl auf bilateraler als auch auf mul-

tilateraler Basis zu begrenzen. Sie werden weiterhin besondere Anstrengungen unternehmen, um die strategischen Rüstungen zu begrenzen. Wo immer möglich, werden sie konkrete Abkommen schließen, die der Erreichung dieser 40 Ziele dienen. [...]

7. Die USA und die UdSSR betrachten Handels- und Wirtschaftsbeziehungen als ein wichtiges und notwendiges Element der Stärkung ihrer bilateralen Beziehungen und werden daher das Wachstum solcher Beziehungen fördern. Sie 45 werden die Zusammenarbeit zwischen den zuständigen Organisationen und Unternehmen beider Länder [...] erleichtern.

Zit. nach: E.-O. Czempiel, C.-Chr. Schweitzer, Weltpolitik der USA nach 1945, Leverkusen 1984, S. 327 ff.

M 5 Aus der KSZE-Schlussakte (1975)

I. Souveräne Gleichheit, Achtung der der Souveränität innewohnenden Rechte

Die Teilnehmerstaaten werden gegenseitig ihre souveräne Gleichheit und Individualität sowie alle ihrer Souveränität innewohnenden und von ihr umschlossenen Rechte achten, einschließlich insbesondere des Rechtes eines jeden Staates auf rechtliche Gleichheit, auf territoriale Integrität 5 sowie auf Freiheit und politische Unabhängigkeit. Sie werden ebenfalls das Recht jedes anderen Teilnehmerstaates achten, sein politisches, soziales, wirtschaftliches und kulturelles System frei zu wählen und zu entwickeln sowie sein Recht, seine Gesetze und Verordnungen zu bestimmen. [...] 10
IV. Territoriale Integrität der Staaten
Die Teilnehmerstaaten werden die territoriale Integrität eines jeden Teilnehmerstaates achten.
Dementsprechend werden sie sich jeder mit den Zielen und Grundsätzen der Charta der Vereinten Nationen unverein- 15 baren Handlung gegen die territoriale Integrität, politische Unabhängigkeit oder Einheit eines jeden Teilnehmerstaates enthalten, insbesondere jeder derartigen Handlung, die eine Androhung oder Anwendung von Gewalt darstellt.
V. Friedliche Regelung von Streitfällen [...] 20
VI. Nichteinmischung in innere Angelegenheiten

KSZE-Schlussakte, zit. nach: Bulletin der Bundesregierung, Nr. 102 / S. 965, 15.8.1975

Aufgaben

1. Entspannung und friedliche Koexistenz

a) Ordnen Sie – mithilfe des Schaubildes – die wichtigsten Ereignisse im Hinblick auf die verschiedenen Phasen der Ost-West-Beziehungen ein.

b) Formulieren Sie in Thesen jene Erkenntnisse, auf denen die Entspannungspolitik beruhte.
↰ Text, M3 – M5

Der Zerfall der Sowjetunion und das Ende des Ost-West-Konflikts

Perestroika und Glasnost

Die Wahl Gorbatschows zum Generalsekretär der KPdSU bedeutete einen Wendepunkt in der Geschichte der Sowjetunion. Gorbatschows Machtantritt drückte die Bereitschaft von Teilen der Parteielite aus, einen neuen Kurs zu steuern, und signalisierte den Durchbruch der Reformer. Die Reformer beabsichtigten, das sozialistische Wirtschafts- und Gesellschaftssystem zu modernisieren. Dadurch wurde aber ein dynamischer Prozess ausgelöst, der letztlich zur Auflösung der Sowjetunion führte. Aus dem angestrebten Systemwandel wurde ein Systemwechsel. Die Perestroika (Umbau) brachte ein Ergebnis hervor, das von den Reformern nicht gewollt worden war.

Die Perestroika stellt eine abgeschlossene Periode in der Geschichte der Sowjetunion dar. Sie ist zugleich deren letzte Phase (1985 – 1991).

Obgleich Gorbatschow seine Politik als „Revolution" bezeichnete, war sie in Wirklichkeit nicht auf einen Systemwechsel gerichtet. Ziel war vielmehr die Effizienzsteigerung des sozialistischen Systems selbst. Die neue sowjetische Politik wollte die Modernisierung des Sozialismus. Der Führung war klar, dass nur eine hoch entwickelte Volkswirtschaft auf Dauer den Rang der Sowjetunion als Weltmacht sichern konnte. Diesem Zweck diente der „Umbau" (Perestroika) des politischen und wirtschaftlichen Systems. Eine Wirtschaftsreform sollte neue Energien freisetzen, den Lebensstandard erhöhen sowie den technologischen Rückstand wettmachen, das heisst die bisher nicht vorhandene Konkurrenzfähigkeit sowjetischer Produkte auf dem Weltmarkt herstellen. Die bis ins Kleinste geregelte und damit schwerfällige Befehlswirtschaft sollte mehr Spielraum und Eigenständigkeit erhalten. Neue Methoden der Wirtschaftslenkung sollten die Reglementierungen abbauen, Privatinitiative fördern und die Vorteile von Plan- und Marktwirtschaft kombinieren.

„Glasnost", was so viel wie Offenheit und Transparenz bedeutet, stellte eine flankierende Massnahme im Zuge des „Umbaus" dar. Glasnost diente dazu, verkrustete Strukturen aufzubrechen und die Menschen zu aktivieren. Die zensierten Massenmedien, die traditionell ein Instrument der Partei waren, durften in bisher nicht gekannter Offenheit Themen aufgreifen, die seit Jahrzehnten tabu gewesen waren. Sie berichteten zum Beispiel über Justizwillkür, Alkoholismus und Drogensucht, Katastrophen und bürokratische Auswüchse.

Mit der Formulierung: „Keiner hat das Recht auf Wahrheit gepachtet" (1987) erregte Gorbatschow Aufsehen, denn damit rückte er vom Absolutheitsanspruch der marxistisch-leninistischen Ideologie ab und brach mit einer geheiligten Parteitradition. Bei einer anderen Gelegenheit beteuerte er: „Wir brauchen die Demokratie wie die Luft zum Atmen" (1987).

Das sogenannte neue Denken – so lautete Gorbatschows Ausdruck für seine neue Aussenpolitik – hat einen dramatischen Umbruch in der internationalen Politik zur Folge gehabt. Die politische Weltlage hatte sich in den Jahren der Perestroika fundamental geändert. Das Jahr 1990 markierte das Ende der Epoche des Ost-West-Konflikts. Dieser umspannte fast ein halbes Jahrhundert, beginnend mit dem Zerfall der Anti-Hitler-Koalition 1946/47.

M 1   Michail Gorbatschow
Von 1985 bis 1991 Vorsitzender der KPdSU, leitete die Politik der Perestroika ein. Lenin blieb bis zum Ende der Sowjetunion allgegenwärtig.

M 2 Widerstand gegen die Perestroika

„Nichts überstürzen, Genosse Gorbatschow!", Karikatur von Fritz Behrendt

Die Politik der Umgestaltung war die Antwort der sowjetischen Führung auf die krisenhafte Zuspitzung der innersowjetischen Verhältnisse. Um den wirtschaftlichen Niedergang zu bremsen, mussten die Rüstungslasten gesenkt werden. Ausserdem strebte man verstärkt danach, ausländische Wirtschaftshilfe zu erhalten. Beides liess sich aber in einem Klima internationaler Spannungen nicht erreichen. Der Abbau des Ost-West-Konfliktes sollte den Weg für eine breit angelegte Kooperation der Sowjetunion mit den westlichen Staaten ebnen. Die Aussenpolitik hatte also zunächst die Funktion, die innenpolitischen Reformen abzusichern.

Das „neue Denken" beinhaltete den Abschied von der These der Existenz eines westlichen Imperialismus sowie der Friedensunfähigkeit der kapitalistischen Staaten.

Durch die Beilegung des Systemkonflikts eröffnete sich zum ersten Mal seit Kriegsende die Chance einer wirkungsvollen Abkehr von der Hochrüstung. Verschiedene Abkommen über die Verringerung atomarer und konventioneller Waffen wurden bereits unterzeichnet. Drastische Verkleinerungen der Armeen wurden ins Auge gefasst. Diese und weitere Massnahmen zielten auf die Beseitigung der Angriffsfähigkeit sowohl der UdSSR als auch der USA.

Globalpolitisch war die Annäherung zwischen Ost und West von der Entschärfung verschiedener Krisenherde begleitet, so zum Beispiel in Afghanistan (Rückzug der Roten Armee), Angola und Kambodscha. Im Rahmen des Ost-West-Gegensatzes hatte immer die Gefahr bestanden, dass Regionalkonflikte den Schauplatz für Stellvertreterkriege abgeben. Dieser Gefahr war nunmehr der Boden entzogen. Das zeigte sich deutlich während des Golfkrieges nach der Besetzung Kuwaits durch den Irak (1991). Die Sowjetunion beteiligte sich konstruktiv am Krisenmanagement und blockierte nicht die UN-Sanktionen durch ein Veto im Sicherheitsrat der Vereinten Nationen (UNO).

M 3 „Hallo Totengräber, is' was?"

Karikatur, 1992

Charta von Paris

Das „neue Denken" im Zuge der Perestroika drückte sich in einer Entideologisierung der Aussenpolitik und in der Absage an traditionelle Feindbilder aus. Es war nicht mehr die Rede vom „internationalen Klassenkampf". Stattdessen wurde die Zugehörigkeit zur europäischen Zivilisation betont.

Die Neuorientierung der sowjetischen Aussenpolitik vollzog sich in mehreren Schritten zwischen 1986 und 1990. Am Ende dieses Prozesses stand die Integration der UdSSR in ein durch gemeinsame Werte geprägtes internationales System. In der Charta von Paris (1990) wurde die ideologische Konfrontation zwischen Ost und West feierlich beendet. Auch die Sowjetunion bekannte sich darin zu den Werten der Menschenrechte, der Selbstbestimmung, des Pluralismus und der Marktwirtschaft.

Somit wurde das Fundament für eine gemeinsame Friedensordnung gelegt. Die Vision des amerikanischen Präsidenten F. D. Roosevelt (1933–45) von einer Welt („one world") schien damit nach fast einem halben Jahrhundert doch noch Wirklichkeit werden zu können.

Die UdSSR sagte sich von ihrem Streben nach Hegemonie (Vorherrschaft) los. Im Unterschied zu früheren Jahren wurden die Reformbewegungen für die Demokratie und Unabhängigkeit in den ehemaligen Ostblockstaaten nicht niedergeschlagen. Die Breschnew-Doktrin von der „begrenzten Souveränität sozialistischer Staaten" wurde in aller Form widerrufen.

Die Sowjetunion zog ihre Truppen aus den ehemaligen Ostblockstaaten zurück und gab damit – sehr zum Unwillen von Teilen der Roten Armee – ihr militärisches Vorfeld (Glacis) frei. Sie respektierte somit das Recht der Staaten beziehungsweise Völker auf Selbstbestimmung. Das war die entscheidende Voraussetzung für den Erfolg der mittelosteuropäischen Revolutionen und die Befreiung der ehemaligen Ostblockländer aus dem Status von Satellitenstaaten. Dieser Prozess mündete konsequenterweise in der Auflösung des Warschauer Paktes sowie des Rats für gegenseitige Wirtschaftshilfe (1991).

Info

Chronologie

11. März 1985	Gorbatschow wird Generalsekretär der KPdSU
25. Feb. – 6. März 1986	27. Parteitag der KPdSU: Ankündigung der Perestroika
26. Mai 1988	Gesetz über das Genossenschaftswesen: Das Eigentumsmonopol des Staates wird erstmals durchbrochen.
26. März 1989	Wahlen zum „Kongress der Volksdeputierten" – Erstmals haben die Wähler echte Wahlmöglichkeiten zwischen mehreren Kandidaten.
13. – 16. März 1990	Das Amt des sowjetischen Staatspräsidenten wird geschaffen: Wahl Gorbatschows
12. Juni 1990	Souveränitätserklärung der Russischen Sozialistischen Föderativen Sowjetrepublik (RSFSR)
12. Juni 1991	Jelzin wird in freier Wahl zum Präsidenten der RSFSR gewählt.
1. Juli 1991	Gesetz über die Privatisierung von Unternehmen
19. – 22. August 1991	Gescheiterter Staatsstreich gegen den sowjetischen Präsidenten Gorbatschow
21. Dezember 1991	Gründung der „Gemeinschaft Unabhängiger Staaten" (GUS) – das Ende der Sowjetunion und ihr Zerfall in souveräne Staaten

Der Zerfall der Sowjetunion und das Ende des Ost-West-Konflikts

M 4 Ideologischer Kampf im Spiegel der Geschichte

Karikatur von Fritz Behrendt, aus: FAZ, 22.10.1988; von links nach rechts: Marx, Lenin, Stalin, Chruschtschow, Breschnew, Gorbatschow

(Agonie = Todeskampf)

M 5 Die Voraussetzungen für den Umbruch

Der Osteuropa-Experte Gerhard Simon erläutert die Hintergründe für die Krise der Sowjetunion:

Die Bolschewiki, die im Oktober 1917 in Russland die Macht ergriffen hatten, betrachteten sich als Vollstrecker historischer Gesetze auf dem Weg zur kommunistischen Gesellschaft. Sie hielten es deshalb für unnötig, sich Mandat und
5 Legitimation durch die Zustimmung der Bevölkerung in freien Wahlen zu verschaffen. Dieses selbst erteilte Mandat der Geschichte steht nach mehr als siebzig Jahren Sowjetherrschaft heute grundsätzlich zur Disposition.

Das traditionelle sowjetische Herrschafts- und Gesell-
10 schaftssystem beruhte vor allem auf drei Säulen: der „wissenschaftlichen Weltanschauung" des Marxismus-Leninismus; der Einparteiherrschaft; der zentralen Planwirtschaft. Diese tragenden Prinzipien kommunistischer Machtausübung sind in eine tiefe Krise geraten. Der Ausschließlich-
15 keitsanspruch der „wissenschaftlichen Weltanschauung" hat zu keiner Zeit in der Sowjetunion wirklich durchgesetzt werden können, aber niemals haben Anspruch und Wirklichkeit so weit auseinandergeklafft wie in den vergangenen zwei Jahrzehnten.
20 Weil der Sowjetstaat niemals ein säkularer [weltlicher] Staat hat sein wollen, für den die Sinngebung menschlicher Existenz, Religion und Kultur, Angelegenheiten des Einzel-

nen oder gesellschaftlicher Gruppen sind, nicht aber Aufgabe des Staates, musste der Verfall des Geltungsanspruchs des Marxismus-Leninismus schwerwiegende Auswirkungen auf die öffentliche Moral haben. Der propa- 25 gierte Verzicht auf das kleine private Glück, auf Wohlstand und Selbstständigkeit zugunsten eines zukünftigen großen Glücks für alle hat jede Glaubwürdigkeit verloren. Typisch für das tatsächliche Verhalten der Menschen und das gesellschaftliche Klima sind vielmehr die entgegengesetzten 30 Normen geworden: Rückzug ins Private, Materialismus, Überordnung des Eigeninteresses über das Gemeininteresse. Die Folgen waren sinkende Arbeitsmoral, Verantwortungsscheu, Entwendung öffentlichen Eigentums, Korruption und Vetternwirtschaft. Die Krise der öffentlichen 35 Moral erreichte in den Achtzigerjahren früher nicht gekannte Ausmaße.

Alle diese Krisensymptome betrafen eine Gesellschaft, die sich seit der Stalin-Zeit gründlich gewandelt hatte. Die totalitäre Diktatur hatte selbstständige Regungen der Ge- 40 sellschaft weitgehend unterdrückt, unabhängige Gruppen zerschlagen, Interessenartikulation verhindert, ein hierarchisches Befehlssystem aufgebaut und damit das Land in eine ständige Ausnahmesituation versetzt. Das Verhältnis zwischen Herrschaftssystem und Gesellschaft in den Achtzi- 45 gerjahren war durch ein dreifaches Dilemma gekennzeichnet. Erstens: Die Strukturen der Herrschaft – administratives

Der Zerfall der Sowjetunion und das Ende des Ost-West-Konflikts

Kommandosystem, Nichtvorhandensein einer demokratisch-parlamentarischen Legitimation – waren seit den Dreißigerjahren die gleichen geblieben. Zweitens: Die Führung war aber nicht mehr bereit und in der Lage, zur Durchsetzung der Diktatur uneingeschränkt Gewalt und Massenterror einzusetzen. Das äußere Feindbild konnte nicht mehr aufrechterhalten werden. Drittens: Die Gesellschaft war aus dem Trauma von Terror und Krieg erwacht. Eine Fülle von alten und neuen Interessengruppen, Schichten und Organisationen entstand und forderte Selbsttätigkeit und Mitsprache. Die Gesellschaft emanzipierte sich von der Diktatur, die aber nicht bereit war, die Gesellschaft freizugeben, sondern allenfalls pragmatisch einzelne Abstriche am Monopolanspruch auf die Macht zuließ. Es kam zu einer Legitimitätskrise der Einparteiherrschaft. Allerdings erreichte diese Krise vor 1985 noch nicht den Punkt, an dem in breiten Schichten der Gesellschaft die Machtfrage – d. h. die Forderung nach Abtreten der KPdSU von der Macht – gestellt wurde.

G. Simon, Der Umbruch des politischen Systems in der Sowjetunion, in: APuZ, Nr. 19–20/1990, S. 3.

M 6   Die Pariser Charta für ein neues Europa

Ein Sondergipfeltreffen der KSZE (Konferenz über Sicherheit und Zusammenarbeit in Europa) beendete feierlich den Kalten Krieg (21. November 1990):

Wir, die Staats- und Regierungschefs der Teilnehmerstaaten der Konferenz über Sicherheit und Zusammenarbeit in Europa, sind in einer Zeit tief greifenden Wandels und historischer Erwartungen in Paris zusammengetreten. Das Zeitalter der Konfrontation und der Teilung Europas ist zu Ende gegangen. Wir erklären, dass sich unsere Beziehungen künftig auf Achtung und Zusammenarbeit gründen werden. Europa befreit sich vom Erbe der Vergangenheit. Durch den Mut von Männern und Frauen, die Willensstärke der Völker und die Kraft der Ideen der Schlussakte von Helsinki bricht in Europa ein neues Zeitalter der Demokratie, des Friedens und der Einheit an. [...]

Menschenrechte, Demokratie und Rechtsstaatlichkeit:

Wir verpflichten uns, die Demokratie als die einzige Regierungsform unserer Nationen aufzubauen, zu festigen und zu stärken. In diesem Bestreben werden wir an Folgendem festhalten:

Menschenrechte und Grundfreiheiten sind allen Menschen von Geburt an eigen: Sie sind unveräußerlich und werden durch das Recht gewährleistet. Sie zu schützen und zu fördern ist vornehmste Pflicht jeder Regierung. Ihre Achtung ist wesentlicher Schutz gegen staatliche Übermacht. Ihre Einhaltung und uneingeschränkte Ausübung bilden die Grundlage für Freiheit, Gerechtigkeit und Frieden.

Demokratische Regierung gründet sich auf den Volkswillen, der seinen Ausdruck in regelmäßigen, freien und gerechten Wahlen findet. Demokratie beruht auf Achtung vor der menschlichen Person und Rechtsstaatlichkeit. Demokratie ist der beste Schutz für freie Meinungsäußerung, Toleranz gegenüber allen gesellschaftlichen Gruppen und Chancengleichheit für alle.

Die Demokratie, ihrem Wesen nach repräsentativ und pluralistisch, erfordert Verantwortlichkeit gegenüber der Wählerschaft, Bindung der staatlichen Gewalt an das Recht sowie eine unparteiische Rechtspflege. Niemand steht über dem Gesetz. [...]

[...] Die beispiellose Reduzierung der Streitkräfte durch den Vertrag über Konventionelle Streitkräfte in Europa wird – gemeinsam mit neuen Ansätzen für Sicherheit und Zusammenarbeit innerhalb des KSZE-Prozesses – unser Verständnis für Sicherheit in Europa verändern und unseren Beziehungen eine neue Dimension verleihen. In diesem Zusammenhang bekennen wir uns zum Recht der Staaten, ihre sicherheitspolitischen Dispositionen [hier: Planung] frei zu treffen. [...]

Zit. nach: Frankfurter Rundschau, 22.11.1990.

M 7 „UdSSR"

Karabach: Territorialer Konflikt zwischen den damaligen Sowjetrepubliken
Aserbaidschan und Armenien, Karikatur aus der Süddeutschen Zeitung, 1989

Aufgaben

1. Entspannung und friedliche Koexistenz

a) Erläutern Sie die Begriffe „Glasnost" und „Perestroika".

b) Erklären und beurteilen Sie Gorbatschows Aussage: „Perestroika ist eine Revolution".

c) Untersuchen Sie, warum die KPdSU mit ihrem Herrschaftsanspruch in der Sowjetunion scheiterte. Beschreiben Sie die Krisensymptome.

d) Erläutern Sie, auf welche Schwierigkeiten die karikierte Figuren in M4 jeweils verweisen.

e) Begründen Sie, inwiefern die Charta von Paris das Ende des Ost-West-Konflikts besiegelte.

f) Interpretieren Sie die Karikatur „UdSSR" aus dem Jahre 1989.

↶ Text, M1–M7

M 1 **Theodor Herzl**
auf dem Weg nach Palästina, 1898

Der Nahostkonflikt

Die Entstehung des Zionismus

Im 19. Jahrhundert gehörte die Region Palästina zum islamischen Osmanischen Reich. Christen und Juden besassen hier den Status von „Dhimmis", das heisst, ihre religiösen Gemeinschaften wurden zwar anerkannt, aber sie besassen deutlich weniger Rechte als die Muslime. In zahlreichen europäischen Völkern wurde zu dieser Zeit die Nationalstaatsidee zu einer starken politischen Kraft, die auch die europäischen Juden erfasste. Diese hatten im Zuge der Aufklärung in Mittel- und Westeuropa eine rechtliche Befreiung (Emanzipation) erlangt und galten seither vor dem Gesetz als gleichwertige Staatsbürger. Dennoch waren die Juden auch weiterhin oft Verleumdungen, Ungerechtigkeiten, Diskriminierungen und antisemitischen Attacken ausgesetzt. Konnten die Juden in Mittel- und Westeuropa zumindest darauf hoffen, dass der Antisemitismus nachlassen würde, erging es den Juden in Osteuropa schlechter. Hier führten schwere Pogrome unter anderem dazu, dass zwischen 1882 und 1914 etwa 2,6 Millionen russische Juden ihre Heimat verliessen. 97 Prozent von ihnen emigrierten in die USA, die anderen versuchten ihr Glück hingegen im „Heiligen Land" – sie siedelten sich in Palästina an.

Eine jüdische Gemeinschaft in Palästina hatte es auch nach der Zerstörung des Jerusalemer Tempels durch die Römer und der Vertreibung der meisten Juden aus ihrer historischen Heimat gegeben. Nun kamen neue Siedler hinzu. Diese jüdische Niederlassung in Palästina nannte man „Jischuv" (hebräisch: „Besiedlung"), was sowohl das jüdische Siedlungsgebiet als auch generell die jüdische Bevölkerungsgruppe in Palästina vor der Gründung des Staates Israel meint. Unter dem Eindruck

Info

Vieldeutige Begriffe: Naher Osten, Palästina, Israel

Der Nahe Osten ist vor allem ein geographischer Begriff, der Ende des 19. Jahrhunderts in Europa gebildet wurde. Von dort aus gesehen, bezeichnete man das östliche Mittelmeer und den Einflussbereich des Osmanischen Reichs als Nahen Osten.

Der Begriff Palästina ist sehr vielschichtig und emotional aufgeladen:
– Geographisch umfasst Palästina das Gebiet zwischen dem Fluss Jordan und dem Mittelmeer.
– Historisch ist der Name Palästina für diese Region seit der Antike im Gebrauch. Er geht zurück auf das Volk der Philister, das im 12. Jahrhundert vor Chr., also vor über 3000 Jahren, einen Küstenstreifen in Palästina bewohnte. „Philister" wurde von den Griechen mit „Palaistine" und von den Römern mit „Palaestina" übersetzt. Auch das arabische „Filastin" leitet sich davon ab.
– Politisch bezeichnen die Palästinenser ihren Staat als Palästina. Doch dieser im November 1988 von den Palästinensern ausgerufene Staat wird nicht von allen UN-Staaten anerkannt. Er entspricht auch nicht der Fläche, die der geographische Begriff umfasst.

Der Begriff Palästina wird im Folgenden in seiner geografischen Bedeutung verwendet. Geht es um einen Staat Palästina, so wird der politische Gebrauch gekennzeichnet.

Auch der Begriff Israel ist mehrdeutig.

Der Begriff wird vor allem politisch genutzt und meint den Staat Israel. Juden verwenden ihn aber auch als geografischen Begriff und bezeichnen die Region Palästina als „Eretz Israel", was wörtlich übersetzt das „Land Israel" heisst.

Hinzu kommt die religiöse Bedeutung der Region. Israel ist für die Juden das „Verheissene Land", da Gott im Alten Testament Abraham verkündet hat, dass die Juden dort leben sollen (1. Buch Moses, Genesis 15, 18). Auch Christen versehen die Region mit einer religiösen Bedeutung und nennen es „Heiliges Land".

der Pogrome in Russland, aber auch der Dreyfus-Affäre in Frankreich, bei der ein jüdischer Offizier zu Unrecht angeklagt und erst nach öffentlichen Protesten von den Vorwürfen entlastet wurde, schlug der Journalist Theodor Herzl (1860–1904) 1896 vor, dass die Juden einen eigenen Staat gründen sollten: Nur in einem jüdischen Staat könnten die Juden als ein Volk leben und vor antisemitischer Verfolgung sicher sein. Herzls Vorstellungen wurden 1897 auf dem Ersten Zionistischen Kongress in Basel diskutiert. Man einigte sich auf das sogenannte Baseler Programm, das eine jüdische Besiedlung Palästinas festschrieb (Zionismus). Die Unterstützung der Grossmächte sollte durch Verhandlungen gewonnen werden, jedoch fand man weder beim osmanischen Sultan oder dem deutschen Kaiser, noch beim russischen Zaren oder der britischen Regierung Gehör für die zionistischen Bestrebungen. Die osmanischen Behörden verboten sogar den Verkauf von palästinensischem Land an einwandernde Juden, um so zu verhindern, dass mit den Juden zu viel europäische Kultur nach Palästina komme. Dennoch erwarben zahlreiche Juden von arabischen Grundbesitzern zumeist unkultiviertes Land.

Palästina unter britischer Mandatsherrschaft

Die Lage änderte sich, als die Alliierten Frankreich und Grossbritannien während des Ersten Weltkriegs das Osmanische Reich bekämpften, welches mit dem Deutschen Reich verbündet war. Die Briten suchten während des Krieges Verbündete im Nahen Osten und fanden sie in den Arabern, Franzosen und Zionisten. Grossbritannien versprach den Arabern in den geheimen McMahon-Briefen 1915 ein arabisches Reich, zu dem unter anderem Palästina gehören sollte, wenn die Araber die Alliierten im Kampf gegen das Osmanische Reich unterstützten. Im Widerspruch dazu teilten die Franzosen und Engländer in geheimen Absprachen, deren Ergebnisse sie im Mai 1916 im Sykes-Picot-Abkommen fixierten, den Nahen Osten unter sich auf. Palästina sollte nach diesen Plänen international verwaltet werden. Schliesslich stellten die Briten mit der Balfour-Deklaration 1917 den Juden die Errichtung einer „nationalen Heimstätte" in Aussicht. Der vom britischen Aussenminister Balfour unterzeichnete Brief war vom Kabinett genehmigt worden und stellte einen grossen diplomatischen Erfolg für die Zionisten dar.

In der Folge des Ersten Weltkrieges löste sich das Osmanische Reich in mehrere Länder und Mandate auf. Im Nahen Osten entstanden die Königreiche Irak und Ägypten sowie das Emirat Transjordanien.

Frankreich erhielt ein Völkerbundsmandat über Syrien und den Libanon, Grossbritannien hingegen erhielt ein Palästina-Mandat im Sinne der Balfour-Deklaration. Begünstigt durch die neuen politischen Umstände siedelten sich bis 1930 etwa 135 000 Juden vor allem aus Polen und Russland bzw. der Sowjetunion in Palästina an. Die britische Mandatsmacht gestattete der jüdischen Gemeinschaft, sich weitestgehend selbst zu verwalten. Die Siedler mussten das unwirtliche, oft wüstenartige Land durch harte körperliche Arbeit erst erschliessen. Neben

Zionismus

Als Zionismus wird eine politische Bewegung bezeichnet, die es sich zum Ziel gesetzt hat, einen jüdischen Nationalstaat in Palästina zu errichten. Der Begriff bezieht sich auf den Hügel Zion im Süden der Altstadt Jerusalems. Zion wurde zunächst als Synonym für den Tempelberg, später für ganz Jerusalem und das Land Israel genutzt.

M 2 Jüdische Siedler in Palästina
Fotografie, um 1925

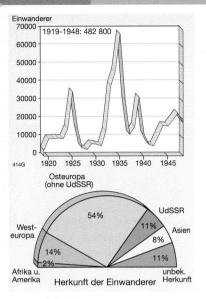

414G

M 3 Die jüdische Einwanderung nach Palästina (1919–1948)

M 4 Arabischer Aufstand gegen die Briten und die Juden

Arabische Kämpfer, Fotografie, 1938

dem „alten Jischuv", der sich vor allem auf die Städte konzentrierte, formierte sich aus den osteuropäischen Einwanderern der „neue Jischuv", der die zionistischen Ideale umsetzen wollte. Um überleben zu können, schlossen sich die Juden zu Gemeinschaften zusammen, gründeten politische Parteien und Organisationen. Sie errichteten eine eigene Wirtschaft und legten neue Siedlungen an. Mit dem „Kibbuz" (hebräisch: Kommune) schuf der Jischuv eine genossenschaftliche Lebensform, die auf Privateigentum verzichtet und auf Basisdemokratie, Ämterrotation und Gleichberechtigung setzt.

Nach 1930 stieg die Anzahl der in Palästina einwandernden Juden deutlich an, weil die USA deren Immigration durch Einwanderungsquoten erschwerten. Hinzu kamen ab 1933 die vor der Verfolgung der Nationalsozialisten fliehenden Juden aus Deutschland und Mitteleuropa. Waren zuvor meist arme Bauern und Arbeiter nach Palästina ausgewandert, so kamen nun vermehrt auch Handwerker, Techniker, Kaufleute und Intellektuelle ins Land. Das Motto der Zionisten lautete: „Für ein Volk ohne Land ein Land ohne Volk." Doch dieser Leitsatz übersah, dass Palästina keinesfalls eine unbewohnte Wüste war, die nur darauf wartete, von den Juden besiedelt zu werden.

Die jüdischen und arabischen Gemeinschaften entwickelten sich getrennt voneinander. Bereits Anfang der Zwanzigerjahre kam es zu ersten gewaltsamen Auseinandersetzungen zwischen Arabern und Juden. Mit der „Haganah" schufen die Juden 1920 eine militärische Widerstandsorganisation, aus der sich 1948 die reguläre Armee Israels entwickeln sollte. 1929 wurden in Hebron bei einem Massaker 67 jüdische Männer, Frauen und Kinder von Arabern getötet; das englische Militär musste eingreifen. Als in den Dreissigerjahren immer mehr Juden nach Palästina einwanderten, kam es von 1936 bis 1939 zu einem arabischen Aufstand. Man forderte einen Stopp der jüdischen Einwanderung und ein Verbot des Landverkaufs an Juden. Der Aufstand und ein mit ihm verbundener Generalstreik, der sich zugleich auch gegen die englische Mandatsmacht richtete, endete ohne konkrete Ergebnisse. Die britische Regierung bildete allerdings eine Kommission, um den Ursachen des arabischen Aufstands nachzugehen. Der Kommissionsleiter Robert Peel kam zu dem Schluss, dass zwischen den Juden und Arabern ein nicht zu unterdrückender Konflikt bestehe, da den beiden Bevölkerungsgruppen eine gemeinsame Grundlage fehle. Überzeugt von der Unmöglichkeit einer gemeinsamen Nation, schlug die Peel-Kommission für Palästina daher eine Zwei-Staaten-Lösung vor. Die Araber lehnten diesen Plan mehrheitlich strikt ab und forderten stattdessen die Errichtung eines arabischen Staates für ganz Palästina. Die Juden hingegen stimmten dem Peel-Vorschlag zwar grundsätzlich zu, verlangten aber noch weitergehende Änderungen der Aufteilung Palästinas zwischen Juden und Arabern. Da auch das britische Aussenministerium eine Teilung Palästinas ablehnte, wurde der Peel-Plan nicht weiter verfolgt. Stattdessen versuchte die britische Regierung, die Probleme zu minimieren, indem sie im Weissbuch von 1939 „unzweideutig" erklärte, „dass es nicht ihre Politik ist, aus Palästina einen jüdischen Staat werden zu lassen". Für die folgenden fünf Jahre beschränkte man die Anzahl von jüdischen Einwanderern nach Palästina auf 75 000 und betonte, dass man „entschlossen" sei, „die illegale Einwanderung zu verhindern". Für die europäischen Juden war das Weissbuch ein schwerer Schlag, konnten nun doch kaum noch Menschen vor der nationalsozialistischen Bedrohung nach Palästina fliehen. Nach dem Zweiten Weltkrieg und dem weltweiten Bekanntwerden der Schoah veränderte sich die Lage jedoch grundlegend.

Theodor Herzls Vorstellungen von einem Judenstaat

M 5 Der Judenstaat

Theodor Herzl begründet 1896 seinen Plan zur Errichtung eines Judenstaates:

Ich glaube, den Antisemitismus, der eine vielfach komplizierte Bewegung ist, zu verstehen. Ich betrachte diese Bewegung als Jude, aber ohne Hass und Furcht. Ich glaube zu erkennen, was im Antisemitismus roher Scherz, gemeiner
5 Brotneid, angeerbtes Vorurteil, religiöse Unduldsamkeit – aber auch was darin vermeintliche Notwehr ist. Ich halte die Judenfrage weder für eine soziale, noch für eine religiöse, wenn sie sich auch noch so und anders färbt. Sie ist eine nationale Frage, und um sie zu lösen, müssen wir sie
10 vor allem zu einer politischen Weltfrage machen, die im Rate der Kulturvölker zu regeln sein wird.
Wir sind ein Volk, Ein Volk. […]
Der ganze Plan ist in seiner Grundform unendlich einfach, und muss es ja auch sein, wenn er von allen Menschen
15 verstanden werden soll.
Man gebe uns die Souveränität eines für unsere gerechten Volksbedürfnisse genügenden Stückes der Erdoberfläche, alles andere werden wir selbst besorgen. […]
Es werden für die im Prinzip einfache, in der Durchführung
20 komplizierte Aufgabe zwei große Organe geschaffen: die Society of Jews und die Jewish Company.
Was die Society of Jews wissenschaftlich und politisch vorbereitet hat, führt die Jewish Company praktisch aus.
Die Jewish Company besorgt die Liquidierung aller Vermö-
25 gensinteressen der abziehenden Juden und organisiert im neuen Lande den wirtschaftlichen Verkehr.
Den Abzug der Juden darf man sich, wie schon gesagt wurde, nicht als einen plötzlichen vorstellen. Er wird ein allmählicher sein und Jahrzehnte dauern. Zuerst werden die

Ärmsten gehen und das Land urbar machen. Sie werden 30 nach einem von vornherein feststehenden Plane Straßen, Brücken, Bahnen bauen, Telegraphen errichten, Flüsse regulieren, und sich selbst ihre Heimstätten schaffen. Ihre Arbeit bringt den Verkehr, der Verkehr die Märkte, die Märkte locken neue Ansiedler heran. Denn jeder kommt freiwil- 35 lig, auf eigene Kosten und Gefahr. Die Arbeit, die wir in die Erde versenken, steigert den Wert des Landes. Die Juden werden schnell einsehen, dass sich für ihre bisher gehasste und verachtete Unternehmungslust ein neues, dauerndes Gebiet erschlossen hat. […] 40
Palästina ist unsere unvergessliche historische Heimat. Dieser Name allein wäre ein gewaltig ergreifender Sammelruf für unser Volk. Wenn Seine Majestät der Sultan uns Palästina gäbe, könnten wir uns dafür anheischig machen [= verpflichten], die Finanzen der Türkei gänzlich zu regeln. 45 Für Europa würden wir dort ein Stück des Walles gegen Asien bilden, wir würden den Vorpostendienst der Kultur gegen die Barbarei besorgen. Wir würden als neutraler Staat im Zusammenhange bleiben mit ganz Europa, das unsere Existenz garantieren müsste. 50

Theodor Herzl. Der Judenstaat. Berlin und Wien 1896, S. 11, 27–29.

M 6 Theodor Herzl (1860 – 1904)
Schriftsteller und zionistischer Politiker, Fotografie, um 1900

Aufgaben

1. **Herzls Vorstellungen von einem Judenstaat**
   a) Stellen Sie in einer Zeitleiste die Geschichte der Region Palästinas von Beginn des 19. Jahrhunderts bis zum Ende des Zweiten Weltkriegs dar.
   b) Erklären Sie, warum nach Theodor Herzl die Juden im ausgehenden 19. Jahrhundert einen Staat gründen sollen.
   c) Erläutern Sie Theodor Herzls Plan der Errichtung eines Judenstaates und nehmen Sie abschliessend Stellung zu diesem Vorhaben.
   ⌐ Text, M1 – M6

Während des Ersten Weltkriegs: Versprechungen, Abkommen, Enttäuschungen

M 7   Der McMahon Brief

Aus einem geheimen Brief des britischen Hohen Kommissars in Ägypten, McMahon, an den Scherif Hussein von Mekka, ab 1916 König über den Hedscha, den nordwestlichen Teils der arabischen Halbinsel, vom 20.10.1915:

Was also jene Gebiete angeht, die innerhalb der Grenzen liegen, in denen Großbritannien Handlungsfreiheit hat, ohne den Interessen seines Verbündeten Frankreich zu schaden, bin ich im Namen der Regierung von Großbritan-
5 nien ermächtigt, Ihnen folgende Zusicherung zu geben und damit folgende Antwort auf Ihren Brief:
1. Unter Beachtung der oben angeführten Änderungen ist Großbritannien bereit, die Unabhängigkeit der Araber in allen Gebieten innerhalb der durch den Scherif von Mekka
10 geforderten Grenzen anzuerkennen und zu unterstützen.

M 8   Die Balfour Erklärung

Schreiben des britischen Aussenminister James Balfour an Lord Rothschild vom 2. November 1917, Faksimile

```
                        Foreign Office,
                           November 2nd, 1917.


Dear Lord Rothschild,
             I have much pleasure in conveying to you, on
behalf of His Majesty's Government, the following
declaration of sympathy with Jewish Zionist aspirations
which has been submitted to, and approved by, the Cabinet

    "His Majesty's Government view with favour the
establishment in Palestine of a national home for the
Jewish people, and will use their best endeavours to
facilitate the achievement of this object, it being
clearly understood that nothing shall be done which
may prejudice the civil and religious rights of
existing non-Jewish communities in Palestine, or the
rights and political status enjoyed by Jews in any
other country".

    I should be grateful if you would bring this
declaration to the knowledge of the Zionist Federation.
```

2. Großbritannien wird die Heiligen Stätten gegen jede Aggression von außen schützen und ihre Unverletzlichkeit anerkennen.
3. Wenn es die Situation erlaubt, wird Großbritannien die Araber mit Rat unterstützen und ihnen helfen, die jeweils 15 beste Regierungsform in den verschiedenen Territorien zu errichten.
4. Auf der anderen Seite gilt es als vereinbart, dass die Araber Ratschlag und Führung einzig und allein bei Großbritannien suchen werden und dass Berater und Beamte, 20 soweit sie zum Aufbau einer geregelten Verwaltung nötig sind, Briten sein werden.

Zit. nach: Jörn Böhme, Tobias Kriener, Christian Sterzing: Kleine Geschichte des israelisch-palästinensischen Konfliktes. 4. Aufl. Schwalbach/Ts. 2009, S. 18

M 9   Das Ende jeden Friedens: Das Sykes-Picot-Abkommen

Der Nahost-Korrespondent und Politologe Martin Gehlen blickt 2016 auf das Sykes-Picot-Abkommen zurück:

Nicht nur für diese Radikalen, auch im kollektiven Bewusstsein der 300 Millionen Araber ist Sykes-Picot ein Verrat, der bis heute präsent ist. Das dubiose Geheimabkommen vom 16. Mai 1916 machte alle Hoffnungen auf Unabhängigkeit und einen eigenen Staat zunichte. Und es schuf die Ursa- 5 chen für die endlosen Konflikte, die die Region bis heute plagen und mittlerweile an den Rand eines Zusammenbruchs gebracht haben. ...
Damals, kurz vor Weihnachten 1915, eilte der junge britische Abgeordnete Mark Sykes in die Downing Street 10. Unter 10 dem Arm hatte er eine Landkarte und ein dreiseitiges Manuskript. Vor dem Kriegskabinett seiner Majestät sollte der 36-Jährige seine Ideen darlegen, wie die europäischen Mächte England und Frankreich nach einer Niederlage des Osmanischen Reiches die arabische Welt unter sich auftei- 15 len könnten.
„Ich würde eine Linie ziehen vom E von Acre bis zum letzten K von Kirkuk", plädierte der forsche Baron vor den versammelten Ministern. Diese zeigten sich beeindruckt und gaben grünes Licht. „Ich glaube, das war mein Tag", prahlte 20 Sykes anschließend bebend vor Stolz, bevor er offiziell die Verhandlungen mit dem französischen Diplomaten François-Georges Picot aufnahm. Bereits Ende Februar 1916 wa-

ren sich die beiden Unterhändler einig. Und ihre Kabinette
25 segneten die künftige Gestalt des Orients ab.
Sykes' schnurgerade „Linie im Sand", wie sie der britische
Historiker James Barr 2011 in seinem Buch über die Schick-
salsjahre nach dem Ersten Weltkrieg nannte, teilte die Region
in eine französische und eine britische Machtsphäre – unge-
30 achtet der Wünsche der Bevölkerung, ungeachtet aller ethnischen und konfessionellen Grenzen, quer durch zahlreiche
Stammesgebiete. Das riesige neue Kolonialgebiet aus der
Konkursmasse des Osmanischen Reiches mit seinen 20 Millionen Menschen erstreckte sich von Beirut bis an den Persi-
35 schen Golf, von Ostanatolien bis zum Sinai. „Selbst unter den
Maßstäben der Zeit war es ein schamlos eigennütziger Pakt",
urteilte James Barr über diesen imperialen Coup. [...]
Doch der geheime Komplott zwischen London und Paris,
der erst 1917 über russische Zeitungen bekannt wurde,
40 stand im Widerspruch zu älteren Zusagen, die die britische
Führung im Juli 1915 König Hussein ibn Ali, dem letzten
haschemitischen Herrscher über Mekka, und seinen drei
Söhnen Ali, Faisal und Abdullah, gegeben hatte. Um den
Potentaten auf der Arabischen Halbinsel zum Aufstand ge-
45 gen die Osmanen zu bewegen, versprach ihm der britische
Hochkommissar in Ägypten, Sir Henry McMahon, in einem
geheimen Briefwechsel ein unabhängiges arabisches Groß-
reich. Der Gesandte versuchte zwar, dessen Grenzen möglichst vage zu halten, sagte aber auch Gebiete zu, auf die
50 Frankreich seit Jahren pochte.
Als Alliierte der Briten erfüllten die Araber ihren Teil der
Abmachung. Im Juni 1916 begannen sie ihre Rebellion, die
den Vormarsch der britischen Truppen vom Sinai über Jerusalem bis nach Damaskus sehr erleichterte. Militärisch bera-
55 ten wurden die beduinischen Reiterhorden vom britischen
Archäologen und Agenten Thomas Edward Lawrence, der
später unter dem Namen Lawrence von Arabien berühmt

wurde. Nach dem Ersten Weltkrieg erschien Husseins Sohn
Faisal dann im Januar 1919 auf der Friedenskonferenz von
Versailles. Gemessen an den Zusagen McMahons waren sei- 60
ne Forderungen deutlich bescheidener. Die Delegation aus
dem Orient verlangte ein unabhängiges arabisches Königreich in Großsyrien und dem Hedschas, was den Gebieten
der heutigen Staaten Syrien, Libanon, Jordanien, Israel und
Palästina sowie dem Westen des modernen Saudi-Arabiens 65
mit Mekka und Medina entspricht. Zudem akzeptierte Faisal
ausländische Vermittler, um den Konflikt zwischen Arabern
und Zionisten in Palästina zu entschärfen. Die britischen
Ansprüche auf Mesopotamien erkannte er an, weil er überzeugt war, dass diese Gebiete eines Tages ebenfalls dem 70
künftigen arabischen Königreich zufallen würden.
Dieser arabische Kompromissvorschlag drohte die Rivalen
Großbritannien und Frankreich zu entzweien. London
brauchte für eine Hegemonie in Mesopotamien die Zustimmung von Paris. Die Franzosen dagegen pochten auf ihr 75
syrisches Mandatsgebiet. Am Ende stellte sich die britische
Regierung in diesem Dreieckskonflikt an die Seite Frankreichs und ließ die Araber fallen. „Die Freundschaft Frankreichs", deklamierte der britische Premier David Lloyd
George zu seinem französischen Kollegen Georges Clemen- 80
ceau, „ist uns zehn Syrien wert."
Am 1. November 1919 zogen sich die Briten aus Syrien zurück und übergaben das Land den Franzosen. Im Gegenzug
erklärte der syrische Generalkongress, dessen gewählte
Delegierte aus allen Teilen des Landes stammten, am 85
8. März 1920 die Unabhängigkeit und proklamierte Faisal
zum König. Die Franzosen antworteten mit eiserner Faust.
Faisal flüchtete ins Exil nach Großbritannien, der Aufstand
brach zusammen. [...]

Zit. nach: www.zeit.de/politik/ausland/2016-05/sykes-picot-abkommen-
syrien-irak-islamischer-staat

Aufgaben

1. **Während des Ersten Weltkriegs: Versprechungen,
Abkommen, Enttäuschungen**

   a) Stellen Sie die Forderungen dar, die die Araber
   aus dem McMahon-Brief und die Zionisten aus der
   Balfour-Erklärung ableiten konnten.

   b) Vergleichen Sie die Versprechen, die in den Dokumenten gegeben werden und erklären Sie, welche
   Konflikte sich ergeben konnten.

   c) Analysieren Sie die Darstellung zum Sykes-Picot-
   Abkommen, indem Sie beschreiben, wie es zu dem
   Abkommen kam, welche Inhalte es umfasste und
   welche Folgen das Abkommen hatte.

   d) Arbeiten Sie die Kernaussage des Nahost-Korres-
   pondenten Martin Gehlen heraus und setzen Sie
   sich mit seinem Urteil auseinander.

   e) Recherchieren Sie über die Idee des Kibbuz und das
   Leben in den ersten Kibbuzim und in den Kibbuzim heute. Setzen Sie sich mit der Konzeption des
   Kibbuz auseinander und begründen Sie, ob Sie in
   einem Kibbuz leben wollen.

   ⌐ Text, M7 – M9, Internet

M 1   Der Staat Israel 1949

Die Gründung des Staates Israel und die „arabische Katastrophe"

Palästina und der Zweite Weltkrieg

Von den Kriegshandlungen des Zweiten Weltkrieges im Nahen Osten war Palästina nicht direkt betroffen, da die deutsche Wehrmacht nicht bis in diese Region vordrang. Die Briten bauten in Palästina dennoch die Infrastruktur aus und errichteten Militärstützpunkte, wodurch die Region einen kriegsbedingten wirtschaftlichen Aufschwung erfuhr. Viele Araber erlebten relativ gute Jahre. In ökonomischer Hinsicht galt dies auch für die jüdischen Bewohner Palästinas. Zudem meldeten sich viele Juden bei der britischen Armee, um Militärdienst gegen die deutsche Wehrmacht zu leisten. Die jüdischen Schutz- und Streitkräfte (Hagana) entwickelten sich ebenfalls weiter und bereiteten sich mit britischer Hilfe auf einen möglichen deutschen Vormarsch nach Palästina vor. Zugleich bemühte sich der Jishuv, die Einwanderungsbestimmungen des Weissbuchs durch illegale Einreisen zu unterlaufen. Die Briten versuchten hingegen, die illegale Einwanderung zu unterbinden, indem sie Schiffe mit jüdischen Passagieren nicht in die Häfen liessen oder an der Weiterfahrt hinderten. Parallel zu diesen Entwicklungen formierte sich in Palästina ein jüdischer Widerstand gegen die britische Mandatsherrschaft, der mit der „Irgun" sogar eine militante Untergrundbewegung hervorbrachte, die Anschläge auf britische Zivil-, Polizei- und Militäreinrichtungen verübte.

Angesichts dieser Lage gelang es den britischen Truppen nicht mehr, das Land unter Kontrolle zu halten. Da Grossbritannien auch aus wirtschaftlichen Gründen sein finanzielles und militärisches Engagement in der Türkei, in Griechenland und in Palästina einstellen wollte, beschloss man am 25. Februar 1947, das „Palästinaproblem" von den neu gegründeten Vereinten Nationen lösen zu lassen.

Der UN-Teilungsplan

Die Vereinten Nationen schickten im Juni 1947 den Sonderausschuss UNSCOP (United Nations Special Committee on Palestine) nach Palästina, der die Situation vor Ort einschätzen sollte. Die von den Zionisten unterstützte, von den Arabern jedoch boykottierte Delegation empfahl in ihrem Bericht vom 1. September 1947 einstimmig die Beendigung des britischen Mandats und die Aufteilung Palästinas in einen arabischen und einen jüdischen Staat. Jerusalem sollte von den Vereinten Nationen verwaltet werden. Am 29. November 1947 stimmte die Generalversammlung der Vereinten Nationen dem Teilungsplan in der Resolution 181 mit 33 zu 13 Stimmen bei zehn Enthaltungen zu. Grossbritannien erklärte, sein Mandat am 14. Mai 1948 um Mitternacht niederzulegen.

1946 lebten etwa 1,33 Millionen Araber und 603 000 Juden in Palästina – der jüdische Bevölkerungsanteil lag also bei 31 Prozent. Dennoch wurden den Juden insgesamt etwa 55 Prozent der Gesamtfläche Palästinas zugesprochen, auf denen etwa 520 000 Juden und 350 000 Araber lebten. Dass aus der UNO-Resolution Konflikte erwachsen würden, liess sich schon anhand dieser Zahlen erkennen: Unter der jüdischen Bevölkerung brach grosser Jubel aus, während die Araber entsetzt reagierten. Sie lehnten eine Teilung des Landes und die Gründung eines jüdischen Staates entschieden ab. Nach Ansicht der Araber verstiess der Teilungsplan gegen

den ersten Artikel der Charta der Vereinten Nationen, der das Selbstbestimmungsrecht aller Völker festlegt.

Kämpfe zwischen Arabern und Juden

Unmittelbar nach Veröffentlichung der UN-Resolution 181 brachen in Palästina Kämpfe zwischen Arabern und Juden aus. Zunächst griffen arabische Freischärler jüdische Einrichtungen, Wohnungen und Geschäfte an, worauf die jüdische Seite mit heftigen Gegenangriffen antwortete, die dazu führten, dass die Araber aus den Kampfgebieten flüchteten. Die Hagana verstärkte durch gezielte Einschüchterungen und militärische Angriffe eine Vertreibung der Araber aus all den Gebieten, die zum jüdischen Staat gehören sollten. Die gut ausgerüsteten und ebenso gut ausgebildeten sowie hoch motivierten jüdischen Soldaten waren den arabischen Verbänden überlegen. Der Kampf fand aber nicht nur zwischen Truppen statt – Terror zog sowohl die jüdische als auch die arabische Bevölkerung in Mitleidenschaft. Schliesslich hatten die Juden das ihnen zugedachte Gebiet bereits vor der Gründung des Staates Israel erobert. Etwa 300 000 Araber waren vertrieben worden oder in der Hoffnung darauf, nach einem arabischen Sieg wieder zurückkehren zu können, geflohen.

Gründung des Staates Israel

Am 14. Mai 1948 verlas David Ben-Gurion in Tel Aviv die Unabhängigkeitserklärung des Staates Israel. In der Nacht zum 15. Mai griffen arabische Truppen aus Ägypten, Irak, Jordanien, Libanon und Syrien den jüdischen Staat an. Angesichts der Anzahl der feindlichen Staaten und der vielen Fronten wurde das Bild „David gegen Goliath" heraufbeschworen; tatsächlich waren die israelischen Streitkräfte den arabischen aber taktisch überlegen. Der erste Arabisch-Israelische Krieg endete mit einem Sieg Israels, jedoch nicht mit einem Friedensvertrag – der Konflikt zwischen Israel und den Arabern konnte also nicht beigelegt werden. Israel beherrschte nun drei Viertel der Region Palästina, Ägypten hatte den Gazastreifen besetzt und Jordanien kontrollierte Teile von Jerusalem sowie die sogenannte „Westbank".

Israel konsolidierte sich in der Folgezeit wirtschaftlich und politisch. Es hatte seine Überlebensfähigkeit unter Beweis gestellt und wurde von den Supermächten UdSSR und USA anerkannt. Bis Ende 1949 wuchs die jüdische Bevölkerung auf eine Million an. Für die Zionisten ging der Traum vom jüdischen Staat in Palästina in Erfüllung.

„Al-nakba" – die „palästinensische Katastrophe"

Für die Palästinenser hingegen bedeutete der Ausgang des Arabisch-Israelischen Krieges eine umfassende Niederlage. Viele Flüchtlinge und Vertriebene lebten nun in Gaza oder in der Westbank unter fremder Herrschaft. Für sie begann ein jahrzehntelanges Dasein in Flüchtlingslagern, da sie sich nicht in die arabischen Staaten integrieren konnten und wollten. Die Flüchtlingsresolution 194 der Vereinten Nationen aus dem Jahr 1948 sah zwar vor, dass „den Flüchtlingen, die in ihre Heimat zurückkehren und in Frieden mit ihren Nachbarn zu leben wünschen, die Rückkehr zum frühestmöglichen praktikablen Zeitpunkt erlaubt werden solle", doch verschloss sich Israel einer solchen Rückkehr. Die arabische Bevölkerung Palästinas bezeichnet den Ausgang des Kriegs als „al-nakba", als „Katastrophe".

M 2 Staatsgründung in Tel Aviv

Der spätere israelische Ministerpräsident David Ben Gurion verliest vor Vertretern aller Parteien am 14. Mai 1948 die Unabhängigkeitserklärung Israels, die am folgenden Tag in Kraft trat.

M 3 Kampf in Jaffa 1948

Palästinenser kämpfen gegen jüdische Streitkräfte kurz nach der Staatsgründung, Fotografie, 1948.

Staatsgründung Israels und „arabische Katastrophe"

M 4 „Palästina"
Karikatur von Fritz Behrendt

M 5   Situation der Palästinenser

Die Journalistin Karin Wenger berichtet (2008):

Ahmed Iswid erinnert sich genau an den Tag im Frühjahr 1948, an dem er mit seiner Familie, einem Esel und einem Fahrrad aus seinem Dorf geflohen ist. Sein Dorf lag in der Nähe von Jaffa, Iswid war dreizehn Jahre alt. Noch war der
5 erste israelisch-arabische Krieg nicht ausgebrochen, aber die Spannungen zwischen Palästinensern und Juden waren bereits deutlich spürbar. Das sei nicht immer so gewesen, erinnert sich Iswid [...]. Anfangs habe seine Familie gute Beziehungen zu den jüdischen Nachbarn gepflegt. [...]. Die
10 entscheidende Wende trat ein, als die Uno-Generalversammlung im November 1947 die Teilung Palästinas in einen jüdischen und einen palästinensischen Teil beschloss.

Iswid erinnert sich daran, wie die Briten von der Militärbasis, die zwischen seinem Dorf und dem jüdischen Nachbardorf lag, abzogen. Dabei versprachen sie sowohl den paläs- 15
tinensischen als auch den jüdischen Nachbarn das Land der Militärbasis. „Als wir das Land übernehmen wollten, waren die Juden schon dort. Eine Schießerei brach aus. Die zionistische Kampftruppe Haganah nahm die Basis ein. Später kam die israelische Armee in unser Dorf und verkün- 20
dete über Lautsprecher, dass wir dieses innerhalb von 24 Stunden verlassen müssten, sonst würden sie uns töten", erzählt Iswid. Aus Angst und im Wissen, dass sie den zionistischen Streitkräften nicht gewachsen waren, flohen die Einwohner des Dorfes [...]. 25

Zit. nach: www.nzz.ch/an-nakba--die-unvergessene-katastrophe-der-palaestinenser-1.750912 (5.6.2008)

Aufgaben

1. **Staatsgründung und „arabische Katastrophe"**
    a) Fassen Sie die Geschichte der Staatsgründung Israels in einem Schaubild zusammen.
    b) Beschreiben Sie das Selbstverständnis des Staates Israel und analysieren Sie die Argumentation, auf der die Unabhängigkeitserklärung basiert.
    c) Erläutern Sie, warum es zu einer israelischen, aber zu keiner arabisch-palästinensischen Staatsgrün-

dung kam. Beurteilen Sie dazu den Teilungsplan der Vereinten Nationen für Palästina und die Haltung von Juden und Arabern hierzu.
    d) Erklären Sie, warum die Palästinenser den israelisch-arabischen Krieg als Katastrophe (al-Nakba) bezeichnen.

    ⌢ Text, M5

Der Nahe Osten im Spannungsfeld weltpolitischer Konfrontationen

Die Situation nach dem Arabisch-Israelischen Krieg 1948/1949

Da den Waffenstillstandsvereinbarungen nach dem Arabisch-Israelischen Krieg von 1948/49 keine Friedensverträge folgten, blieb die Lage angespannt. Israel vergrösserte sein Staatsgebiet von rund 56 auf etwa 78 Prozent des ehemaligen britischen Mandatsgebiets Palästina. Der junge Staat wuchs schnell, vor allem durch Einwanderungen orientalischer Juden, die als Flüchtlinge aus arabischen Staaten kamen und in die moderne, europäisch geprägte Gesellschaft Israels integriert werden mussten. Die in Israel verbliebenen 160 000 arabischen Palästinenser erhielten zwar die israelische Staatsbürgerschaft, wurden aber wie Bürger zweiter Klasse behandelt. Ausserdem betrachtete man die Araber als Sicherheitsrisiko und liess ihre Wohngebiete durch das Militär überwachen. Eine Rückkehr der geflohenen Araber verweigerte sich Israel aus Sorge, seine Identität als jüdischer Staat zu verlieren. Die Flüchtlingsfrage blieb damit ungelöst. Ein Recht auf Rückkehr, wie es die palästinensischen Araber einforderten, liess sich aus der UN-Resolution 194 nicht bindend ableiten.

 **Gamal Abdel Nasser (1918 – 1970)**
Fotografie, Februar 1954

Suezkrieg 1956

1956 eskalierte die Situation erneut. Ägypten, dessen Staatspräsident Gamal Abdel Nasser sich als Führer der Araber verstand, verstaatlichte den Suezkanal, der sich zuvor in anglo-französischer Hand befunden hatte. Grossbritannien und Frankreich griffen daraufhin militärisch ein, zugleich erfolgte ein israelischer Angriff auf Ägypten, bei dem israelische Truppen auf die Sinaihalbinsel und in den Gazastreifen vordrangen. Da sowohl die Sowjetunion als auch die USA dem Angriff ablehnend gegenüberstanden, mussten sich die britischen, französischen, und israelischen Truppen jedoch wieder aus den besetzten Gebieten zurückziehen. Nach dem Suezkrieg stieg das Ansehen der Sowjetunion in der „Dritten Welt" weiter an, während sich Israels Isolation vertiefte.

Sechs-Tage-Krieg 1967

Die steigende Bedrohung durch die von der Sowjetunion unterstützten arabischen Nachbarstaaten veranlasste Israel im Juni 1967 zu einem Präventivkrieg gegen Ägypten, Jordanien und Syrien. Innerhalb von sechs Tagen eroberte Israel den ägyptischen Sinai, das Westjordanland, die syrischen Golanhöhen und den arabischen Teil Jerusalems.

Jom-Kippur-Krieg 1973

Die Schmach des Sechs-Tage-Krieges sass in den arabischen Ländern tief. Ägyptische und syrische Truppen starteten darum am 6. Oktober 1973 – dem jüdischen Versöhnungsfest Jom Kippur – einen Angriff auf Israel. Der Erfolg war jedoch gering, und die Kampfhandlungen wurden unter Vermittlung der USA und der Sowjetunion noch zum Ende desselben Monats eingestellt. Dem Waffenstillstand folgte ein begrenzter Rückzug israelischer Truppen vom Suezkanal. An den Frontlinien wurden UNO-Truppen stationiert, aber eine dauerhafte Friedenslösung konnte nicht gefunden werden. Der Jom-Kippur-Krieg endete daher eben-

Israelische Soldaten an der Klagemauer
Nach der Eroberung Ost-Jerusalems im Sechs-Tage-Krieg, 1967

falls nicht mit einem Frieden. Die folgende Zeitleiste gibt einen Überblick über Kriege und Konflikte im Nahen Osten sowie wesentliche Versuche, den Friedensprozess voranzubringen.

Info

Zeitleiste

1978: Unter Vermittlung der USA erzielen Ägypten und Israel in Camp David eine bilaterale Einigung: Anerkennung des Staates Israel durch Ägypten und Aufnahme diplomatischer Beziehungen. Israel gibt den Sinai an Ägypten zurück. Damit etabliert sich das Prinzip „Land für Frieden".

1978/79: Sturz der prowestlichen Herrschaft des Schahs im Iran durch die islamische Revolution unter Ayatollah Khomeini.

1982: Libanonkrieg. Einmarsch Israels in den Libanon, um die dortige Palästinensische Befreiungsorganisation PLO – das wichtigste Sprachrohr und die Anführerin der Palästinenser – an Anschlägen zu hindern. Israel gelingt es nicht, die PLO zu zerschlagen, die nach Tunesien abzieht. Radikalisierung der libanesisch-schiitisch-islamistischen Untergrundbewegung Hisbollah („Partei Gottes), die sowohl eine Partei im Libanon als auch eine als Terrororganisation eingestufte Miliz bildet. Die Hisbollah spricht bis heute dem Staat Israel sein Existenzrecht ab und verfolgt das Ziel, Israel zu vernichten.

1985: Rückzug Israels aus dem Libanon bis auf eine 15 km tiefe Sicherheitszone im Südlibanon (Räumung durch Israel im Jahre 1999).

1987: Erste Intifada (Aufstand, Erhebung). Jugendliche Palästinenser attackieren israelische Siedler und Soldaten mit Steinen. Trotz drastischer Massnahmen gelingt es der israelischen Armee nicht, die Intifada zu beenden. Unterstützung erfährt die Intifada durch die „Islamische Widerstandsbewegung" Hamas, die sich als politische Partei und zugleich terroristische Organisation das Ziel setzt, Israel zu vernichten und in ganz Palästina (einschliesslich Israel) einen islamischen Staat zu errichten.

1990–1991: Zweiter Golfkrieg. Der Irak unter Saddam Hussein besetzt Kuwait, woraufhin die USA und ihre Verbündeten einen siegreichen Krieg gegen den Irak führen. Israel beteiligt sich auf Drängen der USA nicht direkt am Zweiten Golfkrieg. Die USA werden zum zentralen politischen Faktor im Nahen Osten.

1993: „Oslo-I-Abkommen". In Oslo erkennt die PLO unter Jassir Arafat Israels Recht auf eine Existenz in Sicherheit und Frieden an; Israel akzeptiert die PLO als legitime Vertreterin des palästinensischen Volkes.

1994: Israel erklärt sich im „Gaza-Jericho-Abkommen" (und ein Jahr später im „OSLO-II-Abkommen") bereit, „Land für Frieden" zu geben. Den Palästinensern wird die – wenn auch eingeschränkte – Selbstverwaltung über bestimmte Gebiete im Westjordanland und im Gazastreifen gestattet. Errichtung einer Palästinensischen Autonomiebehörde (PA) als proto-staatliches Gemeinwesen. Wahl Jassir Arafats zum ersten palästinensischen Präsidenten. Abschluss eines israelisch-jordanischen Friedensvertrages.

ab 1995: Störung des Friedensprozesses durch die Fortsetzung des israelischen Siedlungsbaus im Westjordanland und palästinensische Selbstmordattentate.

2000: Scheitern eines Vermittlungsversuchs des US-Präsidenten Bill Clinton in Camp David.

2000–2005: Zweite, sogenannte „Al-Aqsa-Intifada" (nach der Al-Aqsa-Moschee auf dem Tempelberg).

M 3 Gaza-Jericho-Abkommen

Israels Ministerpräsident Rabin und PLO-Führer Arafat besiegeln vor US-Präsident Clinton 1994 das Gaza-Jericho-Abkommen.

Ausblick ins 21. Jahrhundert

Der Nahe Osten und der israelische-palästinensische Konflikt halten auch im 21. Jahrhundert die Welt in Atem. Die Anschläge am 11. September 2001 wurden von den USA 2003 zur Begründung des Dritten Golfkrieges (auch: Zweiter Irakkrieg) genutzt, der zwar das Ende der Herrschaft von Saddam Hussein im Irak zur Folge hatte, die Region aber keineswegs befriedete.

Die Erwartung der PLO, die Autonomie in eine Eigenstaatlichkeit zu überführen, hat sich ebenso wenig erfüllt wie die Hoffnung der Bevölkerung auf ein besseres Leben. Die Arbeitslosigkeit im Gazastreifen liegt bei 45 Prozent; 50 Prozent der Bewohner leben unterhalb der Armutsgrenze. Die Bevölkerung im Gazastreifen kann nur mit externen finanziellen und materiellen Mitteln überleben. Auch die palästinensische Wirtschaft in den Autonomiegebieten des Westjordanlands kann sich nicht selbst tragen. Israel hat eine deutliche Trennung zu den Autonomiegebieten vollzogen, indem es seine Grenzen zum Gazastreifen abriegelte und ab 2002 eine etwa 700 km lange Sperranlage (Mauer) zum Westjordanland errichtete, die überwiegend auf palästinensischem Gebiet steht. Alle israelischen Siedlungen im Gazastreifen und vier kleine Siedlungen im nördlichen Westjordanland wurden geräumt, zugleich wurden von Israel aber weiterhin neue Siedlungen im Westjordanland errichtet. Die von den Palästinensern bewohnten Gebiete ergeben daher kein zusammenhängendes Staatsgebiet, sondern gleichen eher einem Flickenteppich.

Immer wieder kommt es zu Terror und Militäraktionen. Israel führte 2006 den Zweiten Libanonkrieg gegen die Hisbollah, welche – unterstützt vom Iran – vom Libanon aus Israel mit Raketen beschossen hatte. In diesem Krieg wurden nicht nur Terroristen und Hisbollah-Anhänger getötet, sondern auch zahlreiche Zivilisten. Grosse Teile der libanesischen Infrastruktur wurden zerstört. Gleiches gilt für den ersten Gaza-Krieg, den Israel aufgrund des jahrelangen Raketenbeschusses aus dem Gazastreifen von Dezember 2008 bis Januar 2009 führte. Es folgten 2012 und 2014 noch zwei weitere israelische Militäroperationen im Gazastreifen. Im Ergebnis der Kriege kam es zu einer Stärkung sowohl der Hamas, die den Gazastreifen nach der gewaltsamen Vertreibung der Fatah-Anhänger seit 2007 regiert, als auch der Hisbollah im Libanon.

Vermittlungsversuche zwischen Israel und den Palästinensern scheiterten zuletzt zwar immer wieder, jedoch geben die Bevölkerungen beider Seiten die Hoffnung nicht auf, die Spirale von Gewalt und Gegengewalt, von Terroranschlägen und Militärmassnahmen in Israel/Palästina zu beenden. Zu diesem Zweck entwickelte das aus den USA, Russland, der EU und der UNO bestehende „Nahost-Quartett" 2003 eine „Roadmap for Peace", die an die Konfliktparteien übergeben wurde und eine Zwei-Staaten-Lösung vorsieht. Allerdings haben bisher weder Israel noch die Palästinenser die Vorgaben dieser „Roadmap" eingehalten.

Über den israelisch-palästinensischen Konflikt hinaus sieht sich die Welt aktuell vom Terror des sogenannten „Islamischen Staates (IS)" bedroht. Dieser „Islamische Staat" ist eine terroristisch-salafistische Gruppe, die das Ziel verfolgt, im Nahen Osten ein Kalifat („Gottesstaat") zu errichten, das Syrien, den Irak, den Libanon, Israel, Palästina und Jordanien umfassen soll. Anschläge des „Islamischen Staates" brachten den Terror aus dem Nahen Osten auch bis nach Europa.

M 4 **Potenzieller Selbstmordattentäter der Hamas**
Foto, 2009

M 5 **Grenzmauer**
Ein neun Meter hohes Zementstück wird in Abu Dis in die Mauer eingefügt, die Israel vom Westjordanland trennt. Foto, Februar 2004

M 6 **„Peace is The Way" und „Stop The Occupation"**
Israelisch-palästinensische Friedensdemonstration in Tel Aviv, 2002

Auf dem Weg zum Frieden – Lösungsansätze für den Nahostkonflikt diskutieren

M 7 Roadmap for Peace

Die Roadmap ist ein Friedensplan zur Konfliktlösung zwischen Israelis und den Palästinensern. Das so genannte Nahost-Quartett, bestehend aus der EU, den USA, Russland und den Vereinten Nation, hat diesen Plan erarbeitet und den Konfliktparteien am 30. April 2003 übergeben. Trotz Bedenken stimmten Israelis und Palästinenser zu. Die Sicherheitsresolution 1515 der Vereinten Nationen unterstützt die Roadmap explizit. Die Roadmap sieht einen Drei-Stufenplan vor:

Phase I:

- Palästinenser stellen bedingungslos die Anwendung von Gewalt ein. Israel unterstützt diesen Prozess mit Maßnahmen, die zu einer gemeinsamen Sicherheits-
5 kooperation führen.
- Existenzrecht Israels wird durch Erklärung der palästinensischen Führung bekräftigt.
- Israelische Erklärung mit Bekenntnis zu Zwei-Staaten-Lösung

M 8 „Sprung über den eigenen Schatten"
Karikatur von Karl-Heinz Schoenfeld, 1993

- Ausarbeitung eines palästinensischen Verfassungsent- 10 wurfs
- Maßnahmen Israels zur Verbesserung der humanitären Lage der Palästinenser
- Abbau aller israelischen Siedlungen in palästinensischem Gebiet, die nach März 2001 errichtet wurden. 15 Einstellung aller weiteren Siedlungsaktivitäten

Phase II:

- Fortsetzung des Aufbaus palästinensischer Institutionen
- Internationale Konferenz zur Vorbereitung der Grün- 20 dung eines unabhängigen palästinensischen Staates und zum wirtschaftlichen Wiederaufbau
- Gründung des palästinensischen Staates mit vorläufigen Grenzen

25

Phase III:

- Zweite Internationale Konferenz mit dem Ziel der Initiierung von Verhandlungen zur endgültigen Klärung folgender Statusfragen: Grenzen, Jerusalem, Verbleib der palästinensischen Flüchtlinge, Siedlungen 30
- Israelisch-palästinensische Verhandlungen zu den Statusfragen mit Unterstützung des Nahost-Quartetts mit dem Ziel der dauerhaften Beendigung des Konflikts unter folgenden Vorgaben:
- Beendigung der Besatzung von 1967 35
- gerechte, faire und realistische Lösung der Flüchtlingsfrage
- Status von Jerusalem, der die politischen und religiösen Bedenken beider Seiten berücksichtigt
- Grundlage hierfür sind die Resolutionen von 1967, 1973 40 und 2002

Zit. nach: https://web.archive.org/web/20090331214356/http://archiv.
bundesregierung.de/bpaexport/artikel/85/637885/multi.htm

Aufgaben

1. **Auf dem Weg zum Frieden – Lösungsansätze für den Nahostkonflikt diskutieren**
   a) Untersuchen Sie die Phasen der Roadmap for peace und überprüfen Sie, inwiefern mit der Roadmap ein Weg zum dauerhaften Frieden eingeschlagen werden kann.
   b) Erläutern Sie die Gründe, warum die Phasen der Roadmap noch nicht umgesetzt wurden.
   c) Arbeiten Sie heraus, in welcher Phase der Roadmap der Friedensprozess sich zurzeit befindet. Informieren Sie sich dazu im Internet über die aktuelle Lage in Israel und in den palästinensischen Autonomiegebieten.
   d) Diskutieren Sie Wege und Möglichkeiten für einen Frieden zwischen Palästinensern und Israelis. Berücksichtigen Sie dabei die weltpolitische Dimension des Konfliktes.

   Text, M7 – M8, Internet

Deutschland, Israel und der Nahostkonflikt

Die deutsch-israelischen Beziehungen nach dem Zweiten Weltkrieg

Die Beziehungen zwischen Israel und der Bundesrepublik sind nicht von der Geschichte zu trennen: Die Ermordung von sechs Millionen Juden durch die Nationalsozialisten mache es unmöglich, so der israelische Schriftsteller Amos Oz, dass es „normale" Beziehungen zwischen Deutschland und Israel gebe – die Beziehung der beiden Länder werde immer eine „besondere" sein.

Die Komplexität der Beziehungen zwischen Israel und der Bundesrepublik verdeutlichten schon die Reaktionen auf das Luxemburger Abkommen, welches Bundeskanzler Konrad Adenauer und der israelische Aussenminister Mosche Scharett 1952 unterzeichneten. In dieser Übereinkunft versprach die Bundesrepublik, an Israel 3,45 Milliarden D-Mark für die Integration jüdischer Flüchtlinge zu zahlen. Das Geld sollte zudem als eine Art Entschädigung für das jüdische Vermögen dienen, welches die Nationalsozialisten den Juden geraubt hatten. Proteste gegen diese Zahlungen gab es sowohl auf deutscher Seite, wo man sich um die eigenen Finanzen sorgte, als auch auf israelischer Seite, wo man darauf hinwies, dass durch Geldzahlungen das Leid der Juden nicht wieder gutgemacht werden könne.

1965 nahmen die Bundesrepublik und Israel offiziell diplomatische Beziehungen auf. Seither haben sich die Beziehungen zwischen den beiden Staaten in vielen Bereichen intensiv und positiv entwickelt, wie zahlreiche Kultur-, Schüler- und Jugendaustauschprogramme, Städtepartnerschaften und Kooperationen in Wissenschaft und Wirtschaft beweisen. Heute ist Deutschland nach den USA und China der drittwichtigste Handelspartner Israels.

Völlig anders gestaltete sich die Israel-Politik der DDR. Hier wies man Entschädigungsforderungen zurück und entwickelte eine tendenziell antiisraelische Aussenpolitik, da man während des Kalten Krieges eher den Positionen der arabischen Staaten zuneigte. Ende der Achtzigerjahre kam es jedoch auch zu einer Annäherung zwischen der DDR und Israel.

Die Sicherheit Israels als Teil der deutschen Staatsräson

Innerhalb des Nahostkonflikts nahm und nimmt die Bundesrepublik eine Haltung ein, die Bundeskanzlerin Angela Merkel am 18. März 2008 im israelischen Parlament Knesset folgendermassen formulierte: „Diese historische Verantwortung Deutschlands ist Teil der Staatsräson meines Landes. Das heisst, die Sicherheit Israels ist für mich als deutsche Bundeskanzlerin niemals verhandelbar." Mit dieser Aussage stellte sich die Kanzlerin in die Tradition der früheren Bundesregierungen, die sich der „besonderen historischen Verantwortung Deutschlands für die Sicherheit Israels" verpflichtet sahen. Deutlich wird dies u.a. an der deutsch-israelischen Rüstungskooperation, die ihre Anfänge in den 1950er-Jahren hat und bis in die Gegenwart andauert. Dabei wurden und werden die Exporte deutscher Rüstungsgüter nach Israel zum grössten Teil von der Bundesrepublik bezahlt. Zuletzt versorgte die Bundesrepublik den Partner mit U-Booten, durch die die faktische Atommacht Israel nun auch über eine „Zweitschlagfähigkeit" verfügt: Das Land kann also selbst nach einem vernichtenden Angriff noch zurückschlagen. Dieses Konzept soll dazu dienen, potenzielle Gegner Israels von einem Angriff bzw. Erstschlag abzuschrecken.

M 1 Deutsche Bundeskanzlerin in der isreaelischen Knesset

Angela Merkel, Foto, 18. März 2008

Die Bundesrepublik unterstützt die Sicherheit Israels jedoch nicht nur auf militärischem Gebiet, sondern auch durch eine Aussenpolitik, die dazu beiträgt, Bedingungen zur Beilegung des israelisch-arabischen Konfliktes zu schaffen. Das Auswärtige Amt umreisst die deutsche Position im Nahostkonflikt folgendermassen: „Ein unabhängiger, demokratischer und lebensfähiger palästinensischer Staat, der Seite an Seite in Frieden und Sicherheit mit Israel lebt, ist nach Überzeugung Deutschlands und seiner Partner nur durch Verhandlungen zu erreichen. Nur eine verhandelte Zwei-Staaten-Lösung kann die legitimen Forderungen beider Seiten erfüllen und den israelisch-palästinensischen Konflikt endgültig beilegen.“

Deutschland will zur Lösung des Nahostkonfliktes nicht nur durch seine guten Beziehungen zu Israel beitragen, sondern auch durch eine Förderung der palästinensischen Autonomiegebiete. 2013 investierte die Bundesrepublik 150 Millionen Euro in die Bereiche Bildung, öffentliche Sicherheit, Staatsaufbau, Wasserversorgung und Wirtschaftsentwicklung.

Deutsche Staatsräson und deutsche Öffentlichkeit

Während die Sicherheit Israels für die Politik der Bundesrepublik unbestritten zur Staatsräson gehört, ist in Teilen der deutschen Öffentlichkeit auch eine israelkritische Haltung existent. Kritik an der israelischen Regierungspolitik wird insbesondere immer dann geübt, wenn unter den Einsätzen der israelischen Armee im Kampf gegen palästinensische Terroristen auch die Zivilbevölkerung leidet. Überdies wird gelegentlich gefragt, ob die aus den deutschen Verbrechen resultierende besondere Verpflichtung der deutschen Politik gegenüber Israel tatsächlich auch heute noch geboten sei. Hieran zeigt sich zugleich, dass insbesondere bei Teilen der jüngeren Generation nur noch ein geringes Bewusstsein für das vom nationalsozialistischen Deutschland verursachte Leid vorhanden ist.

M 2 **Besuch in Yad Vashem**
Zusammen mit dem israelischen Präsidenten, Shimon Peres (l), besucht der damalige Bundespräsident Joachim Gauck die Gedenkstätte in Jerusalem, Foto, 29. Mai 2012.

Deutschland, Israel und der Nahostkonflikt

M 3   Der Nahostkonflikt in Deutschland

Aktuelle Reaktionen in Deutschland auf den Nahostkonflikt beschreiben die Journalisten Philipp Woldin, Lisa Caspari und Carolina Ambrosi:

Im Nahen Osten tobt ein Krieg, doch der Konflikt hat längst auch Deutschland erreicht. Je mehr Opfer aus dem Gazastreifen berichtet werden, umso erbitterter wirken auch die Kundgebungen für die Sache der Palästinenser. Mehrere
5 Fälle vom Wochenende zeigen ein besorgniserregendes Ausmaß antisemitischer Parolen und Übergriffe bei Kundgebungen „für Frieden" und die Sache der Palästinenser. [...]
10 Der Antisemitismus-Forscher Wolfgang Benz bestreitet hingegen, dass der Judenhass in Deutschland zugenommen hat: „Antisemitismus ist eine ziemlich konstante Größe, schon seit Jahrzehnten. Ereignisse wie der Krieg in Gaza können dazu führen, dass vorübergehend Manifestationen
15 des Antisemitismus stärker sichtbar werden, sie gehen aber schnell wieder zurück", sagt Benz. Das bedeute nicht, das Problem kleinzureden. [...]
„Es ist völlig legitim und logisch, dass es unterschiedliche Meinungen zum Nahostkonflikt gibt", sagt Grünen-Politiker
20 Kindler. Der Bundestagsabgeordnete hat Israel und die palästinensischen Gebiete oft bereist, er bezeichnet sich als „linker Zionist". Eine pauschale „Gut-und-Böse-Zuschreibung" funktioniere in dieser extrem komplexen Gemengelage zwischen Israel und Palästina nicht, sagt Kindler. Auch er kritisiere den Siedlungsbau der Israelis und engagiere sich für eine gerechte Zwei-Staaten-Lösung, aber er sehe 25 auch, dass Israel gerade in der aktuellen Situation in Deutschland öffentliche Fürsprecher brauche.

„Es gibt so viel Gewalt in der Welt. Der blutige Krieg in Syrien, die Schreckensherrschaft von Isis, der Konflikt in der Ukraine. Auch hier sterben sehr viele unschuldige Zivilis- 30 ten. Doch was treibt die Menschen auf die Straße: wenn Israel seine Bevölkerung gegen massenhafte Raketenangriffe der Hamas verteidigt. Ich will das Leid der Menschen in Gaza nicht relativieren. Ich bin auch für einen Waffenstillstand. Ich glaube aber, die Empörung hat damit zu tun, 35 dass das Thema tiefer geht. Das sind oft auch tief verankerte Ressentiments gegen Juden, die da mitspielen. Und das finde ich erschreckend", sagt Kindler. Antisemitismus-Forscher Benz stimmt ihm zu: Menschen, die antisemitische Ressentiments hegen, nähmen gern die Politik der israeli- 40 schen Regierung zum Anlass, „um einmal seinem Herzen, seinen feindschaftlichen Gefühlen gegen den Juden so richtig Luft zu machen", sagt Benz.

Zit. nach: www.zeit.de/politik/deutschland/2014-07/nahost-demonstratio nen-antisemitismus vom 21. Juli 2014

Aufgaben

1. **Deutschland, Israel und der Nahostkonflikt**
   a) Erläutern Sie, wie sich die Beziehungen zwischen Israel und Deutschland nach dem Zweiten Weltkrieg gestalteten.
   b) Setzen Sie sich mit dem Programm der Bundesrepublik Deutschland zur Lösung des Nahostkonflikts auseinander und erläutern Sie, warum die Sicherheit Israels zur Staatsräson der Bundesrepublik gehört.
   c) Nehmen Sie Stellung zu den aktuellen Reaktionen auf den Nahostkonflikt und den antisemitischen Ausschreitungen in Deutschland.
   d) Diskutieren Sie, ob Deutschland eine besondere Verantwortung im Nahostkonflikt trägt.

⌐ Text, M1 – M3

13

HERAUSFORDERUNGEN DES 21. JAHRHUNDERTS

Im beginnenden 21. Jahrhundert steht die immer stärker globalisierte Welt vor zahlreichen massiven Problemen: Ebenso wie die Klima- und Umweltfragen sich heute auf globaler Ebene stellen und auch nur in diesem Horizont beantwortet werden können, stellen auch wirtschaftliche Krisen heute keine isolierten nationalen Phänomene mehr dar. Seien es Banken-, Immobilien- oder Schuldenkrisen – die Folgen müssen immer wieder die Schwächsten der Gesellschaften tragen. Im Zuge von Kriegen und Krisen machen sich immer mehr Menschen auf den Weg, um der Perspektivlosigkeit ihrer Heimatländer zu entkommen. In der vagen Hoffnung auf ein besseres Leben versuchen Menschen insbesondere aus Nordafrika und dem Nahen Osten, nach Europa zu gelangen. Die Migrationsbewegungen stellen ein sich als offen verstehendes Europa vor die Herausforderung einer angemessenen Hilfe und Reaktion, führen aber auch zu Furcht und Abwehrreaktionen. Spätestens seit den Anschlägen vom 11. September 2001 in den USA gilt der Terrorismus als globale Bedrohung, die sowohl Anlass für Kriege als auch für einschneidende sicherheitspolitische Massnahmen gegeben hat und gibt. Die internationale Staatengemeinschaft muss sich mit der Frage auseinandersetzen, wie einer Instrumentalisierung von Religion entgegengewirkt und Sicherheit gewährleistet werden kann, ohne zugleich die elementaren Grundwerte einer pluralistischen und offenen Gesellschaft aufzugeben. Hierzu bedarf es einer Beschäftigung etwa mit den Grundlagen des Islam. Darüber hinaus rücken in einer globalisierten Welt Regionen in den Fokus, die gerade von den Europäern über Jahrhunderte wenig beachtet wurden. Ein Beispiel ist China, das sich in den letzten Jahrzehnten zu einer Weltmacht entwickelt hat.

M 1 „Hope for a New Life"
Foto (Ausschnitt) von Warren Richardsen 2015, Welt Presse Foto 2016

M 2 **In den Trümmern des World Trade Centers,** Feuerwehrleute und Rettungskräfte suchen nach Überlebenden des Terroranschlages, Foto vom 13. September 2001.

M 3 „Kampf um die Welt von morgen", Der Spiegel Nr. 32, 2005

Herausforderungen des 21. Jahrhunderts

Geschichtsschreibung und Epochen

Mit dem Wechsel in ein neues Jahrhundert verbinden die Zeitgenossen oft den Übergang in ein neues Zeitalter und blicken voller positiver Erwartungen oder mit grosser Sorge in die Zukunft. Rückblickend nutzt die Geschichtsschreibung solche Zeitenwenden, um ihre Darstellungen nach Jahrhunderten zu gliedern. Allerdings wird nicht immer das kalendarische Datum als Zäsur gewählt, sondern oft ein sehr bedeutsames Ereignis. So spricht man vom „langen 19. Jahrhundert", das mit der Französischen Revolution 1789 beginnt und mit dem Ausbruch des Ersten Weltkriegs 1914 endet. Ihm folgt das „kurze 20. Jahrhundert", das mit der „Urkatastrophe" des Ersten Weltkriegs seinen grauenvollen Auftakt hat, der im Zweiten Weltkrieg und im Kalten Krieg seine Fortsetzung findet. Das „kurze" 20. Jahrhundert endet bereits mit dem Mauerfall 1989.

Die Dauer eines Zeitalters ist künstlich und wird im Nachhinein von den Historikern festgelegt. Nichtsdestoweniger erleichtert die Einteilung in Epochen den Umgang mit Geschichte. Mit dem Fall der Mauer 1989 und der Auflösung der Sowjetunion 1991 endete ein Zeitalter, das vom Ost-West-Konflikt geprägt war. Man feierte das Ende des Kaltes Krieges und hoffte auf eine friedliche Zukunft. Dass sich diese Erwartung nicht erfüllen sollte, wurde durch die Anschläge vom 11. September 2001 offenbar. Für viele Zeitgenossen begann an diesem Tag eine neue Ära, die vor allem durch Terror, Konflikte und Ungewissheiten geprägt ist und deren Ende noch nicht abzusehen ist.

Nine Eleven und die Folgen: Der Krieg der USA gegen den Terror

Hauptdarsteller der ersten 15 Jahre des 21. Jahrhunderts waren unbestritten die Vereinigten Staaten. Geschockt von den Anschlägen des 11. Septembers 2001 (im amerikanischen Sprachgebrauch bekannt als „9/11 – nine eleven") begannen die US-Amerikaner unter Präsident George W. Bush, unterstützt vom Sicherheitsrat der Vereinten Nationen und der NATO, den „Krieg gegen den Terror", der sich ab Oktober 2001 gegen das radikalislamische Regime der Taliban sowie das Terrornetzwerk al-Qaida und seinen Anführer Osama bin Laden in Afghanistan richtete. In diesem Krieg konnten die Taliban zwar gestürzt, aber nicht vollständig entmachtet werden. Wie schwierig sich der Kampf gegen die Terroristen gestalten sollte, wird daran deutlich, dass Osama bin Laden erst 2011 in Pakistan von einer US-Spezialeinheit gefunden und erschossen wurde.

Zudem führten die USA ab März 2003 einen umstrittenen Krieg gegen den Irak. Die USA unterstellten, dass der irakische Diktator Saddam Hussein Giftgas einsetzen lasse und im Besitz von Massenvernichtungswaffen sei. Zwar rief Präsident Bush schon am 1. Mai 2003 den Sieg über den Irak aus, doch weder gelang es den USA, die Massenvernichtungswaffen zu finden, noch den Irak zu befrieden und zu demokratisieren. Während der US-Besatzungszeit fielen Tausende Menschen Anschlägen zum Opfer. Unter Barack Obama, der 2008 zum Präsidenten gewählt wurde, änderten sich aufgrund dieser Erfahrungen die Prinzipien der US-Aussenpolitik. Gemäss der „Obama-Doktrin" wollte die USA mehr militärische Zurückhaltung üben und stattdessen stärker auf Dialog und Verhandlungen setzen.

Als die Amerikaner und ihre Verbündeten 2011 aus dem Irak abzogen, hinterliessen sie ein zerstörtes Land, in dem bürgerkriegsähnliche Verhältnisse vor-

M 1   Anschläge auf das World Trade Center am 11. September 2001, New York

Die Anschläge der al-Qaida in New York und Washington D.C. fordern rund 3000 Menschenleben.

herrschten. Der Konflikt zwischen den islamischen Gruppierungen der Schiiten und Sunniten konnte nicht beigelegt werden. Darüber hinaus wurde die Terrormiliz „Islamischer Staat" zu einem wichtigen politischen Faktor im Irak.

Die USA wollten in dem „Krieg gegen den Terror" universale Werte wie Freiheit, Menschenrechte und Demokratie verteidigen und verbreiten. Im Irakkrieg wurde allerdings ersichtlich, dass US-Amerikaner ihre eigenen Grundsätze nicht einhielten. Als Inhaftierungen ohne Gerichtsbeschluss, Geheimgefängnisse, folterähnliche Verhörmethoden und die Abhörmethoden der NSA, die auch Daten von Verbündeten sammelte, bekannt wurden, schädigte dies massiv die moralische Autorität und Glaubwürdigkeit der USA.

Unter der Regierung Donald Trumps konnte 2018 erstmals eine Annäherung zwischen den USA und den Taliban in Afghanistan erreicht werden. Am 29. Februar 2020 schlossen beide Seiten ein Abkommen, in dem sich die USA zum Abzug ihrer Truppen verpflichten, und die Taliban im Gegenzug einwilligten, Terrorgruppierungen wie der al-Qadia keine Zuflucht mehr zu gewähren und Friedensgespräche mit der afghanischen Regierung aufzunehmen. Mit der Machtübernahme der Taliban nach Abzug der US-Truppen aus Afghanistan und der Flucht des afghanischen Präsidenten Ashraf Ghani im August 2021 sind diese Gespräche hinfällig. Insbesondere Afghanen, die mit internationalen Kräften und der demokratischen Regierung zusammengearbeitet hatten, aber auch Frauen und Mädchen befürchten seither Einschränkungen und Vergeltungsmassnahmen der Taliban.

M 2 US-Soldat im Irak
Patrouille eines US-Marines in der Stadt Falludschah, Oktober 2004

„Arabischer Frühling": Politische und humanitäre Herausforderung

Die ersten Jahre des 21. Jahrhunderts werden zudem wegen zahlreicher Unruhen und Krisen in Erinnerung bleiben. Zu nennen sind die Revolutionen, die sich ab Dezember 2010 gegen autoritäre, oft auch korrupte Regime im Nahen Osten richteten und unter dem Sammelbegriff „Arabischer Frühling" bekannt wurden. Innerhalb kurzer Zeit wurden die Herrscher in Tunesien, Ägypten, Libyen und Jemen entmachtet. Allerdings führten die Konflikte in einigen Ländern auch zu heftigen Gewaltausbrüchen bis hin zum Bürgerkrieg wie in Syrien. Allein Tunesien blieb

M 3 Bürgerkrieg in Syrien
Damaskus, 2014

ein nachhaltiger Regimewechsel vorbehalten. In Ägypten dagegen, dem bevölkerungsreichsten der am „Arabischen Frühling" beteiligten Länder, übernahm nach dem Sturz des autokratischen Herrschers Mubarak eine Militärregierung 2014 durch einen Putsch die Macht. Mit Strategien, die einerseits kleinere Reformen beinhalteten, andererseits aber oppositionelle Kräfte unterdrückten, konnten die meisten Autokraten in der Region ihre Macht erhalten oder sogar auszubauen. Gravierende Auswirkungen dieser Machterhaltungsstrategien sind in Syrien zu finden. Im dortigen Bürgerkrieg sind seit 2011 bislang etwa eine halbe Million Todesopfer zu beklagen und mehr als 13 Millionen Menschen auf der Flucht. Neben dem israelisch-palästinensischen Konflikt, der trotz einiger Fortschritte bislang nicht beendet werden konnte, ist der Syrische Bürgerkrieg damit ein weiterer Faktor, der zur Destabilisierung des Nahen Ostens beiträgt.

Die Herausforderungen durch den „neuen Terrorismus"

Die Anschläge vom 11. September 2001 führten der Welt eine neue Form des Terrorismus vor Augen. Dieser „neue Terrorismus" wird vor allem von islamistischen, religiösen Fundamentalisten ausgeübt. Die Anschläge werden in kleinen Gruppen dezentral organisiert, die verschiedenen terroristischen Gruppen stehen höchstens über ein Netzwerk mit anderen Gruppen in Verbindung. Eine überregionale Führungsgruppe spielt in diesem System keine bedeutende Rolle. Deshalb fällt es schwer, den Terrorismus zu bekämpfen. Es reicht nicht aus, die Anführer eines terroristischen Netzwerks oder einer Gruppe auszuschalten, da die kleinen Zellen unabhängig von der Führung agieren. Die kleinen Gruppen werden durch persönliche Kontakte und die gemeinsame Ideologie zusammengehalten. Kennzeichen des neuen Terrorismus ist zudem, dass die Anschläge sich nicht mehr nur gegen wenige bestimmte Personen wie Politiker richten, sondern insbesondere die zivile Bevölkerung anvisieren und hohe Opferzahlen in Kauf genommen werden. 2015 ging ein Bericht der US-Regierung von weltweit 11 774 Terroranschlägen aus. Über die Hälfte der Anschläge fanden im Irak, in Afghanistan, Pakistan, Indien und Nigeria statt. Auch wenn die Zahl der Terroranschläge aktuell rückläufig ist – die Universität Maryland zählte im Jahr 2019 etwa 8 500 Terroranschläge weltweit –, werden die Attentate weiterhin vor allem in den Krisenregionen des Nahen und Mittleren Osten sowie Afrika verübt.

Indes findet der Terror auch in Europa statt. Grosse Betroffenheit und vielschichtige Reaktionen in den digitalen Medien erzeugten die Anschläge islamistischer Terroristen, etwa am 7.1.2015 auf die Redaktion der Satire-Zeitschrift Charlie Hebdo in Paris, am 13.11.2015 in Paris während eines Länderspiel zwischen Frankreich und Deutschland, am 22.3.2016 am Flughafen und in der Metro in Brüssel und in Nizza am 14.7.2016, dem französischen Nationalfeiertag. Der neue Terrorismus geht nicht nur von islamistischen Tätern aus. In Norwegen wurde am 22.7.2011 der rechtsextremistische und islamfeindliche Terrorist Anders Behring Breivik zum Massenmörder, als er 77 Menschen in Oslo und auf der Insel Utøya tötete. In Deutschland verübte die rechtsextreme und ausländerfeindliche Terrorzelle Nationalsozialistischer Untergrund (NSU) über ein Jahrzehnt lang bis 2011 zahlreiche Bankraube, Bombenanschläge und Morde. 2015 kam es nach Angaben des Bundeskriminalamtes zu über 1000 Attacken und 92 Brandanschlägen auf Flüchtlingsunterkünfte, die häufig von kleinen neonazistisch-rechtsradikalen Gruppen über soziale Netzwerke organisiert wurden. Mit 128 Übergriffen in 2018 ist auch

M 4 Terroranschläge in Paris im November 2015

Menschen gedenken in Paris den Opfern der Terroranschläge vor einer Bar, die zu den angegriffenen Orten zählte. Insgesamt starben bei den Anschlägen 130 Personen, fast 700 wurden verletzt.

Überfahrt auf schrott-reifen Booten
Flüchtlinge auf dem Mittelmeer, 2014

diese Entwicklung gegenwärtig rückläufig, jedoch zeigen die tödlichen Anschläge rechtsradikaler Einzeltäter in Halle 2019 und Hanau 2020, dass nach wie vor ein Gefahrenpotential rechtsextremistisch motivierter Gewalttaten existiert.

Herausforderung: Menschen auf der Flucht

Der Bürgerkrieg in Syrien, der Terror des „Islamischen Staates" und auch andere Gründe brachten viele Menschen dazu, ihre Heimat zu verlassen. Menschen werden zu Flüchtlingen, wenn sie entweder wegen ihrer ethnischen Zugehörigkeit oder Religion verfolgt werden oder aufgrund von widrigen sozialen, wirtschaftlichen, politischen oder ökologischen (Naturkatastrophen) Bedingungen oder aufgrund eines (Bürger-)Krieges ihre Heimat verlassen.

Noch nie befanden sich so viele Menschen auf der Flucht wie zu Beginn des 21. Jahrhunderts. 2016 waren es über 65,3 Millionen Menschen, etwa die Hälfte von ihnen ist unter 18 Jahre alt. Die Menschen fliehen meistens innerhalb ihres Landes vor einer Bedrohung. Wenn sie ihr Heimatland verlassen müssen, verbleiben sie in der Regel in einem direkten Nachbarland. Fast 90 % der Flüchtlinge halten sich nach Angaben des UN-Flüchtlingshilfswerks in Entwicklungsländern auf. Es macht sich also nur ein kleiner Teil der Menschen zur Flucht nach Europa auf. Auf ihrem Weg in die Europäische Union starben Tausende auf der Überfahrt über das Mittelmeer, wenn überfüllte, nicht seetüchtigen Schiffe sanken.

Die wachsende Anzahl der Flüchtlinge stellte die Einheit der Europäischen Gemeinschaft vor eine Zerreissprobe. Während einige Staaten wie Polen und Ungarn nur wenige Flüchtlinge aufnehmen und die Grenzen schliessen wollten, verfolgte Deutschland eine andere Politik, die von der Aussage „Wir schaffen das!" der Bundeskanzlerin Merkel, einer Willkommenskultur und überwiegend grosser Hilfsbereitschaft der Deutschen geprägt war. Bis Dezember 2015 nahm die Bundesrepublik über eine Million Flüchtlinge auf.

Eine Zäsur bildete die Kölner Silvester-Nacht 2015/2016, während der es zu massenhaften sexuellen Übergriffen und Diebstählen überwiegend durch Nordafrikaner und Araber kam. Die politische Debatte über die Menschen auf der Flucht verschärfte sich, die Forderung nach einer Flüchtlingsobergrenze wurde laut, Merkels Slogan von einigen Politikern in ein „Wir schaffen das nicht" umgewandelt. Tatsächlich kam es im März 2016 zur Schliessung der Balkan-Route und zu einem EU-Türkei-Abkommen, wonach die Migranten, die von der Türkei aus illegal nach Griechenland einreisten, wieder in die Türkei zurückgebracht werden können. In der ersten Jahreshälfte erreichten nur noch etwas über 200 000 Menschen auf der Flucht die Bundesrepublik. Merkel selbst relativierte im September 2016 ihren Slogan.

M 6 Europäische Schulden-
krise

Proteste in Athen gegen Sparmassnahmen der Regierung, 2011

Herausforderungen in Europa

Die Menschen auf der Flucht sind nicht die einzige Herausforderung, der sich Europa im beginnenden 21. Jahrhundert stellen musste. Riskante Spekulationsgeschäfte von US-Banken lösten ab 2007 eine Weltwirtschaftskrise aus, im Zuge derer Banken, Versicherungs- oder Industrieunternehmen teilweise, vorübergehend oder ganz verstaatlicht wurden und die Wirtschaft durch umfangreiche staatliche Konjunkturprogramme gefördert werden musste. Auch die aufstrebenden sogenannten BRICS-Staaten Brasilien, Russland, Indien, China und Südafrika, die sich seit 2011 jährlich treffen, um ihre Interessen als aufstrebende Wirtschaftsmächte, die zusammen mehr als 40 % der Weltbevölkerung stellen, zu besprechen, mussten Rückschläge hinnehmen.

In Europa traf die Wirtschaftskrise ab 2009 als Eurokrise die wirtschaftlichen Problemländer der Eurozone wie Spanien, Irland, Italien, Portugal und ganz besonders Griechenland hart. Der griechische Staat wies bereits aus den Vorjahren einen sehr hohen Schuldenstand auf. Um einen Staatsbankrott abzuwenden, wurde Griechenland mit über 200 Milliarden Euro von den Euro-Ländern und dem Internationalen Währungsfonds gestützt. Gleichwohl wurde erstmals diskutiert, ob ein Land die Eurozone wieder verlassen muss und ein sogenannter „Grexit" stattfinden sollte. Politisch in Frage gestellt wurde die EU auch durch den Brexit, nachdem am 23.6.2016 eine knappe Mehrheit der Briten für den Austritt aus der EU votierten und dieser nach zähen Verhandlungen per 31.1.2020 wirksam wurde.

Ebenfalls herausfordernd gestaltete sich die Beziehung der EU zur Türkei, die danach strebt, der EU beizutreten. Während auf der einen Seite der damalige EU-Parlamentspräsident Martin Schulz im September 2016 es als „selbstverständlich" bezeichnete, dass eine Beitrittsperspektive der Türkei besteht, betonte er auf der anderen Seite auch, dass ein Beitritt nicht zeitnah geschehen wird. Diese Haltung ergibt sich aus der ungewissen politischen Zukunft der Türkei nach einem missglückten Umsturzversuch des Militärs im Juli 2016. Den Putschversuch nutzte Präsident Erdoğan, um zehntausende Menschen in Gewahrsam zu nehmen oder zu entlassen. Die Verhängung des Ausnahmezustandes ermöglichte ihm die Durchsetzung einer Pressezensur. Insgesamt baute Erdoğan seine Macht aus. Beobachter, Journalisten und Politiker befürchten, dass es in der Türkei zu weiteren rechtsstaatlichen Einschnitten und Menschenrechtsverletzungen kommt.

Herausforderung: Die Welt retten

Wegen der vielen politischen und komplexen Krisen, Konflikte und Kriege, der Millionen Menschen auf der Flucht und des Terrorismus sowie der grossen wirtschaftlichen und auch ökologischen Probleme wie dem Klimawandel, hat sich die UNO folgende 17 Nachhaltigkeitsziele zur Lösung globaler Probleme gesetzt. Obgleich die Ziele nicht sofort umsetzbar sind und auch widersprüchlich sein mögen, eröffnen sie doch Wege zu einer besseren und friedlicheren Welt:

1. Armut beenden, 2. Hunger ausrotten, 3. gesundes Leben fördern, 4. hochwertige Bildung gewährleisten, 5. Geschlechtergerechtigkeit erreichen, 6. Wasser- und Sanitärversorgung sichern, 7. günstige und saubere Energie bereitstellen, 8. nachhaltiges Wachstum fördern, 9. widerstandsfähige und innovative Industrie und Infrastruktur aufbauen, 10. Ungleichheit verringern, 11. Städte nachhaltig gestalten, 12. nachhaltige Konsummuster entwerfen, 13. Klimawandel bekämpfen, 14. Ozeane nachhaltig schützen, 15. Ökosystem an Land schützen, 16. Frieden und Gerechtigkeit sichern, 17. globale Partnerschaft stärken.

Herausforderungen im 21. Jahrhundert – Haltungen und Perspektiven

M 7 „Die Erde ist eine Scheibe"

Der Journalist Alard von Kittlitz über Lügen in politischen Debatten und zu historischen Fakten (2016):

Ich habe eine unangenehme Sucht entwickelt; ich bin süchtig geworden nach Statements aus den Reihen der Republikanischen Partei. Jeden Morgen muss ich mir zwanghaft die neuesten Aussagen von Trump [Präsidentschaftskandi-
5 dat der Republikaner 2016] und den anderen durchlesen, dieses haar-sträu-ben-de Gefasel, und jeden Morgen wird es irrer, was die von sich geben. Rekord bislang: Rudy Giuliani, der neulich behauptet hat, vor Obama hätte es keine nennenswerten Terroranschläge auf amerikanischem Bo-
10 den gegeben.

Nehmen Sie sich bitte einen Augenblick Zeit, lassen Sie sich Giulianis Statement auf der Zunge zergehen. Will nicht ein glucksendes Lachen der Fassungslosigkeit in Ihnen hochsteigen? Sie wissen genauso gut wie ich und Mr. Giuliani,
15 dass der 11. September 2001 den größten Terroranschlag der Weltgeschichte darstellt und dass der Präsident der USA damals George W. Bush hieß. Vielleicht erinnern Sie sich außerdem auch noch, wer Bürgermeister von New York war: Es war Rudy G. Wenn nun ausgerechnet Giuliani so tut,
20 als hätte es den 11. September nicht gegeben, dann fasziniert mich das. Im ursprünglichen Sinn des Wortes: Seine Lüge hat etwas Behexendes. Sie schockiert, darin erinnert sie an einen plötzlichen Akt der Gewalt. Man würde Giuliani gern etwas entgegnen, ist aber zu baff. Übrigens hätte
25 das auch keinen Zweck. Tatsächlich würde die Entgegnung „Du lügst!" nur beweisen, dass man Giuliani nicht verstanden hat. Denn das Interessante ist: Jeder kann dessen Lüge mühelos durchschauen. Selbst die Leute, die ihm applaudieren, wissen im Zweifelsfalle, dass das gerade eine Lüge
30 war. Aber es ist ihnen gleichgültig.

Die Frage, ob etwas den Fakten entspricht, verliert offenbar an Relevanz. Das ist es, was die amerikanischen Republikaner, und nicht nur sie allein, begriffen haben, und das ist es, was ich mir immer wieder ansehen muss, wie einen
35 schwarzen Zauber, den ich nicht verstehen kann.

Was ich begreife: Es geht hier um Gefühl. Giuliani weiß: Für die Leute vor ihm im Publikum ist es gefühlt wahr, dass seit Obama alles schlimmer geworden ist, auch der Terror. Seine Lüge nimmt dieses Gefühl auf, seine Lüge bestätigt es.
40 Im Englischen kursiert seit einer Weile der Ausdruck post-truth politics. Er steht für das Phänomen, dass die Wahrheit

einer Aussage für ihren Wert in der politischen Arena nicht mehr so wichtig ist.

Sagen Sie jetzt nicht: Na ja. Ist halt in Amerika so. [...] Aber mit uns hat das doch nichts zu tun. Das hat es sehr wohl. In 45 England zum Beispiel wurde von den Brexit-Befürwortern vor dem Referendum ebenfalls täglich widerlegbarer Quatsch verzapft: etwa dass es bei einem EU-Austritt sofort jede Woche 350 Millionen Pfund mehr für die staatliche Gesundheitskasse geben würde. War gelogen. Gewonnen 50 haben die Leave-Advokaten trotzdem. Oder vielleicht gerade deswegen. [...]

In einer Welt umfassenden Misstrauens geht es nicht mehr um Faktizität, sondern um Sympathie. Es geht nicht mehr darum, ob eine Partei glaubwürdig ist, es geht darum, ob 55 sie dem Wähler nahe ist, und zwar in dem Sinne, dass sie über die Welt so redet, wie der sie selbst erlebt oder gern sehen will, unabhängig von gegebenen Realitäten. Die post-truth-Politik hat das begriffen, allen voran die AfD, unter deren Anhängern das Misstrauen gegenüber dem Es- 60 tablishment – „Wir sind das Volk", „Pinocchio-Presse" – am stärksten ausgeprägt ist. Damit aber wird die Debattenkultur den Gesetzen von Like und Dislike unterworfen. Der Wert einer politischen Aussage bemisst sich dann nicht an ihrer Stichhaltigkeit oder ihren Konsequenzen, sondern al- 65 lein an ihrem Zustimmungspotenzial. [...].

Eine demokratische Debatte lebt von belegbaren Fakten, über die Einigkeit herrscht. Die Auseinandersetzung entzündet sich dann an der Frage, was aus diesen Fakten eigentlich folgt. [...] Was aber passiert, wenn das Faktische 70 selbst in Abrede gestellt wird, indem systematisch gelogen, abgelenkt, verwässert wird? Wenn beispielsweise einfach behauptet wird, dass es keine russischen Truppen in der Ukraine gebe, obwohl das nicht mehr zu leugnen scheint? Wo es keine gemeinsame Faktenlage gibt, wird nur noch 75 über Wirklichkeitsbilder gestritten, nicht mehr über Handlungsoptionen. Ein Streit darüber, was in der Welt der Fall sei, ist aber keine genuin politische Debatte mehr. Auch das ist ein Merkmal von post-truth politics: Die Lüge lähmt den politischen Betrieb. [...] Die aufgeklärte Position ist jene, 80 die beide Tatsachen erträgt und sich fragt, was daraus folgt. Der Unterschied zwischen aufgeklärter Politik und post-truth-Politik liegt hierin: In der aufgeklärten Politik dient die Ideologie zur Interpretation der Fakten. In der post-truth-Politik dient die Ideologie zu deren Auswahl. 85

Aus: DIE ZEIT Nr. 36/2016 vom 25. August 2016

Herausforderungen im 21. Jahrhundert – Haltungen und Perspektiven

M 8   **Die Zukunft des Westens**

Der frühere amerikanische Diplomat John Kornblum stellt Thesen zur Zukunft Europas und der USA auf (2016):

I. Die Geschichte ist nie zu Ende

Die Stunde Null von 1945 ist jetzt die Stunde Null Komma Fünf. Man muss stetig versuchen, sich geschichtlich zu orten. Befinden wir uns wieder in einer neuen Epoche oder
5 leben wir immer noch in der Welt von 1990? Wir dürfen nicht vergessen – seit 1990 sind 26 Jahre vergangen. Mehr als genug, um in eine neue Zeitrechnung einzutreten. [...]

II. Wir erleben eine totale Umstrukturierung von Wirtschaft und Gesellschaft

10 So genannte Hochgeschwindigkeitsnetze ermöglichen neue Verbindungen ohne Grenzen und ohne Mitte. In der Vergangenheit war die Produktion stets nah bei den Rohstoffvorkommen und Absatzmärkten angesiedelt, um Produkte schnell auf den Markt bringen zu können. Seit dem
15 19. Jahrhundert orientiert sich unsere Gesellschaftsordnung an diesen Gegebenheiten.

In einer Welt global integrierter Produktion verlieren aber die Faktoren „Zeit" und „Standort" an Bedeutung. Alte Industrielandschaften werden verschwinden. Die Energie-
20 wirtschaft wird besonders dramatisch getroffen. Zunehmend sind Energiequellen nicht mehr strategisch, sondern Commodities, die überall zu kaufen sind.

Leider hat der Mauerfall Europa auf dem falschen Fuß erwischt. Die Existenz dieser globalen Faktoren war uns da-
25 mals noch nicht so klar wie heute. Es schien den Europäern logisch zu sein, sich hauptsächlich mit der Einigung Europas zu beschäftigen.

Der Fokus auf der Integration hat aber fast zwangsläufig zu einer defensiven Haltung gegenüber Wandel geführt, das
30 Beharren auf Vereinheitlichung als Grundpfeiler der Integration hat die wunderbare Vielfältigkeit Europas unterdrückt. Das Ergebnis: Eine defensive Haltung gegen alles was „Europa", wie es von Brüssel definiert wird, in Frage stellt. Ein europäisches Facebook oder Google könnte es
35 unter diesen Umständen nicht geben. Wie die Entwicklungen in Mitteleuropa uns zeigen, wurde eine Auseinandersetzung mit der neuen Lage durch feste Regelungen ersetzt. Die EU ist dadurch nicht mehr beweglich genug, um Veränderungen positiv anzugehen. [...]
40 ■ Die Konsenspolitik der Nachkriegsära erzielt nicht mehr die gewünschten Ergebnisse und Fortschritte. Es fehlt an Dynamik und Innovation. Stichwort: Technologie

■ Der Fokus auf Gleichheit und „Europabauen" führt zu einem Mangel an Verantwortungsbewusstsein. Stichwort: Flüchtlingspolitik.
45
■ Sich als „Friedensmacht" zu definieren führt zu einem gefährlichen Mangel an strategischen Denken. Nicht jedes Problem kann durch Dialog behandelt werden. Stichwort: Terrorismus, Russland.

Die Schlüssel zur Zukunft gehören nicht denen, die beste-
50 hende Strukturen vertiefen, sondern denen, die wissen, wie man Kapital und Talent für eine neuartige, vernetzte Zivilgesellschaft am besten einsetzt.

III. Der Westen in seiner alten Form existiert nicht mehr. Deshalb wird er immer wichtiger
55
Allmählich werden beide Seiten des Atlantik verstehen, dass sie eine neue Art von Zusammenarbeit brauchen – einen globalen Atlantik.

Innovation funktioniert nun mal am besten in offenen Gesellschaften, die zu Dialog und Risiko ermuntern. Wenn die
60 erneuerte atlantische Gemeinschaft eine pragmatische Vision von Offenheit und Transparenz verfolgt, kann sie gemeinsam mit den Schwellenländern die neue wirtschaftliche Geografie meistern und Gerechtigkeit, Wohlstand und Frieden erhalten. Um das alles zu sichern, sollten die neuen
65 Netzwerke auf der Basis von westlichen Prinzipien aufgebaut werden. Warum? Weil nur die Offenheit und die Objektivität der westlichen Werte die notwendige Effizienz, verbunden mit persönlicher Freiheit, liefern kann. Das aber verlangt eine neue Art atlantischer Zusammenarbeit.
70
Amerika hat immense Ressourcen und eine besondere Gabe, seinen Einfluss innovativ anzuwenden. Aber es fehlt den Amerikaner die Geduld angesichts der veränderten internationalen Kräftegleichgewichte. Sie brauchen dringend selbstbewusste europäische Partner, die eine länger-
75 fristige Sicht beitragen können. Die Stärken beider Seiten des Atlantiks könnten eine solide, nachhaltige Entwicklung ermöglichen.

Wir scheinen aber nur langsam zu verstehen, dass unsere Gesellschaften nicht blühen können, wenn wir unsere ge-
80 meinsame Zukunft nicht im globalen Maßstab definieren.

IV. Deutschland wird sich zum Impulsgeber für Europa und Eurasien entwickeln

Aber nicht zur führenden Macht Europas. Kürzlich war ich

dabei, als Finanzminister Wolfgang Schäuble in London eine Rede zur Zukunft Europas gehalten hat. Er bediente sich nicht der üblichen Durchhalteparolen, sondern betonte ohne Zurückhaltung, dass Deutschland zunehmend eine „Managing Role" im Westen übernehmen würde. [...] Aber Deutschland fühlt sich in seiner zentralen Rolle noch immer nicht sicher. Es gibt zu viele Traumata aus der Vergangenheit. [...] Nach so vielen Jahren Suche nach der eigenen „Normalität" scheint es für Deutsche schwierig zu sein, die Normalität der westlichen Gemeinschaft zu vertreten und zu verinnerlichen.

V. Eine enge Bindung zwischen Europa und den USA bleibt unerlässlicher Bestandteil des gemeinsamen Erfolgs

Im Klartext: Die atlantische Bindung bietet gerade für Handelsmächte von Weltrang wie Europa und die USA eine extrem leistungsfähige und kostengünstige Plattform, die man nirgendwo sonst finden könnte. Nur durch eine globale transatlantische Gemeinschaft kann ein noch zerstrittenes Europa die Konkurrenz der neuen Industriemächte und die Gefahren der regionalen Konflikte meistern. Und nur durch Solidarität mit Europa können die Vereinigten Staaten ihre globale Rolle erfolgreich durchsetzen.

Im Jahr 2003 schrieb der bedeutende, inzwischen verstorbene deutsche Soziologe Ulrich Beck: „Die Geburt des unkriegerischen Europas nach dem Zweiten Weltkrieg wurde durch die Organisationskraft und die Präsenz Amerikas auf dem Kontinent ermöglicht. [...] In welchem Ausmaß ein rein europäisches Europa [...] möglich ist, ist höchst fraglich."

Aber aufgrund ihrer einzigartigen Dynamik sind die Vereinigten Staaten für Nichtamerikaner immer undurchsichtig gewesen. Und in Krisenzeiten werden herkömmliche Vorstellungen und Ansichten der amerikanischen politischen Kultur zunehmend ungenauer.

Das Ergebnis? Europa – vor allem Deutschland – scheint zunehmend an dieser Bindung nach Amerika zu zweifeln. Der Wunsch nach dem Schutz „Europäischer Werte" ist eigentlich eine Abwehrreaktion auf die disruptive Kraft der amerikanischen Gesellschaft, die immer stärker wird. Aber gerade die Abschottung Europas von Amerika stellt die größte Gefahr dar.

Wie stellt sich eine Nation wie Deutschland, die emotional noch erstaunliche eng an die Vereinigten Staaten gebunden ist, einem dramatisch anmutenden Vertrauensverlust mit seinem Verbündeten in Washington, ohne seine Position als globale Wirtschaftsmacht zu verlieren? Wie ich schon angedeutet habe: Einen Mittelweg gibt es nicht.

Der berühmte amerikanische Kommentator Walter Lippmann schrieb schon 1943: „Der Atlantische Ozean bildet nicht eine Grenze zwischen Europa und Amerika. Er ist vielmehr der Binnensee für eine Gemeinschaft der Völker, die durch Geografie, Geschichte und dringende Notwendigkeit miteinander alliiert sind. (...) Niemand kann aus dieser großartigen Gemeinschaft ausgeschlossen sein. Aber Austreten ist auch nicht möglich. Die geographische Mitte dieser Gemeinschaft bildet das atlantische Becken."

Zit. nach: www.tagesspiegel.de/politik/die-usa-und-europa-fuenf-thesen-zur-zukunft-des-westens/13366474.htm vom 25.03.2016.

Aufgaben

1. **Herausforderungen im 21. Jahrhundert – Haltungen und Perspektiven**

   a) Skizzieren Sie die Herausforderungen des 21. Jahrhunderts, zum Beispiel in einer Mind-Map. Aktualisieren und ergänzen Sie gegebenenfalls Ihre Ergebnisse.

   b) Arbeiten Sie die zentralen Aussagen von Alard von Kittlitz über den Stellenwert und die Verwendung von Lügen in politischen Debatten heraus. Beschreiben Sie dazu den Umgang einiger Politiker mit historischen Fakten. Erklären Sie anschliessend den Unterschied zwischen aufgeklärter Politik und post-truth-Politik und erläutern Sie die Aufgabe eines Historikers bei der Analyse aktueller Politik.

   c) Diskutieren Sie die Probleme und Schwierigkeiten, die sich ergeben, wenn man eine Geschichte des 21. Jahrhunderts verfassen will und begründen Sie, warum man trotzdem die Geschichte der Gegenwart festhalten sollte.

   d) Fassen Sie die fünf Thesen John Kornblums zur Zukunft Europas und der USA zusammen und erörtern Sie die Thesen.

   ⤻ Text, M7, M8

M 1 Mao Zedong
(1893 – 1976)
Foto, undatiert.

China: Macht der Zukunft?

Von Mao Zedong zu Deng Xiaoping: Der wirtschaftliche Aufschwung Chinas

China ist seit 1949 ein sozialistisches Land. Die offizielle Staatsbezeichnung lautet Volksrepublik China, doch geht die staatliche Macht nicht vom Volke aus: Das Land wird durch die kommunistische Partei Chinas (KPCh) regiert, China ist also ein Einparteienstaat.

Mit der Proklamation der Volksrepublik am 1. Oktober 1949 endete eine lange Zeit politischer Wirren, die bereits im frühen 19. Jahrhundert begonnen und das Land tief erschüttert hatten: Der Zerfall der letzten Kaiserdynastie dauerte über ein Jahrhundert (bis 1911), wobei zeitgleich die imperialistischen Mächte Grossbritannien, Deutschland, Frankreich, Japan und Russland grosse Teile des Landes unter ihren Einfluss brachten. Zahlreiche Bürgerkriege und Kriege zerrissen das Land und führten zu Millionen von Toten – allein der Taiping-Aufstand von 1851 bis 1864 forderte über 30 Millionen Opfer. Von 1911 bis 1949 war China eine Republik, doch gelang es in dieser Zeit nicht, das Land zu stabilisieren. Im Gegenteil: Im Ersten und Zweiten Weltkrieg wurden chinesische Gebiete von Japan besetzt, während im Inneren ein erbitterter Machtkampf zwischen den Nationalisten um Sun Yat-sen und Chiang Kai-shek und den Kommunisten unter Mao Zedong tobte. Als die Kommunisten die Herrschaft in China übernahmen, war das Land politisch zerrüttet, wirtschaftlich zerstört, rückständig und ohne funktionierende Verwaltungsstrukturen. 85 Prozent der Bevölkerung lebten auf dem Land in zum Teil unvorstellbarer Armut, die durchschnittliche Lebenserwartung lag bei gerade einmal 40 Jahren.

China unter Mao Zedong

Von 1949 bis 1976 war Mao Zedong der entscheidende Mann Chinas. Bis heute wird er von vielen Chinesen verehrt. Das liegt vor allem daran, dass es Mao gelang, China wieder zu vereinen und zu dekolonialisieren, also selbstständig und unabhängig von fremden Mächten zu machen. Damit wurde eine ca. 150 Jahre währende Phase der chinesischen Geschichte überwunden, die die Chinesen als tiefe Demütigung empfanden und die bis heute wie ein Trauma wirkt.

Die KPCh herrschte unter Mao äusserst diktatorisch und unterdrückte jegliche Form der Opposition. Millionen Menschen fielen politischen „Säuberungen", Terror und Repressionsmassnahmen zum Opfer. Zunächst scheiterten mehrere Versuche der Kommunisten, China wirtschaftlich zu stärken: In den 1950er-Jahren setzte die KPCh eine Agrarrevolution durch, bei der landschaftliches Privateigentum kollektiviert wurde. Dies führte jedoch nicht zu einer Steigerung der Produktion und zu einer Verbesserung der Versorgungslage. Auch im industriellen Bereich setzte die chinesische Regierung auf die Abschaffung des Privateigentums an Produktionsmitteln. Ende der 1950er-Jahre befanden sich 99 Prozent der chinesischen Industrie in staatlicher Hand, gleichwohl kam die Industrialisierung nur schleppend voran. Der Versuch, mittels eines „Grossen Sprungs nach vorne" die Entwicklung schlagartig zu beschleunigen, scheiterte fatal und endete in einer grossen Hungersnot, die etwa 30 Millionen Menschen das Leben kostete.

M 2 Einfache Schmelzöfen in der Provinz Henan

Alles Metall sollte eingeschmolzen werden, um einen „grossen Sprung" der Schwerindustrie zu ermöglichen. Das Metall war minderwertig und es fehlte in der Landwirtschaft; denn auch landwirtschaftliches Gerät wurde eingeschmolzen. Foto, um 1959.

Die Reformen unter Deng Xiaoping

Nach Maos Tod 1976 leitete die Partei unter Deng Xiaoping eine Reihe von Reformen ein, die dazu führten, dass China innerhalb von 20 Jahren einen enormen wirtschaftlichen Aufschwung erlebte.

Im Kern handelte es sich bei den Reformen um grössere Freiheiten für die landwirtschaftlichen Produzenten und die Zulassung freier Märkte, wobei das Machtmonopol aber weiterhin bei der KPCh verblieb und nicht infrage gestellt werden durfte. Infolge der Reformen kam es zu einer explosionsartigen Zunahme der landwirtschaftlichen Produktion, die auch Privatisierungen im Handwerk, in der Industrie und im Dienstleistungssektor nach sich zog. Immer mehr Menschen zogen vom Land in die Metropolen, die Industrieproduktion wuchs ab 1978 jährlich um über zehn Prozent. Der Anteil des Staates an der Produktion nahm kontinuierlich ab; zudem öffnete China seine Märkte für internationale Investoren, sodass auch der internationale Handel enorm zulegte.

Der rasante Wirtschaftsaufschwung brachte viele Gewinner, aber auch etliche Verlierer hervor. Junge Unternehmer, aber auch viele Angestellte von privaten Firmen profitierten; staatliche Angestellte gehörten hingegen zu den Verlierern, da ihre Gehälter mit der durch den Boom ausgelösten Inflation nicht mithalten konnten. Auch unter den Arbeitern gab es viele Verlierer, denn die turbulente Wirtschaftsentwicklung führte auch immer wieder zu Fehlinvestitionen und Pleiten. Wer davon betroffen war, wurde arbeitslos und musste umziehen, um neue Arbeit zu finden. Zu den Verlierern gehörten weiterhin grosse Teile der Landbevölkerung, da die Einkommen hier deutlich langsamer stiegen als in den Städten. Bis heute ist im ländlichen China bisweilen noch bittere Armut anzutreffen, während es in den Städten eine wachsende Zahl von Menschen gibt, die in grossem Luxus leben.

Dengs Reformen standen unter dem Motto „Ein armer Sozialismus kann auf Dauer nicht überleben", doch sie führten dazu, dass aus einer weitgehend egalitären (gleichen) Gesellschaft ein Land mit immensen sozialen Unterschieden und daraus erwachsenden Problemen wurde.

M 3   Tiananmen-Platz 1989

Eine Szene, aufgenommen während der Demonstrationen der Demokratie-Bewegung auf dem „Platz des Himmlischen Friedens" in Peking, Juni 1989.

Das „Massaker vom Tiananmen-Platz" 1989

Die Ereignisse auf dem Tiananmen-Platz sind eng verknüpft mit den Folgen der Politik Deng Xiaopings. Ende 1986 bis Anfang 1987 hatte es erstmals Studentenproteste gegeben, in deren Zentrum Forderungen nach einer Demokratisierung des Landes standen. Die Bewegung erfasste mehr als einhundert Hochschulen, in vielen Grossstädten fanden Demonstrationen statt. Erst als die Proteste verboten wurden, endete die Bewegung wieder.

1989 protestierten die Studenten erneut. Es ging ihnen zum einen um ihre materielle Situation, die sich stetig verschlechtert hatte. Zum anderen forderten sie Freiheit der Forschung und Lehre sowie freie und unabhängige Medien. Schliesslich protestierten sie auch gegen die wachsende Korruption im Staat.

Diese Anliegen waren für grosse Teile der chinesischen Gesellschaft prinzipiell anschlussfähig: Vor allem ländliche Regionen und Wanderarbeiter litten unter der wachsenden sozialen Ungleichheit, während die aufstrebenden Schichten erwarteten, dass mit der wirtschaftlichen Öffnung des Landes zugleich auch eine politische Öffnung einhergehen sollte. Hier wuchs der Wunsch nach einer Demokratisierung von Gesellschaft und Politik und einer neuen, an westlichen Standards orientierten Verfassung mit Menschen- und Bürgerrechten.

Um ihrem Protest Nachdruck zu verleihen, besetzten die Studenten ab Mitte April 1989 den Tiananmen-Platz („Platz des himmlischen Friedens") in Beijing (Peking). Sie blockierten den Eingang zum Nationalen Volkskongress, dem chinesischen Parlament, und setzten die Regierung mit provokanten Aktionen und Hungerstreiks unter Druck. Unterstützung fanden die Demonstranten zunächst bei Intellektuellen, später aber auch zunehmend bei der Bevölkerung Beijings.

Selbst Teile der Parteiführung wie der Ministerpräsident Zhao Ziyang sympathisierten eine Zeit lang mit den Studenten. Letztlich aber setzten sich diejenigen Politiker durch, die um den Verlust des Machtmonopols der KPCh fürchteten. Sie beobachteten mit Sorge, wie in der Sowjetunion durch die Reformen von Gorbatschow der Einfluss der Partei immer mehr schwand, und befürchteten für China eine ähnliche Entwicklung. Zudem bewerteten sie das Aufbegehren als Verstoss gegen die Lehren des Konfuzius. Diese waren zwar offiziell durch die Ideologie des Kommunismus ausser Kraft gesetzt, prägen aber – nach über zwei Jahrtausenden der Gültigkeit – noch immer die Kultur und das Denken der meisten Chinesen.

Am 2. Juni waren Hunderttausende auf dem Tiananmen versammelt. Da die Studenten den Platz nicht verlassen wollten, beschloss die Parteiführung nach langem Zögern, den Ausnahmezustand zu verhängen und die Proteste gewaltsam aufzulösen.

In der Nacht zum 4. Juni setzte die Regierung zur Beendigung des „konterrevolutionären Aufstands" Militär ein. Allein in Beijing starben mehrere Hundert Menschen, Tausende wurden verletzt. Nach der gewaltsamen Niederschlagung wurden zahlreiche studentische Anführer verhaftet und zu langen Gefängnisstrafen verurteilt. Künstler wurden in ihrem Schaffen beschränkt und die staatlichen Massenmedien entfachten eine regelrechte Propagandawelle für die Politik der KPCh.

Auch wenn diese Ereignisse als „Massaker vom Tiananmen-Platz" in die Geschichte eingegangen sind, ist diese Bezeichnung irreführend: Die Räumung des Platzes erfolgte zwar gegen den Willen und unter Protest der Demonstranten, jedoch fand sie in Absprache mit Studentenvertretern statt. Auf dem Platz selbst gab es keine Todesopfer, sondern in den Strassen ringsum. Dass sich die Bezeichnung „Massaker" dennoch bis heute gehalten hat, liegt vor allem daran, dass westliche Politiker aus Europa und den USA in den Protesten der Studenten auf dem Tiananmen-Platz die Chance für eine demokratische Entwicklung Chinas sahen. So wurde der Name des Platzes zur Chiffre für die verpasste Chance und für die autoritäre und gewaltsame Reaktion des chinesischen Staates.

M 4 Tote am Rande des Tiananmen-Platzes
Foto, 4. Juni 1989

China heute: Auf dem Weg zur Weltmacht?

Chinas innere Entwicklung

Das Jahr 1989 steht für das Ende der bipolaren Weltordnung, in der sich die beiden Blöcke um die UdSSR und die USA jahrzehntelang gegenüberstanden. China hatte in dieser Zeit, obwohl zur sozialistischen Staatenwelt zählend, immer eine relativ eigenständige Rolle eingenommen.

Heute ist China einer der bedeutendsten Akteure der Weltpolitik, das einwohnerreichste Land der Erde und eine gewaltige Wirtschaftsmacht. Die Ereignisse vom Tiananmen-Platz vom Juni 1989 erinnern jedoch bis in die Gegenwart daran, dass dieser Aufstieg mit der Unterdrückung der eigenen Bevölkerung verbunden ist. Der innenpolitische Preis für die rasante Entwicklung ist bis heute enorm hoch: Die Kommunistische Partei lässt nach wie vor keinerlei Opposition zu und schränkt die Presse- und Meinungsfreiheit massiv ein. Immer wieder werden oppositionelle Intellektuelle, Künstler und Regimekritiker inhaftiert oder müssen das Land verlassen. Selbst das Internet unterliegt in China einer strengen Zensur. Hinzu kommen soziale Verwerfungen: Die sozialen Unterschiede zwischen den zumeist auf dem Land lebenden Armen, einer kleinen, wohlhabenden Mittelschicht und den Superreichen sind nach wie vor gross.

Darüber hinaus gibt es zahlreiche ethnische Konflikte. Offiziell sind 90 Prozent der chinesischen Bevölkerung Han-Chinesen, daneben gibt es aber auch insgesamt 55 ethnische Minderheiten in China. Die bekanntesten Minderheiten sind die Tibetaner und die Uiguren, welche beide nach politischer Unabhängigkeit streben. Viele buddhistische Tibeter sehen den Dalai-Lama, das als kontinuierliche Reinkarnation (Wiedergeburt) verstandene religiöse Oberhaupt Tibets, auch als politisches Staatsoberhaupt an. Die tibetische Exilregierung wird international jedoch von keinem Staat der Welt anerkannt. Die rund sieben Millionen muslimischen Uiguren besitzen zwar eine weitgehende Autonomie innerhalb Chinas, jedoch kommt es immer wieder zu Unruhen, die Beijing als Separatismus und Terrorismus wertet.

Ein weiteres Problem der chinesischen Entwicklung sind die zunehmenden Umweltbelastungen, die der ungebremste wirtschaftliche Aufbau mit sich bringt. Die Bilder vom Smog in Shanghai oder Beijing, verursacht durch den rasant wachsenden Verkehr und steigenden Energieverbrauch, sind weltbekannt. Hinzu kommen wachsende Probleme mit der Müllentsorgung, die Verschmutzung der Flüsse und des chinesischen Meeres sowie die Verseuchung der Böden durch Überdüngung und Rohstoffabbau. Die Gesamtbelastung der Umwelt ist in China inzwischen so gravierend, dass sie Auswirkungen auf die Gesundheit der Bevölkerung, aber auch auf das Weltklima hat. Gleichwohl zeigt ein Blick auf die Pro-Kopf-Emissionen, dass ein US-Bürger immer noch mehr als doppelt so viele Emissionen verursacht wie ein Bürger Chinas.

Chinas Aussenpolitik

Obwohl sich China selbst heute noch als „Entwicklungsland" versteht, ist das Land nicht nur wirtschaftlich, sondern auch aussenpolitisch längst eine globale Macht geworden: War China lange Jahre als Exporteur die „Werkbank der Welt", so ist es heute mit seinen 1,3 Milliarden Konsumenten zugleich auch einer der bedeutendsten Absatzmärkte weltweit. Wenn westliche Politiker China besuchen, so reisen sie zumeist mit einer umfangreichen Wirtschaftsdelegation an, um milliardenschwere Handelsabkommen zu vereinbaren. Weltweit hängen inzwischen unzählige Arbeitsplätzen davon ab, dass Firmen ihre Produkte in China verkaufen. Auf der anderen Seite hat die chinesischen Regierung riesige Summen in westliche Firmen investiert, wodurch sie hier zu einem Miteigentümer geworden ist.

Chinas Militärausgaben sind 2015 auf 215 Mrd. Dollar gestiegen. Die Atommacht China ist mit deutlichem Vorsprung das militärisch mächtigste Land im asiatischen Raum. Weltweit steht China an zweiter Stelle, nach den USA, deren Militärbudget von 596 Mrd. Dollar so gross ist wie die Ausgaben der nächstplatzierten acht Staaten China, Saudi-Arabien, Russland, Grossbritannien, Indien, Frankreich, Japan und Deutschland zusammengenommen (SIPRI, 2015).

Strategisch baut China seit der Jahrtausendwende seinen Einfluss im südpazifischen Raum aus. Einerseits schliesst das Land dazu Verträge mit pazifischen Inselstaaten, andererseits besetzt es im südchinesischen Meer unbewohnte Inseln und baut diese zu militärischen Stützpunkten aus. Beides geschieht mit Blick auf Japan und Taiwan, zu denen China historisch bedingt ein gespanntes Verhältnis hat: Das China vorgelagerte Taiwan wird von Beijing als abtrünnige Provinz betrachtet, weil es sich 1949 bei der Gründung der Volksrepublik von China losgelöst hat. Die Differenzen mit Japan gehen vor allem auf die Besetzungen Chinas durch die Japaner im Ersten und Zweiten Weltkrieg zurück, die von Massakern und schweren Kriegsverbrechen durch die Japaner gekennzeichnet waren. Die Spannungen zwischen China auf der einen und Japan und Taiwan auf der anderen Seite sind so gross, dass man bisweilen sogar von einen „Pazifischen Kalten Krieg" spricht.

M 5 **China heute**
Einkaufsstrasse in Shanghai, 2016

Dennoch ist die chinesische Aussenpolitik in den letzten Jahrzehnten zunehmend pragmatischer geworden und vornehmlich an den folgenden Punkten ausgerichtet:

- Schutz der Souveränität und territorialen Integrität des Landes;
- nationale Einheit (darunter auch: Wiedervereinigung mit Taiwan);
- Sicherung eines stabilen Umfeldes für die innere Wirtschaftsentwicklung, wozu friedliche Konfliktlösungen bevorzugt werden;
- Förderung des internationalen Ansehens Chinas;
- Förderung einer multipolaren Weltordnung;
- Sicherung der Energie- und Rohstoffversorgung.

China und Afrika

Ganz offensichtlich ist es Chinas primäres Ziel, sich in einer multipolaren Weltordnung als Grossmacht zu etablieren. In Afrika zeigen sich die Ergebnisse der pragmatischen Aussenpolitik Chinas inzwischen am deutlichsten: Bedingt durch den Prozess der Dekolonisation ist hier der Einfluss der europäischen Staaten seit 1960 und noch einmal verstärkt seit 1989 rückläufig. Beijing nutzt das damit entstandene strategische Vakuum, indem es in die Infrastruktur afrikanischer Staaten investiert. Über Entwicklungshilfe und medizinische Unterstützung öffnet sich China die afrikanischen Märkte für chinesische Produkte und sichert sich zugleich den Zugang zu Rohstoffen. Als Handelspartner hat China in Afrika mittlerweile alle Staaten ausser den USA überholt. Kritiker dieser Politik sprechen bereits von einem neuen Kolonialismus Chinas, das noch im 19. Jahrhundert selbst Objekt und Opfer der westlichen Kolonialstaaten gewesen ist.

M 6 **„Weltrohstoffmarkt"**
Karikatur von Gerhard Mester, 2009

Reformen in China

M 7　Die Ausgangslage 1979

Die Historiker Thomas Heberer und Claudia Derichs beschreiben die Ausgangslage Chinas (1979):

Wie lassen sich die drei Jahrzehnte der Volksrepublik vor Beginn der Reformen bewerten? Zweifellos waren die politischen, ökonomischen, sozialen und ökologischen Kosten der Mao-Ära gewaltig. Maos politisches Konzept (Revoluti-
5　on statt Produktion; politisches Bewusstsein vor Verbesserung der materiellen Lebensbedingungen) führte zu gewaltigen menschlichen und intellektuellen Opfern und Kosten. Allein der „Große Sprung nach vorn" 1958–60, der zur schlimmsten Hungerkatastrophe in der Geschichte der
10　Menschheit führte, kostete ca. 30 Mio. Menschen das Leben. Politisch gesehen hatte China sich zu einem totalitären Staat entwickelt, in dem das Monopol einer Partei, einer Ideologie und die Geheimpolizei das Leben bestimmten. Raum für Privatheit gab es kaum, ein Klima der Angst
15　herrschte vor. Die Menschen, vor allem auch die Intellektuellen, waren angepasst und eingeschüchtert, Eigeninitiative und Kreativität gelähmt worden. Ökonomisch gesehen, war der Privatsektor weitgehend beseitigt, Landwirtschaft und Konsumgüterindustrie waren vernachlässigt worden.
20　Die Lebensbedingungen der bäuerlichen Bevölkerung hatten sich nur geringfügig verbessert. […] Auch in den Städten hatten die Einkommen stagniert. Selbst nach offiziellen chinesischen Angaben lebten Ende der 70er-Jahre weit über 150 Mio. Menschen unterhalb des Existenzminimums.
25　Es mangelte an allem, die wichtigsten Güter des täglichen Bedarfs waren rationiert. Bildung und Ausbildung waren rein politischen Zwecken unterworfen worden, so dass dringend benötigte Fachkräfte fehlten. Die Abkopplung vom Weltmarkt („Vertrauen auf die eigene Kraft") hatte die
30　Isolation des Systems und die Perpetuierung von Armut noch verstärkt.

Thomas Heberer/Claudia Derichs (Hrsg.), Einführung in die politischen Systeme Ostasiens, VR China, Hongkong, Japan, Nordkorea, Südkorea, Taiwan, 3., akt. Aufl., Wiesbaden 2008, S. 27f. © Springer Fachmedien Wiesbaden 2013

M 8　Reformen

Das Zentralkomitee der KPCh beschliesst im Oktober 1984 grundlegende Reformen:

Die tief greifenden Veränderungen in den 35 Jahren seit Gründung der Volksrepublik haben die Überlegenheit des sozialistischen Systems ansatzweise demonstriert. Aber es muss darauf hingewiesen werden, dass diese Überlegenheit noch nicht gebührend zur Geltung gebracht ist […].
5　Daher müssen die Betriebe unter der Voraussetzung der Unterwerfung unter die staatliche Planung und Verwaltung das Recht haben, flexible Bewirtschaftungsformen auszuwählen, ihre Produktion, Versorgung und den Absatz selbst zu arrangieren und über die ihnen zustehenden Fonds zu
10　verfügen. Sie haben das Recht, nach den Bestimmungen ihre Mitarbeiter selbst zu ernennen, abzusetzen, anzustellen und auszuwählen, über die Anstellung und den Einsatz von Arbeitskräften, die Formen des Lohns und der Belohnung zu entscheiden, im Rahmen der staatlichen Vor-
15　schriften die Preise für ihre Produkte festzustellen. […] Die Betriebe sollen wirklich zu relativ unabhängigen Wirtschaftseinheiten, zu sozialistischen Warenproduzenten werden, die selbstständig wirtschaften und für ihren Gewinn und Verlust verantwortlich sind. […]
20　Nur durch die volle Entwicklung der Warenwirtschaft wird die Wirtschaft wirklich belebt, werden die verschiedenen Betriebe veranlasst, ihre Effizienz zu erhöhen, flexibel zu wirtschaften und sich geschickt dem komplizierten und wechselhaften Bedarf der Gesellschaft anzupassen, was
25　allein durch administrative Mittel oder Direktivpläne nicht zu erreichen ist. […] Der Preis ist das wirksamste Regulativ. Vernünftige Preise sind eine wichtige Bedingung für eine belebte, doch geordnete Volkswirtschaft, und der Ausgang der Reform des ganzen Wirtschaftssystems hängt von der
30　Reform des Preissystems ab. […]

Zit. nach: China aktuell, Oktober 1984, S. 586f.

Aufgaben

1. **Reformen in China**
    a) Stellen Sie die Situation dar, in der sich China befand, als das Wirtschaftssystem reformiert wurde.
    b) Erläutern Sie die Reformen und die Wirkung.
    c) Diskutieren Sie, warum China das politische System nicht reformiert hat. Informieren Sie sich dazu auch im Internet.
    ⌢ Text, M7, M8

Das „Massaker vom Tiananmen-Platz" 1989

M 9 **Massen-proteste auf dem Tiananmen-Platz**
Demonstrierende Studenten der Universität Peking auf dem Tiananmen-Platz. Foto, Mai 1989

M 10   Eine Deutung

Der Sinologe Oskar Weggel beleuchtet die kulturellen Hintergründe für die Eigenheiten asiatischer Demokratie- und Menschenrechtsvorstellungen (1999):

Da in den meisten asiatischen Kulturen nicht das Subjekt, sondern das Inter-Subjektive Vorrang hat, dient Demokratie keineswegs vorrangig dem Schutz des Individuums, sondern gerade umgekehrt dem Schutz des Ganzen
5 vor allzu unverblümten Individual- und Partikularinteressen.

Diese überindividuelle Ausrichtung von Demokratievorstellungen hat zur Folge, dass zwischen Individuum und Gesamtheit sowie zwischen Gesellschaft und Staat kein
10 Dualismus anerkannt wird und daher für typisch westliche Einrichtungen wie Gewaltenteilung oder die Einklagbarkeit subjektiver Rechte gegenüber dem Staat entweder überhaupt kein Verständnis besteht oder dass solche westlichen Fremdkörper zwar gesetzestechnisch rezipiert, im
15 Alltag aber nur widerwillig akzeptiert werden.

Die Vorstellung von der Existenz eines autonomen Individuums ist sämtlichen asiatischen Überlieferungen gleichermaßen fremd. [...]

An keiner anderen Stelle unterscheidet sich „Asien" stärker von der europäischen Tradition als bei dieser ich-vernei- 20 nenden Tradition des Menschenbilds. Kein Wunder, dass Ost und West gerade in der „Menschenrechts-Frage" oft aneinander vorbei reden.

Nicht das Recht des Einzelnen gegen den Staat findet in Asien Anerkennung; was vielmehr zählt, ist gerade umge- 25 kehrt das Recht des Ganzen gegenüber Einzelpersonen oder Gruppierungen, die auf Extravaganzen zu verzichten und sich statt dessen an die Gemeinsamkeiten zu halten haben. Zu diesen besonders geschützten Gemeinschaftswerten – oder „Sozialrechten" – gehört an allererster Stelle 30 das Recht auf „Ordnung und Harmonie", ferner das „Recht auf Leben", aber auch das „Recht auf Frieden und Entwicklung" sowie auf eine heile Umwelt.

Gemeinschaftswerte dieses Kalibers haben Vorrang vor Individualansprüchen, die ja allemal mit Chaos und Konflikt 35 assoziiert werden. Nicht die Einzelgerechtigkeit, sondern die „Gesamtgerechtigkeit" im Sinne sozialer Symmetrie, gesellschaftlicher „Harmonie" und wechselseitigen Friedens steht also im Vordergrund!

Oskar Weggel, Wie mächtig wird Asien? Der Weg ins 21. Jahrhundert, München 1999, S. 100ff.

Das „Massaker vom Tiananmen-Platz" 1989

M 11 Die Reaktion der chinesischen Führung

Interne Äusserungen aus dem „Ältestenrat" der KP Chinas (KPCh) vom 2. Juni 1989. Der Ältestenrat beriet, wie auf die Proteste der Studenten zu reagieren sei. Einen Auszug aus den geheimen Protokollen der Beratungen veröffentlichte der „SPIEGEL" 2001. Der Ältestenrat der KPCh bestand aus 8 Männern. Wang Zhen war Vizepräsident der Volksrepublik (bis 1993), Deng Xiaoping war nach dem Tod Maos (1976) der wichtigste Mann Chinas, seit 1982 war er Vorsitzender der Zentralen Militärkommission, Li Xiannian von 1983 bis 1988 Staatspräsident:

WANG ZHEN: Diese verdammten Hunde! Was bilden sie sich eigentlich ein, dass sie schon lange auf heiligem Boden wie dem Tiananmen-Platz herumtrampeln?! Jeder, der die Kommunistische Partei zu stürzen versucht, verdient den
5 Tod und kein Begräbnis!
DENG: Wenn der Westen Aufruhr in anderen Ländern schürt, dann ist das Machtpolitik – hegemoniales Streben –, er versucht diese anderen Länder zu kontrollieren, sucht Länder in seine Machtsphäre zu ziehen, die zuvor seiner Kont-

rolle entzogen waren. Schaut euch an, von wie vielen Chi- 10
nesen sie die Menschenrechte verletzt haben, seit sie während des Opiumkrieges in China eingefallen waren! In einem Bürgerkrieg würde die Produktion stillstehen, und Flüchtlingsströme würden sich aus China nicht in einer Stärke von Millionen und zig Millionen ergießen, sondern 15
hunderten von Millionen. Das wäre eine Katastrophe globalen Ausmaßes. Daher darf China sich selbst nicht ins Chaos stürzen – das bedeutet, dass wir nicht nur für uns verantwortlich sind, sondern auch an die ganze Welt und die gesamte Menschheit denken. Die Mehrheit des Volkes 20
wird wieder nüchtern werden.
LI XIANNIAN: Wir müssen die Wurzel der Krankheit sofort ausreißen. Fangen wir damit noch heute Nacht an.
DENG: Ohne Reform und Öffnung bleibt unsere Entwicklung stehen, und mit unserer Wirtschaft geht es bergab. Der 25
Lebensstandard sinkt, wenn wir umkehren. Ich schlage vor, dass die Notstandstruppen heute Nacht damit beginnen, den Räumungsplan durchzuführen und innerhalb von zwei Tagen abzuschließen.

Zit. nach: Der Spiegel, Hamburg, 22. Januar 2001, S. 157f. Perry Link, Andrew J. Nathan (Hrsg.); Orville Schell (Nachwort): Die Tiananmen-Akte (aus dem Amerikanischen von Ulrike Bischoff, Anton Manzella und Michael Schmidt), Propyläen, München, 2001. Originaltitel: The Tiananmen Papers

M 12 „Forget? Forgive? No way!"

Demonstration am 30. Mai 1999 in Hongkong, 10 Jahre nach der Niederschlagung der Proteste auf dem Tiananmen-Platz in China. Ein Teilnehmer zeigt ein Plakat mit der bekannt gewordenen Aufnahme, auf der ein Passant am 5. Juni 1989 Panzer der chinesischen Volksarmee beim Tiananmen-Platz aufhält (vergleiche auch die Abbildung auf Seite 444 im Schulbuch).

Aufgaben

1. Das „Massaker vom Tiananmen-Platz" 1989
   a) Erläutern Sie, warum es in China ab 1986 zu studentischen Protesten kam und fassen Sie die zentralen Forderungen der Studenten zusammen.
   b) Urteilen Sie, welcher Erklärungsansatz für die Reaktion der chinesischen Regierung ihrer Meinung nach der plausibelste ist. Begründen Sie ihr Urteil. Stellen Sie dazu zuerst die unterschiedlichen Erklärungsansätze einander gegenüber:

   1. die der westlichen Regierungen und Medien (Schulbuchtext, Internet),
   2. die Deutung des Sinologen Oskar Weggel (M10),
   3. die Eigendarstellung (M11)
   c) Recherchieren Sie, wie die chinesische Staatsführung offiziell mit der Erinnerung an das „Massaker" umgeht und welche unabhängigen Formen des Gedenkens sich seit 1989 entwickelt haben.

   ⤳ Text, M9 – M12, Internet

Chinas Engagement in Afrika: ein neuer Kolonialismus?

M 13 Zwei Urteile

a) Der belgische Journalist Thomas Scheen (von der Frankfurter Allgemeinen Zeitung) urteilt (2007):

Von afrikanischer Seite sind die Geschäfte mit China hochwillkommen. Die Herren aus Peking koppeln ihre Milliarden-Kredite nämlich nicht an politische Bedingungen. Korruptionsbekämpfung, gute Regierungsführung und de-
5 mokratische Legitimation afrikanischer Regierungen interessieren Peking schlichtweg nicht. Es geht nur ums Geschäft. Lediglich in Südafrika regt sich ein wenig Widerstand gegen die chinesische Welle, die über den Kontinent schwappt. Die Kritik kommt von Präsident Thabo Mbeki, der
10 seit geraumer Zeit vor einem „neuen Kolonialismus" durch die roten Mandarine warnt. Tatsächlich erinnert das chinesische Vorgehen an die alten Europäer: Afrika wird als Rohstofflieferant benutzt, wobei die Veredelung der Rohstoffe nicht in Afrika stattfindet, sondern in China. Im Gegenzug
15 werden korrupte Eliten mit Geld ruhiggestellt.

Thomas Scheen, China geht es in Afrika um die Sicherung von Rohstoffen? In: Frankfurter Allgemeine Zeitung, 01.02.2007. © Alle Rechte vorbehalten. Frankfurter Allgemeine Zeitung GmbH, Frankfurt. Zur Verfügung gestellt vom Frankfurter Allgemeine Archiv

b) Der senegalesische Journalist Adama Gaye schreibt über den chinesischen Einfluss in Afrika (2006):

Zum Teil betrachte ich den Einfluss Chinas [in Afrika] als eine Art von Re-Kolonisierung. Afrika ist dabei, seine erst mühsam errungene Souveränität zu verlieren. Gleichzeitig schwindet der positive Einfluss des Westens auf dem Kon-
5 tinent wie demokratische Prinzipien und Erhalt oder Etablierung von grundlegenden Menschenrechten. Diktatorische Regime werden gestützt und künstlich am Leben erhalten. Kurzfristig profitieren viele Afrikaner von dem

chinesischen Engagement, z. B. durch die Entsendung von medizinischem Pflegepersonal. Ich befürchte allerdings, 10 dass viele Afrikaner dem chinesischen Einfluss mit großer Naivität begegnen und eine weitere historische Enttäuschung erleben werden. Letztendlich ist diese Entwicklung auch auf das Versagen des Westens – seine Scheinheiligkeit und Ignoranz gegenüber Afrika – zurückzuführen. Es ist ein- 15 fach nicht glaubwürdig, weltweit Globalisierung zu propagieren und gleichzeitig afrikanische Produkte von westlichen Märkten fernzuhalten. Von den historischen Schattenseiten des europäischen Einflusses in Afrika ganz zu schweigen. 20

Das Parlament, Bundeszentrale für politische Bildung, Bonn (Hrsg.), 13.11.2006

M 14 China und Afrika
Karikatur von Orlando Eisenmann, 2010

1. **Chinas Engagement in Afrika: ein neuer Kolonialismus?**
   a) Vielfach wird die Entwicklung Chinas als ambivalent bezeichnet. Erörtern Sie diese Bezeichnung und diskutieren Sie sie.

   b) Beziehen Sie Stellung zur Frage, ob man Chinas Engagement in Afrika als einen neuen Kolonialismus bezeichnen kann.
   ↶ Text, M13, M14

M 1 Die Kaaba in Mekka
Zentrum der islamischen Welt, aktuelle Fotografie

Der Islam: Religion und Geschichte

Ursprünge des Islam

Der Islam betrat als dritte der grossen monotheistischen Religionen im 7. Jahrhundert die Weltbühne. Den Anfang der islamischen Geschichte bilden Leben und Wirken des Propheten Mohammed (ca. 570–632). Nachdem der Religionsstifter seine Offenbarung erhalten hatte, ging er daran, eine sich auf die Religion gründende Gemeindeordnung durchzusetzen. Dies gelang ihm nach dem Auszug aus Mekka (622) in der benachbarten Stadt Medina. Mit dieser Hidschra („Auswanderung") beginnt die islamische Zeitrechnung. Mohammed war also Prophet, Staatsmann und militärischer Führer zugleich. Der Islam beinhaltete von Beginn an eine politische Ordnung und eine Lebensform. Der Alltag wurde durch das religiöse Gesetz (Scharia) geregelt. Dessen Normen beziehungsweise Vorschriften basieren auf dem geoffenbarten Koran und der Sunna („Tradition"), womit Lebensweise, Handlungen und Sprüche des Propheten gemeint sind. Vom Begriff „Sunna" leitet sich auch die Bezeichnung für die Sunniten ab, der grossen Mehrheitsströmung innerhalb des Islam.

Glaubenskern

Die Offenbarung durch Mohammed brachte also nicht nur ein neues Glaubenssystem hervor, sondern sie bildet auch den Kern einer Zivilisation, die in der Gegenwart von Westafrika bis Indonesien reicht. Innerhalb dieser Zivilisation von 1,3 Milliarden Menschen existiert eine Vielzahl von Traditionen und Kulturen. Deshalb gelten allgemeine Aussagen über den Islam als schwierig. Gleichwohl lassen sich die einheitsstiftenden Grundüberzeugungen fixieren: Dazu zählen der Glaube an einen allmächtigen Gott, an den Koran als Gottes unmittelbares Wort und die Anerkennung Mohammeds als letzten und „Siegel" der Propheten, der den Menschen die göttliche Offenbarung in endgültiger Form vermittelte. Ergänzt wird dieser Glaubenskern durch die religiösen Pflichten („Fünf Säulen"): Diese bestehen aus dem Glaubensbekenntnis mit der Betonung des strengen Monotheismus, den fünf täglichen Gebeten, dem Fastenmonat Ramadan, der Almosensteuer (Zakat) und der Pilgerfahrt nach Mekka (Haddsch).

Islam als Gesellschaftsordnung

Das Besondere im Rahmen der islamischen Zivilisation ist die enge Verzahnung von Religion und Gesellschaft. Dies hängt mit der Entstehungsgeschichte des Islam zusammen. Grosse Teile des Korans widmen sich der Gestaltung des alltäglichen Zusammenlebens. Zum Beispiel werden Aussagen über Ehe und Familie, das Verhältnis der Geschlechter, Erb- und Strafrecht, Krieg und Frieden gemacht.

Der Islam als Gesellschaftsordnung geht von der Existenz eines unabänderlichen göttlichen Regelwerkes aus. Folglich kennt die Geschichte des islamischen Kulturraums keine prinzipielle Trennung von religiösen und weltlichen Angelegenheiten. Es gibt folglich auch keine Trennung der Institutionen „Kirche" und „Staat", wie sie für die europäische Entwicklung der Neuzeit bestimmend ist. Diese Trennung war das Ergebnis der Aufklärung, die es in dieser Form im islamischen Kulturraum nicht gegeben hat. Generell ist der Grad der Säkularisierung (Verweltlichung) sowie der Einfluss von Naturwissenschaft und Technik geringer als in westlichen Gesellschaften.

M 2 Freitagsgebet in einer Moschee in Winterthur
Foto, 30. Oktober 2009

Ausbreitung des Islam

Nach der Durchsetzung des Islam im Westen der arabischen Halbinsel konnte sich dieser mit ungewöhnlicher Schnelligkeit ausbreiten. Der Siegeszug arabisch-islamischer Heere im 7. und 8. Jahrhundert veränderte die politische Landkarte in – historisch gesehen – kürzester Zeit. Bereits um 750 erreichte das neu entstandene Reich eine maximale Ausdehnung, vor allem auf Kosten der damaligen Grossmächte Byzanz und Persien und reichte vom Atlantik bis weit nach Zentralasien.

Die Expansion war in erster Linie das Ergebnis kriegerischer Überlegenheit. Diese resultierte aus einer flexiblen Kriegsstrategie, aber auch aus dem soldatischen Kampfeswillen, der dem Sendungsbewusstsein entsprang. Auch die moderate Herrschaftsausübung der Sieger spielte eine Rolle. So wurde von den Unterworfenen zumeist kein Übertritt zum neuen Glauben verlangt. Im Unterschied zu den verfolgten Heiden (Polytheisten) konnten Christen und Juden als „Schutzbefohlene" (Dhimmi) ihre Religion weiterhin praktizieren. Allerdings besassen sie trotz Toleranz keineswegs den Status von Gleichberechtigten. Sie wurden einer Sondersteuer für Nichtmuslime unterworfen. Ferner gab es Beschränkungen vor Gericht, bei der Kleidung und bei der Wahl des Ehepartners.

Im Bewusstsein der siegreichen Krieger spielte der „Dschihad" (wörtlich: „die Anstrengung auf dem Weg zu Gott") eine herausragende Rolle. Diese „Anstrengung" konnte spiritueller Natur sein, wurde aber zumeist militärisch gedeutet. Der bewaffnete Kampf mit dem Ziel der Missionierung ist ein entscheidendes Charakteristikum der islamischen Frühgeschichte. Der Krieg gegen die Ungläubigen wurde als besonders verdienstvoll, als „Gottesdienst mit Waffen" verstanden. Das dieser Haltung zugrunde liegende Weltbild geht von einer Zweiteilung aus: dem „Haus des Friedens", wo der Islam herrscht, und dem „Haus des Kriegs", wo Ungläubige die Macht besitzen.

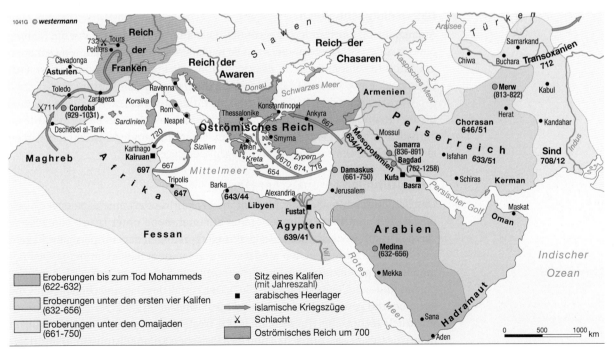

M 3 Die Ausbreitung des Islam von 622 bis 750

Abspaltung der Schiiten

Da der Prophet Mohammed selbst keine Söhne hatte, kam es schon bald nach seinem Tod (632) zu kriegerischen Konflikten um die Nachfolge. Nach der Ermordung des Schwiegersohnes Ali (661) zerfiel die islamische Einheit. Die Schiiten spalteten sich ab und bilden in der Gegenwart mit etwa zehn Prozent der Gläubigen eine Minderheit. Die Mehrheit (Sunniten) sah im Kalifen („Nachfolger" bzw. „Stellvertreter") das legitime Oberhaupt. Der Kalif – obgleich kein Prophet – regierte also mit theokratischem Anspruch. Er galt als politisches und religiöses Oberhaupt der „Umma", der islamischen Gemeinde.

Der Islam und der Westen

Über mehrere Jahrhunderte entsponnen sich wechselvolle Kampfhandlungen zwischen dem Islam und dem christlichen Abendland. Die Rivalität dieser beiden Zivilisationen wurde auch dadurch gefördert, dass sowohl der Islam als auch das Christentum einen universellen Geltungsanspruch erhoben. Nachdem deren Grenze ungefähr 300 Jahre stabil geblieben war, begann die so genannte Reconquista.

Reconquista

Im 11. Jahrhundert begann die Reconquista, die Rückeroberung Spaniens und Portugals durch christliche Könige. Sie endete 1492 mit der Vertreibung der Muslime von der iberischen Halbinsel. Damit waren über 700 Jahre islamischer Herrschaft zu Ende gegangen. Der Kriegsaufruf Papst Urbans II. zum Kampf gegen die Ungläubigen (1095) bildete den Ausgangspunkt für die Kreuzzüge nach Jerusalem und in den Nahen Osten. Den Kreuzrittern gelang aber keine dauerhafte Befestigung ihrer Staaten. Diese existierten nur bis zum Ende des 13. Jahrhunderts.

Das Osmanische Reich

Anfang des 14. Jahrhunderts begründete Osman I. eine Dynastie, der die Bildung eines stabilen Grossreiches gelang. Die nach dem Gründer benannten Osmanen entstammten einem Turkvolk, das, aus Mittelasien kommend, immer weiter nach Westen vorstiess. Im Jahre 1453 eroberten die Osmanen Konstantinopel.

Die Kriege auf dem Balkan führten die türkisch-osmanischen Heere zweimal bis vor die Tore Wiens (1529 und 1683). Das Vordringen der Türken verursachte im christlichen Europa eine Panikstimmung. Über Jahrhunderte galten die Türken als „Geissel der Christenheit" und Inbegriff des Bösen.

Das Vordringen europäischer Mächte

Das Osmanische Reich blieb bis weit ins 17. Jahrhundert eine expansive Grossmacht. Seit dem 18. Jahrhundert geriet es zunehmend unter Druck von aussen. Das politische, wirtschaftliche und kulturelle Vorstossen der europäischen Staaten machte sich im südöstlichen Mittelmeer und auf dem Balkan immer stärker bemerkbar. Es gipfelte zunächst in der kurzzeitigen Besetzung Ägyptens durch Napoleon und seine Truppen (1798–1801). Der Zerfall des Osmanischen Reiches zog sich über das gesamte 19. Jahrhundert hin. Gleichzeitig steigerte sich die wissenschaftlich-technische Überlegenheit des Westens. Das europäische Vordringen nahm die Gestalt des britischen und französischen Kolonialismus an. 1830 erfolgte die Einnahme Algeriens durch Frankreich, 1882 die britische Besetzung Ägyp-

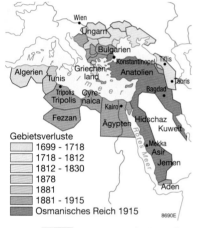

Gebietsverluste
- 1699 – 1718
- 1718 – 1812
- 1812 – 1830
- 1878
- 1881
- 1881 – 1915
- Osmanisches Reich 1915

M 4 **Das Osmanische Reich (1699 – 1915)**

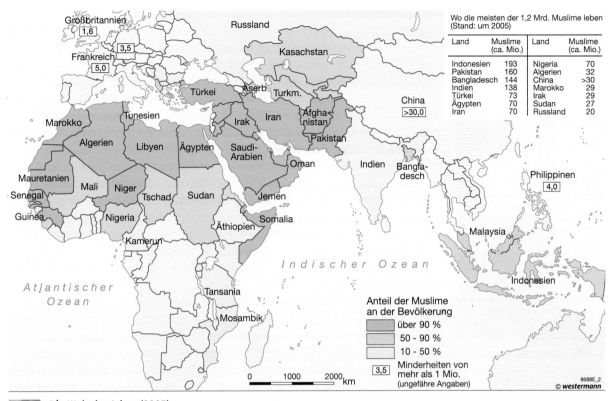

Wo die meisten der 1,2 Mrd. Muslime leben
(Stand: um 2005)

Land	Muslime (ca. Mio.)	Land	Muslime (ca. Mio.)
Indonesien	193	Nigeria	70
Pakistan	160	Algerien	32
Bangladesch	144	China	>30
Indien	138	Marokko	29
Türkei	73	Irak	29
Ägypten	70	Sudan	27
Iran	70	Russland	20

Anteil der Muslime
an der Bevölkerung

über 90 %

50 - 90 %

10 - 50 %

3,5 Minderheiten von
mehr als 1 Mio.
(ungefähre Angaben)

M 5 Die Welt des Islam (2005)

tens. Den bewaffneten Einfall des modernen Westens empfand die islamische Welt als Demütigung, die ihrem hohen Anspruch zuwiderlief.

Parallel zur kolonialen Durchdringung erfolgte die Verdrängung der Türken vom Balkan. Das Osmanische Reich galt seit Mitte des 19. Jahrhunderts einem geflügelten Wort zufolge als der „kranke Mann am Bosporus". Nachdem es an der Seite der Mittelmächte in den Ersten Weltkrieg eingetreten war, zerbrach 1918 das Osmanische Reich als Folge der Niederlage. Aus der „Konkursmasse" ging zum einen der türkische Nationalstaat hervor, zum anderen Kolonien beziehungsweise Protektorate mit halbkolonialem Status. 1920 gab es nur vier islamische Länder, die sich einer nicht-islamischen Herrschaft entziehen konnten: Saudi-Arabien, Iran, Afghanistan und die Türkei.

Im Verlauf des 20. Jahrhunderts errangen im Zuge der Entkolonialisierung, beschleunigt nach dem Zweiten Weltkrieg, alle islamischen Staaten ihre Unabhängigkeit.

Revolution im Iran 1979

Das Jahr 1979 bedeutete einen Einschnitt für den gesamten islamischen Kulturbereich sowie für die Weltpolitik. Aus der Revolution gegen den Schah Reza Pahlevi von Persien ging die „Islamische Republik Iran" hervor. Dieses Staatsmodell stellt eine absolute Neuerung dar: eine politisch-religiöse Konstruktion des „Gottesstaates", die es in dieser Form zuvor noch nie gegeben hat. Sie war das Werk des Ajatollah Chomeini (1902–1989). Der Titel „Ajatollah" ist eine Ehrenbezeichnung

M 6   Revolution im Iran
Der iranische Revolutionsführer Chamenei (rechts) mit Ajatollah Chomeini auf einem Wahlplakat in Teheran, 2001.

für besonders hochrangige schiitische Geistliche. Der Kern der neuen Staatslehre besteht darin, dass sich der gesamte Regierungsapparat sowie die Rechtsprechung in Hand von Religionsgelehrten befinden. Im „Gottesstaat" fallen also die religiöse und die politische Autorität tendenziell zusammen. In der Einheit von schiitischer Religionsauffassung und dem staatlichen Machtmonopol blieb jegliche Toleranz auf der Strecke. Es entstand ein (halb-)totalitäres Regime, dessen Opfer nicht gezählt werden können. Die Scharia, das islamische Religionsgesetz, stellt die Grundlage der Rechtsprechung dar. So sind zum Beispiel zahlreiche Steinigungen wegen Ehebruchs dokumentiert.

Die religiöse Klasse hat sich nach 1979 des Staates bemächtigt und hat – trotz der Ablehnung durch grosse Teile der Bevölkerung – ihren Herrschaftsanspruch gefestigt. Offener Widerstand hat keine Chance, wie die Niederschlagung der millionenhaften Rebellion 2009 gezeigt hat. Mit der Errichtung der „Islamischen Republik Iran" sind überall im islamisch-arabischen Kulturbereich die Kräfte, die für einen politischen Islam eintreten, gestärkt worden.

Herausforderung Islamismus

Es ist erkennbar, dass im Umfeld eines radikalen Islamverständnisses eine erhebliche Bereitschaft zur Gewaltanwendung vorhanden ist. Die politisch motivierte Militanz hat sich in der jüngeren Vergangenheit auf vielfache Weise dokumentiert. Sie zeigte sich zum Beispiel bei der Ermordung des ägyptischen Präsidenten Anwar el Sadat (1981), im extrem brutalen bewaffneten Vorgehen der algerischen Fundamentalisten seit 1992, im Terrorregime der Taliban-„Gotteskrieger" in Afghanistan (1996 – 2001) und nicht zuletzt im Terroranschlag der islamistischen Organisation „al-Qaida" auf das World Trade Center in New York am 11. September 2001. Im Mudschahidin („Religionskrieger") verkörpert sich der enge Zusammenhang eines verabsolutierten Glaubens mit Fanatismus und Gewaltbereitschaft.

Mentalitätsgeschichtlich kann der Fundamentalismus als Versuch verstanden werden, in einer immer komplexeren Welt durch Rückkehr zu den religiösen Wurzeln die eigene Identität zu festigen. Angesichts vieler sozialer Nöte geht von der islamistischen Parole „Der Islam ist die Lösung!" eine suggestive Kraft aus.

Die erste fundamentalistische Organisation war die Muslimbruderschaft, die 1928 in Ägypten von Hassan al Banna (1906 – 1949) gegründet wurde. Insbesondere seit dem Sechstage-Krieg von 1967, den die arabischen Ländern gegen Israel verloren haben, ist der Fundamentalismus auf dem Vormarsch. Wichtige geistige Wegbereiter dieser religiös-politischen Ideologie sind der Indo-Pakistaner Abu al-Maududi (1903 – 1979) sowie der Ägypter Sayyid Qutb (1906 – 1966). Die Schriften von Qutb werden in der gesamten islamischen Welt millionenfach verbreitet. Von ihm stammt auch die Idee einer „islamischen Weltrevolution".

Der grosse Einfluss fundamentalistischer Ideen auf die kollektive Mentalität im islamischen Kulturbereich zeigt sich auch in den Rechtsordnungen der Staaten. In den meisten Ländern haben sich Rechtssysteme gefestigt, die eine Mischform der Scharia mit staatlich-weltlichem Recht darstellen. Dies gilt u. a. für Ägypten, Kuwait, Syrien und den Jemen. In anderen Ländern, wie z. B. Saudi-Arabien, Sudan, Pakistan, Afghanistan und neuerdings im Norden Nigerias, bildet das islamische Sakralrecht die Grundlage der Rechtsordnung.

Die Fundamentalisten vertreten ein streng dichotomisches (zweigeteiltes) Weltbild:

M 7 Das politische Konzept des islamischen Fundamentalismus

Gläubige	Ungläubige
Lebensraum: Haus des Islam ("Dar al Islam")	Lebensraum: Haus des Krieges ("Dar al Harb")
Gottesherrschaft ("Hakimiyyat Allah")	Volkssouveränität
Demokratie ist Unglaube	Demokratie
Religiöses Recht ("Scharia")	Weltliches Recht; Individuelle Menschenrechte; Pluralismus
Einheit von Staat und Religion	Trennung von Kirche und Staat

8691E

Bei der aktuellen Beschäftigung mit dem Islam stösst man unfreiwillig auf eine Vielzahl von Begriffen, die leicht zur Verwirrung führen können. Islamismus, islamischer Fundamentalismus, politischer Islam oder auch Integrismus (im Französischen); dazu kommen noch Salafismus (abgeleitet von arabisch Salaf: Folger des Propheten) und Dschihadismus. Lediglich der Dschihadismus trägt das Element der Gewaltsamkeit bereits in der Benennung, nämlich den Gotteskrieg. Im Wesentlichen eint die unterschiedlichen Strömungen des politischen Islam mehr, als sie trennt. Es geht ihnen gleichermassen um die Verabsolutierung islamischer Werte (und um die Errichtung einer „glaubensreinen" Gesellschaft). Die folgende Islamismus-Definition des Islamwissenschaftlers Tilman Seidensticker berücksichtigt, dass es auch im Islamismus keine einheitliche Tradition gibt:

„Beim Islamismus handelt es sich um Bestrebungen zur Umgestaltung von Gesellschaft, Kultur, Staat oder Politik anhand von Werten und Normen, die als islamisch angesehen werden. Der Begriff ‚Bestrebungen' wurde gewählt, weil unter ihn verschiedene Aktivitäten gefasst werden können, angefangen bei missionarischer oder erzieherischer Tätigkeit über Engagement in politischen Parteien bis hin zu revolutionären Plänen."

Islamischer Fundamentalismus

Überall, wo islamische Fundamentalisten an der Macht sind, sorgen die ersten Erlasse für die Einführung des Sakralrechts, das heisst der Scharia. Nach Überzeugung der Islamisten ist es dem Menschen verboten, an diesem Gesetz irgendeine Änderung vorzunehmen. Die Einführung der Scharia bedeutet in der Praxis:

- die Anwendung neuer Strafmethoden, zum Beispiel Auspeitschung, Steinigung, Amputation von Gliedmassen,
- die Einführung neuer Straftatbestände, zum Beispiel die Abkehr vom rechten Glauben, Alkoholkonsum,
- die radikale Trennung der Geschlechter und bestimmte Massnahmen, die die rechtliche Stellung der Frau betreffen, wie zum Beispiel die Zulassung von

Polygamie, der Verschleierungszwang oder die Einschränkung politischer Rechte.

Ergänzt werden diese Rechtsvorschriften regelmässig durch Aufrufe zum „Dschihad" gegen Ungläubige, insbesondere zur Vernichtung des Staates Israel, dem man das Existenzrecht abspricht.

Neuartiger Terrorismus

Mit al-Qaida war ein neuartiger Terrorismus entstanden, transnational ausgerichtet, strukturiert in Zellen und Netzwerken statt in klassisch hierarchischer Organisation, mit zweigeteilter Weltsicht (gläubig – ungläubig), den Märtyrerkult pflegend und zudem die neuesten Medien nutzend. Keine leicht zu lösende Aufgabe für die Sicherheitsbehörden.

Aus westlicher Sicht war schwerlich nachvollziehbar, dass Osama bin Laden zur Kultfigur von Millionen avancierte – gewissermassen die arabischer Version von Che Guevara.

Aktuell sind in jedem Fall die Gewalttaten islamistischer Terroristen, die seit vielen Jahren die Weltöffentlichkeit immer wieder in Atem halten. Aus europäischer Sicht denken wir dabei an New York, Madrid, London und seit Januar 2015 auch an Paris. Nur wenigen ist bewusst, dass zum Zeitpunkt der Morde an „Charlie Hebdo"-Mitarbeitern mindestens einige Hundert Menschen durch die islamistische Terrororganisation Boko Haram im Norden Nigerias niedergemetzelt wurden. Unsere Wahrnehmung ist selektiv. Nur wenn besonders viele Opfer zu beklagen sind, findet das weit entfernte Geschehen Eingang in unsere Massenmedien. Unterschlagen wird dabei oft die Tatsache, dass die meisten Opfer des islamistischen Terrors selbst Muslime sind.

M 8   Flucht vor Boko Haram
Die 15-jährige Fatima Abdulhamid (l.) sitzt in Baga Sola (Tschad) im Flüchtlingscamp in einem Zelt. Sie ist zusammen mit ihrem Vater und zwei kleineren Geschwistern vor der Terrormiliz Boko Haram über den Tschadsee geflohen, Foto, 04.03.2015.

Herausforderung Islamismus

M 9 Weltrevolution

Sayyid Qutb (1906–1966) war der wirkungsvollste Vordenker eines radikal politischen Islam. Seine Schriften sind in Millionenauflagen in der gesamten arabisch-islamischen Welt verbreitet. Im Folgenden ein Auszug aus seinem wichtigsten Buch „Wegzeichen":

Die Menschheit steht in unseren Tagen am Rande des Abgrunds, [...] und zwar nicht wegen der drohenden Zerstörung, die über ihr schwebt [...], sondern wegen ihres Versagens im Bereich der „Werte" [...]. Dies wird deutlich in der
5 westlichen Welt, die keine menschlichen Werte besitzt, mit denen sie ihr eigenes Gewissen von ihrer Existenzberechtigung überzeugen könnte. [...]
Die Menschheit braucht unbedingt eine neue Führung! [...] Am Ende sind individuelle [westliche] wie kollektivistische
10 [sozialistische] Ideologien fehlgeschlagen. Jetzt ist es am Islam, an der Umma [Gemeinschaft der Muslime] ihre Rolle in der kritischsten aller Zeiten, voller Unruhe und Verwirrung, zu übernehmen. Die Zeit des Islam ist gekommen, er, der die materiellen Errungenschaften in dieser Welt nicht
15 verwirft, da er sie zu den vorrangigen Aufgaben des Menschen zählt, nachdem Gott ihm seine Stellvertretung auf Erden übertragen hat. [...]
Heutzutage lebt die ganze Menschheit, hinsichtlich der Quelle, aus der sie ihre Werte und Regeln schöpft, im Zu-
20 stand der Jahiliyya[1]. Dieser Zustand der Jahiliyya wird auch nicht durch noch so große materielle Erleichterungen und Errungenschaften gemindert! Die Grundlage, auf der die Jahiliyya beruht, ist die Verletzung der Autorität Gottes auf Erden, nämlich seiner Herrschaftsgewalt. Denn sie über-
25 trägt die Herrschaftsgewalt auf die Menschen und macht aus bestimmten Menschen Götter für die anderen Menschen. [...]
Wie schon gesagt, muss dieses Neue in einer konkreten Form verkörpert werden, die im Leben der Umma zum Aus-
30 druck kommt [...], und das erfordert die Wiedererweckung der islamischen Länder. Dieser Wiedererweckung wird früher oder später die Übernahme der Führung der Menschheit folgen.
Wie wird diese islamische Wiedererweckung beginnen?
35 Eine Avantgarde [Gruppe von Vorkämpfern] muss dies in Angriff nehmen und sich auf den Weg machen, um die Jahiliyya, die überall auf der Welt ihre tiefen Wurzeln geschlagen hat, von innen her zu zerstören. [...]

Für diese langersehnte Avantgarde habe ich Wegzeichen geschrieben. 40
1 Jahiliyya: Der koranische Begriff bezeichnet eine Zeit der Unwissenheit, des Heidentums oder eine Abweichung vom Islam

Gilles Kepel, Der Prophet und der Pharao, München 1995, S. 43 ff.

M 10 Zielsetzung der Muslimbruderschaft

Hassan al Banna (1906–1949) war ebenfalls ein einflussreicher Vordenker des politischen Islams. Er gründete 1928 die ägyptische Muslimbruderschaft:

[Es gelte] das islamische Heimatland von jeglicher ausländischer Macht zu befreien [...] und einen islamischen Staat innerhalb dieses Heimatlands zu errichten, der gemäß den Vorgaben des Islams handelt, seine sozialen Regeln umsetzt, seine Prinzipien vertritt, sowie seine Mission der ganzen Menschheit verkündet. 5
Aber wenn eine Nation (Umma) in ihrem Gottesdienst den Islam annimmt, in ihren übrigen Angelegenheiten jedoch die Nichtmuslime imitiert, so ist ihr Islam schwach [...]. Wir glauben fest daran, dass die Vorschriften des Islams 10 umfassend sind und die Angelegenheiten der Menschen im Diesseits und im Jenseits regeln. Des Weiteren glauben wir, dass diejenigen sich irren, die annehmen, diese Lehren behandelten lediglich die Aspekte des Glaubens und der Spiritualität. Denn der Islam ist Gottesdienst und Glau- 15 bensgrundsatz, Heimatland und Staatsangehörigkeit, Religion und Staat, Idee und Werk sowie Koran und Schwert.

Zit. nach: Imad Mustafa, Der politische Islam: zwischen Muslimbrüdern, Hamas und Hizbollah, Wien 2013, S. 34 f.

M 11 Die Ungläubigen

Der Ajatollah Chomeini (1902–1989), Begründer der „Islamischen Republik Iran", äusserte sich über das Leben von sogenannten Ungläubigen:

Wenn man es zulässt, dass die Ungläubigen damit fortfahren, ihre verderbliche Rolle auf Erden zu spielen, so wird ihre Strafe umso schlimmer sein. Wenn wir also die Ungläubigen töten, um ihrem verwerflichen Handeln ein Ende zu bereiten, dann haben wir ihnen im Grunde einen Gefallen 5 getan. Denn ihre Strafe wird dereinst geringer sein. Den Ungläubigen das Leben zu lassen bedeutet Nachsicht gegenüber ihrem verderblichen Tun. Sie zu töten ist wie das Herausschneiden eines Geschwürs, wie es Allah der Allmächtige befiehlt. Jene, die dem Koran folgen, wissen, dass 10

Herausforderung Islamismus

wir die Quissas [Strafgesetze] anwenden und töten müssen. Krieg ist ein Segen für die Welt und jede Nation. Die Kriege, die unser Prophet, Friede seiner Seele, gegen die Ungläubigen führte, waren ein Geschenk Gottes an die Menschheit. Wir müssen auf der ganzen Welt Krieg führen, bis alle Verderbnis, aller Ungehorsam gegenüber dem islamischen Gesetzt aufhören. Eine Religion ohne Krieg ist eine verkrüppelte Religion. Es ist der Krieg, der die Erde läutert [reinigt].

Zit. nach: B. Schirra, Iran: Sprengstoff für Europa, Berlin 2007, S. 158 f.

M 12   Staatsversagen und Religionskrieg

Der Islamwissenschaftler Rainer Hermann beschreibt die Umwälzungen in der arabischen Welt (2015):

Die arabische Welt erlebt nicht eine Jahreszeit, sondern epochale Umwälzungen, und die stehen erst am Anfang. Sie holt Prozesse nach, die Europa längst hinter sich hat, und sie korrigiert dabei eigene Fehlentwicklungen aus dem 20. Jahrhundert. Neue Akteure drängen nach vorne, Staaten zerfallen, alte Eliten stemmen sich gegen jede Art von Wandel.

Das ist kein Frühling, sondern ein Bruch, es wird zerstört, um Neues zu schaffen. Der Wunsch nach Freiheit und Gerechtigkeit wird begleitet von Gewalt und Terror. Syrien und der Irak sind das große Schlachtfeld und der Spiegel der großen Herausforderungen, denen die arabischen Gesellschaften gegenüberstehen: eine Konfessionalisierung, bei der Religion und Politik tief ineinandergreifen; eine Politik, die viele von der Teilhabe ausschließt und so den Boden für Abspaltungen bereitet; der Missbrauch von Macht und das Entstehen neuer, nichtstattlicher Gruppierungen, die sich als gefährliche Akteure erweisen.

Der wichtigste dieser neuen Akteure ist der IS, der sich in dem Vakuum ausbreitet, das die gescheiterten Staaten Syrien und Irak hinterlassen. Er ist auch das Ergebnis der amerikanischen Invasion im Irak im Jahr 2003 und des Sturzes von Saddam Hussein. Die Amerikaner hatten übersehen, dass die Beseitigung des Regimes von Saddam Hussein massiv die regionale Balance zugunsten Irans und des schiitischen Islams verschieben würde. Die irakischen Sunniten gingen in den Untergrund und paktierten mit al-Qaida. Die zweite Fehlkalkulation war, dass Saddams Sturz nahtlos in eine funktionierende, wohlhabende Demokratie überleiten würde und die Amerikaner den Irak rasch verlassen könnten. Stattdessen fiel das Land in einen Bürgerkrieg; die amerikanischen Truppen verließen das Land zu früh, und es gab keine Armee mehr, die sich dem IS hätte entgegenstellen können. Gescheitert ist der Krieg gegen den Terror. Nach den Terroranschlägen des 11. September 2001 war die Zahl der weltweiten Dschihadisten auf weniger als tausend geschätzt worden; heute liegt sie bei mehr als 50 000. Die meisten gehören in Syrien und im Irak dem IS an. [...]

Vom Sonderfall Tunesien abgesehen, gibt es nirgends Demokratie, und in den anderen Ländern eine bestenfalls scheinbare Stabilität. Die Alternative heißt heute Anarchie oder Diktatur. Viele Staaten, die nicht zerfallen, sind wirtschaftlich nicht überlebensfähig. Denn in wenigen Regionen der Welt wächst die Bevölkerung so schnell wie in Arabien; bereits für ihre Bevölkerung heute können sie nicht ausreichend Arbeit schaffen. Es ist eine Frage der Zeit, bis diese Länder implodieren. Dann werden weitere Flüchtlingswellen die Küsten Europas erreichen, noch sehr viel mehr Flüchtlinge werden verzweifelt nach einem rettenden Ufer greifen, werden ihre Traumata [seelische Wunden] und Konflikte mitbringen.

R. Hermann, Endstation Islamischer Staat?, München 2015, S. 8 f.

M 13   Ist der Islam integrierbar?

Der Islamwissenschaftler Navid Kermani schreibt (2010):

Auf die Frage etwa, ob der Islam mit der Moderne kompatibel sei, will mir keine bündige Antwort einfallen. Welche Moderne?, ist zunächst einmal zu fragen. Versteht man den Begriff normativ als einen Kanon von Ideen wie Aufklärung, Rationalismus, Toleranz, Menschenrechte und Demokratie? Oder meint man ihn deskriptiv als Bezeichnung einer historischen Epoche? Dann gehören auch der Totalitarismus, die Schoah oder die flächendeckende Zerstörung der natürlichen Lebensgrundlagen zur Moderne. Schwieriger noch zu beantworten scheint die zweite Frage: Welcher Islam? Der saudische Wahhabismus, der Frauen vom Autofahren abhält, oder die Ideologie Ajatollah Chomeinis, die anstelle des Menschen Gott zum Souverän des Staates erklärt, stehen zweifellos im Widerspruch zur Demokratie, zur Toleranz und zu den Menschenrechten, Ideen also, die gemeinhin der Moderne zugeschlagen werden. Denke ich jedoch an zahlreiche andere muslimische Denker, Schulen, Richtungen oder einfach nur an den Islam, den ich aus meiner Kindheit kenne, an den Islam meiner Verwandten,

Freunde und des Geistlichen von nebenan, dann fällt mir daran nichts Unmodernes auf. Weder wirken sie entmündigt noch sonderlich aggressiv gegenüber ihren anders- oder nichtgläubigen Nachbarn, und ihr Glaube hält sie auch nicht davon ab, sich Demokratie und technischen Fortschritt für ihr Land zu wünschen. Diese Muslime sind friedfertig, reflektiert und freiheitsliebend, nicht trotz, aber auch nicht wegen ihres Glaubens. Beides hieße, den Islam zu überschätzen, der auch im Leben von Gläubigen nicht die einzig relevante Größe ist.

Man mag einwenden, die Verwandten und Freunde und der Geistliche seien verwestlicht, und nicht einmal für den Letzteren wäre das zu bestreiten. Aber dennoch und zugleich verstehen sie sich als Muslime. Dass darin ein Widerspruch liegen könnte, dürfte bislang keinem von ihnen in den Sinn gekommen sein. Wer behauptet, dass der Islam mit der westlichen Moderne unvereinbar ist, müsste solche „aufgeklärten" Muslime exkommunizieren, um auf dem eigenen Standpunkt beharren zu können. Das wäre so anmaßend, wie es umgekehrt bequem wäre, nur jene Muslime für wahre Repräsentanten ihrer Religion zu halten, die der westlichen Öffentlichkeit sympathisch sind, und also zu folgern, dass der Islam und Europa sich bestens ergänzen. So hilft es wenig, die Friedfertigkeit der islamischen Botschaft zu beteuern, wenn man erklären will, warum in ihrem Namen gegenwärtig so häufig gemordet wird.

Für sich betrachtet ist der Koran weder ein Manifest für noch ein Pamphlet gegen Moderne, Demokratie und deutsches Grundgesetz. Was diese und viele andere gegenwärtig drängende Fragen betrifft, ist er weitgehend indifferent. So kann man etwa die parlamentarische Demokratie und die Gewaltenteilung als Konzept ablehnen oder befürworten, nur hilft einem dabei, wenn man die Texte aufmerksam liest, weder der Koran noch die Sammlung der prophetischen Aussagen und Taten. Den vielzitierten Satz aus dem Koran, dass die Menschen sich beraten sollten, als demokratisches Manifest zu deuten, oder umgekehrt aus anderen Zitaten eine Rechtfertigung wahlweise der Monarchie, des Sozialismus oder der Theokratie abzuleiten, wie es seit dem neunzehnten Jahrhundert üblich geworden ist, erfordert allzu viel interpretatorischen Eigensinn. Offensichtlich hat Gott (oder, um es glaubensneutral zu formulieren: der Sprecher im Koran) es weitgehend den Menschen überlassen, wie sie Herrschaft so organisieren, dass sie gerecht und Ihm gefällig ist.

Gewiss enthält der Koran Verse, die heutigen Menschenrechtsvorstellungen widersprechen. Dennoch attestieren nicht wenige Forscher dem Islam unter den drei großen monotheistischen Glaubensrichtungen des Mittelmeerraums die größte Nähe zur Moderne. So weist etwa der britische Kulturtheoretiker Ernest Gellner auf den Universalismus des Islams, auf dessen Schriftgläubigkeit und spirituellen Egalitarismus, die Ausdehnung der vollen Teilhabe an der Heilsgemeinschaft auf alle Menschen sowie auf die rationale Systematisierung des sozialen Lebens hin. Sein Landsmann, der Bischof und Islamwissenschaftler Kenneth Cragg, findet im Koran ein kartesianisches Menschenbild, das dem Islam einen Zugang zur Moderne eröffne, der dem Christentum erst durch die Aufgabe wesentlicher Glaubensinhalte möglich gewesen sei. Und der französische Politologe Francois Burgat meint, dass gerade der Bezug auf den Islam es ermögliche, sich die „wesentlichen Referenzen" des modernen, vom Westen geprägten „Diskurses" anzueignen, nicht zuletzt im Bereich der Menschenrechte und der Demokratie.

Andere Wissenschaftler führen genauso bedenkenswerte Argumente an, um das Gegenteil zu betonen. Für sie kann die islamische Welt erst in die Moderne eintreten, wenn sie nach dem Vorbild des Westens einen Prozess der Aufklärung durchlaufen hat. Vom Islam bliebe dann freilich, weil seine wesentlichen Inhalte der modernen Zivilisation widersprächen, nicht mehr viel übrig.

Navid Kermani, Wer ist Wir? Deutschland und seine Muslime, München 2010, S. 112 ff.

Aufgaben

1. Herausforderung Islamismus

a) Stellen Sie dar, wie Sayyid Qutb die Notwendigkeit einer islamischen Weltreligion begründet.

b) Carakterisieren Sie die Haltung des Ayatollah Chomeini in Bezug auf „Ungläubige".

c) Erklären Sie den Erfolg der Terror-Organisation „Islamischer Staat" (IS).

d) Begründen Sie die Ansicht, dass Westeuropa vor neuen terroristischen Herausforderungen stehe.

e) Analysieren Sie, in welcher Weise sich das Staatsverständnis der Muslimbruderschaft vom westlichen Modell unterscheidet.

f) Fassen Sie den vorliegenden Text des Islamwissenschaftlers Navid Kermani mit eigenen Worten zusammen und diskutieren Sie die von ihm vorgetragenen Thesen.

Text, M9 – M13

Der anthropogene Klimawandel

M 1   Natürliche Süsswasserspeicher

Am Schweizer Morteratschgletscher dokumentieren Tafeln den Rückgang der Gletscherzunge seit 1900. Die Gletscherschmelze beeinträchtigt den Alpentourismus, erhöht das Risiko von Naturgefahren und birgt grössere Herausforderungen für die bisherige Wassernutzung und -infrastruktur (zuerst mehr Wasser, dann weniger und schlechter verteiltes Wasser für Stromproduktion und Landwirtschaft). Das Schweizer Gletschervolumen ist seit 1850 um über 60 % geschrumpft.

Die Geschichte der Auseinandersetzung der Menschheit mit dem Klimawandel verdichtet sich im Jetzt: Aus den mess- und beobachtbaren Veränderungen des Erdklimas in der Vergangenheit entwickeln die Naturwissenschaftlerinnen und -wissenschaftler Modelle und Szenarien für die Zukunft, welche wiederum die Politik und Gesellschaft in der Gegenwart mitbeeinflussen. Der *anthropogene* Klimawandel – die These, dass der Mensch hauptverantwortlich für die aktuellen Klimaveränderungen ist – gilt als wissenschaftlicher Konsens. Mehrere Metastudien, die Fachveröffentlichungen von Klimaforscherinnen und -forschern analysierten, fanden einen Konsens von nahezu 100 %. Kritische Kommentare zur öffentlichen Diskussion des Klimawandels auf den Ebenen von Politik, Medien und Alltag bemängeln eine *falsche Ausgewogenheit:* Der Begriff bezeichnet eine Situation, in der Aussenseiterpositionen und persönlichen Meinungen gleich viel Platz eingeräumt wird wie einem starken wissenschaftlichen Konsens, wodurch der falsche Eindruck entsteht, beide Seiten wären gleich gut empirisch belegt.

Im Vergleich zur vorindustriellen Zeit ist die Konzentration von langlebigen Treibhausgasen wie insbesondere Kohlendioxid (CO_2) in der Atmosphäre stark angestiegen. Die CO_2-Konzentration ist seit der Industrialisierung um 1850 um 47 % gestiegen und ist gegenwärtig höher als jemals in den letzten zwei Millionen Jahren. Gegen das natürlich (von Ozeanen, Böden, Pflanzen) freigesetzte Kohlendioxid (bis 95 %) erscheinen die CO_2-Emissionen der Menschen (bis 5 %) zunächst gering. Während jedoch ersteres natürlich absorbiert wird, bewirken letztere einen stetigen Zuwachs und bringen den natürlichen Kohlenstoffkreislauf aus dem Gleichgewicht. Emissionsquellen von Treibhausgasen sind hauptsächlich die Verwendung fossiler Energieträger (Öl, Gas, Kohle) im Energiesektor (Strom, Wärme), für den Verkehr (Mobilität, Import, Export) und für diverse Industrien (Metall, Chemie, Nahrungsmittel); weitere Emissionsquellen sind die Landwirtschaft (Düngung und Viehzucht), die Landnahme (Abholzung, Brandrodung) und Abfälle. Die Entdeckung des Treibhauseffekts sowie Experimente und Messwerte bilden die Evidenz dafür, dass die Treibhausgasemissionen die Erwärmung der Atmosphäre, Ozeane und Landflächen verursachen.

Die Geschichtswissenschaft verknüpft den Klimawandel mit politischen und gesellschaftlichen Fragen zum Kampf gegen oder zur Anpassung an selbigen. Sie handeln von verschiedenen Begriffsverwendungen, von Lebensräumen der Menschen, Tiere und Pflanzen, von Flucht und Migration, von Kooperationserfolgen und -hürden, von ökonomischer und politischer Macht, von Verantwortung und Gerechtigkeit, von möglichst wirksamen und sozialverträglichen Massnahmen, von menschenrechtlichen Herausforderungen, von Wachstum und Fortschritt und von der Beziehung der Menschen zur Welt.

Klimawandel, Klimakrise, Klimanotstand und Klimakatastrophe

Die Auswirkungen des Klimawandels sind bereits zu erkennen und betreffen die Menschen auf unterschiedliche Weise. Diejenigen, die den Begriff *Klimawandel* (Vorgang) als unpräzise oder verharmlosend beurteilen, verwenden *Klimakrise* (ökologische, politische und soziale Krise), *Klimanotstand* (parlamentarische Erklärung einer Notlage, oft mit Aufträgen zur Erarbeitung von Massnahmen) oder *Klimakatastrophe* (befürchtetes Resultat einer ungelösten Krise). Die Klimaforscherinnen und -forscher gehen von komplexen, sich überlagernden Effekten und Rückkopplungen in der Atmosphäre, den Ozeanen, der Kryosphäre (Eis, Permafrost) und der Biosphäre (Lebewesen) aus. Aufschluss über bisher mess- und beobachtbare Auswirkungen gibt der Sachstandsbericht des Weltklimarates (*IPCC: Intergovernmental Panel on Climate Change*, Ausschuss des Umweltprogramms der *UNO*). Die global gemittelte Oberflächentemperatur ist gegenüber vor 1850 um knapp 1,1 °C höher, um 0,9 °C über Meer und 1,6 °C über Land. Die Jahre 2016-2021 waren die wärmsten seit 1850. Das Tempo des Meeresspiegel-Anstiegs hat sich aufgrund der schmelzenden Eismassen und der Ausdehnung des Meerwassers durch die Erwärmung seit dem späten 20. Jahrhundert fast verdreifacht (der Rekordwert lag 2017 bei 3,7 mm pro Jahr). Extremniederschläge, Überschwemmungen, Dürren und Feuerkatastrophen sind seit 1950 öfter, verheerender und langanhaltender geworden. Hitzewellen gab es häufiger, Kältewellen seltener. An der Rückführbarkeit dieser Angaben auf den anthropogenen Klimawandel haben Wissenschaftlerinnen und Wissenschaftler keine Zweifel.

Dem Klimawandel werden negative Auswirkungen auf die Lebensräume von Menschen, Tieren und Pflanzen beigeordnet. Temperaturveränderungen und Wetterextreme verschieben oder verkleinern (zusätzlich zur Luft-, Gewässer- und Bodenverschmutzung) die Lebensräume vieler Lebewesen. Die Bedrohung einer Art hat Einfluss auf das Überleben weiterer Arten und destabilisiert das Ökosystem. Dies wiederum bedroht menschliche Trinkwasser-, Nahrungs- und Einkommensquellen. Insbesondere die von Armut betroffene Menschen aus ökonomisch und politisch benachteiligten Regionen, wie beispielsweise aus Entwicklungsländern, sind bedroht. Unbewohnbar gewordene und überflutet Gebiete, Hunger und ein Mangel an sauberem Trinkwasser treiben Menschen in die Flucht, erzeugen oder verstärken soziale Ungleichheit, Konflikte und Migrationsströme. Das *UN*-Flüchtlingshilfswerk (*UNHCR*) geht von über 20 Millionen Menschen aus, welche jedes Jahr durch die negativen Auswirkungen des Klimawandels von ihrem Aufenthaltsort vertrieben werden. Diese werden bislang nicht als Flüchtlinge anerkannt und können gemäss der Genfer Flüchtlingskonvention kein Asylrecht beanspruchen.

Der „Mensch" im *Anthropozän*

2000 hat der Atmosphärenchemiker Paul Crutzen an einer Tagung den Begriff des Anthropozän für ein massgeblich vom Menschen geprägtes Zeitalter verwendet, basierend auf dem Nachweis einer ansteigenden Konzentration von CO_2 und Methan im Polareis im späten 19. Jahrhundert – wobei er die Einwirkungen des Menschen auf die Natur vielgestaltiger beschreibt. Die Industrielle Revolution ist der gängigste Ansatzpunkt. Der „Anthropos" im „Anthropozän" birgt die Gefahr einer Pauschalisierung: Der Begriff nennt den „Menschen" als Verursacher oder sogar als Schuldigen eines neuen Katastrophen-Zeitalters. Nicht alle Menschen profitieren aber im selben Masse von den Treibhausgasemissionen oder haben diese zu verantworten; nicht alle Menschen leiden im selben Masse unter den zerstörerischen Auswirkungen des Klimawandels; und nicht alle Menschen haben dieselben Möglichkeiten und Ressourcen, um aufwändige Schutzmassnahmen umzusetzen oder im Kampf gegen den Klimawandel mitzuhelfen.

M 2 **Überschwemmung am Vierwaldstättersee, Alpnachstad, 2021**

Wetter ist ein kurzfristiges Phänomen, das Klima dagegen zeigt langfristige Tendenzen über Jahrzehnte oder länger. Erst entsprechend langfristige Beobachtungen und Vergleiche weisen aus, ob ein Wetterereignis – wie die Überschwemmungen 2021 – zu den typischen Klimaverhältnissen passt oder nicht. Starkregen zum Beispiel ist seit 1901 in der Schweiz um 12 % intensiver und 30 % häufiger geworden.

M 3 *Seven Metres*, 2002

Bronzestatuen von Jens Galschiøt, anlässlich der UN-Klimakonferenz in Kopenhagen 2009. Der Name rührt von der Annahme her, dass der Meeresspiegel um sieben Meter ansteigt, falls das Eis von Grönland vollständig wegschmelzen sollte.

Info

Emissionshandel

Emissionshandel ist der Handel mit Zertifikaten, die zum Ausstoss einer bestimmten Menge CO_2 berechtigen. Diese Zertifikate werden durch Regierungen oder die Europäische Kommission zugeteilt oder versteigert und können – falls ein Überschuss besteht – national und international gehandelt werden, wodurch die CO_2-Emissionen einen Handelspreis erhalten. Für energie- und emissionsintensive Fabriken, Kraftwerke und den Luftverkehr wird durch anfallende Kosten ein Anreiz geschaffen, ihre Emissionen zu senken. Seit 2020 sind die Emissionshandelssysteme der Schweiz und der EU miteinander verknüpft. Inwieweit der Emissionshandel zur Erreichung der Klimaziele beiträgt, hängt von der Berechnung der Emissionsrechte ab.

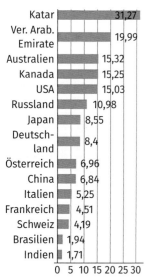

Katar 31,27
Ver. Arab. Emirate 19,99
Australien 15,32
Kanada 15,25
USA 15,03
Russland 10,98
Japan 8,55
Deutschland 8,4
Österreich 6,96
China 6,84
Italien 5,25
Frankreich 4,51
Schweiz 4,19
Brasilien 1,94
Indien 1,71

0　5　10　15　20　25　30

M 4 CO_2-Emissionen pro Kopf in t im Jahr 2018

Die Grafik zeigt eine Auswahl. Kleinstaaten werden nicht berücksichtigt. Der Durchschnitt innerhalb der EU lag 2018 bei 8,4 t, der weltweite Durchschnitt lag bei 4,8 t.

Internationale Klimapolitik

Manche Umweltprobleme wie etwa die Luftverschmutzung sind lokal begrenzt und folgen dem *Verursacherprinzip* (Verursacher trägt den Schaden). Die steigende Konzentration von Treibhausgasen in der Erdatmosphäre wirkt sich jedoch global aus, egal wer sie zu welchen Teilen verursacht. Die Klimapolitik hat die Aufgabe, auf internationaler, nationaler und kommunaler Ebene auf das globale Ziel des Kampfes gegen den Klimawandel hinzuarbeiten, und dabei verschiedenen ökonomischen, politischen und gesellschaftlichen Anforderungen zu begegnen. An einer ersten Weltklimakonferenz der UNO in Genf 1979 warnten Expertinnen und Experten, dass die Nutzung fossiler Brennstoffe die Konzentration von CO_2 in der Atmosphäre erhöhe. In diese Zeit fiel auch die Gründung zahlreicher nationaler, stark ökologisch orientierter Parteien. 1992 entstanden in Rio zwei für die unterzeichnenden Staaten verbindliche Konventionen zur Stabilisierung (nicht Reduktion) der Treibhausgasemissionen und der biologischen Vielfalt; ausserdem gab es drei nicht bindende Abkommen, wie die *Rio-Deklaration* (27 Grundsätze für eine nachhaltige Entwicklung).

Seit 1995 treffen sich die Mitgliedstaaten jedes Jahr zur *UN-Klimakonferenz*. Erst das *Kyoto-Protokoll* von 1997 legte verbindliche Zielwerte zur Reduktion der Treibhausgasemissionen der Industriestaaten fest und richtete den Handel mit Emissionsrechten zwischen Staaten ein. In Form von Zertifikaten können die Regierungen Emissionsrechte vergeben, um die Emissionen global zu senken. Zuletzt sind die Klimazertifikate immer teurer geworden. Die Wirksamkeit des Kyoto-Protokolls wurde angezweifelt, da für China, Indien oder Brasilien wegen zwar stark anwachsender aber zum damaligen Zeitpunkt noch tiefer Pro-Kopf-Emissionen keinerlei Reduktionen beschlossen wurde. Die 38 teilnehmenden Industriestaaten, darunter alle EU-Mitgliedstaaten und die Schweiz, waren für nur 15 % der globalen Emissionen verantwortlich – die USA trat nie bei, Kanada zog sich 2011 zurück, Russland, Japan und Neuseeland folgten 2013.

Das *Pariser Klimaabkommen* von 2015 brachte offenere Reglungen, welche schon 2016 von 55 Staaten ratifiziert wurden, die zusammen mehr als 55 % der weltweiten Emissionen verursachten; bis 2021 haben 194 Staaten und die EU dieses Abkommen unterzeichnet, fast alle haben es ratifiziert. Das Abkommen sieht vor, die durchschnittliche globale Erwärmung im Vergleich zu 1850 auf unter 2 °C zu begrenzen – angestrebt werden 1,5 °C. Die teilnehmenden Staaten verpflichten sich, alle fünf Jahre nationale, stets ambitioniertere Reduktionsziele zu definieren – die Unterteilung in Industriestaaten und andere wird aufgehoben. Bis 2050 sollen alle CO_2-Emissionen durch Reduktion und Massnahmen der CO_2-Abscheidung (zum Beispiel durch Aufforstung, Renaturierung von Mooren oder moderne technische Lösungen) auf Netto-Null gebracht werden. Ärmere Länder sollen beim Klimaschutz und bei der Anpassung an den Klimawandel unterstützt werden. Von Strafen und Sanktionen sieht das Abkommen ab.

Die Ziele des Abkommens sind ehrgeizig. Dazu wird ein hohes Engagement auf nationaler und eine hohe Kooperationsbereitschaft auf internationaler Ebene benötigt. Die weltweit höchsten CO_2-Emissionen stammten 2018 aus China (10,1 Mio. t), der USA (5,4 Mio. t), Indien (2,7 Mio. t), Russland (1,7 Mio. t) und Japan (1,2 Mio. t). Bei der Verteilung pro Kopf verursachen erdöl- und kohleexportierende Länder wie Katar, die Vereinigten Arabischen Emirate, Australien, Kanada und die USA am meisten CO_2-Emissionen. Dem Bericht zum *Climate Change Perfor-*

mance Index (CCPI) 2021 zufolge reichen die bisher eingebrachten Massnahmen nicht aus. Der Sachstandsbericht des Weltklimarates 2021 rechnet bei momentaner Entwicklung mit einer Erwärmung von +2 °C bis 2050 und +3 °C bis 2100. Die Staaten versuchen sich an politischen Lösungen: CO_2-Lenkungsabgaben (Steuern, um das Verhalten von Abgabepflichtigen in die gewünschte Richtung zu lenken), teurere Flugtickets, Prämien für E-Autos, Energiestandards für Motoren und Gebäude, öffentlicher Verkehr, erneuerbare Energien, Kohleausstieg, Aufforstung, lokale Landwirtschaft und ökologische Anbaumethoden. Ab 2000 sind die durch Menschen verursachten CO_2-Emissionen stark angestiegen, 2019 stagniert und 2020 aufgrund der verringerten Mobilität im Pandemiejahr zuletzt sogar gesunken. Die derzeitige *Europäische Kommission* der EU hat im Dezember 2019 das Konzept des *European Green Deal* mit dem Ziel von Netto-Null Emissionen bis 2050 vorgestellt. Kooperationshürden sind Partikularinteressen und verschiedenste Zweifel. Kritikerinnen und Kritiker der internationalen Klimapolitik fürchten hohe Kosten und Wirtschaftseinbussen, Einschränkungen der persönlichen Ansprüche und der Souveränität, sowie Wettbewerbsnachteile gegenüber den anderen Staaten. Sie hoffen auf technische Innovationen und bessere Prognosen. Die Klimaziele wirken abstrakt und fern, wenn die Auswirkungen des Klimawandels in den politisch und ökonomisch mächtigen Industrienationen nicht deutlich als Problem wahrgenommen werden.

Vom Schulstreik zur neuen Klimabewegung

„Fridays for Future", „Klimastreik" und „Klimajugend" ist eine globale soziale Bewegung, die der Klimabewegung in vielen Ländern frische Impulse verlieh. Die Schwedin Greta Thunberg inspirierte im Sommer 2018 mit einem Schulstreik (Skolstrejk för Klimatet) gegen die zögerliche Klimapolitik viele junge Aktivistinnen und Aktivisten aus aller Welt. Sie fürchten die irreversiblen Auswirkungen des Klimawandels. Ihre Hoffnungen und Ziele variieren: Kooperation im Kampf gegen den Klimawandel auf sämtlichen politischen Ebenen, rentable ökologische Produktions- und Anbaumethoden, grundlegende Änderungen in den Industriestaaten hinsichtlich Ernährung und Mobilität, Lenkung von Grossinvestitionen in erneuerbare statt fossile Energieprojekte, ein Ausbau der Menschenrechte bezüglich der negativen Folgen des Klimawandels, eine kombinierte Klima- und Sozialpolitik und – als Leitwort – die Klimagerechtigkeit (also die Etablierung des Verursacherprinzips). Die junge Klimabewegung schafft Aufmerksamkeit, um demokratische Mehrheiten für ihre Anliegen zu finden.

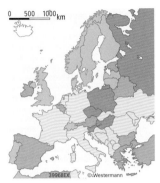

M 5 Bewertung des europäischen Klimaschutzes im CCPI 2021

- sehr gut (von niemandem erreicht)
- gut
- mässig
- schlecht
- sehr schlecht
- nicht in der Bewertung

Berücksichtigt wurden die Menge an Treibhausgasemissionen, der Anteil an erneuerbaren Energien, der Energieverbrauch, und die Klimapolitik.

M 6 Wandbild mit Greta Thunberg als Motiv an einer Hauswand in Bristol, 2019

M 7 Klimastreik in Luzern, 18. Januar 2019

Schülerinnen und Schüler demonstrieren am schweizweiten Klimastreik gegen die Klimapolitik und für einen besseren Klimaschutz.

Quellen zur Auseinandersetzung mit dem Klimawandel

M 8 Rio-Deklaration

Die 27 (rechtlich nicht verbindlichen) Grundsätze für eine nachhaltige Entwicklung der UN-Klimakonferenz 1992 definieren den Begriff „Nachhaltigkeit" umfassend:

Grundsatz 1: Die Menschen stehen im Mittelpunkt der Bemühungen um eine nachhaltige Entwicklung. Sie haben das Recht auf ein gesundes und produktives Leben im Einklang mit der Natur.

5 Grundsatz 2: Die Staaten haben im Einklang mit der Charta der Vereinten Nationen und den Grundsätzen des Völkerrechts das souveräne Recht, ihre eigenen Ressourcen entsprechend ihrer eigenen Umwelt- und Entwicklungspolitik auszubeuten, und haben die Verantwortung, dafür Sorge zu

10 tragen, dass Tätigkeiten unter ihrer Hoheitsgewalt oder Kontrolle der Umwelt anderer Staaten oder Gebiete jenseits der Grenzen des Bereichs nationaler Hoheitsbefugnisse keinen Schaden zufügen.

Grundsatz 3: Das Recht auf Entwicklung muss so verwirk-
15 licht werden, dass den Entwicklungs- und Umweltbedürfnissen der heutigen und der kommenden Generationen in gerechter Weise entsprochen wird.

Grundsatz 4: Damit eine nachhaltige Entwicklung zustande kommt, muss der Umweltschutz Bestandteil des Entwick-
20 lungsprozesses sein und darf nicht von diesem getrennt betrachtet werden.

Grundsatz 5: Alle Staaten und alle Menschen müssen bei der grundlegenden Aufgabe, als unverzichtbare Voraussetzung für die nachhaltige Entwicklung die Armut zu be-
25 seitigen, zusammenarbeiten, um Ungleichheiten im Lebensstandard zu verringern und den Bedürfnissen der Mehrheit der Menschen in der Welt besser gerecht zu werden. [...]

Grundsatz 7: Die Staaten werden in einem Geist der welt-
30 weiten Partnerschaft zusammenarbeiten, um die Gesundheit und die Unversehrtheit des Ökosystems der Erde zu erhalten, zu schützen und wiederherzustellen. [...] Die entwickelten Staaten erkennen die Verantwortung an, die sie in Anbetracht des Drucks, den ihre Gesellschaften auf die
35 globale Umwelt ausüben, sowie in Anbetracht der ihnen zur Verfügung stehenden Technologien und Finanzmittel bei dem weltweiten Streben nach nachhaltiger Entwicklung tragen.

Grundsatz 8: Um nachhaltige Entwicklung und eine höhere
40 Lebensqualität für alle Menschen herbeizuführen, sollten die Staaten nicht nachhaltige Produktionsweisen und Konsumgewohnheiten abbauen und beseitigen und eine geeignete Bevölkerungspolitik fördern. [...]

Grundsatz 10: Umweltfragen sind am besten auf entsprechender Ebene unter Beteiligung aller betroffenen Bürger 45 zu behandeln. [...]

Grundsatz 12: Die Staaten sollten gemeinsam daran arbeiten, ein stützendes und offenes Weltwirtschaftssystem zu fördern, das in allen Ländern zu Wirtschaftswachstum und nachhaltiger Entwicklung führt und es gestattet, besser 50 gegen die Probleme der Umweltverschlechterung vorzugehen. [...]

Grundsatz 20: Frauen kommt bei der Bewirtschaftung der Umwelt und der Entwicklung eine grundlegende Rolle zu. Ihre volle Einbeziehung ist daher eine wesentliche Voraus- 55 setzung für die Herbeiführung nachhaltiger Entwicklung.

Grundsatz 21: Die Kreativität, die Ideale und der Mut der Jugend der Welt sollten mobilisiert werden, um eine weltweite Partnerschaft zu schaffen und so eine nachhaltige Entwicklung herbeizuführen und eine bessere Zukunft für 60 alle zu sichern. [...]

Grundsatz 25: Frieden, Entwicklung und Umweltschutz bedingen einander und sind unteilbar. [...]

Grundsatz 27: Die Staaten und Völker müssen in gutem Glauben und im Geist der Partnerschaft bei der Erfüllung 65 der in dieser Erklärung enthaltenen Grundsätze sowie bei der Weiterentwicklung des Völkerrechts auf dem Gebiet der nachhaltigen Entwicklung zusammenarbeiten.

Zit. nach: Offizielles UN-Dokument. https://www.un.org/depts/german/conf/agenda21/rio.pdf

M 9 Technik und Freiheit

Der Historiker Marcel Hänggi beschreibt in seinen „Fortschrittsgeschichten" von 2015 Anforderungen an einen Umgang mit Technik, der in einer demokratischen Gesellschaft die Freiheitsoptionen der Menschen langfristig erhalten oder mehren soll:

■ Die Gesellschaft ist nicht „für" oder „gegen" Technik, aber sie behält sich vor, die Anwendung gewisser Techniken nötigenfalls einzuschränken oder zu verbieten. Das hat nichts Illiberales: Jede Gesellschaft verbietet gewisse Techniken (Gifte, Atomwaffen, „ineffiziente" Glüh- 5 birnen ...) und macht andere bewilligungspflichtig (Auto fahren, Waffen tragen, Medikamente verschreiben). Es ist nicht liberal, eine Technik zuzulassen, die mehr Freiheiten vernichtet als schafft.

10 ■ Technikbeschränkungen sind legitim, wenn sie demokratisch gefällt werden.

■ Technikbeschränkungen basieren auf dem besten verfügbaren Wissen darüber, was die Techniken bewirken. Weil solches Zukunftswissen immer unvollständig und 15 vorläufig ist, müssen die Entscheide widerrufbar sein. Verantwortungsvoll mit Technik umgehen bedeutet, stets neu auszuhandeln, was erwünscht ist. Risiken lassen sich nicht vermeiden, aber zu vermeiden sind Handlungen, die prinzipiell unumkehrbare Folgen zeiti- 20 gen. Dabei liegt die Beweislast nicht bei denen, die vor unumkehrbaren Folgen einer Technik warnen, sondern bei denen, die solche Befürchtungen für falsch halten: Dieser Grundsatz heisst „Vorsorgeprinzip". Das Vorsorgeprinzip folgt aus dem Eingeständnis, dass jedes Wis- 25 sen über die Zukunft prekär ist [...].

■ Die Verwendung von Techniken muss nachhaltig sein, darf also nicht die Freiheitsoptionen künftiger Generationen schmälern. Den heute inflationär verwendeten Begriff der „Nachhaltigkeit" will ich so verstehen, wie 30 der Ökonom Herman Daly ihn definiert hat: Erneuerbare Rohstoffe dürfen nicht schneller aufgebraucht werden, als sie sich erneuern; Schadstoffe dürfen nicht schneller produziert werden, als sie in der Umwelt abgebaut werden; nicht erneuerbare Rohstoffe dürfen nicht schneller 35 aufgebraucht werden, als gleichwertiger Ersatz für die bereitgestellt werden kann.

■ Techniken dürfen keine Kontrollapparate erfordern, die sich ihrerseits nicht demokratisch kontrollieren lassen.

■ Techniken sollen die Resilienz einer Gesellschaft stär- 40 ken. Resilienz ist die Fähigkeit von Systemen, auf Störungen zu reagieren und sich verändernden Rahmenbedingungen anzupassen. Resilienz braucht Redundanz [über die momentane, reine Notwendigkeit Hinausgehendes], Redundanz braucht Vielfalt. Redundanz ist aber nicht effizient, und deshalb können auf maximale Effizienz 45 getrimmte Systeme nicht resilient sein, und ebensowenig ist eine Gesellschaft, die einseitig von einer einzigen Technik, einem Rohstoff oder einem Infrastruktursystem abhängt, resilient.

■ Die Gesellschaft vertraut nicht darauf, dass, wenn eine 50 Technik ausser Kontrolle gerät, künftige Techniken das Problem lösen werden. Es gibt keinen Verlass auf künftigen Fortschritt. Fortschritte wird es auch in Zukunft geben, aber es lässt sich nicht voraussagen, welche das sein werden. Schon das Vertrauen darauf, dass die heutigen 55 Kapazitäten auch in Zukunft existieren werden, um wartungsintensive Techniken sicher zu halten, ist leichtsinnig. Die Fortentwicklung der Technik darf nicht auf der Annahme beruhen, technische Kenntnisse und materieller Wohlstand nähmen stets zu. Egal ob man Wirtschafts- 60 wachstum begrüsst oder ablehnt: Es ist unverantwortlich, nicht mit der Möglichkeit seines Ausbleibens zu rechnen.

■ Auch wenn es in manchen Fällen sinnvoll sein wird, neue Techniken aufzugeben und alte wieder zu aktivieren, orientiert sich die Gesellschaft nicht an einer Vergan- 65 genheit, die angeblich verantwortungsvoller mit Technik umging als die Gegenwart. Es gab diese Vergangenheit nicht, und manches machten die Menschen „früher" nur deshalb nicht falsch, weil sie nicht in der Lage dazu waren, es falsch zu machen. 70

■ Die Gesellschaft bleibt „innovativ", aber Innovation ist kein Fetisch und Technik wird nicht auf den Akt ihrer Erneuerung reduziert. Es gibt weiterhin High-Tech, aber High-Tech gilt nicht als einziger Ausdruck technischer Ingeniosität [Erfindungsgabe]. 75

Zit. nach: Hänggi, Marcel, Fortschrittsgeschichten – Für einen guten Umgang mit Technik, S. 235 ff.

Aufgaben

1. **Quellen zur Auseinandersetzung mit dem Klimawandel**

   a) Arbeiten Sie aus dem Text heraus, welche Art von Kosten für die Menschen durch Klimaschutz einerseits und durch keinen Klimaschutz andererseits entstehen.

   b) Beschreiben Sie die Bildquellen M1–M3 und M6–M7 hinsichtlich ihrer Aussagekraft zur Notwendigkeit von Klimaschutz.

   c) Beurteilen Sie den Wert von Vergleichsdarstellungen zur Klimafreundlichkeit der Staaten in der Welt, wie sie im Text und in M4 und M5 erscheinen.

   d) Erschliessen Sie aus der Rio-Deklaration M8, was „Nachhaltigkeit" bedeutet und welche Anforderungen damit verknüpft sind.

   e) Stellen Sie die Zusammenhänge zwischen „Technik", „Demokratie" und „Freiheit" anhand des in M9 vorgeschlagenen Umgangs mit Technik dar.

   ⌐ Text, M1–M9

123RF.com, Hong Kong: zhaojiankang-photo 447.1. |akg-images GmbH, Berlin: 13.1, 13.2, 16.1, 18.1, 20.1, 22.1, 37.1, 37.2, 38.1, 40.1, 41.1, 51.2, 54.1, 58.1, 58.2, 62.1, 64.1, 66.1, 68.1, 72.2, 73.1, 82.1, 82.2, 87.1, 89.1, 89.2, 90.1, 127.1, 128.1, 135.1, 146.1, 154.1, 161.1, 189.1, 210.1, 214.1, 224.1, 224.2, 226.1, 227.1, 233.1, 241.1, 242.1, 244.1, 244.2, 246.1, 250.1, 256.2, 257.1, 259.1, 278.1, 279.1, 288.1, 293.1, 301.1, 321.1, 322.1, 322.2, 327.1, 332.2, 337.1, 410.1, 417.1, 419.1, 423.1; Asemissen, Hans 318.1, 318.2; Bildarchiv Monheim 35.1; British Library 60.1, 420.1; IAM 209.1; Klein, Cesar: Plakat „Arbeiter Bürger Bauern ..." © VG Bild-Kunst, Bonn 2021 247.1; Lecat, L. 90.2; Lessing, Erich 14.1, 33.1, 47.1, 51.1, 57.1, 148.1; Liszt Collection 45.1; MPortfolio/Electa 23.1; picture-alliance / Green, Geoff / Landov 434.1; Rabatti - Domingie 65.1; RIA Nowosti 400.1; Wittenstein, J. G. 332.1. |Alamy Stock Photo, Abingdon/Oxfordshire: 118.1; Archivart 202.1; Archive Farms Inc 202.2; Artokoloro 133.2; CPA Media Pte Ltd 276.2, 315.1; Guy, Oliver 190.2; incamerastock 154.2; Maslakov, Andrey 172.3; public domain sourced/access rights from Aclosund Historic 133.1; public domain sourced/access rights from Art Collection 2 117.1; public domain sourced/access rights from Axis Images 125.1, 125.2; public domain sourced/access rights from The History Collection 128.2; public domain sourced/access rights from The History Collection/Anker, Albert 52.1; Pump Park Vintage Photography 200.1; Schoening 342.1; Taylor , Steve 465.1; The Print Collector 126.2; Wilk, Leslie 135.2; World History Archive 126.1; Wyss, Patrizia 172.1, 172.2. |Alamy Stock Photo (RMB), Abingdon/Oxfordshire: Heritage Image Partnership Ltd 158.1; M. Burgess 190.3; © Peter Horree 197.1. |Artothek, Spardorf: 19.1. |Baaske Cartoons, Müllheim: Behrendt, Fritz 424.1; F. Behrendt 7.1, 411.1, 413.1; Mester, Gerhard 447.2. |Bayerische Staatsbibliothek, München: Clm. 210, 91 verso 8.2. |Bergmoser + Höller Verlag AG, Aachen: Zahlenbilder 292.1. |Bernisches Historisches Museum, Bern: 193.3, 218.1. |bpk-Bildagentur, Berlin: 41.2, 42.1, 49.1, 71.1, 86.1, 112.1, 173.1, 207.1, 228.2, 236.1, 238.1, 246.2, 258.1, 265.1, 280.1, 286.2, 304.1, 320.1, 320.2, 331.1; Braun, L. 21.1; Braun, Lutz 75.1, 132.1; Deutsches Historisches Museum 296.2; DHM 285.1; Dias, E.C. 184.1; Franz Tellgmann 204.1; Hoffmann, Heinrich 294.1; Hoffmann, Herbert 256.1; Musée Carnavalet, Paris 140.1; RMN – Grand Palais 72.1; SMB/Kunstbibliothek 295.1; SMB/Kunstbibliothek/Katz, Dietmar 286.1; SMB/Kunstbibliothek/Petersen, K. 150.1; Voller Ernst/Chaldej, J. 309.1; © VG Bild-Kunst, Bonn 2019/Arnold, Karl 264.2. |Bridgeman Images, Berlin: British Museum, London

70.1; De Agostini Picture Library 30.1; Fogg Art Museum, Harvard University Art Museum, Nachlass G.L. Winthrop 91.1; Musee Carnavalet 85.1; Musee de la Ville de Paris 84.1; St. Johannes Evangelist, Cappenberg 8.1. |Das Bundesarchiv, Koblenz: Bild 102-14471/Pahl, Georg 314.1; Bild 152-21-05 276.1; Bild 183-R12318 213.1; Plak 003-018-025 328.1. |Das Schweizer Parlament, Bern: Devènes, Béatrice 171.1. |DER SPIEGEL, Hamburg: 432.3; DER SPIEGEL 25/2008 392.1. |Derichs, Johannes, Göttingen: 12.2. |DUKAS/RDB, Zürich: 339.2. |fotolia.com, New York: ayazad 452.1; Waldteufel Titel. |Germanisches Nationalmuseum, Nürnberg: 31.1. |Getty Images, München: AFP 449.1; C. Kealy 427.1; Mitchell, Jeff 463.2; Popperfoto 418.1; Universal Images Group/Sovfoto 443.1. |Gosteli-Stiftung, Fotosammlung C 8, Worblaufen: 366.1. |Haitzinger, Horst, München: 411.2. |Haus der Geschichte der Bundesrepublik Deutschland, Bonn: Leger, Peter 415.1; Hirschi, Prof. Dr. Caspar, St. Gallen: Thalmann, Hannes 96.1. |Historisches Lexikon der Schweiz (HLS), Bern 13: Nebelspalter, 1898, Nr. 19/ Gedenkblatt von Johann Friedrich Boscovits 120.1; Privatsammlung 139.1. |Historisches Museum Basel, Basel: 98.1. |Historisches Museum Thurgau, Frauenfeld: 193.2. |iStockphoto.com, Calgary: Ben185 190.1. |Jenni Energietechnik AG, Oberburg: Orlando Eisenmann 451.1. |Kanton Thurgau Staatsarchiv, Frauenfeld: 192.1. |Kantonsbibliothek St. Gallen, St. Gallen: Vadianische Sammlung der Ortsbürgergemeinde St. Gallen, VadSlg GS o 2 P/9.2 100.1. |KEYSTONE-SDA-ATS AG, Zürich: 346.1, 363.1, 364.3, 383.1; Engeler, Edi 384.2; Gabriel, Hans 375.1; Klauser, Hans Peter 352.1; PHOTOPRESS-ARCHIV/Klose 350.4, 362.2; RDA 344.1; Schlegel, Peter 364.4; STR 273.1, 336.1, 350.3, 361.2, 364.2, 382.1; Studer, Walter 368.1. |Landesarchiv Appenzell Innerrhoden, Appenzell: 343.1. |Magistrat der Universitätsstadt Marburg, Marburg: 317.2; Stadtarchiv Marburg S 3/4, 156 317.1. |Mannschaft.com, Bern: 367.2. |Matter, Sylvie, Zürich: 81.1. |Milchjugend. Falschsexuelle Welten, Zürich: 367.1. |Museum für Gestaltung – Schaudepot, Zürich: 365.1, 365.2, 365.3, 371.1. |Neumann, Peter, Zürich: 348.1, 348.2. |Picture-Alliance GmbH, Frankfurt a.M.: 382.2, 450.1; abaca 435.2; ABACA 436.1; AFP 426.1; AFP/Beth A. Keiser 432.2; AFP/Patrik Baz 456.1; akg-images 39.1, 50.1, 136.2, 179.1, 201.1, 221.1, 406.1; akg-images/D.E.Hoppe 335.1; Anex, Anthony 369.1, 369.2; AP 316.1; AP Photo 437.1; Costa/Leemage 284.1; dpa 15.1, 119.1, 397.1, 423.2; dpa/AFP/Nackstrand, Sven 427.3; dpa/AFP/Nelson 359.2; dpa/Burgi, Arno 438.1; dpa/Dana 309.2; dpa/Hollander, Jim 429.1; dpa/Klaunzer, Peter

196.1; dpa/Kumm, Wolfgang 430.1; dpa/Palitza, K. 458.1; dpa/Pohlert, Chris 10.1; epa Hollander 427.2; Flueeler, Urs 465.2; Grunder, Fritz 374.1; Keystone/Bally, Gaetan 12.1; KEYSTONE/Bally, Gaetan 339.1; KEYSTONE/Della Bella, Alessandro 452.2; KEYSTONE/Flueeler, Urs 463.1; Keystone/Mathis, Karl 359.1; KEYSTONE/PHOTOPRESS-ARCHIV 341.1, 346.2, 350.2, 353.1, 361.1, 362.1, 364.1; KEYSTONE/Wey, Alexandra 376.1; Klaunzer, Peter 350.1; KPA/TopFoto 425.1; Künstler: Schmidlin, Stephan/Fotograf: Anex, Anthony 380.1; STR 217.1, 345.1, 384.1, 389.1; WORLD PRESS PHOTO/Warren Richardson 432.1. |Sammlung R. Sterz: Süpple 276.5, 323.1. |Schoenfeld, Karl-Heinz, Potsdam: 428.1. |Schweizerische Nationalbibliothek, Bern: 105.1, 105.2; Graphische Sammlung: Archiv Landesausstellung 1939 114.1. |Schweizerisches Bundesarchiv BAR, Bern: 338.1; FDP Kanton Zürich 337.2. |Schweizerisches Nationalmuseum – Landesmuseum Zürich, Zürich: 134.1, 142.1, 360.2; Mosaik von Hans Sandreuter 193.1. |Schweizerisches Sozialarchiv, Zürich: 110.1, 136.1, 271.1, 275.1, 366.2, 370.1, 379.1, 379.2. |Shutterstock.com, New York: Everett Historica 127.2. |Simplicissimus (Online-Edition), Weimar: 29. Jahrgang, Nr. 13/© VG Bild-Kunst, Bonn XXXX 254.1. |stock.adobe.com, Dublin: eyetronic Titel; eyewave 48.1; fotofuerst 12.3; tauav 336.2. |Süddeutsche Zeitung – Photo, München: 398.1, 442.1; AP 425.2; S.M. 416.1; Sammlung Megele 228.1; Scherl 305.1; SZ Photo/Scherl 296.1. |ullstein bild, Berlin: 188.1, 234.1, 245.1, 260.2, 263.2, 264.1, 266.1, 299.1, 394.1, 394.2, 396.1; AP 399.1, 435.1, 444.1, 445.1; Archiv Gerstenberg 184.2, 229.1, 252.2, 281.1, 303.1, 307.1, 401.1; Borgas 321.2; BPA 407.1; Brill 333.1; Gerstenberg Archiv 240.1; Granger Collection 63.1, 174.1; H. Schlemmer 6.1; Keystone Pressedienst 235.1; Photo 12 204.2; Roger-Viollet 253.1; Stary 263.1; Süddeutsche Zeitung Photo 276.3, 326.1; Süddeutsche Zeitung Photo/Scherl 300.1; SV-Bilderdienst 306.1; The Granger Collection 181.1; ullstein bild 252.1, 276.4; Voller Ernst/Chaldej, J. 307.2. |VG BILD-KUNST, Bonn: VG Bild-Kunst, Bonn 20XX/The Heartfield Community of Heirs 260.1; © VG Bild-Kunst, Bonn XXXX 261.1. |Wien Museum, Wien: Unbekannt, Allegorie auf die heilige Allianz,1815, Wien Museum Inv.-Nr. 56466/5, CC0 145.1. |WWF Schweiz, Zürich: Stamm, Fabian 462.1. |Zentralbibliothek Zürich, Zürich: Feh, Heinrich/Siegfried, Heinrich 119.2; Graphische Sammlung und Fotoarchiv 129.1. |© Bern Welcome, Bern: von Rotz, Jonas 360.1. |©Museum Neuthal Textil- & Industriekultur, Bäretswil: 117.2.